Köbler
Rechtsenglisch

Rechtsenglisch

Deutsch-englisches und englisch-deutsches
Rechtswörterbuch für jedermann

von
Gerhard Köbler
o. Universitätsprofessor

unter Mitarbeit von
Mag. Gregor Schusterschitz

4., überarbeitete Auflage

Verlag Franz Vahlen München

Die Deutsche Bibliothek – CIP-Einheitsaufnahme

Köbler, Gerhard:
Rechtsenglisch : deutsch-englisches und englisch-deutsches Rechtswörterbuch für jedermann / von Gerhard Köbler.
Unter Mitarb. von Gregor Schusterschitz. – 4., überarb. Aufl. – München : Vahlen, 2000
ISBN 3 8006 2552 0

ISBN 3 8006 2552 0

Satz: DTP-Vorlagen des Autors
Druck: C. H. Beck'sche Buchdruckerei, Nördlingen
Gedruckt auf säurefreiem, alterungsbeständigem Papier
(hergestellt aus chlorfrei gebleichtem Zellstoff)

VORWORT

Die geschichtliche Entwicklung hat es mit sich gebracht, daß die Sprache, mit deren Hilfe die Menschen am leichtesten Wissen ermitteln und vermitteln können, in der Gegenwart nicht eine einzige große Einheit bildet. Vielmehr sprechen die auf etwa 200 Staaten aufgeteilten sechs Milliarden Erdenbürger des ausgehenden 20. Jahrhunderts fast zehntausend unterschiedliche Sprachen. Deshalb kann weder ein einziger Mensch mit allen anderen Menschen noch wenigstens eine Mehrheit der Menschen mit einer anderen Mehrheit unmittelbar sprachlich Wissen tauschen, sondern zahlreiche Minderheiten verstehen sich problemlos nur unter sich selbst.

In auffälligem Gegensatz hierzu verdichtet sich das gesamte irdische Zusammenleben immer rascher. Mit Hilfe der modernen Verkehrsmittel kann jeder Mensch jeden beliebigen Ort der Erde in wenigen Tagen oder Stunden erreichen. Durch die elektronische Datenverarbeitung ist es sogar möglich geworden, in Sekundenschnelle jede Nachricht an außerordentlich vielen Stellen verfügbar zu machen.

Damit müssen auch die unterschiedlichen Sprachgemeinschaften und Rechtsordnungen notwendigerweise in immer engere Verbindung zueinander treten. Geschäfte werden immer häufiger mit ausländischen Partnern abgeschlossen. Leistungen werden immer öfter in fremden Ländern erbracht.

Die dadurch wachsende moderne globale Internationalisierung zeigt sich für uns Europäer am deutlichsten in der Europäischen Union. Zwar wird dort noch für lange Zeit das jeweilige partikulare Recht vorherrschen. Aber schon seit vielen Jahren werden an vielen Stellen gesamteuropäische Gemeinsamkeiten immer deutlicher sichtbar, ist die gesamteuropäische Zusammenarbeit längst Wirksamkeit geworden und bricht sich europäisches Recht allerorten Bahn. Umso wichtiger wird es von Tag zu Tag, fremde Sprachen und die in ihnen ablaufenden Wirklichkeitsausschnitte zu kennen und zu begreifen. Nicht umsonst verwenden die europäischen Staaten umfangreiche Mittel für Kommunikationsprogramme wie Erasmus, Sokrates oder Leonardo. Nicht ohne Grund gewinnt auch für den Juristen das außerdeutsche Recht immer mehr an Gewicht.

Über die Kenntnis der eigenen Rechtsordnung hinaus wird von ihm heute aus den tatsächlichen Gegebenheiten heraus immer öfter auch Wissen über fremde Rechtsordnungen erwartet. Dieses steht dem Einzelnen aber aufgrund seiner stets begrenzten Studienzeit jeweils nur in beschränktem Umfang zur Verfügung. Darüber hinaus ist es selbst hier in seinem Bestand von ständiger Veränderung bedroht.

In dieser schwierigen Lage ist es zwar theoretisch an sich in jedem internationalen Rechtsfall erforderlich, umfangreiche Vergleiche der unterschiedlich artikulierten betroffenen Rechtsordnungen anzustellen, was demjenigen am leichtesten fällt, der sie kurz vorher durch kostbare Lebenszeit verschlingende

Studien kennengelernt hat. Dieser zeitliche Aufwand ist aber immer nur einigen und für jeweils eine oder höchstens zwei fremde Rechtskulturen möglich. Umfassende, erhebliche Anstrengungen und beträchtliche Mittel erfordernde Terminologiebanken stehen dem Einzelnen, insbesondere dem Studierenden oder dem praktisch tätigen Juristen, kaum jemals wirklich für die Alltagsarbeit zu Gebote. Vielmehr muß er sich in der zur sofortigen Lösung zwingenden Wirklichkeit zumindest vorläufig mit dem klaren schlichten mehrsprachigen Wörterbuch bescheiden, so badauernswert dies dem auslandsrechtlichen Spezialisten auch erscheinen mag. Um jedem ein unmittelbares Hilfsmittel in besonders einfacher und preiswerter Form für die gegenwärtig aktuellen Fragen zur Verfügung zu stellen, habe ich mit dem Ziel integrativer europäischer Legistik auf der sachlichen Grundlage meines in vielen Auflagen vorliegenden, alle Rechtsgebiete angemessen einbeziehenden deutschen Juristischen Wörterbuches mit Hilfe mehrsprachiger Mitarbeiter zweisprachige Übersichten über den gegenwärtigen Grundwortschatz wichtiger Fremdsprachen hergestellt. Sie sollen trotz aller mit dieser demokratisierenden Vereinfachung verbundenen Schwierigkeiten jedermann grundsätzlich in den Stand versetzten, im Rechtskernbereich fremde Rechtswörter in der eigenen Sprache zu verstehen und eigene Rechtswörter in der fremden Sprache zum Ausdruck zu bringen.

Den Beginn macht dabei, entsprechend seiner weltweiten Bedeutung, das Neuenglische. Für dieses sind in einem deutsch-englischen Teil zu zunächst etwa 8000 besonders wichtigen deutschen Rechtswörtern, also keineswegs den wichtigsten deutschen Wörtern der Alltagssprache insgesamt, in sachlicher Ordnung die bedeutsamsten britischen und (bzw. oder) amerikanischen Entsprechungen (mit ihren einschlägigen grammatikalischen Kategorien) ermittelt worden, wobei dem Benutzer zuliebe in einfacher Art und Weise die einschlägigen grammatikalischen Kategorien und bei Bedarf zusätzlich sachliche Bedeutungshinweise (in der Form einfacher Synonyme) mitgeteilt wurden. Umgekehrt stehen in einem zweiten streng wechselbezüglichen englisch-deutschen Teil etwa 10000 britischen und (bzw. oder) amerikanischen Stichwörtern in alphabetischer Reihenfolge die gängigsten deutschen Übersetzungen der Rechtssprache gegenüber. Ein kurzer Überblick über das englische Rechtssystem und das amerikanische Rechtssystem soll dabei dem Benutzer über das formal geordnete Mosaik der Einzelwörter hinaus eine erste systematische Orientierungsgrundlage bieten, welche er mit Hilfe der beigefügten Literaturhinweise jederzeit selbst erweitern kann. Wer im übrigen die sachlichen Inhalte der deutschen Rechtswörter näher kennenlernen will, kann dazu mein Juristisches Wörterbuch verwenden. Wer sich entstehungsanalytisch für die geschichtliche Herkunft der deutschen Rechtswörter interessiert, kann mein im Mohr-Verlag (Tübingen) veröffentlichtes Etymologisches Rechtswörterbuch zu Rate ziehen. Wer die sachgeschichtlichen Hintergründe erfahren will, kann mein Lexikon der europäischen Rechtsgeschichte befragen.

Sehr zu danken habe ich Gregor Schusterschitz, Nigel Foster, Anja Oberkofler, Josef Schönegger und Veronika Schönegger. Möge das Werk, welches ich in

Erinnerung an die schöne Zeit der weiterführenden europhilen Zusammenarbeit im Zentrum für europäisches Recht gerne meinem Kollegen Waldemar Hummer widme, deutschen und angloamerikanischen Juristen dazu verhelfen, das jeweils andere Recht leichter und besser zu verstehen, obwohl die Gleichsetzung geschichtlich gewachsener, unterschiedlicher Rechtskulturen, wie sich beispielsweise am deutschen Rechtsstaat oder der englischen consideration zeigt, nicht in jedem Fall so problemlos vollzogen werden kann, wie ein Taschenwörterbuch vereinfachend glauben machen kann.

Vorwort zur vierten Auflage

Konzeption und Ausführung meiner einfachen, als zuverlässig, nützlich, durchdacht, gelungen, wertvoll, gut, ausgezeichnet oder hervorragend bewerteten Hilfsmittel internationaler Lexikographie (Interlex), wie sie inzwischen im Zentrum integrativer europäischer Legistik außer für das Deutsche (Juristische Wörterbuch, 9. A. 1999) selbst für Rechtsenglisch, Rechtsfranzösisch, Rechtsitalienisch und Rechtsspanisch vorliegen und sich für weitere wichtige Weltsprachen in Bearbeitung befinden, sind auf so großes Interesse der Öffentlichkeit gestoßen, dass unter anderem die drei ersten Auflagen des Rechtsenglischen binnen sehr kurzer Zeit vergriffen waren.

Durch Abrundung war zudem eine nochmalige Verbesserung möglich. Dementsprechend umfasst der deutsche Grundwortschatz nunmehr rund 11000 Stichwörter. Die Zahl der angloamerikanischen Gegenstücke beträgt etwa 14000. Daraus sind ungefähr 19000 beidseitig begehbare Übersetzungsgleichungen gebildet.

Im übrigen war auch eine Erweiterung der kurzen Einführung in das angloamerikanische, für etwa ein Viertel der Weltbevölkerung mehr oder weniger unmittelbar geltende Recht möglich.

Zu danken habe ich für freundliche Unterstützung inhaltlicher Art besonders Eva Schwarz, Peter Winkler, Sandra Distler und Judith Köbler. Für die formale Gestaltung bin ich wieder Veronika Schönegger und Josef Schönegger sehr verpflichtet. Möge unsere gemeinsame, für fördernde Anregungen stets offene und dankbare Anstrengung (nobody is perfect) dazu beitragen, daß die Interlex-Rechtswörterbücher den Einstieg in die globale moderne Welt der internationalen Jurisprudenz für jedermann eröffnen.

Hinweisen lässt sich bei dieser Gelegenheit vielleicht noch darauf, dass Anregungen mich am schnellsten erreichen über meine e-mail-Adresse Gerhard.Koebler@uibk.ac.at. Viele meiner Arbeiten sind ganz oder teilweise einsehbar im Internet unter der Adresse http://homepage.uibk.ac.at/homepage/c303/c30310. Dort sollen ab 2000 auch Ju's News, Wer ist wer im deutschen Recht sowie die Anfänge eines Fernkernlernkurses einen ersten einfachen Platz finden. Die neueste Übersicht über die Entwicklungen des europäischen Rechts wird ab 5. 2. 2000 in dem Alfred Söllner gewidmeten Sammelband Europas univerale rechtsordnungspolitische Aufgabe im Recht des dritten Jahrtausends greifbar sein.

Wer darüber hinaus zum Wohle aller an der Erarbeitung eines knappen und klaren Europäischen Universalgesetzbuches mitwirken will, ist herzlich eingeladen, mir seine Vorstellungen, Vorschläge oder Entwürfe oder auch allgemeineren Nachrichten unmittelbar zuzuleiten.
In veritate libertas!

London/Augsburg/Washington, den 11. 11. 1999 Gerhard Köbler

EINFÜHRUNG

Literatur: Blumenwitz, D., Einführung in das angloamerikanische Recht, 6. A. 1998; David, R./Grasmann, G., Einführung in die großen Rechtssysteme der Gegenwart, 2. A. 1988; Prince, Bieber's Dictionary of Legal Abbreviations, 3. A. 1988; Bradney, How to study Law, 3. A. 1995; Dane/Thomas, How to use a Law Library, 3. A. 1996

Erster Teil: Das englische Recht

Literatur: Blackstone, W., Commentaries on the Laws of England, Bd. 1ff. 1765ff.; Phillips, G., Englische Reichs- und Rechtsgeschichte seit der Ankunft der Normannen im Jahre 1066, 1828; Brunner, H., Geschichte der englischen Rechtsquellen im Grundriß, 1909; Hatscheck, J., Englische Verfassungsgeschichte, 1913; Pollack, F./Maitland, F., The History of English Law before the Time of Edward I., Bd. 1f. 2. A. 1923, Neudruck 1968; Holdsworth, W., A History of English Law, Bd. 1ff. 2.-7. A. 1971ff.; Plucknett, T., Concise History of Common Law, 5. A. 1956; Radbruch, G., Der Geist des englischen Rechts, 5. A. 1964; Hassburg, A History of English Law, Bd. 1ff. 1972ff.; Oppermann, T., Grundzüge der englischen Verfassungsgeschichte, 1967; Kniekamp, Rechtswörterbuch, 7. A. 1981; Simson, Glossary of Technical Terms, 1981; Black's Law Dictionary, 6. A. 1990; James, P., Introduction to English Law, 12. A. 1989; Kiralfy, The English Legal System, 8. A. 1990; Smith/Keenan, English Law, 10. A. 1992ff.; Kluxen, K., Englische Verfassungsgeschichte, 1987; Dietl, C./Lorenz, E., Wörterbuch für Recht, Wirtschaft und Politik, Deutsch-Englisch, 4. A. 1992, Englisch-Deutsch, 5. A. 1990; Baker, J., An Introduction to English Legal History, 3. A. 1990; Osborn's Concise Law Dictionary, 8. A. 1993; Collin, English-German Dicitonary of Law, 1990; Geldart, W., Introduction to English Law, 11. A. 1995; Flory, P./Froschauer, B., Grundwortschatz der Rechtssprache, Deutsch-englisch Englisch-deutsch, 2. A. 1995; Romain, A., Wörterbuch der Rechts- und Wirtschaftssprache, Teil 1 Englisch-Deutsch, 5. A. 1992, Teil 2 Deutsch-Englisch, 3. A. 1990; Lyall, F., Intoduction to British Law, 1994; Cracknell, English Legal System, 16. A. 1994; Hanser, T., Deutsch-englisches Glossar für Geschäftsberichte, 1995; Bernstorff, C. Graf v., Einführung in das englische Recht, 1996; Eddey, The English Legal System, 6. A. 1996; Hoof, van, Dictionary for International Trade, 1997; Byrd, B., Einführung in die angloamerikanische Rechtssprache, 1997; Kerber, K., Sprachwandel im englischen Recht, 1997; Robbers, G., An Introduction to

Deutsch, 6. A. 1998, Bd. 2 Deutsch-Englisch, 5. A. 1997; Gelfert, H., Kleine Kulturgeschichte Großbritanniens, 1999

Das englische Recht ist ein aus einzelnen, nach den jeweiligen Beteiligten benannten Fällen (z.B. Abbots Ripton [Parson] v[ersus] [ausgesprochen als „and" oder als „against"] Can [1376] oder Allcard v. Skinner) bestehendes Fallrecht (case law), das sich modern vor allem mit Hilfe der Datenbanken Lexis (1980) und Lawtel erschließen und am besten aus seiner geschichtlichen Entwicklung heraus verstehen läßt.

A) Geschichte

I. Königsgericht

Als die germanischen Angeln und Sachsen sowie Jüten unter den sagenhaften Führern Hengist und Horsa einige der von Kelten besiedelten, um die Zeitenwende (41-54 n. Chr.) zum Teil von Rom in sein Weltreich eingegliederten britischen Inseln (England-Schottland-Wales, Irland, Man, Jersey, Guernsey) gegen 470 n. Chr. eroberten, brachten sie ihre unterschiedlichen Stammesrechte vom Festland mit. Im Jahre 1066 gerieten sie jedoch selbst infolge der Niederlage in der Schlacht bei Hastings unter die Herrschaft der zuvor in der Normandie ansässig gewordenen französisierten, unter Wilhelm dem Eroberer die Erbfolge nach Eduard dem Bekenner beanspruchenden Normannen. Zur Festigung dieser Stellung entwickelte der normannische König, dessen eindrucksvolle Verwaltungsart bereits deutlich in der berühmten Güterübersicht des Domesday Book (1085/1087) zum Ausdruck kommt, eine besondere zentrale Königsgerichtsbarkeit mit dem Sitz in Westminster.

Diese war anfangs beschränkt auf Streitigkeiten zwischen Herren, um Königsgut oder Grundeigentum und wegen schwerer Straftaten. Weil der König aber ihre Entscheidungen mit seinen Machtmitteln durchzusetzen verstand, gewann sie immer mehr Raum. Obgleich sie bis 1875 formal Sondergerichtsbarkeit blieb, verdrängte sie in der Wirklichkeit bis zum Mittelalter die vorherige allgemeine örtliche Gerichtsbarkeit vollständig.

Ermöglicht wurde dies dadurch, dass das Königsgericht seit Heinrich II. (1154-1189) in der Form von reisenden Richtern (itinerant justices, lat. iusticiarii itinerantes) das gesamte Land durchzog. Mit Hilfe dieser Reiserichter wurde einerseits die Einheit des einen Königsgerichtes von Westminster gewahrt. Andererseits war dadurch das königliche Gericht jederzeit überall anwesend, wo immer jemand seiner bedurfte.

II. Common Law und writ

Die Gerichtssprache am normannischen, bald seine Entscheidungen in sog. records niederlegenden Königsgericht war Französisch (Law French). Das angewandte Recht war nicht das unterschiedliche Recht der Angeln, Sachsen, Jüten usw. Vielmehr bediente sich der König von Anfang an einer übergeordneten comune ley (lat. communis lex), aus welcher sich das englische, auf ungeschriebenen Gewohnheiten beruhende, durch richterliche Entscheidungen fortgebildete, bis zur Mitte des 13. Jahrhunderts die örtlichen Gewohnheiten (county customs) verdrängende common law entwickelte.
Das zunächst einheitliche Königsgericht zerfiel wegen der Fülle seiner Aufgaben noch im 13. Jahrhundert in drei Common law Courts. Von ihnen war der Court of Exchequer (Gericht des Schatzamtes) für Abgabenangelegenheiten zuständig, der Court of Common Pleas (Gericht für allgemeine [nicht das Lehnswesen betreffende] Angelegenheiten) für Grundstücksstreitigkeiten und Zahlung bestimmter Schulden (in Westminster 1215) und der Court of King's Bench (Gericht der Bank des Königs) für Strafsachen. Später erlangten diese drei Abteilungen wieder eine jeweils umfassende Zuständigkeit.
Das königliche Gericht stand als Sondergericht nicht allgemein für Klagen als Mittel zur Durchsetzung eines beliebigen Anspruchs, sondern im Gegenteil ausnahmsweise nur demjenigen zur Verfügung, der vom König ein diesbezügliches Privileg erreichte. Um es zu gewinnen, musste man sich an den Kanzler (chancellor) bzw. die Kanzlei des Königs wenden. Gegen eine gewisse Gebühr erhielt der bittende Antragsteller von der Kanzlei ein privilegierendes Schriftstück (writ, lat. breve).
In diesem in lateinischer Sprache abgefassten writ befahl der König seinem Sheriff in der Grafschaft des vom um den writ nachsuchendenden Antragsteller (A) angegriffenen Beklagten (B) beispielsweise: Befiehl dem B, dass er rechtmäßig und ohne Verzögerung dem A 1000 Schillinge zurückgibt, die er (B) ihm (A) schuldet und zu Unrecht vorenthält, wie er (A) sagt. Und wenn er (B) es nicht tut, fordere ihn durch einen verlässlichen Boten auf, dass er vor unseren Richtern in Westminster in 14 Tagen sei, um zu erklären, warum er es nicht tut. Bringe den Ladenden und dieses Schreiben mit.
Der writ war also eine vielleicht über die Kirche durch das römische Recht beeinflusste streng formalisierte verfahrensrechtliche Weisung für eine bestimmte Art von Geschehen (z.B. writ of covenant, writ of debt, writ of right, writ of trespass, writ of assumpsit [16. Jahrhundert]), die nicht alle Lebensbereiche erfasste (z.B. anfangs zwar Schadensersatz wegen Nichterfüllung, nicht aber einfaches Verlangen der Erfüllung) und aufgrund ihrer Komplexität nur dem erfahrenen Rechtspraktiker in allen Einzelheiten verständlich war. Dies hatte deswegen besondere Bedeutung, weil, wer nicht

die zutreffende Art des Verfahrens einleitete, ohne Rücksicht auf die innerliche Berechtigung seines Anliegens das Verfahren verlor, weil der Satz galt, dass Verfahren vor Recht geht (remedies precede rights). Soweit kein writ geeignet war, ein Recht durchzusetzen, konnte das Begehren nicht vor königlichen Gerichten vorgebracht werden, was angesichts der Vielfalt der rechtsschutzbedürftigen Lebenserscheinungen zwangsläufig zu einer allmählichen Ausweitung der formularmäßigen writs führte, so dass Henricus de Bracton in seinem Tractatus de legibus et consuetudinibus Angliae (1240-1258) bereits 56 verschiedene writs darstellen konnte. 1258 zwangen die örtlichen Gerichtsherren den König in den Provisions of Oxford dazu, neue Arten des writ nur noch mit Zustimmung des Rates vom Kanzler ausstellen zu lassen, doch wurden aus sachlichen Notwendigkeiten bereits 1285 neue writs für alten writs ähnliche Fälle zugelassen. Im 14. Jahrhundert wurden die writs in halbamtlichen Verzeichnissen, den „Registers of Writs", zusammengefaßt.
Aufgrund des Gewichtes des Königsgerichts und der Bedeutung seiner unterschiedlichen Verfahren rückte das englische Gericht im Laufe des Mittelalters in den Mittelpunkt des Rechtswesens. Sowohl die anfangs gar nicht seltenen Gesetze des Königs (z.B. König Edwards I. 1272-1303) wie auch die Schriften der Gelehrten traten dahinter fast ganz zurück. Entscheidend wurden die Protokolle über die besonderen Verfahren und Urteile (yearbooks seit 1287, reports seit 1571, regelmäßig und verläßlich seit 1765, amtliche records bzw. private reports, zwischen 1220 und 1865 ergangene Entscheidungen sind in 178 Bänden der English Reports zusammengestellt, nach 1865 ergangene Entscheidungen in Law Reports, die Berichterstattung über die laufende Rechtsprechung seit 1866 in Weekly Notes of Cases und seit 1953 in Weekly Law Reports). Diesen Verfahren und Entscheidungen gegenüber blieb auch das römische Recht weitgehend im Hintergrund.

III. Equity

Literatur: Keeton, Introduction to Equity, 6. A. 1965; Schmitthoff, Die englische equity, FS E. v. Caemmerer, 1978, 1049; Snell, Principles of Equity, 29. A. 1990; Pettit, Equity and the Law of Trusts, 7. A. 1993

Wegen der geringen Abwandelbarkeit der verschiedenen writ-Formulare fanden seit dem späten Mittelalter immer weniger Kläger die von ihnen angestrebte Entscheidung. Deswegen baten sie seit Edward III. (1327-1377) den König und bei seiner häufigen Verhinderung zunehmend den zu dieser Zeit bereits durch juristische Studien gebildeten Kanzler als seinen Beichtvater um Eingreifen for the love of God and in the way of charity. Daraufhin entschied in einem schriftlichen Verfahren der von Amts wegen untersuchende Kanzler auf der Grundlage des writ of subpoena unter Abweichung vom allgemeinen Recht (common law) nach der Billigkeit

(equity, lat. aequitas). Hieraus erwuchs im 15. Jahrhundert neben den bestehenden Königsgericht(sabteilung)en ein eigenes Gericht des Kanzlers (Court of Chancery), zu dem ab 1730 als ranghöchster Untergebener der Master of the Rolls hinzukam.
Der König begünstigte zunächst dieses rezipiertem römisch-kanonischem Verfahren folgende Gericht des Kanzlers. Als dieses immer größere Bedeutung erlangte, kam es am Beginn des 17. Jahrhunderts zu Streitigkeiten. Deshalb entschied König Jakob (James) I. 1616 auf Empfehlung Francis Bacons im Earl of Oxford's Case mit dem Satz equity shall prevail zugunsten der equity, doch durfte nach equity keine dem common law widersprechende Entscheidung gefällt werden (equity follows the law), so dass equity nur als ergänzender Rechtsschutz für die Bereiche zu verstehen war, in denen das common law zu ungerechten Lösungen führte (z.B. Nichtabtretbarkeit einer Forderung).
In der Folge blieb es bei der bis zu diesem Zeitpunkt entstandenen Aufgabenteilung. Das Gericht des Königs und sein common law hatten ihren Schwerpunkt im Strafrecht, Vertragsrecht, Handelsrecht, Haftungsrecht und internationalen Privatrecht. Das Gericht des Kanzlers war mit seiner equity vor allem zuständig für das Grundstücksrecht, das Trustrecht, das Erbrecht, das Insolvenzrecht und das Gesellschaftsrecht.

IV. Behutsame Modernisierung

Noch zu Beginn des 19. Jahrhunderts war entsprechend dieser nur sehr schleppend ablaufenden Entwicklung das englische Recht von hergebrachten Altertümlichkeiten wie dem gerichtlichen Zweikampf, der Übertragung von Grundstücken in Scheinprozessen, dem Eidhelfereid, der Auslieferung tötender Tiere an die Krone oder der Friedloslegung gekennzeichnet. Unter dem Einfluß von Jeremy Benthams (1748-1832) Schrift „An Introduction to the Principles of Morals and Legislation“ kam es jedoch allmählich zur Bildung von Gesetzesrecht (statute law), das immer mehr Rechtsgebiete erreichte (Tenures Abolition Act 1660, Statute of Frauds 1677, Meeting of Parliament Act 1694, Wills Act 1837, County Courts Act 1846, Wills Amendment Act 1852, Matrimonial Causes Act 1857, Companies Act 1862, Judicature Act 1873, Appellate Jurisdiction Act 1876, Bills of Sale Act 1878, Order in Council 1881, Bills of Exchange Act 1882, Married Woman's Act 1882, Bills of Sale (Amendment) Act 1882, Trial of Lunatics Act 1883, Factors Act 1889, Partnership Act 1890, Foreign Marriage Act 1892, Sale of Goods Act 1893, Married Woman's Act 1893, Sheriffs Act 1897, Parliament Act 1911, Bankruptcy Act 1914, Law of Property Act 1925, Settled Land Act 1925, Administration of Estates Act 1925, Land Charges Act 1925, Land Registration Act 1925, Guardianship of Infants Act 1925, Companies Act 1948, Magistrates' Court Act 1952, Homicide Act 1957, Judicial Pensions

Act 1959, County Courts Act 1959, Road Traffic Act 1960, Barristers Act 1961, Consumer Protection Act 1961, Carriage by Air Act 1961, Children and Young Persons Act 1963, Married Woman's Property Act 1964, Perpetuities and Accumulations Act 1964, Criminal Procedere (Rights of Reply) Act 1964, Criminal Justice Act 1967, Royal Assent Act 1967, Misrepresentation Act 1967, Criminal Law Act 1967, Criminal Act 1968, Theft Act 1968, County Courts Order 1969, Property Act 1969, Divorce Reform Act 1969, Family Law Reform Act 1969, Law of Property Act 1969, Divorce Reform Act 1969, Matrimonial Proceedings and Property Act 1970, Law Reform (Miscellaneous Provisions) Act 1970, Powers of Attorney Act 1971, Criminal Damage Act 1971, European Communities Act 1972, Land Charges Act 1972, Supply of Goods (Implied Terms) Act 1973, Matrimonial Causes Act 1973, Fair Trading Act 1973, Sex Discriminations Act 1975, Domestic Proceedings and Magistrates' Court Act 1976, Restrictive Practices Act 1976, Unfair Contract Terms Act 1977, Patents Act 1977, Employment Protection (Consolidation) Act 1978, Interpretation Act 1978, Sale of Goods Act 1979, Charging Orders Act 1979, Competititon Act 1980, Magistrates' Court Act 1980, Supreme Court Act 1981, County Court Rules 1981, Supply of Goods and Services Act 1982, Mental Health Act 1983, Matrimonial Homes Act 1983, Police and Criminal Evidence Act 1984, County Courts Act 1984, Matrimonial and Family Proceedings Act 1984, Administration of Justice Act 1985, Prosecution of Offences Act 1985, Companies Act 1985, Insolvency Act 1986, Family Law Reform Act 1987, Minors' Contracts Act 1987, Copyright Designs and Patents Act 1988, Children Act 1989, Companies Act 1989, Law of Property (Miscellaneous Provisions) Act 1989, Contracts (Applicable Law) Act 1990, Courts and Legal Services Act 1990, Child Support Act 1991, Road Traffic Act 1991, Cheques Act 1992, Trade Union and Labour Relation (Consolidation) Act 1992, Maximum Number of Judges (No. 2) Order 1993, Commercial Agents Regulation 1993, Genereal Product Safety Regulations 1994, Criminal Justice and Public Order Act 1994 usw.). Gleichwohl bleiben der einzelne Fall und seine Beurteilung durch das Gericht bis in die Gegenwart der Mittelpunkt des englischen Rechts. Allerdings wirkt die Europäische Gemeinschaft (seit 1973) bzw. die Europäische Union (1993) in Richtung auf die gesetzliche Festlegung von Rechtssätzen.

Gleichzeitig wurde mit der großen Reform des Prozessrechts und Gerichtsverfassungsrechts (Judicature Act 1873, in Kraft 1875) das parallele Bestehen von common law und equity dadurch abgeändert, dass seither alle Abteilungen des High Court of Justice, der durch die Verschmelzung der drei common law Gerichte und des Gerichts der equity entstand, und des englischen Court of Appeal (Berufungsgericht) alle Regeln des englischen Rechts, gleichgültig, ob sie dem common law oder der equity entstammten, anwenden mussten. Die Reform hat weiter die prozesstechnische Gestaltung des alten Systems insofern verändert, als von nun an statt der bisherigen etwa 80 verschiedenen writs jeder Prozess vor dem High Court of Justice durch einen einheitlichen „writ of summons" eingeleitet wurde. Dies bedeutete, dass der Kläger sich nicht mehr auf einen bestimmten Klagetyp (form of action) festzulegen brauchte und nicht mehr Gefahr lief, durch rein förmliche Fehler das Verfahren zu verlieren. Seit 1999 wird für alle Verfahren eine verständliche Sprache gefordert und müssen oder sollen lateinische Wendungen vermieden werden.

V. Schottland, Nordirland, Man

Literatur: Marshall, E., General principles of Scots law, 6. A. 1995; Stewart, W., Scottish contemporary judicial dictionary, 1995.

Von England und Wales etwas verschieden verlief die Entwicklung in den anderen Teilen Großbritanniens. Insbesondere in Schottland drang in größerem Ausmaß römisches Recht ein.

B) Öffentliches Recht (public law)

Literatur: Das Recht des öffentlichen Rechts in den Mitgliedstaaten der Europäischen Gemeinschaft, hg. v. Magiera, S./Siedentopf, H., 1994

Die im Ansatz bereits bei den späten römischen Juristen sichtbare grundsätzliche Unterscheidung des Rechts in öffentliches Recht und privates Recht blieb England lange Zeit fremd. Erst allmählich beginnt sich eine Sonderung in public law und private law durchzusetzen. Zum public law zählen dabei vor allem Verfassungsrecht, Verwaltungsrecht, Verfahrensrecht und Strafrecht.

I. Verfassungsrecht (constitutional law, law of the constitution)

Literatur: Löwenstein, K., Staatsrecht und Staatspraxis von Großbritannien, Bd. 1f. 1967ff.; Bagehot, Die englische Verfassung 1971; Wade/Bradley, Constitutional and Administrative Law, 11. A. 1993; Jowell, J./Dawn, O., The Changing Constitution, 3. A. 1994; Smith/Brazier, Constitutional and Administrative Law, 7. A. 1994; Yardley, Introduction to British Constitutional Law, 8. A. 1995; Hübner, E./Münch, U., Das politische System Großbritanniens, 1998; Mayo, U., Die Haftung des Staats, Diss. jur. Münster 1998

Wie jede verdichtete Gesellschaft weist auch Großbritannien eine materielle Verfassung im Sinne der Grundordnung des menschlichen Zusammenlebens auf. Im Gegensatz zu den meisten anderen europäischen Staaten fehlt jedoch eine seit mehr als 200 Jahren allgemein üblich gewordene formelle Verfassung. Außer den bekannten Freiheitsgarantien der Magna Charta libertatum (Große Urkunde der Freiheiten) von 1215, der Petition of Rights von 1627, der Habeas-Corpus-Akte von 1679 oder der Bill of Rights von 1689 gibt es zwar weitere verfassungsrechtlich bedeutsame Gesetze (Acts of Union 1707, Parliament Act 1911, Statute of Westminster 1931, Parliament Act 1949), jedoch fehlt eine zusammenfassende Urkunde. Zuletzt fand das Recht der Europäischen Union durch den European Communities Act 1972 in die englische „Constitution" Eingang. Eine weitere Besonderheit besteht im übrigen in Großbritannien darin, dass viele Bereiche des Staatsrechts, die nach kontinentaleuropäischem Rechtsverständnis der Staatslehre zuzuzählen sind, in England als Teil der Political Science angesehen werden.

Grundlage der englischen Staatsorganisation ist im wesentlichen Gewohnheit (Gewohnheitsrecht) bzw. tatächlich, wenn auch nicht rechtlich zu beachtender Brauch (convention). Nach diesem ist England eine erbliche Monarchie, an deren Spitze der König oder die Königin steht. Die Herrschaftsgewalt des Staatsoberhaupts ist aber nahezu ganz auf repräsentative Aufgaben eingeschränkt.

Tatsächlich wird die Staatsgewalt entsprechend der parlamentarisch-demokratischen Regierungsform und der Bill of Rights (1689), derzufolge die gesetzgebende Gewalt der Krone auf das Parlament überging, weitgehend von der als souverän betrachteten Volksvertretung ausgeübt (House of Commons, Unterhaus mit etwa 650 Abgeordneten). Diese wird durch allgemeine, freie, geheime und direkte Wahlen nach dem Mehrheitswahlrecht bestimmt, wobei sich in der Gegenwart hauptsächlich die (freiheitlicher eingestellte) Konservative Partei (Tories) und die (sozialer eingestellte) Arbeitspartei (Labour Party) gegenüberstehen. Der Führer der Mehrheitsfraktion im Unterhaus wird vom Monarchen zum Premierminister ernannt, der die Richtlinien der Politik bestimmt und die übrigen Mitglieder der Regierung zur Ernennung vorschlägt. Er kann jederzeit beim Staatsoberhaupt die Auflösung des Unterhauses beantragen und dadurch vorzeitige Neuwahlen herbeiführen. Auch die (einschließlich der parlamentatischen Staatssekretäre und der Privatsekretäre bis zu 100) Minister gehen im allgemeinen aus dem Unterhaus hervor. Die aus meist zwischen 20 und 30 Mitgliedern zusammengesetzte Regierung bedarf des Vertrauens des Parlaments.

Die wichtigste Aufgabe der Volksvertretung ist die von der jeweiligen Opposition ständig ausgelöste Diskussion über die zentralen politischen Fragen. Die Opposition muss darüber hinaus bereit sein, selbst die Regierung zu übernehmen, sofern sie eine Mehrheit bei Wahlen erzielt. Diese Einrichtung einer „verantwortlichen Opposition" ist eines der bezeichnendsten Merkmale der parlamentarischen Regierungsweise, durch welche das englische Parlament prägend auf alle freiheitlichen Verfassungen späterer Zeit einwirkte.

Demgegenüber tritt vor allem wegen der geringeren Bedeutung des Gesetzes für das Rechtswesen das hauptsächlich von der Regierung gelenkte Gesetzgebungsverfahren zurück. Eingebracht werden die Gesetzgebungsvorschläge (bills) meist von der Regierung.
Üblicherweise werden die Gesetzgebungsvorschläge zuerst im Unterhaus behandelt. Nach der Verabschiedung im Unterhaus werden sie an das aus (bis 1999 635) erblichen Angehörigen des Hochadels (peers), aus (505) auf Lebenszeit ernannten Adligen (peers), aus ernannten Lords of Appeal in Ordinary (Appellationsrichtern) und aus den (26) Bischöfen der anglikanischen Kirche bestehende Oberhaus (House of Lords, insgesamt etwa 1200 Mitglieder, von denen regelmäßig nur 350 bis 450 an den Sitzungen teilnehmen, 1999 Zahl der erblichen Lords zugunsten der auf Lebenszeit ernannten Lords auf 92 verringert) weitergeleitet. Dessen Ablehnung hat bei einfachen Gesetzen seit 1911 nur aufschiebende Wirkung, bei Finanzgesetzen überhaupt keine Bedeutung. Nach der Verabschiedung der Gesetzesvorlage bedarf das Gesetz der Unterzeichnung (Royal Assent) durch das Staatsoberhaupt und der Eintragung in das Gesetzesregister (Book of Statutes). Eine Überprüfung durch ein Gericht in Großbritannien ist ausgeschlossen, doch ist eine Verletzung europäischen Gemeinschaftsrechts möglich.
Mittels Volksabstimmungen gewannen seit 1997 Schottland (zum 1. 1. 2000 eigenes Parlament mit Zuständigkeiten für Gesundheit, Wohnungsbau, Justiz, Verkehr, Landwirtschaft und Bildung) und Wales (eigene Versammlung mit beschränkten eigenen Rechten ohne finanzielle Spielräume) eine gewisse Selbständigkeit zurück.
Zusammengestellt sind die Gesetze in umfassenden Sammlungen (Halsbury's Statutes of England, 4. A. 1985ff.) und jährlich erscheinenden Law Reports Statutes.
Neben den Gesetzen (parlamentarischen statutes) stehen die Verordnungen und Satzungen. Verordnungen können Kronrat, Regierung und für Verfahren Supreme Court erlassen. Sie sind bei Fehlern gegebenenfalls gerichtlich angreifbar.

II. Verwaltungsrecht

Literatur: Wiesner, Administrative Tribunals in Großbritannien, 1974; Smith/Brazier, Constitutional and Administrative Law, 7. A. 1994; Wade, W./Bradley, Constitutional and Administrative Law, 11. A. 1993; Wade W./Forsyth, C., Administrative Law, 7. A. 1994; Lepsius, O., Verwaltungsrecht unter dem Common Law, 1997

Das Vereinigte Königreich Großbritannien und Nordirland war lange ein zentraler Einheitsstaat, in welchem die Regionen Wales, Schottland und

Nordirland eine gewisse geringe Selbstverwaltung besaßen, doch wird dies in der Gegenwart in föderalistischer Richtung geändert. England und Wales sind in (47 bzw. 8) Grafschaften (counties), einige (6) metropolitan counties und Greater London eingeteilt, Schottland in 9 Regionen und 3 Inselgebiete sowie Nordirland in 26 Distrikte. Die Insel Man und die Kanalinseln Jersey und Guernsey unterstehen staatsrechtlich unmittelbar der Krone. An der Spitze der örtlichen Selbstverwaltungseinheiten stehen auf vier Jahre gewählte Räte, welche ihrerseits ihre Vorsitzenden bzw. Bürgermeister wählen.
Die Vorstellung eines besonderen Verwaltungsrechtes ist erst spät entstanden. Zunächst umfsste es im wesentlichen nur die Haftung der Regierung und der Gebietskörperschaften, für die das allgemeine Fallrecht anzuwenden war. Infolge der Entwicklung der Leistungsverwaltung entwickelt sich aber seit einiger Zeit ein Bedürfnis nach gesetzlicher Regelung. Ein umfassendes Verwaltungsgesetzbuch fehlt.

III. Verfahrensrecht

Literatur: Bunge, Das englische Zivilprozeßrecht, 1974; Bernstorff, C. Graf v., Zivilgerichtsbarkeit, Zwangsvollstreckung und Konkurs, 1983; McCleary, G., Die englische Rechtsprechung, hg. v. Grabowsky, A., 2. A. 1985; Thalmann, Der englische Zivilprozeß, Jura 1989, 178ff.; Card/Cross/Jones, Criminal Law, 12. A. 1992; Bunge, J., Zivilprozeß und Zwangsvollstreckung in England, 1995; Bieresborn, D., Klage und Klageerwiderung im deutschen und englischen Zivilprozeß, 1999

Eine besondere Verfassungsgerichtsbarkeit gibt es wegen des Grundsatzes der supremacy of Parliament nicht.
Seit der in den Jahren 1873/1875 begonnenen, 1925 und 1970/1971 fortgeführten Reform der Gerichtsverfassung, in der 1857 bereits die geistlichen Gerichte aus der weltlichen Gerichtsbarkeit verdrängt worden waren, sind die früheren Obergerichte (Court of Exchequer, Court of Common Pleas, Court of King's Bench, Court of Chancery) durch einen einheitlichen High Court of Justice abgelöst. Sie sind also nicht länger Sondergerichte. Außerdem ist der High Court in drei Abteilungen (King's [Queen's] Bench Division [KBD bzw. QBD], Chancery Division [für Erbauseinandersetzungen, Gesellschaften, freiwillige Gerichtsbarkeit], Family Division [für Nachlässe, Scheidungen und Schiffsangelegenheiten]) geteilt, von denen jede common law und equity anzuwenden hat. Jede dieser Hauptabteilungen hat sogenannte Divisional Courts. Der Divisional Court of Queen's Bench ist Berufungsinstanz für Fälle der Magistrates' und Crown Courts. Der Divisional Court of the Chancery Division ist Berufungsinstanz für Konkursfälle außerhalb Londons. Der Divisional Court of the Family

Division schließlich ist Berufungsinstanz für Familiensachen aus Magistrates' Courts.

Eingangsgericht in Zivilsachen, für die das Verfahrensrecht unter dem Einfluss der deutschen Zivilprozessordnung zum 26. 4. 1999 vereinfachend verändert wurde, ist bei niedrigem Streitwert regelmäßig eines der 60 im Jahre 1846 für England und Wales eingeführten Grafschaftsgerichte (county courts mit 1996 125 Einzelrichtern). Dem County Courts Act 1984 zufolge fielen in den sachlichen Zuständigkeitsbereich der county courts u.a. Klagen aus Vertragsverletzungen oder unerlaubter Handlung mit einem Streitwert von bis zu 50.000 Pfund und Grundstückssachen mit Streitwerten bis zu 30.000 Pfund. Seit 1999 entscheidet über Streitigkeiten mit einem Streitwert bis 5000 Pfund ein Schiedsrichter des county court, über Streitigkeiten mit einem Streitwert bis zu 15000 Pfund ein Richter des county court und über Streitigkeiten mit einem Streitwert über 15000 Pfund, für die der Kläger begründet, warum der High Court entscheiden muss, der High Court. Das Verfahren ist in der Rechtswirklichkeit vom Anwaltszwang gekennzeichnet. Jedem county court ist ein registrar beigegeben, der die Verwaltung des Gerichts leitet, aber auch als Richter tätig wird. Gegen die richterliche Entscheidung ist meist Berufung zum auch erstinstanzlich zuständigen Hochgericht (High Court) möglich, danach zum Appellationsgerichtshof (Court of Appeal/Civil Division) am (aus Court of Appeal, High Court und Crown Court zusammengesetzten) Supreme Court of Judicature, der für England und Wales Zentralgericht ist. Die zivilrechtliche Abteilung umfasst höchstens 30 Lords Justices of Appeal, die in Abteilungen zu je drei Richtern entscheiden. Sie wird vom Master of the Rolls geleitet. Letztlich ist nach dem Court of Appeal in verhältnismäßig wenigen Fällen eine Berufung zum Oberhaus (Lords of Appeal in Ordinary) möglich. Das House of Lords als Gericht fällt keine Sachentscheidung. Es kann eine Appellation entweder für unbegründet (dismissed) oder für begründet (allowed) erklären. Bei Begründetheit wird an das erstinstanzliche Gericht zurückverwiesen.

Neben den genannten ordentlichen Gerichtshöfen steht das Judicial Committee of the Privy Council, das für die Kolonien und heutigen Commonwealth-Staaten letzte Gerichtsinstanz für Appellationen aus diesen Staaten ist, wenn dort der Rechtszug erschöpft ist. Es legt bei seinen Entscheidungen auch das jeweilige Recht des Staates, aus dem der zu entscheidende Fall stammt, zugrunde.

Grundlage des nicht in einer Prozessordnung gesetzlich geregelten Verfahrensrechtes in Großbritannien, innerhalb dessen die Beschränkung auf zuletzt 76 Verfahrensformen (writs) 1832 beseitigt wurde, ist die auf unterschiedliche Gründe zurückgeführte, tatsächlich schon früh allgemein anerkannte und bis in das 19. Jahrhundert gefestigte Bindung der Gerichte durch vorliegende Urteile höherer Gerichte (sog. stare-decisis-rule), welche im regelmäßigen following the precedent zum Ausdruck kommt. Bindend sind dabei nur die tragenden Urteilsgründe (holding, lat. rationes decidendi), während den sonstigen Ausführungen (lat. obiter dicta) nur eine Plausibilitätsfunktion (persuasive authority) zukommt. Die einer Rechtsnorm vergleichbare Bindungswirkung eines Urteils (, von denen es bereits vor 1865 mehr als 500 Sammlungen und im Jahre 1916 rund 6500 gesammelte Bände [reports] gab,) bleibt so lange bestehen, bis sie durch ein höheres Gericht oder ein Gesetz aufgehoben (overruled) wird. Da ein Gericht grundsätzlich nicht verpflichtet ist, maßgebliche Vorentscheidungen zu ermitteln, kann es sie übergehen, läuft dabei allerdings Gefahr, dass sein Urteil von dem Berufungsgericht aufgehoben wird. Wird ein Präjudiz mehrfach nicht angewendet, schwindet seine Bedeutung.

Ein bewusstes Abweichen von einem früheren Urteil erfolgt demgegenüber vor allem mit Hilfe des sog. Unterscheidens (distinguishing). Erkennt nämlich der Richter, dass sein Sachverhalt sich in einem wesentlichen Umstand von einem durch ein früheres Urteil entschiedenen Sachverhalt unterscheidet, kann er durch Abwandlung der früheren Entscheidung neues Recht schaffen (applying the precedent im Gegensatz zum regelmäßigen following the precedent). Bei der Fallrechtsweiterentwicklung kann der Richter sich in den sog. development cases, in denen überhaupt noch kein Präjudiz vorhanden ist, vor allem der Analogie bedienen oder eine der Billigkeit (equity) entsprechende Lösung versuchen .

In der jüngsten Vergangenheit wurden dabei sachlich die Grundsätze der Mündlichkeit, der Parteiherrschaft und der Geheimhaltung der Zeugenbeweise bis zur gerichtlichen Verhandlung, die das englische Zivilprozssrecht prägen, erheblich eingeschränkt. Seit 1999 ist zur Vermeidung von Prozessverschleppung die Steuerung des Verfahrensablaufs verstärkt dem Richter übertragen, der einen Verfahrensplan aufstellt.

Dem Arrest und der einstweiligen Verfügung entspricht die von Lord Dennings im High Court bei Gelegenheit der Arrestierung des in Großbritannien vor Anker liegenden Schiffes Mareva geschaffene injunction.

In Strafsachen ist das Eingangsgericht regelmäßig eines des vielen, auch über Unterhaltsansprüche, Jugendschutzsachen und Adoptionen entscheidenden Magistratsgerichte (magistrate's court), an denen außer in den großen Städten Richter ehrenamtlich tätig sind, welche juristisch geschulte Gerichtsschreiber (clerks to the justices) zur Seite haben. Zu unterscheiden ist bei ihrer Tätigkeit nach Summary Offences, bei denen das Urteil auf einer Mehrheitsentscheidung der Magistrates' basiert, und Offences triable either Way, bei denen ein summarisches Verfahren nur mit Zustimmung des Beschuldigten möglich ist, ansonsten das Verfahren vor einer Jury mündlich durchgeführt wird. Daneben haben diese Gerichte auch die Aufgabe der Voruntersuchung.

Das Eingangsgericht in gewichtigeren Strafsachen ist (nach der Voruntersuchung durch das Magistratsgericht) das Krongericht (crown court, z.B. Old Bailey in London). Der Crown Court hat die ausschließliche Zuständigkeit für Straftatbestände, die mündlich verhandelt werden müssen und ist

Appellationsgericht für Entscheidungen der Magistrates' Courts. Die Rechtsprechung erfolgt durch High Court Judges oder Circuit Judges oder Recorder.

Bevor das Verfahren vor dem Crown Court beginnen kann, muss eine Anklageschrift (bill of indictment) gefertigt werden, die vom Crown Prosecution Service vorbereitet wird. Im pre-trial review kommt es zu einer ersten Sichtung der Anklageschrift, der Beweismittel usw. Spätestens 8 Wochen nach den verfahrenseinleitenden Schritten muss das Verfahren durchgeführt werden. Angeklagte dürfen bis zu 112 Tage in Untersuchungshaft gehalten werden und müssen nach Ablauf des Haftbefehls gegen Sicherheitsleistung (bail) entlassen werden. In der förmlichen Anklageverlesung (arraignment) wird der Angeschuldigte vor Gericht gerufen (called to the bar) und wird zu jedem Anklagepunkt befragt, ob er sich schuldig (guilty) bekennt oder nicht. Bekennt er sich schuldig, werden die Tatumstände verlesen und können weitere Aussagen gehört werden. Bestreitet der Angeklagte die ihm zu Last gelegte Straftat (plead not guilty), werden Geschworene ausgewählt. Nach der Eröffnungsrede der Strafverfolgungsbehörde, der Beweismittelprüfung und Erwiderungen der Verteidigung sowie den Schlussplädoyers erstellt das Gericht eine Zusammenfassung (summing up), in der es die Beweislage schildert und einzelne Tatbestände und Beweise gewichtet. Schließlich hat das Gericht die Aufgabe, auf die für den Fall relevanten Gesetzesvorschriften oder Präzedenzfälle hinzuweisen. Nach dem summing up zieht sich die Jury zur Beratung des Urteilsspruchs (verdict) zurück. Es wird keine Einstimmigkeit des Urteils verlangt, doch müssen bei 11 Geschworenen mindestens zehn zustimmen, ansonsten wird eine neue Jury gebildet. Gelingt es auch im zweiten Anlauf nicht, ein Urteil zu finden, wird der Angeklagte üblicherweise freigelassen. Während die Geschworenen über die Frage der Schuld entscheiden, urteilt anschließend gegebenenfalls der Richter über die Höhe der Strafe.

Wichtige Verfahrensgrundsätze sind die Unschuldsvermutung und die Möglichkeit des Kreuzverhörs.

Appellationsgericht ist der Divisional Court of the Queen's Bench Division of the High Court, der für Appellationen gegen Entscheidungen von Magistrates' Courts sowie gegen Entscheidungen des Crown Court zuständig ist.

Die Criminal Division des Court of Appeal ist Berufungsgericht für Entscheidungen des Crown Court. Der Court of Appeal entscheidet nur über Rechtsfragen oder bei Vorliegen einer neuen Beweislage.

Oberste Berufungsinstanz in Strafsachen für englische und walisische Fälle ist das House of Lords, sofern es um eine Rechtsfrage von außergewöhnlichem öffentlichem Interesse geht.

Danach kommt nur noch ein Gnadenakt des Monarchen in Betracht.

IV. Strafrecht

Literatur: Smith/Hogan, Criminal Law, 7. A. 1992; Seago, P., Criminal Law, 4. A. 1994; Ashworth, A., Principles of Criminal Law, 2. A. 1995

Seit dem 12. Jahrhundert bestanden Grundregeln des common law, welche die ernsteren Verstöße gegen das geltende Richterrecht erfaßten. Später kamen weitere Rechtssätze für leichtere Vergehen hinzu, die auch heute noch weitgehend englisches Richterrecht sind.
Ein besonderes Strafgesetzbuch gibt es trotz zahlreicher Gesetzgebungsversuche nicht. Allerdings sind viele Einzelgesetze geschaffen worden, die teilweise das materielle Strafrecht, teilweise auch das Strafprozessrecht erfassen. Sie werden durch das Common law zu einer übergreifenden Einheit verbunden. Dabei ist beispielsweise der Straftatbestand des Mordes zwar hinsichtlich der Sanktionen in einem Strafgesetz geregelt, die Definition dieses Straftatbestandes ist aber dem Common law, also dem Richterrecht, zu entnehmen. Von den älteren Strafen wurde die Todesstrafe in England im Jahre 1965 abgeschafft.
Das englische Recht kennt Grundsätze, die auch im kontinentaleuropäischen Strafrecht zu finden sind (z.B. nulla poena sine lege, keine Strafe ohne Gesetz). Allgemein setzt ein Straftatbestand eine strafbare Handlung (actus reus) und ein vorsätzliches oder grob fahrlässiges Verhalten (mens rea) voraus, wobei Kausaliät zwischen Tathandlung und Taterfolg bestehen muss (actus reus and mens rea must coincide).

C) Privatrecht

Literatur: Das Zivilrecht Englands in Einzeldarstellungen, hg. v. Goldschmidt J./Heymann, E., 1931; Rheinstein, M., Die Struktur der vertraglichen Schuldverhältnisse, 1932; Rabel, E., Das Recht des Warenkaufs, Bd. 1f. 1936ff.; Jaeckle, Grundsätze des englischen Zivilrechts, 1956; Keeton, The Law of Trust, 9. A. 1968; Lawson, Introduction to the Law of Property, 1958; Megarry/Thompson, Manual of the Law of Property, 7. A. 1993; Henrich, D. Einführung in das englische Privatrecht, 2. A. 1993; Tolley, Employment Handbook, 8. A. 1993; Bridge, Personal Property Law, 2. A. 1993; Black/Bridge/Bond, A Practical Approach to Family Law, 4. A. 1994; West, Succession, 3. A. 1994; Markesinis, B./Deakin, S., Tort Law, 3. A. 1994; Atiyah, P., An Introduction to the Law of Contract, 5. A. 1995; Triebel, V. u.a., Englisches Handels- und Wirtschaftsrecht, 2. A., 1995; Stein, R., Arbeitsrecht in Großbritannien, 1996; Heuston, R., Salmond and Heuston on the Law of Torts, 21. A. 1996; Eisenhauer, M., Moderne Entwicklungen im englischen Grundstücksrecht, 1997; Jewell, M., An introduction to English Contract Law, 1997; Breuer, C., Der englische Children Act 1989, Diss. jur. Regensburg 1997; Güthoff, J., Gesellschaftsrecht in Großbritannien, 2. A. 1998; Byrd, B., Angloamerikanisches Vertrags- und Deliktsrecht, 1998; Wolff, N., Spiel und Wette im englischen Recht, 1998; Sievers, J., Das britische Patentrecht, 1998; Hahn, T., Die Eigentumsübertragung von beweglichen Sachen, 1998

Das Privatrecht beruht im wesentlichen auf den richterlichen Fallentscheidungen, denen gegenüber ein zusammenfassendes Gesetzbuch fehlt. Daneben steht eine Reihe von Einzelgesetzen, von denen etwa die Married Woman's Acts von 1882 und 1893 der Ehefrau dieselben Vermögensrechte und Handlungsfähigkeit verliehen, wie sie die Ehemänner hatten, der Property Act von 1925 die Grundstücksübertragung erleichterte oder der Guardianship of Infants Act von 1925 die Stellung der Mutter verstärkte.
Hauptgebiete des Privatrechts sind Law of Persons, Law of Contracts und Law of Torts sowie Law of Property und Law of Trusts.
Innerhalb des Personenrechts beginnt die volle Geschäftsfähigkeit in der Gegenwart mit 18 Jahren. Vertragsrecht und Deliktsrecht entsprechen gemeinsam in etwa dem Schuldrecht, Eigentumsrecht und Trustrecht zusammen etwa dem Sachenrecht. Dabei bedeutet der vor allem dem Schutz Geschäftsunfähiger und der Abwicklung von Nachlässen dienende trust im wesentlichen eine Aufspaltung des Rechts (Eigentums) an einer Sache in einen legal title (at law) für den trustee (Treunehmer) und einen equitable title (in equity) für den beneficiary (Begünstigten), wobei equity den legal title des trustee anerkennt, den trustee aufgrund der im trust gegebenen moralischen Beschränkung der Verfügungsmacht aber zwingt, die einzelnen Anordnungen des trusts auszuführen. Das Familienrecht und das Erbrecht sind nicht ausgesondert, sondern im Personenrecht, Schuldrecht und Sachenrecht enthalten. Hinzu kommt noch das besondere Handelsrecht (commercial law), das zwar im 18. Jahrhundert im common law eingebunden war, im 19. Jahrhundert aber durch Einzelgesetze verselbständigt wurde und vor allem den Warenkauf, die Stellvertretung durch Handelsvertreter, die Wertpapiere, Versicherungen, Handelsgesellschaften und den Konkurs bzw. die Insolvenz umfaßt, jedoch kein Handelsgesetzbuch, kein Handelsregister, keinen Handelskauf und kein Sonderrecht für Kaufleute kennt.
Das englische Vertragsrecht (law of contracts) gründet sich auf Rechtsregeln, die seit dem Mittelalter bekannt sind, und kaum auf Gesetz. Ihm war seit alters der Grundgedanke fremd, dass eine Vereinbarung auf dem Austausch zweier übereinstimmender Willenserklärungen der Vertragsparteien beruht, die sich gegenseitig zu einer Leistung bzw. Gegenleistung verpflichten. Statt dessen konnte man im frühen Mittelalter entweder nur ein writ of debt oder ein writ of covenant erhalten, wenn man eine Leistung einfordern wollte. Erst ab dem 16. Jahrhundert konnte man auch bei dem Bruch eines nur formlos

abgegebenen Leistungsversprechens durch den Kläger mit Hilfe eines writ of assumpsit zur Leistung gezwungen werden.
Im einzelnen wird bis heute noch zwischen formlos wirksamen Verträgen, die dann allerdings einer weiteren Voraussetzung bedürfen, und den streng formbedürftigen Verträgen, die auf das mittelalterliche System des writ of covenant zurückgehen, unterschieden. Nachdem sich das System der writs überlebt hatte, war es anerkannt, dass ein Vertrag (agreement/covenant) die Grundlage der Verpflichtung zwischen zwei Parteien ist. Im übrigen kommt ein Vertrag grundsätzlich erst durch Annahme eines Angebots zustande, doch kann ein Angebot jederzeit frei widerrufen werden, solange noch keine Annahme erfolgt ist. (The sale is complete when the hammer falls, and until that time any bid may be withdrawn.) Die Begründung dieser Gestaltung liegt in der consideration-Lehre, wonach eine bindende vertragliche Verpflichtung nur dann wirksam eingegangen werden kann, wenn einer vertraglichen Verpflichtungserklärung eine nicht notwendigerweise gleichwertige, gundsätzlich mindestens gegenwärtige Gegenleistung (consideration) gegenübersteht, so dass auch ein Vertrag zugunsten Dritter unbekannt und selbst die Abtretung erst spät zulässig geworden ist. Zudem wird die Wirksamkeit der Annahmeerklärung vorverlegt. Eine Annahme erfolgt danach nicht erst, wenn die entsprechende Erklärung dem Anbietenden zugeht, sondern schon dann, wenn sie vom Angebotsempfänger bzw. dem Annehmenden auf den Weg gebracht, also abgesandt wird (sogenannte mailbox-Theorie). Da in England hinsichtlich des Vertragsabschlusses Formfreiheit besteht, hat sich für die überwiegende Mehrheit der alltäglichen Verträge (simple contracts) der Grundsatz der consideration herausgebildet. Es ist nicht entscheidend, ob jemand sich formlos mündlich oder schriftlich verpflichtet, sondern es ist von Bedeutung, ob und wann seitens des Vertragspartners das Gegenversprechen abgegeben wird. Ergebnis der consideration-Lehre ist, dass ein Vertrag erst dann rechtswirksam ist, wenn die consideration zweifelsfrei vorliegt. Anders verhält es sich beim contract under seal, dem zweiten Vertragstypus. Das Formgebot, dem u.a. bestimmte Grundstücksgeschäfte unterliegen, verlangt, dass der Vertrag unterzeichnet, mit einem Siegel versehen und dann in einer Ausfertigung an den Vertragsgegner übergeben werden muss (signed, sealed and delivered).
Im englischen Deliktsrecht (Law of Torts) geht der Begriff des tort über Schadensersatzansprüche und den Bereich der unerlaubten Handlung hinaus und umfasst auch Herausgabeanspruch oder Unterlassungsanspruch des Eigentümers. Auffällig ist eine bis heute bestehende Zweiteilung der torts hinsichtlich ihrer rechtlichen Behandlung. Bei den seit dem Mittelalter bekannten torts (wie etwa trespass, trespass to land, trespass to goods) geht es immer nur um die Verletzung eines Rechts, nicht aber um die Entstehung eines wirklichen Schadens. Allerdings wird seit dem zweiten Statute of Westminster (1285) für einen weiteren Teil der sich entwickelnden torts-Klagen ein Schadensnachweis Voraussetzung.

Unter dem Oberbegriff des Law of Property wird das gesamte Sachenrecht zusammengefsst. Bei dem Begriff property (Vermögensrecht) unterscheidet man real property, das sich nur auf das Eigentum und nicht auf weitere Rechte an Grundstücken bezieht, und personal property als Bezeichnung beweglicher Vermögenswerte und befristeter Rechte an Grundstücken. Die Begriffe ownership und possession werden im englischen Recht ähnlich gebraucht wie Eigentum und Besitz. Ownership ist möglich an körperlichen Gegenständen. Ein absolutes Eigentumsrecht an Grundstücken hat das englische Recht nicht entwickelt. Vielmehr bestehen nur verschieden gestaltete Nutzungsrechte an Grundstücken. Statt eines Grundbuches gibt es unterschiedliche, zeitlich geordnete Grundstücksregister. Possession ist im Vergleich zur ownership der Besitz, und zwar der unmittelbare Besitz ohne Rechtsanspruch (physical possession without legal title), der unmittelbare Besitz mit Rechtsanspruch und bzw. oder der mittelbare Besitz.

D) Juristen

Das kennzeichnende Merkmal der in England im Rechtsbereich tätigen Personen ist der besondere Praxisbezug der Ausbildung, der so weit reicht, dass ein juristisches Universitätsstudium zwar als hilfreich angesehen wird, aber grundsätzlich nicht notwendig ist, obgleich Vacarius aus Bologna schon im 12. Jahrhundert in England (Lincoln?) römisches Recht auf der Grundlage seines (lat.) Liber pauperum (Buch der Armen) zu lehren begonnen hatte und auch die ältesten englischen Universitäten Oxford und Cambridge etwa bis in diese Zeit zurückgehen.

Das früher ausschließlich am gelehrten Recht ausgerichtete juristische Studium an gegenwärtig etwa 65 Law schools mit etwa 25000 Studenten gliedert sich in zwei Teile. Am Ende des dreijährigen Grundstudiums wird der Grad eines Bachelor of Law (LL.B.) erworben. In einjährigen postgraduate-Kursen kann eine Vertiefung in einzelnen Rechtsgebieten erreicht werden (LL.M., M. Phil.).

Vom universitären Studium eindeutig zu trennen ist die Ausbildung zum barrister oder zum solicitor.

Wer barrister (1989 etwa 6000 bzw. 1993 7500 bzw. 1995 8000 barristers, meist in London) werden will, muss Mitglied einer der vier Inns of Court (Lincoln's Inn, Gray's Inn, Inner Temple, Middle Temple) werden. In dieser Berufsvereinigung muss er während seiner dreijährigen Lehrzeit zwölfmal jährlich an einem gemeinschaftlichen Essen teilnehmen, ehe er zum bar exam zugelassen wird, das aus einem theoretischen Teil, auf den der Universitätsabschluss angerechnet werden kann, und einem praktischen Teil besteht. Danach muss der angehende barrister noch ein Jahr bei einem barrister arbeiten, ehe er selbst vor Gericht als barrister (Anwalt) auftreten darf. In der Regel spezialisiert er sich in einem einzelnen Rechtsgebiet.

Ein barrister hat seinen Haupttätigkeitsbereich in der Fertigung der Schriftsätze und dem Vortrag „at the bar". Daneben sind barristers befugt, Rechtsauskünfte zu geben und umfangreiche Vertragsgestaltungen zu entwerfen. Barristers haben herkömmlicherweise keine unmittelbare Verbindung mit einer Partei, sondern werden von einem solicitor ausgewählt, wenn es beispielsweise zu einem Prozess kommt. So betrachtet ist für den wirtschaftlichen Erfolg eines barristers die enge Zusammenarbeit mit einem oder mehreren solicitors notwendig. Seit 1999 bemüht sich der Bar Council als Berufsorganisation der Barristers allerdings um das unmittelbare Geschäft mit dem Mandanten (sog. BarDirect).

Wer solicitor (1989 etwa 45000 bzw. 1993 65000 bzw. 1995 80000 solicitors) werden will, muss sich bei der Vereinigung der solicitors (Law Society) einschreiben. Nach einem einjährigen Legal Practice Course muss er zwei Jahre als articled clerk, nach einem zweijährigen Legal Practice Course zwei Jahre als clerk bei einem solicitor arbeiten. Am Ende der durch Kurse ergänzten Ausbildung steht eine Prüfung, welche aus einem theoretischen Teil, auf den das Universitätsexamen angerechnet werden kann, und einem praktischen Teil besteht. Aufgaben des solicitors sind Beurkundung, Beratung und Vertretung außerhalb des Gerichts.

Die grundsätzliche Trennung von solicitors und barristers ist allerdings durch den Courts and Legal Services Act von 1990 theoretisch beseitigt, doch ist der Zugang zur gerichtlichen Tätigkeit für solicitors tatsächlich weiterhin eingeschränkt.

Eine besondere Ausbildung zum Richter als staatsrechtlichen und gerichtsverfassungsrechtlichen Vertreter des Monarchen, von dem alle Jurisdiktionsgewalt ausgeht, gibt es nicht. Vielmehr werden die Richter aus dem Kreis der aufgrund mindestens 10jähriger Tätigkeit besonders angesehenen barristers ausgewählt. Dementsprechend ausgeprägt ist das richterliche Selbstverständnis.

Berichte über das Studium oder eine sonstige Weiterbildung deutscher Juristen in England finden sich in JuS 1965, Heft 9, 372, JuS 1966, Heft 1, 44, JuS 1969, Heft 7, 346f., JuS 1973, Heft 1, 66f., JuS 1977, Heft 1, 64f., JuS 1981, Heft 12, 932, JuS 1982, Heft 2, 151f., JuS 1982, Heft 8, 634f., JuS 1985, Heft 2, 157f., JuS 1985, Heft 6, 495, JuS 1985, Heft 7, 573, JuS 1986, Heft 11, 929f., JuS 1988, Heft 2, 168, JuS 1988, Heft 12, 1004, JuS 1989, Heft 10, 854f., JuS 1989, Heft 12, 1027f., JuS 1990, Heft 8, 686ff., JuS 1990, Heft 9, 773f., JuS 1990, Heft 12, IX-X, JuS 1991, Heft 1, IX-X, XIII, JuS 1991, Heft 3, XVI-XVII, JuS 1991, Heft 6, 522ff., JuS 1993, Heft 3, XII, XVII, JuS 1993, Heft 5, XIII, 439, JuS 1993, Heft 6, X-XII, JuS 1993, Heft 11, IX, JuS 1993, Heft 12, X-XI, JuS 1994, Heft 1, XX, JuS 1994, Heft 2, IX-X, XVIII-XXII, JuS 1994, Heft 10, XV-XVI, JuS 1994, Heft 11, XII-XIV, JuS 1995, Heft 2, X-XIII, JuS 1995, Heft 3, XVIII, JuS 1995, Heft 7, X, JuS 1995, Heft 9, 855f., JuS 1995, Heft 11, XI-XVIII, JuS 1996, Heft 1, X, JuS 1996, Heft 3, XII, JuS 1996, Heft 5, 469, JuS 1996, Heft 8, XIV, XX, 758,

JuS 1996, Heft 9, XVI, XXV, JuS 1996, Heft 11, X, XVIII, JuS 1996, Heft 12, X, JuS 1997, Heft 2, XXV, JuS 1997, Heft 3, 285, JuS 1997, Heft 5, 478, NJW 1997, 1543, JuS 1997, Heft 7 XVIII, JuS 1997, Heft 8, X, Jus 1997, Heft 12, 1150, JuS 1998, Heft 3, XII; JuS 1999, Heft 5, XXVIJuS 1999, Heft 7, XVIII; JuS 1999, Heft 11, XXXVIII.

Zweiter Teil: Das amerikanische Recht

Literatur: Fulda, Einführung in das Recht der USA, 1966; Black, Law Dictionary, 6. A. 1990; Hay, P., Einführung in das amerikanische Recht, 4. A. 1995; Clark, D./Ansay, T., Introduction to the Laws of the United States, 1992; Farnsworth, An Introduction to the Legal System of the United States, 2. A. 1993; Gifts, S., Barron's Dictionary of Legal Terms, 3. A. 1996; Zimmermann, R., Amerikanische Rechtskultur und europäisches Privatrecht, 1995; Wersich, R., USA Lexikon, 1995; Redling, J., Kleines USA-Lexikon, 1995; Garner, G., A dicitionary of modern legal usage, 2. A. 1995; Kunz/Schmedemann/Downs/Bateson, The Process of Legal Research, 4. A. 1996; Rubbra, D., USA, Rechtstips für Exporteure, 2. A. 1998; Heideking, J./Nünning, V., Einführung in die amerikanische Geschichte, 1998

Auch das amerikanische, vom englischen Recht stark beeinflusste Recht wird als Fallrecht angesehen. Allerdings hat es im Laufe seiner Entwicklung eine gewisse Verselbständigung gegenüber dem englischen Recht erfahren. Besonders bedeutsam für seine moderne Erschließung sind die Datenbanken Lexis (1973) und Westlaw (1980).

A) Geschichte

Nach der Entdeckung Amerikas griffen verschiedene europäische Mächte auf seine nördliche Hälfte zu. Neben Spanien und Frankreich erhob dabei England bereits seit den Entdeckungsfahrten Cabotos auf Teile der Ostküste Anspruch. Dieser verfestigte sich zu Beginn des 17. Jahrhunderts durch die Gründung von Kolonien.

Bereits zu diesem Zeitpunkt wurde im Jahre 1608 im Fall Calvin v. Smith entschieden, dass in den englischen Kolonien englisches Recht anzuwenden sei. Allerdings war die in den Kolonien entstehende Gesellschaft von der englischen Gesellschaft verschieden und gab es in ihr kaum Juristen, so dass dieses Urteil sich nicht wirklich durchzusetzen vermochte. Deswegen schufen verschiedene Kolonien wie beispielsweise Massachusetts (1634) eigene Rechtsbücher. Kurz vor der Erklärung der bis 1783 verwirklichten Unabhängigkeit der 13 englischen Kolonien vom Mutterland am 4. 7. 1776 nahm der Konvent von Virginia am 12. 6. 1776 sogar eine eigene Erklärung der Menschenrechte (Virginia Bill of Rights) an.

Infolge der Herkunft der Einwanderer aus unterschiedlichen europäischen Staaten kam es zu Beginn des 19. Jahrhunderts in den Vereinigten Staaten von Amerika zu einem Widerstreit zwischen dem in der Zwischenzeit vorgedrungenen Recht des englischen Mutterlandes und der kontinentaleuropäischen Rechtsvorstellung. Dieser folgte im Ergebnis aber nur Louisiana, das sich im Jahre 1808 ein Zivilgesetzbuch nach dem Vorbild des 1804 geschaffenen französischen Code civil gab. Daneben wurden etwa Ehegüterrecht und Grundstücksrecht gesetzlich geregelt. Im übrigen setzte sich bis zur Mitte des 19. Jahrhunderts die englische Fallrechtsvorstellung gegenüber dem kontientaleuropäischen Kodifikationsgedanken durch. Ihr tritt aber in zunehmender Weise die Notwendigkeit gesetzlicher Regelung wichtiger Fragen entgegen. Seit der Mitte des 20. Jahrhunderts entwickelt sich eine von den englischen Präzedenzfällen gelöste eigene höchstrichterliche Rechtsprechung der Staaten der Vereinigten Staaten von Amerika. Im Verhältnis der 50 Bundesstaaten zueinander geht man davon aus, dass allgemeine einheitliche Grundsätze von selbständigen Rechtsprechungssystemen unterschiedlich verstanden werden.

B) Öffentliches Recht

Literatur: Brugger, W., Einführung in das öffentliche Recht der USA, 1993

Im Gegensatz zum englischen Mutterland gaben sich nach Virginia (1776) schon bis zum Jahre 1780 noch zehn weitere Kolonien eine Verfassung. Hierauf konnte nach der Anerkennung der amerikanischen Unabhängigkeit durch Großbritannien im Frieden von Paris im Jahre 1783 der neue Staat der Vereinigten Staaten von Amerika aufbauen. Mit der 1787 formulierten und 1788 ratifizierten Verfassung gewährte er der gesetzten Norm einen besonders wichtigen Rang.

I. Verfassungsrecht

Literatur: Barron, J. u.a., Constitutional Law, 5. A. 1996; Lockhart, W. u.a., Constitutional Law, 8. A. 1996; Gunther, G./Sullivan, K., Constitutional Law, 13. A. 1997

1. Die ursprüngliche Verfassung bestand nur aus einer Präambel und 7 Artikeln über die bedeutendsten Einrichtungen und Grundsätze des damit geschaffenen Bundesstaates, welche große Spielräume für unterschiedliches Verständnis eröffneten. Diesen wenigen Bestimmungen wurden 1791 zehn die Grundrechte betreffende Zusätze (amendments) hinzugefügt, zu denen im Laufe der Entwicklung weitere 16 Zusätze hinzugekommen sind. Wichtigste Grundsätze sind dabei die Teilung der Gewalt und die Ausgewogenheit der einzelnen Teilgewalten.

a) Die ausführende Gewalt steht dem Präsidenten zu, der Staatsoberhaupt und Regierungschef zugleich ist. Der Präsident wird für vier Jahre gewählt und kann (seit 1951) nur einmal wiedergewählt werden.

Die Nominierung der Präsidentschaftskandidaten (der derzeitigen großen Wählerparteien der eher liberalen Demokraten und der eher konservativen Republikaner) findet in fast allen der 50 Einzelstaaten in Vorwahlen statt. In ihnen werden die einzelstaatlichen Delegierten für den nationalen Parteikonvent gewählt, der den Kandidaten der jeweiligen Partei bestimmt. In den anschließenden nationalen Präsidentschaftswahlen werden Wahlmänner ermittelt. Die in einem Staat siegreiche Partei erhält alle in ihrer Zahl von der Bevölkerungszahl des jeweiligen Staates abhängigen Wahlmännerstimmen des Staates. Die Mehrheit der Wahlmännerstimmen bestimmt dann den Präsidenten.

Der Präsident vertritt die Vereinigten Staaten nach außen. Er ernennt mit Zustimmung des Senats die den Präsidenten beratenden Minister und kann mit Zustimmung des Senats völkerrechtliche Verträge schließen. Er kann dem Kongress von ihm für notwendig und nützlich erachtete Maßnahmen zur Beratung empfehlen. Er ist dem Kongress nicht verantwortlich, kann aber im Wege eines Amtsanklageverfahrens (impeachment) abgesetzt werden. Er hat ein aufschiebendes Vetorecht gegenüber allen Beschlüssen des Kongresses. Ihm steht ein umfangreiches Präsidialamt (Executive Office of the President) als Unterstützung zur Verfügung.

b) Die gesetzgebende Gewalt obliegt dem Kongress. Dieser besteht nach englischem Vorbild aus zwei Kammern. Der Senat setzt sich aus 100 Senatoren zusammen, von denen je zwei aus jedem Bundesstaat stammen und von denen alle zwei Jahre ein Drittel für eine jeweils sechs Jahre währende Amtsperiode gewählt wird. Die 435 Mitglieder des Repräsentantenhauses werden alle zwei Jahre nach dem Mehrheitswahlrecht gewählt bzw. wiedergewählt. Jede Gesetzesvorlage bedarf der Zustimmung beider Kammern, welche gegebenenfalls mit Hilfe eines Joint Conciliation Committee (Vermittlungsausschuß) angestrebt werden muss. Gesetzeskraft erhält ein Beschluss mit der Unterzeichnung durch den Präsidenten. Dessen Veto können die beiden Kammern mit Zweidrittelmehrheit überstimmen.

Gesammelt sind die Bundesgesetze als United States Statutes at Large sowie umfassend im United States Code.

c) Die rechtsprechende Gewalt besteht aus Bundesgerichten und Einzelstaatsgerichten mit jeweils eigenen, voneinander getrennten Instanzenzügen. Das höchste Bundesgericht ist der Supreme Court, dessen Entscheidungen seit 1875 amtlich in den United States Reports veröffentlicht werden. Er entscheidet auch über die Anwendung der Bundesverfassung.

d) Im Verhältnis des Bundes zu den Einzelstaaten zählt die Verfassung in Art. I sec. 8 die Zuständigkeiten des Bundes auf (z.B. Verteidigung, Wirtschaft, Steuern, Zölle) und überlässt sie im übrigen in einer Generalklausel den Einzelstaaten. Im Gegensatz zu dieser ursprünglichen Verfassungsvorstellung hat die tatsächliche Entwicklung zu einem Anwachsen der Bedeutung des Bundes geführt. Ihm kommt innerhalb einer kooperativen Föderalismus das Schwergewicht zu.

2. Die ausführende Gewalt in jedem der 50 Einzelstaaten steht dem in allgemeinen und direkten Wahlen vom Volk des jeweiligen Einzelstaates gewählten Gouverneur zu. Die Gesetzgebung obliegt dem Parlament. Dieses besteht - außer in Nebraska - aus jeweils zwei Kammern.
Aufgrund der föderalistischen Struktur haben die Einzelstaaten jeweils ihr besonderes case law entwickelt. Weil dies in gewisser Weise für den Gesamtstaat problematisch ist, wurden Bestrebungen zur Rechtsvereinheitlichung eingeleitet. Durch die Empfehlung von durch Kommissionen ausgearbeiteten Mustertexten (uniform laws) zur Annahme an die Einzelstaaten soll der Rechtszersplitterung Einhalt geboten werden.

II. Verwaltungsrecht

Literatur: Linneweber, A., Einführung in das US-amerikanische Verwaltungsrecht, 1994; Lepsius, O., Verwaltungsrecht unter dem Common Law, 1997; Riegert, Das amerikanische Administrative Law, 1997; Dycus, S. u.a., National Security Law, 2. A. 1997

Die Verwaltung ist stark von Föderalismus und dezentralisierter kommunaler Selbstverwaltung geprägt. Die Einzelstaaten sind in counties unterteilt, denen - abgesehen von einigen Großstädten - die Gemeinden eingegliedert sind. Bundesgesetze werden durch Bundesbehörden, Einzelstaatsgesetze durch Einzelstaatsbehörden ausgeführt. Eine klare Teilung der Gewalten ist dabei nicht mehr gegeben, da insbesondere die sog. commissions sowohl administrative wie auch legislative und judikative Züge aufweisen. Wegen der Zunahme der vom Staat erwarteten Leistungsfunktionen gewinnt das durch Gesetze geschaffene Verwaltungsrecht insgesamt an Bedeutung.

III. Verfahrensrecht

Literatur: Salzburg, S./Capra, D., American Criminal Procedure, 4. A. 1992; Cound, J. u.a., Civil Procedure, 6. A. 1993; Kaqdish, S./Schulhofer, S., Criminal Law and its Process, 6. A. 1995; Waltz, J., Evidence, 8. A. 1995; Schack, H., Einführung in das US-amerikanische Zivilprozeßrecht, 2. A. 1995; Yeazell, S., Civil Procedure, 4. A. 1996; Weinreb, L., Criminal Process, 6. A. 1998; Schmidt, M., Die Klagebefugnis im US-amerikanischen Verwaltungsprozeß, 1998; Oxford Guide to United States Supreme Court Decisions, hg. v. Hall, K., 1999

Sowohl der Bund wie auch alle Einzelstaaten haben jeweils ein voll ausgebildetes Gerichtssystem. Eine besondere Verwaltungsgerichtsbarkeit gibt es nicht, wohl aber besondere Gerichte für Steuerangelegenheiten, Zollsachen, Patentwesen und Kriegsgerichtssachen.

1. Die Gerichtsorganisation des Bundes gliedert sich in drei Stufen. Eingangsgericht ist grundsätzlich eines der (93) Distriktgerichte (district court). Das Rechtsmittel gegen seine Entscheidung führt zu einem der (11) Appellationsgerichte (court of appeals). Über ihnen steht der Supreme Court in Washington D.C., der außer Bundesrecht auch Einzelstaatsrecht aufheben kann, wenn es mit der Bundesverfassung in Widerspruch steht.
Alle Bundesrichter werden vom Präsidenten mit Zustimmung des Senats auf Lebenszeit ernannt.
2. Die Gerichtsorganisation der Einzelstaaten weist unterschiedlich viele Instanzen auf. Meist steht über den ordentlichen Eingangsgerichten ein Berufungsgericht (court of appeals) oder eine besondere Berufungsabteilung (appelate division) des Eingangsgerichts. Die Spitze bildet ein unterschiedlich benanntes Höchstgericht (meist Supreme Court).

IV. Strafrecht

Literatur: Kadish, S./Schulhofer, S., Criminal Law and its Process, 6. A. 1995; Weinreb, L., Criminal Law, 6. A. 1998

Das Strafrecht ist von Einzelstaat zu Einzelstaat verschiedenes case-law-Partikularrecht. Nur bei wenigen Delikten (Devisenschmuggel u.ä.) greifen die Bundesbehörden ein. In weitem Umfang (derzeit 38 Einzelstaaten) wird die Todesstrafe angewendet.

C) Privatrecht

Literatur: Laubrock, C., Nachlaß und Erbschaft in den USA, 1986; Merkt, H., US-amerikanisches Gesellschaftsrecht, 1991; Grundlagen des amerikanischen Gesellschafts-, Wirtschafts-, Steuer-, und Fremdenrechts, hg. v. Turcon, R. u.a., 1994; Wade, J. u.a., Torts, 9. A. 1994; Langbein, J./Wolk, B., Pension and Employee Benefits Law, 2. A. 1995; Farnsworth, A./Young, W., Contracts, 5. A. 1995; Francis, W./Collins, R., Cases and Materials on Patent Law, 4. A. 1995; Cox, A. u.a., Labor Law, 12. A. 1996; Leslie, H. u.a., Family Law, 1996; Harper, M./Estreicher, S., Labor Law, 4. A. 1996; Franklin, M./Rabin, R., Tort Law, 6. A. 1996; Fuller, L./Eisenberg, M., Basic Contract Law, 4. A. 1996; Summers, R./Hillmann, R., Contract, 3. A. 1997; Cribbet, J. u.a., Property, 7. A. 1996; Singer, J., Property Law, 2. A. 1997; Byrd, B., Angloamerikanisches Vertrags- und Deliktsrecht, 1998; Kageneck, K. Graf, Deutsch-amerikanisches Begriffslexikon für Direktinvestititonen, 1998; Thau, J., Arbeitsrecht in den USA, 1998; Elsing, S./Van Alstine, M., US-amerikanisches Handels- und Wirtschaftsrecht, 2. A. 1998;Areeda, P./Kaplow, L., Antitrust Analysis, 4. A. 1998; Mörsdorf-Schulte, J., Funktion und Dogmatik US-amerikanischer punitive damages, 1999; Zekoll, J., US-amerikanisches Haftpflichtrecht, NJW 1999, 2163; Luttermann, C., Bilanzrecht in den USA, 1999

Das Privatrecht ist von Einzelstaat zu Einzelstaat verschiedenes case-law-Partikularrecht. Nur auf dem Wege von Uniform Laws kommt es zur Rechtsvereinheitlichung. Sie ist beispielsweise im Handelsrecht durch den Uniform Commercial Code von 1952 gelungen.

D) Juristen

Literatur: Remmertz, F., Anwaltschaft zwischen Tradition und Wettbewerb, 1996

I. Studium

Die große Mehrzahl der amerikanischen Einzelstaaten setzt für die Ausübung eines juristischen Berufs das Studium an einer der rund 200 jährlich durch eine Rangordnung (ranking) bewerteten Law Schools (z.B. Harvard, Yale, New York University, Chicago, Ann Arbor, Notre Dame, Madison usw.) voraus. Der häufig dem Collegestudium von Geschichte oder Politik folgende Besuch ist nur nach Bestehen einer bereits juristisches Verständnis erfordernden Aufnahmeprüfung möglich. Die Kosten sind verhältnismäßig hoch. Der Unterricht erfolgt nach der sokratischen Methode, bei welcher der Professor das von den Studenten in häuslicher Vorbereitung an Fällen gewonnene Wissen durch Frage und Antwort ans Licht zu bringen versucht. Im ersten Jahr wird dabei ein allgemeiner Überblick über alle Rechtsgebiete vermittelt, der in den beiden anschließenden Jahren in Sondergebieten vertieft wird. Den Abschluß bildet der Grad Juris Doctorate (J.D.).

II. Berufstätigkeit

Mit dem Abschluss der wissenschaftlichen Ausbildung an der Law School ist der Student lawyer (Anwalt). Zur tatsächlichen Berufsausübung vor Gericht muss er an den Gerichten mindestens eines Bundesstaates zugelassen werden. Dies setzt das Bestehen eines Anwaltsexamens (bar exam) voraus. Danach kann der Bewerber in die Anwaltsvereinigung (bar association) des betreffenden Einzelstaates aufgenommen werden. Damit darf der lawyer auch vor allen in dem betreffenden Einzelstaate gelegenen Bundesgerichten tätig werden.

Die Richter (an einzelstaatlichen Gerichten) werden meist vom Volk gewählt, wobei allerdings die Bewerber vom Gouverneur und der bar association anerkannt worden sein müssen. Zu Bundesrichtern werden vom Präsidenten überhaupt nur Juristen mit umfassender Berufserfahrung ernannt.
Auch die Staatsanwälte im Einzelstaat (district attorney) werden meist vom Volk gewählt. Bevorzugt werden Bewerber, welche als Gegner des Verbrechens (tough on crime) auftreten. Vielfach dient die staatsanwaltschaftliche Tätigkeit als Grundlage für eine spätere politische Laufbahn.
Alle lawyers, welche nicht bei einem Gericht zugelassen werden, betätigen sich in der außergerichtlichen Rechtsberatung. Ihr Ziel ist vielfach die möglichst geschickte, gerichtlichen Auseinandersetzungen bereits im Vorfeld vorbeugende Tätigkeitsgestaltung.

III. Ausländerstudium

Zahlreiche europäische Absolventen des rechtswissenschaftlichen Studiums halten die amerikanische Rechtsausbildung für so vorteilhaft, dass sie ein Aufbaustudium in den Vereinigten Staaten durchführen, das nach meist einjähriger Dauer mit dem Master of Law (LL.M.) oder Master of Comparative Law (M.C.L.) abschließt. Literaturberichte finden sich in zahlreichen Heften der Juristischen Schulung: JuS 1962, Heft 9, 366ff., JuS 1963, Heft 6, 251, JuS 1964, Heft 11, 429ff., JuS 1966, Heft 4, 166f., JuS 1966, Heft 6, 256, JuS 1966, Heft 7, 268ff., JuS 1967, Heft 2, 96, JuS 1973, Heft 4, 261, JuS 1976, Heft 1, 8ff., JuS 1977, Heft 1, 63f., JuS 1977, Heft 4, 277, JuS 1978, Heft 1, 69, JuS 1978, Heft 2, 142f., JuS 1978, Heft 4, 287f., JuS 1978, Heft 7, 503, JuS 1979, Heft 12, 915f., JuS 1980, Heft 9, 695, JuS 1981, Heft 4, 312f., JuS 1981, Heft 6, 469ff., JuS 1981, Heft 10, 780, JuS 1982, Heft 1, 73f., JuS 1982, Heft 10, 792, JuS 1983, Heft 8, 644f., JuS 1983, Heft 9, 732f., JuS 1984, Heft 2, 92ff., JuS 1984, Heft 2, 157ff., JuS 1985, Heft 2, 155f., 326, JuS 1986, Heft 4, 328, JuS 1987, Heft 4, 333f., JuS 1987, Heft 7, 587ff., JuS 1988, Heft 1, 85ff., JuS 1988, Heft 8, 699, JuS 1989, Heft 10, 855f., JuS 1990, Heft 11, 949f., JuS 1991, Heft 7, 616, JuS 1992, Heft 10, 893f., JuS 1993, Heft 4, 272ff., Heft 12, 1072ff., JuS 1994, Heft 4, 282ff., JuS 1994, Heft 11, 991f., JuS 1995, Heft 3, XIV, XX, 227f., JuS 1995, Heft 4, 375f., JuS 1995, Heft 6, IX, JuS 1995, Heft 8, 757ff., JuS 1995, Heft 10, IX, JuS 1995, Heft 11, XVIII, JuS 1996, Heft 1, IX, 83, 85, JuS 1996, Heft 3, XVII, JuS 1996, Heft 4, XVIII, JuS 1996, Heft 5, XXXII, JuS 1996, Heft 10, XVI, JuS 1996, Heft 12, XI, JuS 1997, Heft 2, XXVII, JuS 1997, Heft 7, XII, Jus 1998, Heft 1, XX, JuS 1998, Heft 3, XVI, JuS 1998, Heft 5, XXIX; JuS 1998, Heft 11, XVIII; JuS 1998, Heft 12, XVI; JuS 1999, Heft 2, XXV; JuS 1999, Heft 3, XVIII, XXIV; JuS 1999, Heft 4, XXVI, XXVIII; JuS 1999, Heft 5, XXVIII; JuS 1999, Heft 8, XVI; JuS 1999, Heft 9, LX, LXI.

ABKÜRZUNGSVERZEICHNIS

Adj.	Adjektiv
Adv.	Adverb
am.	amerikanisch
brit.	britisch
engl.	englisch
F.	Femininum
franz.	französisch
griech.	griechisch
jur.	juristisch
lat.	Lateinisch
M.	Maskulinum
N.	Neutrum
Part.	Partikel
Pl.	Plural
Präp.	Präposition
V.	Verb

Deutsch - Englisch

A

abändern alter (V.), amend (V.), change (V.), modify (V.), revise (V.), vary (V.)
Abänderung (F.) alteration (N.), amendment (N.), change (N.), modification (N.), revision (N.)
Abänderungsklage (F.) petition (N.) to modify a judgement
Abandon (M.) relinquishment (N.), abandonment (N.)
abandonnieren abandon (V.)
abberufen (einen Botschafter zurückrufen) recall (V.)
Abberufung (F.) (Abberufung eines Botschafters) recall (N.)
abbrechen break (V.) off, call (V.) off
Abbruch (M.) (Abriss eines Hauses) dismantling (N.), demolition (N.)
Abbruch (M.) (Beendigung von Verhandlungen) rupture (N.), breaking (N.) off
Abbruch (M.) der Schwangerschaft abortion (N.)
abbuchen debit (V.)
Abbuchung (F.) direct debit (N.), write (N.) off
ABC-Waffen (F.Pl.) ABC-weapons (N.Pl.)
abdanken resign (V.), retire (V.), renounce (V.) the throne
abdingbar not mandatory (Adj.), subject (Adj.) to be contracted away
abdingen settle (V.)
aberkennen deprive (V.), disallow (V.)
Aberkennung (F.) deprivation (N.), disallowance (N.)
aberratio (F.) ictus (lat.) miscarriage (N.) of criminal act, transferred malice (N.)
Abfall (M.) waste (N.)
Abfallbeseitigung (F.) waste disposal (N.)
Abfallentsorgung (F.) waste management (N.)
Abfertigung (F.) (Fertigmachen für Versendung) dispatching (N.)
Abfertigung (F.) (geldlicher Ausgleich im Arbeitsrecht) compensation payment (N.)
abfinden settle (V.), pay (V.) off
Abfindung (F.) settlement (N.), accord and satisfaction (N.)
Abfindungsguthaben (N.) credit balance (N.) upon withdrawal
Abgabe (F.) tax (N.), levy (N.), fiscal charge (N.), duty (N.)
Abgabenordnung (F.) internal revenue code (N.), tax code (N.)
Abgabenüberhebung (F.) overcharging (N.), excessive rates (N.Pl.)
Abgasuntersuchung (F.) exhaust emission examination (N.)
abgeleitet derivative (Adj.)
Abgeordnete (F.) deputy (F.)
Abgeordnetenbestechung (F.) bribing (N.) Members of Parliament, bribing (N.) congressmen
Abgeordneter (M.) deputy (M. bzw. F.), delegate (M. bzw. F.), Member (M. bzw. F.) of Parliament (brit.), Congressman (M.) (am.), representative (M. bzw. F.) (am.)
abgeschlossen closed (Adj.)
abhandenkommen get (V.) lost
abhängig depending (Adj.) on, subject (Adj.) to
Abhängigkeitsverhältnis (N.) dependent condition (N.), state (N.) of dependence
abheben draw (V.), withdraw (V.)
Abhebung (F.) withdrawal (N.)
abhelfen remedy (V.), redress (V.)
Abhilfe (F.) redress (N.), interlocutory revision (N.), remedy (N.)
abholen collect (V.)
abhören monitor (V.), intercept (V.)
Abhören (N.) monitoring (N.)
Abhörgerät (N.) bugging device (N.)
Abitur (N.) school-leaving examination (N.), final examination (N.)
Abkommen (N.) agreement (N.), accord (N.), convention (N.), treaty (N.)
Abkömmling (M.) descendant (M. bzw. F.), scion (M. bzw. F.)
Abkömmlinge (M.Pl. bzw. F.Pl.) offspring (N.), progeny (N.)
Abkunft (F.) descent (N.), extraction (N.), origin (N.)
Abkürzung (F.) abbreviation (N.)
Ablass (M.) indulgence (N.)
Ablauf (M.) expiry (N.) (brit.), expiration (N.) (am.)
ablehnen decline (V.), object (V.), refuse (V.), reject (V.)
Ablehnung (F.) challenge (N.), refusal (N.), rejection (N.), repudiation (N.)

ableiten derive (V.)
abliefern deliver (V.)
Ablieferung (F.) delivery (N.)
ablösen (tilgen) redeem (V.)
Ablösung (F.) (Tilgung) redemption (N.)
Ablösungsrecht (N.) right (N.) of redemption
abmachen settle (V.)
Abmachung (F.) agreement (N.)
abmahnen warn (V.)
Abmahnung (F.) warning (N.)
Abmahnungsschreiben (N.) written notice (N.), warning notice (N.)
Abmahnverein (M.) association (N.) to watch against unfair practices
Abmarkung (F.) demarcation (N.)
Abnahme (F.) (Billigung beim Werkvertrag) acceptance (N.) of performance
Abnahme (F.) (Entgegennahme beim Kaufvertrag) taking (N.) delivery
abnehmen (billigen beim Werkvertrag) accept (V.)
abnehmen (entgegennehmen beim Kaufvertrag) take (V.) delivery
Abnehmer (M.) purchaser (M. bzw. F.), consumer (M. bzw. F.)
Abnehmerin (F.) purchaser (F.), consumer (F.)
abnorm abnormal (Adj.), anomalous (Adj.)
abnutzen be (V.) subject to wear and tear
Abnutzung (F.) wear (N.) and tear (N.), wearing off (N.)
Abolition (F.) general pardon (N.)
Abonnement (N.) subscription (N.)
abonnieren be a subscriber to (V.)
abordnen delegate (V.)
Abordnung (F.) delegation (N.)
abrechnen render (V.) an account, account (V.), invoice (V.)
Abrechnung (F.) account (N.), settlement (N.) of accounts, rendering (N.) an account, clearing (N.)
Abrechungsstelle (F.) clearing house (N.)
Abrede (F.) understanding (N.), accord (N.), agreement (N.), covenant (N.)
abreden agree (V.) to, arrange (V.)
Abrogation (F.) abrogation (N.)
abrogieren abrogate (V.), annul (V.)
Abruf (M.) call (N.), request (N.) for the delivery of, request (N.) for funds
abrufen recall (V.)
Absage (F.) refusal (N.)
absagen call (V.) off, cancel (V.)
Absatz (M.) (Teil eines Gesetzes) article (N.), paragraph (N.), section (N.)
Absatz (M.) (Verkauf) selling (N.), sale (N.)
abschaffen abolish (V.)
Abschaffung (F.) abolition (N.)
abschieben deport (V.)
Abschiebung (F.) deportation (N.), summary return (N.) to native country
Abschlag (M.) discount (N.), rebate (N.), abatement (N.)
Abschlagszahlung (F.) payment (N.) on account, anticipation payment (N.)
abschließen (beenden) end (V.), conclude (V.), finish (V.)
abschließen (vereinbaren) conclude (V.), effect (V.), enter (V.) into
abschließend closing (Adj.), in conclusion (Adj.)
Abschluss (M.) conclusion (N.), deal (N.)
Abschlussfreiheit (F.) freedom (N.) to contract
Abschlussprüfung (F.) school-leaving examination (N.), graduation (N.) (am.)
Abschlussvertreter (M.) agent (M. bzw. F.) with power to conclude a contract, broker (M. bzw. F.), factor (M. bzw. F.)
Abschlussvertreterin (F.) agent (F.) with power to conclude a contract, broker (F.), actor (F.)
Abschlussvollmacht (F.) power (N.) to close deal
Abschlusszwang (M.) obligation (N.) to conclude a contract, obligation (N.) to contract
Abschnitt (M.) section (N.), part (N.), chapter (N.), paragraph (N.)
abschöpfen skim (V.) off, tax (V.) away, absorb (V.)
Abschöpfung (F.) price-adjustment levy (N.), siphoning (V.) off
abschrecken deter (V.), scare (V.) away
Abschreckung (F.) deterrence (N.)
abschreiben (als Verlust anrechnen) take (V.) depreciation on, mark (V.) down
Abschreibung (F.) depreciation (N.), write-down (N.)
Abschreibung (F.) (Anrechnung als Verlust) depletion (N.)

Abschreibungsgesellschaft (F.) tax shelter company (N.)
Abschrift (F.) transcript (N.)
absenden (eine Fracht absenden) dispatch (V.), ship (V.)
absenden (einen Brief absenden) send (V.)
Absender (M.) (Briefabsender) sender (M. bzw. F.)
Absender (M.) (Frachtabsender) consignor (M. bzw. F.), shipper (M. bzw. F.)
Absenderin (F.) sender (F.), consignor (F.), shipper (F.)
absetzen (als Verlust anrechnen) deduct (V.)
absetzen (entlassen) oust (V.), remove (V.)
Absetzung (F.) (Anrechnung als Verlust) deduction (N.)
Absetzung (F.) (Entlassung von einem Amt) dismissal (N.), discharge (N.)
absichern provide (V.) security for
Absicht (F.) intention (N.), intent (N.), purpose (N.)
absichtlich intentionally (Adv.), on purpose
Absichtserklärung (F.) letter (N.) of intent
Absichtsprovokation (F.) intentional provocation (N.), provocation (N.) on purpose
absolut absolute (Adj.), total (Adj.)
absolute Fahruntüchtigkeit (F.) absolute unfitness (N.) to drive
absolute Mehrheit (F.) absolute majority (N.)
absoluter Revisionsgrund (M.) fundamental error (N.), automatic error (N.)
absolutes Fixgeschäft (N.) absolute time bargain (N.)
absolutes Recht (N.) absolute right (N.)
Absolution (F.) absolution (N.)
Absolutismus (M.) absolutism (N.)
absolvieren graduate (V.) from, complete (V.)
absondern separate (V.), segregate (V.)
Absonderung (F.) preferential treatment (N.) for secured creditor
Absonderungsrecht (N.) preferential right (N.)
absorbieren absorb (V.)
Absorption (F.) absorption (N.)
Absorptionsprinzip (N.) absorbing principle (N.)
absperren cordon (V.) off, seal (V.) off
Absprache (F.) (oral) agreement (N.), (oral) arrangement (N.)
Absprache (F.) über Schuldigerklärung (zwischen Verteidiger und Staatsanwalt) plea bargaining (N.)
abstammen descend (V.)
Abstammung (F.) origin (N.), parentage (N.), (lineage) descent (N.)
Abstand (M.) distance (N.), gap (N.), interval (N.)
abstellen park (V.), abolish (V.), abate (V.), cut (V.) off
abstimmen ballot (V.), vote (V.)
Abstimmung (F.) vote (N.), voting (N.), poll (N.)
abstrahieren abstract (V.)
abstrakt abstract (Adj.)
abstrakte Normenkontrolle (F.) abstract judicial review (N.) of the constitutionality of laws, abstract test (N.) of constitutionality
abstraktes Gefährdungsdelikt (N.) abstract strict-liability tort (N.)
Abstraktion (F.) abstraction (N.)
Abstraktionsprinzip (N.) principle (N.) of the abstract nature of rights in rem
abstreiten (bestreiten) contest (V.), dispute (V.)
abstreiten (leugnen) deny (V.)
Abt (M.) abbot (M.)
Abtei (F.) abbey (N.)
Abteilung (F.) (Abteilung einer Behörde) (F.) department (of an authority) (N.)
Abteilung (F.) (Abteilung einer Verwaltung) (F.) division (of an administration) (N.)
Äbtissin (F.) abbess (F.)
abtreiben abort (V.)
Abtreibung (F.) abortion (N.), feticide (N.)
Abtreibungsmittel (N.) abortifacient (N.)
abtreten (ein Recht abtreten) relinquish (V.)
abtreten (eine Forderung abtreten) assign (V.)
Abtretung (F.) assignment (N.), cession (N.), subrogation (N.)
Abtretungsempfänger (M.) assignee (M. bzw. F.)
Abtretungsempfängerin (F.) assignee (F.)
Abtretungserklärung (F.) declaration (N.) of assignment, act (N.) of assignment

Abtretungsformular (N.) letter (N.) of remunication
Abtretungsverbot (N.) covenant (N.) not to assign
Abwasser (N.) waste water (N.), sewage (N.)
Abwehr (F.) defence (N.) (brit.), defense (N.) (am.), warding (N.) off
abwehren ward (V.) off, avert (V.)
abweichen differ (V.), deviate (V.)
abweichend divergent (Adj.), deviating (Adj.), differing (Adj.)
abweichende Meinung (F.) (eines Richters) dissenting opinion (N.)
abweichendes Verhalten (N.) divergent behaviour (N.) (brit.), divergent behavior (N.) (am.)
abweisen reject (V.), dismiss (V.), repudiate (V.), turn down (V.)
Abweisung (F.) rejection (N.), dismissal (N.)
abwerben entice (V.) away
Abwerbung (F.) enticement (N.)
abwerten devalue (V.)
Abwertung (F.) devaluation (N.)
abwesend absent (Adj.)
Abwesende (F.) absentee (F.)
Abwesender (M.) absentee (M. bzw. F.)
Abwesenheit (F.) absence (N.)
Abwesenheitspflegschaft (F.) guardianship (N.) of absentees
Abwesenheitsverfahren (N.) proceeding (N.) against absentee
abwickeln (ein Unternehmen bzw. einen Nachlass abwickeln) wind (V.) up, liquidate (V.)
Abwicklung (F.) liquidation (N.), handling (N.), winding-up (N.)
abzahlen pay (V.) off, pay (V.) by installments, redeem (V.)
Abzahlung (F.) paying (N.) off, gradual payment (N.)
Abzahlungskauf (M.) purchase (N.) by installments
Abzahlungskredit (M.) consumer credit (N.), installment credit (N.)
abzeichnen initial (V.)
abziehen deduct (V.)
Abzug (M.) deduction (N.)
Acht (F.) outlawry (N.), proscription (N.)
achtlos careless (Adj.)
Achtung (F.) attention (N.)
ad hoc (lat.) ad hoc (lat.)
Adäquanztheorie (F.) theory (N.) of adequate causation
adäquat adequate (Adj.)
Adel (M.) nobility (N.), aristocracy (N.)
adeln ennoble (V.), raise (V.) to nobility
Adelsstand (M.) nobility (N.), peerage (N.)
Adhäsion (F.) adhesion (N.)
Adhäsionsverfahren (N.) adhesive procedure (N.)
Adjutant (M.) adjutant (M. bzw. F.), aide-de-camp (M. bzw. F.)
Adjutantin (F.) adjutant (F.), aide-de-camp (F.)
Administration (F.) administration (N.)
administrativ administrative (Adj.)
Administrativenteignung (F.) expropriation (N.) by administrative authorities, condemnation (N.) by administrative authorities
Admiral (M.) admiral (M.)
Admiralin (F.) admiral (F.)
adoptieren adopt (V.)
Adoption (F.) adoption (N.)
Adoptiveltern (Pl.) adoptive parents (Pl.)
Adoptivkind (N.) adoptive child
Adressat (M.) (Angebotsempfänger) offeree (M. bzw. F.)
Adressat (M.) (Normadressat) addressee (M. bzw. F.)
Adressatin (F.) offeree (F.), addressee (F.)
Adresse (F.) address (N.)
adressieren address (V.)
Advokat (M.) lawyer (M. bzw. F.)
Advokatin (F.) lawyer (F.)
Affekt (M.) emotional impulse (N.), uncontrollable impulse (N.)
Affektion (F.) affection (N.)
Affektionsinteresse (N.) sentimental interest (N.)
Affektionswert (M.) sentimental value (N.), imaginary value (N.)
Affidavit (N.) affidavit (N.)
affirmativ affirmative (Adj.)
Affront (M.) affront (N.), insult (N.)
Afrika (N.) Africa (F.)
Agende (F.) ritual (N.)
Agent (M.) agent (M. bzw. F.)
agent (M.) provocateur (franz.) agent provocateur (M. bzw. F.), entrapping person (M. bzw. F.)
Agentin (F.) agent (F.)
Agentur (F.) agency (N.)

Aggression (F.) aggression (N.)
aggressiv aggressive (Adj.)
aggressiver Notstand (M.) aggressive state (N.) of emergency
agieren act (V.)
Agio (N.) premium (N.)
Agnat (M.) agnate (M. bzw. F.)
Agnatin (F.) agnate (F.)
Agrarrecht (N.) agricultural law (N.)
Agrément (N.) agrément (N.) (franz.)
Ahn (M.) ancestor (M.), progenitor (M.)
ahnden punish (V.)
Ahne (F.) ancestress (F.)
Ahnfrau (F.) ancestress (F.)
Aids (N.) aids (N.)
Akademie (F.) academy (N.)
akademisch academic (Adj.)
akademischer Grad (M.) academical degree (N.), university degree (N.)
Akklamation (F.) acclamation (N.)
Akkord (M.) piecework (N.)
Akkordlohn (M.) piecework pay (N.), piece wage (N.), task wage (N.), job rate pay (N.)
akkreditieren accredit (V.)
Akkreditierung (F.) accreditation (N.)
Akkreditiv (N.) letter (N.) of credit, commercial credit (N.)
Akt (M.) act (N.), deed (N.)
Akte (F.) file (N.)
Akteneinsicht (F.) access (N.) to records, inspection (N.) of files
aktenkundig on the record, in the file
Aktenlage (F.) status (N.) of the case, record (N.) as it stands
Aktenversendung (F.) forwarding (N.) of records, dispatch (N.) of records
Aktenvortrag (M.) file lecture (N.), file report (N.)
Aktenzeichen (N.) reference number (N.), file number (N.), reference (N.)
Aktie (F.) share (N.) (brit.), stock (N.) (am.)
Aktienbuch (N.) share register (N.), register (N.) of shareholders (brit.), stock record book (N.) (am.)
Aktiengesellschaft (F.) joint-stock company (N.) (brit.), joint-stock corporation (N.) (am.), public company (N.) (brit.), corporation (N.) (am.)
Aktiengesetz (N.) Company Act (N.) (brit.), Corporation Act (N.) (am.)
Aktieninhaber (M.) shareholder (M. bzw. F.) (brit.), stockholder (M. bzw. F.) (am.)
Aktieninhaberin (F.) shareholder (F.) (br.), stockholder (F.) (am.)
Aktienrecht (N.) company law (N.) (brit.), corporation law (N.) (am.)
Aktion (F.) action (N.), operation (N.)
Aktionär (M.) shareholder (M. bzw. F.) (brit.), stockholder (M. bzw. F.) (am.)
aktiv active (Adj.)
Aktiva (N.Pl.) assets (N.Pl.)
aktives Wahlrecht (N.) right (N.) to vote, electoral franchise (N.)
Aktivlegitimation (F.) right (N.) to sue, right (N.) of action
Aktivschuld (F.) active debt (N.), outstanding debt (N.)
Aktivvertretung (F.) active representation (N.)
aktuell of immediate interest, immediate (Adj.), urgent (Adj.), up-to-date
Akzept (N.) acceptance (N.)
akzeptabel acceptable (Adj.)
Akzeptant (M.) acceptor (N.)
akzeptieren accept (V.)
Akzessorietät (F.) accessoriness (N.)
akzessorisch accessory (Adj.), incidental (Adj.)
akzidentiell accidential (Adj.)
Akzise (F.) excise (N.)
Alarm (M.) alarm (N.), warning (N.), alert (N.)
Alarmanlage (F.) burglar alarm (N.)
Albanien (N.) Albania (N.)
aleatorisch aleatory (Adj.)
alias alias, otherwise known as
Alibi (N.) alibi (N.)
Alimentation (F.) alimony (N.), maintenance (N.)
Alimentationstheorie (F.) theory (N.) of adequate remuneration of public officials
Alimente (N.Pl.) maintenance payments (N.Pl.)
aliud wrong good (N.)
Alkohol (M.) alcohol (N.)
Alkoholdelikt (N.) crime (N.) committed under the influence of alcohol
Alleinbezugsvertrag (M.) (Alleinbezugsvertrag im angloamerikanischen Recht) exclusive dealing agreement (N.)
Alleineigentum (N.) sole ownership (N.)

Alleinvertriebsvereinbarung (F.) exclusive sales agreement (N.)
allgemein common (Adj.), general (Adj.)
allgemeine Geschäftsbedingung (F.) standard term (N.) of business, standard trading condition (N.) (br.), general term and condition (N.) of trade, general term and condition (N.) of business
allgemeine Gütergemeinschaft (F.) universal partnership (N.)
allgemeine Gütergemeinschaft (F.) (allgemeine Gütergemeinschaft unter Ehegatten) general community (N.) of goods
allgemeine Handlungsfreiheit (F.) general freedom (N.) of action
allgemeine Staatslehre (F.) general political science (N.)
allgemeine Wahl (F.) general election (N.)
allgemeiner Rechtsgrundsatz (M.) general principle (N.) of law
allgemeiner Schaden (N.) (allgemeiner Schaden im angloamerikanischen Recht) general damage (N.)
allgemeiner Studentenausschuss (M.) students' committee (N.)
allgemeiner Teil (M.) general part (N.)
Allgemeines Abkommen über den Handel mit Dienstleistungen (GATS) GATS (N.) (General Agreement on Trade in Services), General Agreement (N.) on Trade in Services (GATS)
allgemeines Gesetz (N.) general law (N.), general act (N.)
allgemeines Gewaltverhältnis (N.) general relationship (N.) of subordination
Allgemeinverbindlichkeit (F.) universal validity (N.)
Allgemeinverfügung (F.) general disposition (N.)
Allgemeinwohl (N.) common weal (N.)
Allianz (F.) alliance (N.)
Alliierte (M.Pl.) allies (Pl.)
Allmende (F.) folkland (N.), commons (N.Pl.)
Allod (N.) allod (N.)
Allonge (F.) rider (N.)
alltäglich simple (Adj.)
Allzuständigkeit (F.) comprehensive jurisdiction (N.)
Alm (F.) alpine pasture (N.), alp (N.)
Almosen (N.) alms (N.Pl.)
Alpe (F.) alpine pasture (N.), alp (N.)
Altenteil (M.) retired farmer's portion (N.)
Altenteilsrecht (N.) law (N.) of retired farmers' portion
Alter (N.) age (N.)
alternativ alternative (Adj.)
Alternative (F.) alternative (N.)
Alternativobligation (F.) alternative obligation (N.)
Altersgrenze (F.) age limit (N.), retirement age (N.)
Altershilfe (F.) old age benefits (N.Pl.)
Alterspräsident (M.) chairman (M.) by seniority, Father (M.) of the House
Alterspräsidentin (F.) chairwoman (F.) by seniority, Mother (F.) of the House
Altersruhegeld (N.) retirement income (N.), retirement pension (N.), retirement benefits (N.Pl.)
Altersteilzeit (F.) old age part-time (N.)
Altersversorgung (F.) retirement income (N.), retirement pension (N.), retirement benefits (N.Pl.)
Ältestenrat (M.) Council (N.) of Elders
ambulant mobile (Adj.)
Amendement (N.) amendment (N.)
Amerika (N.) America (F.)
Amnestie (F.) amnesty (N.), general pardon (N.)
amnestieren amnesty (V.)
Amok (M.) amok (N.)
Amoklauf (M.) running amok (N.)
Amortisation (F.) amortization (N.), redemption (N.)
amortisieren amortize (V.), repay (V.) gradually
Amsterdamer Vertrag (M.) Amsterdam Treaty (N.), Treaty (N.) of Amsterdam
Amt (N.) agency (N.), office (N.), post (N.), function (N.), position (N.)
amtlich official (Adj.)
amtliches Wertzeichen (N.) official stamp (N.)
Amtmann (M.) bailiff (M. bzw. F.)
Amtmännin (F.) bailiff (F.)
Amtsanmaßung (F.) ursurpation (N.) of office, false assumption (N.) of authority
Amtsanwalt (M.) official solicitor (M. bzw. F.), public prosecutor (M. bzw. F.)
Amtsanwältin (F.) official solicitor (F.), public prosecutor (F.)

Amtsarzt (M.) official physician (M. bzw. F.), medical officer (M. bzw. F.) of health (brit.), medical examiner (M. bzw. F.) (am.)
Amtsärztin (F.) official physician (F.), medical officer (F.) of health (br.), medical examiner (F.) (am.)
Amtsbetrieb (M.) ex officio proceedings (N.Pl.)
Amtsblatt (N.) official journal (N.), official gazette (N.)
Amtsdelikt (N.) malfeasance (N.) in office, malpractice (N.) in office
Amtsermittlungsgrundsatz (M.) principle (N.) of official investigation
Amtsgericht (N.) local court (N.), magistrates' court (N.), county court (N.) (brit.), district court (N.) (am.)
Amtshaftung (F.) public liability (N.), liability (N.) for a public officer
Amtshilfe (F.) administrative aid (N.)
Amtshilfeersuchen (N.) rogatory letters (N.Pl.)
Amtspflegschaft (F.) ex officio curatorship (N.)
Amtspflicht (F.) official duty (N.)
Amtspflichtverletzung (F.) violation (N.) of official duty, breach (N.) of official duty
Amtsträger (M.) office-holder (M. bzw. F.), office-bearer (M. bzw. F.) (brit.), functionary (M. bzw. F.)
Amtsträgerin (F.) office-holder (F.), office-bearer (F.), functionary (F.)
Amtsvergehen (N.) malfeasance (N.) in office
Amtsverschwiegenheit (F.) official secrecy (N.)
Amtsvormundschaft (F.) ex officio guardianship (N.)
Amtswalter (M.) office bearer (M. bzw. F.), holder (M. bzw. F.) of an office
Amtswalterin (F.) office-bearer (F.), holder (F.) of an office (F.)
Amtszeit (F.) tenure (N.), term (N.) of office
an Zahlungs Statt in lieu of payment
analog analogous (Adj.)
analog by analogy (N.)
Analogie (F.) analogy (N.)
Analogieschluss (M.) argument (N.) by analogy, conclusion (N.) by analogy, parity (N.) of reasoning
Analogieverbot (N.) prohibition (N.) of analogy
Anarchie (F.) anarchy (N.)
anarchisch anarchical (Adj.)
Anarchist (M.) anarchist (M. bzw. F.)
Anarchistin (F.) anarchist (F.)
Anathema (N.) anathema (N.)
Anatozismus (M.) anatocism (N.)
anberaumen set (V.) down, fix (V.) a date
anbieten offer (V.), tender (V.)
Anbieter (M.) offeror (M. bzw. F.)
Anbieterin (F.) offeror (F.)
Anderkonto (N.) trust account (N.), client account (N.), nominee acount (N.)
ändern change (V.), alter (V.), amend (V.), modify (V.)
Änderung (F.) change (N.), alteration (N.), amendment (N.), modification (N.)
Änderung (F.) des rechtlichen Gesichtspunktes change (N.) of the legal aspect
Änderungskündigung (F.) notice (N.) of termination pending a change of contract
androhen threaten (V.), warn (V.)
Androhung (F.) threat (N.), warning (N.)
aneignen appropriate (V.), ursurp (V.)
Aneignung (F.) appropriation (N.), original occupancy (N.)
Anerbe (M.) exclusive heir (M. bzw. F.) to a farm, principal heir (M. bzw. F.)
Anerbin (F.) exclusive heiress (F.) to a farm, principal heiress (F.)
anerkennen acknowledge (V.), accept (V.)
Anerkenntnis (N.) attornment (N.), acknowledgement (N.), cognovit (N.) (in court)
Anerkenntnisurteil (N.) judgement (N.) by confession, decree (N.) by consent (in civil procedure)
Anerkennung (F.) faith (N.) and credit (N.)
Anerkennung (F.) (Anerkennung im Völkerrecht) recognition (N.)
Anfall (M.) accession (N.), accrual (N.), devolution (N.)
anfallen accrue (V.), become (V.) available
Anfang (M.) der Ausführung beginning (N.) of the commission of the act
anfänglich initial (Adj.), first (Adj.)
anfängliche Unmöglichkeit (F.) initial impossibility (N.)
anfechtbar voidable
Anfechtbarkeit (F.) (Angreifbarkeit) challengeability (N.), impeachability (N.)

Anfechtbarkeit (F.) (Urteilsanfechtbarkeit) appealability (N.), voidableness (N.)
Anfechtbarkeit (F.) (Willenserklärungsanfechtbarkeit) contestability (N.), voidability (N.)
anfechten (ein Urteil anfechten) appeal (V.)
anfechten (eine Willenserklärung anfechten) contest (V.), avoid (V.)
anfechten (einen Zeugen angreifen) impeach (V.), challenge (V.)
Anfechtung (F.) (Anfechtung einer Willenserklärung) avoidance (N.), contestation (N.), opposition (N.) to
Anfechtung (F.) (Anfechtung eines Urteils) appeal (N.) against
Anfechtung (F.) (Anfechtung eines Zeugen) impeachment (N.) of, challenge (N.), objection (N.) to
Anfechtungsgesetz (N.) creditor's avoidance of transfers act (N.)
Anfechtungsklage (F.) (Anfechtung einer Willenserklärung) action (N.) for avoidance
Anfechtungsklage (F.) (Anfechtungsklage gegen ein Urteil) action (N.) to set aside
Anfechtungsklage (F.) (Anfechtungsklage im Eherecht) action (N.) for annullment
Anfechtungsrecht (N.) (Anfechtungsrecht im angloamerikanischen Recht) right (N.) of avoidance
anfordern call (V.) in, request (V.)
Anforderung (F.) request (N.)
Anfrage (F.) inquiry (N.), interpellation (N.), question (N.)
anfragen ask (V.), inquire (V.)
Angabe (F.) assignment (N.), statement (N.), representation (N.)
angeben state (V.), denounce (V.)
angeblich alleged (Adj.)
Angebot (N.) bid (N.), offer (N.), proposal (N.), proffer (N.), tender (N.)
angehören belong (V.) to, pertain (V.) to
angehörig related (Adj.) to
Angehörige (F.) relative (F.)
Angehöriger (M.) relative (M. bzw. F.)
Angehörigkeit (F.) relationship (N.), kinship (N.)
Angeklagte (F.) accused (F.), defendant (F.)
Angeklagter (M.) accused (M. bzw. F.), defendant (M. bzw. F.)
Angelegenheit (F.) matter (N.), business (N.), affair (N.), concern (N.)
angemessen appropriate (Adj.), proper (Adj.), reasonable (Adj.)
Angeschuldigte (F.) person (F.) charged, indicted person (F.), accused (F.)
Angeschuldigter (M.) person (M. bzw. F.) charged, indicted person (M. bzw. F.), accused (M. bzw. F.)
angestellt employed (Adj.)
Angestellte (F.) employee (F.), salary earner (F.)
Angestelltenversicherung (F.) obligatory employee's insurance (N.)
Angestellter (M.) employee (M. bzw. F.), salary earner (M. bzw. F.)
angloamerikanisches Recht (N.) common law (N.)
angreifen assault (V.), attack (V.)
Angreifer (M.) attacker (M. bzw. F.)
Angreiferin (F.) attacker (F.)
angrenzen adjoin (V.)
Angriff (M.) attack (N.)
Angriffskrieg (M.) offensive war (N.), aggressive war (N.)
Angriffsnotstand (M.) aggressive state (N.) of emergency
Anhalt (M.) supporting fact (N.), clue (N.)
Anhang (M.) rider (N.), annex (N.) (am.)
anhängen append (V.), annexe (V.) (am.)
anhängig pending (Adj.), pendent (Adj.)
Anhängigkeit (F.) pendency (N.)
anheben raise (V.)
anheften affix (V.)
anhören grant (V.) a hearing, give (V.) the opportunity to be heard, give (V.) an audience
Anhörung (F.) hearing (N.)
Anklage (F.) accusation (N.), indictment (N.), charge (N.)
Anklagebank (F.) dock (N.)
Anklageerzwingung (F.) compelling (N.) the public prosecutor to prefer charges
Anklagemonopol (N.) sole right (N.) of the state to institute criminal proceedings
anklagen accuse (V.), charge (V.), indict (V.), impeach (V.)
Ankläger (M.) accuser (M. bzw. F.), indictor (M. bzw. F.), prosecutor (M. bzw. F.)
Anklägerin (F.) accuser (F.), indictor (F.), prosecutor (F.)

Anklageschrift (F.) indictment (N.), charge sheet (N.), bill (N.) of indictment
Anklageverlesung (F.) (Anklageverlesung in Großbritannien) arraignment (N.)
ankündigen announce (V.)
Ankündigung (F.) announcement (N.)
Anlage (F.) (Einrichtung) installation (N.), plant (N.), facilities (N.Pl.)
Anlage (F.) (Vermögenseinsatz) investment (N.), placement (N.)
Anlagevermögen (N.) fixed assets (N.Pl.), invested assets (N.Pl.), fixed capital (N.)
Anlandung (F.) alluvion (N.)
Anlass (M.) occasion (N.), motive (N.)
anlegen (einsetzen) invest (V.), place (V.)
Anleihe (F.) loan (N.), stock (N.) (brit.), bond (N.) (am.)
Anlieger (M.) adjacent owner (M. bzw. F.), abutter (M. bzw. F.)
Anliegerin (F.) adjacent owner (F.), abutter (F.)
anmelden register (V.)
Anmeldung (F.) registration (N.)
Anmerkung (F.) comment (N.)
Annahme (F.) acceptance (N.), taking delivery (N.)
Annahme als Kind (F.) adoption (N.)
Annahmeverzug (M.) default (N.) in acceptance, default (N.) in taking delivery, mora (N.) accipiendi (lat.)
annehmen accept (V.)
annektieren annex (V.)
Annex (M.) annex (N.), enclosure (N.)
Annexion (F.) annexiation (N.)
Annexkompetenz (F.) competence (N.) of annex schedule
annullieren cancel (V.), annul (V.)
Annullierung (F.) annulment (N.), cancellation (N.), rescission (N.)
anonym anonymous (Adj.)
Anonymität (F.) anonymity (N.)
anordnen order (V.), direct (V.)
Anordnung (F.) order (N.), directive (N.), precept (N.), injunction (N.)
Anordnung (F.) der aufschiebenden Wirkung order (N.) of suspensive effect
anormal abnormal (Adj.)
anpassen adjust (V.)
Anpassung (F.) adjustment (N.)
Anpassung (F.) der Wahlbezirke reapportionment (N.) (am.)
Anrecht (N.) right (N.), claim (N.)
anregen suggest (V.)
Anregung (F.) suggestion (N.)
ansässig resident (Adj.)
Anschein (M.) appearance (N.), semblance (N.)
anscheinend apparent (Adj.)
Anscheinsbeweis (M.) prima facie evidence (N.), half proof (N.)
Anscheinsgefahr (F.) apparent danger (N.)
Anscheinsvollmacht (F.) apparent authority (N.), ostensible authority (N.), agency (N.) by estoppel, agency (N.) by holding out
Anschlag (M.) attempt (N.)
anschlagen knock (V.)
anschließen connect (V.), add (V.), lock (V.)
Anschluss (M.) connection (N.), joinder (N.), affiliation (N.)
Anschlussberufung (F.) cross appeal (N.), counter-appeal (N.)
Anschlusskonkurs (M.) follow up bankruptcy (N.)
Anschlusspfändung (F.) second distress (N.), secondary attachment (N.)
Anschlussrevision (F.) counter-appeal (N.)
Anschlusszwang (M.) compulsory participation (N.)
anschuldigen accuse (V.), charge (V.)
Anschwemmung (F.) alluvion (N.)
ansetzen schedule (V.), fix (V.)
Ansetzen (N.) zur Tatbestandsverwirklichung begin (V.) with the realization of an offence
Ansicht (F.) opinion (N.), view (N.)
Ansichtssendung (F.) consignment (N.) for inspection, consignment (N.) on approval
Anspruch (M.) claim (N.), demand (N.), right (N.), title (N.), interest (N.), entitlement (N.)
Anspruchsgrundlage (F.) basis (N.) of claim, foundation (N.) of claim
Anspruchskonkurrenz (F.) concurring claims (N.Pl.)
Anstalt (F.) institution (N.), establishment (N.), foundation (N.)
Anstand (M.) decency (N.), propriety (N.)
ansteigen rise (V.), increase (V.)
anstellen engage (V.), employ (V.)
Anstellung (F.) engagement (N.), employment (N.)

Anstellungsbetrug (M.) employment fraud (N.)
Anstieg (M.) rise (N.), increase (N.)
anstiften instigate (V.), incite (V.), abet (V.)
Anstifter (M.) instigator (M. bzw. F.), abettor (M. bzw. F.), inciter (M. bzw. F.), suborner (M. bzw. F.)
Anstifterin (F.) instigator (F.), abettor (F.), inciter (F.), suborner (F.)
Anstiftung (F.) instigation (N.), subornation (N.), solicitation (N.), incitement (N.)
Anstiftung (F.) zu grundloser Prozessführung barratry (N.)
Anteil (M.) share (N.), part (N.), portion (N.), quota (N.), interest (N.), proportion (N.)
anteilig pro rata (Adj.), proportionate (Adj.)
Anteilseigner (M.) owner (M. bzw. F.) of a share, shareholder (M. bzw. F.) (brit.), stockholder (M. bzw. F.) (am.)
Anteilseignerin (F.) owner (F.) of a share, shareholder (F.) (br.), stockholder (F.) (am.)
Anteilsschein (M.) share certificate (N.)
Antichrese (F.) antichresis (N.), Welsh mortgage (N.)
Antidiskriminierung (F.) affirmative action (N.)
Antinomie (F.) antinomy (N.)
Antisemitismus (M.) antisemitism (N.)
antizipieren anticipate (V.)
Antrag (M.) application (N.), motion (N.), proposition (N.), submission (N.), petition (N.), request (N.)
Antragsdelikt (N.) offence (N.) requiring an application for prosecution
Antragsteller (M.) claimant (M. bzw. F.), appellant (M. bzw. F.)
Antragstellerin (F.) claimant (F.), appellant (F.)
Antwort (F.) answer (N.), reply (N.)
antworten answer (V.), reply (V.)
anvertrauen trust (V.)
anwachsen augment (V.), accrue (V.), increase (V.)
Anwachsung (F.) accretion (N.), accrual (N.)
Anwalt (M.) lawyer (M. bzw. F.), advocate (M. bzw. F.), councel (M. bzw. F.), solicitor (M. bzw. F.) (brit.), barrister (M. bzw. F.) (brit.), attorney (M. bzw. F.) (am.), attorney (M. bzw. F.) at law (am.)
Anwältin (F.) lawyer (F.), advocate (F.), councel (F.), solicitor (F.) (br.), barrister (F.) (br.), attorney (F.) (am.), attorney (F.) at law (am.)
Anwaltschaft (F.) bar (N.), the bar (N.), attorneyship (N.), advocacy (N.)
Anwaltschinesisch (N.) boilerplate (N.)
Anwaltsgebühr (F.) attorney's fee (N.), legal fee (N.), solicitor's fee (N.), barrister's fee (N.)
Anwaltsgehilfe (M.) clerk (M. bzw. F.), lawyer's secretary (F.)
Anwaltsgehilfin (F.) clerk (F.), lawyer's secretary (F.)
Anwaltskammer (F.) Inn (N.) of Court (brit.), bar association (N.) (am.), law society (N.)
Anwaltsnotar (M.) notary-advocate (M. bzw. F.)
Anwaltsprozess (M.) litigation (N.) with necessary representation by lawyers
Anwaltszwang (M.) mandatory representation (N.) by lawyers
Anwärter (M.) candidate (M. bzw. F.), aspirant (M. bzw. F.)
Anwärterin (F.) candidate (F.), aspirant (F.)
Anwartschaft (F.) expectancy (N.), future interest (N.), future estate (N.)
Anwartschaft (F.) (Anwartschaft im Erbrecht) remainder (N.)
Anwartschaftsrecht (N.) expectancy (N.), expectant right (N.), contingent right (N.)
anweisen order (V.), direct (V.), give (V.) instructions
anweisen (Geld anweisen) remit (V.), assign (V.), instruct (V.)
Anweisung (F.) order (N.), directive (N.), remittance (N.), direction (N.), instruction (N.)
anwendbar applicable (Adj.)
anwenden use (V.), utilize (V.)
Anwender (M.) user (M.)
Anwenderin (F.) user (F.)
Anwendung (F.) use (N.), application (N.), utilization (N.), usage (N.)
anwerben solicit (V.)
Anwesen (N.) real estate (N.), premises (N.Pl.)
anwesend present (Adj.)
Anwesenheit (F.) presence (N.)

anzahlen make (V.) a down payment, make (V.) a first install
Anzahlung (F.) down payment (N.), payment (N.) on account, deposit (N.)
Anzeichen (N.) indication (N.)
Anzeige (F.) announcement (N.), notice (N.), notification (N.)
Anzeige (F.) (Anzeige bei der Polizei) report (N.)
Anzeige (F.) (Anzeige bei einer Behörde) charge (N.), denunciation (N.)
anzeigen report (V.), give (V.) notice
Anzeigepflicht (F.) obligation (N.) to report to the police, obligation (N.) to notify
anzeigepflichtig notifiable (Adj.), reportable (Adj.)
Apanage (F.) appanage (N.)
apostolisch apostolic (Adj.)
Apotheke (F.) chemist's shop (N.), pharmacy (N.) (am.), drugstore (N.) (am.)
Apotheker (M.) chemist (M. bw. F.), pharmacist (M. bzw. F.), druggist (M. bzw. F.) (am.)
Apothekerin (F.) chemist (F.), druggist (F.)
Appellation (F.) appeal (N.)
Appellationsgericht (N.) court (N.) of appeal
appellieren appeal (V.)
Approbation (F.) licence (N.) to practice (brit.), license (N.) to practice (am.)
approbieren approbate (V.), admit (V.), license (V.)
äquivalent equivalent (Adj.)
Äquivalenz (F.) equivalence (N.)
Äquivalenzprinzip (N.) principle (N.) of equivalence
Äquivalenztheorie (F.) theory (N.) of equivalent consideration
Arbeit (F.) work (N.), job (N.), employment (N.), labour (N.) (brit.), labor (N.) (am.)
arbeiten work (V.), be (V.) employed
Arbeiter (M.) worker (M. bzw. F.), labourer (M. bzw. F.) (brit.), laborer (M. bzw. F.) (am.)
Arbeiterin (F.) worker (F.), labourer (F.) (brit.), laborer (F.) (am.)
Arbeitgeber (M.) employer (M. bzw. F.), principal (M. bzw. F.)
Arbeitgeberanteil (M.) employer's share (N.), employer's contribution (N.)
Arbeitgeberhaftung (F.) (Arbeitgeberhaftung im angloamerikanischen Recht) respondeat superior (M.) (lat.)
Arbeitgeberin (F.) employer (F.), principal (F.)
Arbeitgeberverband (M.) employer's association (N.)
Arbeitnehmer (M.) jobholder (M. bzw. F.), employee (M. bzw. F.)
arbeitnehmerähnlich quasi-employee (Adj.)
Arbeitnehmerentsendegesetz (N.) Employee Sending Act (N.)
Arbeitnehmererfindung (F.) employee invention (N.)
Arbeitnehmerfreibetrag (M.) earned income relief (N.), employee exempted amount (N.)
Arbeitnehmerhaftung (F.) liability (N.) of employees
Arbeitnehmerin (F.) jobholder (F.), employee (F.)
Arbeitnehmerüberlassung (F.) personnel leasing (N.)
Arbeitsamt (N.) labour exchange (N.) (brit.), employment exchange (N.) (brit.), labor office (N.) (am.), employment office (N.) (am.), job centre (N.)
Arbeitsbereitschaft (F.) willingness (N.) to work
Arbeitsbewilligung (F.) green card (N.) (am.), work permit (N.)
Arbeitsdirektor (M.) labour director (M. bzw. F.) (brit.), labor-relations director (M. bzw. F.) (am.)
Arbeitsdirektorin (F.) labour director (F.) (br.), labor-relations director (F.) (am.)
Arbeitseinkommen (N.) earned income (N.)
Arbeitsförderung (F.) employment promotion (N.), promotion (N.) of job creation
Arbeitsgericht (N.) labour court (N.) (brit.), labor court (N.) (am.), industrial tribunal (N.)
Arbeitskampf (M.) industrial dispute (N.), labour struggle (N.) (brit.), labor struggle (N.) (am.)
Arbeitskraft (F.) manpower (N.), worker (M. bzw. F.)
Arbeitslohn (M.) wage (N.), pay (N.)
arbeitslos unemployed (Adj.), out of work (Adj.), jobless (Adj.)

Arbeitslosengeld (N.) unemployed benefit (N.)
Arbeitslosenhilfe (F.) unemployment support (N.)
Arbeitslosenversicherung (F.) unemployment insurance (N.)
Arbeitslosigkeit (F.) unemployment (N.)
Arbeitsmündigkeit (F.) minimum age (N.) for employment
Arbeitsprozess (M.) operation (N.), production process (N.)
Arbeitsrecht (N.) industrial law (N.), employment law (N.), labour law (N.) (brit.), labor law (N.) (am.)
Arbeitsschutz (M.) industrial safety (N.)
Arbeitssicherheit (F.) on-the-job safety (N.)
Arbeitssicherheitsgesetz (N.) Act (N.) on safety at work
Arbeitsstätte (F.) place (N.) of work
arbeitsunfähig unfit (Adj.) for work
Arbeitsunfähigkeit (F.) inability (N.) to work, unfitness (N.) to work
Arbeitsunfall (M.) occupational accident (N.)
Arbeitsverhältnis (N.) employment (N.), employment relationship (N.), master-servant-relation (N.)
Arbeitsvermittlung (F.) procurement (N.) of work, employment placement service (N.)
Arbeitsvertrag (M.) contract (N.) of employment, employment contract (N.), labour contract (N.) (brit.), labor contract (N.) (am.), service contract (N.)
Arbeitsvertrag (M.) mit Gewerkschaftsbeitrittsverbot yellowdog contract (N.)
Arbeitsverwaltung (F.) employment authorities (N.Pl.), employment services (N.Pl.)
Arbeitszeit (F.) work hours (N.Pl.), working time (N.)
Arbeitszeitsrechtsgesetz (N.) Act (N.) on hours of work
Arbitrage (F.) arbitrage (N.)
arbiträr arbitrary (Adj.)
archaisch archaic (Adj.)
Architekt (M.) architect (M. bzw. F.)
Architektenrecht (N.) law (N.) concerning architects
Architektin (F.) architect (F.)
Archiv (N.) archive (N.)
Arglist (F.) malevolence (N.), malice (N.)
arglistig malevolent (Adj.), malicious (Adj.)
arglistige Täuschung (F.) wilful deceit (N.), fraudulent misinterpretation (N.)
arglos unsuspecting (Adj.)
Argument (N.) argument (N.), reasoning (N.)
argumentieren argue (V.), reason (V.)
Argwohn (M.) suspicion (N.), distrust (N.)
Aristokrat (M.) aristocrat (M. bzw. F.)
Aristokratie (F.) aristocracy (N.)
Aristokratin (F.) aristocrat (F.)
Armee (F.) army (N.)
Armenrecht (N.) poverty law (N.), legal aid (N.)
Arrest (M.) arrest (N.), seizure (N.), apprehension (N.), taking (N.) into custody, confinement (N.)
arrestieren arrest (V.), apprehend (V.), take (V.) into custody
arrha (F.) (lat.) earnest (N.), earnest money (N.)
arrondieren round (V.) off
Arschloch (N.) arsehole (N.)
Art (F.) (Gattung) kind (N.), type (N.)
Art (F.) (Methode) mode (N.)
Artenschutz (M.) protection (N.) of endangered species
Artikel (M.) article (N.)
Arznei (F.) medicine (N.), remedy (N.)
Arzneimittel (N.) medicine (N.), medical preparation (N.)
Arzneimittelgesetz (N.) Medical Preparations Act (N.)
Arzt (M.) doctor (M. bzw. F.), physician (M. bzw. F.), medical practitioner (M. bzw. F.)
Ärztin (F.) doctor (F.), physician (F.), medical practitioner (F.)
ärztlich medical (Adj.)
Arztrecht (N.) law (N.) concerning medical doctors
Asien (N.) Asia (N.)
asozial asocial (Adj.), unsocial (Adj.)
Asperationsprinzip (N.) principle (N.) of asperity
Aspirant (M.) aspirant (M. bzw. F.)
Aspirantin (F.) aspirant (F.)
Assekuranz (F.) insurance (N.), assurance (N.)
Assessor (M.) junior judge (M. bzw. F.), associate judge (M. bzw. F.)

Assessorin (F.) junior judge (F.), associate judge (F.)
Assisengericht (N.) (Assisengericht in Großbritannien) assize court (N.)
Assistent (M.) assistant (M. bzw. F.), aide (M. bzw. F.)
Assistentin (F.) assistant (F.), aide (F.)
Assoziation (F.) association (N.)
assoziieren associate (V.)
Asyl (N.) asylum (N.), sanctuary (N.), refuge (N.)
Asylant (M.) asylum seeker (M. bzw. F.)
Asylantin (F.) asylum seeker (F.)
Asylrecht (N.) (Asylrechtsanspruch) right (N.) of sanctuary
Asylrecht (N.) (Asylrechtsordnung) law (N.) of asylum
Aszendent (M. bzw. F.) ascendant (M. bzw.F.)
Aszendentin (F.) ascendant (F.)
Atomgesetz (N.) atomic energy law (N.)
Attaché (M.) attaché (M.)
Attentat (N.) assassination (N.), assassination attempt (N.)
Attentäter (M.) assassinator (M. bzw. F.), assassin (M. bzw. F.)
Attentäterin (F.) assassinator (F.), assassin (F.)
Attest (N.) certificate (N.)
Audienz (F.) audience (N.), formal reception (N.)
aufbewahren keep (V.)
Aufbrauchsfrist (F.) deadline (N.) for using up
aufdecken disclose (V.), reveal (V.)
Aufenthalt (M.) stay (N.), sojourn (N.), residence (N.)
Aufenthaltserlaubnis (F.) residence permit (N.)
Aufenthaltsgenehmigung (F.) residence permit (N.)
Aufenthaltsort (M.) place (N.) of residence, abode (N.), whereabouts (N.Pl.)
auferlegen impose (V.), enjoin (V.)
auffordern request (V.), call (V.) on
Aufforderung (F.) request (N.), demand (N.), requisition (N.)
Aufgabe (F.) task (N.), function (N.), duty (N.)
aufgeben abandon (V.), leave (V.), quit (V.)
Aufgebot (N.) (Aufgebot einer Behörde) public invitation (N.) to assert claims
Aufgebot (N.) (Aufgebot im Eherecht) banns (N.) of matrimony, notice (N.) of an intended marriage
Aufgebotsverfahren (N.) public citation (N.), public summons (N.)
Aufgeld (N.) premium (N.), agio (N.), surcharge (N.)
aufheben lift (V.), cancel (V.), reverse (V.), repeal (V.), rescind (V.), overrule (V.), abolish (V.)
aufheben (ein Gesetz beseitigen) abrogate (V.)
Aufhebung (F.) reversal (N.), repeal (N.), cancellation (N.)
aufhetzen incite (V.), stir (V.) up
Aufhetzung (F.) incitement (N.)
aufklären clarify (V.), clear (V.) up
Aufklärung (F.) clarification (N.), clearing-up (N.)
Aufklärung (F.) (Wahrheitsfindung) detection (N.)
Aufklärung (F.) (Zeit der Aufklärung) enlightenment (N.)
Aufklärungspflicht (F.) duty (N.) to provide clarification, duty (N.) to disclose
Aufklärungspflichtverletzung (F.) (Aufklärungspflichtverletzung im angloamerikanischen Recht) failure (N.) to warn
Aufklärungsquote (F.) detection rate (N.)
Auflage (F.) imposition (N.), condition (N.), burden (N.)
auflassen (eine Anlage schließen) close (V.) down
auflassen (über den Eigentumsübergang an einem Grundstück einig werden) convey (V.)
Auflassung (F.) conveyance (N.) of land, closing (N.) of title
Auflassungsvormerkung (F.) priority notice (N.) of conveyance, caution (N.) of conveyance
Auflauf (M.) unlawful assembly (N.), riot (N.)
auflaufen acccrue (V.), accumulate (V.)
auflösen dissolve (V.), resolve (V.), annul (V.)
auflösende Bedingung (F.) condition (N.) subsequent
Auflösung (F.) dissolution (N.), annulment (N.), liquidation (N.)

aufopfern sacrifice (V.)
Aufopferung (F.) sacrifice (N.)
Aufopferungsanspruch (M.) denial damage (N.)
Aufopferungstheorie (F.) theory (N.) of denial damage
aufrechnen set (V.) off (brit.), offset (V.) (am.)
Aufrechnung (F.) set-off (N.) (brit.), setoff (N.) (am.), recoupment (N.)
Aufruf (M.) call (N.)
aufrufen call (V.)
Aufruhr (M.) insurrection (N.), rebellion (N.), revolt (N.), riot (N.)
Aufrührer (M.) fomenter (M. bzw. F.), agitator (M. bzw. F.)
Aufrührerin (F.) fomenter (F.), agitator (F.)
aufschieben postpone (V.), defer (V.), put (V.) off
aufschiebende Bedingung (F.) suspensive condition (N.)
aufschiebende Wirkung (F.) suspensory effect (N.), suspensive effect (N.)
Aufschub der Strafvollstreckung (M.) stay (N.) of execution
Aufseher (M.) supervisor (M. bzw. F.), overseer (M. bzw. F.), warder (M. bzw. F.)
Aufseherin (F.) supervisor (F.), overseer (F.), warder (F.)
Aufsicht (F.) supervision (N.), care (N.), control (N.)
Aufsichtsbehörde (F.) supervisory authority (N.)
Aufsichtspflicht (F.) supervising duty (N.)
Aufsichtsrat (M.) board (N.), directorate (N.)
Aufsichtsrat (M.) (einer Gesellschaft) supervisory board (N.), board (N.) of trustees, board (N.) of directors
aufspüren trace (V.)
Aufstand (M.) uprising (N.), insurrection (N.), rebellion (N.)
aufstellen set (V.) up, lay (V.) down, state (V.), prepare (V.), nominate (V.), compile (V.), stand (V.) for (brit.), run (V.) for (am.)
Aufstellung (F.) setting up (N.), arrangement (N.), statement (N.), preparation (N.), nomination (N.), specification (N.), itemization (N.) (am.)
aufteilen divide (V.) up, share (V.)
Auftrag (M.) mandate (N.), commission (N.), order (N.)
Auftraggeber (M.) mandator (M. bzw. F.), principal (M. bzw. F.), customer (M. bzw. F.)
Auftraggeberin (F.) mandator (F.), principal (F.), customer (F.)
Auftragnehmer (M.) consignee (M. bzw. F.), contractor (M. bzw. F.)
Auftragnehmerin (F.) consignee (F.), contractor (F.)
Auftragsangelegenheit (F.) delegated function (N.), matter (N.) handled upon request
Auftragsbestätigung (F.) acknowledgement (N.) of an order, confirmation (N.) of an order
Auftragsgeschäft (N.) commission business (N.)
Auftragsverhältnis (N.) (Auftragsverhältnis im angloamerikanischen Recht) gratuitous undertaking (N.)
Auftragsverwaltung (F.) administration (N.) by commission
Aufwand (M.) expense (N.), expenditure (N.)
Aufwandsentschädigung (F.) expense allowance (N.), representation allowance (N.)
aufwenden spend (V.), use (V.), expend (V.)
Aufwendung (F.) expense (N.), expenditure (N.), outlay (N.)
Aufwendungserstattung (F.) reimbursement (N.) of expenses
aufwerten revalue (V.), revaluate (V.)
Aufwertung (F.) revaluation (N.)
aufwiegeln incite (V.), stir (V.) up
aufzeichnen (mitschreiben) record (V.)
Aufzeichnung (F.) record (N.), recording (N.), memorandum (N.)
Augenschein (M.) inspection (N.), judicial view (N.)
Augenzeuge (M.) eyewitness (M. bzw. F.)
Augenzeugin (F.) eyewitness (F.)
Auktion (F.) auction (N.), public sale (N.)
Auktionator (M.) auctioneer (M. bzw. F.)
Auktionatorin (F.) auctioneer (F.)
ausbilden train (V.), educate (V.)
Ausbildende (F.) vocational instructor (F.), master craftswoman (F.)
Ausbildender (M.) vocational instructor (M. bzw. F.), master craftman (M.), master craftsman (M.)

Ausbildung (F.) training (N.), professional training (N.), vocational training (N.)
Ausbildungsförderung (F.) promotion (N.) of vocational training
ausbleiben fail (V.) to appear, be (V.) absent
Ausbleiben (N.) non-appearance (N.), failure (N.) to appear
ausbrechen escape (V.), break (V.) out
Ausbruch (M.) escape (N.), jailbreak (N.) (am.)
ausbürgern expatriate (V.), denationalize (V.), deprive (V.) of citizenship
Ausbürgerung (F.) expatriation (N.), deprival (N.) of citizenship, denaturalization (N.)
ausdrücklich explicit (Adj.), express (Adj.)
Ausdrücklichkeitsgebot (N.) requirement (N.) of explicit expression
auseinandersetzen (teilen) divide (V.), partition (V.)
Auseinandersetzung (F.) partition (N.), division (N.), distribution (N.), apportionment (N.)
Ausfall (M.) shortfall (N.), loss (N.), breakdown (N.)
Ausfallhaftung (F.) (Ausfallhaftung im angloamerikanischen Recht) secondary liability (N.)
Ausfallzeit (F.) lost period of time (N.), insurance shortfall (N.)
ausfertigen exemplify (V.), make (V.) an authentic copy, engross (V.)
Ausfertigung (F.) official copy (N.), authentic copy (N.), engrossment (N.), antigraphy (N.), transcript (N.)
ausforschen sound (V.) out, explore (V.)
Ausforschung (F.) exploratory soundings (N.Pl.), sounding (N.) out
Ausforschungsbeweis (M.) discovery (N.), inquiry (N.)
Ausforschungsbeweisantrag (M.) application (N.) to carry out inquiries
Ausfuhr (F.) export (N.)
ausführen (ein Gesetz ausführen) implement (V.), execute (V.)
Ausfuhrerlaubnis (F.) export permit (N.), export licence (N.), export license (N.) (am.)
Ausführung (F.) (Ausführung eines Gesetzes) implementation (N.), execution (N.)
Ausführungsgesetz (N.) implementation law (N.), regulatory statute (N.)
Ausführungsverordnung (F.) implementing ordinance (N.)
ausfüllen fill (V.) in, complete (V.)
Ausfüllungsbefugnis (F.) authority (N.) to complete
Ausgabe (F.) expense (N.), expenditure (N.), disbursement (N.), outlay (N.), issue (N.)
ausgeben give (V.), distribute (V.), spend (V.), issue (V.), emit (V.)
ausgeübter Gewerbebetrieb (M.) industrial enterprise (N.) in exercise
Ausgleich (M.) adjustment (N.), equalization (N.)
Ausgleich (M.) (Ersatz eines Schadens) compensation (N.)
ausgleichen adjust (V.), equalize (V.), balance (V.)
ausgleichen (einen Schaden ersetzen) compensate (V.)
Ausgleichsabgabe (F.) equalization levy (N.), countervailing levy (N.), compensatory charge (N.), compensatory tax (N.)
Ausgleichsanspruch (M.) compensation claim (N.), equalization claim (N.), right (N.) of contribution
Auskunft (F.) information (N.), disclosure (N.)
Auskunftsklage (F.) claim (N.) to be entitled to discovery
Auskunftspflicht (F.) obligation (N.) to disclose, duty (N.) to give information
Auskunftsverweigerungsrecht (N.) right (N.) to refuse to give information, privilege (N.) of non-disclosure
ausladen unload (V.), discharge (V.), unship (V.)
Auslage (F.) expense (N.), disbursement (N.), outlay (N.)
Ausland (N.) foreign countries (N.Pl.)
Ausländer (M.) foreigner (M. bzw. F.), alien (M. bzw. F.)
Ausländerin (F.) foreigner (F.), alien (F.)
Ausländerrecht (N.) law (N.) concerning foreign nationals
ausländisch foreign (Adj.)
Auslandsdelikt (N.) offence (N.) commited in a foreign country
auslegen interpret (V.), construe (V.)

Auslegung (F.) interpretation (N.), construction (N.)
ausleihen lend (V.), loan (V.)
ausliefern (an ausländische Behörden ausliefern) extradite (V.)
Auslieferung (F.) (Auslieferung an ausländische Behörden) extradition (N.)
Auslieferungshaft (F.) custody (N.), pending extradition (N.)
Auslieferungsverbot (N.) prohibition (N.) of extraditing someone
Auslieferungsvertrag (M.) extradition treaty (N.)
ausloben offer (V.) as a reward
Auslobung (F.) public promise (N.), public offer (N.) of reward
auslosen choose (V.) by lot, draw (V.) by lot
Auslosung (F.) drawing (N.) of lots, premature redemption (N.) of bonds
Ausnahme (F.) exception (N.)
Ausnahmegericht (N.) special tribunal (N.)
Ausnahmezustand (M.) state (N.) of emergency
ausreichend sufficient (Adj.), adequate (Adj.)
Aussage (F.) testimony (N.), statement (N.) of a witness, evidence (N.)
Aussageerpressung (F.) extortion (N.) of statements
Aussagegenehmigung (F.) permission (N.) to give evidence
aussagen testify (V.), give (V.) evidence
Aussagenotstand (M.) testimony (N.) under duress
Aussagepflicht (F.) duty (N.) to give evidence
Aussageverweigerungsrecht (N.) privilege (N.) to refuse to give evidence, right (N.) to remain silent
ausschlagen (nicht annehmen) disclaim
ausschlagen (sich nicht einverstanden erklären) decline (V.)
Ausschlagung (F.) disclaimer (N.), renouncement (N.) of succession, turning (N.) down, disclaimer (N.), non-acceptance (N.)
ausschließen exclude (V.), preclude (V.), rule (V.) out
ausschließlich exclusive (Adj.)
ausschließliche Gesetzgebung (F.) exclusive legislation (N.)
ausschließliche Gesetzgebungskompetenz (F.) (des Kongresses der Vereinigten Staaten von Amerika) preemption (N.) (am.)
Ausschließung (F.) exclusion (N.), preclusion (N.), expulsion (N.)
Ausschluss (M.) exclusion (N.), preclusion (N.), expulsion (N.)
Ausschlussfrist (F.) time (N.) of preclusion, preclusive period (N.), exclusive time limit (N.)
Ausschuss (M.) committee (N.), board (N.), commission (N.)
Außenbereich (M.) external sphere (N.), external undeveloped land (N.)
Außenminister (M.) foreign minister (M. bzw. F.), Foreign Secretary (M. bzw. F.) (brit.), Secretary (M. bzw. F.) of State (am.)
Außenministerin (F.) foreign minister (F.), Foreign Secretary (F.) (br.), Secretary (F.) of State (am.)
Außenministerium (N.) foreign ministry (N.), Foreign Office (N.) (brit.), State Department (N.) (am.)
Außenprüfung (F.) field (N.) auditing, independent audit (N.)
Außenseiter (M.) outsider (M. bzw. F.)
Außenseiterin (F.) outsider (F.)
Außensteuerrecht (N.) external law (N.) of taxation
Außenverhältnis (N.) external relationship (N.), relation (N.) to third parties
Außenvollmacht (F.) external power (N.) of agency
Außenwirtschaft (F.) foreign trade (N.)
Außenwirtschaftsrecht (N.) law (N.) of foreign trade
außer except (Konj.)
außer Kraft setzen abrogate (V.), rescind (V.), overrule (V.)
außergerichtlich extrajudicial (Adj.), out of court (Adj.)
außergewöhnlich exceptional (Adj.), extraordinary (Adj.)
äußern utter (V.), comment (V.)
außerordentlich extraordinary (Adj.)
außerordentliche Kündigung (F.) extraordinary termination (N.)
Äußerung (F.) remark (N.)
aussetzen (in eine hilflose Lage verbringen) abandon (V.), expose (V.)

aussetzen (unterbrechen) stay (V.), suspend (V.)
Aussetzung (F.) (Unterbrechung) suspension (N.)
Aussetzung (F.) (Verbringung in eine hilflose Lage) exposure (N.), abandonment (N.)
Aussiedler (M.) repatriate (M. bzw. F.), newly settled farmer (M. bzw. F.)
Aussiedlerin (F.) repatriate (F.), newly settled farmer (F.)
aussondern segregate (V.), sort (V.) out, single (V.) out
Aussonderung (F.) segregation (N.), assertion (N.) of rights of ownership against the bankrupt's estate
aussperren lock (V.) out
Aussperrung (F.) lockout (N.)
ausspielen play (V.), outplay (V.), give (V.) as a prize
Ausspielvertrag (M.) lottery contract (N.)
aussprechen communicate (V.)
Ausstand (M.) strike (N.), walkout (N.)
ausstatten fit (V.) out, equip (V.), provide (V.)
Ausstattung (F.) equipment (N.), advancements (N.Pl.)
ausstehend outstanding (Adj.), receivable (Adj.)
ausstellen draw (V.) up, issue (V.)
Aussteller (M.) drawer (M. bzw. F.) of a bill
Aussteller (M.) (Aussteller eines Wechsels) maker (M. bzw. F.), drawer (M. bzw. F.)
Ausstellerin (F.) drawer (F.), drawer (F.) of a bill, maker (F.)
Ausstellung (F.) issue (N.), making (N.) out, drawing (N.), execution (N.)
Aussteuer (F.) trousseau (N.), dowry (N.)
Austausch (M.) exchange (N.), interchange (N.), substitution (N.)
austauschen exchange (V.), interchange (V.), substitute (V.)
Austauschpfändung (F.) levy (N.) of execution in exchange
austreten withdraw (V.), resign (V.) from membership
Austritt (M.) withdrawal (N.), resignation (N.) of membership
ausüben exercise (V.), practise (V.), serve (V.)
Ausübung (F.) exercise (N.)
Ausübungsermächtigung (F.) power (N.) to exercise a right
Ausverkauf (M.) clearance sale (N.), selling off (N.), sale (N.)
Auswahl (F.) selection (N.)
auswählen select (V.)
auswandern emigrate (V.)
Auswanderung (F.) emigration (N.)
Auswanderungsbetrug (M.) fraudulent enticement (N.) to emigrate
auswärtig exterior (Adj.), foreign (Adj.), non-resident (Adj.)
auswärtige Angelegenheit (F.) foreign affair (N.)
auswärtiger Dienst (M.) foreign service (N.)
ausweichen avoid (V.), evade (V.)
Ausweis (M.) identity card (N.), identification document (N.), proof (N.) of identity, pass (N.)
ausweisen (außer Landes verbringen) expel (V.), deport (V.)
ausweisen (zu erkennen geben) disclose (V.), prove (V.), identify (V.)
Ausweismissbrauch (M.) misuse (N.) of identification papers
Ausweispflicht (F.) obligation (N.) to carry identification papers, requirement (N.) in respect of publication
Ausweisung (F.) expulsion (N.), deportation (N.)
auswirken affect (V.), bear (V.) on
Auswirkung (F.) effect (N.), influence (N.)
auszahlen pay (V.) off, disburse (V.)
Auszahlung (F.) disbursement (N.)
Auszubildende (F.) trainee (F.), apprentice (F.)
Auszubildender (M.) trainee (M. bzw. F.), apprentice (M. bzw. F.)
Auszug (M.) abstract (N.), extract (N.)
authentisch authentical (Adj.), genuine (Adj.)
authentische Interpretation (F.) authentical interpretation (N.)
Autobahn (F.) motorway (N.) (brit.), superhighway (N.) (am.), turnpike (N.) (am.)
Automat (M.) automatic machine (N.)
Automat (M.) (Verkaufsautomat) slot machine (N.)
Automatenmissbrauch (M.) purloining (N.) automats, misuse (N.) of automatic machines, misuse (N.) of slot machines

automatisch automatic (Adj.), ipso facto (lat.)
autonom autonomous (Adj.)
Autonomie (F.) autonomy (N.), home rule (N.)
Autopsie (F.) autopsy (N.), necropsy (N.), post-mortem examination (N.)
Autor (M.) author (M. bzw. F.), writer (M. bzw. F.)
Autorin (F.) author (F.), writer (F.)
autorisieren authorize (V.)
Aval (M.) aval (N.), bank guarantee (N.), suretyship (N.)
Avis (M.) advice note (N.)
Axiom (N.) axiom (N.)

B

baccalaureus (M.) (lat.) bachelor (M. bzw. F.)
Baden (N.) Baden (F.)
Baden-Württemberg (N.) Baden-Württemberg (F.)
Bagatelldelikt (N.) petty offence (N.), minor offence (N.)
Bagatelle (F.) bagatelle (N.), petty matter (N.), small matter (N.)
Bagatellsache (F.) petty case (N.), small claim (N.)
Bahn (F.) railway (N.)
Bahnpolizei (F.) railway police (N.)
Baisse (F.) slump (N.), fall (N.), drop (N.)
Bande (F.) gang (N.)
Bandendiebstahl (M.) theft (N.) committed by a gang
Bandit (M.) bandit (M.), gangster (M.)
Banditin (F.) bandit (F.), gangster (F.)
Bank (F.) bank (N.), banking house (N.)
Bankakzept (N.) banker's acceptance (N.), bank acceptance (N.)
Bankbürgschaft (F.) bank guarantee (N.), security note (N.) of a bank
Bankeinlage (F.) bank deposit (N.), savings deposit (N.)
Bankenpfandrecht (N.) banker's lien (N.)
Bankgeheimnis (N.) banker's discretion (N.), banker's privilege (N.), banking secrecy (N.)
Bankgeschäft (N.) banking (N.), bank transaction (N.)
Bankier (M.) banker (M. bzw. F.)
Bankierin (F.) banker (F.)
Bankkonto (N.) banking account (N.), bank account (N.), account (N.)
Banknote (F.) note (N.), bank note (N.), bill (N.) (am.)
Bankomat (M.) cash dispenser (N.)
Bankrecht (N.) banking law (N.)
bankrott bankrupt (Adj.)
Bankrott (M.) bankruptcy (N.), insolvency (N.)
Bankrotteur (M.) defaulter (M. bzw. F.), bankrupt person (M. bzw. F.)
Bankrotteurin (F.) defaulter (F.), bankrupt person (F.)
Bann (M.) (Kirchenbann) ban (N.), excommunication (N.), anathema (N.)
Bannkreis (M.) protected zone (N.), precincts (N.Pl.)
Bannmeile (F.) neutral zone (N.), precincts (N.Pl.)
bar cash (Adj.)
Bargebot (N.) cash bid (N.)
Bargeld (N.) ready cash (N.), cash (N.), ready money (N.)
Barkauf (M.) cash purchase (N.), purchase (N.) for cash
Barscheck (M.) open cheque (N.) (brit.), payable check (N.) (am.), uncrossed cheque (N.)
Barzahlung (F.) cash payment (N.), payment (N.) in cash, ready cash (N.)
Basiszinssatz (M.) basic rate (N.) of interest, base rate (N.) of interest
Bataillion (N.) batallion (N.)
Batterie (F.) battery (N.)
Batterieverordnung battery regulation (N.), battery ordinance (N.)
Bau (M.) building (N.), edifice (N.), construction (N.), structure (N.)
Bauaufsicht (F.) building inspection (N.)
Bauer (M.) farmer (M. bzw. F.), peasant (M.)
Bäuerin (F.) farmer (F.), farmer's wife (F.)
Bauernbefreiung (F.) emancipation (N.) of the peasantry
Bauernkrieg (M.) peasant's war (N.)
baufällig dilapidated (Adj.)
Baufreiheit (F.) freedom (N.) to build on property
Baugenehmigung (F.) building permit (N.),

building licence (N.) (brit.), building license (N.) (am.), planning permission (N.)
Baugesetzbuch (N.) building code (N.)
Baugestaltungsrecht (N.) law (N.) on building and designing buildings
Bauherr (M.) builder (M. bzw. F.), building owner (M. bzw. F.)
Bauherrin (F.) builder (F.), building owner (F.)
Baukosten (N.Pl.) building costs (N.Pl.), building expenses (N.Pl.)
Baukostenzuschuss (M.) contribution (N.) to building costs
Bauland (N.) building land (N.), building ground (N.)
Baulandsache (F.) building land case (N.)
Baulast (F.) obligation (N.) to construct and maintain
Baulastenverzeichnis (N.) register (N.) of obligations to construct and maintain
Bauleiter (M.) building supervisor (M. bzw. F.)
Bauleiterin (F.) building supervisor (F.)
Bauleitplan (M.) zoning map (N.)
Bauleitplanung (F.) zoning (N.)
Baulinie (F.) building line (N.)
Baumangel (M.) defect (N.) of construction work, structural defect (N.)
Baumeister (M.) master builder (M. bzw. F.), builder (M. bzw. F.)
Baunutzungsverordnung (F.) ordinance (N.) on use of buildings, use order (N.)
Bauordnung (F.) building code (N.), building regulations (N.Pl.)
Bauordnungsamt (N.) planning department (N.)
Bauordnungsrecht (N.) building regulations (N.Pl.)
Bauplan (M.) building plan (N.), construction plan (N.)
Bauplanungsrecht (N.) law (N.) on planning for building projects
Bauplatz (M.) building site (N.), lot (N.) (am.)
Baupolizei (F.) building control office (N.), building inspection (N.)
Bauprozess (M.) building lawsuit (N.)
Baurecht (N.) (Anspruch auf Ausführung eines Bauvorhabens) right (N.) to build
Baurecht (N.) (Baurechtsordnung) building law (N.)
Bauschein (M.) building permit (N.), construction permit (N.)
Bausparkasse (F.) building society (N.) (brit.), building and loan association (N.) (am.)
Bausparvertrag (M.) building society savings contract (N.)
Baustellenverordnung (F.) building site regulation (N.), site ordinance (N.)
Bauträger (M.) builder (M. bzw. F.), developer (M. bzw. F.)
Bauträgerin (F.) builder (F.), developer (F.)
Bauüberwachung (F.) building inspection (N.)
Bauwerk (N.) building (N.), edifice (N.), construction (N.), structure (N.)
Bauwich (M.) minimum spacing (N.) of buildings
Bayer (M.) Bavarian (M.)
Bayerin (F.) Bavarian (F.)
bayerisch Bavarian (Adj.)
Bayerisches Oberstes Landesgericht (N.) Bavarian Supreme Court (N.)
Bayern (N.) Bavaria (N.)
beabsichtigen intend (V.), plan (V.)
beachten take (V.) notice of, observe (V.)
Beachtung (F.) attention (N.), notice (N.)
Beamtenbestechung (F.) bribery (N.) of an official
Beamtenhaftung (F.) public liability (N.)
Beamtenrecht (N.) civil service law (N.)
Beamtenrechtsrahmengesetz (N.) general act (N.) governing the public service
Beamtenverhältnis (N.) status (N.) of a public officer
Beamter (M.) public official (M. bzw. F.), public officer (M. bzw. F.), civil servant (M. bzw. F.), officer (M. bzw. F.), official (M. bzw. F.)
Beamtin (F.) public official (F.), public officer (F.), civil servant (F.), officer (F.), official (F.)
beanspruchen claim (V.)
beanstanden complain (V.), object (V.) to, criticize (V.), query (V.)
bearbeiten work (V.) on, treat (V.), process (V.), handle (V.)
Bearbeitung (F.) treatment (N.), working (N.), handling (N.)
beaufsichtigen supervise (V.), control (V.)

beauftragen charge (V.), commission (V.), empower (V.), entrust (V.), instruct (V.)
Beauftragte (F.) commissioner (F.), mandatary (F.)
beauftragte Richterin (F.) commissioned judge (F.)
Beauftragter (M.) commissioner (M. bzw. F.), mandatary (M. bzw. F.)
beauftragter Richter (M.) commissioned judge (M. bzw. F.)
bebauen build (V.) upon, build (V.) up
Bebauungsplan (M.) development plan (N.), building scheme (N.)
Bedarf (M.) need (N.), requirements (N.Pl.), demand (N.)
Bedenken (N.) doubt (N.), concern (N.), objection (N.)
bedeuten mean (V.), stand (V.) for
Bedeutung (F.) meaning (N.), importance (N.)
bedienen serve (V.), operate (V.)
Bedienstete (F.) employee (F.), staff member (F.)
Bedienstete (F.) (Bedienstete des öffentlichen Dienstes) public servant (F.), public employee (F.), official (F.), servant (F.)
Bediensteter (M.) employee (M. bzw. F.), staff member (M. bzw. F.)
Bediensteter (M.) (Bediensteter des öffentlichen Dienstes) public servant (M. bzw. F.), public employee (M. bzw. F.), official (M. bzw. F.), servant (M. bzw. F.)
bedingen (bewirken) cause (V.), effect (V.)
bedingen (verlangen) condition (V.), call (V.) for
bedingt conditional (Adj.), qualified (Adj.)
bedingte Schuldfähigkeit (F.) qualified criminal capacity (N.)
bedingter Vorsatz (M.) contingent intent (N.)
Bedingung (F.) condition (N.), provision (N.), term (N.), stipulation (N.)
bedingungsfeindlich absolute (Adj.), not permitting a condition, unconditional (Adj.)
Bedingungsfeindlichkeit (F.) not permitting (N.) of a condition
bedrohen threaten (V.), menace (V.)
Bedrohung (F.) threat (N.), menace (N.)
Bedürfnis (N.) need (N.), requirement (N.)
Bedürfnisprüfung (F.) public need test (N.)
bedürftig indigent (Adj.), needy (Adj.), poor (Adj.)
Bedürftigkeit (F.) need (N.), indigence (N.)
beeiden affirm (V.) upon oath, affirm (V.) by oath, swear (V.) to
beeidigen affirm (V.) upon oath, affirm (V.) by oath, swear (V.) to
Beeidigung (F.) affirmation (N.) by oath, swearing (N.) in
beeinflussen influence (V.), prejudice (V.), bias (V.)
Beeinflussung (F.) (Beeinflussung im angloamerikanischen Recht) influence (N.)
beeinträchtigen prejudice (V.), infringe (V.), affect (V.)
Beeinträchtigung (F.) impairment (N.), encroachment (N.) on, interference (N.) with, nuisance (N.)
beenden complete (V.), finish (V.), end (V.), terminate (V.)
beendeter Versuch (M.) finished attempt (N.)
beendigen complete (V.), finish (V.), end (V.), terminate (V.)
Beendigung (F.) termination (N.), completion (N.)
beerdigen bury (V.)
Beerdigung (F.) funeral (N.), burial (N.)
Beerdigungskosten (N.Pl.) funeral expenses (N.Pl.)
befähigen enable (V.), qualify (V.)
Befähigung (F.) qualification (N.), capability (N.), capacity (N.)
Befähigungsnachweis (M.) certificate (N.) of qualification, certificate (N.) of proficiency
befangen biased (Adj.), prepossessed (Adj.), prejudiced (Adj.)
Befangenheit (F.) partiality (N.), prejudice (N.), bias (N.)
befassen deal (V.), engage (V.), consider (V.)
Befehl (M.) order (N.), command (N.)
befehlen order (V.), command (V.)
befolgen comply (V.), obey (V.), observe (V.)
befördern transport (V.)
Beförderung (F.) (Beförderung im Beruf) advancement (N.), promotion (N.)
Beförderung (F.) (Beförderung im Verkehr) transportation (N.), haulage (N.)

Beförderungsvertrag (M.) (Beförderungsvertrag von Personen) passage contract (N.)
Beförderungsvertrag (M.) (Beförderungsvertrag von Sachen) transportation contract (N.), contract (N.) of carriage
befragen question (V.), interview (V.), examine (V.), interrogate (V.)
befreien liberate (V.), set (V.) free, release (V.), free (V.), excuse (V.)
Befreiung (F.) liberation (N.), freeing (N.), release (N.), discharge (N.), dispensation (N.), exemption (N.)
Befreiungsanspruch (M.) right (N.) of indemnity, right (N.) of exemption
Befreiungsvorbehalt (M.) reservation (N.) of dispensation
befriedet fenced (Adj.) in, enclosed (Adj.)
befriedigen satisfy (V.)
Befriedigung (F.) satisfaction (N.)
befristen limit (V.), restrict (V.), set (V.) a time limit
Befristung (F.) limitation (N.), time limit (N.), terminability (N.)
Befugnis (F.) authority (N.), power (N.), competence (N.), warrent (N.)
befugt authorized (Adj.), entitled (Adj.)
befürworten approve (V.), sponsor (V.), advocate (V.), support (V.)
Befürwortung (F.) recommendation (N.), support (N.), advocacy (N.)
Begabtenförderung (F.) furthering (N.) of the gifted
begebbares Wertpapier (N.) negotiable instrument (N.)
begehen commit (V.), perpetrate (V.), carry (V.) out
begehren desire (V.), request (V.), wish (V.)
Begehren (N.) petition (N.), demand (N.), request (N.)
Begehung (F.) commission (N.), committal (N.), perpetration (N.)
Begehungsdelikt (N.) offence (N.) by commission
beglaubigen attest (V.), authenticate (V.), verify (V.), certify (V.)
Beglaubigung (F.) attestation (N.), verification (N.), certification (N.)
Beglaubigungsschreiben (N.) credentials (N.Pl.)
Beglaubigungsvermerk (M.) attestation clause (N.), testimonium clause (N.)
begleichen settle (V.)
Begleittat (F.) collateral act (N.)
begnadigen pardon (V.), grant (V.) a pardon, reprieve (V.)
Begnadigung (F.) pardon (N.), granting (N.) of pardon, clemency (N.)
begrenzen limit (V.), restrict (V.), determine (V.)
Begriff (M.) term (N.)
Begriffsjurisprudenz (F.) analytical jurisprudence (N.)
begründen give (V.) reasons, set (V.) forth grounds, justify (V.)
Begründer (M.) (Begründer eines trust in Großbritannnien) settlor (M. bzw. F.)
Begründerin (F.) (Begründerin eines trust in Großbritannien) settlor (F.)
begründet well-founded (Adj.), justified (Adj.), legitimate (Adj.)
Begründetheit (F.) reasonable justification (N.), arguments for (N.Pl.)
Begründung (F.) reason (N.), grounds (N.Pl.), justification (N.)
begünstigen favor (V.), be (V.) partial to, abet (V.)
begünstigender Verwaltungsakt (M.) administrative act (N.) which results in a benefit
Begünstigte (F.) beneficiary (F.), payee (F.), grantee (F.)
Begünstigter (M.) beneficiary (M. bzw. F.), payee (M. bzw. F.), grantee (M. bzw. F.)
Begünstigter (M.) (Begünstigter eines Trusts) beneficiary (M. bzw. F.), grantee (M. bzw. F.)
Begünstigung (F.) preferential treatment (N.), abetting (N.), convinnance (N.)
behandeln treat (V.), deal (V.)
Behandlung (F.) treatment (N.)
behaupten claim (V.), allege (V.), assert (V.)
Behauptung (F.) claim (N.), allegation (N.), assertion (N.), averment (N.)
Behelf (M.) makeshift (N.)
beherbergen give (V.) shelter, accomodate (V.)
Beherbergung (F.) housing (N.), accomodation (N.), shelter (N.)

beherrschen rule (V.), control (V.), dominate (V.)
Beherrschung (F.) rule (N.), control (N.), domination (N.)
Beherrschungsvertrag (M.) direct control contract (N.)
behindern hinder (V.), impede (V.), obstruct (V.)
Behinderte (F.) disabled person (F.), handicapped person (F.)
Behindertentestament (N.) will (N.) in favour of a disabled person
Behinderter (M.) disabled person (M. bzw. F.), handicapped person (M. bzw. F.)
Behinderung (F.) hindrance (N.), obstruction (N.), impediment (N.)
Behinderungswettbewerb (M.) competition (N.) of restraints
Behörde (F.) public authority (N.), official authority (N.), government agency (N.), council (N.)
beibringen produce (V.), supply (V.), submit (V.)
Beibringung (F.) production (N.), adduction (N.), causing (N.)
Beibringungsgrundsatz (M.) principle (N.) of party presentation
beifügen affix (V.), enclose (V.)
Beigeladene (F.) summoned third party (F.)
Beigeladener (M.) summoned third party (N.)
Beigeordnete (F.) associate (F.), adjunct (F.)
Beigeordneter (M.) associate (M. bzw. F.), adjunct (M. bzw. F.)
Beihilfe (F.) (Gehilfenschaft) assistance (N.), aid (N.), help (N.)
Beihilfe (F.) (Unterstützungsleistung) allowance (N.), grant (N.), benefit (N.)
beiladen call (V.) in
Beiladung (F.) calling (N.) in
beilegen enclose (V.), settle (V.)
Beilegung (F.) settlement (N.)
Beirat (M.) advisory board (N.), counsellor (M. bzw. F.)
Beischlaf (M.) sexual intercourse (N.), carnal knowledge (N.)
beischlafen cohabit (V.)
Beisichführen (N.) carrying (N.) with
Beisitzer (M.) associate judge (M. bzw. F.), puisne judge (M. bzw. F.)
Beisitzerin (F.) associate judge (F.), puisne judge (F.)
beispielsweise for example (lat. e.g. exempli gratia)
Beistand (M.) support (N.), aid (N.), assistance (N.)
Beistand (M.) (Beistand im angloamerikanischen Recht) amicus (M.) curiae (lat.)
Beitrag (M.) contribution (N.), share (N.)
Beitrag (M.) (Sozialversicherungsbeitrag) premium (N.)
Beitragsbemessungsgrenze (F.) income limit (N.) up to which contributions are chargeable
beitreiben collect (V.), recover (V.), enforce (V.) the payment of
Beitreibung (F.) (Beitreibung im Privatrecht) recovery (N.), enforcement (N.) of payment
Beitreibung (F.) (Beitreibung im Verwaltungsrecht) enforced collection (N.), exaction (N.)
beitreten join (V.), become (V.) a member of, accede (V.)
Beitritt (M.) joining (N.), accession (N.), adherence (N.)
Beiurteil (N.) interlocutory decree (N.)
beiwohnen witness (V.), attend (V.), cohabit (V.)
Beiwohnung (F.) cohabitation (N.), sexual intercourse (N.)
bejahen affirm (V.), accept (V.)
Bekanntgabe (F.) announcement (N.), promulgation (N.), publication (N.)
bekanntgeben announce (V.), promulgate (V.)
bekanntmachen publish (V.), make (V.) known, announce (V.)
Bekanntmachung (F.) announcement (N.), publication (N.), proclamation (N.)
bekennen confess (V.), profess (V.), acknowledge (V.)
Bekenntnis (N.) confession (N.), profession (N.), acknowledgement (N.)
Bekenntnisfreiheit (F.) freedom (N.) of faith, freedom (N.) of religion, religious liberty (N.)
Bekenntnisschule (F.) denominational school (N.) (brit.), parochial school (N.) (am.)
Beklagte (F.) defendant (F.), respondent (F.)

Beklagter (M.) defendant (M. bzw. F.), respondent (M. bzw. F.)
Belang (M.) relevance (N.), concern (N.), significance (N.)
belasten burden (V.), charge (V.), debit (V.)
belästigen molest (V.), annoy (V.), harass (V.)
Belästigung (F.) harassment (N.), molestation (N.)
Belastung (F.) burden (N.), charge (N.), debit (N.)
Belastungszeuge (M.) prosecution witness (M. bzw. F.)
belaufen run (V.) up to
Beleg (M.) voucher (N.), receipt (N.), slip (N.), proof (N.)
belegen (Adj.) situate (Adj.), located (Adj.)
belegen (V.) impose (V.), inflict (V.), prove (V.)
Belegenheit (F.) situs (N.), locus (N.) rei sitae (N.)
Belegenheitsgrundsatz (M.) principle (N.) of locus rei sitae
beleglos without proof (N.)
belehren inform (V.), instruct (V.), advise (V.), caution (V.)
Belehrung (F.) instruction (N.), advice (N.), cautioning (N.)
Belehrungspflicht (F.) obligation (N.) to caution
beleidigen insult (V.), offend (V.)
Beleidigung (F.) insult (N.), defamation (N.), offence (N.), libel (N.), stander (N.)
beleihen lend (V.) on security, grant (V.) a loan on
Beliehene (F.) granted contractor (F.)
Beliehener (M.) granted contractor (M. bzw. F.)
Bemessung (F.) assessment (N.), awarding (N.), determination (N.)
Bemessungsgrundlage (F.) evaluation basis (N.), basis (N.) of assessment
beneficium (N.) (lat.) benefice (N.)
Benehmen (N.) (Benehmen im Verwaltungsrecht) consultation (N.)
Benelux-Staat (M.) Benelux country (N.)
benutzen use (V.), utilize (V.)
Benutzung (F.) use (N.), usage (N.), utilization (N.)
Benutzungsgebühr (F.) fee (N.) for the use of, charge (N.) for the use of
Benutzungsgebühr (F.) (Straßenbenutzungsgebühr) toll (N.)
Benutzungsordnung (F.) regulation (N.) for the use of something
Benutzungsverhältnis (N.) relationship (N.) of utilization
Benutzungszwang (M.) compulsory use (N.), compulsory usage (N.)
Benzin (N.) gas (N.), petrol (N.)
beobachten observe (V.)
beraten (V.) (einen Rat geben) advise (V.), give (V.) advice
beraten (V.) (überlegen) deliberate (V.), consider (V.)
Berater (M.) advisor (M. bzw. F.), counsellor (M. bzw. F.)
Beraterin (F.) advisor (F.), counsellor (F.)
Beratung (F.) (Beratung durch einen Anwalt) consultation (N.)
Beratung (F.) (Beratung eines Gerichtes) deliberation (N.)
Beratungshilfe (F.) assistance (N.) under legal advice scheme, green form scheme (N.)
Beratungszimmer (N.) (Beratungszimmer der Geschworenen) jury room (N.)
Beratungszimmer (N.) (Beratungszimmer des Anwalts) consultation room (N.)
berauben rob (V.), divest (V.)
berechnen calculate (V.), charge (V.)
berechtigen entitle (V.), authorize (V.), empower (V.)
Berechtigte (F.) legitimate claimant (F.), beneficiary (F.)
Berechtigter (M.) legitimate claimant (M. bzw. F.), beneficiary (M. bzw. F.)
Berechtigung (F.) entitlement (N.), authority (N.), right (N.), privilege (N.)
Bereich (M.) domain (N.), scope (N.), area (N.)
bereichern enrich (V.), make (V.) rich
Bereicherung (F.) enrichment (N.), gain (N.)
Bereicherungsabsicht (F.) intent (N.) to enrich oneself
Bereicherungsanspruch (M.) claim (N.) on account of unjust enrichment
bereinigen adjust (V.), clear (V.) up, correct (V.), settle (V.)
Bereinigung (F.) adjustment (N.), clearing up (N.), correction (N.), settlement (N.)

bereit prepared (Adj.), willing (Adj.)
Bereitschaft (F.) readiness (N.), preparedness (N.), attendance (N.)
Bereitschaftspolizei (F.) mobile police (N.), riot police (N.), flying squad (N.)
Bergarbeiter (M.) miner (M.), mine worker (M.), pitman (M.)
Bergarbeiterin (F.) miner (F.), pitwoman (F.)
Bergbau (M.) mining (N.), mining industry (N.)
Bergelohn (M.) salvage (N.) (money)
bergen salvage (V.), rescue (V.)
Bergrecht (N.) mining privilege (N.)
Bergwerk (N.) mine pit (N.)
Bergwerkseigentum (N.) proprietary mining rights (N.Pl.)
Bericht (M.) report (N.)
berichten report (V.)
Berichterstatter (M.) rapporteur (M. bzw. F.), associate judge (M. bzw. F.)
Berichterstatterin (F.) rapporteur (F.), associate judge (F.)
berichtigen correct (V.), rectify (V.), adjust (V.), amend (V.)
Berichtigung (F.) correction (N.), rectification (N.), reformation (N.)
Berlin (N.) Berlin (F.)
Berliner Testament (N.) Berlin Testament (N.)
Berner Übereinkunft (F.) Berne Convention (N.)
berücksichtigen take (V.) into consideration, take (V.) into account, respect (V.)
Beruf (M.) profession (N.), occupation (N.), vocation (N.)
berufen (V.) appoint (V.), call (V.) to
beruflich occupational (Adj.), professional (Adj.)
Berufsausübung (F.) exercise (N.) of one's profession, vocational practice (N.), practice (N.)
Berufsbeamter (M.) permanent civil servant (M. bzw. F.), established civil servant (M. bzw. F.)
Berufsbeamtin (F.) permanent civil servant (F.), established civil servant (F.)
Berufsberatung (F.) vocational guidance office (N.)
Berufsbildung (F.) vocational education (N.)
Berufsfreiheit (F.) occupational liberty (N.), freedom (N.) to choose a profession
Berufsgenossenschaft (F.) professional association (N.), mutual indemnity association (N.)
Berufskrankheit (F.) occupational disease (N.)
Berufsrichter (M.) professional judge (M. bzw. F.), salaried judge (M. bzw. F.), stipendiary magistrate (M. bzw. F.)
Berufsrichterin (F.) professional judge (F.), salaried judge (F.), stipendiary magistrate (F.)
Berufsschule (F.) vocational school (N.)
Berufsunfähigkeit (F.) vocational disability (N.)
Berufsunfähigkeitsversicherung (F.) occupational disability insurance (N.)
Berufsverband (M.) professional association (N.), vocational association (N.)
Berufsverbot (N.) prohibition (N.) to practise one's profession
Berufswahl (F.) choice (N.) of career, occupational choice (N.)
Berufung (F.) appeal (N.)
Berufungsgericht (N.) appeal court (N.), appeals court (N.) (am.)
Berufungsgrund (M.) (Berufungsgrund im angloamerikanischen Recht) error (N.)
Berufungsverfahren (N.) appeal proceedings (N.Pl.), procedure (N.) on appeal
berühmen assert (V.), claim (V.) to oneself, arrogate (V.)
Besatzung (F.) occupation (N.), occupation forces (N.Pl.)
Besatzungsgebiet (N.) occupied territory (N.), zone (N.) of occupation, territory (N.) of occupation
Besatzungsgewalt (F.) occupying authority (N.)
Besatzungsmacht (F.) occupying power (N.)
Besatzungsrecht (N.) law (N.) imposed by the occupying power
Besatzungsstatut (N.) Occupation Statute (N.)
Besatzungszone (F.) zone (N.) of occupation, occupied zone (N.)
beschädigen damage (V.), injure (V.)
Beschädigung (F.) damage (N.), damaging (N.), injury (N.)

beschaffen procure (V.), obtain (V.), supply (V.), raise (V.)
Beschaffung (F.) procurement (N.), acquisition (N.)
Beschaffungsschuld (F.) procurement debt (N.)
Beschaffungsverwaltung (F.) procurement division (N.)
beschäftigen occupy (V.), give (V.) employment, employ (V.)
beschäftigt concerned (Adj.), engaged (Adj.), busy (Adj.)
Beschäftigung (F.) occupation (N.), employment (N.), engagement (N.)
Beschäftigungspflicht (F.) obligation (N.) to continue the actual employment
Bescheid (M.) decision (N.), decree (N.), ruling (N.), order (N.), note (N.), notice (N.)
Bescheidungsurteil (N.) administrative court judgement (N.) instructing a public authority to make a certain ruling
bescheinigen certify (V.), attest (V.)
Bescheinigung (F.) certification (N.), certificate (N.), attestation (N.)
beschimpfen abuse (V.), revile (N.), vituperate (V.)
Beschimpfung (F.) revilement (N.), invective (N.), vituperation (N.), abusive language (N.), abuse (N.)
Beschlag seizure (N.)
Beschlagnahme (F.) seizure (N.), attachment (N.), distraint (N.), confiscation (N.), sequestration (N.)
beschlagnahmen seize (V.), attach (V.), impound (V.), sequestrate (V.)
beschleunigt summary (Adj.)
beschleunigtes Verfahren (N.) expedited procedure (N.), summary proceedings (N.Pl.)
beschließen decide (V.), resolve (V.), decree (V.), fix (V.), hold (V.)
Beschluss (M.) decision (N.), resolution (N.)
Beschluss (M.) (Gerichtsbeschluss) court order (N.), order (N.), intermediate order (N.)
beschlussfähig quorate (Adj.)
Beschlussfähigkeit (F.) presence (N.) of a quorum
beschlussunfähig inquorate (Adj.)
Beschlussverfahren (N.) court-order proceedings (N.Pl.), decision-making (N.) by vote
beschränken limit (V.), restrict (V.), restrain (V.)
beschränkt special (Adj.)
beschränkte Haftung (F.) limited liability (N.)
beschränkte persönliche Dienstbarkeit (F.) restricted easement (N.)
beschränktes dingliches Recht (N.) restricted right (N.) in rem
Beschränkung (F.) limitation (N.), restrict (N.), restraint (N.)
beschreiben describe (V.)
Beschreibung (F.) description (N.)
beschuldigen blame (V.), charge (V.), accuse (V.), incriminate (V.)
Beschuldigte (F.) person (F.) charged, defendant (F.), accused (F.)
Beschuldigter (M.) person (M. bzw. F.) charged, defendant (M. bzw. F.), accused (M. bzw. F.)
Beschwer (F.) grievance (N.), gravamen (N.)
Beschwerde (F.) plaint (N.), complaint (N.), request (N.) for relief, remonstrance (N.)
Beschwerdeführer (M.) complainant (M. bzw. F.), remonstrant (M. bzw. F.), appellant (M. bzw. F.)
Beschwerdeführerin (F.) complainant (F.), remonstrant (F.), appellant (F.)
Beschwerdeverfahren (N.) grievance procedure (N.), complaints procedure (N.)
beschweren (beklagen) complain (V.)
beschweren (belasten) aggrieve (V.)
beseitigen eliminate (V.), remove (V.), abate (V.)
Beseitigung (F.) elimination (N.), removal (N.), abatement (N.)
Beseitigungsanspruch (M.) right (N.) to the abatment of a nuisance, right (N.) to have something removed
besetzen occupy (V.), take (V.) possession of
Besetzung (F.) (Besetzung eines Postens) appointment (N.)
Besetzung (F.) (Besetzung eines Territoriums) occupation (N.)
Besitz (M.) possession (N.), tenure (N.), holding (N.), occupancy (N.)

Besitzdiener (M.) underpossessor (M. bzw. F.), possessor's agent (M. bzw. F.), possessor's servant (M. bzw. F.)
Besitzdienerin (F.) underpossessor (F.), possessor's agent (F.), possessor's servant (F.)
Besitzeinweisung (F.) livery (N.) of seisin
besitzen possess (V.), hold (V.), own (V.)
Besitzentziehung (F.) dispossession (N.), divestment (N.)
Besitzer (M.) possessor (M. bzw. F.), tenant (M. bzw. F.), holder (M. bzw. F.)
Besitzergreifung (F.) taking (N.) possession, seizin (N.), occupation (N.), occupancy (N.)
Besitzerin (F.) possessor (F.), tenant (F.), holder (F.)
Besitzkehr (F.) aggressive protection (N.) of possession
Besitzkonstitut (N.) bailment (N.), constructive possession (N.) of chattels based on agreement
Besitzmittelungsverhältnis (N.) bailment (N.), constructive possession (N.) of chattels based on agreement
Besitznahme (F.) taking (N.) possession, entry (N.) into possession
Besitzrecht (N.) right (N.) of possession, right (N.) to possession, possessory right (N.)
besitzrechtlich possessory (Adj.)
Besitzschutz (M.) protection (N.) of possession
Besitzstand (M.) seisin (N.), seizin (N.), acquired status (N.)
Besitzsteuer (F.) property tax (N.), tax (N.) on earned and unearned income
Besitzstörung (F.) disturbance (N.) of possession, interference (N.) with possession, trespass (N.)
Besitztum (N.) estate (N.), property (N.), possessions (N.Pl.)
Besitzwehr (F.) defence (N.) of property
besolden salary (V.), remunerate (V.), pay (V.) a salary
Besoldung (F.) salary (N.), remuneration (N.), pay (N.)
Besoldungsdienstalter (N.) remuneration seniority (N.), pay seniority (N.)
Besoldungsordnung (F.) salary scheme (N.), system (N.) of remuneration
besondere particular (Adj.), special (Adj.)
besonderer Teil (M.) special part (N.)
besonderes Gewaltverhältnis (N.) special relationship (N.) of subordination
besorgen (beschaffen) provide (V.), procure (V.), supply (V.)
besorgen (erledigen) handle (V.), deal (V.) with
Besorgnis (F.) concern (N.), anxiety (N.)
Besorgung (F.) (Beschaffung) procurement (N.), provision (N.), errand (N.)
Besorgung (F.) (Erledigung) handling (N.), management (N.)
Besserung (F.) improvement (N.), reformation (N.)
bestallen appoint (V.), install (V.), vest (V.)
Bestallung (F.) order (N.) of appointment, appointment (N.), investiture (N.), call (N.)
Bestand (M.) holdings (N.Pl.), stock (N.) on hand, inventory (N.), supply (N.)
Bestandskraft (F.) administrative finality (N.)
Bestandsschutz (M.) protection (N.) of vested rights
Bestandteil (M.) component (N.), part (N.)
bestätigen affirm (V.), confirm (V.), validate (V.), attest (V.), certify (V.), verify (V.)
Bestätigung (F.) confirmation (N.), validation (N.), attestation (N.)
Bestätigungsschreiben (N.) letter (N.) of confirmation, confirmation note (N.), letter (N.) of acknowledgement
bestechen bribe (V.), buy (V.) over, corrupt (V.)
bestechlich corruptible (Adj.), bribable (Adj.), open (Adj.) to bribery, corrupt (Adj.)
Bestechlichkeit (F.) corruptibility (N.), venality (N.), bribery (N.)
Bestechung (F.) corruption (N.), bribing (N.), graft (N.) (am.), bribery (N.)
bestellen book (V.), reserve (V.) (am.), order (V.), subscribe (V.), appoint (V.)
bestellen (Waren bestellen) order (V.), place (V.) an order
Bestellung (F.) order (N.), subscription (N.), appointment (N.)
besteuern tax (V.), levy (V.) taxes, rate (V.)
Besteuerung (F.) taxation (N.), taxing (N.)

Besteuerungsverfahren (N.) taxation procedure (N.)
bestimmen determine (V.), provide (V.), lay (V.) down, rule (V.)
bestimmt certain (Adj.), specific (Adj.)
Bestimmtheit (F.) certainty (N.), definiteness (N.), determination (N.)
Bestimmtheitserfordernis (N.) necessity (N.) of clarity and definiteness
Bestimmtheitsgebot (N.) requirement (N.) of clarity and definiteness
Bestimmtheitsgrundsatz (M.) principle (N.) of clarity and definiteness
Bestimmung (F.) condition (N.), provision (N.), stipulation (N.), enactment (N.)
bestrafen penalize (V.), punish (V.)
Bestrafung (F.) punishment (N.)
bestreiten deny (V.), contest (V.), disclaim (V.)
besuchen visit (V.), call (V.) on, attend (V.)
Besuchsrecht (N.) access (N.)
Betagung (F.) terminability (N.)
betäuben stupefy (V.), narcotize (V.), stun (V.)
Betäubung (F.) stunning (N.), anasthetization (N.), narcotization (N.)
Betäubungsmittel (N.) narcotic (N.), drug (N.), narcotic drug (N.)
Betäubungsmittelgesetz (N.) drugs act (N.), narcotics act (N.)
beteiligen participate (V.), take (V.) part
Beteiligte (F.) participant (F.), party (F.) interested, person (F.) involved
Beteiligter (M.) participant (M. bzw. F.), party (M. bzw. F.) interested, person (M. bzw. F.) involved
Beteiligung (F.) participation (N.)
Beteiligung (F.) (Beteiligung im Handelsrecht) holding (N.), share (N.), equity interest (N.)
Beteiligungsdarlehen (N.) loan (N.) for purposes of participation
betrachten examine (V.), consider (V.)
Betrachtungsweise (F.) approach (N.), way (N.) of looking at
Betrag (M.) amount (N.), sum (N.)
betreiben operate (V.), carry (V.) on , run (V.), pursue (V.)
betreten (V.) trespass (V.), enter (V.)
betreuen take (V.) care, look (V.) after
Betreuer (M.) person (M. bzw. F.) who attends to a person, coach (M. bzw. F.)
Betreuung (F.) care (N.), looking (N.) after
Betreuungsverein (M.) care association (N.)
Betrieb (M.) business (N.), enterprise (N.), firm (N.), company (N.), establishment (N.)
Betriebsanlage (F.) plant (N.), production facilities (N.Pl.)
Betriebsausgabe (F.) operating expenditure (N.), working expense (N.), trade expense (N.)
Betriebseinnahme (F.) operating receipt (N.), operating revenue (N.)
Betriebsgefahr (F.) operational risk (N.), operational hazard (N.)
Betriebsprüfung (F.) fiscal tax audit (N.), revenue investigation (N.)
Betriebsrat (M.) staff committee (N.), factory committee (N.), shop committee (N.)
Betriebsrente (F.) occupational pension (N.)
Betriebsrentengesetz (N.) law (N.) on occupational pension schemes, law (N.) on company-provided pensions
Betriebsrisiko (N.) business risk (N.), business hazard (N.)
Betriebsschutz (M.) industrial safety (N.), works security (N.)
Betriebsstörung (F.) operating trouble (N.), breakdown (N.)
Betriebsübergang (M.) transfer (N.) of a firm
Betriebsvereinbarung (F.) works agreement (N.), factory agreement (N.), shop agreement (N.)
Betriebsverfassung (F.) industrial relations (N.Pl.)
Betriebsverfassungsgesetz (N.) Employees' Representation Act (N.)
Betriebsverhältnis (N.) operating condition (N.)
Betriebsversammlung (F.) staff meeting (N.), works meeting (N.), factory meeting (N.)
betrinken (sich betrinken) get (V.) drunk
Betrug (M.) fraud (N.), cheat (N.), swindle (N.), deceit (N.)
betrügen commit fraud (V.), cheat (V.), defraud (V.), deceive (V.)
Betrüger (M.) swindler (M. bzw. F.), defrauder (M. bzw. F.), deceiver (M. bzw. F.)

Betrügerin (F.) swindler (F.), defrauder (F.), deceiver (F.)
betrügerisch fraudulent (Adj.), surreptitious (Adj.), deceptive (Adj.)
betrunken drunken (Adj.), drunk (Adj.)
Bettelei (F.) begging (N.), mendicancy (N.)
betteln ask (V.) alms, beg (V.)
Bettler (M.) beggar (M. bzw. F.), mendicant (M. bzw. F.)
Bettlerin (F.) beggar (F.), mendicant (F.)
Beugemittel (N.Pl.) means (N.Pl.) of coercion, coercive measure (N.)
Beugestrafe (F.) coercive penalty (N.)
beurkunden record (V.), authenticate (V.), place (V.) on record
Beurkundung (F.) notarial recording (N.), acknowledgement (N.), authentication (N.)
beurlauben give (V.) leave
Beurlaubung (F.) granting (N.) of a leave
beurteilen judge (V.), assess (V.), give (V.) an opinion
Beurteilung (F.) judgement (N.), assessment (N.), appraisal (N.), measurement (N.)
Beurteilungsspielraum (M.) scope (N.) for judgement evaluation
Beute (F.) booty (N.), loot (N.)
bevollmächtigen authorize (V.), empower (V.), give (V.) power of an attorney, delegate (V.)
Bevollmächtigte (F.) grantee (F.), attorney (F.), agent (F.), delegate (F.)
Bevollmächtigter (M.) grantee (M. bzw. F.), attorney (M. bzw. F.), agent (M. bzw. F.), delegate (M. bzw. F.)
Bevollmächtigung (F.) authority (N.), authorization (N.)
bevorrechtigt privileged (Adj.), preferential (Adj.)
bewähren prove (V.), verify (V.), show (V.)
Bewährung (F.) probation (N.)
Bewährungsauflage (F.) condition (N.) of probation
Bewährungshelfer (M.) probation officer (M. bzw. F.), parole officer (M. bzw. F.) (am.)
Bewährungshelferin (F.) probation officer (F.), parole officer (F.) (am.)
Beweggrund (M.) motive (N.), motivation (N.), inducement (N.)
beweglich movable (Adj.), tangible (Adj.)
bewegliche Sache (F.) movable good (N.), movable (N.), chattel (N.)
Beweis (M.) proof (N.), evidence (N.)
Beweisantrag (M.) motion (N.) to take evidence
Beweisantritt (M.) offer (N.) of evidence, submission (N.) of evidence
Beweisaufnahme (F.) taking (N.) evidence, hearing (N.) evidence
beweisen prove (V.), evidence (V.), make (V.) evident
Beweiserhebung (F.) taking (N.) evidence, hearing (N.) evidence
Beweiserhebungsverbot (N.) interdiction (N.) of taking evidence
Beweisführung (F.) production (N.) of evidence, reasoning (N.), argumentation (N.)
Beweisführungsabschluss (M.) erklären (Beweisführungsabschluss erklären im angloamerikanischen Recht) rest (V.) one's case (N.)
Beweisgrund (M.) argument (N.), proof (N.), plea (N.)
Beweisinterlokut (N.) interlocutory decision (N.) of evidence
Beweiskraft (F.) probitary force (N.), probative value (N.), conclusiveness (N.)
Beweislast (F.) burden (N.) of proof, onus (N.) probandi (lat.), onus (N.) of proof
Beweislastumkehr (F.) shift (N.) of the burden of proof, change (N.) in the onus of proof
Beweismittel (N.) judicial evidence (N.), means (N.Pl.) of proof, proof (N.)
Beweisregel (F.) rule (N.) of evidence
Beweissicherung (F.) preservation (N.) of evidence, perpetuating evidence (N.)
Beweisstück (N.) piece (N.) of evidence, exhibit (N.)
Beweisthema (N.) facts (N.Pl.) to be proved, premise (N.) for evidence
Beweisverfahren (N.) evidential procedure (N.)
Beweisverwertungsverbot (N.) exclusionary rule (N.), fruit of the poisonous tree doctrine (N.)
Beweiswürdigung (F.) estimation (N.) of evidence, consideration (N.) of evidence
bewerben apply (V.) for
Bewerber (M.) applicant (M. bzw. F.), candidate (M. bzw. F.), competitor (M. bzw. F.)

Bewerberin (F.) applicant (F.), candidate (F.), competitor (F.)
Bewerbung (F.) application (N.)
bewerten evaluate (V.), assess (V.), appraise (V.)
Bewertung (F.) valuation (N.), assessment (N.), appraisal (N.)
bewilligen grant (V.), allow (V.), approbiate (V.), authorize (V.)
Bewilligung (F.) grant (N.), approbation (N.), permission (N.), authorization (N.)
bewusst conscious (Adj.), aware (Adj.), deliberate (Adj.)
bewusste Fahrlässigkeit (F.) recklessness (N.), conscious negligence (N.)
bewusstlos unconscious (Adj.)
Bewusstlosigkeit (F.) unconsciousness (N.)
Bewusstsein (N.) consciousness (N.)
Bewusstseinsstörung (F.) mental disturbance (N.)
bezahlen pay (V.), pay (V.) for
bezahlen (tilgen) settle (V.)
Bezahlung (F.) payment (N.), pay (N.)
Bezahlung (F.) (Tilgung) settlement (N.)
bezeugen testify (V.), bear (V.) witness to
bezichtigen accuse (V.), impute (V.), incriminate (V.)
Bezichtigung (F.) imputation (N.)
beziehen subscribe (V.), obtain (V.)
Beziehung (F.) relation (N.), relationship (N.), connection (N.)
Bezirk (M.) district (N.), region (N.), county (N.), precinct (N.), circuit (N.)
Bezirksgericht (N.) district court (N.), local court (N.)
Bezirkshauptfrau (F.) (Bezirkshauptfrau in Österreich) district commissioner (F.), chief officer (F.) of a county
Bezirkshauptmann (M.) district commissioner (M. bzw. F.), chief officer (M. bzw. F.) of a county
Bezirksnotar (M.) district notary (M. bzw. F.)
Bezirksnotarin (F.) district notary (F.)
Bezogene (F.) drawee (F.)
Bezogener (M.) drawee (M. bzw. F.)
Bezug (M.) (Erwerb) buying (N.), subscription (N.)
Bezugsrecht (N.) subscription right (N.), stock option (N.)
Bibliographie bibliography (N.)
Bibliothek (F.) library (N.)
bieten offer (V.), make (V.) a bid
Bigamie bigamy (N.)
Bilanz (F.) balance (sheet) (N.), financial statement (N.)
Bilanzrecht (N.) law (N.) on balance sheets
bilateral bilateral (Adj.)
Bildschirmtext videotext (N.), picture-screen text (N.)
Bildung (F.) education (N.)
Bildungsverwaltungsrecht (N.) administrative law (N.) on education
billig moderate (Adj.), equitable (Adj.), fair (Adj.)
billigen approve (V.) of, authorize (V.), connive (V.)
Billigkeit (F.) equity (N.), equitableness (N.), fairness (N.)
Billigkeitshaftung (F.) liability (N.) on the grounds of equitable principles
Billigung (F.) approval (N.), authorization (N.), adoption (N.)
binden bind (V.), commit (V.), tie (V.)
bindend binding (Adj.), obligatory (Adj.)
Bindung (F.) binding (N.), commitment (N.)
Bindungswirkung commitment effect (N.)
binnen within (Adv.), in (Präp.)
Binnenhandel (M.) home trade (N.), domestic trade (N.)
Binnenmarkt (M.) home market (N.), domestic matket (N.), Single Market (N.)
Binnenschifffahrt (F.) inland navigation (N.), inland waterway transportation (N.)
Bischof (M.) bishop (M.)
Bischöfin (F.) bishop (F.)
Bistum (N.) bishopric (N.), diocese (N.)
Bitte (F.) request (N.)
bitten beg (V.), ask (V.), solicit (V.), request (V.)
Blankett (N.) blank (N.), specimen (N.)
Blankettgesetz (N.) blanket law (N.)
Blankettmissbrauch (M.) fraudulent use (N.) of documents signed in blank
Blankettvorschrift (F.) blanket act (N.), enabling statute (N.)
blanko in blank
Blankogeschäft (N.) uncovered transaction (N.), selling (N.) short
Blankoindossament (N.) general endorsement (N.), endorsement (N.) in blank, blank indorsement (N.)

Blankoscheck (M.) blank cheque (N.) (brit.), blank check (N.) (am.)
Blankounterschrift blank signature (N.), signature (N.) in blank
Blankovollmacht (F.) proxy (N.) in blank, carte (N.) blanche (franz.), unlimited power (N.)
Blankowechsel (M.) blank bill (N.)
Blankozession (F.) assignment (N.) in blank
Blasphemie (F.) blasphemy (N.)
Blockade (F.) blockade (N.)
blockieren block (V.), blockade (V.)
Blockwahl (F.) uniform ticket election (N.)
Blödmann (M.) fool (M.), idiot (M.)
Blutalkohol (M.) blood-alcohol (N.)
Blutprobe (F.) blood test (N.), blood sample (N.)
Blutrache (F.) blood-vengeance (N.), blood revenge (N.)
Blutschande (F.) incest (N.)
Blutsverwandtschaft (F.) consanguinuty (N.), blood relationship (N.)
Boden (M.) soil (N.), land (N.)
Bodenaltertum (N.) archeological find (N.)
Bodenkredit (M.) land credit (N.), land loan (N.), credit (N.) secured by land
Bodenordnung (F.) regulations (N.Pl.) concerning agricultural land
Bodenrecht (N.) land law (N.)
Bodenreform (F.) land reform (N.), agrarian reform (N.)
Bodenschatz (M.) natural resource (N.), mineral resource (N.)
Bodenverkehr (M.) land transactions (N. Pl.)
Bodenverkehrsgenehmigung (F.) permission (N.) to transfer land
Bodmerei (F.) bottomry (N.)
Bon (M.) chit (N.), slip (N.), ticket (N.)
bona fides (F.) (lat.) bona fides (N.) (lat.), good faith (N.)
Bonität (F.) soundness (N.), financial standing (N.), financial reliability (N.)
Bonus (M.) bonus (N.), premium (N.), extra dividend (N.), special dividend (N.)
Bord (N.) board (N.)
Bordell (N.) brothel (N.)
borgen borrow (V.)
Börse (F.) stock exchange (N.), bourse (N.), exchange (N.), stock market (N.)
Börsengesetz (N.) Stock Exchange Act (N.)
böser Glaube (M.) bad faith (N.), mala fides (N.) (lat.)
bösgläubig in bad faith, mala fide
Bösgläubigkeit (F.) mala fides (N.) (lat.), bad faith (N.)
böswillig with malice aforethought, malicious (Adj.)
Bote (M.) messenger (M. bzw. F.), courier (M. bzw. F.)
Botin (F.) messenger (F.), courier (F.)
Botschaft (F.) (Mitteilung) message (N.)
Botschaft (F.) (Vertretung) embassy (N.)
Botschafter (M.) ambassador (M. bzw. F.)
Botschafterin (F.) ambassador (F.), ambassadress (F.)
Boykott (M.) boycott (N.)
boykottieren boycott (V.)
Brand (M.) burning (N.), fire (N.), conflagration (N.)
Brandenburg (N.) Brandenburg (F.)
Brandmauer (F.) fire wall (N.)
Brandschutz (M.) fire safety (N.)
Brandstifter (M.) arsonist (M. bzw. F.), fire-raiser (M. bzw. F.)
Brandstifterin (F.) arsonist (F.), fire-raiser (F.)
Brandstiftung (F.) arson (N.), incendiarism (N.), intentional fire (N.), fire-raising (N.)
Brauch (M.) custom (N.), practice (N.) (brit.), practise (N.) (am.), convention (N.)
brauchen need (V.), require (V.), take (V.)
Braut (F.) fiancée (F.), bride (F.)
Bräutigam (M.) fiancé (M.), bridegroom (M.)
brechen break (V.), violate (V.), run (V.)
Bremen (N.) Bremen (F.)
brevi manu traditio (F.) (lat.) transfer (N.) of title by constructive delivery
Brief (M.) letter (N.)
Briefgeheimnis (N.) secrecy (N.) of letters, privacy (N.) of correspondance
Briefgrundschuld (F.) certificated land charge (N.)
Briefhypothek (F.) certificated mortgage (N.)
Briefmarke (F.) stamp (N.), postal stamp (N.)
Briefrecht (N.) certificated land charge (N.)
Briefwahl (F.) postal vote (N.), absentee

ballot (N.), mail ballot (N.), postal ballot (N.)
Brigade (F.) brigade (N.)
Bringschuld (F.) debt (N.) payable to the creditor
Bruch (M.) break (N.), infringement (N.), breach (N.), violation (N.)
Bruchteil (M.) fraction (N.), fractional part (N.)
Bruchteilseigentum (N.) co-ownership (N.)
Bruchteilsgemeinschaft (F.) community (N.) of part-owners, tenancy (N.) in common
Bruder (M.) brother (M.)
Brüsseler Vertrag (M.) Brussels Treaty (N.)
brutto gross (Adj.)
Buch (N.) book (N.), volume (N.), ledger (N.)
Bucheintragung (F.) entry (N.) in the land register
buchen book (V.), account (V.), enter (V.) in the books
Buchführung (F.) bookkeeping (N.), accountancy (N.), keeping accounts (N.), accounting (N.)
Buchgeld (N.) deposit currency (N.)
Buchhalter (M.) bookkeeper (M. bzw. F.)
Buchhalterin (F.) bookkeeper (F.)
Buchhaltung (F.) bookkeeping (N.), accountancy (N.), keeping accounts (N.), accounting (N.)
Buchhypothek (F.) registered mortgage (N.), uncertified mortgage (N.)
Buchung (F.) (Buchhaltung) booking (N.), entering (N.) in the books
Buchung (F.) (Vertragsabschluss einer Reise) booking (N.), reservation (N.)
Buchwert (M.) book value (N.), carrying value (N.)
Budget (N.) budget (N.), estimates (N.Pl.), annual estimates (N.Pl.)
Budgetrecht (N.) right (N.) to decide on the budget
Bulgarien (N.) Bulgaria (N.)
Bulle (F.) (kirchlich-päpstliches Gesetz) bull (N.)
Bulletin (N.) bulletin (N.)
Bund (M.) bond (N.), union (N.), league (N.), alliance (N.)
Bundesamt (N.) federal office (N.)
Bundesangelegenheit (F.) federal matter (N.)
Bundesangestelltentarifvertrag (M.) (BAT) collective bargaining contract (N.) for federal white collar workers
Bundesanstalt (F.) federal institution (N.), federal corporation (N.), federal administration (N.)
Bundesanwalt (M.) federal prosecutor (M. bzw. F.)
Bundesanwältin (F.) federal prosecutor (F.)
Bundesanwaltschaft (F.) Federal Prosecutor's Department (N.)
Bundesanzeiger (M.) Federal Gazette (N.)
Bundesarbeitsgericht (N.) Federal Labour Court (N.)
Bundesaufsicht (F.) federal supervision (N.)
Bundesaufsichtsamt (N.) Federal Supervisory Office (N.)
Bundesauftragsverwaltung (F.) administration (N.) on behalf of the Federation
Bundesausbildungsförderungsgesetz (N.) Federal Student Aid Act (N.)
Bundesautobahn (F.) federal autobahn (N.)
Bundesbahn (F.) Federal Railways (N.Pl.), Federal Railroad (N.)
Bundesbank (F.) Federal Bank (N.)
Bundesbaugesetz (N.) Federal Building Law (N.)
Bundesbeamter (M.) federal officer (M. bzw. F.), civil servant (M. bzw. F.)
Bundesbeamtin (F.) federal officer (F.), civil servant (F.)
Bundesbeauftragte (F.) federal commissioner (F.)
Bundesbeauftragter (M.) federal commissioner (M. bzw. F.)
Bundesbehörde (F.) federal authority (N.), federal department (N.)
Bundesbodenschutzgesetz (N.) Federal Soil Protection Act (N.)
Bundesdatenschutzgesetz (N.) federal data protection act (N.), privacy act (N.) (am.)
Bundesdisziplinarordnung (F.) federal disciplinary rules (N.Pl.)
Bundesfernstraße (F.) federal highway (N.)
Bundesfinanzhof (M.) Federal Fiscal Court (N.)

Bundesflagge (F.) federal flag (N.)
Bundesgebiet (N.) federal territory (N.)
Bundesgebührenordnung (F.) für Rechtsanwälte Attorneys' Fees Act (N.)
Bundesgericht (N.) federal court (N.), district court (N.) (am.)
Bundesgerichtshof (M.) Federal High Court (N.) of Justice
Bundesgesetz (N.) federal law (N.), Congressional Act (N.) (am.)
Bundesgesetzblatt (N.) Federal Law Gazette (N.)
Bundesgesetzgebung (F.) federal legislation (N.)
Bundesgesundheitsamt (F.) Federal Health Office (N.)
Bundesgrenzschutz (M.) Federal Frontier Guards (M.Pl.), Federal Border Police (N.)
Bundeshandelskommission (F.) Federal Trade Commission (N.)
Bundeshaushalt (M.) federal budget (N.)
Bundesheer (N.) Federal Army (N.)
Bundesimmissionsschutzgesetz (N.) Federal Pollution Control Act (N.)
Bundesjustizministerium (N.) federal ministry (N.) of justice
Bundeskabinett (N.) Federal Cabinet (N.)
Bundeskanzler (M.) Federal Chancellor (M. bzw. F.)
Bundeskanzleramt (N.) Federal Chancellery (N.)
Bundeskanzlerin (F.) federal chancellor (F.)
Bundeskartellamt (N.) Federal Cartel Office (N.)
Bundesknappschaft (F.) Federal Miners' Insurance (N.)
Bundeskriminalamt (N.) Federal Bureau (N.) of Investigation (F.B.I.) (am.)
Bundesland (N.) land (N.)
Bundesland (N.) (Bundesland in Österreich) province (N.)
Bundesminister (M.) federal minister (M. bzw. F.)
Bundesnachrichtendienst (M.) Federal Intelligence Service (N.)
Bundesnaturschutzgesetz (N.) Federal Nature Protection Act (N.)
Bundesnotarkammer (F.) Federal Association (N.) of Notaries
Bundesnotarordnung (F.) national rules (N.Pl.) and regulations (N.Pl.) for notaries
Bundesoberbehörde (F.) federal superior authority (N.)
Bundespatentgericht (N.) Federal Patent Tribunal (N.)
Bundespolizei (F.) federal police (N.)
Bundespost (F.) Federal Post Administration (N.)
Bundespräsident (M.) Federal President (M. bzw. F.)
Bundespräsidentin (F.) federal president (F.)
Bundespräsidialamt (N.) Office (N.) of the Federal President
Bundesrat (M.) Federal Council (N.)
Bundesrechnungshof (M.) Federal Audit Office (N.)
Bundesrecht (N.) federal law (N.)
Bundesrechtsanwaltsgebührenordnung (F.) Federal Attorney Fees Act (N.)
Bundesrechtsanwaltsordnung (F.) Rules (N.Pl.) and Regulations (N.Pl.) for the bar
Bundesregierung (F.) federal government (N.)
Bundesrepublik (F.) federal republic (N.)
Bundesrichter (M.) federal judge (M. bzw. F.)
Bundesrichterin (F.) federal judge (F.)
Bundesseuchengesetz (N.) federal law (N.) concerning prevention of epidemics
Bundessozialgericht (N.) Federal Social Court (N.)
Bundessozialhilfegesetz (N.) federal public assistance (N.) for poor persons
Bundesstaat (M.) federal state (N.)
bundesstaatlich federal (Adj.)
Bundesstaatlichkeit (F.) federalism (N.)
Bundestag (M.) Lower House (N.) of the Federal Parliament, Bundestag (N.)
Bundestreue (F.) allegiance (N.) to the Federal Government
Bundesurlaubsgesetz (N.) Federal Vacations Act (N.)
Bundesverfassung (F.) federal constitution (N.)
Bundesverfassungsgericht (N.) Federal Constitutional Court (N.)
Bundesversammlung (F.) federal assembly (N.), federal convention (N.)
Bundesversicherungsamt (N.) Federal Insurance Authority (N.)
Bundesversicherungsanstalt (F.) für An-

gestellte Federal Insurance Institution (N.) for Salaried Employees
Bundesversicherungsaufsichtsamt (N.) Federal Insurance Control Authority (N.)
Bundesverwaltung (F.) federal administration (N.)
Bundesverwaltungsgericht (N.) Federal Administrative Court (N.)
Bundeswaldgesetz (N.) Federal Act (N.) on the preservation of forests
Bundeswehr (F.) Federal Armed Forces (N.Pl.)
Bundeswehrverwaltung (F.) Federal Armed Forces Administration (N.)
Bundeszentralregister (N.) Federal Central Register (N.)
Bundeszwang (M.) federal compulsory action (N.)
Bürge (M.) surety (M. bzw. F.), guarantor (M. bzw. F.), voucher (M. bzw. F.), sponsor (M. bzw. F.), bondsman (M.)
bürgen guarantee (V.), stand surety (V.), sponsor (V.), vouch (V.)
Bürger (M.) citizen (M. bzw. F.)
Bürgerin (F.) citizen (F.)
Bürgerinitiative (F.) citizens' action group (N.), public-interest group (N.)
bürgerlich civil (Adj.)
bürgerlicher Tod (M.) civil death (N.), death (N.) in law
Bürgerliches Gesetzbuch (N.) Civil Code (N.)
bürgerliches Recht (N.) civil law (N.)
Bürgermeister (M.) mayor (M. bzw. F.)
Bürgermeisterin (F.) mayor (F.)
Bürgerrecht (N.) political liberty (N.)
Bürgerversammlung (F.) town-meeting (N.)
Bürgin (F.) surety (F.), guarantor (F.), voucher (F.), sponsor (F.)
Bürgschaft (F.) surety (N.), guarantee (N.), guaranty (N.) (am.), bail (N.), security (N.)
Büro (N.) office (N.), bureau (N.), agency (N.)
Bürokratie (F.) bureaucracy (N.)
Buße (F.) atonement (N.), expiation (N.), satisfaction (N.)
büßen atone (V.), expiate (V.), satisfy (V.)
Bußgeld (N.) penalty (N.), administrative fine (N.), civil fine (N.)
Bußgeldbescheid (M.) penalty notice (N.)
Bußgeldkatalog (M.) schedule (N.) of penalties
Bußgeldverfahren (N.) summary proceedings (N.Pl.) concerning administrative penalties
Büttel (M.) beadle (M. bzw. F.)
Büttelin (F.) beadle (F.)

C

case-law (N.) (engl.) case law (N.)
causa (F.) (lat.) cause (N.)
cessio (F.) (lat.) assignment (N.)
Chance (F.) chance (N.), opportunity (N.), prospect (N.)
Chancengleichheit (F.) equal opportunities (N.Pl.)
Charta (F.) charter (N.)
Charter (F.) charter (N.)
chartern charter (V.), hire (V.)
Chartervertrag (M.) charter party (N.)
Chemiewaffenübereinkommen (N.) chemical weapons agreement (N.)
Chemikalien (F.) chemicals (N.Pl.)
Chemikaliengesetz (N.) Act (N.) on chemicals
christlich christian (Adj.)
cif cif (N.)
CISG (N.) (Übereinkommen über den internationalen Warenkauf) CISG (N.) (Convention on contracts for the international sale of goods)
clausula (F.) rebus sic stantibus (lat.) rebus sic stantibus clause (N.)
Clearing (N.) clearing (N.)
Code (M.) civil (franz.) Civil Code (N.)
Code (M.) de commerce (franz.) commercial code (N.)
Code (M.) pénal (franz.) penal code (N.), criminal code (N.)
codex (M.) (lat.) code (N.), law code (N.), statute book (N.)
commodum (N.) (lat.) substitute (N.)
compensatio (F.) lucri cum damno (lat.) offsetting (N.) losses by advantages due to the damaging event
Computer (M.) computer (N.)
Computerbetrug (M.) computer fraud (N.)
Computersabotage (F.) computer sabotage (N.)

condicio (F.) sine qua non (lat.) condition (N.) sine qua non (lat.)
contra legem (lat.) versus the law
Copyright (N.) copyright (N.)
corpus (N.) delicti (lat.) corpus (N.) delicti (lat.), material proof (N.), material evidence (N.)
Coupon (M.) coupon (N.), dividend warrant (N.)
Cousin (M.) cousin (M.)
culpa (F.) in abstracto (lat.) proper care (N.) and attention (N.), reasonable care (N.)
culpa (F.) in contrahendo (lat.) negligence (N.) in the course of contracting

D

DACH Europäische Anwaltsvereinigung (F.) European Lawyers Union (N.)
Dachgesellschaft (F.) holding company (N.), parent company (N.)
Damnationslegat (N.) civil law legacy (N.)
damnum (N.) (lat.) loss (N.), discount (N.)
Darlehen (N.) loan (N.), money loan (N.), credit (N.)
Darlehensgeschäft (N.) lending transaction (N.), loan business (N.)
Darlehensvertrag (M.) loan agreement (N.)
darleihen lend (V.), loan (V.) (am.)
das heißt that is to say (lat. i. e. id est)
Dasein (N.) being (N.), existence (N.)
Daseinsvorsorge (F.) provision (N.) for elementary requirements
Datei (F.) data file (N.)
Daten (N.Pl.) data (N.Pl.)
Datenabgleich (M.) counter-checking (N.) of data
Datenbank (F.) data bank (N.), database (N.)
Datenschutz (M.) data protection (N.), privacy (N.) of data
Datenschutzbeauftragte (F.) commissioner (F.) for data protection
Datenschutzbeauftragter (M.) commissioner (M. bzw. F.) for data protection
Datenveränderung (F.) modification (N.) of data
Datenverarbeitung (F.) data processing (N.)
Datum (N.) date (N.)
Dauer (F.) duration (N.), length (N.) of time, term (N.)
Dauerarrest (M.) custody (N.) for an indefinite time
Dauerauftrag (M.) standing order (N.)
Dauerdelikt (N.) continous wrong (N.), continuing offence (N.)
dauern last (V.), endure (V.)
Dauerschuldverhältnis (N.) continous obligation (N.)
de facto (lat.) de facto (lat.), in fact
de iure (lat.) de jure (lat.), by right
de lege ferenda (lat.) law (N.) to be enacted
de lege lata (lat.) law (N.) in force
Debatte (F.) debate (N.)
Debet (N.) debit (N.)
Debitor (M.) debtor (M. bzw. F.)
Debitorin (F.) debtor (F.)
decken (Verlust bzw. Schulden bezahlen) cover (V.), provide (V.) cover for, secure (V.)
Deckung (F.) (Absicherung) cover (N.), security (N.), backing (N.)
Deckungsverhältnis (N.) cover ratio (N.)
Deckungszusage (F.) cover note (N.), binder (N.) (am.)
defensiv defensive (Adj.)
defensiver Notstand (M.) national emergency (N.) for the defence of the country
definieren define (V.)
Definition (F.) definition (N.)
Defizit (N.) deficit (N.), shortfall (N.)
degradieren degrade (V.)
Deich (M.) dike (N.), dyke (N.)
Deichrecht (N.) dike law
Dekan (M.) dean (M. bzw. F.)
Dekanat (N.) deanery (N.), deanship (N.)
Deklaration (F.) declaration (N.), declaring (N.)
deklaratorisch declaratory (Adj.), declarative (Adj.)
deklarieren declare (V.)
Dekonzentration (F.) deconcentration (N.), dispersal (N.)
Dekret (N.) decree (N.), order (N.), ordinance (N.)
Delegation (F.) (Beauftragung) delegation (N.), delegating (N.)
Delegation (F.) (Personengruppe) delegation (N.), delegacy (N.)
delegieren delegate (V.)

Delegierte (F.) delegate (F.), deputy (F.)
Delegierter (M.) delegate (M. bzw. F.), deputy (M. bzw. F.)
Delikt (N.) offence (N.) (brit.), offense (N.) (am.), tort (N.), tortious act (N.)
Deliktsbesitzer (M.) holder (M. bzw. F.) by tort
Deliktsbesitzerin (F.) holder (F.) by tort
deliktsfähig responsible (Adj.) in law, legally capacitated (Adj.)
Deliktsfähigkeit (F.) criminal responsibility (N.), tortious liability (N.), legal capacity (N.)
Deliktsrecht (N.) law (N.) of delict, law (N.) of torts
Delinquent (M.) delinquent (M. bzw. F.), offender (M. bzw. F.)
Delinquentin (F.) delinquent (F.), offender (F.)
Delirium (N.) delirium (N.)
Delkredere (N.) delcredere (N.), guarantee (N.)
Delkredereprovision (F.) delcredere commission (N.)
Demagoge (M.) demagogue (M. bzw. F.)
Demagogin (F.) demagogue (F.)
Demarche (F.) demarche (N.)
Dementi (N.) dementi (N.), official denial (N.)
dementieren deny (V.)
Demission (F.) resignation (N.)
Demokrat (M.) democrat (M. bzw. F.)
Demokratie (F.) democracy (N.)
Demokratieprinzip (N.) principle (N.) of democracy
Demokratin (F.) democrat (F.)
demokratisch democratic (Adj.)
Demonstrant (M.) demonstrator (M. bzw. F.), protester (M. bzw. F.)
Demonstrantin (F.) demonstrator (F.), protester (F.)
Demonstration (F.) demonstration (N.), manifestation (N.)
demonstrativ demonstrative (Adj.)
demonstrieren demonstrate (V.)
Demoskopie (F.) public opinion research (N.), population research (N.)
Denkmal (N.) monument (N.), memorial (N.)
Denkmalschutz (M.) protection (N.) of monuments
Denunziant (M.) informer (M. bzw. F.), denouncer (M. bzw. F.), delator (M. bzw. F.)
Denunziantin (F.) informer (F.), denouncer (F.), delator (F.)
Denunziation (F.) denunciation (N.), delation (N.)
denunzieren denounce (V.), inform (V.) against
Departement (N.) department (N.)
Deponie (F.) dump (N.), disposal site (N.)
deponieren deposit (V.), lodge (V.)
Deportation (F.) deportation (N.)
deportieren deport (V.)
Depositen (N.Pl.) deposits (N.Pl.), deposited funds (N.Pl.)
Depositenzertifikat (N.) certificate of deposit (N.)
depositum (N.) irregulare (lat.) irregular deposit (N.)
Depot (N.) depot (N.), security deposit (N.), safe deposit (N.), depositary (N.) (am.)
Depotgeschäft (N.) security deposit business (N.), safe-custody business (N.)
Depotgesetz (N.) securities deposit law (N.)
Deputat (N.) allowance (N.) in kind, remuneration (N.) in kind
Deputation (F.) deputation (N.), delegation (N.)
Deputierte (F.) deputy (F.), delegate (F.)
Deputierter (M.) deputy (M. bzw. F.), delegate (M. bzw. F.)
deregulieren deregulate (V.)
Deregulierung (F.) deregulation (N.)
Dereliktion (F.) dereliction (N.), abandonment (N.) of property
Derivat (N.) derivative (N.)
derivativ derivative (Adj.)
derivativer Eigentumserwerb (M.) succession (N.) of title, derivative title (N.)
Derogation (F.) derogation (N.)
derogieren repeal (V.)
Deserteur (M.) deserter (M. bzw. F.), runaway (M. bzw. F.)
Deserteurin (F.) deserter (F.), runaway (F.)
desertieren desert (V.)
Designation (F.) designation (N.)
designieren designate (V.)
deskriptiv descriptive (Adj.)

deskriptives Tatbestandsmerkmal (N.) descriptive ingredient (N.) of an offence, descriptive constituent fact (N.)
Despot (M.) despot (M. bzw. F.), tyrant (M. bzw. F.)
Despotie (F.) despotic rule (N.), tyranny (N.)
Despotin (F.) despot (F.), tyrant (F.)
despotisch despotic (Adj.), tyrannical (Adj.)
Destinatär (M.) intended recipient (M. bzw. F.)
Destinatärin (F.) intended recipient (F.)
Deszendent (M.) descendant (M. bzw. F.)
Deszendentin (F.) descendant (F.)
Deszendenz (F.) (Abkömmlinge) descendants (M.Pl. bzw. F.Pl.)
Deszendenz (F.) (Abstammung) descent (N.)
detachiert detached (Adj.), detailed (Adj.)
detachierte Kammer (F.) detached chamber (N.)
Detektiv (M.) detective (M. bzw. F.)
Detektivin (F.) detective (F.)
Detektor (M.) detector (N.)
Deutsche Demokratische Republik (F.) (DDR) German Democratic Republic (F.)
Deutsche Welle (F.) German Wave (N.)
Deutscher (M.) German (M. bzw. F.)
Deutscher Gewerkschaftsbund (M.) (DGB) Federation (N.) of German Trade Union
Deutsches Reich (N.) German Reich (F.)
Deutschland (N.) Germany (F.)
Deutschlandvertrag (M.) German Treaty (N.)
Devise (F.) motto (N.), slogan (N.)
Devisen (F.Pl.) foreign currency (N.), foreign exchange (N.)
Devisenmarkt (M.) foreign exchange market (N.)
Devisenreserve (F.) foreign exchange reserve (N.)
Devolution (F.) devolution (N.)
Devolutionsrecht (N.) chief prosecutor's right (N.) to take over the proceedings
Devolutiveffekt (M.) devolutionary effect (N.)
Dezentralisation (F.) decentralisation (N.)
dezentralisieren decentralize (V.)
Dezernat (N.) department (N.), section (N.), squad (N.)
Dezernent (M.) departmental head (M. bzw. F.), chief (M. bzw. F.) of a section
Dezernentin (F.) departmental head (F.), chief (F.) of a section
DGB (M.) (Deutscher Gewerkschaftsbund) German Trade Union (N.)
Diakon (M.) deacon (M.)
Diakonin (F.) deaconess (F.)
Diakonisse (F.) deaconess (F.)
Diäten (F.Pl.) parliamentary allowance (N.)
Dichotomie (F.) dichotomy (N.)
Dieb (M.) thief (M. bzw. F.)
Diebin (F.) thief (F.)
Diebstahl (M.) theft (N.), larceny (N.), stealing (N.)
dienen serve (V.)
dienendes Grundstück (N.) servient estate (N.)
Diener (M.) servant (M.), attendant (M.)
Dienerin (F.) servant (F.), attendant (F.), domestic (F.)
Dienst (M.) service (N.), duty (N.)
Dienstalter (N.) job seniority (N.), length (N.) of service
Dienstaufsicht (F.) supervision (N.)
Dienstaufsichtsbeschwerde (F.) disciplinary complaint (N.)
Dienstbarkeit (F.) servitude (N.), easement (N.), subservience (N.)
Dienstbezug (M.) official emolument (N.), official income (N.)
Dienstbote (M.) servant (M. bzw. F.), domestic help (M. bzw. F.)
Dienstbotin (F.) servant (F.), domestic help (F.)
Diensteid (M.) official oath (N.), oath (N.) in office
Diensterfindung (F.) employee invention (N.)
Dienstflucht (F.) desertion (N.) from civil service
Dienstgeheimnis (N.) official secret (N.)
Dienstgrad (M.) rank (N.), grade (N.) (am.)
Dienstherr (M.) employer (M. bzw. F.), master (M. bzw. F.)
Dienstherrin (F.) employer (F.), principal (F.)
Dienstleistung (F.) service (N.), services (N.Pl.) rendered

Dienstleistungsfreiheit (F.) freedom (N.) to provide services
Dienstleistungsmarke (F.) service mark (N.)
dienstlich official (Adj.), in official capacity
Dienstrecht (N.) service regulations (N.Pl.)
Dienstsiegel (N.) official seal (N.)
Dienststelle (F.) office (N.), bureau (N.), official agency (N.)
Dienstvereinbarung (F.) works agreement (N.), company deal (N.)
Dienstvergehen (N.) disciplinary offence (N.), infringement (N.) of duty
Dienstverhältnis (N.) employment (N.), service status (N.), master-servant-relation (N.)
Dienstverschaffungsvertrag (M.) contract (N.) for the procurement of service
Dienstvertrag (M.) contract (N.) of service, contract (N.) of employment
Dienstvorgesetzte (F.) superior official (F.), supervisor (F.)
Dienstvorgesetzter (M.) superior official (M. bzw. F.), supervisor (M. bzw. F.)
Dienstweg (M.) official channels (N.PL.)
Dienstzeit (F.) period (N.) of service, office hours (N.Pl.)
Dietrich (M.) picklock (N.), skeleton key (N.)
diffamieren defame (V.), slander (V.)
Differenz (F.) difference (N.), balance (N.), disagreement (N.)
Differenzgeschäft (N.) margin business (N.), marginal trading (N.), gambling (N.) in futures
differenzieren differentiate (V.)
Differenzierung (F.) differentiation (N.)
Differenzierungsklausel (F.) differentiation clause (N.)
Diktator (M.) dictator (M. bzw. F.)
Diktatorin (F.) dictator (F.)
Diktatur (F.) dictatorship (N.)
dilatorisch dilatory (Adj.)
dilatorische Einrede (F.) dilatory plea (N.), dilatory procedural defence (N.), dilatory objection (N.)
Ding (N.) (Sache) thing (N.), object (N.)
dinglich real (Adj.), concrete (Adj.), in rem
dingliche Belastung (F.) encumberance (N.)
dingliches Recht (N.) right (N.) in rem, real right (N.)
Diözese (F.) diocese (N.)
Diplom (N.) diploma (N.)
Diplomat (M.) diplomat (M. bzw. F.)
Diplomatie (F.) diplomacy (N.)
Diplomatik (F.) diplomatics (N.Pl.)
Diplomatin (F.) diplomat (F.)
diplomatisch diplomatic (Adj.)
diplomatische Beziehung (F.) diplomatic relation (N.)
Diplom-Wirtschaftsjurist (M.) graduate business lawyer (M. bzw. F.)
Diplom-Wirtschaftsjuristin (F.) graduate business lawyer (F.)
direkt direct (Adj.), lineal (Adj.), immediate (Adj.)
direkte Stellvertretung (F.) direct representation (N.)
direkte Steuer (F.) direct tax (N.), direct duty (N.)
direkter Verbotsirrtum (M.) direct error (N.) as to the prohibited nature of an act
direkter Vorsatz (M.) direct intent (N.)
Direkterwerb (M.) direct acquisition (N.)
Direktion (F.) direction (N.), management (N.), headquarters (N.), head office (N.)
Direktionsrecht (N.) right (N.) to give instructions
Direktive (F.) directive (N.), instruction (N.)
Direktmandat (N.) constituency seat (N.), direct seat (N.)
Direktor (M.) director (M. bzw. F.), manager (M. bzw. F.), warden (M. bzw. F.)
Direktorin (F.) director (F.), directress (F.), manageress (F.), warden (F.)
Direktversicherung (F.) original insurance (N.)
Dirne (F.) prostitute (F.)
Disagio (N.) disagio (N.), discount (N.), below par (N.)
Diskont (M.) discount (N.), rebate (N.)
diskontieren discount (V.), take (V.) on discount
Diskontsatz (M.) discount rate (N.)
diskriminieren discriminate (V.)
Diskriminierung (F.) discrimination (N.)
Dispens (M.) exemption (N.), dispensation (N.)
dispensieren dispense (V.)
disponieren dispose (V.) of, make (V.) arrangements

Disposition (F.) disposition (N.), disposal (N.), arrangement (N.)
Dispositionsmaxime (F.) principle (N.) of party disposition
dispositiv optional (Adj.), dispositive (Adj.)
dispositives Recht (N.) optional rules (N.Pl.), flexible law (N.)
Disput (M.) dispute (N.), controversy (N.)
Disputation (F.) disputation (N.)
Dissens (M.) dissent (N.), disagreement (N.)
Dissertation (F.) dissertation (N.), thesis (N.)
Dissident (M.) dissident (M. bzw. F.), dissenter (M. bzw. F.), non-conformist (M. bzw. F.)
Dissidentin (F.) dissident (F.), dissenter (F.), non-conformist (F.)
distinguieren (im Verfahrensrecht bezüglich einer älteren Entscheidung unterscheiden) distinguish (V.)
Distinktion (F.) distinction (N.), discrimination (N.)
Distrikt (M.) district (N.)
Disziplin (F.) discipline (N.)
Disziplinargericht (N.) disciplinary tribunal (N.)
disziplinarisch disciplinary (Adj.)
Disziplinarmaßnahme (F.) disciplinary action (N.)
Disziplinarrecht (N.) disciplinary law (N.)
Disziplinarverfahren (N.) disciplinary proceedings (N.Pl.), disciplinary procedure (N.)
Diversion (F.) diversion (N.)
Dividende (F.) dividend (N.)
Division (F.) division (N.)
DNA-Analyse (F.) DNA-analysis (N.)
Dogma (N.) dogma (N.)
Dogmatik (F.) dogmatics (N.Pl.)
Doktor (M.) doctor (M. bzw. F.)
Doktorand (M.) candidate (M. bzw. F.) for a doctorate
Doktorandin (F.) candidate (F.) for a doctorate
Doktorgrad (M.) doctor's degree (N.)
Doktorin (F.) doctor (F.)
Doktorprüfung (F.) examination (N.) to take a doctor's degree
Doktrin (F.) doctrine (N.)
Dokument (N.) document (N.)
Dokumentenakkreditiv (N.) documentary letter (N.) of credit
Dokumentenkette (F.) (Dokumentenkette in Großbritannien) chain (N.) of titles, roots (N.Pl.) of titles
dolmetschen interpret (V.)
Dolmetscher (M.) interpreter (M. bzw. F.)
Dolmetscherin (F.) interpreter (F.)
dolos dolos (Adj.), with criminal intent
dolus (M.) (lat.) intent (N.)
dolus (M.) directus (lat.) direct intent (N.)
dolus (M.) eventualis (lat.) contingent intent (N.)
dolus (M.) generalis (lat.) general intent (N.)
dolus (M.) indirectus (lat.) indirect intent (N.)
dolus (M.) malus (lat.) malice (N.), cunning (N.)
dolus (M.) subsequens (lat.) subsequent intent (N.)
Domäne (F.) domaine (N.), estate (N.)
Domkapitel (N.) chapter (N.)
Doping (N.) doping (N.)
Doppelbesteuerung (F.) double taxation (N.)
Doppelehe (F.) bigamous marriage (N.)
Doppelname (M.) double name (N.)
Doppelstaatsangehörigkeit (F.) dual citizenship (N.), dual nationality (N.)
Dossier (N.) dossier (N.), file (N.)
Dotation (F.) grant (N.), endowment (N.), allocation (N.)
dotieren (ausstatten) endow (V.)
dotieren (vergüten) remunerate (V.)
Doyen (M.) (franz.) doyen (M. bzw. F.)
Doyenin (F.) dean (F.)
Dozent (M.) university teacher (M. bzw. F.), docent (M. bzw. F.)
Dozentin (F.) university teacher (F.), docent (F.)
drakonisch draconic (Adj.), draconian (Adj.), harsh (Adj.)
Drang (M.) pressure (N.), impulse (N.), urge (N.), drive (N.)
Draufgabe (F.) earnest (N.), earnest money (N.)
Dreiecksverhältnis (N.) three-cornered relationship (N.), ménage (N.) à trois (franz.)
Drei-Elemente-Lehre (F.) doctrine of the three elements of a state
Dreifelderwirtschaft (F.) three-course rotation (N.), three field system (N.)

Dreiklassenwahlrecht (N.) three-class franchise (N.)
Dreißigster (M.) thirty day's maintenance (N.)
dringend pressing (Adj.), urgent (Adj.)
dringlich pressing (Adj.), urgent (Adj.)
dritte third (Adj.)
Dritte (F.) third party (F.)
Dritter (M.) third party (M. bzw. F.), the third (M. bzw. F.)
Drittorganschaft (F.) third-integrated inter-company relation (N.)
Drittschadensliquidation (F.) realization (N.) of third party damage
Drittschuldner (M.) third party debtor (M. bzw. F.), garnishee (M. bzw. F.)
Drittschuldnerin (F.) third party debtor (F.), garnishee (F.)
Drittschutz (M.) protection (N.) of third party
Drittwiderspruchsklage (F.) third party action (N.) against execution, third party opposition (N.), interpleader (N.)
Drittwirkung (F.) effect (N.) on third party
Droge (F.) drug (N.), medicine (N.)
Drohbrief (M.) threatening letter (N.)
drohen threaten (V.)
drohend threatening (Adj.), impending (Adj.)
Drohung (F.) threat (N.), menace (N.)
Drohung (F.) mit Gewalt assault (N.)
Druck (M.) (Veröffentlichung durch Vervielfältigung) print (N.), edition (N.)
drucken print (V.)
Drucksache (F.) printed matter (N.), book post (N.) (brit.), second-class mail (N.) (am.)
Druckschrift (F.) (Druckbuchstaben) block letters (N.Pl.)
Druckschrift (F.) (Druckwerk) publication (N.), printed document (N.)
Druckwerk (N.) printed work (N.), printed publication (N.)
Dualismus (M.) dualism (N.)
dualistisch dualistic (Adj.)
Duell (N.) duel (N.)
dulden suffer (V.), bear (V.), acquiesce (V.), condone (V.)
Duldung (F.) acquiescence (N.), sufferance (N.), toleration (N.)
Duldungsvollmacht (F.) power (N.) of representation by estoppel
Dumping (N.) dumping (N.)
Dunkelfeld (N.) percentage (N.) of undetected crime
Duplik (F.) rejoinder (N.), duplicatio (N.)
Duplikat (N.) duplicate (N.), counterpart (N.)
durchführen (hindurchleiten) lead (V.) through, transport (V.) through
durchführen (verwirklichen) execute (V.), implement (V.), accomplish (V.), carry (V.) out
Durchführung (F.) implementation (N.), accomplishment (N.)
Durchführungsverordnung (F.) implementing order (N.), executive decree (N.)
Durchgriff (M.) drastic action (N.)
Durchgriffshaftung (F.) direct liability (N.) of controlling shareholder
Durchschnitt (M.) average (N.), standard (N.)
durchschnittlich average (Adj.), common (Adj.)
Durchschnittsmensch (M.) reasonable man (M.)
durchsuchen search (V.)
Durchsuchung (F.) search (N.)
dürftig (bedürftig) indigent (Adj.), needy (Adj.), poor (Adj.)
dürftig (kümmerlich) insufficient (Adj.), inadequate (Adj.), miserable (Adj.)
Dürftigkeit (F.) neediness (N.), indigence (N.), miserableness (N.)
Dürftigkeitseinrede (F.) plea (N.) of insufficient assets in an estate
dynamisch dynamic (Adj.)
dynamische Rente (F.) index-linked pension (N.)
Dynastie (F.) dynasty (N.)

E

e. V. (M.) (eingetragener Verein) registered association (N.)
ebenbürtig of equal birth
Ebenbürtigkeit (F.) equality (N.) of birth, equality (N.) of rank
Ebene (F.) level (N.)
echt real (Adj.), authentic (Adj.), true (Adj.), genuine (Adj.)

echte Urkunde (F.) authentic document (N.)
echtes Unterlassungsdelikt (N.) genuine crime (N.) by omission
Echtheit (F.) authenticity (N.), genuineness (N.)
Ecklohn (M.) standard wage (N.), basic wage (N.), basic pay (N.)
ECU (M.) (European Currency Unit) ECU (N.) (European Currency Unit)
edel noble (Adj.)
Edikt (N.) edict (N.), decree (N.)
Ediktalzitation (F.) citation (N.) by edict
Edition (F.) edition (N.), editing (N.)
Editionspflicht (F.) duty (N.) to produce a document
EDV (F.) (elektronische Datenverarbeitung) electronic data processing (N.)
Effekt (M.) effect (N.), result (N.), outcome (N.)
Effekten (M.Pl.) securities (N.Pl.), stocks and bonds (N.Pl.), stocks and shares (N.Pl.)
effektiv effective (Adj.)
Effektivklausel (F.) specified currency clause (N.)
EG (F.) (Europäische Gemeinschaft) EC (N.) (European Community)
Ehe (F.) marriage (N.), matrimony (N.), wedlock (N.)
Eheaufhebung (F.) dissolution (N.) of marriage, annulment (N.) of marriage
ehebrechen commit (V.) adultery
Ehebrecher (M.) adulterer (M.)
Ehebrecherin (F.) adulteress (F.)
ehebrecherisch adulterous (Adj.)
Ehebruch (M.) adultery (N.)
Ehefähigkeit (F.) nubility (N.), fitness (N.) to marry
Ehefrau (F.) wife (F.)
Ehegatte (M.) spouse (M. bzw. F.), marital partner (M. bzw. F.)
Ehegattenerbrecht (N.) entitlement (N.) to inheritance of surviving spouse
Ehegattin (F.) spouse (F.), marital partner (F.)
Ehegesetz (N.) marriage act (N.), marriage law (N.)
Ehegüterrecht (N.) marriage property law (N.)
Ehehindernis (N.) impediment (N.) to marriage
ehelich matrimonial (Adj.), conjugal (Adj.), marital (Adj.)
ehelich (in der Ehe gezeugt) legitimate (Adj.)
eheliche Lebensgemeinschaft (F.) conjugal life (N.)
ehelichen marry (V.), wed (V.)
Ehelicherklärung (F.) legitimation (N.)
Ehelichkeit (F.) legitimacy (N.), status (N.) of legitimacy
Ehelichkeitsanfechtung (F.) denial (N.) of legitimacy, contestation (N.) of legitimacy
Ehelichkeitserklärung (F.) legitimation (N.), declaration (N.) of legitimacy
Ehemann (M.) husband (M.)
Ehemündigkeit (F.) marriageable age (N.), legal majority (N.) for marriage, nubility (N.)
Ehename (M.) married name (N.)
Ehenichtigkeit (F.) nullity (N.) of marriage
Eheprozess (M.) matrimonial cause (N.)
Eherecht (N.) matrimonial law (N.), marriage law (N.)
Ehescheidung (F.) divorce (N.)
Eheschließung (F.) marriage (N.), celebration (N.) of marriage, solemnization (N.) of marriage
Ehestörung (F.) disturbance (N.) of marriage
Eheverbot (N.) restraint (N.) of marriage, marriage prohibition (N.)
Eheverfehlung (F.) matrimonial offence (N.)
Ehevermittler (M.) marriage broker (M. bzw. F.)
Ehevermittlerin (F.) marriage broker (F.)
Ehevermittlung (F.) marriage-broking (N.), procurement (N.) of marriage
Ehevertrag (M.) marriage contract (N.), matrimonial property agreement (N.)
Ehre (F.) honour (N.) (brit.), honor (N.) (am.)
Ehrenamt (N.) honorary position (N.), honorary post (N.), honorary office (N.)
ehrenamtlich honorary (Adj.)
Ehrenbeamter (M.) honorary officer (M. bzw. F.)
Ehrenbeamtin (F.) honorary officer (F.)
Ehrendoktor (M.) doctor (M. bzw. F.) honoris causa (lat.)
Ehrendoktorin (F.) doctor (F.) honoris causa (lat.)

Ehrengericht (N.) disciplinary court (N.), disciplinary committee (N.)
Ehrenrecht (N.) honorary right (N.)
Ehrenstrafe (F.) degrading punishment (N.)
Ehrenwort (N.) word (N.) of honour (brit.), word (N.) of honor (am.)
Ehrverletzung (F.) (Ehrverletzung im angloamerikanischen Recht) libel (N.), slander (F.)
eichen standardize (V.), calibrate (V.)
Eid (M.) oath (N.)
Eidesmündigkeit (F.) legal age (N.) to take an oath
eidesstattlich in lieu of an oath
eidesstattliche Versicherung (F.) affirmation (N.) in lieu of an oath
Eifersucht (F.) jealousy (N.)
eifersüchtig jealous (Adj.)
eigen own (Adj.), of one's own
Eigenbedarf (M.) own requirements (N. Pl.), personal requirements (N.Pl.)
Eigenbesitz (M.) proprietary possession (N.), exclusive possession (N.)
Eigenbesitzer (M.) proprietary possessor (M. bzw. F.), exclusive possessor (M. bzw. F.)
Eigenbesitzerin (F.) proprietary possessor (F.), exclusive possessor (F.)
Eigenbetrieb (M.) owner-operated enterprise (N.)
eigener Wirkungskreis (M.) original competence (N.)
eigenes Kapital net worth (N.)
Eigengeschäftsführung (F.) management (N.) of business transaction for one's account
eigenhändig by one's own hand (Adj.), personal (Adj.), manu propria (Adj.)
eigenhändig (eigenhändig geschrieben und unterschrieben) holographic (Adj.)
Eigenhändler (M.) distributor (M. bzw. F.)
Eigenhändlerin (F.) distributor (F.)
Eigenheim (N.) owner-occupied house (N.), privately owned residence (N.)
Eigenjagdbezirk (M.) owner's hunting district (N.)
Eigenkapital (N.) proprietary capital (N.), equity capital (N.), net worth (N.)
Eigenmacht (F.) self-given authority (N.)
Eigenname (M.) proper name (N.), surname (N.)
Eigenschaft (F.) quality (N.), attribute (N.), capacity (N.), property (N.)
Eigentum (N.) property (N.), ownership (N.), proprietorship (N.), title (N.)
Eigentum (N.) an beweglichen Sachen (Eigentum an beweglichen Sachen im angloamerikanischen Recht) personal property (N.)
Eigentum (N.) an einem Grundstück (Eigentum an einem Grundstück im angloamerikanischen Recht) freehold (N.)
Eigentümer (M.) proprietor (M.), owner (M. bzw. F.)
Eigentümergrundschuld (F.) owner's charge (N.), owner's land charge (N.)
Eigentümerhypothek (F.) owner's mortgage (N.)
Eigentümerin (F.) owner (F.), proprietress (F.)
Eigentumsaufgabe (F.) abandonment (N.) of goods, dereliction (N.)
Eigentumserwerb (M.) acquisition (N.) of property, accession (N.) of title
Eigentumsherausgabeanspruch (M.) claim (N.) for possession based on ownership
Eigentumsstörung (F.) private nuisance (N.), infringement (N.) of property rights, trespass (N.)
Eigentumsübertragung (F.) transfer (N.) of ownership, conveyance (N.) of property, transfer (N.) of property
Eigentumsverlust (M.) loss (N.) of ownership, loss (N.) of property
Eigentumsvermutung (F.) presumption (N.) of ownership, presumption (N.) of title
Eigentumsvorbehalt (M.) reservation (N.) of title, retention (N.) of title, retention (N.)
Eigentumswohnung (F.) freehold flat (N.) (brit.), condominium apartment (N.) (am.)
eignen be (V.) suitable, be (V.) adequate, fit (V.)
Eignung (F.) qualification (N.), applicability (N.), capacity (N.)
Einbahnstraße (F.) one-way street (N.)
einbenennen confer (V.) one's family name upon an illegitimate child
Einbenennung (F.) conferring (N.) one's family name upon an illegitimate child
einberufen convene (V.), convoke (V.), call (V.) up, draft (V.) (am.)

einbeziehen include (V.), incorporate (V.)
Einbeziehung (F.) inclusion (N.), incorporation (N.)
einbrechen break (V.) in, commit (V.) burglary, burgle (V.)
Einbrecher (M.) burglar (M. bzw. F.), housebreaker (M. bzw. F.)
Einbrecherin (F.) burglar (F.), housebreaker (F.)
einbringen (eine Petition einbringen) file (V.)
einbringen (Kapital einbringen) contribute (V.), bring (V.) in
Einbringung (F.) (Kapitaleinbringung) bringing in (N.), contribution (N.)
Einbruch (M.) burglary (N.), house-breaking (N.)
Einbruchsdiebstahl (M.) theft (N.) by breaking and entering, burglary (N.)
einbürgern naturalize (V.)
Einbürgerung (F.) naturalization (N.)
eindringen enter (V.) by force, penetrate (V.)
Einfuhr (F.) import (N.), importation (N.)
einführen (eine Person bzw. ein Thema einführen) introduce (V.), initiate (V.)
einführen (Waren einführen) import (V.)
Einführung (F.) introduction (N.), initiation (N.)
Einführungsgesetz (N.) introductory act (N.), introductory law (N.)
Eingabe (F.) petition (N.), application (N.), presentation (N.)
eingehen undertake (V.), enter (V.) into
Eingehungsbetrug (M.) fraud (N.) in treaty
eingetragene Genossenschaft (F.) registered society (N.)
eingetragener Verein (M.) registered association (N.), registered club (N.)
eingreifen intervene (V.), interfere (V.)
Eingriff (M.) interference (N.), intrusion (N.), encroachment (N.), intervention (N.)
Eingriffskondiktion (F.) claim (N.) on account of unjust enrichment because of interference with private property
Eingriffsverwaltung (F.) executive administration (N.)
einhalten observe (V.), keep (V.), meet (V.), comply (V.)
Einhaltung (F.) compliance (N.), observance (N.)
einheimisch domestic (Adj.)
Einheit (F.) unity (N.), entity (N.), unit (N.)
einheitlich unitary (Adj.), uniform (Adj.), standardized (Adj.)
einheitliches Gesetz (N.) (einheitliches Gesetz in den Vereinigten Staaten von Amerika) uniform law (N.) (am.)
einheitliches Kaufrecht (N.) uniform law (N.) on the sale of goods
Einheitsstrafe (F.) consolidated single penalty (N.)
Einheitswert (M.) standard value (N.), taxable value (N.), assessable value (N.), rateable value (N.)
Einheitswert (M.) (Einheitswert einer Liegenschaft) assessment unit value (N.)
einig agreed on, in agreement with
einigen agree (V.), come (V.) to an agreement
Einigung (F.) agreement (N.), settlement (N.), mutual consent (N.), meeting (N.) of minds
Einigungsmangel (M.) lack (N.) of agreement, disagreement (N.)
Einigungsstelle (F.) board (N.) of conciliation
Einigungsvertrag (M.) unification treaty (N.)
Einkammersystem (N.) unicameral system (N.)
Einkauf (M.) purchase (N.), buying (N.)
einkaufen purchase (V.)
Einkaufskommission (F.) buying commission (N.)
Einkaufspreis (M.) buying price (N.)
einklagen sue (V.)
Einkommen (N.) income (N.), revenue (N.), earnings (N.Pl.)
Einkommensteuer (F.) income tax (N.)
Einkunft (F.) revenue (N.), earnings (N.Pl.), profit (N.), income (N.)
einladen invite (V.)
Einladung (F.) invitation (N.), call (N.)
Einlage (F.) (Bankguthaben) deposit (N.)
Einlage (F.) (Briefeinlage) enclosure (N.)
Einlage (F.) (Gesellschaftseinlage) initial share (N.)
einlassen defend (V.) the charge, enter (V.) an appearance
Einlassung (F.) appearance (N.), pleading (N.) to the charge, joining (N.) of issue

Einlassungsfrist (F.) time (N.) for appearance, period (N.) for filing a defence
einlegen deposit (V.), file (V.)
Einleger (M.) depositor (M. bzw. F.), investor (M. bzw. F.), layer-on (M. bzw. F.)
Einlegerin (F.) depositor (F.), investor (F.), layer-on (F.)
einliefern commit (N.)
Einmanngesellschaft (F.) one-man company (N.), sole proprietorship (N.)
einmischen interfere (V.), intervene (V.)
Einmischung (F.) intervention (N.), interference (N.)
Einnahme (F.) taking (N.), receipt (N.), revenue (N.), take (N.), proceed (N.), earning (N.)
einnehmen take (V.) in, receive (V.), collect (V.), occupy (V.), assume (V.)
Einrede (F.) plea (N.), defence (N.) (brit.), defense (N.) (am.), objection (N.), exception (N.)
einreichen file (V.), submit (V.), bring (V.)
einreisen enter (V.) a country
einrichten establish (V.), organize (V.), institute (V.)
Einrichtung (F.) establishment (N.), organization (N.), facility (N.), installation (N.)
einschlägig pertinent (Adj.), relevant (Adj.), applicable (Adj.)
einschließen include (V.)
Einschließung (F.) inclusion (N.)
Einschließung (F.) (Personeneinschließung) confinement (N.), locking (N.) in
einschränken restrict (V.), limit (V.), qualify (V.)
Einschränkung (F.) limitation (N.), reservation (N.), restraint (N.), restriction (N.)
Einschreiben (N.) registered mail (N.), registered letter (N.), recorded letter (N.) (brit.), certified mail (N.) (am.)
einschreiten interfere (V.), intervene (V.), prosecute (V.)
Einschreiten (N.) intervention (N.), interference (N.), action (N.)
einsehen (Einsicht nehmen) examine (V.), inspect (V.), look (V.) into
einseitig one-sided (Adj.), unilateral (Adj.)
einseitig verpflichtend unilaterally obligating (Adj.), one-sided (Adj.)
einseitiges Rechtsgeschäft (N.) unilateral juristic act (N.)
einsetzen (ein Wort einsetzen) insert (V.)
einsetzen (eine Person einsetzen) appoint (V.)
einsetzen (Geld bzw. Leben einsetzen) stake (V.)
Einsetzung (F.) insertion (N.), appointment (N.), institution (N.)
Einsicht (F.) examination (N.), inspection (N.)
Einsicht (F.) (Verständnis) insight (N.), understanding (N.)
Einsichtsfähigkeit (F.) capacity (N.) to understand
einsperren lock (V.) up, take (V.) into custody, imprison (V.), confine (V.)
Einsperren (N.) locking (N.) up, confinement (N.), imprisonment (N.)
Einspruch (M.) objection (N.), opposition (N.), protest (N.), veto (N.)
Einspruchsgesetz (N.) act which is subject to a possible objection by the Bundesrat
einstehen be (V.) responsible, guarantee (V.)
einstellen (beschäftigen) hire (V.), employ (V.), engage (V.)
einstellen (unterbrechen bzw. beenden) discontinue (V.), stay (V.)
Einstellung (F.) (Beschäftigung) hiring (N.), employment (N.)
Einstellung (F.) (Haltung) attitude (N.), approach (N.)
Einstellung (F.) (Unterbrechung bzw. Beendigung) stay (N.), discontinuance (N.)
Einstellungsbeschluss (M.) order (N.) to dismiss a case, order (N.) to stay proceedings
einstweilig temporary (Adj.), provisional (Adj.), interim (Adj.), interlocutory (Adj.)
einstweilige Anordnung (F.) provisional order (N.), temporary order (N.), interim order (N.)
einstweilige Verfügung (F.) injunction (N.), interlocutory injunction (N.)
einstweiliger Ruhestand (M.) provisional retirement (N.)
Eintrag (M.) (Registereintrag) entry (N.), item (N.)
eintragen enter (V.), make (V.) an entry, register (V.), put (V.) down
Eintragung (F.) registration (N.), entry (N.), recording (N.)

Eintragungsbewilligung (F.) authorization (N.) for registration
Eintragungsfähigkeit (F.) registrability (N.), eligibility (N.) for registration
eintreiben collect (V.), enforce (V.)
eintreten (hineingehen) step (V.) in, enter (V.)
eintreten (sich ereignen) occur (V.)
Eintritt (M.) (Eingang) entry (N.), entrance (N.)
Eintritt (M.) (Geschehen) occurrence (N.)
Eintrittsrecht (N.) right (N.) of entry, right (N.) of preemption
Einverleibung (F.) incorporation (N.), inclusion (N.), annexation (N.)
Einverständnis (N.) agreement (N.), consent (N.), approval (N.)
Einwand (M.) objection (N.), defence (N.) (brit.), defense (N.) (am.), demur (N.)
Einwanderer (M.) immigrant (M. bzw. F.)
Einwandererin (F.) immigrant (F.)
einwandern immigrate (V.)
Einwanderung (F.) immigration (N.)
einweisen commit (V.), vest (V.)
Einweisung (F.) guidance (N.), installation (N.), assignment (N.), commitment (N.)
einwenden object (V.), oppose (V.), remonstrate (V.), plead (V.)
Einwendung (F.) objection (N.), remonstration (N.), plea (N.), defence (N.) (brit.), defense (N.) (am.), exception (N.)
einwilligen consent (V.), agree (V.) to, approve (V.)
Einwilligung (F.) consent (N.), approval (N.)
einwirken affect (V.), influence (V.), act (V.)
Einwirkung (F.) influence (N.), action (N.)
Einwohner (M.) inhabitant (M. bzw. F.), resident (M. bzw. F.)
Einwohnerin (F.) inhabitant (F.), resident (F.)
einzahlen deposit (V.), pay (V.) in
Einzahlung (F.) deposit (N.), paying (N.) in, payment (N.)
Einzelhaft (F.) solitary confinement (N.)
Einzelhandel retail (N.), retail trade (N.)
Einzelhändler (M.) retailer (M. bzw. F.)
Einzelhändlerin (F.) retailer (F.)
Einzelkauffrau (F.) sole trader (F.)
Einzelkaufmann (M.) sole trader (M. bzw. F.)
Einzelrechtsnachfolge (F.) singular succession (N.)
Einzelrichter (M.) sole judge (M. bzw. F.), single judge (M. bzw. F.), judge (M. bzw. F.) sitting alone
Einzelvollmacht (F.) special authority (N.), sole authority (N.)
einziehen (beschlagnahmen) withdraw (V.) from circulation
einziehen (einkassieren) collect (V.), redeem (V.), confiscate (V.), seize (V.)
Einziehung (F.) (Einsammlung) collection (N.), redemption (N.), confiscation (N.)
Einziehung (F.) (Beschlagnahme) withdrawal (N.)
Einziehungsermächtigung (F.) direct debit authorization (N.)
Einziehungsverfahren (N.) collection procedure (N.), method (N.) of collection
Eisenbahn (F.) railway (N.), railroad (N.) (am.)
Elektrizität (F.) electricity (N.)
elektronische Datenverarbeitung (F.) (EDV) electronic data processing (N.)
elterlich parental (Adj.)
elterliche Gewalt (F.) parental power (N.)
elterliche Sorge (F.) parental care (N.) and custody (N.)
Eltern (Pl.) parents (Pl.)
E-Mail (N.) e-mail (N.)
Emanzipation (F.) emancipation (N.)
emanzipieren emancipate (V.)
Embargo (N.) embargo (N.)
Embryo (M.) embryo (N.)
emeritieren retire (V.) from an academic chair, give (V.) an emeritus status
Emeritierung (F.) retirement (N.) from an academic chair
Emigrant (M.) emigrant (M. bzw. F.)
Emigrantin (F.) emigrant (F.)
Emigration (F.) emigration (N.)
emigrieren emigrate (V.)
Emission (F.) emission (N.)
Emission (F.) (Wertpapieremission) emission (N.), issue (N.), flotation (N.)
emittieren issue (V.)
Empfang (M.) receipt (N.), receiving (N.)
empfangen receive (V.)
Empfänger (M.) recipient (M. bzw. F.), addressee (M. bzw. F.), receiver (M. bzw. F.)

Empfängerhorizont (M.) horizon (N.) of recipient
Empfängerin (F.) recipient (F.), addressee (F.), receiver (F.)
Empfängnis (F.) conception (N.)
Empfängnisverhütung (F.) contraception (N.)
Empfängniszeit (F.) period (N.) of conception
Empfangsbedürftigkeit (F.) requirement (N.) of receipt
empfehlen recommend (V.), suggest (V.), advise (V.)
Empfehlung (F.) recommendation (N.), suggestion (N.), advice (N.)
Endurteil (N.) final decision (N.), final judgement (N.), definitive decision (N.), general verdict (N.)
Endurteil (N.) (Eherechtsendurteil) final decree (N.)
Energie (F.) energy (N.), power (N.)
Energieentziehung (F.) divestment (N.) of energy
Energierecht (N.) energy laws (N.Pl.)
Energieversorgungsunternehmen (N.) energy supply company (N.)
England (N.) England (F.)
Enkel (M.) grandchild (N.)
Enkelin (F.) grandschild (N.)
Enklave (F.) enclave (N.)
Enquête (F.) official inquiry (N.)
Enquêtekommission (F.) commission (N.) of inquiry
Enquêterecht (N.) parliamentary enquiry privilege (N.)
enteignen expropriate (V.)
Enteignung (F.) expropriation (N.)
enteignungsgleicher Eingriff (M.) inverse condemnation (N.)
enterben disinherit (V.), exheredate (V.)
Enterbung (F.) disinheritance (N.), exheredation (N.)
entfalten develop (V.), evolve (V.)
Entfaltung (F.) unfolding (N.), development (N.), evolution (N.)
entfernen remove (V.), oust (V.)
entfernen (sich entfernen) leave (V.)
Entfernung (F.) (Entlassung) aus dem Dienst removal (N.) from office, dismissal (N.)
Entfernung (F.) (Ortsunterschied) distance (N.)
Entfernung (F.) (Wegnahme) removal (N.), ouster (N.)
Entfremdung (F.) (Entfremdung im Eherecht) alienation (N.) of affections
entführen kidnap (V.), abduct (V.)
entführen (ein Fahrzeug entführen) hijack (V.)
Entführer (M.) abductor (M. bzw. F.), kidnapper (M. bzw. F.), hijacker (M. bzw. F.)
Entführerin (F.) abductor (F.), kidnapper (F.), hijacker (F.)
Entführung (F.) kidnapping (N.), abduction (N.)
Entführung (F.) (Fahrzeugentführung) hijacking (N.)
entgangener Gewinn (M.) lost profits (N.Pl.), loss (N.) of earnings
Entgelt (N.) remuneration (N.), compensation (N.), consideration (N.), pay (N.)
entgelten remunerate (V.), pay (V.) for, compensate (V.)
Entgeltfortzahlung (F.) continuation (N.) of wage payments
Entgeltfortzahlungsgesetz (N.) continuation of wage payments during sickness Act (N.)
entgeltlich for consideration, against payment, lucrative (Adj.)
Entgeltlichkeit (F.) remunerativeness (N.), payment basis (N.)
enthaupten decapitate (V.), behead (V.)
Enthauptung (F.) decapitation (N.), beheading (N.)
Entkolonialisierung (F.) decolonization (N.)
entlassen discharge (V.), dismiss (V.), oust (V.)
Entlassung (F.) dismissal (N.), discharge (N.), removal (N.) from office
entlasten relieve (V.), ease (V.), disengage (V.), unburden (V.), clear (V.), exonerate (V.)
Entlastung (F.) relief (N.), easing (N.)
Entlastung (F.) (Beschuldigtenentlastung) exculpation (N.), exoneration (N.)
Entlastungsbeweis (M.) exculpatory evidence (N.), exonerating evidence (N.)
entleihen borrow (V.)
entmündigen place (V.) under the control of a guardian, declare (V.) legally incapable

Entmündigung (F.) legal incapacitation (N.), deprivation (N.) of legal capacity
Entnahme (F.) drawing (N.), withdrawal (N.), taking (N.)
entnazifiziern denazify (V.)
Entnazifizierung (F.) denazification (N.)
entnehmen take (V.), draw (V.)
entschädigen indemnify (V.), compensate (V.), reimburse (V.)
Entschädigung (F.) indemnification (N.), compensation (N.), reimbursement (N.), restitution (N.)
Entscheid (M.) decision (N.), ruling (N.), decree (N.)
entscheiden decide (V.), rule (V.) on, adjudge (V.), adjucate (V.), hold (V.), judge (V.)
Entscheidung (F.) decision (N.), ruling (N.), determination (N.), adjucation (N.)
Entscheidung (F.) der Europäischen Gemeinschaft decision (N.) of the European Community
Entscheidung nach Lage der Akten (F.) decision (N.) as the case lies
Entscheidungsgrund (M.) reason (N.) for the decision, ground (N.) of judgement
Entscheidungsgrund (M.) (Urteilsentscheidungsgrund) ratio (N.) decidendi (lat.)
Entscheidungssammlung (F.) casebook (N.), law reports (N.Pl.)
entscheidungsunfähige Geschworene (M.Pl. bzw. F.Pl.) hung jury (N.)
entschließen (sich entschließen) decide (V.), come (V.) to a decision, resolve (V.)
Entschließung (F.) resolution (N.), order (N.)
Entschluss (M.) decision (N.)
entschuldigen excuse (V.), pardon (V.), condone (V.)
entschuldigen (sich entschuldigen) apologize (V.)
entschuldigender Notstand (M.) excusing emergency (N.)
Entschuldigung (F.) apology (N.), excuse (N.)
Entschuldigungsgrund (M.) excuse (N.), exculpation (N.)
entwenden take (V.) away, pilfer (V.), filch (V.), steal (V.)
Entwendung (F.) pilfering (N.), pilfery (N.), stealing (N.), larceny (N.)
Entwerung (F.) eviction (N.)
entwickeln develop (V.)
Entwicklung (F.) development (N.), trend (N.)
Entwicklungskriminalität (F.) criminality (N.) concerning young people who are still developing
entwidmen withdraw (V.) from public use, privatize (V.)
Entwidmung (F.) withdrawal (N.) from public use, privatization (N.)
Entwurf (M.) rough copy (N.), bill (N.), draft agreement (N.)
entziehen deprive (V.), take (V.) away, divest (V.)
entziehen (sich entziehen) abscond (V.)
Entziehung (F.) deprivation (N.), divestment (N.)
Entziehungsanstalt (F.) treatment centre (N.) for alcoholics and drug addicts
Entzug (M.) withdrawal (N.), suspension (N.)
Enumeration (F.) enumeration (N.)
enumerativ enumerative (Adj.)
Enzyklika (F.) encyclical (N.)
Enzyklopädie (F.) encyclopedia (N.)
equitymäßig (equitymäßig im angloamerikanischen Recht) equitable (Adj.)
Erbanfall (M.) inheritance (N.), accrual (N.) of an inheritance, devolution (N.) of an inheritance
Erbausgleich (M.) money compensation (N.) in lieu of future inheritance
Erbbaurecht (N.) hereditable building right (N.), building lease (N.), leasehold (N.)
Erbbauzins (M.) ground rent (N.)
erbbiologisches Gutachten (N.) expert opinion (N.) on hereditary factors
Erbe (M.) heir (M.), successor (M. bzw. F.), inheritor (M. bzw. F.)
Erbe (N.) inheritance (N.), heritage (N.)
Erbeinsetzung (F.) appointment (N.) as an heir
erben inherit (V.)
Erbengemeinschaft (F.) community (N.) of heirs, joint heirs (Pl.)
Erbenhaftung (F.) personal liability (N.) of the heir
Erbersatzanspruch (M.) substituted inheritance right (N.)
Erbfall (M.) devolution (N.) of an inheri-

tance, accrual (N.) of an inheritance, succession (N.)
Erbfolge (F.) succession (N.), inheritance (N.), heirship (N.)
Erbin (F.) inheritrix (F.), inheritress (F.), heiress (F.)
Erblasser (M.) decedent (M. bzw. F.), testator (M.)
Erblasserin (F.) testatrix (F.)
erblich hereditary (Adj.), inheritable (Adj.)
Erbpacht (F.) hereditary lease (N.), emphyteusis (N.)
Erbrecht (N.) (Erbrechtsanspruch) right (N.) to an inheritance, right (N.) of succession, hereditary right (N.), claim (N.) to an inheritance
Erbrecht (N.) (Erbrechtsordnung) law (N.) of succession
Erbschaft (F.) inheritance (N.)
Erbschaftsanspruch (M.) right (N.) to an inheritance, right (N.) of succession, hereditary right (N.), claim (N.) to an inheritance
Erbschaftsbesitzer (M.) possessor (M. bzw. F.) of the estate
Erbschaftsbesitzerin (F.) possessor (F.) of the estate
Erbschaftserwerber (M.) purchaser (M. bzw. F.) of an inheritance as a whole
Erbschaftserwerberin (F.) purchaser (F.) of an inheritance as a whole
Erbschaftskauf (M.) purchase (N.) of the total inheritance
Erbschaftsklage (F.) action (N.) for recovery of an inheritance
Erbschaftsteuer (F.) inheritance tax (N.), succession tax (N.), death duty (N.), death tay (N.)
Erbschein (M.) certificate (N.) of inheritance, grant (N.) of probate
Erbschleicher (M.) legacy hunter (M. bzw. F.)
Erbschleicherin (F.) legacy hunter (F.)
Erbstück (N.) heirloom (N.)
Erbteil (M.) hereditary portion (N.), share (N.) of the inheritance
Erbunfähigkeit (F.) legal incapacity (N.) to inherit
Erbunwürdigkeit (F.) unworthiness (N.) of inheritance, disqualification (N.) from succession
Erbvertrag (M.) contract (N.) of inheritance
Erbverzicht (M.) renunciation (N.) of inheritance, waiver (N.) of hereditary titles
ereignen (sich ereignen) happen (V.), occur (V.), take (V.) place
Ereignis (N.) event (N.), happening (N.), incident (N.), occurrence (N.)
erfahren (V.) be (V.) informed, experience (V.)
Erfahrung (F.) experience (N.)
erfassen register (V.), record (V.), list (V.)
Erfassung (F.) registration (N.), recording (N.), listing (N.)
erfinden invent (V.), devise (V.)
Erfinder (M.) inventor (M. bzw. F.)
Erfinderin (F.) inventor (F.)
Erfindung (F.) invention (N.)
Erfolg (M.) success (N.), achievement (N.)
Erfolgsabwendungspflicht (F.) duty (N.) to prevent the effect
Erfolgsdelikt (N.) objective crime (N.)
Erfolgshaftung (F.) strict liability (N.), liability (N.) without fault
Erfolgshonorar (N.) contingent fee (N.)
Erfolgsort (M.) place (N.) of effect
erforderlich necessary (Adj.), requisite (Adj.), required (Adj.)
Erforderlichkeit (F.) necessity (N.), requirement (N.)
erfordern require (V.), necessitate (V.), demand (V.)
Erfordernis (N.) requirement (N.), requisite (N.), necessity (N.)
Erfüllbarkeit (F.) fulfillability (N.)
erfüllen fulfill (V.), perform (V.), carry (V.) out, execute (V.)
erfüllen (verwirklichen) meet (V.)
Erfüllung (F.) fulfillment (N.), performance (N.), satisfaction (N.)
erfüllungsbedürftig (erfüllungsbedürftig im angloamerikanischen Recht) executory (Adj.)
Erfüllungsbetrug (M.) fraud (N.) in the performance
Erfüllungsgehilfe (M.) vicarious agent (M. bzw. F.)
Erfüllungsgehilfin (F.) vicarious agent (F.)
Erfüllungsinteresse (N.) positive interest (N.), interest (N.) in the complete satisfaction of an obligation

Erfüllungsort (M.) place (N.) of performance
Erfüllungsübernahme (F.) vicarious performance (N.)
Erfüllungsverweigerung (F.) anticipatory breach (N.), repudiation (N.)
ergänzen supplement (V.)
ergänzende Vertragsauslegung (F.) supplementary interpretation (N.) contract
Ergänzung (F.) supplement (N.), supplementation (N.)
Ergänzungspflegschaft (F.) supplementary curatorship (N.)
Ergänzungsurteil (N.) supplementing judgement (N.)
Erhalt (M.) receipt (N.)
erhalten (V.) receive (V.), be (V.) granted, maintain (V.), get (V.)
erheben (feststellen) ascertain (V.), investigate (V.)
erheben (verlangen) levy (V.), impose (V.)
erheblich substantial (Adj.), relevant (Adj.)
Erhebung (F.) (Aufstand) rebellion
Erhebung (F.) (Auferlegung) imposition (N.)
erhöhen increase (V.), raise (V.), lift (V.)
Erhöhung (F.) increase (N.), raise (N.), rise (N.) (am.)
erinnern remind (V.)
Erinnerung (F.) (Mahnung) admonition (N.)
Erinnerung (F.) (Rechtsmittelerinnerung) adjournment (N.)
Erinnerung (F.) (Rückbesinnung) memory (N.)
Erinnerung (F.) (Verwaltungsrechtserinnerung) opposition (N.), objection (N.)
erkennen recognize (V.), identify (V.), adjudge (V.)
Erkenntnis (F.) (Einsicht) realization (N.), comprehension (N.), perception (N.)
Erkenntnis (N.) (Entscheidung) decision (N.), judgement (N.)
Erkenntnisverfahren (N.) contentious proceedings (N.Pl.)
erklären (darlegen) declare (V.)
Erklärung (F.) (Zollerklärung) declaration (N.)
Erklärungsirrtum (M.) mistake (N.) in the utterance
Erklärungstheorie (F.) doctrine (N.) of declaratory effect of an act
Erklärungswille (M.) intention (N.) of stating something of legal consequence
erkundigen seek (V.) information, inquire (V.)
Erkundigung (F.) inquiry (N.)
Erlass (M.) (Anordnung einer Verwaltungsbehörde) decree (N.), order (N.)
Erlass (M.) (Befreiung) release (N.)
Erlass (M.) (Schaffung eines Gesetzes oder Urteils) pronouncement (N.), passing (N.), rendition (N.)
erlassen (ausgeben) issue (V.)
erlassen (befreien) release (V.) from, dispense (V.) from
erlassen (ein Gesetz oder Urteil schaffen) pass (V.), render (V.)
erlauben allow (V.), permit (V.)
Erlaubnis (F.) permission (N.), licence (N.) (brit.), license (N.) (am.)
Erlaubnisirrtum (M.) error (N.) concerning permissibility
Erlaubnisvorbehalt (M.) reservation (N.) on the granting of permission
erläutern comment (V.), illustrate (V.), explain (V.)
erledigen settle (V.), arrange (V.), finish (V.)
Erledigung (F.) disposal (N.), arrangement (N.), termination (N.)
Erlös (M.) profit (N.)
erlöschen come (V.) to an end, expire (V.), lapse (V.)
Erlöschen (N.) extinguishment (N.), lapse (N.), discharge (N.)
erlösen realize (V.)
ermächtigen empower (V.), authorize (V.), vest (V.) with authority
Ermächtigung (F.) power (N.), authorization (N.), delegated power (N.)
Ermächtigungsgesetz (N.) enabling act (N.), enabling statute (N.)
Ermächtigungsgrundlage (F.) basis (N.) of authorization
ermahnen admonish (V.), warn (V.), caution (V.)
Ermahnung (F.) admonition (N.), warning (N.)
ermäßigen reduce (V.), lower (V.), mark (V.) down

Ermäßigung (F.) reduction (N.), lowering (N.)
ermessen estimate (V.)
Ermessen (N.) discretion (N.)
Ermessensfehler (M.) abuse (N.) of discretion
Ermessensmangel (M.) lack (N.) of discretion
Ermessensmissbrauch (M.) abuse (N.) of discretion
Ermessensnichtgebrauch (M.) non-use (N.) of discretion
Ermessensreduzierung (F.) restriction (N.) of discretion
Ermessensüberschreitung (F.) exceeding (N.) of one's discretionary powers
Ermessensunterschreitung (F.) falling (N.) short of discretion
ermitteln investigate (V.), trace (V.), ascertain (V.)
Ermittler (M.) detective (M. bzw. F.)
Ermittlung (F.) criminal investigation (N.), tracing (N.), inquiry (N.)
Ermittlungsbeamter investigating officer (M. bzw. F.)
Ermittlungsbeamtin (F.) investigating officer (F.)
Ermittlungsrichter (M.) summary judge (M. bzw. F.), committing magistrate (M. bzw. F.)
Ermittlungsrichterin (F.) summary judge (F.), committing magistrate (F.)
Ermittlungsverfahren (N.) preliminary investigation (N.)
ernennen appoint (V.), nominate (V.), name (V.), designate (V.)
Ernennung (F.) appointment (N.), nomination (N.)
Ernennungsurkunde (F.) letter (N.) of appointment
eröffnen open (V.), disclose (V.)
Eröffnung (F.) opening (N.), disclosure (N.)
Eröffnungsbeschluss (M.) committal (N.) for trial
Eröffnungsbilanz (F.) opening balance (N.)
Eröffnungsverfahren (N.) committal proceedings (N.Pl.)
erörtern discuss (V.), debate (V.), argue (V.)
Erörterung (F.) discussion (N.), debate (N.)
erpressen blackmail (V.), extort (V.)
Erpresser (M.) blackmailer (M. bzw. F.), extortionist (M. bzw. F.), racketeer (M. bzw. F.)
Erpresserin (F.) blackmailer (F.), extortionist (F.), racketeer (F.)
erpresserisch blackmailing (Adj.), extortionate (Adj.)
erpresserischer Menschenraub (M.) extortionate kidnapping (N.)
Erpressung (F.) extortion (N.), blackmail (N.)
erregen excite (V.), irritate (V.), provoke (V.), create (V.), cause (V.)
Erregung (F.) öffentlichen Ärgernisses causing (N.) a public nuisance
Errungenschaft (F.) acquisition (N.), achievement (N.)
Errungenschaftsgemeinschaft (F.) joint ownership (N.) of acquired property
Ersatz (M.) substitute (N.), replacement (N.)
Ersatz (M.) (Ersatz eines Schadens) compensation (N.), indemnification (N.), restitution (N.)
Ersatzdienst (M.) non-military service (N.), alternative service (N.)
Ersatzerbe (M.) substitutional heir (M. bzw. F.), alternate heir (M. bzw. F.), revisionary heir (M. bzw. F.)
Ersatzerbin (F.) substitutional heiress (F.), alternate heiress (F.), revisionary heiress (F.)
Ersatzfreiheitsstrafe (F.) imprisonment (N.) in default of payment
Ersatzgeschäft (N.) substitutional transaction (N.)
Ersatzkasse (F.) substitutional social health insurance institution (N.)
Ersatzvermächtnis (N.) substitutional legacy (N.), substitutional bequest (N.)
Ersatzvornahme (F.) substitute performance (N.)
Ersatzzeit (F.) substituted qualifying period (N.)
Ersatzzustellung (F.) substituted service (N.)
Ersatzzwangshaft (F.) substitutional coercive detention (N.)
erscheinen appear (V.)
Erscheinen (N.) appearance (N.), attendance (N.)
Erscheinen (N.) (Veröffentlichung) publication (N.), issue (N.)

erschließen develop (V.), improve (V.), open (V.) up
Erschließung (F.) development (N.), improvement (N.), planning (N.)
erschöpfen exhaust (V.), drain (V.)
ersetzen substitute (V.), replace (V.), supersede (V.)
ersetzen (einen Verlust ausgleichen) compensate (V.), reimburse (V.)
Ersetzung (F.) substitution (N.), replacement (N.)
Ersetzungsbefugnis (F.) alternative performance (N.), authority (N.) to provide a substitute
ersitzen acquire (V.) by prescription, prescribe (V.), usucapt (V.)
Ersitzung (F.) prescription (N.), usucaption (N.)
erstatten (ersetzen) reimburse (V.), refund (V.), repay (V.)
Erstattung (F.) reimbursement (N.), refund (N.)
Erstattungsanspruch (M.) claim (N.) for reimbursement, claim (N.) of restitution
ersuchen request (V.)
Ersuchen (N.) request (N.)
ersuchte Richterin (F.) requested judge (F.)
ersuchter Richter (M.) requested judge (M. bzw. F.)
Ertrag (M.) yield (N.), return (N.), revenue (N.), proceeds (N.Pl.)
Ertragshoheit (F.) tax sovereignty (N.)
Ertragsteuer (F.) tax (N.) on earnings, tax (N.) on profits, profit tax (N.)
Erwachsene (F.) adult (F.)
Erwachsener (M.) adult (M. bzw. F.)
erwägen consider (V.), examine (V.), take (V.) into account, entertain (V.)
Erwägung (F.) consideration (N.), deliberation (N.)
Erwerb (M.) acquisition (N.), acquiring (N.), purchase (N.)
erwerben acquire (V.), obtain (V.), purchase (V.)
Erwerber (M.) purchaser (M. bzw. F.), vendee (M. bzw. F.), transferee (M. bzw. F.), assign (M. bzw. F.)
Erwerberin (F.) purchaser (F.), vendee (F.), transferee (F.), assign (F.)
erwerbslos unemployed (Adj.), jobless (Adj.), idle (Adj.)
Erwerbstätigkeit (F.) gainful employment (N.)
Erwerbsunfähigkeit (F.) invalidity (N.), disability (N.), total incapacity (N.)
Erwerbsverbot (N.) prohibition (N.) to acquire
erwidern reply (V.), answer (V.)
Erwiderung (F.) reply (N.), answer (N.), rejoinder (N.)
Erzbischof (M.) archbishop (M.)
erzeugen produce (V.), cause (V.), create (V.)
Erzeugnis (N.) product (N.), production (N.)
erziehen educate (V.), bring (V.) up
Erziehung (F.) education (N.), upbringing (N.)
Erziehungsbeistand (M.) educational supervisor (M. bzw. F.)
Erziehungsbeiständin (F.) educational supervisor (F.)
Erziehungsgeld (N.) educational allowance (N.)
Erziehungshilfe (F.) disciplinary aid (N.) and supervision (N.)
Erziehungsmaßregel (F.) compulsory measure (N.) of care
Erziehungsurlaub (M.) leave (N.) granted to a non-working parent of a small child
erzwingbar enforceable (Adj.)
erzwingen compel (V.), enforce (V.)
Erzwingung (F.) enforcement (N.), compulsion (N.), extortion (N.)
Erzwingungshaft (F.) coercive detention (N.), arrest (N.) to enforce a court order
Esel (M.) donkey (N.), ass (N.)
Estland (N.) Estonia (N.)
Estoppel (N.) estoppel (N.)
Etat (M.) budget (N.), estimates (N.Pl.)
Ethik (F.) ethics (N.Pl.)
ethnisch ethnic (Adj.), ethnical (Adj.)
Ethos (M.) ethos (N.)
EU (F.) (Europäische Union) EU (N.) (European Union)
Eur-Lex (N.) (Rechtsdatenbank der Europäischen Union) Eur-Lex (N.)
Eurocheque (M.) eurocheque (N.)
Europa (N.) Europe (F.)
europäisch european (Adj.)
Europäische Akte (F.) Single European Act (N.)

Europäische Atomgemeinschaft (F.) European Atomic Energy Community (N.)
Europäische Gemeinschaft (F.) (EG) European Community (N.) (EC)
Europäische Gemeinschaft (F.) für Kohle und Stahl European Coal and Steel Community (N.)
Europäische Gemeinschaften (F.Pl.) European Communities (N.Pl.)
Europäische Konvention (F.) zum Schutz der Menschenrechte und Grundfreiheiheiten European Convention (N.) on Human Rights
Europäische Sozialcharta (F.) European Social Charter (N.)
Europäische Union (F.) European Union (N.) (EU)
Europäische Universität (F.) European University (N.)
Europäische Wirtschaftliche Interessenvereinigung (F.) European economic interest grouping (N.)
Europäische Wirtschafts- und Währungsunion (F.) European Economic and Currency Union (N.)
Europäische Wirtschaftsgemeinschaft (F.) (EWG) European Economic Community (N.) (ECC)
Europäische Zentralbank (F.) European Central Bank (N.)
Europäischer Gerichtshof (M.) (EuGH) European Court (N.) of Justice (ECJ)
Europäischer Gerichtshof (M.) für Menschenrechte European Court (N.) of Human Rights
Europäischer Rat (M.) European Council (N.)
Europäischer Verband (M.) der Notare (CNUE) (F.) European federation (N.) of notaries
Europäischer Wirtschaftsraum (M.) European market (N.)
Europäisches Gemeinschaftsrecht (N.) European community law (N.)
Europäisches Parlament (N.) European Parliament (N.)
europäisches Prüfungsnotenanrechnungssystem (N.) European Credit Transfer System (N.) (ECTS), ECTS (N.) (European Credit Transfer System)
Europäisches Recht (N.) European law (N.)
Europäisches Währungssystem (N.) European Monetary System (N.)
Europarat (M.) Council (N.) of Europe
Europarecht (N.) European law (N.)
Europawahl (F.) election (N.) to the European Parliament
European Currency Unit (N.) (ECU) European Curency Unit (N.) (ECU)
Europol (F.) Europol (N.)
Euthanasie (F.) euthanasia (N.), mercy killing (N.)
evakuieren evacuate (V.)
Evakuierung (F.) evacuation (N.)
Evaluation (F.) evaluation (N.)
evaluieren evaluate (V.)
evangelisch protestant (Adj.)
eventual possible (Adj.), contingent (Adj.)
Eventualaufrechnung (F.) cautionary setting-off (N.)
Eventualmaxime (F.) alternative pleading (N.), contingency motion (N.)
Eventualvorsatz (M.) contingent intent (N.)
evident evident (Adj.)
Evidenz (F.) evidence (N.)
Eviktion (F.) eviction (N.)
Evokationsrecht (N.) the right (N.) to withdraw a matter from the cognizance of another court, right (N.) to issue a writ of certiorari
ex lege (lat.) by operation of law
ex nunc (lat.) from now on, a data
ex officio (lat.) ex officio (lat.)
ex tunc (lat.) ab initio (lat.)
Examen (N.) examination (N.), exam (N.)
exceptio (F.) (lat.) exception (N.)
exceptio (F.) doli (lat.) plea (N.) of fraud
exekutieren execute (V.)
Exekution (F.) execution (N.)
exekutiv executive (Adj.)
Exekutive (F.) executive (N.), executive power (N.)
Exequatur (N.) exequatur (N.)
Exhibitionist (M.) exhibitionist (M.)
exhibitionistisch exhibitionist (Adj.)
exhibitionistische Handlung (F.) exhibitionist act (N.)
exhumieren exhume (V.), disinter (V.)
Exhumierung (F.) exhumation (N.), disinterment (N.)
Exil (N.) exile (N.)
Existenz (F.) existence (N.), living (N.)

Existenzminimum (N.) subsistance minimum (N.), subsistance level (N.)
Exklave (F.) exclave (N.)
exklusiv exclusive (Adj.)
Exkommunikation (F.) excommunication (N.)
exkommunizieren excommunicate (V.)
Exkulpation (F.) exculpation (N.)
exkulpieren free (V.) from fault
Exmatrikulation (F.) removal (N.) of one's name from the university register
exmatrikulieren remove (V.) someone's name
Experte (M.) expert (M. bzw. F.)
Expertensystem (N.) expert system (N.)
Expertin (F.) expert (F.)
explodieren explode (V.)
Explosion (F.) explosion (N.)
Export (M.) export (N.), exportation (N.)
exportieren export (V.)
expressis verbis (lat.) explicit (Adj.), definite (Adj.)
extensiv extensive (Adj.)
exterritorial exterritorial (Adj.), extraterritorial (Adj.)
Exterritorialität (F.) extraterritoriality (N.)
Extremismus (M.) extremism (N.)
Extremist (M.) extremist (M. bzw. F.)
Extremistin (F.) extremist (F.)
Exzess (M.) excess (N.)

F

Fabrik (F.) factory (N.)
Fabrikant (M.) manufacturer (M. bzw. F.), fabricant (M. bzw. F.)
Fabrikantin (F.) manufacturer (F.), fabricant (F.)
Fabrikationsfehler (M.) flaw (N.), manufacturing defect (N.)
Fachanwalt (M.) specialized solicitor (M. bzw. F.)
Fachanwältin (F.) specialized solicitor (F.)
Facharbeiter (M.) skilled labour (M. bzw. F.), skilled worker (M. bzw. F.), trained worker (M. bzw. F.)
Facharbeiterin (F.) skilled labour (F.), skilled worker (F.), trained worker (F.)
Fachaufsicht (F.) supervisory power (N.), supervising authority (N.)
Fachbereich (M.) (Fachbereich an Universitäten) faculty (N.)
Fachfrau (F.) expert (F.), specialist (F.), professional (F.)
Fachhochschule (F.) vocational college (N.), technical college (N.)
Fachmann (M.) expert (M. bzw. F.), specialist (M. bzw. F.), professional (M. bzw. F.)
Fachschaft (F.) students' union (N.) of a department
Factoring (N.) factoring (N.)
facultas (F.) alternativa (lat.) optional right (N.) of performance
fähig able (Adj.), capable (Adj.), qualified (Adj.), eligible (Adj.)
Fähigkeit (F.) ability (N.), capability (N.), eligibility (N.), capacity (N.)
fahnden pursue (V.), search (V.) for
Fahndung (F.) search (N.)
Fahndungsschreiben (N.) "wanted" notice (N.)
Fahnenflucht (F.) desertion (N.)
fahnenflüchtig be (V.) a deserter
Fähnrich (M.) (Fähnrich im Landheer) cadet sergeant (M.)
Fahrbahn (F.) roadway (N.), carriageway (N.), pavement (N.) (am.)
fahren drive (V.)
Fahren (N.) unter Alkoholeinfluß driving (N.) while intoxicated (dwi)
Fahrerflucht (F.) hit-and-run offence (N.)
Fahrerlaubnis (F.) driving licence (N.) (brit.), driver's license (N.) (am.)
Fahrhabe (F.) movables (N.Pl.), personal property (N.Pl.), chattels (N.Pl.), personalty (N.)
Fahrkarte (F.) ticket (N.)
fahrlässig negligent (Adj.), careless (Adj.), heedless (Adj.)
Fahrlässigkeit (F.) negligence (N.), carelessness (N.), heedlessness (N.)
Fahrlässigkeitsdelikt (N.) negligent offence (N.), offence (N.) committed by negligence
Fahrlehrer (M.) driving instructor (M. bzw. F.)
Fahrlehrerin (F.) driving instructor (F.)
Fahrnis (F.) movables (N.Pl.), chattel (N.), personal property (N.)
Fahrnisgemeinschaft (F.) community (N.) of movables

Fahrschein (M.) ticket (N.)
Fahrt (F.) journey (N.), voyage (N.), trip (N.)
Fahrtenbuch (N.) logbook (N.), vehicle log (N.)
Fahruntüchtigkeit (F.) unfitness (N.) to drive
Fahrverbot (N.) driving ban (N.)
Fahrzeug (N.) vehicle (N.)
Fahrzeughalter (M.) car owner (M. bzw. F.), registered user (M. bzw. F.) of a motor vehicle
Fahrzeughalterin (F.) car owner (F.), registered user (F.) of a motor vehicle
fair fair (Adj.)
Fairness (F.) fairness (N.)
Faksimile (N.) facsimile (N.)
faktisch de facto, actual (Adj.)
faktische Gesellschaft (F.) de facto society (N.)
faktischer Vertrag (M.) de facto contract (N.)
Faktor (M.) factor (N.)
Faktum (N.) fact (N.)
Faktura (F.) invoice (N.), bill (N.), statement (N.) of an account
Fakultät (F.) faculty (N.), school (N.)
fakultativ facultative (Adj.), optional (Adj.)
Fall (M.) case (N.), precedent (N.)
Fallgerechtigkeit (F.) equity (N.) and justice (N.) in the individual case
fällig due (Adj.), owing (Adj.), payable (Adj.)
Fälligkeit (F.) maturity (N.), due date (N.), payability (N.)
Fälligkeitsklausel (F.) accelerating clause (N.)
Fallrecht (N.) case law (N.)
Fallsammlung (F.) casebook (N.)
falsch false (Adj.), wrong (Adj.)
Falschaussage false testimony (N.)
Falschbeurkundung (F.) false certification (N.)
Falschdarstellung (F.) (Falschdarstellung im angloamerikanischen Recht) misrepresentation (N.)
Falscheid (M.) false oath (N.), false swearing (N.)
fälschen falsify (V.), forge (V.), fake (V.)
Fälscher (M.) falsifier (M. bzw. F.), forger (M. bzw. F.), faker (M. bzw. F.)
Fälscherin (F.) falsifier (F.), forger (F.), faker (F.)
Falschgeld (N.) false money (N.), counterfeit money (N.)
Falschheit (F.) falsehood (N.)
Falschlieferung (F.) mistaken delivery (N.), wrong shipment (N.)
Falschmünzer (M.) forger (M. bzw. F.), counterfeiter (M. bzw. F.)
Falschmünzerin (F.) forger (F.), counterfeiter (F.)
Fälschung (F.) forgery (N.), falsification (N.), fake (N.), fabrication (N.)
falsus procurator (M.) (lat.) agent (M. bzw. F.) without authority
Familie (F.) family (N.)
Familienbuch (N.) family record (N.), familiy register (N.)
Familienfideikommiss (M.) large entailed estate (N.) held by a family
Familiengericht (N.) family court (N.)
Familiengesellschaft (F.) family company (N.)
Familienhilfe (F.) family support (N.), family allowance (N.)
Familienname (N.) family name (N.), surname (N.)
Familienrecht (N.) family law (N.), law (N.) of domestic relations
Familiensache (F.) cause (N.) falling within the province of the family court
Faschismus (M.) fascism (N.)
fassen apprehend (V.), hold (V.), contain (V.)
Fassung (F.) draft (N.), version (N.)
Faustpfand (N.) pawn (N.), pledge (N.), dead pledge (N.)
Faustrecht (N.) club law (N.), right (N.) of private warfare
Fehde (F.) feud (N.)
Fehlen (N.) der Geschäftsgrundlage lack (N.) of the basis of a transaction
Fehlen (N.) der Vollendung lack (N.) of completion
Fehler (M.) mistake (N.), fault (N.), error (N.), defect (N.)
fehlerhaft faulty (Adj.), defective (Adj.), vicious (Adj.), imperfect (Adj.), incorrect (Adj.)
Fehlerhaftigkeit faultiness (N.), incorrectness (N.)

Fehlgeburt (F.) miscarriage (N.)
Fehlprozess (M.) mistrial (N.)
Feiertag (M.) holiday (N.), non-working day (N.), non-business day (N.)
feilbieten offer (V.) for sale, put up (V.) for sale
feilschen bargain (V.) for, haggle (V.) over
Feind (M.) enemy (M. bzw. F.), foe (M. bzw. F.)
Feindin (F.) enemy (F.), foe (F.)
feindlich hostile (Adj.), adverse (Adj.)
Feldwebel (M.) sergeant (M.)
Feldwebelin (F.) sergeant (F.)
Feriensache (F.) vacation business (N.)
Fernmeldegeheimnis (N.) secrecy (N.) of telecommunications
Fernmelderecht (N.) law (N.) governing telecommunications
Fernmeldewesen (N.) tele-communications (N.Pl.)
Fernsehrecht (N.) television law (N.)
Fernsprecher (M.) telephone (N.)
Fernstraße (F.) arterial road (N.), trunk road (N.), highway (N.) (am.)
Fernunterricht (M.) correspondance act (N.)
fertigstellen complete (V.), finish (V.)
Fertigstellung (F.) completion (N.)
Fessel (F.) (1) fetter (N.)
fest firm (Adj.), fixed (Adj.), hard (Adj.), permanent (Adj.)
Festgeld (N.) fixed deposit (N.), time deposit (N.) (am.)
Festhalten (N.) (Zurückhalten) retention (N.)
Festnahme (F.) apprehension (N.), arrest (N.), seizure (N.)
festnehmen apprehend (V.), put (V.) under arrest, take (V.) into custody
Festpreis (M.) fixed price (N.), firm price (N.)
festsetzen determine (V.), stipulate (V.), fix (V.), schedule (V.) (am.), lay (V.) down, evaluate (V.)
Festsetzung (F.) fixing (N.), determination (N.), assessment (N.), evaluation (N.)
feststellen determine (V.), ascertain (V.), declare (V.), state (V.)
Feststellung (F.) determination (N.), ascertainment (N.), declaration (N.), statement (N.)
Feststellungsinteresse (N.) legal interest (N.) in a declaratory judgement
Feststellungsklage (F.) declaratory action (N.), declaratory proceeding (N.), suit (N.) for a declaration
Feststellungsurteil (N.) declaratory judgement (N.), declaration (N.) of right
Festung (F.) fortification (N.), fortress (N.)
feudal feudal (Adj.), aristocratic (Adj.)
Feudalismus (M.) feudalism (N.)
Feuer (N.) fire (N.)
Feuerversicherung (F.) fire insurance (N.), insurance (N.) against fire risks
Feuerwehr (F.) fire-brigade (N.), fire service (N.)
Fideikommiss (M.) entailed estate (N.), estate (N.) in fee tail, entail (N.)
Fideikommissbesitz (M.) fee tail (N.)
fiduziarisch fiduciary (Adj.)
Fiktion (F.) fiction (N.)
Filiale (F.) branch (N.), branch store (N.), branch office (N.)
Filmrecht (N.) film rights (N.Pl.)
final final (Adj.)
finale Handlungslehre (F.) doctrine (N.) of criminal liability for intended wrongdoings only
Finanz (F.) finance (N.)
Finanzamt (N.) revenue office (N.), Inland Revenue Office (N.) (brit,), finance office (N.), (am.)
Finanzausgleich (M.) fiscal adjustment (N.), financial equalization (N.)
Finanzen (F.Pl.) finance (N.)
Finanzgericht (N.) fiscal court (N.), tax court (N.), revenue court (N.)
Finanzgerichtsbarkeit (F.) fiscal court jurisdiction (N.)
finanziell financial (Adj.), pecuniary (Adj.)
finanzieren finance (V.)
Finanzierung (F.) financing (N.), financial backing (N.)
Finanzminister (M.) minister (M. bzw. F.) of finance, chancellor (M. bzw. F.) of the exchequer (brit.), secretary (M. bzw. F.) of the treasury (am.)
Finanzministerin (F.) minister (F.) of finance, chancellor (F.) of the exchequer (br.), secretary (F.) of the treasury (am.)
Finanzmonopol (N.) revenue-producing monopoly (N.)

Finanzplanung (F.) budgeting (N.), budgetary planning (N.)
Finanzrecht (N.) financial law (N.), law (N.) of public finance
Finanzverfassung (F.) financial system (N.)
Finanzvermögen (N.) financial assets (N. Pl.), revenue-producing assets (N.Pl.)
Finanzverwaltung (F.) fiscal administration (N.), Inland Revenue (N.) (brit.)
Findelkind (N.) foundling (M. bzw. F.)
finden find (V.)
Finder (M.) finder (M. bzw. F.)
Finderin (F.) finder (F.)
Finderlohn (M.) finder's reward (N.)
Fingerabdruck (M.) finger print (N.), dactylogram (N.)
fingieren feign (V.), pretend (V.), fake (V.)
Firma (F.) (Name des Kaufmanns) commercial name (N.), firm name (N.), business name (N.)
Firma (F.) (Unternehmen) firm (N.), commercial undertaking (N.), business company (N.), establishment (N.)
fischen fish (V.), angle (V.)
Fischer (M.) fisher (M. bzw. F.), fisherman (M.)
Fischerei (F.) fishery (N.)
Fischereirecht (N.) fishing right (N.)
Fischerin (F.) fisher (F.)
Fischwilderei (F.) fish poaching (N.)
fiskalisch fiscal (Adj.)
Fiskus (F.) treasury (N.), Inland Revenue (N.) (brit.)
Fixgeschäft (N.) time bargain (N.), transaction (N.) at a fixed date
Flächennutzungsplan (M.) development plan (N.)
Flagge (F.) flag (N.)
flexibel flexible (Adj.)
fliehen flee (V.), escape (V.)
Flotte (F.) fleet (N.)
Flucht (F.) flight (N.), escape (N.)
Fluchtgefahr (F.) danger (N.) of escape, risk (N.) of flight, risk (N.) of absconding
flüchtig sein abscond (V.)
Flüchtling (M.) refugee (M. bzw. F.), fugitive (M. bzw. F.)
Fluchtlinie (F.) building line (N.)
Flug (M.) flight (N.)
Flugblatt (N.) leaflet (N.), pamphlet (N.), flysheet (N.), flyer (N.) (am.)
Flugschrift (F.) leaflet (N.), pamphlet (N.)
Flugzeug (N.) plane (N.), aircraft (N.)
Flurbereinigung (F.) land consolidation (N.), re-allocation (N.) of land
Flurstück (N.) lot (N.), plot (N.)
fob (free on board) fob (free on board) (Adj.)
Föderalismus (M.) federalism (N.)
föderalistisch federal (Adj.), federalistic (Adj.)
Föderation (F.) federation (N.)
Folge (F.) effect (N.), consequence (N.), outcome (N.)
folgen (eine Folge sein) result (V.)
folgen (nachfolgen) follow (V.)
Folgenbeseitungungsanspruch (M.) claim (N.) to remedial action, claim (N.) to nullify consequences
Folgerecht (N.) right (N.) to follow, right (N.) to follow the asset, right (N.) of stoppage in transitu
Folgeschaden (M.) consequential damage (N.), consequential loss (N.)
Folter (F.) torture (N.)
foltern torture (V.), torment (V.)
Fond (M.) fund (N.)
Fonds (M.) fund (N.)
fordern demand (V.), claim (V.), require (V.)
fördern (abbauen) produce (V.), extract (V.)
fördern (unterstützen) sponsor (V.), promote (V.), encourage (V.)
Forderung (F.) (Anspruch) outstanding debt (N.), account (N.) receivable
Forderung (F.) (Verlangen) demand (N.), claim (N.)
Förderung (F.) (Abbau) production (N.), extraction (N.)
Förderung (F.) (Unterstützung) promotion (N.), backing (N.)
Forderungsabtretung (F.) (Forderungsabtretung im angloamerikanischen Recht) assignment (N.)
Forderungspfändung (F.) garnishment (N.), attachment (N.) of debts, order (N.) of attachment
Forderungsrecht (N.) right (N.) to claim, chose (N.) in action
Forderungsübergang (M.) transmission (N.) of claims

Forderungsverkauf (M.) (Forderungsverkauf im angloamerikanischen Recht) assignment (N.)
Forderungsverletzung (F.) breach (N.) of an obligation
Förderungsverwaltung (F.) supportive administration (N.)
forensisch forensic (Adj.)
Form (F.) form (N.), formalities (N.Pl.)
formal formal (Adj.), under seal
Formalbeleidigung (F.) verbal insult (N.), abusive language (N.)
Formalie (F.) formality (N.), matter (N.) of form
Formalismus (M.) formalism (N.)
Formalität (F.) formality (N.)
Formel (F.) formula (N.)
formell formal (Adj.)
formell legitimierter Wertpapierinhaber (M.) holder (M. bzw. F.) in due course
formelle Rechtskraft (F.) formal validity (N.)
formelle Verfassung (F.) formal constitution (N.)
formelles Recht (N.) strict law (N.), procedural law (N.)
Formfreiheit (F.) informality (N.), absence (N.) of formal requirements
Formkauffrau (F.) merchant (F.) by legal form
Formkaufmann (M.) merchant (M. bzw. F.) by legal form
formloses Versprechen (N.) (formloses Versprechen im angloamerikanischen Recht) assumpsit (lat.)
Formular (N.) form (N.), blank (N.), printed form (N.)
formulieren formulate (V.), word (V.), define (V.)
Formulierung (F.) formulation (N.), wording (N.), definition (N.), form (N.) of words
Forst (M.) forest (N.), woodland (N.)
Förster (M.) forester (M. bzw. F.), forest official (M. bzw. F.), forest officer (M. bzw. F.)
Försterin (F.) forester (F.), forest official (F.), forest officer (F.)
fortbilden provide (V.) further education
Fortbildung (F.) further education (N.)
fortführen carry (V.) on, resume (V.), continue (V.)
Fortführung (F.) continuation (N.), resumption (N.)
fortgesetzt continued (Adj.), continuing (Adj.)
fortgesetzte Gütergemeinschaft (F.) continued community (N.) of property
fortgesetzte Handlung (F.) continued act (N.), successive act (N.)
fortsetzen continue (V.)
Fortsetzung (F.) continuation (N.), sequel (N.)
Fortsetzungszusammenhang (M.) continuation (N.) of offence
forum (N.) (lat.) forum (lat.)
Fotorecht (N.) law (N.) of photography
Fötus (M.) fetus (N.), foetus (N.)
Fracht (F.) freight (N.), load (N.), cargo (N.), carriage (N.)
Frachtbrief (M.) consignment note (N.), way bill (N.), bill (N.) of freight, shipping note (N.)
Frachtführer (M.) carrier (M. bzw. F.), conveyor (M. bzw. F.), haulage contractor (M. bzw. F.)
Frachtführerin (F.) carrier (F.), conveyor (F.), haulage contractor (F.)
Frachtgut (N.) cargo (N.), goods (N.Pl.) for transport
Frachtvertrag (M.) freight contract (N.), contract (N.) of carriage
Fragebogen (M.) questionnaire (N.), form (N.)
fragen ask (V.), question (V.), inquire (V.)
Fragestunde (F.) question time (N.)
Fraktion (F.) parliamentary group (N.), fraction (N.), caucus (N.) (am.)
Fraktionszwang (M.) party-loyalty obligation (N.), obligation (N.) to the party line
Franchisegeber (M.) franchiser (M. bzw. F.)
Franchisegeberin (F.) franchiser (F.)
Franchisenehmer (M.) franchisee (M. bzw. F.)
Franchisenehmerin (F.) franchisee (F.)
Franchisevertrag (M.) franchising (N.), franchising agreement (N.)
Franchising (N.) franchising (N.)
Franken (M.) (Schweizer Geldeinheit) franc (N.)
frankieren stamp (V.), prepay postage (V.), frank (V.)
franko free (Adj.) of charge, postpaid

(Adj.), uncharged (Adj.), postage-free (Adj.), franco (Adj.)
Frankreich (N.) France (F.)
Frau (F.) woman (F.), female (F.)
Frauenhandel (M.) traffic (N.) in women
Frauenhaus (N.) home (N.) for women, refuge (N.) for women
Frauenraub (M.) carrying (N.) away of a woman
free on board (fob) free on board (fob) (Adj.)
frei Haus free (Adj.) house, free delivered (Adj.), delivery free (Adj.), free domicile, free (Adj.) to the door
Freibank (F.) public meat (N.), cheap-meat department (N.)
freiberuflich (Journalist bzw. Schriftsteller) free-lance (Adj.)
freiberuflich (Rechtsanwalt bzw. Arzt) in private practice
Freibetrag (M.) free allowance (N.), tax-free allowance (N.)
Freibeuter (M.) freebooter (M. bzw. F.), buccaneer (M. bzw. F.), pirate (M. bzw. F.)
Freibeuterin (F.) freebooter (F.), bucaneer (F.), pirate (F.)
Freibeweis (M.) moral evidence (N.), informal evidence (N.)
freibleibend not binding (Adj.), subject to confirmation
Freibrief (M.) carte (N.) blanche (franz.)
freier Beruf (M.) free-lance profession (N.)
Freiexemplar (N.) free copy (N.), presentation copy (N.)
Freifrau (F.) baroness (F.)
Freigabe (F.) release (N.), floating (N.), deregulation (N.)
Freigang (M.) free passage (N.) within goal liberties, employment (N.) of privileged prisoners outside of prison
Freihafen (M.) free port (N.)
Freihandel (M.) free trade (N.)
freihändig by private contract, in the open market
freihändiger Verkauf (M.) open-market sale (N.), private sale (N.)
Freiheit (F.) freedom (N.), liberty (N.)
freiheitlich liberal (Adj.), free (Adj.)
freiheitlich-demokratische Grundordnung (F.) free democratic constitutional structure (N.)
Freiheitsberaubung (F.) deprivation (N.) of liberty, unlawful detention (N.), false arrest (N.), false imprisonment (N.)
Freiheitsentziehung (F.) deprivation (N.) of liberty, incarceration (N.), detention (N.)
Freiheitsstrafe (F.) sentence (N.) of imprisonment, prison sentence (N.), jail sentence (N.), term (N.) of imprisonment
Freiherr (M.) baron (M.)
Freikirche (F.) free church (N.)
freilassen free (V.), liberate (V.), set (V.) free, release (V.)
Freilassung (F.) liberation (N.), setting free (N.), release (N.)
Freimaurer (M.) free mason (M.), mason (M.)
Freimaurerin (F.) free mason (F.), mason (F.)
freisprechen acquit (V.), discharge (V.), exonerate (V.)
Freisprechung (F.) acquittal (N.), discharge (N.), exoneration (N.)
Freispruch (M.) judgement (N.) of acquittal, verdict (N.) of not-guilty, order (N.) of discharge, acquittal (N.)
Freistaat (M.) free state (N.)
freistellen (befreien) exempt (V.) from, release (V.) from
Freistellung (F.) release (N.), exemption (N.)
Freistellungsanspruch (M.) right (N.) of indemnity, right (N.) of recourse
Freitod (M.) suicide (N.)
freiwillig voluntary (Adj.)
freiwillige Gerichtsbarkeit (F.) voluntary jurisdiction (N.), non-contentious jurisdiction (N.)
freiwillige Versicherung (F.) voluntary insurance (N.)
Freizeichen (N.) (Freizeichen im Handelsrecht) free mark (N.), unprotected mark (N.)
freizeichnen (sich freizeichnen) contract (V.) out, stipulate (V.) exemption
Freizeichnung (F.) contracting (N.) out, agreed exemption (N.) from liability
Freizeichnungsklausel (F.) exclusion clause (N.), exemption clause (N.)
Freizeit (F.) spare time (N.), leisure time (N.)
Freizeitarrest (M.) weekend arrest (N.)

freizügig unrestricted (Adj.), liberal (Adj.), free (Adj.) to move
Freizügigkeit (F.) unrestricted mobility (N.), freedom (N.) of movement, liberalness (N.)
fremd foreign (Adj.), alien (Adj.)
Fremdbesitz (M.) possession (N.) for another, possession (N.) as a bailee
Fremdbesitzer (M.) possessor (M. bzw. F.) as bailee
Fremdbesitzerexzess (M.) excess (N.) of a person who possesses on behalf of someone else
Fremdbesitzerin (F.) possessor (F.) as bailee
Fremde (F.) (2) foreigner (F.), alien (F.)
Fremdenrecht (N.) law (N.) concerning aliens, law (N.) governing the registration of aliens
Fremder (M.) foreigner (M. bzw. F.), alien (M. bzw. F.)
Fremdkapital (N.) loan capital (N.), borrowed capital (N.), outside capital (N.)
Freudenhaus (N.) brothel (N.), house (N.) of pleasure
Freudenmädchen (F.) lady (F.) of pleasure, prostitute (F.)
Freundschaftsvertrag (M.) treaty (N.) of friendship
Frevel (M.) sacrilege (N.), social crime (N.), outrage (N.)
freveln commit (V.) a crime, trespass (V.), outrage (V.)
Frevler (M.) outrager (M. bzw. F.), sacrilegist (M. bzw. F.)
Frevlerin (F.) outrager (F.), sacrilegist (F.)
Friede (M.) peace (N.)
Friedensbruch (M.) breach (N.) of the peace, violation (N.) of the peace
Friedenspflicht (F.) obligation (N.) to keep the peace
Friedensrichter (M.) (Friedensrichter in den Vereinigten Staaten von Amerika) squire (M. bzw. F.) (am.), justice of the peace (M. bzw. F.)
Friedensrichterin (F.) (Friedensrichterin in den Vereinigten Staaten von Amerika) squire (F.) (am.), justice of the peace (F.)
Friedensvertrag (M.) peace treaty (N.)
Friedhof (M.) cemetery (N.), graveyard (N.)
Frist (F.) time limit (N.), period (N.) of time, fixed period (N.), deadline (N.)
fristlos without notice, instantly (Adv.)
Fristsetzung (F.) fixing (N.) of a time-limit, appointment (N.) of a term
Fristverlängerung (F.) extension (N.) of time
Fronde (F.) conspiracy (N.), fronde (N.)
Frucht (F.) (Frucht im rechtlichen Sinn) fruit (N.), profit (N.), benefit (N.), proceed (N.)
Fruchtgenuss (M.) enjoyment (N.) of fruits and benefits
frühere former (Adj. Komp.)
Frühgeburt (F.) premature birth (N.), premature delivery (N.)
führen lead (V.), carry (V.) on, conduct (V.), run (V.), manage (V.), handle (V.), keep (V.)
Führer (M.) leader (M. bzw. F.)
Führer (M.) des Unterhauses Leader (M. bzw. F.) of the House
Führerin (F.) leader (F.)
Führerin (F.) des Unterhauses Leader (F.) of the House
Führerschein (M.) driving licence (N.) (brit.), driver's license (N.) (am.)
Führung (F.) (Benehmen) conduct (N.), behaviour (N.) (brit.), behavior (N.) (am.)
Führung (F.) (Leitung) guidance (N.), direction (N.), management (N.)
Führungsaufsicht (F.) supervision (N.) of conduct
Führungszeugnis (N.) certificate (N.) of conduct, police clearance (N.)
Fund (M.) finding (N.), found object (N.)
Fünfprozentklausel (F.) 5% hurdle (N.), 5% barrier (N.)
fungibel fungible (Adj.)
fungieren function (V.), serve (V.)
Funk (M.) radio (N.), wireless (N.) (brit.)
funken radio (V.), wireless (V.) (brit.), broadcast (V.)
Funktion (F.) function (N.)
Funktionär (M.) functionary (M. bzw. F.)
Funktionärin (F.) functionary (F.)
funktionell functional (Adj.)
funktionelles Synallagma (N.) functional reciprocity (N.)
Funktionsnachfolge (F.) succession (N.) in governmental functions

Furcht (F.) fear (N.), fright (N.)
Fürsorge (F.) care (N.), assistance (N.), relief (N.), welfare (N.)
Fürsorgeerziehung (F.) corrective education (N.), education (N.) in approved school
Fürsorgepflicht (F.) duty (N.) in respect of care and supervision
Fürsorger (M.) welfare officer (M. bzw. F.)
Fürsorgerin (F.) welfare officer (F.)
Fürsprache (F.) intercession (N.), interposition (N.), plea (N.)
Fürsprecher (M.) intercessor (M. bzw. F.), advocate (M. bzw. F.)
Fürsprecherin (F.) intercessor (F.), advocate (F.)
Fürst (M.) prince (M.), sovereign (M. bzw. F.)
Fürstentum (N.) principality (N.)
Fürstin (F.) princess (F.)
furtum (N.) usus (lat.) larceny (N.) for temporary use
Fusion (F.) fusion (N.), merger (N.), amalgamation (N.), takeover (N.)
fusionieren fuse (V.), merge (V.), amalgamate (V.)
Fusionskontrolle (F.) supervision (N.) of mergers
Fuß (M.) foot (N.)
Fußgänger (M.) pedestrian (M. bzw. F.)
Fußgängerin (F.) pedestrian (F.)
Fußgängerzone (F.) traffic-free zone (N.), pedestrian precinct (N.), shopping precinct (N.)
Futtermittel (N.) fudder (N.), feeding stuff (N.)

G

Gabe (F.) (Geldgabe) donation (N.), gratification (N.), bounty (N.)
Gage (F.) remuneration (N.), salary (N.)
Galgen (M.) gallows (N.), gibbet (N.)
Gallone (F.) gallon (N.)
Garage (F.) garage (N.)
Garant (M.) guarantor (M. bzw. F.), guarantee (M. bzw. F.), warrantor (M. bzw. F.), surety (M. bzw. F.)
Garantenpflicht (F.) guarantor's obligation (N.)
Garantenstellung (F.) position (N.) of being a guarantor
Garantie (F.) guarantee (N.), warranty (N.), indemnity (N.), surety (N.)
Garantiefrist (F.) term (N.) of guarantee, period (N.) of guarantee, guarantee period (N.)
Garantiegeschäft (N.) guarantee transaction (N.), indemnity transaction (N.)
garantieren guarantee (V.), warrant (V.)
Garantievertrag (M.) guarantee agreement (N.), contract (N.) of guarantee
Garantin (F.) guarantor (F.), guarantee (F.), warrantor (F.), surety (F.)
Garde (F.) guard (N.)
Garten (M.) garden (N.)
Gas (N.) gas (N.)
Gaskammer (F.) (Gaskammer in den Vereinigten Staaten von Amerika) gas chamber (N.) (am.)
Gast (M.) guest (M. bzw. F.), visitor (M. bzw. F.)
Gasthaus (N.) inn (N.), restaurant (N.), guest-house (N.) (brit.), public house (N.)
Gasthof (M.) inn (N.)
Gastrecht (N.) law (N.) of hospitality
Gastronomie (F.) gastronomy (N.)
Gaststätte (F.) restaurant (N.)
Gastwirt (M.) innkeeper (M. bzw. F.), restaurant owner (M. bzw. F.)
Gastwirtin (F.) innkeeper (F.), restaurant owner (F.)
GATS (N.) (Allgemeines Abkommen über den Handel mit Dienstleistungen) GATS (N.) (General Agreement on Trade in Services)
Gatte (M.) husband (M.), spouse (M.)
Gattin (F.) wife (F.), spouse (F.)
Gattung (F.) species (N.), genus (N.), kind (N.)
Gattungskauf (M.) sale (N.) of unascertained goods, purchase (N.) of fungible goods
Gattungsschuld (F.) indeterminate obligation (N.), obligation (N.) in kind
Gattungsvermächtnis (N.) general legacy (N.), unspecified legacy (N.)
Gau (M.) district (N.), region (N.)
Gebärde (F.) gesture (N.)
gebären give (V.) birth
Gebaren (N.) behaviour (N.) (brit.), behavior (N.) (am.), conduct (N.)

Gebäude (N.) building (N.), edifice (N.), structure (N.)
geben give (V.), grant (V.)
Gebiet (N.) territory (N.), region (N.), area (N.), domain (N.), district (N.)
gebieten command (V.), order (V.), impose (V.)
Gebietshoheit (F.) territorial sovereignty (N.)
Gebietskörperschaft (F.) territorial entity (N.), territorial authority (N.)
Gebot (N.) (Angebot) offer (N.)
Gebot (N.) (Anordnung) command (N.), order (N.), precept (N.)
Gebot (N.) (Versteigerungsgebot) bid (N.)
Gebotsirrtum (M.) mistake (N.) as to a guarantor's obligation
Gebrauch (M.) use (N.), usage (N.)
gebrauchen use (V.)
Gebrauchsanmaßung (F.) unauthorized use (N.), illicit use (N.)
Gebrauchsanweisung (F.) directions (N. Pl.) for use, instructions (N.Pl.) for use
Gebrauchsentwendung (F.) larceny (N.) for temporary use
Gebrauchsgegenstand (M.) utility article (N.), article (N.) for daily use
Gebrauchsmuster (N.) utility patent (N.), utility model (N.)
Gebrauchsvorteil (M.) the amenity (N.) and advantage (N.) of using, use (N.) and enjoyment (N.)
gebrechlich (altersgebrechlich) infirm (Adj.)
Gebrechlichkeit (F.) infirmity (N.)
Gebrechlichkeitspflegschaft (F.) curatorship (N.) due to infirmity
Gebühr (F.) charge (N.), fee (N.), duty (N.), rate (N.)
gebührenfrei free (Adj.) of charge, without fee
Gebührenordnung (F.) scale (N.) of charges, schedule (N.) of fees
gebührenpflichtig chargeable (Adj.), liable (Adj.) to a fee, liable (Adj.) to a charge
Gebührenüberhebung (F.) overcharging (N.), excessive rates (N.Pl.)
gebunden tied (Adj.), bound (Adj.), fixed (Adj.)
Gebundenheit (F.) bondage (N.), dependence (N.), restraint (N.), restriction (N.)
Geburt (F.) birth (N.)
Geburtenbuch (N.) register (N.) of births
gebürtig born (Adj.), by birth
Geburtsname (M.) name (N.) at birth
Geburtsurkunde (F.) certificate (N.) of birth, birth certificate (N.)
Gedanke (M.) thought (N.), idea (N.), opinion (N.)
Gedankenfreiheit (F.) freedom (N.) of thought
Gefahr (F.) danger (N.), peril (N.), jeopardy (N.), hazard (N.), risk (N.)
Gefahr (F.) im Verzug danger ahead (N.)
gefährden endanger (V.), imperil (V.), jeopardize (V.)
gefährdet endangered (Adj.), threatened (Adj.)
Gefährdung (F.) endangerment (N.), imperilment (N.), jeopardizing (N.)
Gefährdungsdelikt (N.) strict-liability tort (N.)
Gefährdungshaftung (F.) strict liability (N.), absolute liability (N.)
Gefahrenabwehr (F.) averting (N.) dangers, accident prevention (N.)
gefahrengeneigte Tätigkeit (F.) hazardous employment (N.)
Gefahrengrenzwert (M.) critical point (N.)
Gefahrenzulage (F.) danger pay (N.), danger money (N.), hazard bonus (N.) (am.)
gefährlich dangerous (Adj.), hazardous (Adj.)
gefährliche Körperverletzung (F.) dangerous bodily injury (N.), felonious wounding (N.)
Gefahrstoffverordnung (F.) ordinance (N.) on perilous substances
Gefahrtragung (F.) bearing (N.) of the risk
Gefälle (N.) (Geländeneigung) descent (N.), gradient (N.)
gefällig complaisant (Adj.), pleasant (Adj.), kind (Adj.)
Gefälligkeit (F.) act (N.) of courtesy, accommodation (N.), complaisance (N.), favour (N.)
Gefälligkeitsverhältnis (N.) courtesy relationship (N.)
gefangen caught (Adj.), captured (Adj.), imprisoned (Adj.)
Gefangene (F.) prisoner (F.), captive (F.), detainee (F.)

Gefangenenbefreiung (F.) freeing (N.) prisoners, rescue (N.) of prisoners
Gefangenenmeuterei (F.) mutiny (N.) by prisoners
Gefangener (M.) prisoner (M. bzw. F.), captive (M. bzw. F.), detainee (M. bzw. F.)
Gefangennahme (F.) capture (N.)
Gefangenschaft (F.) captivity (N.), confinement (N.)
Gefängnis (N.) prison (N.), jail (N.), imprisonment (N.), penitentiary (N.) (am.)
Gefängnisstrafe (F.) imprisonment (N.), prison sentence (N.), jail sentence (N.)
gefügig complaint (Adj.), amenable (Adj.), submissive (Adj.)
Gegenangebot (N.) (Gegenangebot im angloamerikanischen Recht) counter-offer (N.)
Gegenanspruch (M.) counter-claim (N.)
Gegenbeweis (M.) counter-evidence (N.), rebutting evidence (N.), evidence (N.) in rebuttal
Gegendarstellung (F.) counterstatement (N.), reply (N.)
Gegenforderung (F.) counterclaim (N.), cross-claim (N.)
Gegenleistung (F.) counter-performance (N.), valuable consideration (N.), consideration (N.)
Gegenleistung (F.) (Gegenleistung im angloamerikanischen Recht) quid (N.) pro quo (lat.)
gegenleistungsloser unverbindlicher Vertrag (M.) (gegenleistungsloser unverbindlicher Vertrag im angloamerikanischen Recht) nudum pactum (N.) (lat.)
Gegensatz (M.) contrast (N.)
Gegenschluss (M.) argumentum (N.) e contrario (lat.)
Gegenseite (F.) opponent (M. bzw. F.), other side (N.)
gegenseitig mutual (Adj.), reciprocal (Adj.)
gegenseitiger Vertrag (M.) reciprocal agreement (N.)
gegenseitiges Testament (N.) mutual will (N.), reciprocal will (N.), mutual testament (N.)
Gegenseitigkeit (F.) mutuality (N.), reciprocity (N.)
Gegenstand (M.) object (N.), thing (N.), subject matter (N.)
gegenstandslos to no purpose, irrelevant (Adj.), immaterial (Adj.), invalid (Adj.)
Gegenstandslosigkeit (F.) invalidity (N.)
Gegenstandswert (M.) value (N.) of the subject matter, amount (N.) involved
Gegenstimme (F.) adverse vote (N.),opposition (N.)
Gegenüberstellung (F.) confrontation (N.), identification parade (N.), police line-up (N.)
Gegenüberstellung (F.) (Gegenüberstellung zur Identifizierung) lineup (N.)
Gegenversprechen (N.) (Gegenversprechen im angloamerikanischen Recht) consideration (N.)
Gegenvormund (M.) co-guardian (M. bzw. F.), supervisory guardian (M. bzw. F.)
Gegenvorstellung (F.) remonstration (N.), arguments (N.Pl.), remonstrances (N.Pl.)
Gegenwart (F.) presence (N.)
gegenwärtig (anwesend) present (Adj.), in attendance
gegenwärtig (derzeitig) current (Adj.), present (Adj.)
gegenwärtige Gefahr (F.) actual danger (N.)
Gegenzeichnung (F.) counter-signature (N.)
Gegner (M.) opponent (M. bzw. F.), adversary (M. bzw. F.)
Gegnerin (F.) opponent (F.), adversary (F.)
Gehalt (N.) salary (N.), pay (N.), compensation (N.) (am.)
Gehaltsexekution (F.) garnishment (N.) of salary claims
Gehaltspfändung (F.) attachment (N.) of earnings
geheim secret (Adj.), confidential (Adj.)
Geheimbund (M.) secret society (N.)
Geheimdienst (M.) secret service (N.), intelligence service (N.)
geheime Wahl (F.) secret ballot (N.), secret voting (N.)
geheimer Vorbehalt (M.) mental reservation (N.)
Geheimnis (N.) secrecy (N.), secret (N.)
Geheimpolizei (F.) secret police (N.)
Gehilfe (M.) assistant (M. bzw. F.), aide (M. bzw. F.)
Gehilfe (M.) (Gehilfe im Strafrecht) accessory (M. bzw. F.), aider and abetter (M. bzw. F.)
Gehilfin (F.) assistant (F.), aide (F.), accessory (F.), aider and better (F.)

Gehirn (N.) brain (N.), mind (N.)
Gehör (N.) hearing (N.)
gehorchen obey (V.)
gehören belong (V.) to
gehorsam obedient (Adj.)
Gehorsam (M.) obedience (N.)
Gehorsamspflicht (F.) duty (N.) to obey
Gehweg (M.) pavement (N.), sidewalk (N.)
Geisel (F.) hostage (M. bzw. F.)
Geiselnahme (F.) taking (N.) of hostages, hostage-taking (N.)
Geisterfahrer (M.) ghost driver (M. bzw. F.)
Geisterfahrerin (F.) ghost driver (F.)
geisteskrank insane (Adj.), mentally ill (Adj.), lunatic (Adj.)
Geisteskrankheit (F.) insanity (N.), lunacy (N.), mental disease (N.)
Geistesschwäche (F.) feeble-mindedness (N.), weakness (N.) of mind, imbecility (N.)
geistig intellectual (Adj.), mental (Adj.)
geistiges Eigentum (N.) intellectual property (N.), literary property (N.)
geistlich (kirchlich) ecclesiastical (Adj.), clerical (Adj.)
Geistliche (F.) clergywoman (F.), ecclesiastic (F.)
Geistlicher (M.) cleric (M.), clergyman (M.), ecclesiastic (M.)
Geld (N.) money (N.)
Geldbetrag (M.) amount (N.), sum (N.)
Geldbuße (F.) administrative fine (N.), pecuniary penalty (N.)
Geldersatz (M.) monetary compensation (N.)
Geldfälschung (F.) counterfeiting (N.)
Geldforderung (F.) pecuniary claim (N.), money claim (N.), money due (N.)
Geldkarte (F.) debit card (N.)
Geldrente (F.) periodical payments (N.)
Geldschadensersatz (M.) (Geldschadensersatz im angloamerikanischen Recht) money damages (N:Pl.)
Geldschein (M.) banknote (N.)
Geldschuld (F.) money debt (N.), pecuniary debt (N.)
Geldstrafe (F.) fine (N.), pecuniary penalty (N.), penalty (N.)
Geldstück (N.) coin (N.)
Geldwäsche (F.) laundering (N.)
Geldwäschegesetz (N.) law (N.) of laundering
Geldwert (M.) monetary value (N.), value (N.) of money
Geldwertsicherungsklausel (F.) clause (N.) securing the value of money
gelegen (befindlich) situated (Adj.), located (Adj.)
Gelegenheit (F.) occasion (N.), opportunity (N.), chance (N.)
Gelegenheitsgesellschaft (F.) ad hoc association (N.), temporary association (N.)
Gelegenheitstäter (M.) infrequent offender (M. bzw. F.)
Gelegenheitstäterin (F.) infrequent offender (F.)
gelegentlich occasional (Adj.), accidental (Adj.), temporary (Adj.), casual (Adj.)
Geleit (N.) conduct (N.), escort (N.)
geloben promise (V.) solemnly, vow (V.), pledge (V.), swear (V.)
Gelöbnis (N.) solemn promise (N.), vow (N.), pledge (N.)
gelten be (V.) valid, be (V.) in effect, prevail (V.), be (V.) prevalent, rule (V.)
geltend in force (Adv.), ruling (Adj.), assert (Adj.)
Geltung (F.) validity (N.)
Geltungsbereich (M.) scope (N.), field (N.) of application
Geltungsbereich (M.) (Geltungsbereich eines Gesetzes) purview (N.) (of a law)
Gelübde (N.) solemn promise (N.), vow (N.), pledge (N.)
GEMA (F.) (Gesellschaft für musikalische Aufführungsrechte und mechanische Vervielfältigungsrechte) German Society (N.) for Musical Performance and Mechanical Reproduction Rights
Gemahl (M.) spouse (M.), husband (M.)
Gemahlin (F.) spouse (F.), wife (F.)
Gemarkung (F.) boundary (N.), local subdistrict (N.)
gemäß pursuant (Adv.)
gemein (allgemein) ordinary (Adj.), common (Adj.), usual (Adj.)
Gemeinde (F.) municipality (N.), community (N.), local authority (N.)
Gemeindebeamter (M.) local government official (M. bzw. F.), municipal officer (M. bzw. F.)

Gemeindebeamtin (F.) local government official (F.), municipal officer (F.)
Gemeindebetrieb (M.) municipal enterprise (N.), local authority enterprise (N.)
Gemeindedirektor (M.) chief communal officer (M. bzw. F.)
Gemeindedirektorin (F.) chief communal officer (F.)
gemeindefreies Gebiet (N.) land (N.) not subject to local authorities' jurisdiction
Gemeindegericht (N.) County Court (N.)
Gemeindeordnung (F.) municipal regulations (N.Pl.), local government code (N.)
Gemeinderat (M.) municipal council (N.), local council (N.), borough council (N.)
Gemeinderecht (N.) municipal law (N.), local government law (N.)
Gemeindesatzung (F.) ordinance (N.) (am.)
Gemeindesteuer (F.) municipal tax (N.), local tax (N.)
Gemeindeverband (M.) association (N.) of municipalities, district board (N.)
Gemeindeverfassung (F.) constitution (N.) of a local authority
gemeine Gefahr (F.) common danger (N.)
Gemeineigentum (N.) common property (N.), public ownership (N.)
gemeines Recht (N.) common law (N.)
Gemeingebrauch (M.) common use (N.), public use (N.)
gemeingefährlich dangerous (Adj.) to the public, constituting (Adj.) a public danger
gemeingefährliches Mittel (N.) mean (N.) endangering the public
Gemeingefährlichkeit (F.) danger (N.) to the public
Gemeingut (N.) public domain (N.), common property (N.)
Gemeinkosten (F.Pl.) overhead costs (N.Pl.), general expenses (N.Pl.), indirect costs (N.Pl.), fixed costs (N.Pl.)
gemeinnützig non-profit (Adj.), serving (Adj.) public purposes, charitable (Adj.)
Gemeinnützigkeit (F.) benefit (N.) to the public, non-profit making character (N.), charitable nature (N.)
gemeinsam joint (Adj.), common (Adj.), collective (Adj.), mutual (Adj.)
gemeinsamer Senat (M.) joint senate (N.)
gemeinsames Recht (N.) common law (N.)
Gemeinschaft (F.) community (N.), association (N.)
gemeinschaftlich joint (Adj.), common (Adj.), in common
gemeinschaftliches Testament (N.) joint will (N.), common will (N.)
Gemeinschaftsaufgabe (F.) joint task (N.)
Gemeinschaftseigentum (N.) (Gemeinschaftseigentum im angloamerikanischen Recht) co-ownership (N.)
Gemeinschaftsgut (N.) (Gemeinschaftsgut im Eherecht) community property (N.)
Gemeinschaftsmarke (F.) community trade mark (N.)
Gemeinschaftsrecht (N.) community law (N.)
Gemeinschaftsschule (F.) nondenominational school (N.), coeducational school (N.)
Gemeinschaftsunternehmen (N.) joint venture (N.), joint adventure (N.) (am.)
Gemeinschaftswert (M.) joint value (N.)
Gemeinschuldner (M.) common debtor (M. bzw. F.), adjudicated bankrupt (M. bzw. F.)
Gemeinschuldnerin (F.) common debtrix (F.), adjudicated bankrupt (F.)
Gemeinwohl (N.) common weal (N.), general public interest (N.), public policy (N.)
Gemeinwohlüberlegung (F.) (Gemeinwohlüberlegung im angloamerikanischen Recht) policy consideration (N.)
gemischte Schenkung (F.) mixed donation (N.)
gemischter Vertrag (M.) mixed contract (N.)
genehm convenient (Adj.), agreeable (Adj.), acceptable (Adj.)
genehmigen approve (V.) of, sanction (V.), authorize (V.), permit (V.), give (V.) one's assent, give (V.) approval
genehmigtes Kapital (N.) authorized capital (N.), authorized stock (N.)
Genehmigung (F.) approval (N.), permit (N.), sanction (N.), assent (N.), permission (N.), licence (N.) (brit.)
General (M.) general (M.)
Generalamnestie (F.) general amnesty (N.)
Generalbundesanwalt (M.) federal attorney general (M. bzw. F.)
Generalbundesanwältin (F.) federal attorney general (F.)

Generaleinwilligung (F.) general consent (N.)
Generalin (F.) general (F.)
generalisieren generalize (V.)
Generalklausel (F.) blanket clause (N.), comprehensive clause (N.)
Generalkonsens (M.) general consent (N.)
Generalprävention (F.) general crime prevention (N.)
Generalsekretär (M.) secretary (M. bzw. F.) general
Generalsekretärin (F.) secretary (F.) general
Generalstreik (M.) general strike (N.)
Generalversammlung (F.) general assembly (N.)
Generalvollmacht (F.) general power (N.), general authority (N.), full power (N.)
generell general (Adj.)
genetisch genetic (Adj.)
genetischer Fingerabdruck (M.) genetic dactylogram (N.), DNA-analysis (N.)
genetisches Synallagma (N.) genetic reciprocity (N.)
Genfer Konvention (F.) Geneva Convention (N.)
Genosse (M.) member (M. bzw. F.) of a co-operative society
Genosse (M.) (Parteigenosse) comrade (M. bzw. F.)
Genossenschaft (F.) co-operative society (N.) (brit.), cooperative society (N.) (am.)
genossenschaftlich co-operative (Adj.) (brit.), cooperative (Adj.) (am.)
Genossin (F.) member (F.) of a co-operative society, comrade (F.)
Genozid (M.) genocide (N.)
Genrecht (N.) gene law (N.)
Gentechnik (F.) genetic technology (N.)
genügend sufficient (Adj.)
Genugtuung (F.) satisfaction (N.), redress (N.), amends (N.Pl.), reparation (N.)
Genus (N.) genus (N.), type (N.), kind (N.)
Genuskauf (M.) sale (N.) of unascertained goods
Genuss (M.) enjoyment (N.), use (N.), consumption (N.)
Genusschuld (F.) unascertained debt (N.)
Genussmittel (N.) semi-luxury (N.)
Genussrecht (N.) participation right (N.)
Genussschein (M.) participating certificate (N.), bonus share (N.)
gepfändet attached (Adj.), distrained (Adj.)
Gepflogenheit (F.) practice (N.), custom (N.), habit (N.)
gerade Linie (F.) direct line (N.)
Gerät (N.) device (N.), piece (N.) of equipment, appliance (N.), utensil (N.), implement (N.)
Gerätesicherheitsgesetz (N.) Equipment-Safety Law (N.)
gerecht just (Adj.), fair (Adj.), equitable (Adj.)
gerechter Krieg (M.) just war (N.)
gerechter Preis (M.) fair price (N.)
gerechtfertigt justified (Adj.), justifiable (Adj.)
Gerechtigkeit (F.) justice (N.), fairness (N.), justness (N.)
Gericht (N.) court (N.), tribunal (N.)
Gericht (N.) erster Instanz der Europäischen Gemeinschaften court (N.) of first instance of the European Communities
gerichtlich judicial (Adj.), legal (Adj.), per curiam (Adj.), mandatory (Adj.)
gerichtliche Verfügung (F.) injunction (N.)
Gerichtsassessor (M.) junior judicial officer (M. bzw. F.)
Gerichtsassessorin (F.) junior judicial officer (F.)
Gerichtsbarkeit (F.) jurisdiction (N.)
Gerichtsdiener (M.) court attendant (M. bzw. F.), court usher (M. bzw. F.)
Gerichtsdienerin (F.) court attendant (F.), court usher (F.)
Gerichtsferien (Pl.) vacation (N.) of the court, recess (N.), non-term (N.)
Gerichtsgebrauch (M.) judicial custom (N.)
Gerichtshilfe (F.) court assistance (N.)
Gerichtshof (M.) court (N.), court (N.) of justice, court (N.) of law, law court (N.)
Gerichtskasse (F.) court cashier (N.)
Gerichtskosten (F.Pl.) court fees (N.Pl.), court costs (N.Pl.)
Gerichtskostenvorschuss (M.) advance (N.) on court fees
Gerichtsordnung (F.) court rules (N.Pl.), rules (N.Pl.) of the court
Gerichtsreferendar (M.) judicial trainee (M. bzw. F.)
Gerichtsreferendarin (F.) judicial trainee (F.)

Gerichtssaal (M.) (Gerichtssaal im angloamerikanischen Recht) courtroom (N.)
Gerichtsschreiber (M.) clerk (M. bzw. F.) of the court, legal clerk (M. bzw. F.)
Gerichtsschreiberin (F.) clerk (F.) of the court, legal clerk (F.)
Gerichtssprache (F.) language (N.) of the court, official language (N.)
Gerichtssprengel (M.) court district (N.)
Gerichtsstand (M.) legal venue (N.), place (N.) of jurisdiction, forum (N.), venue (N.)
Gerichtsstandssuche (F.) forum shopping (N.)
Gerichtstag (M.) court day (N.), day (N.) of hearing, judicial day (N.)
Gerichtsverfahren (N.) legal proceedings (N.Pl.), court proceedings (N.Pl.)
Gerichtsverfassung (F.) court system (N.), system (N.) of judicature, constitution (N.) of the courts
Gerichtsverhandlung (F.) judicial hearing (N.), trial (N.)
Gerichtsverwaltung (F.) administration (N.) of the courts
Gerichtsvollzieher (M.) bailiff (M. bzw. F.), officer (M. bzw. F.) of the court, sheriff's officer (M. bzw. F.)
Gerichtsvollzieherin (F.) bailiff (F.), officer (F.) of the court, sheriff's officer (F.)
geringfügig petty (Adj.), minor (Adj.), slight (Adj.)
geringstes Gebot (N.) legal minimum bid (N.)
gesamt entire (Adj.), total (Adj.), whole (Adj.)
Gesamtakt (M.) general act (N.)
Gesamtgläubiger (M.) joint creditor (M. bzw. F.)
Gesamtgläubigerin (F.) joint creditor (F.)
Gesamtgläubigerschaft (F.) community (N.) of joint creditors
Gesamtgut (N.) common property (N.), joint marital property (N.)
Gesamthand (F.) joint title (N.), collective ownership (N.)
gesamthänderisch per my et per tout
Gesamthandseigentum (N.) joint tenancy (N.), aggregate property (N.)
Gesamthandsgemeinschaft (F.) community (N.) of joint owners
Gesamtheit (F.) entirety (N.), aggregate (N.), whole (N.), total (N.)
Gesamthochschule (F.) comprehensive university (N.)
Gesamthypothek (F.) collective mortgage (N.), comprehensive mortgage (N.)
Gesamtprokura (F.) joint power (N.) of Prokura
Gesamtrechtsnachfolge (F.) universal succession (N.)
Gesamtschuld (F.) joint obligation (N.), joint debt (N.)
Gesamtschuldner (M.) joint debtor (M. bzw. F.), co-debtor (M. bzw. F.)
Gesamtschuldnerin (F.) joint debtrix (F.), co-debtrix (F.)
gesamtschuldnerisch joint (Adj.) and several
gesamtschuldnerische Haftung (F.) joint liability (N.)
Gesamtschule (F.) comprehensive school (N.)
Gesamtsteuerung (F.) general control (N.), general management (N.)
Gesamtstrafe (F.) compound sentence (N.), cumulative sentence (N.), concurrent sentence (N.)
Gesamtverkauf (M.) (Gesamtverkauf im angloamerikanischen Recht) bulk sale (N.)
Gesamtvertretung (F.) joint representation (N.), joint agency (N.), overall representation (N.)
Gesamtvorsatz (M.) overall intent (N.), comprehensive intent (N.)
Gesandte (F.) embassy minister (F.)
Gesandter (M.) embassy minister (M. bzw. F.)
Geschädigte (F.) injured party (F.), injured person (F.), victim (F.)
Geschädigter (M.) injured party (N.), injured person (M. bzw. F.), victim (M. bzw. F.)
Geschäft (N.) (Rechtsgeschäft) transaction (N.), deal (N.), bargain (N.)
Geschäft (N.) (Unternehmen) shop (N.), store (N.)
geschäftlich on business, commercial (Adj.)
Geschäftsanteil (M.) participation (N.), share (N.)
Geschäftsaufsicht (F.) receivership (N.)

Geschäftsbedingung (F.) term (N.) and condition (N.) of trade
Geschäftsbericht (M.) business report (N.), annual report (N.)
Geschäftsbesorgung (F.) agency business (N.)
Geschäftsbesorgungsvertrag (M.) contract (N.) of agency
Geschäftsbetrieb (M.) conduct (N.) of business, course (N.) of business
Geschäftsbrief (M.) business letter (N.)
geschäftsfähig legally capable (Adj.), capable (Adj.) of contracting, sui juris (lat.)
Geschäftsfähigkeit (F.) legal capacity (N.), contractual capacity (N.)
Geschäftsführer (M.) manager (M. bzw. F.), executive (M. bzw. F.), director (M. bzw. F.)
Geschäftsführerin (F.) manager (F.), executive (F.), director (F.)
Geschäftsführung (F.) conduct (N.) of business, management (N.), managership (N.)
Geschäftsführung (F.) ohne Auftrag agency (N.) without authority, management (N.) without mandate
Geschäftsgebrauch (M.) (Geschäftsgebrauch im angloamerikanischen Recht) course (N.) of dealing
Geschäftsgeheimnis (N.) business secret (N.), trade secret (N.)
Geschäftsgrundlage (F.) basis (N.) of a transaction
Geschäftsguthaben (N.) credit balance (N.)
Geschäftsherr (M.) principal (M. bzw. F.)
Geschäftsherrin (F.) principal (F.)
Geschäftsherrnpflichtverletzung (F.) vicarious liability (N.) in tort
Geschäftsjahr (N.) business year (N.), trading year (N.), financial year (N.), fiscal year (N.)
geschäftsmäßig businesslike (Adj.)
Geschäftsordnung (F.) rules and regulations (N.Pl.), standing rules (N.Pl.), order (N.)
Geschäftsordnung (F.) (Gerichtsgeschäftsordnung) rules (N.Pl.) of procedure
Geschäftsraum (M.) business premises (N.Pl.)
Geschäftsraummiete (F.) rent (N.) for business premises
Geschäftsstelle (F.) office (N.), agency (N.), bureau (N.)
Geschäftsträger (M.) chargé (M. bzw. F.) d'affaires (franz.)
Geschäftsträgerin (F.) chargé (F.) d'affaires (franz.)
geschäftsunfähig legally incapacitated (Adj.), incompetent (Adj.)
Geschäftsunfähigkeit (F.) legal incapacity (N.), incapacity (N.) to contract
Geschäftsverteilung (F.) allocation (N.) of duties, distribution (N.) of business
Geschäftsverteilung (F.) (Geschäftsverteilung bei Gericht) assignment (N.) of actions
Geschäftswert (M.) goodwill (N.), value (N.) of a transaction
Geschäftswille (M.) intention (N.) underlying a transaction
Geschäftszeit (F.) business hours (N.Pl.), opening hours (N.Pl.)
geschehen happen (V.), occur (V.)
Geschehen (N.) happenings (N.Pl.), events (N.Pl.)
Geschenk (N.) present (N.), gift (N.)
Geschichte (F.) history (N.)
geschichtlich historical (Adj.)
Geschlecht (N.) (Familie) lineage (N.), clan (N.)
Geschlecht (N.) (natürliches Geschlecht) sex (N.), gender (N.)
geschlechtlich sexual (Adj.), carnal (Adj.)
Geschlechtstrieb (M.) sexual impulse (N.), sexual desire (N.)
Geschlechtsverkehr (M.) sexual intercourse (N.), carnal knowledge (N.)
Geschmacksmuster (N.) design (N.), design patent (N.)
Geschoss (N.) (Geschoss aus einer Waffe) projectile (N.), bullet (N.)
Geschwader (N.) squadron (N.)
Geschwindigkeit (F.) speed (N.)
Geschwister (Pl.) brothers and sisters (Pl.)
Geschworene (F.) juror (F.), member (F.) of a jury
Geschworenenbank (F.) jury box (N.) (am.)
Geschworenenprozess (M.) jury trial (N.)
Geschworener (M.) juror (M. bzw. F.), member (M. bzw. F.) of a jury
Geselle (M.) craftsman (M.)
Gesellin (F.) craftswoman (F.)

Gesellschaft (F.) society (N.), association (N.), company (N.)
Gesellschaft (F.) des bürgerlichen Rechts civil-law partnership (N.), non-commercial partnership
Gesellschaft (F.) mit beschränkter Haftung private limited company (N.)
Gesellschafter (M.) partner (M. bzw. F.)
Gesellschafter (M.) (Gesellschafter bei Gesellschaft mit beschränkter Haftung) shareholder (M. bzw. F.)
Gesellschafterbeschluss (M.) resolution (N.) adopted by the partners
Gesellschafterin (F.) partner (F.), shareholder (F.)
Gesellschafterversammlung (F.) company meeting (N.), partners' meeting
gesellschaftlich social (Adj.)
Gesellschaftskapital (N.) capital (N.), share capital (N.), nominal capital (N.), stock (N.)
Gesellschaftsrecht (N.) law (N.) of associations
Gesellschaftsregister (N.) (Gesellschaftsregister in Großbritannien) companies register (N.)
Gesellschaftsschuld (F.) partnership debt (N.), debt (N.) of a company
Gesellschaftsvermögen (N.) partnership property (N.), company assets (N.)
Gesellschaftsvertrag (M.) memorandum (N.) of association, partnership agreement (N.), articles (N.Pl.) of partnership, articles (N.Pl.) of association
Gesetz (N.) law (N.), act (N.), statute (N.)
Gesetz (N.) gegen Wettbewerbsbeschränkungen Market Restraint Act (N.)
Gesetzblatt (N.) legal gazette (N.), official gazette (N.)
Gesetzbuch (N.) code (N.), law code (N.)
Gesetzentwurf (M.) bill (N.), draft law (N.), draft bill (N.)
Gesetzesanalogie (F.) analogous application (N.) of laws
Gesetzesänderung (F.) alteration (N.) of a statute, amendment (N.) of a law
Gesetzeseinheit (F.) unity (N.) of the law
gesetzesfrei
gesetzesfrei free (Adj.) of acts
Gesetzesinitiative (F.) legislative initiative (N.)
Gesetzeskonkurrenz (F.) overlapping (N.) of laws
Gesetzeskraft (F.) legal force (N.), force (N.) of law
Gesetzeslücke (F.) loophole (N.) in the law, gap (N.), legal defect (N.)
Gesetzesrecht (N.) statute law (N.), statutory law (N.), written law (N.), enacted law (N.)
Gesetzessammlung (F.) compendium (N.) of laws, statute book (N.) (brit.), digest (N.)
Gesetzesumgehung (F.) evasion (N.) of the law
Gesetzesvorbehalt (M.) legal reservation (N.), legal proviso (N.)
Gesetzesvorlage (F.) bill (N.), draft law (N.)
gesetzgebend legislative (Adj.)
gesetzgebende Gewalt (F.) legislative power (N.)
Gesetzgeber (M.) legislator (M.), legislature (N.)
Gesetzgeberin (F.) legislator (F.), legislature (N.)
Gesetzgebung (F.) legislation (N.), lawmaking (N.)
Gesetzgebungsnotstand (M.) legislative state (N.) of emergency
Gesetzgebungsverfahren (N.) legislative procedure (N.), process (N.) of legislation
Gesetzgebungszuständigkeit (F.) legislative competence (N.)
gesetzlich lawful (Adj.), legal (Adj.), statutory (Adj.)
gesetzliche Erbfolge (F.) intestate succession (N.), intestacy (N.), legal succession (N.)
gesetzliche Richterin (F.) legally competent judge (F.)
gesetzliche Vermutung (F.) legal fiction (N.)
gesetzliche Vertreterin (F.) legal representative (F.), legal agent (F.)
gesetzlicher Güterstand (M.) statutory regime (N.) of matrimonial property
gesetzlicher Richter (M.) legally competent judge (M. bzw. F.)
gesetzlicher Vertreter (M.) legal representative (M. bzw. F.), legal agent (M. bzw. F.)
gesetzliches Erbrecht (N.) law (N.) of intestate succession

gesetzliches Pfandrecht (N.) statutory lien (N.), tacit hypothecation (N.)
gesetzliches Schuldverhältnis (N.) statutory obligation (N.)
gesetzliches Zahlungsmittel (N.) legal tender (N.)
gesetzmäßig legal (Adj.), lawful (Adj.), in accordance with the law, in law
Gesetzmäßigkeit (F.) legality (N.), lawfulness (N.)
gesetzwidrig illegal (Adj.), unlawful (Adj.), contrary (Adj.) to the law
Gesetzwidrigkeit (F.) illegality (N.), unlawfulness (N.)
Gesichtspunkt (M.) point (N.) of view, aspect (N.)
gesiegelt under seal (N.)
gesiegelter Vertrag (M.) (gesiegelter Vertrag im angloamerikanischen Recht) specialty (N.)
Gestaltung (F.) formation (N.), shape (N.), configuration (N.)
Gestaltungsakt (M.) formative act (N.)
Gestaltungsklage (F.) action (N.) for the modification of rights
Gestaltungsrecht (N.) right (N.) to alter a legal relationship
Gestaltungsurteil (N.) judgement (N.) altering a legal relationship
geständig confessing (Adj.), pleading (Adj.) guilty
Geständnis (N.) (Geständnis im Strafprozess) confession (N.)
Geständnis (N.) (Geständnis im Zivilprozess) admission (N.)
gestatten permit (V.), allow (V.)
Gestattung (F.) permission (N.), licence (N.) (brit.), license (N.) (am.)
gestehen admit (V.), confess (V.)
Gestehungskosten (F.Pl.) prime cost (N.)
Gesuch (N.) petition (N.), request (N.), application (N.)
gesund healthy (Adj.), fit (Adj.)
Gesundheit (F.) health (N.)
Gesundheitsamt (N.) public health department (N.), sanitary board (N.), board (N.) of health
Gesundheitsschädigung (F.) personal injury (N.)
Gesundheitsverletzung (F.) injury (N.) to health
Gesundheitszerstörung (F.) destruction (N.) of good health
Getreide (N.) grain (N.)
getrennt separate (Adj.), separated (Adj.)
Getrenntleben (N.) living (N.) apart, living (N.) separated, separation (N.)
Getto (N.) ghetto (N.)
Gewähr (F.) guarantee (N.), guaranty (N.), warranty (N.), security (N.)
gewähren grant (V.), allow (V.)
gewährleisten ensure (V.), guarantee (V.), warrant (V.), secure (V.)
Gewährleistung (F.) guarantee (N.), guaranty (N.), warranty (N.), security (N.)
Gewahrsam (M.) custody (N.), safekeeping (N.), detention (N.)
Gewahrsamsbruch (M.) breach (N.) of custody
Gewalt (F.) (Kraft) power (N.), force (N.)
Gewalt (F.) (Kraftanwendung) violence (N.), force (N.)
Gewaltenteilung (F.) separation (N.) of powers
Gewalthaber (M.) holder (M. bzw. F.) of power
Gewalthaberin (F.) holder (F.) of power
gewaltsam atrocious (Adj.), violent (Adj.)
gewaltsame Körperverletzung (F.) battery (N.)
Gewalttat (F.) act (N.) of violence, violent act (N.)
gewalttätig violent (Adj.), outrageous (Adj.)
Gewalttätigkeit (F.) violence (N.), outrage (N.)
Gewaltverhältnis (N.) relationship (N.) of subordination
Gewässer (N.) waters (N.Pl.)
Gewässerschutz (M.) prevention (N.) of water pollution
Gewehr (N.) gun (N.), rifle (N.)
Gewerbe (N.) trade (N.), business (N.), industry (N.)
Gewerbeaufsicht (F.) trade inspection (N.), industrial control (N.)
Gewerbeaufsichtsamt (N.) factory inspectorate (N.), industrial inspection board (N.)
Gewerbebescheinigung (F.) (Gewerbebescheinigung in Großbritannien) trading certificate (N.)
Gewerbebetrieb (M.) industrial enterprise (N.), business enterprise (N.)

Gewerbefreiheit (F.) freedom (N.) of trade, economic freedom (N.)
Gewerbegebiet (N.) industrial estate (N.), trading estate (N.)
Gewerbegericht (N.) trade court (N.), industrial court (N.)
Gewerbeordnung (F.) trade law (N.), industrial code (N.)
Gewerbepolizei (F.) trade police (N.), factory inspection (N.)
Gewerberaum (M.) industrial premises (N.Pl.), commercial premises (N.Pl.)
Gewerberaummietrecht (N.) law (N.) on the tenancy of industrial or commercial premises
Gewerbesteuer (F.) trade tax (N.), professional tax (N.)
gewerbetreibend trading (Adj.), manufacturing (Adj.)
Gewerbetreibende (F.) tradeswoman (F.), businesswoman (F.)
Gewerbetreibender (M.) tradesman (M.), businessman (M.)
Gewerbeuntersagung (F.) prohibition (N.) of further trade activity
Gewerbezentralregister (N.) central register (N.) of trade and industrial offences
gewerblich commercial (Adj.), industrial (Adj.), trade (Attrib.)
gewerblicher Rechtsschutz (M.) legal protection (N.) of industrial property
gewerbsmäßig professional (Adj.), commercial (Adj.)
Gewerbsmäßigkeit (F.) commercial nature (N.)
Gewerke (M.) member (M. bzw. F.) of a mining company
Gewerkin (F.) member (F.) of a mining company
Gewerkschaft (F.) trade union (N.), labour union (N.) (brit.), labor union (N.) (am.)
Gewerkschaftler (M.) trade-unionist (M. bzw. F.), covenor (M. bzw. F.)
Gewerkschaftlerin (F.) trade-unionist (F.), covenor (F.)
gewerkschaftlich unionist (Adj.), trade-unionist (Adj.)
Gewicht (N.) weight (N.)
gewillkürt voluntary (Adj.)
gewillkürte Erbfolge (F.) willed succession (N.), testamentary succession (N.)
Gewinn (M.) profit (N.), gain (N.), return (N.)
Gewinnanteil (M.) profit share (N.), percentage (N.) of profits, quota (N.) of the profit
gewinnen win (V.), gain (V.), profit (N.)
Gewinnermittlung (F.) assessment (N.) of profits, determination (N.) of profits
Gewinnrechnung und Verlustrechnung (F.) profit and loss account (N.), statement (N.) (am.)
Gewissen (N.) conscience (N.)
Gewissensfreiheit (F.) freedom (N.) of conscience
Gewissheit (F.) certainty (N.)
Gewohnheit (F.) custom (N.), habit (N.), practice (N.)
gewohnheitsmäßig habitual (Adj.), customary (Adj.)
Gewohnheitsmäßigkeit (F.) habitualness (N.)
Gewohnheitsrecht (N.) custom (N.), customary law (N.)
Gewohnheitsverbrecher (M.) habitual criminal (M. bzw. F.), persistent offender (M. bzw. F.)
Gewohnheitsverbrecherin (F.) habitual criminal (F.), persistent offender (F.)
gewöhnlich common (Adj.), usual (Adj.), costumary (Adj.)
Gier (F.) greed (N.), greediness (N.)
Gift (N.) poison (N.)
giftig toxic Adj.), poisonous (Adj.), noxious (Adj.)
Gilde (F.) guild (N.), corporation (N.)
Giralgeld (N.) deposit money (N.), money (N.) in account, check book money (N.) (am.)
Giro (N.) endorsement (N.), indorsement (N.), bank transfer (N.)
Girokonto (N.) giro transfer account (N.), giro checking account (N.), cheque account (N.), current account (N.)
Girovertrag (M.) giro contract (N.), bank giro contract (N.)
Glaube (M.) belief (N.), faith (N.)
glauben believe (V.)
Glaubensfreiheit (F.) freedom (N.) of faith, freedom (N.) of religion
glaubhaft believable (Adj.), credible (Adj.), reliable (Adj.)

Glaubhaftmachung (F.) making (N.) credible, preliminary proof (N.), substantiation (N.)
Gläubiger (M.) creditor (M. bzw. F.), obligee (M. bzw. F.), lender (M. bzw. F.), garnishor (M. bzw. F.)
Gläubigeranfechtung (F.) creditor's avoidance (N.) of debitor's transactions
Gläubigerin (F.) creditor (F.), obligee (F.), lender (F.), garnishor (F.)
Gläubigerversammlung (F.) meeting (N.) of creditors, creditors' meeting (N.)
Gläubigerverzug (M.) creditor's delay (N.), obligee's delay (N.)
glaubwürdig credible (Adj.), trustworthy (Adj.)
Glaubwürdigkeit (F.) credibility (N.)
gleich identical (Adj.), share and share alike, alike (Adv.), immediately (Adv.)
gleichartig similar (Adj.), homogeneous (Adj.), kindred (Adj.)
gleichartige Tateinheit (F.) concurrence (N.) of offences of the same kind in one act
Gleichartigkeit (F.) similarity (N.), homogenity (N.), equality (N.) in kind
Gleichbehandlungsgrundsatz (M.) principle (N.) of equal treatment
gleichberechtigt having equal rights (Adj.), equally entitled (Adj.)
Gleichberechtigung (F.) equality (N.), equality (N.) of rights
gleiche Wahl (F.) equal suffrage (N.)
gleichgültig reckless (Adj.)
Gleichgültigkeit (F.) (Gleichgültigkeit im angloamerikanischen Recht) recklessness (N.)
Gleichheit (F.) equality (N.), parity (N.)
Gleichheitsgrundsatz (M.) principle (N.) of equality
gleichrangig co-equal (Adj.)
gleichwertig equivalent (Adj.), of the same value, co-equal (Adj.)
gleichzeitig simultaneous (Adj.)
Gleitklausel (F.) escalator clause (N.)
global global (Adj.), world-wide (Adj.)
Globalzession (F.) general assignment (N.)
Glück (N.) luck (N.), fortune (N.)
Glücksspiel (N.) gambling (N.), game (N.) of chance, game (N.) of hazard
Glücksvertrag (M.) aleatory contract (N.)
GmbH (F.) (Gesellschaft mit beschränkter Haftung) private limited company (N.)
Gnade (F.) mercy (N.), pardon (N.), clemency (N.)
Gnadenakt (M.) act (N.) of mercy, act (N.) of clemency
Gnadenerweis (M.) act (N.) of pardon
Gnadenfrist (F.) grace period (N.)
Gnadenstoß (M.) finishing stroke (N.), coup (N.) de grâce (franz.)
Goodwill (M.) goodwill (N.), intangible value (N.)
Gott (M.) God (M.)
Gottes Gnade grace (N.) of God
Gotteslästerung (F.) blasphemy (N.), blasphemous libel (N.)
Gouverneur (M.) governor (M. bzw. F.)
Gouverneurin (F.) governor (F.)
Grad (M.) degree (N.), grade (N.)
gradual gradual (Adj.)
Gradualsystem (N.) gradual system (N.)
graduieren graduate (V.)
Graduierter (M.) graduate (M. bzw. F.)
Graf (M.) count (M.), earl (M.) (brit.)
Gräfin (F.) countess (F.)
Granate (F.) shell (N.), grenade (N.)
Gratifikation (F.) bonus (N.), staff bonus (N.), gratuity (N.)
gratis gratis (Adj.), free (Adj.) of charge, without payment, free (Adj.), gratuitous (Adj.)
grausam cruel (Adj.), brutal (Adj.)
Grausamkeit (F.) cruelty (N.), atrocity (N.)
greifen (intransitiv) grip (V.), be (V.) effective
greifen (transitiv) grab (V.), catch (V.), grasp (V.)
Gremium (N.) body (N.), panel (N.), board (N.), committee (N.)
Grenze (F.) (Grenzlinie) abuttal (N.), limit (N.)
Grenze (F.) (Staatsgrenze) frontier (N.), border (N.)
Grenzkosten (F.Pl.) (Grenzkosten im angloamerikanischen Recht) incremental costs (N.Pl.)
grob rough (Adj.), coarse (Adj.), crude (Adj.), gross (Adj.)
grobe Fahrlässigkeit (F.) gross negligence (N.), gross fault (N.)
grober Unfug (M.) public mischief (N.), common nuisance (N.), public nuisance (N.)

grober Unverstand (M.) gross injudiciousness (N.)
Gros (N.) major part (N.), majority (N.)
groß large (Adj.), great (Adj.)
Großbritannien (N.) Great Britain (F.)
großdeutsch Pan-German (Adj.), All-German (Adj.)
großer Senat (M.) large senate (N.), large division (N.)
Großhandel (M.) wholesale business (N.), wholesale trade (N.), wholesale (N.)
Großhändler wholesale dealer (M. bzw. F.), wholesaler (M. bzw. F.), distributor (M. bzw. F.)
Großhändlerin (F.) distributor (F.), wholesale dealer (F.), wholesaler (F.)
Großstadt (F.) large city (N.), metropolis (N.)
Grube (F.) (Mine) mine (N.), pit (N.)
Grund (M.) (Anlass) cause (N.), reason (N.), motive (N.)
Grund (M.) (Land) land (N.), soil (N.), real estate (N.), ground (N.)
Grundabtretung (F.) surrender (N.) of land
Grundbesitz (M.) real estate (N.), landholding (N.), landed property (N.), realty (N.)
Grundbesitzer (M.) land holder (M. bzw. F.), land owner (M. bzw. F.)
Grundbesitzerin (F.) land holder (F.), land owner (F.)
Grundbesitzstörung (F.) (Grundbesitzstörung im angloamerikanischen Recht) trespass (N.) to land
Grundbuch (N.) land register (N.), land title register (N.), real-estate register (N.)
Grundbuchamt (N.) land registry (N.), real-estate recording office (N.) (am.)
Grundbuchauszug (M.) land certificate (N.)
Grundbuchberichtigung (F.) rectification (N.) of the land register
Grundbucheintragung (F.) land registration (N.)
Grundbuchordnung (F.) land registry act (N.)
Grundbuchverfügung (F.) Land Register Regulations (N.Pl.)
Grunddienstbarkeit (F.) real servitude (N.), landed servitude (N.), easement (N.)
Grundeigentum (N.) real property (N.), landed property (N.), real estate (N.)
Grundeigentümer (M.) freeholder (M. bzw. F.), ground landlord (M. bzw. F.)
Grundeigentümerin (F.) freeholder (F.), ground landlady (F.)
gründen found (V.), establish (V.), form (V.)
Gründer (M.) founder (M. bzw. F.), promoter (M. bzw. F.)
Gründerin (F.) founder (F.), promoter (F.)
Grunderwerbsteuer (F.) land transfer duty (N.), real estate acquisition tax (N.)
Grunderwerbsteuergesetz (N.) Act (N.) on real estate transfer tax
Grundgehalt (N.) basic salary (N.)
Grundgesetz (N.) basic law (N.), constitution (N.)
Grundhandelsgewerbe (N.) general commercial business (N.)
Grundherr (M.) landlord (M.)
Grundherrin (F.) landlady (F.)
Grundherrschaft (F.) manorial domain (N.), manorial estate (N.), seigniory (N.)
Grundkapital (N.) nominal capital (N.), registered capital (N.), capital stock (N.) (am.)
Grundkapital (N.) (Grundkapital einer Aktiengesellschaft) stock (N.)
Grundlage (F.) basis (N.), foundation (N.), fundamentals (N.Pl.)
Grundlagenwerk (N.) (Grundlagenwerk im angloamerikanischen Recht) book (N.) of authority
Grundlohn (M.) basic wage (N.)
Grundordnung (F.) basic system (N.), constitutional order (N.)
Grundpfand (N.) real estate mortgage (N.), land mortgage (N.)
Grundpfandrecht (N.) lien (N.) on real property
Grundrecht (N.) civil right (N.), constitutional right (N.), natural right (N.)
Grundrechtsfähigkeit (F.) capacity (N.) to acquire and hold civil liberties
Grundrechtsmündigkeit (F.) capacity (N.) to assert civil rights by court action
Grundrechtsschranke (F.) limitation (N.) of civil rights
Grundrente (F.) (Bodenrente) ground rent (N.)
Grundrente (F.) (Mindestrente) basic pension (N.)

Grundsatz (M.) principle (N.), maxim (N.)
Grundschuld (F.) land charge (N.),charge (N.) on land
Grundschuldbrief (M.) land charge certificate (N.)
Grundsteuer (F.) land tax (N.), real-estate tax (N.)
Grundstück (N.) piece (N.) of land, real estate (N.), ground (N.), premises (N.Pl.)
Grundstückseigentum (N.) (Grundstückseigentum in Großbritannien) real property (N.), realty (N.)
Grundstückskauf (M.) land purchase (N.), purchase (N.) of real estate, sale (N.) of land
Grundstücksrecht (N.) land law (N.), law (N.) of property
Grundstücksregister (N.) (Grundstücksregister in Großbritannien) land register (N.)
Grundstücksverkehr (M.) real-estate transactions (N.Pl.)
Grundstückszubehör (N.) fixture (N.)
Gründung (F.) foundation (N.), establishment (N.), formation (N.)
Gründungsfreiheit (F.) freedom (N.) to form associations
Gründungsgesellschaft (F.) pre-incorporation business association (N.)
Gründungsvertrag (M.) promotions agreement (N.), memorandum (N.) of association
Grundurteil (N.) judgement (N.) on the basis of the cause of action
Grundvertrag (M.) Basic Treaty (N.)
Grundwehrdienst (M.) basic military service (N.)
Gruppe (F.) group (N.), cluster (N.)
Gruppenklage (F.) (Gruppenklage im amerikanischen Recht) class action (N.)
Gruppenwahl (F.) election (N.) by groups, election (N.) by classes
Guerillakämpfer (M.) guerilla (M.bzw. F.)
Guerillakämpferin (F.) guerilla (F.)
Guerillera (F.) guerilla fighter (F.)
Guerillero (M.) guerrilla fighter (M. bzw. F.)
Guillotine (F.) guillotine (N.)
gültig valid (Adj.), in force
Gültigkeit (F.) validity (N.), legal force (N.), effectiveness (N.)
Gunst (F.) favour (N.) (brit.), favor (N.) (am.)
günstig favourable (Adj.) (brit.), favorable (Adj.) (am.)
Günstigkeitsprinzip (N.) deviation (N.) for employee's benefit from collective bargaining agreement
Gut (N.) commodity (N.), property (N.), good (N.)
Gutachten (N.) expertise (N.), expert opinion (N.), opinion (N.), advisary opinion (N.)
Gutachter (M.) consultant (M. bzw. F.), expert (M. bzw. F.)
Gutachterin (F.) consultant (F.), expert (F.)
Güte (F.) (Gütigkeit) good nature (N.), kindness (N.)
Güte (F.) (Qualität) quality (N.), grade (N.), class (N.)
gute Sitte (F.) public moral (N.), good manner (N.)
guter Glaube (M.) good faith (N.), bona fides (N.) (lat.)
Güterabwägung (F.) balancing consideration (N.) of legally protected values
Güterfernverkehr (M.) long-distance transport (N.), long haul trucking (N.) (am.)
Gütergemeinschaft (F.) joint marital property (N.), community (N.) of goods
Güterkraftverkehr (M.) road haulage (N.), trucking (N.)
Güterrecht (N.) law (N.) of property, property law (N.)
Güterrechtsregister (N.) marriage property register (N.)
Güterstand (M.) system (N.) of marital property, matrimonial regime (N.)
Gütertrennung (F.) separation (N.) of property
Güteverfahren (N.) conciliatory proceedings (N.Pl.)
Güteverhandlung (F.) conciliatory hearing (N.)
Gutglaubensschutz (M.) bona fide rights protection (N.)
gutgläubig in good faith, bona fide (Adj.), credulous (Adj.)
gutgläubige Erwerberin (F.) bona fide purchaser (F.)
gutgläubiger Erwerb (M.) bona fide transaction (N.), acquisition (N.) in good faith
gutgläubiger Erwerber (M.) bona fide purchaser (M. bzw. F.)

Guthaben (N.) balance (N.) in one's favor, credit balance (N.)
Gutschein (M.) coupon (N.), voucher (N.)
Gutsherr (M.) landlord (M.)
Gutsherrin (F.) landlady (F.)
Gutsherrschaft (F.) manorial domain (N.), manorial estate (N.)
Gymnasium (N.) grammar school (N.) (brit.), secondary school (N.)

H

Haager Kaufrechtsübereinkommen (N.) Hague Convention (N.) Relating to a Uniform Law on the International Sale of Goods
Haager Landkriegsordnung (F.) Hague Land Warfare Convention (N.)
Habe (F.) belongings (N.Pl.), possessions (N.Pl.)
Haben (N.) credit (N.)
Habgier (F.) greed (N.), avarice (N.), cupidity (N.)
Habilitation (F.) habilitation (N.)
habilitieren habilitate (V.)
Hader (M.) quarrel (N.), strife (N.), emnity (N.)
Hafen (M.) (1) harbour (N.) (brit.), harbor (N.) (am.), port (N.)
Haft (F.) arrest (N.), confinement (N.), detention (N.), custody (N.), imprisonment (N.)
haftbar liable (Adj.)
Haftbefehl (M.) order (N.) of arrest, warrant (N.) of arrest, arrest warrant (N.), bench warrant (N.)
haften be (V.) liable for, incur (V.) a liability, answer (V.) for
Haftgrund (M.) reason (N.) for arrest
Haftpflicht (F.) legal liability (N.), third party indemnity (N.), public liability (N.)
Haftpflichtgesetz (N.) public liability act (N.)
Haftpflichtprozess (M.) liability case (N.), indemnity case (N.)
Haftpflichtversicherung (F.) liability insurance (N.), third party insurance (N.)
Haftprüfung (F.) writ (N.) of habeas corpus, review (N.) of remand in custody
Haftstrafe (F.) imprisonment (N.)
Haftunfähigkeit (F.) disability (N.) for imprisonment
Haftung (F.) liability (N.)
Haftung (F.) für Verhalten Dritter (Haftung für Verhalten Dritter im angloamerikanischen Recht) vicarious liability (N.)
Haftungsausschluss (M.) exclusion (N.) of liability, exemption (N.) from liability
haftungsbegründende Kausalität (F.) causation (N.) creating liability
Haftungsbeschränkung (F.) limitation (N.) of liability, veil (N.) of corporation
Haftungsrecht (N.) liability law (N.)
Hafturlaub (M.) parole (N.)
Hagel (M.) hail (N.)
Hagelschaden (M.) damage (N.) by hail
Hagelversicherung (F.) hail insurance (N.), hail storm insurance (N.)
Halbwaise (M. bzw. F.) half-orphan (M. bzw. F.)
Halde (F.) dump (N.), heap (N.)
Hälfte (F.) half (N.), moiety (N.)
halten hold (V.), keep (V.), maintain (V.)
Halten (N.) (Besitzen) keeping (N.), holding (N.)
Halten (N.) (Stehenbleiben) halt (N.), stop (N.), standing (N.)
Halter (M.) holder (M. bzw. F.), keeper (M. bzw. F.), owner (M. bzw. F.)
Halterin (F.) holder (F.), keeper (F.), owner (F.)
Hamburg (N.) Hamburg (F.)
Hammelsprung (M.) vote (N.) by division
hamstern hoard (V.)
Hand (F.) hand (N.)
Handel (M.) trade (N.), commerce (N.)
Händel (M.Pl.) quarrel (N.)
handeln (Handel treiben) trade (V.), do (V.) business, bargain (V.)
Handeln (N.) acting (N.), action (N.), practice (N.)
handeln (tätig sein) act (V.)
Handelnde (F.) acting person (F.)
Handelnder (M.) acting person (M. bzw. F.)
Handelsabkommen (N.) trade agreement (N.)
Handelsbilanz (F.) trade balance (N.), balance (N.) of trade
Handelsbrauch (M.) trade custom (N.), commercial usage (N.), mercantile custom (N.)

Handelsbuch (N.) account book (N.), ledger (N.)
Handelsembargo (N.) embargo (N.) on trade
Handelsgericht (N.) commercial court (N.)
Handelsgeschäft (N.) (Rechtsgeschäft im Handelsbereich) mercantile transaction (N.), commercial transaction (N.)
Handelsgeschäft (N.) (Unternehmen) trading firm (N.), commercial enterprise (N.)
Handelsgesellschaft (F.) trading association (N.), commercial company (N.), partnership (N.)
Handelsgesetzbuch (N.) commercial code (N.)
Handelsgewerbe (N.) trade business (N.)
Handelskammer (F.) chamber (N.) of commerce, board (N.) of trade (am.)
Handelskauf (M.) mercantile sale (N.)
Handelsklasse (F.) grade (N.)
Handelsmakler (M.) mercantile broker (M. bzw. F.)
Handelsmündigkeit (F.) unlimited capacity (N.) of a minor concerning all legal transactions linked to the management of a business undertaking
Handelsrecht (N.) mercantile law (N.), commercial law (N.), law merchant (N.)
Handelsregister (N.) commercial register (N.)
Handelsrichter (M.) commercial judge (M. bzw. F.), judge (M. bzw. F.) of a commercial court
Handelsrichterin (F.) commercial judge (F.), judge (F.) of a commercial court
Handelssache (F.) commercial affair (N.), commercial matter (N.), mercantile affair (N.)
Handelsverkehr (M.) commerce (N.), trading (N.)
Handelsvertrag (M.) commercial treaty (N.), trade agreement (N.), treaty (N.) of commerce
Handelsvertreter (M.) agent (M. bzw. F.), commercial agent (M. bzw. F.), trade representative (M. bzw. F.)
Handelsvertreterin (F.) commercial agent (F.), trade representative (F.), agent (F.)
Handkauf (M.) handsale (N.)
Händler (M.) trader (M. bzw. F.), dealer (M. bzw. F.), tradesman (M.)
Händlerin (F.) trader (F.), dealer (F.), tradeswoman (F.)
Handlung (F.) act (N.), action (N.)
Handlungsbevollmächtigte (F.) authorized agent (F.), managing agent (F.)
Handlungsbevollmächtigter (M.) authorized agent (M. bzw. F.), managing agent (M. bzw. F.)
handlungsfähig capable (Adj.) to act, entitled (Adj.) to act
Handlungsfähigkeit (F.) capacity (N.) to act, power (N.) to act
Handlungsfreiheit (F.) freedom (N.) of action, liberty (N.) of action
Handlungsgehilfe (M.) commercial assistant (M. bzw. F.), shop assistant (M. bzw. F.)
Handlungsgehilfin (F.) commercial assistant (F.), shop assistant (F.)
Handlungshaftung (F.) liability (N.) for acts done
Handlungslehre (F.) doctrine (N.) of criminal responsibility
Handlungsobjekt (N.) object (N.) of action
Handlungsort (M.) place (N.) of performance
Handlungspflicht (F.) duty (N.) to act
Handlungsstörer (M.) disturber (M. bzw. F.) by action
Handlungsstörerin (F.) disturber (F.) by action
Handlungsvollmacht (F.) commercial power (N.), mercantile agency (N.)
Handlungswille (M.) intention (N.) to act
Handschelle (F.) handcuff (N.)
Handschenkung (F.) manual gift (N.), executed gift (N.)
Handschrift (F.) handwriting (N.)
Handwerk (N.) handicraft (N.), craft (N.)
Handwerker (M.) craftsman (M.), tradesman (M.) (am.)
Handwerkerin (F.) craftswoman (F.), tradeswoman (F.) (am.)
Handwerksinnung (F.) craft guild (N.)
Handwerkskammer (F.) chamber (N.) of handicrafts
Handwerksordnung (F.) handicrafts code (N.)
Handwerksrolle (F.) register (N.) of craftmen
hängen hang (V.)

Hansestadt (F.) hanseatic town (N.)
Hardware (F.) hardware (N.)
Häresie (F.) heresy (N.)
Härtefall (M.) hardship case (N.)
Haschisch (N.) hashish (N.)
Hass (M.) hate (N.), hatred (N.), animosity (N.)
häufig frequent (Adj.), wide-spread (Adj.), numerous (Adj.)
Häufung (F.) accumulation (N.), heaping (N.)
Hauptaktionär (M.) major shareholder (M. bzw. F.), principal shareholder (M. bzw. F.), principal stockholder (M. bzw. F.) (am.)
Hauptaktionärin (F.) major shareholder (F.), principal shareholder (F.), principal stockholder (F.)
Hauptantrag (M.) main request (N.), main petition (N.)
Hauptforderung (F.) principal claim (N.), chief claim (N.), main demand (N.)
Haupthaftung (F.) (Haftung des Hauptschuldners im angloamerikanischen Recht) primary liability (N.)
Hauptintervention (F.) interpleader summons (N.)
Hauptmangel (M.) principal defect (N.), main fault (N.)
Hauptmann (M.) captain (M. bzw. F.)
Hauptpflicht (F.) primary obligation (N.), principal obligation (N.)
Hauptsache (F.) main issue (N.), principal matter (N.), main point (N.)
Hauptsachlage (F.) main factual position (N.)
hauptsächlich main (Adj.), principal (Adj.), chief (Adj.), primary (Adj.)
Hauptsatzung (F.) main charter (N.)
Hauptstadt (F.) capital (N.)
Hauptstrafe (F.) main sentence (N.)
Haupttäter (M.) principal (M. bzw. F.), principal offender (M. bzw. F.)
Haupttäterin (F.) principal (F.), principal offender (F.)
Haupttermin (M.) trial date (N.), main hearing (N.)
Hauptursache (F.) proximate cause (N.)
Hauptverfahren (N.) main proceedings (N.Pl.), full trial (N.)
Hauptverhandlung (F.) main trial (N.), trial (N.) of indictment
Hauptversammlung (F.) general meeting (N.), meeting (N.) of stockholders, meeting (N.) of shareholders
Hauptversammlungsbeschluss (M.) shareholders' resolution (N.)
Hauptzeuge (M.) principal witness (M. bzw. F.), material witness (M. bzw. F.)
Hauptzeugin (F.) principal witness (F.), material witness (F.)
Haus (N.) house (N.), building (N.)
Hausarrest (M.) house arrest (N.)
Hausdurchsuchung (F.) house search (N.), domiciliary visit (N.)
Hausfriede (M.) privacy (N.)
Hausfriedensbruch (M.) unlawful entry (N.), forcible entry (N.)
Hausgehilfe (M.) home help (M. bzw. F.), domestic servant (M. bzw. F.)
Hausgehilfin (F.) home help (F.), domestic servant (F.)
Hausgemeinschaft (F.) house community (N.)
Hausgesetz (N.) family law (N.)
Haushalt (M.) (Einzelhaushalt) household (N.)
Haushalt (M.) (Staatshaushalt) budget (N.)
Haushaltsgesetz (N.) budget law (N.)
Haushaltsgrundsatz (M.) basic budgetary rule (N.)
Haushaltsplan (M.) budget (N.), estimates (N.Pl.)
Haushaltsrecht (N.) budget law (N.)
Haushaltsvorlage (F.) finance bill (N.), budget bill (N.), appropriation bill (N.)
hausieren peddle (V.), hawk (V.)
Hausierer (M.) pedlar (M. bzw. F.) (brit.), peddler (M. bzw. F.) (am.)
Hausiererin (F.) pedlar (F.) (br.), peddler (F.) (am.)
häuslich domestic (Adj.)
Hausmeister (M.) caretaker (M. bzw. F.), house-superintendent (M. bzw. F.)
Hausmeisterin (F.) caretaker (F.), house-superintendent (F.)
Hausrat (M.) household effects (N.Pl.), household equipment (N.)
Hausratsteilung (F.) dividing-up (N.) of matrimonial household effects
Hausratsverordnung (F.) ordinance (N.) on dividing-up the matrimonial household effects

Hausratversicherung (F.) household effects insurance (N.), house contents insurance (N.)
Hausrecht (N.) domiciliary right (N.), right (N.) of the key
Hausse (F.) boom (N.), bull market (N.), upward tendency (N.)
Haussuchung (F.) house search (N.), domiciliary visit (N.)
Haustürgeschäft (N.) door-to-door selling (N.)
Hausverbot (N.) ban (N.) on entering the house, prohibition (N.) of entering the house
Haverei (F.) average (N.), loss (N.) by sea, damage (N.) by sea
Hebamme (F.) midwife (F.)
heben lift (V.), raise (V.)
Hebesatz (M.) tax factor (N.), collection multiplier (N.)
Heer (N.) army (N.), armed forces (N.Pl.)
Hegemonie (F.) hegemony (N.)
hegen preserve (V.), care (V.) for, look (V.) after
hehlen receive stolen goods (V.), fence (V.)
Hehler (M.) receiver (M. bzw. F.) of stolen goods, fence (M. bzw. F.)
Hehlerei (F.) receiving (N.) stolen goods, fencing (N.)
Hehlerin (F.) receiver (F.) of stolen goods, fence (F.)
heil whole (Adj.), intact (Adj.), uninjured (Adj.)
Heilanstalt (F.) sanatorium (N.) (brit.), sanitarium (N.) (am.), hospital (N.)
heilen heal (V.), cure (V.)
heilig saint (Adj.), holy (Adj.)
Heiliger Stuhl (M.) Holy See (N.)
Heilkunde (F.) medical science (N.)
Heilmittelwerbegesetz (N.) Medicine Advertisement Act (N.)
Heilung (F.) healing (N.), curing (N.), cure (N.)
Heimarbeit (F.) homework (N.), outwork (N.)
Heimarbeiter (M.) homeworker (M. bzw. F.), outworker (M. bzw. F.)
Heimarbeiterin (F.) homeworker (F.), outworker (F.)
Heimat (F.) home (N.), mother country (N.)
heimatlos homeless (Adj.), expatriate (Adj.)
heimatlose Ausländerin (F.) stateless alien (F.)
heimatloser Ausländer (M.) stateless alien (M. bzw. F.)
Heimatvertriebene (F.) displaced person (F.)
Heimatvertriebener (M.) displaced person (M. bzw. F.)
Heimfall (M.) reversion (N.), escheat (N.)
Heimfallsrecht (N.) right (N.) of reversion, right (N.) of escheat
Heimgesetz (N.) Act (N.) on homes and houses
heimlich secret (Adj.), hidden (Adj.), clandestine (Adj.), surreptitious (Adj.)
Heimstätte (F.) homestead (N.)
Heimtücke (F.) perfidy (N.), treachery (N.)
heimtückisch perfidious (Adj.), treacherous (Adj.), insidious (Adj.)
Heirat (F.) marriage (N.), matrimony (N.)
heiraten marry (V.), wed (V.)
Heiratsbuch (N.) register (N.) of marriages
Heiratserlaubnis (F.) marriage licence (N.) (brit.), marriage license (N.) (am.), permission (N.) to marry
Heiratsurkunde (F.) marriage certificate (N.)
Heiratsvermittlung (F.) procurement (N.) of marriage, marriage brokerage (N.)
heißen (anordnen) order (V.), command (V.)
Heizkostenverordnung (F.) ordinance (N.) on heating expenses
Hektar (M.) hectare (N.)
helfen help (V.), assist (V.)
Heller (M.) penny (N.), cent (N.)
hemmen hinder (V.), check (V.), hamper (V.), retard (V.)
Hemmung (F.) hindrance (N.), check (N.), restraint (N.)
Henker (M.) executioner (M.), hangman (M.)
Henkersmahlzeit (F.) last meal (N.)
herabsetzen commute (V.), decrease (V.), reduce (V.), curtail (V.), scale (V.) down, minimize (V.)
Herabsetzung (F.) abatement (N.), reduction (N.), mitigation (N.)
Heranwachsende (F.) adolescent (F.), young adult (F.)
Heranwachsender (M.) adolescent (M.

bzw. F.), young adult (M. bzw. F.)
Herausgabe (F.) (Besitzrückgabe einer Sache) delivery (N.), surrender (N.), restitution (N.), restoration (N.)
Herausgabe (F.) (Veröffentlichung) editing (N.), publication (N.)
Herausgabeanspruch (M.) claim (N.) for restitution, right (N.) of redemption
herausgeben return (V.), issue (V.), surrender (V.), publish (V.)
Herausgeber (M.) editor (M.), publisher (M. bzw. F.)
Herausgeberin (F.) editress (F.), publisher (F.)
herausverlangen claim (V.) recovery of possession, reclaim (V.)
Herberge (F.) hostel (N.), inn (N.)
Herde (F.) herd (N.)
hergebracht traditional (Adj.), conventional (Adj,), established (Adj.)
hergebrachter Grundsatz (M.) traditional principle (N.)
Herkommen (N.) origin (N.), ancestry (N.)
Herkunft (F.) background (N.), origin (N.), descent (N.)
herleiten derive (V.), deduce (V.)
Hermeneutik (F.) hermeneutics (N.Pl.)
Heroin (N.) heroin (N.)
Herold (M.) herald (M.)
Herr (M.) master (M. bzw. F.), ruler (M. bzw. F.)
herrenlos abandoned (Adj.), ownerless (Adj.), derelict (Adj.)
Herrin (F.) mistress (F.), lady (F.), ruler (F.)
Herrschaft (F.) domination (N.), regency (N.), supremacy (N.), reign (N.), rule (N.)
Herrschaftsrecht (N.) domain (N.), right (N.) of domination
Herrschaftsrecht (N.) (Herrschaftsrecht an einem Grundstück in Großbritannien) estate (N.)
herrschen rule (V.), reign (V.), control (V.)
herrschende Lehre (F.) prevailing doctrine (N.)
herrschende Meinung (F.) prevailing opinion (N.)
herrschendes Grundstück (N.) dominant estate (N.)
Herrscher (M.) ruler (M. bzw. F.), sovereign (M. bzw. F.), monarch (M. bzw. F.)
Herrscherin (F.) ruler (F.), sovereign (F.), monarch (F.)
herstellen make (V.), produce (V.), manufacture (V.)
Hersteller (M.) manufacturer (M. bzw. F.), maker (M. bzw. F.), producer (M. bzw. F.)
Herstellerin (F.) manufacturer (F.), maker (F.), producer (F.)
Herstellung (F.) production (N.), manufacture (N.), making (N.)
Herstellungsklage (F.) (Herstellungsklage auf eheliche Lebensgemeinschaft) action (N.) for specific performance
Herz (N.) heart (N.)
Herzog (M.) duke (M.)
Herzogin (F.) duchess (F.)
Herzogtum (N.) duchy (N.)
Hessen (N.) Hessen (F.)
hetzen chase (V.), bait (V.), hunt (V.)
heucheln dissemble (V.), feign (V.), sham (V.), play (V.) the hypocrite
Heuer (F.) pay (N.) for sailors, wages (N. Pl.)
Heuervertrag (M.) shipping articles (N. Pl.), seamen's agreement (N.)
Hexe (F.) witch (F.)
Hexenprozess (M.) witch trial (N.)
Hierarchie (F.) hierarchy (N.)
Hilfe (F.) help (N.), aid (N.), assistance (N.), support (N.), relief (N.)
hilfeleisten help (V.), aid (V.), assist (V.)
Hilfeleistung (F.) aid (N.), salvage (N.), rescue (N.)
hilflos helpless (Adj.), destitute (Adj.)
Hilflosigkeit (F.) helplessness (N.)
Hilfsantrag (M.) motion (N.) for alternative relief
Hilfsbeamter (M.) auxiliary officer (M. bzw. F.)
Hilfsbeamtin (F.) auxiliary officer (F.)
Hilfsbegründung (F.) precautionary argument (N.) in support of the claim
Hilfsgutachten (N.) alternative expertise (N.), auxiliary expertise (N.)
hindern hinder (V.), impede (V.), hamper (V.)
Hindernis (N.) hindrance (N.), obstacle (N.), legal impediment (N.), statutory bar (N.)
hinkend lame (Adj.), defective (Adj.)
hinkendes Inhaberpapier (N.) limping bearer instrument (N.)

hinreichend satisfactory (Adj.), adequate (Adj.)
hinrichten execute (V.), put (V.) to death
Hinrichtung (F.) execution (N.)
hinterblieben survived (Adj.), bereaved (Adj.)
Hinterbliebene (F.) surviving dependant (F.), survivor (F.)
Hinterbliebener (M.) surviving dependant (M. bzw. F.), survivor (M. bzw. F.)
hinterlegen deposit (V.), lodge (V.)
Hinterleger (M.) bailor (M. bzw. F.)
Hinterlegerin (F.) bailor (F.)
Hinterlegung (F.) deposition (N.), lodgement (N.), bailment (N.), deposit (N.)
Hinterlist (F.) deceit (N.), insidiousness (N.), treachery (N.)
hinterlistig deceitful (Adj.), insidious (Adj.), treacherous (Adj.)
hinterziehen (Steuern rechtswidrig behalten) defraud (V.), evade (V.)
Hinweis (M.) clue (N.), hint (N.), reference (N.), instruction (N.), notice (N.)
Hinweispflicht (F.) duty (N.) to warn
Hinweisrecht (N.) (Hinweisrecht im angloamerikanischen Recht) right (N.) to notice
Hirn (M.) brain (N.)
Hirntod (M.) cerebral death (N.)
Hirtenbrief (M.) pastoral letter (N.)
historisch historical (Adj.), historic (Adj.)
Hochachtung (F.) esteem (N.)
hochdeutsch standard German (Adj.), high German (Adj.)
Hochschulassistent (M.) assistant professor (M. bzw. F.)
Hochschulassistentin (F.) assistant professor (F.)
Hochschuldozent (M.) university teacher (M. bzw. F.), university professor (M. bzw. F.)
Hochschuldozentin (F.) university teacher (F.), university professor (F.)
Hochschule (F.) university (N.), college (N.)
Hochschulgrad (M.) college degree (N.)
hochstapeln swindle (V.)
Hochstapler (M.) impostor (M. bzw. F.), swindler (M. bzw. F.)
Hochstaplerin (F.) impostor (F.), swindler (F.)
Höchstbetragshypothek (F.) maximum-sum mortgage (N.), closed mortgage (N.)
Höchstgebot (N.) highest bid (N.)
Höchstgericht (N.) supreme court (N.)
höchstpersönlich strict personal (Adj.), strict private (Adj.)
Höchstpreis (M.) maximum price (N.), ceiling price (N.), peak price (N.)
Hochverrat (M.) high treason (N.), sedition (N.), treason felony (N.)
Hochverräter (M.) high treasoner (M. bzw. F.), traitor (M. bzw. F.)
Hochverräterin (F.) high treasoner (F.), traitor (F.)
Hochzeit (F.) marriage (N.), wedding (N.)
Hof (M.) (Bauernhof) farm (N.)
Hof (M.) (Herrenhof) court (N.)
Hof (M.) (Innenhof) courtyard (N.)
Hofamt (N.) court office (N.)
Höfegesetz (N.) law (N.) on inheritance of agricultural estates
Höfeordnung (F.) law (N.) on inheritance of agricultural estates
Höferecht (N.) law (N.) of entailed succession of agricultural estates
Hofrat (M.) (Beratergruppe eines Fürsten) Privy Council (N.) (brit.)
Hofrat (M.) (einzelner Berater eines Fürsten) court counsellor (M. bzw. F.), Hofrat (M. bzw. F.)
Hoheit (F.) (Fürst) highness (M. bzw. F.)
Hoheit (F.) (Hoheitsgewalt) sovereignty (N.), supreme power (N.)
hoheitlich sovereign (Adj.)
Hoheitsakt (M.) act (N.) of state, sovereign act (N.)
Hoheitsgewalt (F.) sovereign power (N.), territorial sovereignty (N.), national jurisdiction (N.)
Hoheitsgewässer (N.) territorial waters (N. Pl.)
Hoheitsrecht (N.) sovereign right (N.), official authority (N.)
Hoheitszeichen (N.) sovereign emblem (N.), national emblem (N.)
höhere Gewalt (F.) superior force (N.), vis (N.) maior (lat.), force (N.) majeure (franz.)
Hohlmaß (N.) cubic measure (N.), measure (N.) of capacity
Hohn (M.) mockery (N.), derision (N.), scorn (N.)

Holding (F.) holding (N.)
Holdinggesellschaft (F.) holding company (N.)
Hölle (F.) hell (N.)
holographisch holographic (Adj.), handwritten (Adj.)
holographisches Testament (N.) holograph will (N.)
Holschuld (F.) debt (N.) collectible by the creditor
Homosexualität (F.) homosexuality (N.)
homosexuell homosexual (Adj.)
Honorar (N.) professional fee (N.), fee (N.), professional charge (N.), remuneration (N.)
Honorarprofessor (M.) honorary professor (M. bzw. F.)
Honorarprofessorin (M.) honorary professor (F.)
honorieren remunerate (V.), honour (V.) (brit.), honor (V.) (am.)
honoris causa (lat.) for reasons of honour (brit.), for reasons of honor (am.)
hören hear (V.), listen (V.), heed (V.)
Hörensagen (N.) hearsay (N.)
hörig dependent (Adj.), submissive (Adj.), subordinate (Adj.)
Hörigkeit (F.) dependence (N.), subordination (N.)
Horizont (M.) horizon (N.)
horizontal horizontal (Adj.)
horizontaler Finanzausgleich (M.) horizontal fiscal adjustment (N.)
Hospital (N.) hospital (N.)
Hospitant (M.) auditor (M. bzw. F.)
Hospitantin (F.) auditor (F.)
huldigen pay (V.) homage to
Huldigung (F.) homage (N.)
Hundertschaft (F.) group (N.) of a hundred
Hure (F.) whore (F.), prostitute (F.)
hüten look (V.) after, tend (V.), herd (V.)
hüten (sich hüten) beware (V.) of
Hüter (M.) keeper (M. bzw. F.), guardian (M. bzw. F.)
Hüterin (F.) keeper (F.), guardian (F.)
Hygiene (F.) hygiene (N.)
Hymne (F.) hymn (N.), national anthem (N.)
Hypothek (F.) mortgage (N.), mortgage charge (N.)
Hypothekenbank (F.) mortgage bank (N.)
Hypothekenbrief (M.) mortgage certificate (N.)
Hypothekenpfandbrief (M.) mortgage bond (N.), mortgage debenture (N.)
Hypothekenübernahme (F.) taking-over (N.) of a mortgage, acceptance (N.) of a mortgage
Hypothese (F.) hypothesis (N.)

I

IAO (Internationale Arbeitsorganisation) ILO (International Labour Organization)
IAS (F.) International Accounting Standards (N.Pl.) (IAS)
IATA (F.) International Air Transport Association (N.) (IATA)
ICAO (International Civic Aviation Organization) ICAO (International Civil Aviation Organization)
ICC (F.) (internationale Handelskammer) International Chamber (N.) of Commerce (ICC)
ideal ideal (Adj.), perfect (Adj.)
Ideal (N.) ideal (N.), model (N.)
Idealkonkurrenz (F.) nominal coincidence (N.), concurrence (N.) of offences
Idealverein (M.) non-profit association (N.), non-trading society (N.)
Idee (F.) idea (N.), notion (N.)
ideell ideational (Adj.), imaginary (Adj.)
identifizieren identify (V.)
identisch identical (Adj.)
Identität (F.) identity (N.)
Ideologie (F.) ideology (N.)
Idiot (M.) idiot (M. bzw. F.)
Idiotie (F.) idiocy (N.)
Idiotin (F.) idiot (F.)
illegal illegal (Adj.), unlawful (Adj.)
Illegalität (F.) illegality (N.), unlawfulness (N.)
illegitim illegitimate (Adj.)
im Zweifel in doubt, in two minds
immanent immanent (Adj.), inherent (Adj.)
immanente Grundrechtsschranke (F.) inherent limitation (N.) of civil rights
Immaterialgut (N.) incorporeal good (N.)
immateriell immaterial (Adj.), intangible (Adj.), incorporable (Adj.), incorporeal (Adj.)

immaterieller Schaden (M.) intangible damage (N.), non-material damage (N.)
Immatrikulation (F.) matriculation (N.), enrollment (N.)
immatrikulieren matriculate (V.), enroll (V.)
Immission (F.) intromission (N.), immission (N.)
Immissionsschutz (M.) protection (N.) against intromission
immobil immobile (Adj.), inmovable (Adj.)
Immobiliarzwangsvollstreckung (F.) execution (N.) upon real estate
Immobilie (F.) real estate (N.), immovable (N.), realty (N.)
immun immune (Adj.)
Immunität (F.) immunity (N.)
imperativ imperative (Adj.)
imperatives Mandat (N.) imperative mandate (N.)
Imperialismus (M.) imperialism (N.)
Imperium (N.) empire (N.)
impfen vaccinate (V.), inoculate (V.)
Impfschaden (M.) vaccine damage (N.)
Impfschein (M.) vaccination certificate (N.)
Impfung (F.) vaccination (N.), inoculation (N.)
Impfzwang (M.) compulsory vaccination (N.)
Import (M.) import (N.), importation (N.)
Importeur (M.) importer (M. bzw. F.), import dealer (M. bzw. F.)
Importeurin (F.) importer (F.), import dealer (F.)
importieren import (V.)
Impressum (N.) imprint (N.)
Impugnationsklage (F.) action (N.) to oppose enforcement
in dubio pro reo (lat.) giving the accused the benefit of the doubt
in flagranti (lat.) in the very act, red-handed (Adj.)
Inauguration (F.) inauguration (N.)
Inbegriff (M.) essence (N.), embodiment (N.), quintessence (N.)
inbegriffen included (Adj.), implied (Adj.)
Inbesitznahme (F.) taking (N.) into possession, distress (N.)
Indemnität (F.) indemnity (N.), exemption (N.) from criminal responsibility
Index (M.) index (N.)
Indexklausel (F.) escalator clause (N.)
Indien (N.) India (N.)
Indigenat (N.) citizenship (N.)
Indikation (F.) indication (N.)
indirekt indirect (Adj.), oblique (Adj.)
indirekte Stellvertretung (F.) indirect agency (N.)
indirekte Steuer (F.) indirect tax (N.), indirect duty (N.)
indirekter Verbotsirrtum (M.) indirect error (N.) as to the prohibited nature of an act
indirekter Vorsatz (M.) indirect intent (N.)
Individualarbeitsrecht (N.) law (N.) on the individual employer-employee relationship
Individualrechtsgut (N.) individual legal asset (N.)
individuell individual (Adj.)
Individuum (N.) individual (M. bzw. F.), individual person (M. bzw. F.)
Indiz (N.) indication (N.), indicium (N.)
Indizienbeweis (M.) circumstantial evidence (N.), indirect evidence (N.), presumptive evidence (N.)
indizieren indicate (V.), index (V.), ban (V.)
Indossament (N.) endorsement (N.), indorsement (N.)
Indossant (M.) endorser (M. bzw. F.), indorser (M. bzw. F.)
Indossantin (F.) endorser (F.), indorser (F.)
Indossat (M.) endorsee (M. bzw. F.), indorsee (M. bzw. F.)
Indossatar (M.) endorsee (M. bzw. F.), indorsee (M. bzw. F.)
Indossatarin (F.) endorsee (F.), indorsee (F.)
Indossatin (F.) endorsee (F.), indorsee (F.)
Industrie (F.) industry (N.)
Industrie- und Handelskammer (F.) chamber (N.) of industry and commerce
Industriegebiet (N.) industrial estate (N.), trading estate (N.)
industriell industrial (Adj.)
Infallibilität (F.) infallibility (N.)
infam infamous (Adj.)
Infamie (F.) infamy (N.)
Infanterie (F.) infantry (N.)
Inflation (F.) inflation (N.)
Informant (M.) informant (M. bzw. F.), informer (M. bzw. F.)

Informantin (F.) informant (F.), informer (F.)
Information (F.) information (N.)
informationell regarding information
Informations- und Kommunikationsdienstegesetz (N.) Information and Communication Service Act (N.)
Informationsfreiheit (F.) freedom (N.) of information
Informationsfreiheit (F.) freedom (N.) of information
Informationssystem (N.) information system (N.)
informell informal (Adj.)
informieren inform (V.)
Infrastruktur (F.) infrastructure (N.)
Ingenieur (M.) engineer (M. bzw. F.)
Ingenieurin (F.) engineer (F.)
Ingerenz (F.) affirmative act (N.), imposition (N.) and enforcement (N.) of compliance with the law
Inhaber (M.) holder (M. bzw. F.), bearer (M. bzw. F.), occupier (M. bzw. F.), keeper (M. bzw. F.)
Inhaberaktie (F.) bearer share (N.) (brit.), bearer stock (N.) (am.)
Inhaberanteilsschein (M.) investment certificate (N.) made out to bearer
Inhaberin (F.) holder (F.), bearer (F.), occupier (F.), keeper (F.)
Inhaberklausel (F.) bearer clause (N.)
Inhaberpapier (N.) bearer paper (N.), bearer certificate (N.)
Inhaberscheck (M.) bearer cheque (N.) (brit.), bearer check (N.) (am.)
Inhaberschuldverschreibung (F.) bearer bond (N.), debenture bond (N.)
Inhaberzeichen (N.) bearer token (N.)
inhaftieren arrest (V.), imprison (V.), take (V.) into custody, put (V.) in jail
Inhaftierte (F.) detainee (F.)
Inhaftierter (M.) detainee (M. bzw. F.)
Inhaftierung (F.) detention (N.), imprisonment (N.), commital (N.), arrest (N.), detainer (N.)
Inhalt (M.) content (N.), subject matter (N.), essence (N.)
Inhaltsfreiheit (F.) freedom (N.) of contents
Inhaltsirrtum (M.) error (N.) as to the content of the declaration
Inhaltskontrolle (F.) terms control (N.)
Initiale (F.) initial (N.)
Initiative (F.) initiative (N.)
Initiativrecht (N.) right (N.) of initiative
Injurie (F.) insult (N.), defamation (N.), libel (N.)
Inkassomandat (N.) order (N.) for collection, encashment order (N.)
Inkassozession (F.) assignment (N.) of accounts receivable for collection
inklusive inclusive (Adv.), including (Adj.)
inkognito incognito (Adv.)
inkompatibel incompatible (Adj.)
Inkompatibilität (F.) incompatibility (N.)
inkompetent incompetent (Adj.)
Inkorporation (F.) incorporation (N.)
inkorporieren incorporate (V.)
Inkrafttreten (N.) entry (N.) into force
Inland (N.) home country (N.), inland (N.), interior (N.)
inländisch native (Adj.), national (Adj.), domestic (Adj.)
innehaben hold (V.)
Innehaber (M.) occupant (M. bzw. F.)
Innehaberin (F.) occupant (F.)
Innehabung (F.) tenure (N.), occupancy (N.), holding (N.), possession (N.)
Innenbereich (M.) internal sphere (N.)
Innengesellschaft (F.) subpartnership (N.), undisclosed association (N.)
Innenminister (M.) Minister (M. bzw. F.) of Interior, Secretary (M. bzw. F.) of State for the Home Department (brit.), Secretary (M. bzw. F.) of the Interior (am.)
Innenministerin (F.) minister of interior (F.), secretary (F.) of state for the Home Department (br.), secretary (F.) of the Interior (F.)
Innenverhältnis (N.) internal relationship (N.)
Innenvollmacht (F.) internal power (N.) of agency
innere interior (Adj.)
innere Verwaltung (F.) interior administration (N.)
Innung (F.) craft guild (N.), corporation (N.)
inoffiziell informal (Adj.), unofficial (Adj.), off the record
inquirieren inquire (V.)
Inquisition (F.) inquisition (N.)

Inquisitionsmaxime (F.) principle (N.) of ex officio judicial investigation
Inquisitionsprozess (M.) inquisitorial proceedings (N.Pl.), inquisitorial trial (N.)
Insasse (M.) (Anstaltsinsasse) inmate (M. bzw. F.)
Insasse (M.) (Verkehrsmittelbenutzer) passenger (M. bzw. F.)
Insassin (F.) inmate (F.), passenger (F.)
Insemination (F.) insemination (N.)
Inserat (N.) advertisement (N.), ad (N.), insertion (N.)
Insichgeschäft (N.) self-dealing (N.), self-contracting (N.)
Insichprozess (M.) inter se proceedings (N.Pl.)
Insider (M.) insider (M. bzw. F.)
Insiderhandel (M.) insider dealing (N.), insider trading (N.)
Insiderin (F.) insider (F.)
Insignien (F.Pl.) insignia (N.Pl.)
Insinuation (F.) (Einhändigung) insinuation (N.)
Insinuation (F.) (Zustellung) serving (N.)
insinuieren insinuate (V.), hand (V.) in
insolvent insolvent (Adj.)
Insolvenz (F.) insolvency (N.)
Insolvenzanfechtung (F.) insolvency rescission (N.)
Insolvenzgericht (N.) insolvency court (N.)
Insolvenzgesetz (N.) insolvency act (N.)
Insolvenzgläubiger (M.) creditor (M. bzw. F.) in insolvency
Insolvenzgläubigerin (F.) creditor (F.) in insolvency
Insolvenzmasse (F.) insolvency's estate (N.)
Insolvenzordnung (F.) Insolvency Act (N.)
Insolvenzplan (M.) insolvency plan (N.)
Insolvenzrecht (N.) insolvency law (N.)
Insolvenzverfahren (N.) insolvency proceedings (N.Pl.)
Insolvenzverwalter (M.) trustee (M. bzw. F.) in insolvency
Insolvenzverwalterin (F.) trustee (F.) in insolvency
Inspekteur (M.) inspector (M. bzw. F.), supervisor (M. bzw. F.), superintendent (M. bzw. F.)
Inspekteurin (F.) inspector (F.), supervisor (F.), superintendent (F.)
Inspektion (F.) inspection (N.), check (N.)
inspizieren inspect (V.), check (V.)
Installateur (M.) fitter (M. bzw. F.), plumber (M. bzw. F.)
Installateurin (F.) fitter (F.), plumber (F.)
instandhalten keep (V.) in good order, maintain (V.), service (V.)
instandsetzen repair (V.), fix (V.), mend (V.)
Instanz (F.) instance (N.)
Instanzenweg (M.) stages (N.Pl.) of appeal, sequence (N.) of authorities
Instanzenzug (M.) sequence (N.) of courts, stages (N.Pl.) of appeal
Institut (N.) institute (N.)
Institution (F.) institution (N.)
institutionell institutional (Adj.)
institutionelle Garantie (F.) institutional guarantee (N.)
Instruktion (F.) instruction (N.), direction (N.)
Instruktionsfehler (M.) mistake (N.) in the instructions
Instrument (N.) instrument (N.), tool (N.), implement (N.)
Insubordination (F.) insubordination (N.)
Integration (F.) integration (N.)
integrieren integrate (V.)
Integrität (F.) integrity (N.)
Interaktion (F.) interaction (N.)
Interesse (N.) interest (N.), concern (N.)
Interessenjurisprudenz (F.) jurisprudence (N.) of interests
Interessenkollision (F.) conflict (N.) of interests, clash (N.) of interests
Interim (N.) interim (N.)
Interimsschein (M.) interim certificate (N.)
interlokutorisch interlocutory (Adj.)
international international (Adj.)
internationale Handelskammer (F.) (ICC) International Chamber (N.) of Commerce (ICC)
internationale Organisation (F.) international organisation (N.)
internationale Schiedsgerichtsbarkeit (F.) international arbitration (N.)
internationale Zuständigkeit (F.) international jurisdiction (N.)
Internationaler Gerichtshof (M.) International Court (N.) of Justice
Internationaler Strafgerichtshof (M.) International Criminal Court (N.)

internationaler Währungsfonds (M.) (IWF) International Monetary Fund (N.) (IMF)
internationales Einheitskaufsrecht (N.) uniform law (N.) on the international sale of goods
Internationales Institut (N.) zur Vereinheitlichung des Privatrechts (in Rom) (Unidroit) International institute (N.) for unification of private law
internationales Privatrecht (N.) international private law (N.), conflict (N.) of laws, choice (N.) of law (am.)
internationales Recht (N.) international law (N.)
internieren intern (V.), detain (V.)
Internierung (F.) internment (N.), detention (N.)
Interpellation (F.) interpellation (N.)
Interpellationsrecht (N.) right (N.) of interpellation
Interpol (F.) Interpol (N.)
Interpolation (F.) interpolation (N.)
Interpretation (F.) interpretation (N.)
interpretieren interpret (V.)
Interregnum (N.) interregnum (N.)
Intervenient (M.) intervener (M. bzw. F.), intervening party (M. bzw. F.)
Intervenientin (F.) intervener (F.), intervening party (F.)
intervenieren intervene (V.), intercede (V.), interfere (V.)
Intervention (F.) intervention (N.), interference (N.)
Interventionsklage (F.) action (N.) of replevin, action (N.) of intervention
Interzession (F.) intercession (N.)
Intestatserbfolge (F.) intestate succession (N.)
intestiert (ohne Testament) intestate (Adj.)
intim intimate (Adj.)
Intimität (F.) intimacy (N.)
Intimsphäre (F.) privacy (N.)
Invalide (M.) invalid (M. bzw. F.), disabled person (M. bzw. F.)
Invalidenversicherung (F.) invalidity insurance (N.), disability insurance (N.)
Invalidin (F.) invalid (F.), disabled person (F.)
Invalidität (F.) invalidity (N.), disability (N.)
Inventar (N.) inventory (N.), stock (N.)
Inventur (F.) inventory-taking (N.), stocktaking (N.)
investieren invest (V.)
Investition (F.) investment (N.), investing (N.)
Investitur (F.) investiture (N.)
Investment (N.) investment (N.)
Investmentfonds (M.) investment fund (N.)
Investmentgesellschaft (F.) investment company (N.)
invitatio (F.) ad offerendum (lat.) invitation (N.) to make an offer
Inzest (F.) incest (N.)
ipso iure (lat.) by fact of law, by operation of law, ipso jure
Irre (F.) lunatic (F.), insane (F.), psychopath (F.)
irreführen mislead (V.), deceive (V.)
Irreführung (F.) (Irreführung im angloamerikanischen Recht) misrepresentation (N.)
Irrenanstalt (F.) lunatic asylum (N.), insane asylum (N.), mental home (N.)
Irrer (M.) lunatic (M. bzw. F.), insane (M. bzw. F.), psychopath (M. bzw. F.)
irreversibel non-reversible (Adj.) (brit.), nonreversible (Adj.) (am.)
Irrtum (M.) mistake (N.), error (N.)
irrtümlich by mistake, mistaken (Adj.)
ISBN ISBN
ISDN ISDN
Islam (M.) Islam (N.)
Italien (N.) Italy (F.)
ius (N.) (lat.) law (N.)
IWF (M.) (Internationaler Währungsfonds) IMF (N.) (International Monetary Fund)

J

Jagd (F.) hunt (N.), hunting (N.)
Jagdausübung (F.) hunting (N.)
Jagdausübungsrecht (N.) shooting rights (N.Pl.), hunting rights (N. Pl)
jagdbar in season
Jagdbezirk (M.) hunting district (N.)
Jagdgenossenschaft (F.) official association (N.) of proprietors of hunting rights
Jagdpacht (F.) hunting lease (N.), lease (N.) of a hunting ground

Jagdrecht (N.) (Jagdrechtsberechtigung) hunting right (N.)
Jagdrecht (N.) (Jagdrechtsordnung) game law (N.)
Jagdschein (M.) hunting licence (N.) (brit.), hunting license (N.) (am.), game licence (N.)
Jagdwilderei (F.) poaching (N.)
jagen hunt (V.), chase (V.)
Jäger (M.) hunter (M. bzw. F.), huntsman (M.)
Jägerin (F.) hunter (F.), huntswoman (F.)
Jahr (N.) year (N.)
Jahr und Tag year and a day (N.)
Jahresabschluss (M.) annual accounts (N.Pl.)
Jahresbericht (M.) annual report (N.)
Jahresbilanz (F.) annual balance sheet (N.)
Jahresmiete (F.) rack rent (N.)
jährlich annual (Adj.), yearly (Adv.)
Joint venture (N.) (engl.) joint venture (N.)
Jude (M.) Jew (M. bzw. F.)
Judikat (N.) judgement (N.)
Judikation (F.) judication (N.)
Judikative (F.) judiciary (N.)
Judikatur (F.) judicature (N.), practice (N.) of the courts (brit.), practise (N.) of the courts (am.)
Jüdin (F.) Jewess (F.), Jew (F.)
judizieren adjudicate (V.), administer justice (V.), dispense justice (V.)
Jugend (F.) youth (N.)
Jugendamt (N.) youth welfare office (N.)
Jugendarbeit (F.) youth welfare (N.), juvenile care (N.)
Jugendarbeitsschutz (M.) protection (N.) of minors in employment
Jugendarrest (M.) arrest (N.) of juveniles, juvenile detention (N.)
jugendgefährdend harmful (Adj.) for adolescents
jugendgefährdende Schrift (F.) publication (N.) morally harmful for adolescents
Jugendgericht (N.) juvenile court (N.)
Jugendgerichtsgesetz (N.) juvenile courts act (N.)
Jugendgerichtshilfe (F.) juvenile court assistance (N.)
Jugendhilfe (F.) youth welfare (N.)
Jugendkriminalität (F.) juvenile delinquency (N.)
jugendlich juvenile (Adj.), adolescent (Adj.)
Jugendliche (F.) juvenile (F.), adolescent (F.), young person (F.)
jugendliche Straftäterin (F.) youthful offender (F.)
Jugendlicher (M.) juvenile (M. bzw. F.), adolescent (M. bzw. F.), young person (M. bzw. F.)
jugendlicher Straftäter (M.) youthful offender (M. bzw. F.)
Jugendrecht (N.) juvenile law (N.)
Jugendrichter (M.) juvenile-court judge (M. bzw. F.)
Jugendrichterin (F.) juvenile-court judge (F.)
Jugendschutz (M.) protection (N.) of young people
Jugendschutzgesetz (N.) Children and Young Persons Act (N.)
Jugendschutzrecht (N.) law (N.) concerning the protection of children and young persons
Jugendstrafanstalt (F.) borstal (N.), detention centre (N.) (brit.)
Jugendstrafe (F.) sentence (N.) for juveniles
Jugendstrafrecht (N.) juvenile penal law (N.)
Jugendvertretung (F.) representation (N.) of young juveniles
Jugendwohlfahrt (F.) youth welfare (N.)
jung young (Adj.)
Jungfernrede (F.) maiden speech (N.)
Jungfrau (F.) virgin (F.)
Junggeselle (M.) bachelor (M.)
Junker (M.) young nobleman (M.)
Junkertum (N.) junkerism (N.)
Junktim (N.) mutual condition (N.), package deal (N.)
Junktimklausel (F.) package deal clause (N.), reciprocal clause (N.)
Junta (F.) junta (N.)
Jura (N.) law (N.), jurisprudence (N.)
juridisch juridical (Adj.)
Jurisdiktion (F.) jurisdiction (N.)
Jurisprudenz (F.) jurisprudence (N.)
Jurist (M.) jurist (M. bzw. F.), lawyer (M. bzw. F.), jurisprudent (M. bzw. F.)
Juristentag (M.) law congress (N.)
Juristerei (F.) jurisprudence (N.)
Juristin (F.) jurist (F.), lawyer (F.), jurisprudent (F.)
juristisch juridical (Adj.), legal (Adj.), ju-

ristic (Adj.)
juristische Ausbildung (F.) legal training (N.), legal education (N.)
juristische Person (F.) juristic person (N.), legal entity (N.)
Jury (F.) jury (N.), panel (N.)
Jus (N.) law (N.)
Justitiar (M.) justiciary (M. bzw. F.), legal staff lawyer (M. bzw. F.), legal adviser (M. bzw. F.)
Justitiarin (F.) justiciary (F.), legal staff lawyer (F.), legal adviser (F.)
Justiz (F.) judiciary (N.), administration (N.) of justice
Justizausbildung (F.) court training (N.)
Justizbeitreibungsordnung (F.) court-fee collection ordinance (N.)
Justizgewährungsanspruch (M.) right (N.) to have justice administered
justiziabel capable (Adj.) of being adjudicated, justiciable (Adj.)
Justizminister (M.) Attorney General (M. bzw. F.) (am.), minister (M. bzw. F.) of justice
Justizministerin (F.) minister (F.) of justice, attorney general (F.) (am.)
Justizministerium (N.) ministry (N.) of justice, department (N.) of justice (am.)
Justizmitteilungsgesetz (N.) Judiciary Communication Act (N.)
Justizmord (M.) judicial murder (N.)
Justizverwaltung (F.) administration (N.) of justice, legal administrative body (N.)
Justizverwaltungsakt (M.) administrative judicial act (N.)
Justizverwaltungsgesetz (N.) administration of justice law (N.)
Justizvollzugsanstalt (F.) prison (N.), jail (N.)
Justizwachtmeister (M.) court sergeant (M. bzw. F.), tipstaff (M. bzw. F.)
Justizwachtmeisterin (F.) court sergeant (F.), tipstaff (F.)

K

Kabel (N.) cable (N.)
Kabinett (N.) cabinet (N.)
Kabinettsbeschluss (M.) cabinet decision (N.)
Kabinettsvorlage (F.) cabinet bill (N.)
Kabotage (F.) cabotage (N.)
Kabotagefreiheit (F.) freedom (N.) of cabotage, cabotage liberty (N.)
Kadett (M.) cadet (M.)
kaduzieren declare (V.) forfeited
Kaduzierung (F.) forfeiture (N.), cancellation (N.), declaring void (N.)
Kaiser (M.) emperor (M.)
Kaiserin (F.) empress (F.)
kaiserlich imperial (Adj.)
Kaiserreich (N.) empire (N.)
kalendarisch calendrical (Adj.)
Kalender (M.) calendar (N.)
Kalkulation (F.) calculation (N.), estimate (N.)
Kalkulationsirrtum (M.) miscalculation (N.), error (N.) in one's calculation
kalkulieren calculate (V.), estimate (V.), reckon (V.)
Kammer (F.) chamber (N.)
Kämmerer (M.) treasurer (M. bzw. F.)
Kämmererin (F.) treasurer (F.)
Kampagne (F.) campaign (N.)
Kampf (M.) fight (N.), struggle (N.), combat (N.)
kämpfen fight (V.), struggle (V.), combat (V.), contend (V.)
Kanal (M.) (1) (künstlicher Kanal) canal (N.)
Kanal (M.) (2) (natürliche Meeresenge) channel (N.)
Kandidat (M.) candidate (M. bzw. F.), applicant (M. bzw. F.), nominee (M. bzw. F.), appointee (M. bzw. F.)
Kandidatin (F.) candidate (F.), applicant (F.), nominee (F.), appointee (F.)
Kandidatur (F.) candidacy (N.), candidature (N.)
kandidieren candidate (V.), run (V.) for, apply (V.)
Kannkauffrau (F.) optionally registrable tradeswoman (F.)
Kannkaufmann (M.) optionally registrable trader (M. bzw. F.)
Kannvorschrift (F.) discretionary clause (N.), permissive provision (N.)
Kanon (M.) canon (N.), ecclesiastical law (N.)
Kanone (F.) cannon (N.)
kanonisch canon (Adj.), canonic (Adj.)

kanonisches Recht (N.) canon law (N.)
Kanton canton (N.)
Kanzlei (F.) (Büro von Rechtsanwälten) law office (N.)
Kanzlei (F.) (Gerichtskanzlei) chancery (N.) (brit.)
Kanzlei (F.) (Verwaltungskanzlei) chancellery (N.)
Kanzler (M.) chancellor (M. bzw. F.)
Kanzleramt (N.) chancellorship (N.), Office of the Federal Chancellor (N.), Cabinet Office (N.)
Kanzlerin (F.)chancellor (F.)
Kapazität (F.) capacity (N.), leading authority (M. bzw. F.)
Kapelle (F.) chapel (N.)
Kaperei (F.) privateering (N.), capturing (N.)
kapern capture (V.), seize (V.), take (V.)
Kapital (N.) capital (N.), capital stock (N.), asset (N.)
Kapitalanlage (F.) investment (N.), capital investment (N.), employment (N.) of capital
Kapitalanlagebetrug (M.) investment fraud (N.)
Kapitalanlagegesellschaft (F.) investment trust (N.), investment company (N.)
Kapitalanleger (M.) investor (M. bzw. F.)
Kapitalanlegerin (F.) investor (F.)
Kapitalanteil (M.) capital share (N.), share (N.) of capital
Kapitalerhöhung (F.) increase of capital (N.)
Kapitalertrag (M.) interest (N.), income (N.) from capital, revenue (N.) from capital, capital yield (N.)
Kapitalertragsteuer (F.) capital income tax (N.), capital-yield tax (N.)
Kapitalgesellschaft (F.) company (N.), stock company (N.), joint-stock company (N.) (brit.), joint-stock corporation (N.) (am.)
Kapitalherabsetzung (F.) reduction (N.) of capital, capital reduction (N.)
kapitalisieren capitalize (V.)
Kapitalismus (M.) capitalism (N.)
Kapitalist (M.) capitalist (M. bzw. F.)
Kapitalistin (F.) capitalist (F.)
kapitalistisch capitalist (Adj.), capitalistic (Adj.)
Kapitalmarkt (M.) capital market (N.)
Kapitalverbrechen (N.) capital crime (N.), felony (N.)
Kapitalverkehr (M.) circulation (N.) of capital, capital transactions (N.Pl.), capital movements (N.Pl.)
Kapitalverkehrsfreiheit (F.) free movement (N.) of capital
Kapitalverkehrsteuer (F.) capital transfer tax (N.)
Kapitän (M.) captain (M. bzw. F.)
Kapitänin (F.) captain (F.)
Kapitulation (F.) capitulation (N.), surrender (N.)
kapitulieren capitulate (V.), surrender (V.)
Karat (N.) carat (N.)
Kardinal (M.) cardinal (M.)
Karenz (F.) waiting period (N.), qualifying period (N.)
Karenzentschädigung (F.) waiting allowance (N.), compensation (N.) for restraint of competition
Karenzzeit (F.) waiting period (N.), period (N.) of restraint
Kartei (F.) card index (N.), card catalog (N.)
Kartell (N.) cartel (N.), syndicate (N.), combine (N.), trust (N.) (am.)
Kartellbehörde (F.) cartel authority (N.), fair trading office (N.) (brit.), antitrust division (N.) (am.)
Kartellgesetz (N.) cartel law (N.), anti-trust law (N.)
Kartellrecht (N.) cartels law (N.), antitrust law (N.) (am.)
Kartengeld (N.) card money (N.)
Karzer (M.) lockup (N.), detention cell (N.)
Kaserne (F.) barracks (N.Pl.)
Kasko (F.) own vehicle insurance (N.), collision insurance (N.)
Kaskoversicherung (F.) own vehicle insurance (N.), collision insurance (N.)
Kassation (F.) annulment (N.), reversal (N.), quashing (N.)
kassatorisch quashing (Adj.)
Kasse (F.) cash (N.), cash box (N.), cash register (N.)
Kasse gegen Faktura cash (N.) against statement of account
Kasse gegen Verladedokumente cash (N.) against shipping documents

Kassenarzt (M.) panel doctor (M. bzw. F.)
Kassenärztin (F.) panel doctor (F.)
Kassiber (M.) smuggled prison message (N.)
Kassier (M.) cashier (M. bzw. F.)
kassieren (aufheben) annul (V.), cancel (V.), quash (V.)
kassieren (Geld einnehmen) cash (V.), collect (V.)
Kassierer (M.) cashier (M. bzw. F.)
Kassiererin (F.) cashier (F.)
Kaste (F.) caste (N.)
Kastration (F.) castration (N.)
kastrieren castrate (V.)
Kasuistik (F.) casuistry (N.), case law (N.)
Kataster (M. bzw. N.) cadastral land survey (N.)
Katasteramt (N.) cadastral office (N.), land registry (N.), land survey office (N.)
Katastrophe (F.) catastrophe (N.), disaster (N.)
katholisch catholic (Adj.)
Kauf (M.) buying (N.), purchase (N.)
Kauf (M.) auf Probe sale (N.) on approval, memorandum sale (N.), sale (N.) on trial
Kauf (M.) nach Beschreibung (Kauf nach Beschreibung im angloamerikanischen Recht) sale (N.) by description
Kauf (M.) nach Muster (Kauf nach Muster im angloamerikanischen Recht) sale (N.) by sample
Kauf (M.) nach Probe sale (N.) by sample
kaufen buy (V.), purchase (V.)
Käufer (M.) buyer (M. bzw. F.), purchaser (M. bzw. F.), acquirer (M. bzw. F.), emptor (M. bzw. F.)
Käuferin (F.) buyer (F.), purchaser (F.), acquirer (F.), emptor (F.)
Kauffrau (F.) businesswoman (F.), trader (F.), dealer (F.), merchant (F.)
Kaufmann (M.) businessman (M.), trader (M. bzw. F.), dealer (M. bzw. F.), merchant (M. bzw. F.)
kaufmännisch mercantile (Adj.), commercial (Adj.), trading (Adj.)
kaufmännisches Bestätigungsschreiben (N.) commercial letter (N.) of confirmation
kaufmännisches Zurückbehaltungsrecht (N.) mercantile lien (N.), commercial lien (N.)
Kaufmannsgericht (N.) commercial court (N.), trade court (N.)
Kaufpreis (M.) purchase price (N.), price (N.) of acquisition, purchase money (N.)
Kaufrecht (N.) (Kaufrechtsanspruch) right (N.) of purchase
Kaufrecht (N.) (Kaufrechtsordnung) law (N.) on sales, sales act
Kaufschein (M.) certificate (N.) of sales
Kaufvertrag (M.) sales contract (N.), contract (N.) of purchase, contract (N.) of sale
kausal causal (Adj.), causative (Adj.)
kausale Handlungslehre (F.) doctrine (N.) of the causality of criminal responsibility
Kausalgeschäft (N.) transaction (N.) subject to causation
Kausalität (F.) causality (N.), causation (N.)
Kausalzusammenhang (M.) causal connection (N.), chain (N.) of causation
Kaution (F.) surety (N.), security bond (N.), bail (N.)
Keinmanngesellschaft (F.) no-man-company (N.)
kennen know (V.), be (V.) acquainted with
kennen müssen must (V.) know, must (V.) be acquainted with
Kenntnis (F.) knowledge (N.)
Kenntnis (F.) notice (N.)
Kenntnisnahme (F.) taking (N.) notice
Kerker (M.) dungeon (N.), jail (N.)
Kette (F.) chain (N.)
Kettenarbeitsverhältnis (N.) chain employment relationship (N.)
Ketzer (M.) heretic (M. bzw. F.)
Ketzerei (F.) heresy (N.)
Ketzerin (F.) heretic (F.)
keusch chaste (Adj.), pure (Adj.)
kidnappen kidnap (V.)
Kidnapper (M.) kidnapper (M. bzw. F.)
Kidnapperin (F.) kidnapper (F.)
Killer (M.) killer (M. bzw. F.)
Killerin (F.) killer (F.)
Kind (N.) child (N.), infant (N.)
Kindererziehung (F.) upbringing (N.)
Kindergeld (N.) child benefit (N.)
Kinderhilfe (F.) children welfare (N.)
Kindesannahme (F.) adoption (N.)
Kindesentziehung (F.) abduction (N.) of child, child abduction (N.)
Kindeskind (N.) grandchild (N.)
Kindesraub (M.) child stealing (N.), child kidnapping (N.)

Kindestötung (F.) infanticide (N.), child murder (N.)
Kindesunterhalt (M.) child support (N.)
Kindschaft (F.) filiation (N.), parent and child relation (N.)
Kindschaftssache (F.) parent and child case (N.)
Kiosk (M.) kiosk (N.), kiosque (N.) (am.)
Kirche (F.) church (N.)
Kirchenbuch (N.) parish register (N.)
Kirchengemeinde (F.) parish (N.), congregation (N.)
Kirchenrecht (N.) canon law (N.), ecclesiastical law (N.)
Kirchenstaat (M.) Pontifical State (N.), Papal State (N.)
Kirchensteuer (F.) church tax (N.)
Kirchenvertrag (M.) church agreement (N.)
Kirchenverwaltung (F.) church administration (N.), ecclesiastical administration (N.)
kirchlich church (Adj.), ecclesiastical (Adj.)
Kirchspiel (N.) parish (N.)
klagbar actionable (Adj.)
Klagbarkeit (F.) actionability (N.)
Klage (F.) action (N.), suit (N.), lawsuit (N.), legal action (N.)
Klageänderung (F.) amendment (N.) of action, amendment (N.) of pleadings
Klageantrag (M.) petition (N.), motion (N.) for judgement, application (N.) for relief, prayer (N.)
Klageart (F.) form (N.) of action
Klagebefugnis (F.) right (N.) of action
Klagebegehren (N.) petition (N.), prayer (N.) for relief, plaintiff's claim (N.), claim (N.), relief (N.)
Klagebegründung (F.) statement (N.) of claim, plaintiff's statement (N.) of the grounds of claim
Klageerhebung (F.) filing (N.) of action, commencement (N.) of action
Klageerwiderung (F.) answer (N.), statement (N.) of defence
Klageerzwingungsverfahren (N.) enforcement (N.) of public prosecution proceedings
Klagefrist (F.) time limitation (N.)
Klagegrund (M.) cause (N.) of action
klagen take (V.) legal action, file (V.) an action, go (V.) to court, sue (V.)
Klagenhäufung (F.) joinder (N.) of actions
Kläger (M.) plaintiff (M. bzw. F.), petitioner (M. bzw. F.), claimant (M. bzw. F.), complainant (M. bzw. F.)
Klägerin (F.) plaintiff (F.), petitioner (F.), claimant (F.), complainant (F.)
Klagerücknahme (F.) withdrawal (N.) of an action, voluntary nonsuit (N.)
Klageschrift (F.) statement (N.) of claim, bill (N.) of complaint, writ (N.), claim (N.), complaint (N.), plaint note (N.)
klar clear (Adj.), explicit (Adj.)
Kläranlage (F.) sewage plant (N.), purification plant (N.)
klären clear (V.) up, clarify (V.)
Klasse (F.) class (N.), category (N.)
Klassenjustiz (F.) class justice (N.)
Klassenkampf (M.) class struggle (N.)
klassifizieren class (V.), classify (V.)
Klausel (F.) clause (N.), provision (N.), stipulation (N.)
Klausur (F.) (örtlicher Abschluss) enclosure (N.)
Klausur (F.) (Prüfungsarbeit) written examination (N.)
Kleinod (N.) jewel (N.), gem (N.)
Kleinstaat (M.) small state (N.)
Klempner (M.) plumber (M. bzw. F.), tinsmith (M. bzw. F.)
Klempnerin (F.) plumber (F.), tinsmith (F.)
Kleptomane (M.) kleptomaniac (M. bzw. F.)
Kleptomanie (F.) kleptomania (N.)
Kleptomanin (F.) kleptomaniac (F.)
klerikal clerical (Adj.)
Kleriker (M.) clerical (M.), clergyman (M.)
Klerikerin (F.) clerical (F.), clergywoman (F.)
Klerus (M.) clergy (N.)
Klient (M.) client (M. bzw. F.)
Klientel (F.) clientele (N.)
Klientin (F.) client (F.)
Klinik (F.) clinic (N.), hospital (N.)
Kloster (N.) cloister (N.)
Kloster (N.) (Kloster für Mönche) monastery (N.)
Kloster (N.) (Kloster für Nonnen) nunnery (N.)
Knappe (M.) miner (M.), pitman (M.), mine worker (M.)

Knappin (F.) miner (F.), pitwoman (F.), mine worker (F.)
Knappschaft (F.) miners' guild (N.), society (N.) of miners
Knebel (M.) gag (N.)
knebeln gag (V.)
Knebelung (F.) gagging (N.)
Knebelungsvertrag (M.) tying contract (N.), oppressive agreement (N.)
Knechtschaft (F.) servitude (N.), thraldom (N.)
Knowhow (N.) (engl.) knowhow (N.)
Koadjutor (M.) coadjutor (M.)
koalieren form (V.) a coalition
Koalition (F.) coalition (N.)
Koalitionsfreiheit (F.) freedom (N.) of association, right (N.) of coalition
Kodex (M.) codex (N.), code (N.)
Kodifikation (F.) codification (N.)
kodifizieren codify (V.)
Kodizill (N.) codicil (N.)
Kognat (M.) cognate (M. bzw. F.)
Kognatin (F.) cognate (F.)
Koitus (M.) coitus (N.), sexual intercourse (N.)
Kokain (N.) cocaine (N.)
Kolchose (F.) kolkhoz (N.)
Kollation (F.) collation (N.), comparison (N.)
Kollege (M.) colleague (M. bzw. F.), fellow (M. bzw. F.)
kollegial collegial (Adj.), cooperative (Adj.)
Kollegialbehörde (F.) board (N.)
Kollegialgericht (N.) panel (N.) of judges, divisional court (N.)
Kollegialorgan (N.) collegial organ (N.), board (N.)
Kollegin (F.) colleague (F.), fellow (F.)
Kollegium (N.) board (N.), council (N.), body (N.)
kollektiv collective (Adj.), joint (Adj.)
Kollektiv (N.) collective (N.)
Kollektivarbeitsrecht (N.) collective labour law (N.)
Kollektivbeleidigung (F.) collective defamation (N.), collective libel (N.)
Kollektiveigentum (N.) collective ownership (N.), joint ownership (N.)
Kollektivschuld (F.) collective guilt (N.)
Kollektivvertrag (M.) collective bargaining agreement (N.)
Kollision (F.) collision (N.)
Kollision (F.) widersprechender allgemeiner Geschäftsbedingungen (Kollision widersprechender allgemeiner Geschäftsbedingungen im angloamerikanischen Recht) battle (N.) of forms
Kollisionsnorm (F.) conflict of laws rule (N.)
Kollisionsrecht (N.) law (N.) of conflict of laws
Kollusion (F.) collusion (N.), conspiracy (N.)
Kolonie (F.) colony (N.)
Komitee (N.) committee (N.)
Kommandeur (M.) commander (M. bzw. F.), commissioner (M.)
Kommandeurin (F.) commander (F.)
kommandieren command (V.)
Kommanditgesellschaft (F.) limited partnership (N.)
Kommanditist (M.) limited partner (M. bzw. F.)
Kommanditistin (F.) limited partner (F.)
Kommentar (M.) comment (N.), commentary (N.), annotation (N.)
Kommentator (M.) commentator (M. bzw. F.), annotator (M. bzw. F.)
Kommentatorin (F.) commentator (F.), annotator (F.)
kommentieren comment (V.)
kommerzialisieren commercialize (V.)
kommerziell commercial (Adj.)
Kommissar (M.) commissary (M. bzw. F.), commissioner (M. bzw. F.)
Kommissariat (N.) commissariat (N.), commissioner's office (N.)
Kommissarin (F.) commissary (F.), commissioner (F.)
kommissarisch temporary (Adj.), provisional (Adj.)
Kommission (F.) commission (N.)
Kommission (F.) der Europäischen Union Commission (N.) of the European Union
Kommissionär (M.) (Kommissionär im Handelsrecht) commission agent (M. bzw. F.)
Kommittent (M.) consignor (M. bzw. F.), principal (M. bzw. F.)
Kommittentin (F.) consignor (F.), principal (F.)
Kommorient (M.) commoriente (M. bzw.

F.), person (M. bzw. F.) dying together with someone
Kommorientenvermutung (F.) presumption (N.) of commorientes
Kommorientin (F.) commoriente (F.), person (F.) dying together with someone
kommunal municipal (Adj.)
Kommunalaufsicht (F.) supervision (N.) of local authorities by the state
Kommunalrecht (N.) municipal law (N.), local government law (N.)
Kommunalverfassung (F.) constitution (N.) of local authorities
Kommunalverwaltung (F.) local government (N.)
Kommunalwahl (F.) local government election (N.), municipal election (N.)
Kommune (F.) (Gemeinde) municipality (N.), local government body (N.)
Kommune (F.) (Gemeinschaft) commune (N.)
Kommunikation (F.) communication (N.)
Kommunismus (M.) communism (N.)
Kommunist (M.) communist (M. bzw. F.)
Kommunistin (F.) communist (F.)
kommunistisch communist (Adj.)
Kommunistisches Manifest (N.) Communist Manifesto (N.)
Kompendium (N.) compendium (N.), abstract (N.), manual (N.)
Kompensation (F.) compensation (N.), offset (N.)
kompensieren compensate (V.), offset (V.), make (V.) up for
kompetent (fachwissend) competent (Adj.), qualified (Adj.), cognizant (Adj.)
kompetent (zuständig) competent (Adj.), authorized (Adj.), responsible (Adj.)
Kompetenz (F.) competence (N.), cognizance (N.), authority (N.)
Kompetenzkompetenz (F.) competence (N.) for jurisdictional allocation
Kompetenzkonflikt (M.) jurisdictional conflict (N.)
Kompilation (F.) compilation (N.)
kompilieren compile (V.)
Komplementär (M.) general partner (M. bzw. F.), full partner (M. bzw. F.), personally liable partner (M. bzw. F.)
Komplementärin (F.) general partner (F.), full partner (F.), personally liable partner (F.)
komplex complex (Adj.), many-sided (Adj.)
Komplex (M.) whole (N.), aggregate (N.), complex (N.)
Komplize (M.) accomplice (M. bzw. F.), joint offender (M. bzw. F.), accessory (M. bzw. F.)
Komplizin (F.) accomplice (F.), joint offender (F.), accessory (F.)
Komplott (N.) plot (N.), conspiracy (N.)
Komposition (F.) composition (N.)
Kompromiss (M.) compromise (N.)
Kondiktion (F.) action (N.) for restitution
Kondition (F.) condition (N.)
Kondominat (N.) condominium (N.)
Kondominium (N.) condominium (N.)
Konferenz (F.) für Sicherheit und Zusammenarbeit (KSZE) Conference (N.) on Security and Cooperation in Europe (CSCE)
Konfession (F.) religious belief (N.), faith (N.)
Konfiskation (F.) confiscation (N.), seizure (N.), forfeiture (N.)
konfiszieren confiscate (V.), seize (V.), forfeit (V.)
Konflikt (M.) conflict (N.)
Konföderation (F.) confederation (N.)
konform conforming (Adj.), in conformity with
Konfusion (F.) confusion (N.)
Kongregation (F.) congregation (N.)
Kongress (M.) congress (N.), convention (N.), the Congress (N.) of the U.S.A.
Kongresbgeordnete (F.) (Kongressabgeordnete in den Vereinigten Staaten von Amerika) congresswoman (F.)
Kongressabgeordneter (M.) (Kongressabgeordneter in den Vereinigten Staaten von Amerika) congressman (M.) (am.)
König (M.) king (M.)
Königin (F.) queen (F.)
königlich royal (Adj.), kingly (Adj.)
Königtum (N.) royalty (N.)
Konklave (F.) conclave (N.)
konkludent implied (Adj.), implied (Adj.) in fact
konkludentes Handeln (N.) action (N.) implying intention, implied conduct (N.)
Konklusion (F.) conclusion (N.)
Konkordat (M. bzw. N.) concordat (N.)
konkret concrete (Adj.), real (Adj.), definite (Adj.)

konkrete Normenkontrolle (F.) specific judicial review (N.)
konkretes Gefährdungsdelikt (N.) real strict-liability tort (N.)
Konkretisierung (F.) (Bestimmtheitsvermehrung) concretization (N.)
Konkretisierung (F.) (Konkretisierung einer Gattungsschuld) appropriation (N.)
Konkubinat (N.) concubinage (N.), illicit cohabitation (N.)
Konkubine (F.) concubine (F.)
Konkurrent (M.) competitor (M. bzw. F.), rival (M. bzw. F.)
Konkurrentenklage (F.) legal action (N.) by a competitor, action (N.) against unfair award to competitor
Konkurrenz (F.) (Wettbewerb) competition (N.), rivalry (N.)
Konkurrenz (F.) (Zusammentreffen von Gesetzen) concurrence (N.), conflict (N.)
konkurrieren (im Wettbewerb sein) compete (V.), rival (V.)
konkurrieren (zusammentreffen von Gesetzen) be (V.) concurrent
konkurrierend competing (Adj.), rival (Adj.), concurrent (Adj.)
konkurrierende Bundesgesetzgebung (F.) concurrent federal legislation (N.)
Konkurs (M.) bankruptcy (N.), failure (N.), insolvency (N.)
Konkursanfechtung (F.) rescission (N.) by the trustee in bankruptcy
Konkursantrag (M.) bankruptcy petition (N.), petition (N.) in bankruptcy
Konkursausfallgeld (N.) substitute insolvency pay (N.)
Konkursforderung (F.) provable claim (N.), debt (N.) provable in bankruptcy
Konkursgläubiger (M.) creditor (M. bzw. F.) of a bankrupt's estate
Konkursgläubigerin (F.) creditor (F.) of a bankrupt's estate
Konkursgrund (M.) act (N.) of bankruptcy, ground (N.) for bankruptcy proceedings
Konkursmasse (F.) bankrupt's estate (N.)
Konkursstraftat (F.) bankruptcy offence (N.)
Konkursverfahren (N.) bankruptcy proceedings (N.Pl.), procedure (N.) of bankruptcy
Konkursverwalter (M.) trustee (M. bzw. F.) in bankruptcy, liquidator (M. bzw. F.)
Konkursverwalterin (F.) trustee (F.) in bankruptcy, liquidator (F.)
Können (N.) skill (N.), ability (N.)
Konnexität (F.) coherence (N.)
Konnivenz (F.) connivance (N.)
Konnossement (N.) bill (N.) of lading, shipping bill (N.)
Konnotation (F.) connotation (N.)
Konrektor (M.) deputy principal (M. bzw. F.)
Konrektorin (F.) deputy principal (F.)
Konsens (M.) consent (N.), agreement (N.), approval (N.), consensus (N.)
konsensual consensual (Adj.)
Konsensualvertrag (M.) consensual contract (N.)
konservativ conservative (Adj.)
konservieren conserve (V.), preserve (V.)
Konsignation (F.) consignment (N.)
Konsistorium (N.) consistory (N.)
Konsolidation (F.) consolidation (N.), funding (N.)
konsolidieren consolidate (V.), fund (V.)
Konsorte (M.) associate (M. bzw. F.), syndicate member (M. bzw. F.)
Konsortin (F.) associate (F.), syndicate member (F.)
Konsortium (N.) syndicate (N.), pool (N.), consortium (N.), concert party (N.)
Konspiration (F.) conspiracy (N.), plot (N.)
konspirieren conspire (V.), plot (V.)
Konstitution (F.) constitution (N.), condition (N.)
Konstitutionalismus (M.) constitutionalism (N.)
konstitutionell constitutional (Adj.)
konstitutiv constitutive (Adj.)
konstruieren construct (V.), design (V.)
Konstruktionsfehler (M.) construction defect (N.), design defect (N.), design fault (N.), fault (N.) in the construction, structural defect (N.)
konstruktiv constructive (Adj.), positive (Adj.)
konstruktives Misstrauensvotum (N.) constructive vote (N.) of no confidence
Konsul (M.) consul (M. bzw. F.)
Konsulat (N.) consulate (N.)
Konsulent (M.) counsel (M. bzw. F.), consultant (M. bzw. F.)
Konsulentin (F.) counsel (F.), consultant (F.)

Konsulin (F.) consul (F.)
Konsultation (F.) consultation (N.)
Konsum (M.) consumption (N.)
Konsument (M.) consumer (M. bzw. F.)
Konsumentin (F.) consumer (F.)
Konsumgenossenschaft (F.) consumer co-operative society (N.), co-operative association (N.), co-op (N.), coop (N.)
konsumieren consume (V.)
Konsumtion (F.) consumption (N.)
Kontakt (M.) contact (N.), touch (N.)
Kontaktsperre (F.) incommunicado confinement (N.), contact ban (N.)
Konterbande (F.) contraband goods (N. Pl.)
Konterrevolution (F.) counterrevolution (N.)
kontinentaleuropäisches Recht (N.) (kontinentaleuropäisches Recht im angloamerikanischen Recht) civil law (N.)
Kontingent (N.) contingent (N.), quota (N.), share (N.), allotment (N.), delivery percentage (N.), commitments (N.Pl.)
Konto (N.) account (N.)
Kontoauszug (M.) statement (N.) of account
Kontokorrent (N.) current account (N.), open account (N.), running account (N.)
Kontokorrentkredit (M.) open credit (N.)
Kontokorrentvorbehalt (M.) current account reservation (N.)
Kontostand (M.) bank balance (N.)
kontrahieren contract (V.)
Kontrahierungszwang (M.) obligation (N.) to contract, obligation (N.) to conclude a contract
Kontrakt (M.) contract (N.)
Kontribution (F.) contribution (N.)
Kontrolle (F.) control (N.), check (N.), inspection (N.)
Kontrolleur (M.) supervisor (M. bzw. F.), ticket inspector (M. bzw. F.), inspector (M. bzw. F.)
Kontrolleurin (F.) supervisor (F.), inspector (F.)
kontrollieren control (V.), check (V.), inspect (V.)
Kontrollrat (M.) Control Council (N.)
kontumazial contumacious (Adj.)
Kontumazialverfahren (N.) proceedings (N.Pl.) by default, proceedings (N.Pl.) in the absence of the defendant
Konvaleszenz (F.) convalescence (N.)
Konvent (M.) convention (N.), assembly (N.)
Konvention (F.) convention (N.)
Konvention (F.) zum Schutz der Menschenrechte Convention (N.) on the Protection of Human Rights
konventional conventional (Adj.)
Konventionalscheidung (F.) divorce (N.) by consent
Konventionalstrafe (F.) stipulated penalty (N.), conventional fine (N.)
Konversion (F.) conversion (N.)
Konvertibilität (F.) convertibility (N.)
Konzentration (F.) concentration (N.), integration (N.)
Konzentrationslager (N.) concentration camp (N.)
konzentrieren concentrate (V.)
Konzern (M.) syndicate (N.), group (N.), combine (N.), trust (N.) (am.)
Konzernrecht (N.) business combination law (N.)
Konzernvorbehalt (M.) multiple reservation (N.)
Konzession (F.) concession (N.), licence (N.) to trade (brit.), license (N.) to trade (am.), franchise (N.)
Konzessionär (M.) concessionaire (M. bzw. F.)
Konzessionärin (F.) concessionaire (F.)
Konzessionssystem (N.) franchise system (N.)
Konzessionsabgabe (F.) licence tax (N.), municipal compensation (N.)
Konzil (N.) synod (N.)
kooperieren co-operate (V.)
kooptieren co-opt (V.)
Kopf (M.) head (N.), heading (N.)
köpfen behead (V.), decapitate (V.)
Kopfsteuer (F.) poll tax (N.)
Kopie (F.) copy (N.), duplicate (N.), counterpart (N.)
kopieren copy (V.), duplicate (V.)
Körper (M.) body (N.), substance (N.)
körperlich corporeal (Adj.), physical (Adj.), bodily (Adj.), corporal (Adj.), material (Adj.)
körperliche Misshandlung (F.) physical abuse (N.)

Körperschaft (F.) corporation (N.), body (N.), corporate body (N.)
körperschaftlich corporate (Adj.), corporative (Adj.)
Körperschaftsteuer (F.) corporation tax (N.)
Körperverletzung (F.) physical injury (N.), bodily harm (N.), battery (N.)
Korporation (F.) corporation (N.), body (N.), corporate body (N.)
korrekt correct (Adj.)
korrespektiv correspective (Adj.), mutual (Adj.), reciprocal (Adj.)
korrespektives Testament (N.) reciprocal will (N.), joint and mutual will (N.)
Korrespondenz (F.) correspondence (N.)
Korrespondenzgeheimnis (N.) privacy (N.) of correspondence
korrigieren correct (V.), adjust (V.), read (V.)
korrumpieren corrupt (V.)
korrupt corrupt (Adj.), purchasable (Adj.)
Korruption (F.) corruption (N.), graft (N.) (am.), bribery (N.)
kostbar valuable (Adj.), precious (Adj.)
Kostbarkeit (F.) valuable (N.), precious thing (N.)
kosten cost (V.)
Kosten (F.Pl.) costs (N.Pl.), expenses (N. Pl.), outlay (N.)
Kostendeckung (F.) cost recovery (N.), cost coverage (N.)
Kostenentscheidung (F.) order (N.) as to costs, order (N.) to pay costs
Kostenfestsetzung (F.) taxation (N.) of costs, assessment (N.) of costs
Kostenfestsetzungsbeschluss (M.) order (N.) as to costs, certificate (N.) of costs
kostenlos free (Adj.), gratuitous (Adj.), for nothing
Kostenordnung (F.) regulations (N.Pl.) on exparte costs
Kostenrechnung (F.) (Kostenrechnung im Geschäft) bill (N.) of costs, bill (N.) of charges
Kostenrechnung (F.) (Kostenrechnung im Rechnungswesen) cost accounting (N.), costing (N.)
Kostenvoranschlag (M.) estimate (N.), quotation (N.)
kraft Gesetzes by act of law, by operation of law
Kraftfahrtbundesamt (N.) Federal Office (N.) for Motor Traffic
Kraftfahrzeug (N.) motor vehicle (N.)
Kraftfahrzeugbrief (M.) certificate (N.) of title to a motor vehicle
Kraftfahrzeughalter (M.) registered user (M. bzw. F.) of a motor vehicle
Kraftfahrzeughalterin (F.) registered user (F.) of a motor vehicle
Kraftfahrzeugkennzeichen (N.) registration number (N.)
Kraftfahrzeugschein (M.) motor vehicle registration certificate (N.)
Kraftfahrzeugsteuer (F.) motor vehicle tax (N.)
Kraftfahrzeugversicherung (F.) automobile insurance (N.), motor car insurance (N.), car insurance (N.)
kraftlos invalid (Adj.), null and void (Adj.)
Kraftloserklärung (F.) invalidation (N.)
Kraftverkehr (M.) roadborne traffic (N.), road transport (N.)
Kraftverkehrsordnung (F.) road traffic ordinance (N.)
krank ill (Adj.), sick (Adj.)
Krankengeld (N.) contributory sickness benefit (N.)
Krankenhaus (N.) hospital (N.)
Krankenkasse (F.) health insurance institution (N.)
Krankenpflege (F.) hospital care (N.)
Krankenschein (M.) sick certificate (N.), health service cheque (N.)
Krankenversicherung (F.) health insurance (N.), medical insurance (N.)
Krankheit (F.) disease (N.), illness (N.)
Kranzgeld (N.) breach-of-promise award (N.), indemnity (N.) for defloration
Kredit (M.) credit (N.), loan (N.), advance (N.)
Kreditauftrag (M.) credit order (N.)
Kreditbetrug (M.) loan fraud (N.), obtaining (N.) credit by false pretences
Kreditbrief (M.) letter (N.) of credit
kreditfähig credit-worthy (Adj.), trustworthy (Adj.), sound (Adj.), solvent (Adj.)
Kreditgeber (M.) creditor (M. bzw. F.), lender (M. bzw. F.)
Kreditgeberin (F.) creditor (F.), lender (F.)
Kreditinstitut (N.) credit institute (N.), financial institution (N.), banking institution (N.)

Kreditkarte (F.) credit card (N.)
Kreditkauf (M.) purchase (N.) on credit, credit sale (N.)
Kreditnehmer (M.) borrower (M. bzw. F.), debtor (M. bzw. F.)
Kreditnehmerin (F.) borrower (F.), debtor (F.)
Kreditschädigung (F.) discredit (N.), defamation (N.) of business reputation
Kreditsicherung (F.) collateral security (N.)
Kreditvermittlung (F.) arranging (N.) credit facilities
Kreditvermittlungsvertrag (M.) contract (N.) on arranging credit facilities
Kreditvertrag (M.) credit contract (N.), credit agreement (N.)
Kreditwesen (N.) credit system (N.), lending business (N.)
Kreditwucher (M.) usury (N.)
kreditwürdig credit-worthy (Adj.), trustworthy (Adj.), sound (Adj.), solvent (Adj.), credible (Adj.)
Kreis (M.) (staatliche Verwaltungseinheit) district (N.), county (N.)
Kreisausschuss (M.) district committee (N.)
kreisfrei not belonging to a district
Kreisgericht (N.) district court (N.), county court (N.)
Kreislaufwirtschaftsrecht (N.) circulation economy law (N.)
Kreisordnung (F.) county constitution (N.)
Kreistag (M.) county assembly (N.), county council (N.)
Kreisverfassung (F.) county constitution (N.)
Kreuz (N.) cross (N.), crucifix (N.), back (N.)
kreuzen cross (V.)
Kreuzverhör (N.) cross-examination (N.)
Krida (F.) (österr.) infringement (N.) of the bankruptcy laws
Krieg (M.) war (N.)
Kriegsdienst (M.) war service (N.)
Kriegsdienstverweigerung (F.) conscientious objection (N.)
Kriegserklärung (F.) declaration (N.) of war
Kriegsgefangene (F.) prisoner (F.) of war
Kriegsgefangener (M.) prisoner (M.) of war
Kriegsgefangenschaft (F.) war captivity (N.)
Kriegsgericht (N.) military tribunal (N.)
Kriegsrecht (N.) (innerstaatliches Notstandsrecht) martial law (N.)
Kriegsrecht (N.) (zwischen Kriegsparteien gültiges Recht) law (N.) of war
Kriegswaffe (F.) weapon (N.) of war, military weapon (N.)
Kriegswaffenkontrollgesetz (N.) Act (N.) on the control of military weapons
kriminal criminal (Adj.)
kriminalisieren criminalize (V.)
Kriminalistik (F.) criminology (N.), forensic science (N.)
Kriminalität (F.) criminality (N.), delinquency (N.)
Kriminalpolizei (F.) criminal police (N.), Criminal Investigation Department (N.) (C.I.D.) (brit.), Federal Bureau (N.) of Investigation (am.)
Kriminalprognose (F.) crime prognosis (N.)
Kriminalprozess (M.) criminal proceedings (N.Pl.)
Kriminalsache (F.) criminal case (N.)
Kriminalstatistik (F.) criminal statistics (N.Pl.)
kriminell criminal (Adj.), delinquent (Adj.)
kriminelle Vereinigung (F.) criminal association (N.)
Kriminologe (M.) criminologist (M. bzw. F.)
Kriminologie (F.) criminology (N.)
Kriminologin (F.) criminologist (F.)
kriminologisch criminological (Adj.)
Kroatien (N.) Croatia (N.)
Kronanwalt (M.) Attorney General (M. bzw. F.)
Kronanwältin (F.) attorney general (F.)
Krone (F.) crown (N.)
krönen crown (V.), cap (V.)
Kronrat (M.) (Kronrat in Großbritannien) Judicial Committee of the Privy Council (N.) (brit.), Privy Council (N.) (brit.)
Krönung (F.) coronation (N.)
Kronzeuge (M.) chief witness (M. bzw. F.), king's evidence (M. bzw. F.) (brit.), state's evidence (M. bzw. F.) (am.)
Kronzeugin (F.) chief witness (F.), king's evidence (F.) (br.), state's evidence (F.) (am.)

KSZE (F.) (Konferenz für Sicherheit und Zusammenarbeit) CSCE (N.) (Conference on Security and Cooperation in Europe)
Kulanz (F.) generosity (N.), fairness (N.)
Kultur (F.) culture (N.)
Kulturhoheit (F.) educational autonomy (N.)
Kulturverwaltungsrecht (N.) law (N.) of administration concerning cultural affairs
Kumulation (F.) cumulation (N.)
Kumulationsprinzip (N.) cumulative system (N.)
kumulativ cumulative (Adj.), concurrent efficient (Adj.)
kumulative Kausalität (F.) cumulative causality (N.)
kumulative Schuldübernahme (F.) cumulative assumption (N.) of a debt
kumulieren accumulate (V.)
kündbar terminable (Adj.), subject (Adj.) to notice, callable (Adj.), at call, liable (Adj.) to be foreclosed, redeemable (Adj.)
Kunde (F.) (Kenntnis) knowledge (N.), cognition (N.), notice (N.)
Kunde (M.) (Geschäftspartner) costumer (M. bzw. F.), client (M. bzw. F.)
kundig knowing (Adj.), skilful (Adj.)
kündigen terminate (V.), give (V.) notice to quit, leave (V.), quit (V.), resign (V.)
Kündigung (F.) termination (N.), notice (N.) to quit, notice (N.) to terminate
Kündigungsfrist (F.) period (N.) of notice
Kündigungsschutz (M.) protection (N.) from unwarranted termination, security (N.) of tenure
Kundin (F.) costumer (F.), client (F.)
künftig future (Adj.), coming (Adj.)
Kunst (F.) art (N.), craft (N.)
Kunstfehler (M.) unskilful treatment (N.), professional error (N.), malpractice (N.)
Kunstfreiheit (F.) freedom (N.) of art
Künstler (M.) artist (M. bzw. F.), performer (M. bzw. F.)
Künstlerin (F.) artist (F.), performer (F.)
künstlich artificial (Adj.), false (Adj.)
Kunstverwaltungsrecht (N.) law (N.) of administration concerning arts
Kupon (M.) coupon (N.), dividend warrant (N.)
Kuppelei (F.) procuring (N.), pandering (N.)
kuppeln procure (V.), pander (V.)
Kuppler (M.) procurer (M.), pander (M.)
Kupplerin (F.) procuress (F.), panderess (F.)
Kuratel (F.) tutelage (N.), guardianship (N.)
Kurator (M.) trustee (M. bzw. F.), curator (M. bzw. F.), administrator (M. bzw. F.)
Kuratorin (F.) trustee (F.), curator (F.), administrator (F.)
Kuratorium (N.) board (N.) of trustees, supervisory council (N.)
Kurfürst (M.) prince elector (M.)
Kurie (F.) (Kurie im Kirchenrecht) curia (N.)
Kurier (M.) courier (M. bzw. F.), messenger (M. bzw. F.)
Kurierin (F.) courier (F.), messenger (F.)
Kurs (M.) (Wertverhältnis) rate (N.), quotation (N.), exchange rate (N.)
Kurtoisie (F.) courtesy (N.)
Kurzarbeit (F.) short-time work (N.), short hours (N.Pl.)
Kurzarrest (M.) short-term detention (N.)
kürzen shorten (V.), abridge (V.), cut (V.), reduce (V.), curtail (V.)
Kurzvortrag (M.) short report (N.)
Küste (F.) coast (N.), shore (N.)
Küstengewässer (N.Pl.) coastal waters (N.Pl.)
Kux (M.) mining share (N.) (brit.), mining stock (N.) (am.)

L

laden (V.) (1) (aufladen) load (V.)
laden (V.) (2) (herbestellen) summon (V.), serve (V.) a summons, call (V.), cite (V.)
Laden (M.) shop (N.), store (N.)
Ladenangestellte (F.) shop assistant (F.)
Ladenangestellter (M.) shop assistant (M. bzw. F.)
Ladendieb (M.) shop-lifter (M.bzw.F.)
Ladendiebin (F.) shop-lifter (F.)
Ladendiebstahl (M.) shoplifting (N.)
Ladenschluss (M.) shop closing (N.), closing time (N.)
Ladeschein (M.) bill (N.) of lading, shipping bill (N.)
lädieren injure (V.), hurt (V.)
Ladung (F.) (Aufladung von Gütern) load (N.), freight (N.), cargo (N.), shipment (N.)

Ladung (F.) (Herbestellung) summons (N.), citation (N.), writ (N.) of process
Lager (N.) camp (N.), detention camp (N.)
Lager (N.) (Warenlager) store-room (N.), store (N.), stock (N.)
Lagergeschäft (N.) warehousing (N.), storage business (N.)
Lagerhalter (M.) warehouse keeper (M. bzw. F.)
Lagerhalterin (F.) warehouse keeper (F.)
Lagerhaus (N.) ware-house (N.), storehouse (N.)
lagern warehouse (V.), halt (V.)
Lagerschein (M.) warehouse keeper's warrant (N.), warehouse receipt (N.) (am.)
Lagervertrag (M.) warehousing contract (N.), storage contract (N.)
Laie (M.) layman (M.)
Laienrichter (M.) lay judge (M. bzw. F.), non-professional judge (M. bzw. F.), lay magistrate (M. bzw. F.)
Laienrichterin (F.) lay judge (F.), non-professional judge (F.), lay magistrate (F.)
Laiin (F.) laywoman (F.)
Land (N.) (Boden bzw. Gebiet) land (N.), soil (N.), region (N.)
Land (N.) (Bundesland im österreichischen Verfassungsrecht) province (N.)
Land (N.) (Bundesland) Land (N.), state (N.)
Landesarbeitsgericht (N.) industrial court (N.) of appeal, employment appeal tribunal (N.)
Landesbehörde (F.) Land authority (N.)
Landesbehörde (F.) (Landesbehörde in Österreich) provincial authority (N.)
Landesgesetz (N.) law (N.) of a Land, state law (N.)
Landesgesetz (N.) (Landesgesetz in Österreich) provincial law (N.)
Landesgesetzgebung (F.) Land legislation (N.), state legislation (N.)
Landesgesetzgebung (F.) (Landesgesetzgebung in Österreich) province legislation (N.)
Landeshauptfrau (F.) (Landeshauptfrau in Österreich) governor (F.)
Landeshauptmann (M.) governor (M. bzw. F.)
Landesherr (M.) sovereign (M. bzw. F.), ruler (M. bzw. F.)
Landesherrin (F.) sovereign (F.), ruler (F.)
Landeskirche (F.) protestant church (N.) of a Land
Landesplanung (F.) regional planning (N.)
Landesrecht (N.) state law (N.), Land law (N.)
Landesrecht (N.) (Landesrecht in Österreich) province law (N.)
Landesregierung (F.) state government (N.), Land government (N.)
Landesregierung (F.) (Landesregierung in Österreich) provincial government (N.)
Landessozialgericht (N.) regional social insurance appeals tribunal (N.)
Landesstrafrecht (N.) state penal law (N.)
Landesverfassung (F.) Land constitution (N.)
Landesverfassung (F.) (Landesverfassung in Österreich) provincial constitution (N.)
Landesverrat (M.) treason (N.)
Landesverräter (M.) traitor (M. bzw. F.)
Landesverräterin (F.) traitor (F.)
landesverräterisch treasonable (Adj.)
Landesverwaltung (F.) Land administration (N.)
Landesverwaltung (F.) (Landesverwaltung in Österreich) provincial administration (N.)
Landeszentralbank (F.) Land central bank (N.)
Landfriede (M.) public peace (N.)
Landfriedensbruch (M.) breach (N.) of public peace, public violence (N.)
Landgericht (N.) regional court (N.)
Landkreis (M.) county (N.), district (N.)
Landpacht (F.) tenure (N.) of land, farm tenancy (N.)
Landrat (M.) chief executive (M. bzw. F.) of a county
Landrätin (F.) chief executive (F.) of a county
Landratsamt (N.) county office (N.)
Landschaft (F.) countryside (N.), landscape (N.)
Landschaftsverband (M.) agricultural association (N.)
Landstraße (F.) county road (N.), highway (N.)
Landstreicher (M.) vagabond (M. bzw. F.), tramp (M. bzw. F.), vagrant (M. bzw. F.)

Landstreicherin (F.) vagabond (F.), tramp (F.), vagrant (F.)
Landtag (M.) Land parliament (N.)
Landtag (M.) (Landtag in Österreich) provincial parliament (N.)
Landwehr (F.) territorial force (N.), territorial army (N.)
Landwirt (M.) farmer (M. bzw. F.), agriculturist (M. bzw. F.)
Landwirtin (F.) farmer's wife (F.), farmer (F.), agriculturist (F.)
Landwirtschaft (F.) agriculture (N.), farming (N.)
Landwirtschaftskammer (F.) chamber (N.) of agriculture
Landwirtschaftsrecht (N.) farm law (N.)
Lärm (M.) noise (N.)
Last (F.) (Belastung) burden (N.), onus (N.)
Last (F.) (Ladung) load (N.)
Lastenausgleich (M.) equalization (N.) of burdens
lastenfrei (unbelastet) unencumbered (Adj.)
Laster (N.) vice (N.)
lästern slander (V.), defame (V.), backbite (V.)
Lästerung (F.) slander (N.), defamation (N.), calumny (N.)
lästig burdensome (Adj.), onerous (Adj.), annoying (Adj.), inconvenient (Adj.), oppressive (Adj.), vexatious (Adj.)
Lastschrift (F.) debit advice (N.), debit entry (N.)
Lastschriftanzeige (F.) debit note (N.)
Lastschriftverfahren (N.) direct debiting (N.)
Laufbahn (F.) career (N.)
Laufpass (M.) dismissal (N.)
Laufzeit (F.) currency (N.), term (N.), life (N.), run (N.), running period (N.)
leasen lease (V.)
Leasing (N.) leasing (N.)
leben live (V.), be (V.) alive
Leben (N.) life (N.)
Lebensalter (N.) age (N.)
Lebenserfahrung (F.) life experience (N.), knowledge (N.) of life
Lebensgefahr (F.) danger (N.) of life, mortal danger (N.)
Lebensgemeinschaft (F.) partnership (N.) for life
lebenslang for life, lifelong (Adj.)
lebenslänglich for life, lifelong (Adj.)
Lebensmittel (N.Pl.) food (N.), articles (N.) of food
Lebensmittelrecht (N.) law (N.) relating to food production and distribution
Lebensrisiko (N.) risk (N.) of life , life contingency (N.)
Lebensstrafe (F.) capital punishment (N.)
Lebensversicherung (F.) life insurance (N.)
ledig single (Adj.), unmarried (Adj.)
legal legal (Adj.), lawful (Adj.)
Legaldefinition (F.) legal definition (N.), statutory definition (N.)
Legalenteignung (F.) legal compulsory purchase (N.)
Legalisation (F.) legalization (N.)
legalisieren legalize (V.)
Legalisierung (F.) legalization (N.), legitimization (N.), legitimation (N.)
Legalität (F.) legality (N.), lawfulness (N.)
Legalitätsprinzip (N.) principle (N.) of mandatory prosecution
Legalservitut (F.) servitude (N.) required by law
Legalzession (F.) assignment (N.) by operation of law
Legat (M.) (Gesandter) legate (M.)
Legat (N.) (Vermächtnis) legacy (N.), devise (N.), bequest (N.)
Legatin (F.) legate (F.)
Legation (F.) legation (N.)
Legationsrat (M.) legation councillor (M. bzw. F.)
Legationsrätin (F.) legation councillor (F.)
Legationssekretär (M.) secretary (M. bzw. F.) of legation
Legationssekretärin (F.) secretary (F.) of legation
legislativ legislative (Adj.)
Legislative (F.) legislative (N.), legislature (N.)
Legislaturperiode (F.) parliamentary term (N.), legislative period (N.)
legitim legitimate (Adj.)
Legitimation (F.) legitimation (N.)
Legitimationspapier (N.) (Legitimationspapier im Schuldrecht) non-negotiable document (N.) of entitlement
legitimieren legitimate (V.), authorize (V.)

legitimieren (sich legitimieren) prove (V.) one's identity
Legitimierung (F.) legitimation (N.), proof (N.) of identity
Legitimität (F.) legitimacy (N.), legal standing (N.)
Lehen (N.) feud (N.), feudal tenure (N.)
Lehrbeauftragte (F.) lecturer (F.)
Lehrbeauftragter (M.) lecturer (M. bzw. F.)
Lehre (F.) (Ausbildung) apprenticeship (N.), training (N.)
Lehre (F.) (Lehren) teaching (N.), instruction (N.)
lehren teach (V.), instruct (V.), train (V.)
Lehrer (M.) teacher (M. bzw. F.), instructor (M. bzw. F.), trainer (M. bzw. F.)
Lehrerin (F.) teacher (F.), instructor (F.)
Lehrfreiheit (F.) freedom (N.) of teaching
Lehrling (M.) apprentice (M. bzw. F.)
Lehrstuhl (M.) professorship (N.), professorial chair (N.)
Leib (M.) body (N.)
Leibesfrucht (F.) foetus (N.), embryo (N.), unborn child (N.)
Leibesstrafe (F.) corporal punishment (N.)
Leibgedinge (N.) life endowment (N.)
Leibrente (F.) life annuity (N.)
Leibzucht (F.) life endowment (N.)
Leiche (F.) corpse (N.), dead body (N.), remains (N.Pl.), cadaver (N.) (am.)
Leichenfledderei (F.) plundering (N.) the dead
Leichenöffnung (F.) autopsy (N.), postmortem examination (N.)
Leichenschau (F.) autopsy (N.), postmortem examination (N.), coroner's inquest (N.), inquest (N.)
Leichnam (M.) corpse (N.), dead body (N.), remains (N.Pl.)
leichtfertig careless (Adj.), thoughtless (Adj.), negligent (Adj.), reckless (Adj.)
Leichtfertigkeit (F.) carelessness (N.), thoughtlessness (N.), negligence (N.), recklessness (N.)
Leihe (F.) lending (N.), loan (N.) for use, borrowing (N.)
leihen (etwas einem anderen leihen) lend (V.), advance (V.)
leihen (sich etwas von jemandem anderen leihen) borrow (V.), loan (V.), rent (V.)
Leihhaus (N.) pawnshop (N.) (brit.), loan-office (N.) (brit.)
leisten render (V.), perform (V.), accomplish (V.), achieve (V.)
Leistung (F.) performance (N.), accomplishment (N.), achievement (N.), merit (N.)
Leistungsbescheid (M.) administrative demand (N.) for payment, requisition order (N.)
Leistungsgefahr (F.) performance risk (N.)
Leistungsinhalt (M.) content (N.) of the obligation to be performed
Leistungsklage (F.) action (N.) for satisfaction, action (N.) for performance
Leistungskondiktion (F.) claim (N.) for the recovery of pecuniary advantage obtained by performance without legal cause
Leistungskontrolle (F.) efficiency check (N.), efficiency verification (N.)
Leistungsort (M.) place (N.) of performance
Leistungsschutz (M.) law (N.) of industrial property and copyright protection
Leistungsschutzrecht (N.) law (N.) of industrial property and copyright protection
Leistungsstörung (F.) impairment (N.) of performance
Leistungsurteil (N.) judgement (N.) granting affirmative relief
Leistungsverwaltung (F.) administration (N.) of community services
Leistungsverweigerung (F.) refusal (N.) to perform
Leistungsverweigerungsrecht (N.) right (N.) to withhold performance
Leistungsverzug (M.) delay (N.) in performance
Leistungswettbewerb (M.) competitive production (N.), competition (N.) in performance
Leistungszeit (F.) time (N.) of performance
leiten lead (V.), guide (V.), direct (V.), conduct (V.), run (V.)
leitend (führend) leading (Adj.), directive (Adj.), managerial (Adj.), in charge
leitende Angestellte (F.) executive employee (F.), senior employee (F.), officer (F.)
leitender Angestellter (M.) executive employee (M. bzw. F.), senior employee (M. bzw. F.), officer (M. bzw. F.)
Leiter (M.) head (M. bzw. F.), chief (M.

bzw. F.), director (M. bzw. F.), principal (M. bzw. F.)
Leiterin (F.) head (F.), chief (F.), director (F.), principal (F.)
Leitsatz (M.) head note (N.), guiding principle (N.)
Leitsatz (M.) (Leitsatz eines Urteils) syllabus (N.)
Leitung (F.) guidance (N.), control (N.), management (N.), operation (N.) (am.), chairmanship (N.)
Leitzins (M.) prime rate (N.)
Lektor (M.) (Universitätslektor) lecturer (M. bzw. F.), lector (M. bzw. F.)
Lektor (M.) (Verlagslektor) reader (M. bzw. F.)
Lektorin (F.) lecturer (F.), lector (F.), reader (F.)
lenken guide (V.), direct (V.), control (V.)
lenken (ein Fahrzeug lenken) steer (V.), drive (V.)
lernen learn (V.), study (V.)
Lesbierin (F.) lesbian (F.)
lesbisch lesbian (Adj.)
lesen read (V.), decipher (V.), give (V.) lectures
Lesung (F.) reading (N.)
letzter Wille (M.) last will (N.)
letztes Wort (N.) last word (N.)
letztes Wort (N.) des Angeklagten allocution (N.)
letztwillig by testament, by will
letztwillige Verfügung (F.) last will (N.)
leugnen deny (V.), repudiate (V.)
Leumund (M.) reputation (N.), repute (N.)
Leumundszeugnis (N.) attestation (N.) of good character
Leutnant (M.) lieutenant (M.)
Leutnantin (F.) lieutenant (F.)
Lexikon (N.) dictionary (N.), encyclopedia (N.), lexicon (N.)
liberal liberal (Adj.)
Liberale (F.) liberal (F.)
Liberaler (M.) liberal (M. bzw. F.)
Liberalismus (M.) liberalism (N.)
Liebhaber (M.) lover (M. bzw. F.), admirer (M. bzw. F.)
Liebhaberin (F.) lover (F.), admirer (F.)
Liebhaberwert (M.) collector's value (N.), sentimental value (N.)
Liechtenstein (N.) Liechtenstein (N.)
Lieferant (M.) supplier (M. bzw. F.), purveyor (M. bzw. F.), deliverer (M. bzw. F.)
Lieferantin (F.) supplier (F.), purveyor (F.), deliverer (F.)
liefern supply (V.), deliver (V.), provide (V.)
Lieferschein (M.) delivery note (N.), supply note (N.)
Lieferung (F.) delivery (N.), supply (N.), purveyance (N.), provision (N.), consignment (N.)
Lieferzeit (F.) time (N.) of delivery, delivery-date (N.), lead time (N.)
liegen (sich befinden) lie (V.), be (V.) situated), be (V.) located
Liegenschaft (F.) real estate (N.), real property (N.), property (N.)
Liga (F.) league (N.)
limitieren limit (V.), restrict (V.)
limitiert limited (Adj.)
limitierte Akzessorität (F.) limited accessoriness (N.)
Linie (F.) line (N.), course (N.)
Liquidation (F.) liquidation (N.), winding-up (N.), realization (N.)
Liquidator (M.) liquidator (M. bzw. F.)
Liquidatorin (F.) liquidator (F.)
liquide liquid (Adj.), solvent (Adj.)
liquidieren liquidate (V.), wind (V.) up, realize (V.)
Liquidität (F.) liquidity (N.), solvency (N.)
Liquiditätsreserve (F.) cash reserves (N.Pl.)
List (F.) cunning (N.)
Liste (F.) list (N.), table (N.), schedule (N.), register (N.)
Listenpreis (M.) list price (N.), catalogue price (N.)
Listenwahl (F.) list voting (N.)
listig cunning (Adj.), crafty (Adj.)
lizensieren license (V.), permit (V.)
Lizentiat (M.) licentiate (M. bzw. F.)
Lizentiatin (F.) licentiate (F.)
Lizenz (F.) licence (N.) (brit.), license (N.) (am.), permit (N.), franchise (N.)
Lizenzgeber (M.) licenser (M. bzw. F.) (brit.), licensor (M. bzw. F.) (am.)
Lizenzgeberin (F.) licenser (F.) (br.), licensor (F.) (am.)
Lizenzgebühr (F.) licence-fee (N.), royalty (N.)
Lizenznehmer (M.) licensee (M. bzw. F.)

Lizenznehmerin (F.) licensee (F.)
Lobby (F.) lobby (N.)
Lobbyist (M.) lobbyist (M. bzw. F.)
Lobbyistin (F.) lobbyist (F.)
Logik (F.) logic (N.), reasoning (N.)
logisch logical (Adj.)
Lohn (M.) wage (N.), pay (N.), remuneration (N.), compensation (N.) (am.)
Lohnfortzahlung (F.) continued payment (N.) of wages
Lohnhandwerker (M.) craftsman (M.) working on someone else's goods
Lohnhandwerkerin (F.) craftswoman (F.) working on someone else's goods
Lohnpfändung (F.) garnishment (N.) of wages, attachment (N.) of earnings
Lohnsteuer (F.) wage tax (N.), employment tax (N.), PAYE-tax (N.) (brit.)
lokal local (Adj.)
Lokaltermin (M.) viewing (N.) the scene, taking (N.) a view
Lombard (M.) collateral (N.), collateral loan (N.), collateral advance (N.)
lombardieren hypothecate (V.)
Lombardkredit (M.) lombard loan (N.), loan (N.) on securities
Londoner Schuldenabkommen (N.) London Agreement (N.) on German External Debts
Lord (M.) Lord (M.)
Lordkanzler (M.) (Lordkanzler in Großbritannien) Lord Chancellor (M.)
Lordkanzlerin (F.) (Lordkanzlerin in Großbritannien) Lady Chancellor (F.)
Lordoberrichter (M.) (Lordoberrichter in Großbritannien) Lord Chief Justice (M.)
Lordoberrichterin (F.) (Lordoberrichterin in Großbritannien) Lady Chief Justice (F.)
Los (N.) lot (N.)
löschen (ausladen) unload (V.), discharge (V.), land (V.)
löschen (tilgen) delete (V.), erase (V.), extinguish (V.), cancel (V.), expunge (V.)
Löschung (F.) (Ausladung) unloading (N.), landing (N.)
Löschung (F.) (Tilgung) deletion (N.), cancellation (N.), obliteration (N.), extinguishment (N.)
Löschungsanspruch (M.) cancellation right (N.)
Löschungsbewilligung (F.) approval (N.) of cancellation
Löschungsvormerkung (F.) cautionary entry (N.) to ensure future cancellation
Lösegeld (N.) ransom (N.), ransom money (N.)
losen draw (V.) lots, toss (V.)
lösen loosen (V.), open (V.), release (V.), solve (V.), settle (V.), dissolve (V.), sever (V.), cancel (V.), terminate (V.), rescind (V.)
Lotterie (F.) lottery (N.)
Lotto (N.) lottery (N.), numbers game (N.)
loyal loyal (Adj.)
Lücke (F.) gap (N.), omission (N.), blank (N.), vacancy (N.)
Luftfahrzeug (N.) aircraft (N.)
Luftrecht (N.) air law (N.)
Luganer Gerichtsstands- und Vollstreckungsübereinkommen (N.) Lugano convention (N.) on forum and execution
lügen lie (V.)
Lügendetektor (M.) lie detector (N.), polygraph (N.)
Lügner (M.) liar (M. bzw. F.)
Lügnerin (F.) liar (F.)
Lust (F.) pleasure (N.), delight (N.), joy (N.)
Lustmord (M.) sex murder (N.), sexually motivated murder (N.)
Luxus (M.) luxury (N.)
lynchen lynch (V.)
Lynchjustiz (F.) lynch-law (N.), mob-law (N.)
Lyzeum (N.) lyceum (N.)

M

Maastrichter Vertrag (M.) Maastricht treaty (N.), treaty (N.) of Maastricht
Machenschaft (F.) machination (N.), intrigue (N.), practice (N.) (brit.), practise (N.) (am.)
Macht (F.) power (N.)
Machtpyramide (F.) pyramid (N.) of power
Mafia (F.) Mafia (N.)
Magazin (N.) (Lager) magazine (N.), storehouse (N.), store (N.)
Magazin (N.) (Zeitschrift bzw. Geschossbehälter) magazine (N.), periodical (N.)

Magister (M.) Master (M. bzw. F.)
Magistrat (N.) municipal authority (N.), municipal board (N.)
Magistratsverfassung (F.) constitution (N.) of a local government, constitution (N.) of magistrate
Magnifizenz (F.) magnificence (M. bzw. F.)
Mahnauftrag (M.) order (N.) to pay
Mahnbescheid (M.) default summons (N.), notice (N.) to pay
mahnen remind (V.), warn (V.), dun (V.)
Mahngericht (N.) default court (N.), dunning court (N.)
Mahnschreiben (N.) letter (N.) of demand
Mahnung (F.) reminder (N.), warning (N.), dunning (N.), demand (N.)
Mahnverfahren (N.) default action (N.), dunning proceedings (N.Pl.)
Majestät (F.) majesty (M. bzw. F.)
Majestätsbeleidigung (F.) lèse-majesty (N.)
Majestätsverbrechen (N.) high treason (N.)
Major (M.) major (M.)
Majorat (N.) primogeniture (N.), estate (N.) in tail
Majorin (F.) major (F.)
Majorität (F.) majority (N.)
Makler (M.) broker (M. bzw. F.), agent (M. bzw. F.)
Maklerin (F.) broker (F.), agent (F.)
Maklervertrag (M.) brokerage contract (N.), brokerage agreement (N.)
mala fides (F.) (lat.) bad faith (N.), mala fides (N.) (lat.)
Manager (M.) manager (M. bzw. F.)
Managerin (F.) manager (F.)
Mandant (M.) client (M. bzw. F.), mandator (M. bzw. F.)
Mandantin (F.) client (F.), mandator (F.)
Mandat (N.) (Volksvertretungsrecht im Parlament) seat (N.)
Mandat (N.) (Vollmacht für Anwalt) retainer (N.), warrant (N.) of attorney, mandate (N.)
Mandatar (M.) mandatory (M. bzw. F.), mandatary (M. bzw. F.)
Mandatarin (F.) mandatory (F.), mandatary (F.)
Mangel (M.) (Fehler) defect (N.), deficiency (N.), vice (N.), fault (N.), imperfection (N.)
Mangel (M.) (Knappheit) shortage (N.), lack (N.), shortcoming (N.)
Mangelfolgeschaden (M.) consequential harm (N.) caused by a defect
mangelhafter Titel (M.) bad title (N.)
mangeln be (V.) lacking, be (V.) deficient, be (V.) in want of, be (V.) short of
Mängelrüge (F.) notice (N.) of defects, complaint (N.) about defects, deficiency claim (N.)
Mangelschaden (M.) harm (N.) caused by defect
Manie (F.) mania (N.)
Manifest (N.) (Manifest im Seeverkehrsrecht) manifest (N.), shipping bill (N.)
Manifest (N.) (politischer Aufruf) manifesto (N.)
Manteltarif (M.) skeleton wage agreement (N.), framework collective agreement (N.)
Manteltarifvertrag (M.) skeleton wage agreement (N.), framework collective agreement (N.)
Manufaktur (F.) (Fabrik) factory (N.)
Manufaktur (F.) (Handarbeitserzeugnis) manufacture (N.)
Marine (F.) navy (N.)
Marke (F.) mark (N.), trademark (N.), brand (N.)
Markenartikel (M.) branded good (N.), branded article (N.), proprietary article (N.)
Markengesetz (N.) trade mark act (N.), mark act (N.)
Markenrecht (N.) (Markenrechtsanspruch) title (N.) to a trade mark
Markenrecht (N.) (Markenrechtsordnung) law (N.) of trademarks
Markenrechtsreformgesetz (N.) Reformed Act (N.) on trademarks
Markenware (F.) branded good (N.), branded article (N.), proprietary article (N.)
Markt (M.) market (N.)
Marktanteil (M.) market-share (N.)
Marktführer (M.) market leader (M. bzw. F. bzw. N.)
Marktführerin (F.) market leader (F.)
Marktordnung (F.) market organization (N.), market regulations (N.Pl.)
Marktpreis (M.) market price (N.)
Marktrecht (N.) market law (N.)
Marktwirtschaft (F.) market economy (N.), free enterprise (N.)

Marschall (M.) marshall (M.)
Marschallin (F.) marshall (F.)
Marter (F.) torture (N.)
martern torment (V.), torture (V.), rack (V.)
Maschine (F.) machine (N.)
Masochismus (M.) masochism (N.)
Maß (N.) extent (N.), degree (N.), rate (N.), measure (N.)
Massaker (N.) massacre (N.)
Masse (F.) mass (N.), crowd (N.), bulk (N.)
Masse (F.) (Insolvenzvermögen) bankrupt's estate (N.), assets (N.Pl.)
Massegläubiger (M.) creditor (M. bzw. F.) of bankrupt's estate
Massegläubigerin (F.) creditor (F.) of bankrupt's estate
Massekosten (F.Pl.) costs (N.Pl.) of bankruptcy
Masseschuld (F.) priority debt (N.)
Masseverbindlichkeit (F.) obligation (N.) of an insolvency's estate
Masseverwalter (M.) trustee (M. bzw. F.) in bankruptcy, administrator (M. bzw. F.) of a bankrupt's estate
Masseverwalterin (F.) trustee (F.) in bankruptcy, administrator (F.) of a bankrupt's estate
Maßnahme (F.) measure (N.), action (N.), step (N.)
Maßregel (F.) rule (N.), regulation (N.), disciplinary action (N.)
Maßstab (M.) standard (N.)
Material (N.) material (N.)
Materialismus (M.) materialism (N.)
materiell material (Adj.), substantive (Adj.)
materielle Rechtskraft (F.) res (N.) judicata
materielle Verfassung (F.) material constitution (N.)
materieller Schaden (M.) physical damage (N.), actual loss (N.)
materielles Recht (N.) substantive law (N.)
Matriarchat (N.) matriarchy (N.), matriarchate (N.)
Matrikel (F.) register (N.)
Matrose (M.) sailor (M.), seaman (M.)
Matrosin (F.) sailor (F.), seawoman (F.)
Matura (F.) school-leaving examination (N.), final examination (N.)
Maut (F.) toll (N.)
Maxime (F.) dictum (N.), maxim (N.)
Mecklenburg-Vorpommern (N.) Mecklenburg-Western Pomerania (F.)
mediatisieren mediatize (V.)
Mediatisierung (F.) mediatization (N.)
Medien (N.Pl.) media (N.Pl.)
Medienrecht (N.) media law (N.)
Medium (N.) medium (N.)
Medizin (F.) medicine (N.), medical science (N.)
medizinisch medical (Adj.), medicinal (Adj.)
Medizinproduktegesetz (N.) Medicine Product Act (N.)
Medizinrecht (N.) medicine law (N.), medical law (N.)
Meer (N.) sea (N.), ocean (N.), open sea (N.)
Mehrheit (F.) majority (N.)
Mehrheitsbeschluss (M.) majority vote (N.), majority decision (N.)
Mehrheitsbeteiligung (F.) majority shareholding (N.), majority interest (N.)
Mehrheitswahl (F.) majority vote (N.)
Mehrheitswahlrecht (N.) majority vote system (N.)
Mehrstaater (M.) multiple national (M. bzw. F.)
Mehrstaaterin (F.) multiple national (F.)
mehrstufig multistage (Adj.)
mehrstufiger Verwaltungsakt (M.) multistage administrative act (N.)
Mehrtäterschaft (F.) multi-perpetration (N.)
Mehrwert (M.) added value (N.), surplus value (N.), excess value (N.)
Mehrwertsteuer (F.) value added tax (N.) (VAT), VAT (N.) (value added tax)
meiden avoid (V.), shun (V.)
Meineid (M.) perjury (N.), false oath (N.)
meineidig perjured (Adj.)
Meinung (F.) opinion (N.)
Meinungsäußerung (F.) statement (N.) of opinion
Meinungsfreiheit (F.) freedom (N.) of opinion, freedom (N.) of expression
Meinungsverschiedenheit (F.) diversity (N.) of opinion
Meistbegünstigungsklausel most-favoured-nation clause (N.)

Meister (M.) master (M. bzw. F.), master craftsman (M.)
Meister (M.) (Sieger im Wettkampf) champion (M. bzw. F.)
Meisterin (F.) master craftswoman (F.), forelady (F.), champion (F.)
Meisterprüfung (F.) examination (N.) for the master's certificate
Meisterstück (N.) masterpiece (N.)
Meistgebot (N.) highest bid (N.)
melden report (V.), register (V.), return (V.)
Meldepflicht (F.) duty (N.) to report
Meldepflicht (F.) (Meldepflicht bei der Polizei) compulsory registration (N.)
meldepflichtig notifiable (Adj.), subject (Adj.) to registration
Meldewesen (N.) registration matters (N. Pl.)
Memorandum (N.) memorandum (N.)
Menge (F.) quantity (N.), amount (N.)
Menschenhandel (M.) slave traffic (N.), trade (N.) in human beings
Menschenraub (M.) kidnapping (N.)
Menschenrecht (N.) human right (N.)
Menschenwürde (F.) human dignity (N.)
menschlich human (Adj.), humane (Adj.)
Mentalreservation (F.) mental reservation (N.)
Merchandising (N.) merchandising (N.)
merkantiler Minderwert (M.) loss (N.) in value upon resale
Merkantilismus (M.) mercantilism (N.)
Merkmal (N.) characteristic (N.), distinctive feature (N.), trait (N.), indication (N.)
Messe (F.) fair (N.), trade fair (N.), trade exhibition (N.), show (N.)
messen measure (V.)
Methode (F.) method (N.), mode (N.)
Methodenlehre (F.) methodology (N.)
Methodik (F.) methodology (N.)
methodisch methodic (Adj.), systematic (Adj.)
Methodologie (F.) methodology (N.)
Meuchelmord (M.) treacherous murder (N.), foul assassination (N.)
Meuchelmörder (M.) treacherous murderer (M. bzw. F.), foul assassin (M. bzw. F.)
Meuchelmörderin (F.) treacherous murderess (F.), foul assassin (F.)
Meuterei (F.) mutiny (N.)
Meuterer (M.) mutineer (M. bzw. F.)
Meutererin (F.) mutineer (F.)
meutern mutiny (V.), mutinee (V.)
Miete (F.) tenancy (N.), hire (N.), rent (N.)
mieten (eine bewegliche Sache mieten) rent (V.), hire (V.), charter (V.)
mieten (eine unbewegliche Sache mieten) lease (V.), rent (V.)
Mieter (M.) tenant (M. bzw. F.), lessee (M. bzw. F.), lodger (M. bzw. F.), hirer (M. bzw. F.), charterer (M. bzw. F.)
Mieterhöhung (F.) raising (N.) rent
Mieterin (F.) tenant (F.), lessee (F.), lodger (F.), hirer (F.), charterer (F.)
Mieterschutz (M.) legal protection (N.) of tenants
Mietgericht (N.) rent court (N.)
Mietkauf (M.) hire-purchase (N.)
Mietpreisbindung (F.) rent controls (N.Pl.)
Mietrecht (N.) law (N.) of tenancy
Mietsache (F.) leased object (N.), tenancy case (N.), tenancy matter (N.), rent matter (N.)
Mietshaus (N.) block (N.) of flats (brit.), apartment building (N.) (am.), tenenment (N.)
Mietskaserne (F.) tenement house (N.), barracks (N.Pl.)
Mietspiegel (M.) representative list (N.) of rents
Mietverhältnis (N.) tenancy (N.)
Mietvertrag (M.) (Mietvertrag über eine bewegliche Sache) hiring contract (N.), hiring agreement (N.)
Mietvertrag (M.) (Mietvertrag über eine unbewegliche Sache) contract (N.) of tenancy, tenancy agreement (N.), lease (N.)
Mietwagen (M.) hire car (N.), hired car (N.)
Mietwohnung (F.) tenement (N.), lodgings (N.Pl.), rented flat (N.), apartment (N.) (am.)
Mietwucher (M.) usurious rent (N.), exorbitant rent (N.)
Mietzins (M.) rent (N.)
Mietzins (M.) (Mietzins bei einer beweglichen Sache) rental (N.), hire (N.)
mildern mitigate (V.), soften (V.), extenuate (V.)
Milderungsgrund (M.) mitigation cause (N.), extenuating reason (N.)

Milieu (N.) milieu (N.), social surroundings (N.Pl.)
Militär (N.) military (N.), armed forces (N. Pl.)
militärisch military (Adj.), soldierly (Adj.), martial (Adj.)
Militärverordnung (F.) ordinance (N.) on armed forces
Miliz (F.) militia (N.)
Minderheit (F.) minority (N.)
Minderheitsbeteiligung (F.) minority shareholding (N.), minority interest (N.)
minderjährig minor (Adj.), under age (Adj.), infant (Adj.)
Minderjährigkeit (F.) minority (N.), infancy (N.)
Minderkaufmann (M.) small trader (M. bzw. F.)
mindern diminish (V.), reduce (V.), decrease (V.), lessen (V.)
Minderung (F.) diminution (N.), reduction (N.)
Minderwert (M.) depreciation (N.), decrease (N.) in value
Mindestgebot (N.) lowest bid (N.), reserved price (N.)
Mindestkapital (N.) minimum capital (N.)
Mindestlohn (M.) minimum wage (N.)
Mindestreserve (F.) minimum reserve (N.), statutory reserve (N.), required reserve (N.), special deposit (N.)
Mindeststrafe (F.) minimum penalty (N.), minimum sentence (N.)
Mineralölsteuer (F.) oil tax (N.)
Minister (M.) minister (M. bzw. F.), secretary (M. bzw. F.) (am.)
Ministerialblatt (N.) departmental gazette (N.)
ministeriell ministerial (Adj.)
Ministerin (F.) minister (F.), secretary (F.) (am.)
Ministerium (N.) ministry (N.), government department (N.), department (N.) of state
Ministerpräsident (M.) premier (M. bzw. F.), prime minister (M. bzw. F.)
Ministerpräsidentin (F.) premier (F.), prime minister (F.)
Ministerrat (M.) Council (N.) of Ministers
Minorennität (F.) minority (N.), infancy (N.)
Minorität (F.) minority (N.)
Mischehe (F.) mixed marriage (N.)
mischen mix (V.), mingle (V.)
missachten disregard (V.), ignore (V.), neglect (V.), despise (V.), flout (V.), hold (V.) in contempt
missbilligen disapprove (V.) of, deprecate (V.)
Missbilligung (F.) disapproval (N.), disapprobation (N.), rejection (N.)
Missbrauch (M.) abuse (N.), improper use (N.), misuse (N.)
missbrauchen abuse (V.), take (V.) unfair advantage (N.) of, misuse (V.), misapply (V.)
Missbrauchstatbestand (M.) elements (N.Pl.) of abuse
Missetat (F.) misdeed (N.), misdoing (N.), wrongful act (N.)
Missgeburt (F.) monstrosity (N.)
misshandeln ill-treat (V.), maltreat (V.), abuse (V.), brutalize (V.), maul (V.), beat (V.), manhandle (V.) (am.), rough (V.) up (am.)
Misshandlung (F.) maltreatment (N.), ill-treatment (N.), abuse (N.), battery (N.)
missio (F.) canonica (lat.) ecclesiastical authority (N.) to teach
misstrauen distrust (V.), be (V.) suspicious of
Misstrauen (N.) distrust (N.), lack (N.) of confidence
Misstrauensvotum (N.) vote (N.) of no confidence
Missverständnis (N.) misunderstanding (N.)
missverstehen misunderstand (V.), misread (V.), mistake (V.), misconstrue (V.)
Mitarbeit (F.) collaboration (N.), assistance (N.), participation (N.)
Mitarbeiter (M.) co-worker (M. bzw. F.), collaborateur (M. bzw. F.), colleague (M. bzw. F.), work-fellow (M. bzw. F.), staff member (M. bzw. F.)
Mitarbeiterin (F.) co-worker (f.), collaborateur (F.), colleague (F.), work-fellow (F.), staff-member (F.)
Mitbesitz (M.) joint possession (N.), joint tenancy (N.)
Mitbesitzer (M.) joint possessor (M. bzw. F.), joint holder (M. bzw. F.)
Mitbesitzerin (F.) joint possessor (F.), joint holder (F.)

Mitbestimmung (F.) codetermination (N.), joint management (N.)
mitbestrafte Nachtat (F.) punishable subsequent lesser offence (N.)
Mitbürge (M.) co-surety (M. bzw. F.), co-guarantor (M. bzw. F.), co-sponsor (M. bzw. F.)
Mitbürgin (F.) co-surety (F.), co-guarantor (F.), co-sponsor (F.)
Mitbürgschaft (F.) co-suretyship (N.), collective guarantee (N.)
Miteigentum (N.) joint ownership (N.), co-ownership (N.), common ownership (N.), joint property (N.)
Miteigentümer (M.) coparcener (M. bzw. F.)
Miteigentümerin (F.) coparcener (F.)
Miterbe (M.) joint heir (M. bzw. F.), co-heir (M. bzw. F.), fellow heir (M. bzw. F.)
Miterbengemeinschaft (F.) joint heirs (Pl.), community (N.) of heirs
Miterbin (F.) joint heiress (F.), coheiress (F.), fellow heiress (F.)
Mitgift (F.) dowry (N.), trousseau (N.)
Mitglied (N.) member (M. bzw. F.)
Mitgliedschaft (F.) membership (N.)
Mittäter (M.) accomplice (M. bzw. F.), joint offender (M. bzw. F.), joint perpetrator (M. bzw. F.), joint tortfeaser (M. bzw. F.)
Mittäterin (F.) accomplice (F.), joint offender (F.), joint perpetrator (F.), joint tortfeasor (F.)
Mittäterschaft (F.) complicity (N.), joint commission (N.) of crime
Mittel (N.) means (N.Pl.), medium (N.), instrument (N.), funds (N.Pl.)
Mittel (N.) remedy (N.)
mittelbar mediate (Adj.), indirect (Adj.)
mittelbare Besitzerin (F.) bailor (F.)
mittelbare Falschbeurkundung (F.) constructive false certification (N.)
mittelbare Staatsverwaltung (F.) indirect public administration (N.)
mittelbare Stellvertretung (F.) indirect agency (N.)
mittelbare Täterin (F.) indirect perpetrator (F.)
mittelbarer Besitz (M.) indirect possession (N.), constructive possession (N.)
mittelbarer Besitzer (M.) bailor (M. bzw. F.)
mittelbarer Schaden (M.) indirect damage (N.), consequential damage (N.)
mittelbarer Täter (M.) indirect perpetrator (M. bzw. F.)
mittelbarer Zwang (M.) indirect compulsion (N.)
Mittelbehörde (F.) regional authority (N.)
Mitunternehmer (M.) joint contractor (M. bzw. F.), co-partner (M. bzw. F.)
Mitunternehmerin (F.) joint contractor (F.), co-partner (F.)
Mitvermächtnis (N.) joint legate (N.), co-legate (N.)
Mitverschulden (N.) comparative negligence (N.), joint guilt (N.), contributory negligence (N.)
Mitwirken (N.) participation (N.), assistance (N.), cooperation (N.)
mitwirkungsbedürftig requiring participation
mitwirkungsbedürftiger Verwaltungsakt (M.) administrative act (N.) requiring participation
Mitwirkungspflicht (F.) duty (N.) to cooperate
Möbel (N.) piece (N.) of furniture, furniture (N.)
mobil mobile (Adj.), movable (Adj.)
Mobiliar (N.) furniture (N.), furnishings (N.Pl.), goods (N.Pl.) and chattels
Mobiliarzwangsvollstreckung (F.) levy (N.) of execution on movable goods
Mobilie (F.) movable (N.), personal property (N.), movable proberty (N.), chattel (N.)
modus (M.) (lat.) mode (N.)
Möglichkeit (F.) (Gelegenheit) occasion (N.), opportunity (N.), chance (N.)
Möglichkeit (F.) (Wahrscheinlichkeit) possibility (N.), practicability (N.)
Monaco (N.) Monaco (N.)
Monarch (M.) monarch (M. bzw. F.), sovereign (M. bzw. F.)
Monarchie (F.) monarchy (N.)
Monarchin (F.) monarch (F.), sovereign (F.)
monarchisch monarchic (Adj.)
monarchisches Prinzip (N.) monarchic principle (N.)
Monarchismus (M.) monarchism (N.)
Monat (M.) month (N.)
monatlich monthly (Adj.), on a month-by-month basis

Mönch (M.) monk (M.)
Monismus (M.) (Monismus im Völkerrecht) monism (N.)
Monogamie (F.) monogamy (N.)
Monokratie (F.) sole reign (N.)
monokratisch monocratic (Adj.)
Monopol (N.) monopoly (N.)
monopolisieren monopolize (V.)
Montanunion (F.) Coal and Steel Community (N.)
Moral (F.) morale (N.), moral code (N.), morals (N.Pl.)
moralisch moral (Adj.)
Moratorium (N.) moratorium (N.)
Mord (M.) murder (N.), homicide (N.) (am.), assassination (N.)
morden commit (V.) murder, murder (V.), kill (V.), slay (V.)
Mörder (M.) murderer (M. bzw. F.)
Mordlust (F.) murderous lust (N.), bloodlust (N.)
Mordversuch (M.) attempted murder (N.)
morganatisch morganatic (Adj.)
Morphium (N.) morphine (N.), morphia (N.)
Moslem (M.) Moslem (M. bzw. F.), Muslim (M. bzw. F.)
Moslemin (F.) Moslem (F.), Muslim (F.)
Motiv (N.) motive (N.), reason (N.), incentive (N.)
Motivirrtum (M.) errror (N.) in motivation
Müll (M.) rubbish (N.), waste (N.) dust (N.) (brit.), garbage (N.) (am.)
Müllabfuhr (F.) refuse collection (N.), garbage collection (N.) (am.)
multilateral multilateral (Adj.)
Multimedia (N.Pl.) multimedia (N.Pl.)
multinational multinational (Adj.)
Münchener Abkommen (N.) Munich Agreement (N.)
Mund (M.) mouth (N.), opening (N.), orifice (N.), stoma (N.)
Mündel (N.) ward (M. bzw. F.)
Mündelgeld (N.) ward money (N.), trust money (N.)
mündelsicher gilt-edged (Adj.)
mündig major (Adj.), of age
Mündigkeit (F.) majority (N.), full age (N.)
mündlich oral (Adj.), verbal (Adj.)
mündliche Verhandlung (F.) oral hearing (N.)
Mündlichkeit (F.) orality (N.), oral proceedings (N.Pl.)
Mündlichkeitsgrundsatz (M.) principle (N.) of oral proceedings
Mundraub (M.) petty larceny (N.) of food
Munition (F.) ammunition (N.)
Münzdelikt (N.) coinage offence (N.)
Münze (F.) coin (N.)
Museum (N.) museum (N.)
Musskaufmann (M.) mandatory merchant (M. bzw. F.)
Muster (N.) sample (N.), model (N.), pattern (N.), example (N.)
mustern examine (V.), inspect (V.), review (V.)
Musterprozess (M.) test case (N.)
Musterung (F.) examination (N.), inspection (N.), review (N.)
Mustervertrag (M.) standard agreement (N.), standard contract (N.), standard form contract (N.)
mutmaßen suppose (V.), guess (V.), assume (V.), presume (V.)
mutmaßlich presumable (Adj.), putative (Adj.), assumed (Adj.), implied (Adj.), implied (Adj.) in law
mutmaßliche Einwilligung (F.) presumable consent (N.)
Mutter (F.) mother (F.)
Muttergesellschaft (F.) parent company (N.)
Mutterrecht (N.) matriarchy (N.)
Mutterschaft (F.) motherhood (N.), maternity (N.)
Mutterschaftsgeld (N.) maternity grant (N.)
Mutterschaftsurlaub (M.) maternity leave (N.)
Mutterschutz (M.) protection (N.) of the working mother
Mutung (F.) application (N.) for a mining concession
mutwillig playful (Adj.), mischievous (Adj.), wanton (Adj.), malicious (Adj.), wilful (Adj.)

N

nach strengem Recht at law
Nachbar (M.) neighbour (M. bzw. F.)
Nachbarin (F.) neighbour (F.)
Nachbarklage (F.) legal action (N.) against a neighbour

Nachbarrecht (N.) neighbour law (N.)
nachbessern improve (V.) subsequently, mend (V.), remedy (V.) a defect
Nachbesserung (F.) subsequent improvement (N.), remedying (N.) a defect
Nachbürge (M.) collateral surety (M. bzw. F.), second bail (M. bzw. F.)
Nachbürgin (F.) collateral surety (F.), second bail (F.)
Nachbürgschaft (F.) sub-suretyship (N.), collateral security (N.)
Nacheid (M.) oath (N.) after statement, oath (N.) sworn after testimony
Nacheile (F.) hot pursuit (N.)
Nacherbe (M.) reversionary heir (M. bzw. F.)
Nacherbin (F.) revisionary heiress (F.)
Nacherbschaft (F.) reversionary inheritance (N.)
Nachfolge (F.) succession (N.)
Nachfolger (M.) follower (M. bzw. F.), successor (M. bzw. F.)
Nachfolgerin (F.) follower (F.), successor (F.)
Nachfrist (F.) additional respite (N.), additional period time (N.), period (N.) of grace, extension (N.) of time
nachgiebig yielding (Adj.), indulgent (Adj.)
nachgiebiges Recht (N.) flexible law (N.), jus dispositivum (N.)
Nachkomme (M.) descendant (M. bzw. F.)
Nachkommen (Pl.) offspring (Pl.), issue (N.)
Nachlass (M.) (Hinterlassenschaft) property left (N.), deceased's estate (N.), heritage (N.)
Nachlass (M.) (Minderung) remission (N.), abatement (N.), relief (N.), deduction (N.)
nachlassen devise (V.), bequeath (V.), elax (V.), decrease (V.), weaken (V.), deteriorate (V.), fail (V.), wane (V.), drop (V.), ease (V.) off
Nachlassgericht (N.) probate court (N.) (brit.), surrogate's court (N.)
Nachlassgläubiger (M.) creditor (M. bzw. F.) of the estate
Nachlassgläubigerin (F.) creditor (F.) of the estate
nachlässig negligent (Adj.), neglectful (Adj.), careless (Adj.), sloppy (Adj.)
Nachlässigkeit (F.) negligence (N.), neglect (N.), carelessness (N.), irregularity (N.)
Nachlassinsolvenzverfahren (N.) procedure (N.) in insolvency administration of an insolvent estate
Nachlasskonkurs (M.) bankruptcy (N.) of an estate
Nachlasspfleger (M.) provisional administrator (M. bzw. F.)
Nachlaßpflegerin (F.) provisional administrator (F.)
Nachlasspflegschaft (F.) provisional administration (N.) of an estate
Nachlassrecht (N.) probate law (N.)
Nachlassverbindlichkeit (F.) debt (N.) of the estate, liability (N.) of the estate
Nachlassverwalter (M.) administrator (M. bzw. F.) of an estate
Nachlassverwalterin (F.) administrator (F.) of an estate
Nachlassverwaltung (F.) administration (N.) of an estate
Nachlieferung (F.) subsequent delivery (N.), additional supply (N.)
Nachnahme (F.) cash (N.) on delivery (C.O.D.), C.O.D. (N.) (cash on delivery), payment (N.) on delivery
Nachname (M.) surname (N.), last name (N.)
Nachrede (F.) calumny (N.), aspersion (N.)
Nachricht (F.) news (N.), tidings (N.), message (N.), information (N.), notice (N.), report (N.)
Nachschieben (N.) later submission (N.), subsequent presentation (N.)
Nachschuss (M.) additional contribution (N.), subsequent payment (N.), further margin (N.)
Nachsichtwechsel (M.) after-sight bill (N.)
nachstellen be (V.) after, pursue (V.)
Nachtat (F.) subsequent act (N.), subsequent offence (N.)
Nachteil (M.) disadvantage (N.)
Nachteil (M.) (Mangel bzw. Schaden) drawback (N.), detriment (N.)
Nachtrag (M.) supplement (N.), addendum (N.)
nachträglich subsequent (Adj.), belated (Adj.), later (Adj.)
nachträglich erworbenes Eigentum (N.) (im Eherecht) after-acquired property (N.)

nachträgliche Unmöglichkeit (F.) subsequent impossibility (N.)
Nachtragsanklage (F.) supplementary charge (N.), amended charge (N.)
Nachtragshaushalt (M.) supplementary budget (N.)
Nachvermächtnis (N.) reversionary legacy (N.)
Nachversicherung (F.) re-insurance (N.), subsequent insurance (N.)
Nachwahl (F.) by-election (N.)
Nachweis (M.) proof (N.), evidence (N.), record (N.), certificate (N.), list (N.), inventory (N.)
Nachzahlung (F.) additional payment (N.), extra payment (N.), fresh call (N.), back payment (N.)
Naheverhältnis (N.) proximity (N.), special relationship (N.)
Name (M.) name (N.)
Namensaktie (F.) personal share (N.), registered share (N.)
Namensänderung (F.) change (N.) of names
Namensehe (F.) nominal marriage (N.)
Namenserteilung (F.) naming (N.)
Namenspapier (N.) registered paper (N.), registered security (N.)
Namensrecht (N.) right (N.) to the use of a name
nasciturus (M.) (lat.) unborn child (N.), child (N.) en ventre sa mère
Nation (F.) nation (N.)
national national (Adj.), nationwide (Adj.)
Nationalbewusstsein (N.) national consciousness (N.)
Nationalfarbe (F.) national colour (N.) (brit.), national color (N.) (am.)
Nationalgefühl (N.) national feeling (N.)
Nationalhymne (F.) national anthem (N.)
Nationalismus (M.) nationalism (N.)
nationalistisch nationalist (Adj.), nationalistic (Adj.)
Nationalität (F.) nationality (N.)
Nationalkonvent (M.) national convention (N.)
Nationalrat (M.) National Council (N.)
Nationalsozialismus (M.) national socialism (N.)
nationalsozialistisch national socialist (Adj.), nazi (Adj.)
Nationalstaat (M.) nation state (N.)
Nationalsymbol (N.) national symbol
Nationalversammlung (F.) national assembly (N.)
NATO (F.) (North Atlantic Treaty Organization) NATO (N.) (North Atlantic Treaty Organization)
Natur (F.) nature (N.)
Naturalherstellung (F.) compensation (N.) for damage in kind, restitution (N.) in kind
Naturalisation (F.) naturalization (N.)
naturalisieren naturalize (V.)
Naturallohn (M.) wage (N.) in kind, remuneration (N.) in kind
Naturalobligation (F.) natural obligation (N.), unenforceable claim (N.)
Naturalrestitution (F.) compensation (N.) for damage in kind, restitution (N.) in kind
Naturalwirtschaft (F.) barter economy (N.), moneyless economy (N.)
natürlich natural (Adj.)
natürliche Person (F.) natural person (M. bzw. F.)
Naturrecht (N.) law (N.) of nature, natural law (N.), natural justice (N.)
Naturschutz (M.) nature protection (N.), nature preservation (N.)
ne bis in idem (lat.) prohibition (N.) against double jeopardy
Nebenabrede (F.) representation (N.)
Nebenamt (N.) additional function (N.), secondary office (N.)
Nebenbemerkung (F.) (Nebenbemerkung in einem Urteil) obiter dicta (N.) (lat.)
Nebenbestimmung (F.) incidental provision (N.)
Nebenfolge (F.) incidental consequence (N.)
Nebenintervenient (M.) intervener (M. bzw. F.)
Nebenintervenientin (F.) intervener (F.)
Nebenintervention (F.) intervention (N.), joinder (N.) of parties
Nebenklage (F.) accessory prosecution (N.)
Nebenkläger (M.) intervener (M. bzw. F.), accessory prosecutor (M. bzw. F.)
Nebenklägerin (F.) intervener (F.), accessory prosecutor (F.)
Nebenkosten (F.Pl.) additional expenses (N.Pl.), outgoings (N.Pl.), incidental expenses (N.Pl.)

Nebenpflicht (F.) accessory obligation (N.), collateral obligation (N.)
Nebenrecht (N.) accessory right (N.), subsidiary right (N.), secondary right (N.)
Nebenstrafe (F.) supplementary penalty (N.), secondary punishment (N.)
Nebenstrafrecht (N.) law (N.) on supplementary penalties
Nebentäter (M.) independent perpetrator (M. bzw. F.)
Nebentäterin (F.) independent perpetrator (F.)
Nebentätigkeit (F.) secondary activity (N.)
Nebenverdienst (M.) additional earnings (N.Pl.), incidental income (N.)
Nebenvereinbarung (F.) covenant (N.)
negativ negative (Adj.)
Negativattest (M.) clearance certificate (N.)
negative Koalitionsfreiheit (F.) negative side (N.) of the right of coalition
negative Publizität (F.) negative public disclosure (N.)
negatives Interesse (N.) interest (N.) due to reliance on trustworthiness
negatives Schuldanerkenntnis (N.) acknowledgement (N.) of non-indebtedness
negatives Tatbestandsmerkmal (N.)
Negativtestament (N.) negative testament (N.)
negatorisch negating (Adj.), denying (Adj.)
negatorischer Anspruch (M.) negating right (N.)
nehmen take (V.), grasp (V.), accept (V.), charge (V.), engage (V.), retain (V.), take (V.) away
Nehmer (M.) taker (M. bzw. F.), buyer (M. bzw. F.), purchaser (M. bzw. F.), payee (M. bzw. F.)
Nehmerin (F.) taker (F.), buyer (F.), purchaser (F.), payee (F.)
Neigung (F.) inclination (N.), tendency (N.)
Nennbetrag (M.) nominal amount (N.), face value (N.)
nennen name (V.)
Nennkapital (N.) nominal capital (N.)
Nennwert (M.) (Wertpapiernennwert) par (N.), nominal value (N.)
neppen fleece (V.)
netto net (Adj.), after all deductions (Adj.)
netto Kasse net cash (N.)
Netzgeld (N.) netmoney (N.)
Netzwerk (N.) network (N.)
Neuformulierung (F.) (Neuformulierung von Rechtssätzen) restatement (N.) (am.)
Neuhegelianismus (M.) Neo-Hegelianism (N.)
Neukantianismus (M.) Neo-Kantianism (N.)
neutral neutral (Adj.)
Neutralität (F.) neutrality (N.)
Neuwahl (F.) new election (N.)
nicht abgeholt uncollected (Adj.)
nicht eingegliedert (nicht eingegliedert im angloamerikanischen Recht) unincorporated (Adj.)
Nichtanzeige (F.) einer geplanten Straftat non - disclosure (N.) of an intended crime
nichtberechtigt non-entitled (Adj.), unauthorized (Adj.)
Nichtberechtigte (F.) non-entitled party (F.), unauthorized party (F.)
Nichtberechtigter (M.) non-entitled party (M. bzw. F.), unauthorized party (M. bzw. F.)
Nichte (F.) niece (F.)
Nichtehe (F.) non-existent marriage (N.)
nichtehelich (nicht in der Ehe gezeugt) illegitimate (Adj.)
nichtehelich (nicht in der Ehe zeugend) natural (Adj.)
nichteheliche Lebensgemeinschaft (F.) extra-marital cohabitation (N.)
Nichtehelichkeit (F.) illegitimacy (N.)
Nichterfüllung (F.) non-performance (N.), non-compliance (N.), failure (N.) to perform, default (N.)
Nichterfüllungsschaden (M.) damage (N.) caused by non-performance
nichtig null (Adj.) and void (Adj.), void (Adj.), invalid (Adj.)
Nichtigerklärung (F.) rescission (N.)
Nichtigkeit (F.) nullity (N.), voidness (N.)
Nichtigkeitsbeschwerde (F.) nullity appeal (N.)
Nichtigkeitsklage (F.) nullity suit (N.), action (N.) for annulment, invalidity suit (N.)
Nichtleistung (F.) non-performance (N.), failure (N.) to perform
Nichtleistungskondiktion (F.) condiction (N.) of non-performance
nichtöffentlich private (Adj.), closed (Adj.)
nichtrechtsfähiger Verein (M.) non-incorporated society (N.)

nichtstreitig undefended (Adj.)
Nichtvermögensschaden (M.) non-property damage (N.)
Nichtzulassung (F.) non-admission (N.)
Nichtzulassungsbeschwerde (F.) appeal (N.) against denial of leave to appeal
niederlassen settle down (V.)
niederlassen (Geschäft eröffnen) set (V.) up, establish (V.)
Niederlassung (F.) (Ansiedelung) settlement (N.)
Niederlassung (F.) (Geschäftseröffnung) setting-(N.) up, establisment (N.)
Niederlassung (F.) (Unternehmensteil) place (N.) of business, branch (N.)
Niederlassungsfreiheit (F.) right (N.) of settlement
Niedersachsen (N.) Lower Saxony (F.)
niederschreiben write (V.) down, put (V.) down, record (V.)
Niederschrift (F.) record (N.), minutes (N.Pl.), memorandum (N.)
niedriger Beweggrund (M.) base motive (N.)
Nießbrauch (M.) usufruct (N.), usufructuary enjoyment (N.), use (N.), beneficial interest (N.), dower (N.)
Nießbrauchsberechtigte (F.) beneficial occupier (F.)
Nießbrauchsberechtigter (M.) beneficial occupier (M. bzw. F.)
Nikotin (N.) nicotine (N.)
nominal nominal (Adj.)
nominaler Schaden (M.) (nominaler Schaden im angloamerikanischen Recht) nominal damage (N.)
nominell nominal (Adj.)
nominieren nominate (V.)
Nominierung (F.) nomination (N.)
nomos (M.) (griech.) act (N.), law (N.), statute (N.)
Nonne (F.) nun (F.)
Nordrhein-Westfalen (N.) North Rhine-Westphalia (F.)
Nord-Süd-Dialog (M.) North-South-Dialogue (N.)
Norm (F.) norm (N.), standard (N.), rule (N.)
Normadressat (M.) addressee (M. bzw. F.) of a norm
Normadressatin (F.) addressee (F.)
normal normal (Adj.), regular (Adj.), usual (Adj.), ordinary (Adj.)
normativ normative (Adj.)
Normativbestimmung (F.) standard regulation (N.), standard provision (N.)
normatives Tatbestandsmerkmal (N.) normative element (N.) of an offence (brit.), normative operative fact (N.) (am.)
Normenkollision (F.) conflict (N.) of laws
Normenkontrolle (F.) judicial review (N.) of the constitutionality of laws
Normenkontrollverfahren (N.) judicial proceedings (N.Pl.) on the constitutionality of laws
Normerlaßklage (F.) action (N.) for legislation
North Atlantic Treaty Organization (N.) (NATO) North Atlantic Treaty Organization (N.) (NATO)
Not (F.) need (N.), want (N.), distress (N.)
Notar (M.) notary (M. bzw. F.), notary (M. bzw. F.) public
Notariat (N.) notariate (N.), notary's office (N.)
notariell notarial (Adj.)
Notarin (F.) notary (F.), notary (F.) public
Note (F.) (Leistungsbeurteilung) mark (N.)
Note (F.) (Urkunde im Völkerrecht bzw. Geldwesen) note (N.)
Notenbank (F.) bank (N.) of issue, central bank (N.)
Noterbe (M.) legitimate heir (M. bzw. F.), statutory heir (M. bzw. F.)
Noterbin (F.) legitimate heiress (F.), statutory heiress (F.)
Noterbrecht (N.) compulsory right (N.) of inheritance, forced heirship (N.)
Notfall (M.) case (N.) of need, case (N.) of necessity, emergency (N.)
Notfrist (F.) peremptory term (N.)
Nothilfe (F.) help (N.) in need, emergency relief (N.)
notieren note (V.), make (V.) a note of, put (V.) down, jot (V.) down, make (V.) a memorandum of, quote (V.) at, book (V.)
Notierung (F.) noting (N.), booking entry (N.), quotation (N.), Stock Exchange quotation (N.)
Notifikation (F.) notification (N.)
notifizieren notify (V.)

nötig necessary (Adj.), needful (Adj.)
nötigen coerce (V.), compel (V.), molest (V.)
Nötigung (F.) coercion (N.), unlawful compulsion (N.), duress (N.)
Nötigungsnotstand (M.) emergency (N.) of coercion
Notlage (F.) emergency (N.), distress (N.), predicament (N.), plight (N.), hardship (N.)
notorisch notorious (Adj.), known (Adj.)
Notstand (M.) emergency (N.), emergency situation (N.), urgent necessity (N.)
Notstandsexzess (M.) act (N.) not excused by the emergency
Notstandsgesetzgebung (F.) emergency legislation (N.)
Notstandsklage (F.) action (N.) of emergency
Notstandsverfassung (F.) emergency constitution (N.)
Nottestament (N.) emergency will (N.), privileged will (N.)
Notverordnung (F.) emergency decree (N.)
Notvorstand (M.) temporary board (N.)
Notweg (M.) way (N.) of necessity, emergency route (N.)
Notwehr (F.) self-defence (N.) (brit.), self-defense (N.) (am.)
Notwehrexzess (M.) excessive self-defence (N.) (brit.), excessive self-defense (N.) (am.)
Notwehrprovokation (F.) provocation (N.) of self-defence
Notwehrüberschreitung (F.) excessive self-defence (N.) (brit.), excessive self-defense (N.) (am.)
notwendig necessary (Adj.), needful (Adj.)
notwendige Streitgenossenschaft (F.) compulsory joinder (N.)
notwendige Verteidigerin (F.) official defence counsel (F.), court-appointed counsel (F.), assigned counsel (F.)
notwendige Verteidigung (F.) compulsory legal representation (N.)
notwendige Verwendung (F.) necessary outlay (N.)
notwendiger Verteidiger (M.) official defence counsel (M. bzw. F.), court - appointed counsel (M. bzw. F.), assigned counsel (M. bzw. F.)
Notwendigkeit (F.) necessitiy (N.), necessary (N.)
Notzucht (F.) rape (N.)
Novation (F.) novation (N.)
Novelle (F.) supplementary law (N.), amending law (N.)
novellieren amend (V.)
Novellierung (F.) amendment (N.)
Novize (M.) novice (M.)
Novizin (F.) novice (F.)
nullum crimen (N.) sine lege (lat.) no crime (N.) without law
numerisch numerical (Adj.)
numerus (M.) clausus (lat.) restricted admission (N.), numerus (M.) clausus (lat.)
Nummer (F.) number (N.)
Nuntius (M.) nuncio (M.)
Nurnotar (M.) full-time notary (M. bzw. F.)
Nurnotarin (F.) full-time notary (F.)
nützen (benützen) use (V.), utilize (V.), make (V.) use of
Nutzen (M.) utility (N.), benefit (N.), profit (N.)
nützen (nützlich sein) be (V.) of use, be (V.) useful
nützlich useful (Adj.), of use
nützliche Verwendung (F.) useful outlay (N.)
nutzlos futile (Adj.)
Nutznießung (F.) use (N.), usufruct (N.)
Nutzung (F.) use (N.), utilization (N.)
Nutzungsänderung (F.) change (N.) of use
Nutzungsausfall (M.) loss (N.) of use
Nutzungsentschädigung (F.) compensation (N.) for use
Nutzungspfand (N.) antichresis (N.), Welsh mortgage (N.)
Nutzungsrecht (N.) beneficial interest (N.), right (N.) of user, right (N.) of usufruct

O

Obacht (F.) care (N.), attention (N.)
Obdach (N.) shelter (N.), lodging (N.), dwelling (N.)
obdachlos homeless (Adj.), shelterless (Adj.), vagrant (Adj.)
Obdachlosenasyl (N.) night shelter (N.), common lodging house (N.)
Obdachlosigkeit (F.) homelessness (N.)

Obduktion (F.) autopsy (N.), post-mortem examination (N.)
Oberbundesanwalt (M.) chief public attorney (M. bzw. F.)
Oberbundesanwältin (F.) chief public attorney (F.)
Oberbürgermeister (M.) lord mayor (M. bzw. F.)
Oberbürgermeisterin (F.) lord mayor (F.)
Obereigentum (N.) title paramount (N.), eminent domain (N.)
Oberfinanzdirektion (F.) superior finance directorate (N.)
Obergericht (N.) (Obergericht in Großbritannien) superior court (N.)
Oberhaus (N.) House (N.) of Lords (brit.)
Oberkreisdirektor (M.) chief administrative officer (M. bzw. F.) of a rural district
Oberkreisdirektorin (F.) chief administrative officer (F.) of a rural district
Oberlandesgericht (N.) regional appeal court (N.)
Oberrichter (M.) (Oberrichter in den Vereinigten Staaten von Amerika) Chief Justice (M. bzw. F.) (am.)
Oberrichterin (F.) (Oberrichterin in den Vereinigten Staaten von Amerika) chief justice (F.)
Oberst (M.) colonel (M.)
Oberstadtdirektor (M.) senior town clerk (M. bzw. F.) (brit.), senior city manager (M. bzw. F.) (am.)
Oberstadtdirektorin (F.) senior town clerk (F.) (br.), senior city manager (F.) (am.)
Oberster Gerichtshof (M.) (Oberster Gerichtshof in den Vereinigten Staaten von Amerika) Supreme Court (N.) (am.)
oberstes Bundesgericht (N.) Supreme Court (N.) (am.)
Oberverwaltungsgericht (N.) higher administrative court (N.)
Obfrau (F.) chairwoman (F.), steward (F.), spokeswoman (F.), president (F.), forewoman (F.), umpire (F.)
Obhut (F.) (Fürsorge) care (N.), charge (N.)
Obhut (F.) (Verwahrung) custody (N.), trust (N.)
Obhutspflicht (F.) duty (N.) to exercise proper care
Objekt (N.) object (N.), item (N.)
objektiv objective (Adj.)
objektive Bedingung (F.) der Strafbarkeit objective condition (N.) of criminality
objektive Unmöglichkeit (F.) absolute impossibility (N.), physical impossibility (N.)
objektives Recht (N.) objective law (N.)
objektives Tatbestandsmerkmal (N.) actus reus (lat.)
objektives Verfahren (N.) in rem proceedings (N.Pl.)
obliegen lie (V.) on, fall (V.) to, be (V.) the duty of
Obliegenheit (F.) responsibility (N.), duty (N.)
obligat obligatory (Adj.), customary (Adj.)
Obligation (F.) obligation (N.), debenture (N.), bond (N.)
obligatorisch obligatory (Adj.), compulsory (Adj.), mandatory (Adj.)
Obligo (N.) liability (N.), engagement (N.)
Obmann (M.) chairman (M.), chairwoman (F.), steward (M. bzw. F.), spokesman (M.), president (M. bzw. F.), umpire (M. bzw. F.), foreman (M.)
Obrigkeit (F.) public authority (N.), government (N.)
Observanz (F.) observance (N.)
Ochlokratie (F.) ochlocracy (N.)
Oder-Neiße-Linie (F.) Oder-Neisse-Line (N.)
OECD (F.) (Organization for European Economic Cooperation) OECD (Organization for European Economic Cooperation)
offenbar apparent (Adj.), evident (Adj.), plain (Adj.)
offenbaren manifest (V.), reveal (V.), unveil (V.), show (V.)
Offenbarung (F.) disclosure (N.)
Offenbarungseid (M.) oath (N.) of disclosure
offene Handelsgesellschaft (F.) general partnership (N.), mercantile partnership (N.)
offenkundig patent (Adj.), flagrant (Adj.)
offenkundiger Mangel (M.) patent defect (N.)
öffentlich public (Adj.)
öffentliche Aufgabe (F.) public function (N.)
öffentliche Beglaubigung (F.) public certification (N.), official attestation (N.)

öffentliche Dienstbarkeit (F.) public easement (N.)
öffentliche Hand (F.) public authorities (N.Pl.), fisc (N.), state (N.)
öffentliche Klage (F.) public action (N.), action (N.) by the state
öffentliche Last (F.) public charge (N.), rates (N.Pl.) and taxes (N.Pl.)
öffentliche Meinung (F.) public opinion (N.)
öffentliche Sache (F.) public property (N.)
öffentliche Sicherheit und Ordnung (F.) public safety (N.), law and order (N.)
öffentliche Urkunde (F.) public document (N.), official document (N.)
öffentliche Versteigerung (F.) public auction (N.)
öffentliche Zustellung (F.) service (N.) by publication, public notification (N.)
öffentlicher Belang (M.) matter (N.) of public concern
öffentlicher Dienst (M.) public service (N.)
öffentlicher Glaube (M.) public faith (N.)
öffentliches Gut (N.) public property (N.)
öffentliches Interesse (N.) public interest (N.), public benefit (N.)
öffentliches Recht (N.) public law (N.)
öffentliches Testament (N.) notarial will (N.)
öffentliches Wohl (N.) public weal (N.), common welfare (N.)
Öffentlichkeit (F.) public (N.), general public (N.)
Öffentlichkeit (F.) (Öffentlichkeit von Sitzungen) publicness (N.)
öffentlichrechtliche Streitigkeit (F.) public-law dispute (N.)
öffentlichrechtliche Verwahrung (F.) public-law deposit (N.)
öffentlichrechtlicher Vertrag (M.) contract (N.) governed by public law
offerieren offer (V.), tender (V.)
Offerte (F.) offer (N.), tender (N.)
office de lutte antifraud (M.) (franz.) (OLAF) office (N.) for fighting fraud
Offizial (M.) (Offizial im Kirchenrecht) official (M.)
Offizialat (N.) officiality (N.)
Offizialmaxime (F.) accusatory principle (N.), principle (N.) of ex officio proceedings
Offizialverfahren (N.) procedure (N.) in which the accused is liable to public prosecution
Offizialverteidigung (F.) official defense (N.)
offiziell official (Adj.)
Offizier (M.) officer (M. bzw. F.)
Offizierin (F.) officer (F.)
offiziös semi-official (Adj.)
Ohrfeige (F.) slap (N.), box (N.) on the ear
ohrfeigen slap (V.), box (V.) someone's ear
Okkupation (F.) occupation (N.)
okkupieren occupy (V.)
Ökologie (F.) ecology (N.)
Ökonomie (F.) economics (N.)
Oktroi (N.) octroi (N.)
Ökumene (F.) eucumene (N.)
ökumenisch eucumenical (Adj.)
OLAF (N.) (office de lutte antifraud) (franz.) office (N.) for fighting fraud
Oligarchie (F.) oligarchy (N.)
Oligokratie (F.) oligocraty (N.)
Oligopol (N.) oligopoly (N.)
Ombudsfrau (F.) ombudswoman (F.)
Ombudsmann (M.) ombudsman (M.)
Onkel (M.) uncle (M.)
Onomasiologie (F.) onomasiology (N.)
Operation (F.) operation (N.)
operieren operate (V.)
Opfer (N.) (Einbuße) sacrifice (N.)
Opfer (N.) (Verletzter) victim (M. bzw. F.)
Opferentschädigung (F.) crime victims compensation (N.)
opfern sacrifice (V.)
Opferschutz (M.) protection (N.) of crime victims
opponieren be (V.) opposed to, oppose (V.)
opportun opportune (Adj.), expedient (Adj.)
Opportunist (M.) opportunist (M. bzw. F.)
Opportunität (F.) opportunity (N.), expedience (N.)
Opportunitätsprinzip (N.) principle (N.) of discretionary prosecution
Opposition (F.) opposition (N.)
oppositionell oppositional (Adj.)
Oppositionspartei (F.) opposition party (N.), opposition (N.)
Option (F.) option (N.), right (N.) of choice

Optionsschein (N.) subscription warrant (N.), warrant issue (N.)
Optionsvertrag (M.) (Optionsvertrag im angloamerikanischen Recht) option contract (N.)
Orden (M.) (Ehrenzeichen) medal (N.), decoration (N.)
Orden (M.) (Vereinigung im Kirchenrecht) order (N.)
ordentlich ordinary (Adj.), regular (Adj.), orderly (Adj.)
ordentliche Gerichtsbarkeit (F.) ordinary jurisdiction (N.)
ordentliche Kündigung (F.) notice (N.) to terminate
ordentlicher Rechtsweg (M.) resort (N.) to the general courts of law
Order (F.) order (N.)
Orderklausel (F.) order clause (N.), pay to order clause (N.)
ordern order (V.)
Orderpapier (N.) order paper (N.), instrument (N.) to order
ordinär common (Adj.), vulgar (Adj.)
Ordinaria (F.) professor-in-ordinary (F.)
Ordinarius (M.) professor-in-ordinary (M. bzw. F.)
ordnen order (V.), straighten (V.) up, tidy (V.), regulate (V.), arrange (V.), organize (V.), settle (V.), disentangle (V.), sort (V.), file (V.)
Ordnung (F.) order (N.)
Ordnungsbehörde (F.) regulatory authority (N.)
Ordnungsgeld (N.) administrative fine (N.), disciplinary fine (N.)
ordnungsgemäß orderly (Adj.), regular (Adj.)
ordnungsgemäße Buchführung (F.) proper bookkeeping (N.)
Ordnungshaft (F.) arrest (N.) for disobedience to court orders
Ordnungsmittel (N.) legal measure (N.) to maintain public order
Ordnungsrecht (N.) regulatory law (N.), administrative rules (N.Pl.)
Ordnungsstrafe (F.) administrative penalty (N.), penalty (N.) for contempt of court
ordnungswidrig disorderly (Adj.), irregular (Adj.)
Ordnungswidrigkeit (F.) breach (N.) of regulations, regulatory offence (N.), summary offence (N.)
ordre (M.) public (franz.) public policy (N.)
Organ (N.) organ (N.), body (N.), institution (N.)
Organhaftung (F.) responsibility (N.) for executive organs
Organisation (F.) organization (N.)
Organisationsakt (M.) act (N.) of establishment, act (N.) of foundation
Organisationsklausel (F.) closed-shop clause (N.)
Organisationsmangel (M.) lack (N.) of organization
organisieren organize (V.)
organisierter Streik (M.) organized strike (N.)
Organismus (M.) organism (N.), system (N.)
Organleihe (F.) loan (N.) of organ
Organschaft (F.) integrated inter-company relation (N.)
Organstreit (M.) litigation (N.) between two public bodies
original original (Adj.)
Original (N.) original (N.), top copy (N.)
originär original (Adj.), initial (Adj.), primary (Adj.)
originärer Eigentumserwerb (M.) primary acquisition (N.) of title
Ort (M.) place (N.), location (N.), site (N.), situs (N.)
orthodox orthodox (Adj.)
örtlich local (Adj.)
örtliche Zuständigkeit (F.) venue (N.), local jurisdiction (N.)
Ortsbeirat (M.) local advisory board (N.)
Ortsgericht (N.) local court (N.)
Ortskrankenkasse (F.) local branch (N.) of national health insurance
ortsüblich costumary (Adj.) in the locality, normal (Adj.)
Ortsverzeichnis (N.) register (N.) of places
Ortszuschlag (M.) local cost-of-living allowance (N.), weighting allowance (N.)
Österreich (N.) Austria (F.)
Ostgebiet (N.) Eastern territory (N.)
Ostvertrag (M.) treaty (N.) with an East bloc country
Ostzone (F.) Eastern Zone (N.)
OSZE (F.) (Organisation über Sicherheit

und Zusammenarbeit in Europa) OSCE (N.) (Organization on Security and Cooperation in Europe)
Outsorcing (N.) outsorcing (N.)

P

Pacht (F.) (Pachtbesitz) leasehold (N.)
Pacht (F.) (Pachtgeld) rent (N.)
Pacht (F.) (Pachtverhältnis) lease (N.)
pachten lease (V.), take (V.) on lease, rent (V.)
Pächter (M.) leaseholder (M. bzw. F.), leasee (M. bzw. F.), tenant (M. bzw. F.)
Pächterin (F.) leaseholder (F.), leasee (F.), tenant (F.)
Pachtkredit (M.) credit (N.) for leaseholders
Pachtverhältnis (N.) land tenure (N.)
Pachtvertrag (M.) lease (N.), tack (N.)
Pachtzins (M.) rent (N.), leasehold rent (N.)
pacta (N.Pl.) sunt servanda (lat.) agreements (N.Pl.) must be observed
pactum (N.) de non petendo (lat.) agreement (N.) not to sue
Pair (M.) peer (M.)
Pairing (N.) (parlamentarische Stimmrechtsbeschränkungsvereinbarung) pairing (N.)
Pairschub (M.) batch (N.) of new peers
Paket (N.) parcel (N.) (brit.), package (N.) (am.), block (N.)
Pakt (M.) pact (N.)
Palast (M.) palace (N.), palais (N.)
panaschieren cast (V.) one's vote for candidates of different parties
Pandekten (F.Pl.) pandects (N.Pl.)
Panzer (M.) (Panzerfahrzeug) tank (N.)
Panzer (M.) (Schutzpanzer) armour (N.)
Papier (N.) paper (N.), stationery (N.), document (N.), security (N.), stock (N.)
Papiergeld (N.) paper money (N.), paper currency (N.)
Papst (M.) Pope (M.)
Paragraph (M.) paragraph (N.), article (N.), clause (N.), section (N.)
Paraphe (F.) paraph (N.), initials (N.Pl.)
paraphieren initial (V.), paraph (V.)
Paraphierung (F.) initialling (N.) of treaty
Parentel (F.) parentela (N.)
Parität (F.) parity (N.)
paritätisch in equal numbers, on equal terms, at par
parken park (V.)
Parken (N.) parking (N.)
Parkplatz (M.) parking lot (N.), car park (N.)
Parlament (N.) parliament (N.)
Parlamentarier (M.) parlamentarian (M. bzw. F.)
Parlamentarierin (F.) parlamentarian (F.)
parlamentarisch parliamentary (Adj.)
Parlamentarischer Rat (M.) Parliamentary Council (N.)
Parlamentarismus (M.) parliamentarism (N.)
Parlamentsanklage (F.) articles of impeachment (N.Pl.)
Parlamentsgebäude (N.) Parliament Building (N.)
Partei (F.) party (N.)
Parteiänderung (F.) alteration (N.) in party
Parteiantrag (M.) motion (N.) submitted by a party
Parteibetrieb (M.) principle (N.) of party prosecution
Parteienfinanzierung (F.) financing (N.) of political parties
Parteienstaat (M.) party-state (N.)
Parteifähigkeit (F.) admissibility (N.) as a party in court
Parteigenosse (M.) party member (M. bzw. F.)
Parteigenossin (F.) party member (F.)
Parteiherrschaft (F.) party rule (N.)
parteiisch partial (Adj.), biased (Adj.), one-sided (Adj.), unfair (Adj.)
parteilich partial (Adj.), biased (Adj.)
Parteilichkeit (F.) partiality (N.), bias (N.)
Parteiprozess (M.) civil procedure (N.) based on the system of party prosecution
Parteivereinbarung (F.) contractual stipulation (N.), agreement (N.) by the parties
Parteivernehmung (F.) interrogation (N.) of a party, interrogatory (N.)
Parteiverrat (M.) prevaricatio (N.), double - crossing (N.) of a client by a lawyer
partiarisches Darlehen (N.) loan (N.) coupled with a share in the profits

partiarisches Verhältnis (N.) relationship (N.) with a share in the profits
partiell partial (Adj.)
Partikularrecht (N.) particular law (N.)
Partner (M.) partner (M. bzw. F.), fellow-member (M. bzw. F.)
Partnerin (F.) partner (F.), fellow-member (F.)
Partnerschaft (F.) partnership (N.)
Partnerschaftsbuch (N.) partnership book (N.)
Partnerschaftsgesellschaft (F.) partnership (N.)
Partnerschaftsregister (N.) partnership register (N.)
Parzelle (F.) parcel (N.), plot (N.), lot (N.), fractional tract (N.) of land
parzellieren parcel (V.) out, divide (V.) into lots
Pass (M.) passport (N.)
Passierschein (M.) pass (N.), permit (N.)
passiv passive (Adj.)
Passiva (N.Pl.) liabilities (N.Pl.)
passives Wahlrecht (N.) eligibility (N.), right (N.) to be elected
Passivlegitimation (F.) answerability (N.) as the proper party
Passivvertretung (F.) passive representation (N.)
Passpflicht (F.) obligation (N.) to carry a passport
Passrecht (N.) passports law (N.)
Pastor (M.) pastor (M. bzw. F.), minister (M. bzw. F.)
Pastorin (F.) pastor (F.), minister (F.)
Pate (M.) sponsor (M. bzw. F.), godfather (M.), godmother (F.), stand sponsor (M. bzw. F.), baron (M.)
Patenschaft (F.) sponsorship (N.), godparenthood (N.)
Patent (N.) patent (N.)
Patentamt (N.) patent office (N.), commissioner (M. bzw. F.) of patents (am.)
Patentanwalt (M.) patent agent (M. bzw. F.) (brit.), patent attorney (M. bzw. F.) (am.)
Patentanwältin (F.) patent agent (F.) (br.), patent attorney (F.) (am.)
Patentgericht (N.) patent court (N.)
patentieren patent (V.)
Patentinhaber (M.) patent holder (M. bzw. F.), patentee (M. bzw. F.)
Patentinhaberin (F.) patent holder (F.), patentee (F.)
Patentrecht (N.) patents law (N.), patent right (N.)
Patentverletzung (F.) patent infringement (N.), infringement (N.) of patent
Patient (M.) patient (M. bzw. F.)
Patientin (F.) patient (F.)
Patin (F.) godmother (F.), sponsor (F.), stand sponsor (F.)
Patrimonialgericht (N.) patrimonial court (N.)
Patrimonialgerichtsbarkeit (F.) patrimonial jurisdiction (N.)
Patrimonium (N.) patrimony (N.)
Patristik (F.) patristics (N.)
Patron (M.) patron (M. bzw. F.), sponsor (M. bzw. F.), protector (M. bzw. F.)
Patronat (N.) patronage (N.), sponsorship (N.)
Patrone (F.) cartridge (N.)
Patronin (F.) patron (F.), sponsor (F.), protector (F.)
Pauperismus (M.) pauperism (N.)
Pauschale (F.) inclusive sum (N.), inclusive charge (N.), flat rate (N.), global amount (N.)
Pause (F.) pause (N.), stop (N.), interval (N.), break (N.) (brit.), intermission (N.) (am.)
Pazifismus (M.) pacifism (N.)
Pension (F.) (Rente) pension (N.), retired pay (N.)
pensionieren pension off (V.)
peremptorisch peremptory (Adj.), strict (Adj.), commanding (Adj.)
peremptorische Einrede (F.) peremptory plea (N.), plea (N.) in bar, bar (N.)
Periode (F.) period (N.)
periodisch periodic (Adj.), periodical (Adj.)
perpetuatio (F.) fori (lat.) continued jurisdiction (N.)
Person (F.) person (M. bzw. F.), party (N.)
persona (F.) ingrata (lat.) persona (M. bzw. F.) non grata (lat.)
persona (F.) non grata (lat.) persona (M. bzw. F.) non grata (lat.)
Personal (N.) personnel (N.), staff (N.), employees (Pl.)
Personal Computer (M.) personal computer (N.)

Personalakte (F.) personal file (N.), personal dossier (N.)
Personalausweis (M.) identity card (N.)
Personalfirma (F.) personal-name firm (N.)
Personalfolium (N.) proprietorship register (N.)
Personalgerichtsbarkeit (F.) personal jurisdiction (N.)
Personalgesellschaft (F.) partnership (N.), close company (N.)
Personalhoheit (F.) ultimate jurisdiction (N.) for appointments
Personalie (F.) personal datum (N.)
Personalinformationssystem (N.) personal information system (N.)
Personalität (F.) personality (M. bzw. F.)
Personalitätsprinzip (N.) principle (N.) of personality
Personalkörperschaft (F.) public-law corporation (N.) whose membership depends on personal facts
Personalkredit (M.) personal loan (N.), personal credit (N.), fiduciary loan (N.)
Personalrat (M.) staff council (N.)
Personalstatut (N.) (Personalstatut im internationalen Privatrecht) personal statutes (N.Pl.)
Personalunion (F.) personal union (N.)
Personalversammlung (F.) staff meeting (N.)
Personalvertretung (F.) staff representation (N.), personnel committee (N.)
Personenbeförderung (F.) passenger transportation (N.)
Personenbeförderungsrecht (N.) law (N.) concerning passenger transportation
Personengesellschaft (F.) partnership (N.), close company (N.)
Personenrecht (N.) law (N.) concerning persons, law (N.) of persons
Personenschaden (M.) personal injury (N.), physical damage (N.)
Personensorge (F.) care and custody (N.)
Personenstand (M.) civil status (N.), family status (N.), personal status (N.)
Personenstandsbuch (N.) register (N.) of births deaths and marriages (brit.), register (N.) of births marriages and burials (am.)
Personenstandsfälschung (F.) fraudulent alteration (N.) of civil status
Personenvereinigung (F.) association (N.)
Personenversicherung (F.) personal insurance (N.)
persönlich personal (Adj.), private (Adj.), in person
persönliche Haftung (F.) personal liability (N.), private liability (N.)
persönlicher Strafaufhebungsgrund (M.) reason (N.) in personam for withdrawing punishment
persönlicher Strafausschließungsgrund (M.) personal legal reason in personam for exemption from punishment
persönliches Erscheinen (N.) personal appearance (N.), appearance (N.) in person
Persönlichkeit (F.) personality (N.)
Persönlichkeitsrecht (N.) right (N.) of personality
pervers perverse (Adj.)
Petition (F.) petition (N.)
Petitionsausschuss (M.) committee (N.) on public petitions
Petitionsrecht (N.) right (N.) of petition
petitorischer Anspruch (M.) claim (N.) under a property
Petschaft (F.) signet (N.), seal (N.)
Pfand (N.) pawn (N.), pledge (N.), security (N.)
Pfandbrief (M.) mortgage bond (N.), mortgage-bank bond (N.)
Pfandbriefinhaber (M.) bondholder (M. bzw. F.), debenture holder (M. bzw. F.)
Pfandbriefinhaberin (F.) bondholder (F.), debenture holder (F.)
pfänden levy (V.), take (V.) in execution, distrain (V.), seize (V.), attach (V.)
Pfandgläubiger (M.) pledgee (M. bzw. F.), pawnee (M. bzw. F.), lienholder (M. bzw. F.)
Pfandgläubigerin (F.) pledgee (F.), pawnee (F.), lienholder (F.)
Pfandkehr (F.) unlawful recovery (N.) of pledged goods
Pfandleiher (M.) pawnbroker (M. bzw. F.)
Pfandleiherin (F.) pawnbroker (F.)
Pfandnehmer (M.) pledgee (M. bzw. F.), pawnee (M. bzw. F.), mortgagee (M. bzw. F.)
Pfandnehmerin (F.) pledgee (F.), pawnee (F.), mortgagee (F.)
Pfandrecht (N.) lien (N.), right (N.) of lien, pledge (N.)

Pfandsiegel (N.) bailiff's stamp (N.)
Pfändung (F.) levy (N.) of execution, distress (N.), distraint (N.), seizure (N.), attachment (N.)
Pfändungsbeschluss (M.) attachment order (N.), distress warrant (N.), garnishee order (N.)
Pfändungspfandrecht (N.) execution lien (N.), lien (N.) by attachment
Pfändungsschutz (M.) exemption (N.) from execution, exemption (N.) from distraint
Pfandverkauf (M.) distress sale (N.)
Pfarre (F.) parish (N.)
Pfarrer (M.) priest (M.)
Pfarrerin (F.) priest (F.)
Pflanzenschutz (M.) plant protection (N.)
Pflege (F.) care (N.), nursing (N.), maintenance (N.)
Pflegeeltern (Pl.) foster-parents (Pl.)
Pflegekind (N.) foster child (N.)
Pflegemutter (F.) foster-mother (F.)
pflegen take (V.) care of, nurse (V.), look after (V.)
Pfleger (M.) curator (M. bzw. F.), guardian (M. bzw. F.), custodian (M. bzw. F.)
Pfleger (M.) (Krankenpfleger) male nurse (M.)
Pflegerecht (N.) care law (N.), nursing law (N.)
Pflegerin (F.) curator (F.), guardian (F.), custodian (F.), nurse (F.)
Pflegevater (M.) foster-father (M.)
Pflegeversicherung (F.) nursing and care insurance (N.)
Pflegling (M.) ward (M. bzw. F.), person (M. bzw. F.) subject to curatorship
Pflegschaft (F.) curatorship (N.), tutelage (N.), trusteeship (N.)
Pflicht (F.) duty (N.), obligation (N.)
Pflichtenkollision (F.) conflict (N.) of duties, clash (N.) of responsibilities
Pflichtenverhältnis (N.) relationship (N.) of legal duties
Pflichtexemplar (N.) statutory copy (N.), duty copy (N.)
Pflichtteil (M.) compulsory portion (N.), statutory portion (N.), dower (N.)
Pflichtteilergänzungsanspruch (M.) right (N.) to augmentation of compulsory portion
Pflichtteilsberechtigte (F.) person entitled to a compulsory portion
Pflichtteilsberechtigter (M.) person (M. bzw. F.) entitled to a compulsory portion
Pflichtteilsrestanspruch (M.) claim (N.) to a residuary compulsory portion
Pflichtverletzung (F.) breach (N.) of duty, misfeasance (N.), dereliction (N.) of duty
Pflichtversicherung (F.) compulsory insurance (N.), obligatory insurance (N.)
Pflichtverteidiger (M.) official-defence counsel (M. bzw. F.), court-appointed counsel (M. bzw. F.)
Pflichtverteidigerin (F.) official-defence counsel (F.), court-appointed counsel (F.)
Pfründe (F.) sinecure (N.)
Pfund (N.) pound (N.)
Philosophie (F.) philosophy (N.)
physisch physical (Adj.)
Pirat (M.) pirate (M. bzw. F.)
Piratensender (M.) pirate radio (N.)
Piraterie (F.) piracy (N.)
Piratin (F.) pirate (F.)
Pistole (F.) pistol (N.), gun (N.)
plädieren plead (V.), sum (V.) up
Plädoyer (N.) pleading (N.), summing up (N.)
Plagiat (N.) plagiarism (N.), literary piracy (N.)
Plagiator (M.) plagiarist (M. bzw. F.), pirate (M. bzw. F.)
Plagiatorin (F.) pirate (F.)
plagiieren plagiarize (V.), pirate (V.)
Plakette (F.) badge (N.), medal (N.)
Plan (M.) plan (N.), scheme (N.), project (N.), design (N.)
planen plan (V.), design (V.)
Planfeststellung (F.) project approval (N.)
Planfeststellungsbeschluss (M.) project-determination ruling (N.)
Plangewährleistungsanspruch (M.) claim (N.) to the compliance with a project-plan
Planstelle (F.) established post (N.)
Planung (F.) planning (N.), organization (N.)
Planwirtschaft (F.) planned economy (N.), centrally managed economy (N.)
Platz (M.) place (N.), point (N.), room (N.), space (N.), locality (N.), site (N.), seat (N.), position (N.), ground (N.)
Platzgeschäft (N.) spot contract (N.), local transaction (N.)
plausibel plausible (Adj.)

Plebiszit (N.) plebiscite (N.)
plebiszitär plebiscitary (Adj.)
plebiszitäre Demokratie (F.) plebiscitary democracy (N.)
Pleite (F.) failure (N.), bankruptcy (N.), smash (N.) (brit.), bust (N.) (am.)
Pleitegeier (M.) threat (N.) of bankruptcy
Plenarausschuss (M.) Committee of the Whole House (N.)
Plenum (N.) plenum (N.), general assembly (N.), plenary session (N.)
Plombe (F.) (Verschlusssicherung) lead seal (N.), seal (N.)
plombieren seal (V.), lead (V.)
Plünderer (M.) plunderer (M. bzw. F.), pillager (M. bzw. F.), looter (M. bzw. F.)
Plündererin (F.) plunderer (F.), pillager (F.), looter (F.)
plündern plunder (V.), pillage (V.), loot (V.), maraud (V.)
Plünderung (F.) plundering (N.), pilferage (N.), looting (N.)
Pluralismus (M.) pluralism (N.)
Plutokratie (F.) plutocracy (N.)
Pogrom (N.) pogrom (N.)
Police (F.) insurance policy (N.)
Politik (F.) (Politik im allgemeinen) politics (N.)
Politik (F.) (spezielle Vorgangsweise) policy (N.)
Politikwissenschaft (F.) political science (N.)
politisch political (Adj.)
politische Verdächtigung (F.) political suspicion (N.)
Polizei (F.) police (N.), police force (N.)
Polizeichef (M.) marshal (M. bzw. F.) (am.)
Polizeichefin (F.) marshall (F.) (am.)
polizeilich police (Adj.), by the police
polizeiliche Generalklausel (F.) blanket clause (N.) of the police
Polizeiordnung (F.) ordinance (N.) on the police
Polizeirecht (N.) police law (N.)
Polizeistaat (M.) police state (N.)
Polizeistunde (F.) closing time (N.), closing hour (N.)
Polizeiverfügung (F.) police order (N.)
Polizeiverordnung (F.) police ordinance (N.)
Polizeiverwaltung (F.) police administration (N.)
Polizeiverwaltungsgesetz (N.) police administration act (N.)
Polizeivollzugsdienst (M.) law enforcement officers' service (N.)
Polizist (M.) policeman (M.), police officer (M. bzw. F.), lawman (M.) (am.)
Polizistin (F.) policewoman (F.), police officer (F.), lawwoman (F.) (am.)
polygam polygamous (Adj.)
Polygamie (F.) polygamy (N.)
Polygraph (M.) polygraph, lie detector (N.)
Pontifikat (N.) pontificate (N.)
Popularklage (F.) taxpayer's suit (N.), relator action (N.)
Pornographie (F.) pornography (N.)
pornographisch pornographic (Adj.)
Porto (N.) postage (N.)
positiv positive (Adj.)
positive Forderungsverletzung (F.) breach (N.) of contract
positives Interesse (N.) interest (N.) in the performance of the contract
positives Recht (N.) positive law (N.)
Positivismus (M.) positivism (N.)
possessorisch possessory (Adj.)
possessorische Klage (F.) possessory action (N.)
possessorischer Anspruch (M.) possessory claim (N.)
Post (F.) post (N.) (brit.), mail (N.) (am.)
Postamt (N.) post office (N.) (brit.), mail office (N.) (am.)
Postanweisung (F.) postal money order (N.), postal remittance (N.), money order (N.) (brit.)
Postgeheimnis (N.) postal secrecy (N.) (brit.), secrecy (N.) of mail (am.)
Postgesetz (N.) Post Act (N.)
Postkarte (F.) post card (N.)
postlagernd post restante (Adj.)
Postleitzahl (F.) post code (N.) (brit.), zip code (N.) (am.)
Postscheck (M.) postal cheque (N.) (brit.), postal check (N.) (am.)
Postulationsfähigkeit (F.) right (N.) of audience, capacity (N.) to conduct a case in court
postulieren postulate (V.), demand (V.), claim (V.)
postum posthumous (Adj.)

potent potent (Adj.)
potentiell potential (Adj.), possible (Adj.)
potentielles Unrechtsbewusstsein (N.) potential guilty knowlegde (N.)
Potsdamer Abkommen (N.) Potsdam Agreement (N.)
Präambel (F.) preamble (N.)
Präfekt (M.) prefect (M. bzw. F.)
Präfektin (F.) prefect (F.)
Prägestempel (M.) (Prägestempel im angloamerikanischen Recht) impressed seal (N.)
Präjudiz (N.) judicial precedent (N.), prejudication (N.), precedent (N.)
Präklusion (F.) preclusion (N.), foreclosure (N.)
Praktik (F.) practice (N.) (brit.), practise (N.) (am.)
Praktikant (M.) trainee (M. bzw. F.), intern (M. bzw. F.) (am.)
Praktikantin (F.) trainee (F.), intern (F.) (am.)
Prälat (M.) prelate (M.)
Prälegat (N.) preferential legacy (N.)
Prämie (F.) premium (N.), bonus (N.)
Pranger (M.) pillory (N.)
Prärogative (F.) prerogative (N.)
Präses (M.) chairman (M.)
Präsident (M.) president (M. bzw. F.)
Präsidentin (F.) president (F.)
Präsidialdemokratie (F.) presidential democracy (N.)
Präsidialrat (M.) presidential council (N.)
Präsidin (F.) chairwoman (F.)
Präsidium (N.) presidium (N.), presiding committee (N.), executive board (N.)
Präsumption (F.) presumtion (N.), assumption (N.)
Prätendent (M.) pretender (M. bzw. F.), claimant (M. bzw. F.)
Prätendentenstreit (M.) interpleader issue (N.)
Prätendentin (F.) pretender (F.), claimant (F.)
Prävarikation (F.) prevarication (N.)
Prävention (F.) prevention (N.)
präventiv preventive (Adj.)
präventives Verbot (N.) preventive interdiction (N.)
Praxis (N.) practice (N.) (brit.), practise (N.) (am.), practical experience (N.)
Präzedenz (F.) precedence (N.)
Präzedenzfall (M.) judicial precedent (N.), leading decision (N.)
Präzedenzregel (F.) (Präzedenzregel im angloamerikanischen Recht rule (N.) of precedent
Preis (M.) (Belohnung) prize (N.), award (N.)
Preis (M.) (Kaufpreis) price (N.), cost (N.), rate (N.), tariff (N.)
Preisausschreiben (N.) prize contest (N.), prize competition (N.)
Preisbindung (F.) control (N.) of prices, price fixing (N.), price control (N.)
Preisempfehlung (F.) price recommendation (N.)
Preisgabe (F.) abandonment (N.), surrender (N.), give-away (N.), disclosure (N.)
preisgeben abandon (V.), give (V.) up, relinquish (V.)
Preisgefahr (F.) seller's risk (N.) as to the loss of the purchase price
Preisklauselverordnung (F.) price clause regulation (N.)
Preistreiberei (F.) forcing-up (N.) of prices, deliberate overcharging (N.), puffing (N.), profiteering (N.)
Premierminister (M.) premier (M. bzw. F.), prime minister (M. bzw. F.)
Premierministerin (F.) premier (F.), prime minister (F.)
Presse (F.) (Gesamtheit der Druckerzeugnisse) press (N.), newspapers (N.Pl.)
Pressedelikt (N.) offence (N.) by press publication
Pressefreiheit (F.) freedom (N.) of press
Presserat (M.) Press Council (N.)
Presserecht (N.) press law (N.)
Preußen (N.) Prussia (F.)
Priester (M.) priest (M.)
prima-facie-Beweis (M.) prima facie evidence (N.)
Primat (M.) primacy (N.)
Prime Rate (N.) (engl.) prime rate (N.)
Primogenitur (F.) primogeniture (N.)
Prinz (M.) prince (M.)
Prinzessin (F.) princess (F.)
Prinzip (N.) principle (N.), doctrine (N.)
Prinzipal (M.) principal (M. bzw. F.), head (M. bzw. F.) of a business, employer (M. bzw. F.)

Prinzipalin (F.) principal (F.), head (F.) of a business, employer (F.)
prinzipiell in principal
Prior (M.) prior (M.)
Priorität (F.) priority (N.), precedence (N.)
Prioritätsprinzip (N.) principle (N.) of priority
Prise (F.) prize (N.), naval prize (N.), prize (N.) of war
privat private (Adj.), personal (Adj.)
Privatautonomie (F.) doctrine (N.) of privity of contract
Privatdozent (M.) private lecturer (M. bzw. F.)
Privatdozentin (F.) private lecturer (F.)
Privateigentum (N.) private property (N.), private ownership (N.)
privatisieren privatize (V.), transfer (V.) to private ownership
Privatisierung (F.) denationalization (N.), transfer (N.) to private ownership
privativ privative (Adj.)
privative Schuldübernahme (F.) assumption (N.) of a debt with full discharge of original debtor
Privatklage (F.) private prosecution (N.)
Privatkläger (M.) private prosecutor (M. bzw. F.)
Privatklägerin (F.) private prosecutor (F.)
Privatrecht (N.) private law (N.)
Privatschule (F.) independent school (N.) (brit.), endowed school (N.) (am.)
Privatstraße (F.) private road (N.)
Privaturkunde (F.) private document (N.)
Privatversicherungsrecht (N.) private insurance law (N.)
Privileg (N.) privilege (N.), special right (N.)
privilegieren privilege (V.), grant (V.) a privilege
privilegiert privileged (Adj.)
privilegierte Straftat (F.) privileged offence (N.)
Probe (F.) (Muster) sample (N.), specimen (N.)
Probe (F.) (Prüfung) test (N.), trial (N.)
Produkt (N.) product (N.)
Produktfehler (M.) product defect (N.)
Produkthaftung (F.) product liability (N.)
Produktpiraterie (F.) counterfeit merchandise (N.)
Produktsicherheitsgesetz (N.) Product Safety Act (N.)
Produzent (M.) producer (M. bzw. F.), manufacturer (M. bzw. F.)
Produzentenhaftung (F.) product liability (N.)
Produzentenleasing (N.) producer's leasing (N.)
Produzentin (F.) producer (F.), manufacturer (F.)
produzieren produce (V.), manufacture (V.)
Professor (M.) professor (M. bzw. F.)
Professorin (F.) professor (F.)
Professur (F.) professorship (N.)
Prognose (F.) preview (N.), prognosis (N.), prediction (N.)
Programm (N.) program (N.), programme (N.) (brit.)
Progression (F.) progression (N.), progressive scale (N.)
progressiv progressive (Adj.)
Prokura (F.) full commercial power (N.) of representation
Prokurator (M.) procurator (M. bzw. F.), proctor (M. bzw. F.)
Prokuratorin (F.) procurator (F.), proctor (F.)
Prokurist (M.) authorized signatory (M. bzw. F.), fully authorized officer (M. bzw. F.)
Prokuristin (F.) authorized signatory (F.), fully authorized officer (F.)
Proletarier (M.) proletarian (M. bzw. F.)
Proletarierin (F.) proletarian (F.)
Prolongation (F.) prolongation (N.), extension (N.)
prolongieren prolong (V.), extend (V.), carry (V.) over
Promotion (F.) awarding (N.) of a doctorate
Promotionsverfahren (N.) procedure (N.) in awarding a doctorate
promovieren obtain (V.) a doctorate
Promulgation (F.) promulgation (N.)
Properhändler (M.) trader (M. bzw. F.) on own account
Properhändlerin (F.) trader (F.) on own account
Proportion (F.) proportion (N.)
proportional proportional (Adj.), proportionate (Adj.)

Proporz (M.) proportional representation (N.)
Propst (M.) provost (M.)
Prorektor (M.) pro-rector (M. bzw. F.)
Prorektorin (F.) pro-rector (F.)
Prorogation (F.) prorogation (N.) of jurisdiction
Prostituierte (F.) prostitute (F.)
Prostitution (F.) prostitution (N.)
protegieren patronize (V.), sponsor (V.)
Protektorat (N.) protectorate (N.)
Protest (M.) protest (N.)
protestieren protest (V.), remonstrate (V.), object (V.)
Protokoll (N.) (Niederschrift einer Gerichtsverhandlung) record (N.), record (N.) of proceedings
Protokoll (N.) (Niederschrift einer Sitzung) minutes (N.Pl.)
Protokoll (N.) (übliche Verfahrensweise im Völkerrecht) protocol (N.)
Protokollant (M.) (Protokollführer bei Gerichtsverhandlungen) clerk (M. bzw. F.) of the court
Protokollant (M.) (Protokollführer bei Sitzungen) keeper (M. bzw. F.) of the minutes
Protokollantin (F.) clerk (F.) of the court, keeper (F.) of the minutes
protokollieren take (V.) down the minutes, record (V.), minute (V.)
Provinz (F.) province (N.)
Provision (F.) commission (N.), factorage (N.), brokerage (N.)
Provokateur (M.) agent provocateur (M. bzw. F.) (franz.)
Provokation (F.) provocation (N.)
provozieren provoke (V.)
Prozedur (F.) procedure (N.), process (N.)
Prozent (N.) per cent (N.)
Prozess (M.) lawsuit (N.), legal proceedings (N.Pl.), trial (N.), procedure (N.), court case (N.)
Prozessagent (M.) law agent (M. bzw. F.)
Prozessagentin (F.) law agent (F.)
Prozessanwalt (M.) barrister (M. bzw. F.) (brit.)
Prozessanwältin (F.) barrister (F.)
Prozessbetrug (M.) deceitful plea (N.), malicious use (N.) of process
Prozessbevollmächtigte (F.) counsel (F.), attorney (F.) of record (am.)
Prozessbevollmächtigter (M.) counsel (M. bzw. F.), attorney (M. bzw. F.) of record (am.)
prozessfähig fit (Adj.) to plead, having (Adj.) capacity to sue
Prozessfähigkeit (F.) capacity (N.) to sue and to be sued
Prozessformular (N.) process form (N.), court form (N.)
Prozessführung (F.) conduct (N.) of a case, trial conduct (N.)
Prozessführungsbefugnis (F.) standing (N.) to sue
Prozessgebühr (F.) general fee (N.) for court proceedings
Prozessgericht (N.) trial court (N.)
Prozesshandlung (F.) step (N.) in the proceedings
Prozesshandlungsvoraussetzung (F.) preconditions (N.Pl.) of the pleadings
Prozesshindernis (N.) bar (N.) of trial, impediment (N.) to an action
prozessieren sue (V.), carry (V.) on a lawsuit, litigate (V.)
Prozesskosten (F.Pl.) costs (N.Pl.) of litigation, legal charges (N.Pl.), law costs (N.Pl.), costs (N.Pl.)
Prozesskostenhilfe (F.) legal aid (N.), green form scheme (N.)
Prozesskostenvorschuss (M.) advance payment (N.) of costs, suit money (N.)
Prozessordnung (F.) code (N.) of procedure, court rules (N.Pl.)
Prozesspartei (F.) (Prozesspartei im angloamerikanischen Recht) litigant (M. bzw. F.)
Prozessrecht (N.) procedural law (N.), law (N.) of procedure
Prozessstandschaft (F.) standing (N.) to sue doctrine, representative action (N.)
Prozesstaktik (F.) lawyer's tactics (N.Pl.) during the legal proceedings
Prozesstrennung (F.) severance (N.) of action
prozessual procedural (Adj.)
prozessunfähig unfit (Adj.) to plead
Prozessurteil (N.) judgement (N.) on procedural grounds
Prozessvergleich (M.) court settlement (N.), compromise (N.) in court

Prozessverschleppung (F.) protracting (N.) of a lawsuit, dilatory methods (N.Pl.)
Prozessvertrag (N.) court contract (N.), process contract (N.)
Prozessvollmacht (F.) power (N.) of attorney for legal proceedings, retainer (N.)
Prozessvoraussetzung (F.) procedural requirement (N.)
prüfen test (V.), inspect (V.), review (V.), investigate (V.), examine (V.), verify (V.)
Prüfer (M.) tester (M. bzw. F.), inspector (M. bzw. F.), auditor (M. bzw. F.)
Prüferin (F.) tester (F.), inspector (F.), auditor (F.)
Prüfling (M.) candidate (M. bzw. F.), examinee (M. bzw. F.)
Prüfung (F.) examination (N.), check (N.), test (N.), inspection (N.), trial (N.)
Prüfungsordnung (F.) examination regulations (N.Pl.)
prügeln beat (V.), whip (V.), flog (V.)
Prügelstrafe (F.) corporal punishment (N.), whipping (N.)
Pseudonym (N.) pseudonym (N.)
Psyche (F.) psyche (N.), mind (N.)
Psychiatrie (F.) psychiatry (N.)
psychisch psychic (Adj.), psychical (Adj.)
Psychologie (F.) psychology (N.)
Psychopath (M.) psychopath (M. bzw. F.)
Psychopathie (F.) psychopathy (N.)
Psychopathin (F.) psychopath (F.)
psychopathisch psychopathic (Adj.)
Psychose (F.) psychosis (N.)
Psychotherapeutengesetz (N.) Psychotherapist Act (N.)
Psychotherapie (F.) psychopathology (N.)
publik public (Adj.), generally known (Adj.)
Publikum (N.) audience (N.), public (N.)
Publikumsgesellschaft (F.) open corporation (N.)
Publizität (F.) publicity (N.), public disclosure (N.)
Publizitätsprinzip (N.) principle (N.) of public disclosure
Puff (M.) brothel (N.), whorehouse (N.), crip (N.) (am.)
Punktation (F.) punctation (N.), draft (N.) of a contract, binder (N.)
Putativgefahr (F.) putative danger (N.)
Putativnotstand (M.) imaginary necessity (N.)
Putativnotwehr (F.) imaginary self-defence (N.)
Putsch (M.) putsch (N.), coup (N.) d'état (franz.)
putschen carry out (V.) a putsch, carry (V.) out a coup d'état

Q

Qualifikation (F.) (Ausbildung) qualification (N.)
Qualifikation (F.) (Einordnung) qualification (N.), classification (N.)
qualifiziert (bestimmt) qualified (Adj.), specified (Adj.), aggravated (Adj.)
qualifiziert (gut ausgebildet) qualified (Adj.), skilled (Adj.)
qualifizierte Mehrheit (F.) special majority (N.)
qualifizierte Straftat (F.) qualified offence (N.), aggravated crime (N.)
qualifizierter Versuch (M.) qualified attempt (N.)
Quartal (N.) quarter (N.), term (N.)
quasi (Partik.) quasi (Partik.), in a way
Quasidelikt (N.) quasi-tort (N.)
Quasikontrakt (M.) quasi-contract (N.)
quasinegatorisch quasi-negating
Quasisachgerichtsbarkeit (F.) quasi in rem jurisdiction (N.)
Quasisteuer (F.) quasi-tax (N.)
quasivertraglich quasi-contractual (Adj.)
Quästur (F.) (Rechnungsbehörde an Universitäten) bursar's office (N.)
Quelle (F.) origin (N.), source (N.)
Quellensteuer (F.) tax (N.) at source, withholding tax (N.)
Querulant (M.) quareller (M. bzw. F.), troublemaker (M. bzw. F.)
Querulantin (F.) quareller (F.), troublemaker (F.)
Querulanz (F.) troublemaking (N.)
querulieren grumble (V.), be (V.) querelous
quittieren receipt (V.), give (V.) a receipt
Quittung (F.) written receipt (N.)
Quorum (N.) quorum (N.)
Quote (F.) quota (N.), proportional share (N.)
Quotenaktie share (N.) without par value

Quotenvorrecht (N.) preferential quota (N.) of damages
quotieren quote (V.)
Quotierung (F.) quotation (N.)

R

Rabatt (M.) discount (N.), rebate (N.), reduction (N.)
Rache (F.) revenge (N.), vengeance (N.), retalisation (N.)
rächen revenge (V.), avenge (V.)
Rädelsführer (M.) ringleader (M. bzw. F.), leader (M. bzw. F.) of a gang
Rädelsführerin (F.) ringleader (F.), leader of a gang (F.)
rädern break (V.) someone on the wheel
radikal radical (Adj.)
Radikalismus (M.) radicalism (N.)
Rahmen (M.) framework (N.), scope (N.), setting (N.)
Rahmengesetzgebung (F.) framework legislation (N.)
Rahmenkompetenz (F.) competence (N.) to issue framework legislation
Rahmenrecht (N.) fundamental - principle right (N.), general right (N.)
Rahmenvorschrift (F.) general regulation (N.)
Rakete (F.) rocket (N.)
randalieren rampage (V.), make (V.) a row
Rang (M.) rank (N.), status (N.)
Rangänderung (F.) change (N.) in priority
Rangordnung (F.) order (N.) of rank, ranking (N.), order (N.) of priorities
Rangverhältnis (N.) rank (N.), priority (N.)
Rangvorbehalt (M.) reservation (N.) of priority
Rapport (M.) report (N.)
Räson (F.) reason (N.)
Rasse (F.) race (N.), racial group (N.)
Rassendiskriminierung (F.) racial discrimination (N.)
Rassenschande (F.) race defilement (N.)
rassisch racial (Adj.)
Rassismus (M.) racism (N.)
rassistisch racist (Adj.)
Raster (N.) pattern (N.)
Rasterfahndung (F.) search (N.) for wanted persons by screening devices
Rat (M.) (Berater) counsel (M. bzw. F.)
Rat (M.) (Beratergremium) council (N.)
Rat (M.) (Ratschlag) advice (N.), council (N.)
Rate (F.) rate (N.), part-payment (N.), installment (N.)
Ratengeschäft (N.) installment trading (N.), hire-purchase (N.)
Ratenkauf (M.) hire purchase (N.)
Ratenzahlung (F.) payment (N.) by installments, deferred payment (N.), installment plan (N.) (am.)
Räterepublik (F.) republic (N.) governed by commissars
Raterteilung (F.) giving (N.) of advice
Rathaus (N.) town hall (N.), city hall (N.)
Rathauspartei (F.) local political party (N.)
Ratifikation (F.) ratification (N.)
ratifizieren ratify (V.)
ratio (F.) (lat.) logical reason (N.), sense (N.), rationale (N.)
Raub (M.) robbery (N.)
rauben rob (V.), commit (V.) robbery
Räuber (M.) robber (M. bzw. F.)
Räuberin (F.) robber (F.)
räuberisch predatory (Adj.), rapacious (Adj.)
räuberische Erpressung (F.) extortionary robbery (N.)
räuberischer Diebstahl (M.) violent larceny (N.)
Raubmord (M.) murder (N.) and robbery (N.)
Raubüberfall (M.) armed-robbery (N.), stick-up (N.)
Rauch (M.) smoke (N.), steam (N.), vapour (N.), fume (N.)
rauchen smoke (V.), fume (V.)
Rauchverbot (N.) ban (N.) on smoking
raufen fight (V.), tussle (V.)
Raufhandel (M.) joint assault (N.), affray (N.)
Raum (M.) (Gegend) area (N.), region (N.)
Raum (M.) (Platz) space (N.), room (N.)
räumen remove (V.), clear (V.) away, sweep (V.), dredge (V.), vacate (V.), evacuate (V.), leave (V.), sell (V.) off
Raumordnung (F.) regional planning (N.)
Raumplanung (F.) regional planning (N.)
Räumung (F.) removal (N.), clearing (N.), clearance (N.), eviction (N.) (brit.), ejectment (N.) (am.), quitting (N.)

Räumungsklage (F.) action (N.) of eviction (brit.), action (N.) of ejectment (am.)
Räumungsverkauf (M.) clearance sale (N.)
Rausch (M.) inebriety (N.), intoxication (N.)
Rauschgift (N.) drug (N.), narcotic (N.), narcotic drug (N.)
Rauschtat (F.) offence (N.) committed in the state of intoxication
Razzia (F.) police raid (N.), roundup (N.), raid (N.)
Reaktion (F.) (Gegenhandlung) reaction (N.), response (N.)
Reaktion (F.) (Nichtfortschrittlichkeit) reaction (N.), reactionary movement (N.)
reaktionär reactionary (Adj.)
Reaktionär (M.) reactionary (M. bzw. F.)
Reaktionärin (F.) reactionary (F.)
Reaktionszeit (F.) reaction time (N.), thinking distance (N.)
real (dinglich) material (Adj.), substantial (Adj.), substantive (Adj.)
real (wirklich) real (Adj.), actual (Adj.)
Realakt (M.) physical act (N.)
Realfolium (N.) land register folio (N.)
Realgemeinde (F.) village community (N.) with common property
Realinjurie (F.) insult (N.) by physical act
Realkonkurrenz (F.) accumulation (N.) of offences
Realkontrakt (M.) executed treaty (N.)
Realkredit (M.) real-estate loan (N.), credit (N.) on real estate
Reallast (F.) land charge (N.)
Realrecht (N.) real-estate right (N.), real-estate encumbrance (N.)
Realunion (F.) real union (N.)
Realvertrag (M.) executed treaty (N.)
Rebell (M.) rebell (M. bzw. F.), insurgent (M. bzw. F.)
rebellieren rebel (V.), mutiny (V.)
Rebellin (F.) rebell (F.), insurgent (F.)
Rebellion (F.) rebellion (N.), revolt (N.)
Rechenschaft (F.) account (N.), rendering (N.) of account
Rechenschaftslegungspflicht (F.) liability (N.) to account, accountability (N.)
rechnen calculate (V.), count (V.), estimate (V.), expect (V.)
Rechnung (F.) bill (N.), invoice (N.), sales bill (N.), account (N.), note (N.) of costs
Rechnungshof (M.) audit office (N.), General Accounting Office (N.) (am.)
Rechnungsjahr (N.) financial year (N.), fiscal year (N.)
Rechnungslegung (F.) submission (N.) of accounts, rendering (N.) account
Rechnungsprüfer (M.) auditor (M. bzw. F.), comptroller (M. bzw. F.), accountant (M. bzw. F.)
Rechnungsprüferin (F.) auditor (F.), accountant (F.)
Rechnungsprüfung (F.) audit (N.)
Recht (N.) (Rechtsanspruch) right (N.), interest (N.), title (N.)
Recht (N.) (Rechtsordnung) law (N.)
Recht (N.) am eigenen Bild privilege (N.) as to one's own image
Recht (N.) am eingerichteten und ausgeübten Gewerbebetrieb right (N.) to one's business establishment
Recht (N.) nach common law (Recht nach common law im angloamerikanischen Recht) legal title (N.)
Recht (N.) nach equity (Recht nach equity im angloamerikanischen Recht) equitable title (N.)
rechtfertigen justify (V.), warrant (V.)
Rechtfertigung (F.) justification (N.), warranty (N.)
Rechtfertigungselement (N.) element (N.) of justification
Rechtfertigungsgrund (M.) legal justification (N.), ground (N.) of justification, privilege (N.)
rechtlich legal (Adj.), jural (Adj.), juridical (Adj.)
rechtliche Einwendung (F.) demurrer (N.)
rechtliches Gehör (N.) due process (N.) of law
rechtlos rightless (Adj.), without rights, deprived (Adj.) of rights
Rechtlosigkeit (F.) rightlessness (N.)
rechtmäßig lawful (Adj.), legitimate (Adj.), legal (Adj.), proper (Adj.)
Rechtmäßigkeit (F.) lawfulness (N.), legality (N.), legitimacy (N.)
Rechtsakt (M.) legally relevant act (N.), legally relevant conduct (N.)
Rechtsakte (F.) der Europäischen Gemeinschaften legally relevant act (N.) of the European Community

Rechtsakzeptanz (F.) acceptance (N.) of law
Rechtsanalogie (F.) analogous law (N.)
Rechtsanspruch (M.) legal claim (N.), title (N.)
Rechtsanwalt (M.) lawyer (M. bzw. F.), solicitor (M. bzw. F.) (brit.), attorney (M. bzw. F.) (am.), attorney (M. bzw. F.) at law (am.), advocate (M. bzw. F.)
Rechtsanwältin (F.) lawyer (F.), solicitor (F.) (brit.), attorney (F.) (am.), attorney (F.) at law (am.), advocate (F.)
Rechtsanwaltsfachangestellte (F.) skilled clerk (F.) in a law office
Rechtsanwaltsfachangestellter (M.) skilled clerk (M. bzw. F.) in a law office
Rechtsanwaltsgehilfe (M.) clerk (M. bzw. F.) in a law office
Rechtsanwaltsgehilfin (F.) clerk (F.) in a law office
Rechtsanwendung (F.) application (N.) of law
Rechtsaufsicht (F.) supervisory control (N.), legal supervision (N.)
Rechtsausschuss (M.) Law Commission (N.) (brit.)
Rechtsausübung (F.) exercise (N.) of a right
Rechtsbegriff (M.) legal conception (N.), nomen (N.) juris
Rechtsbehelf (M.) legal redress (N.), legal remedy (N.), judicial remedy (N.)
Rechtsbehelfsbelehrung (F.) instruction (N.) about legal remedies available
Rechtsbeistand (M.) legal counsel (M. bzw. F.), legal assistance (N.), advocate (M. bzw. F.)
Rechtsbeiständin (F.) legal counsel (F.), advocate (F.)
Rechtsberater (M.) legal adviser (M. bzw. F.), counsellor (M. bzw. F.) (am.)
Rechtsberaterin (F.) legal adviser (F.), counsellor (F.) (am.)
Rechtsberatung (F.) legal advice (N.), legal aid (N.)
Rechtsbereinigung (F.) repealing (N.) obsolete statutes
Rechtsbeschwerde (F.) appeal (N.) on points of law
Rechtsbesitz (M.) legal possession (N.), naked possession (N.)
Rechtsbeugung (F.) perversion (N.) of justice, perversion (N.) of law, miscarriage (N.) of justice
Rechtsbindungswille (M.) willingness (N.) to enter into a commitment
Rechtsblindheit (F.) recklessly ignoring (N.) the law
Rechtsdogmatik (F.) dogmatics (N.) of law
Rechtseinheit (F.) legal uniformity (N.)
Rechtsentscheid (M.) legal decision (N.)
Rechtserwerb (M.) acquisition (N.) of a right, acquisition (N.) of a title
Rechtsetzung (F.) legislation (N.)
rechtsfähig having legal capacity (Adj.)
rechtsfähiger Verein (M.) incorporated society (N.)
Rechtsfähigkeit (F.) legal capacity (N.), juristic personality (N.), legal status (N.)
Rechtsfolge (F.) legal consequence (N.)
Rechtsfolgenirrtum (M.) mistake (N.) as to the legal consequences
Rechtsfolgewille (M.) willingness (N.) to create legal consequences
Rechtsfortbildung (F.) updating (N.) of the law
Rechtsgang (M.) practice (N.) of the court, court proceedings (N.Pl.)
Rechtsgebiet (N.) branch (N.) of law
Rechtsgeschäft (N.) legal transaction (N.), juristic act (N.)
rechtsgeschäftsähnliche Handlung (F.) act (N.) of the party, contractual act (N.)
Rechtsgeschichte (F.) history (N.) of law, legal history (N.)
Rechtsgrund (M.) cause (N.) in law, legal basis (N.)
Rechtsgrundsatz (M.) principle (N.) of law, legal maxim (N.)
Rechtsgut (N.) object (N.) of legal protection
Rechtsgutachten (N.) legal opinion (N.), counsel's opinion (N.), counsel's advice (N.)
Rechtshandlung (F.) legal act (N.), lawful act (N.)
rechtshängig pendente lite (lat.), pending (Adj.) in court, sub judice (Adj.)
Rechtshängigkeit (F.) pendency (N.), litispendence (N.)
Rechtshilfe (F.) legal aid (N.), juristic assistance (N.)

Rechtsinformatik (F.) computer science (N.) in the field of law
Rechtsinstitut (N.) legal institution (N.)
Rechtsirrtum (M.) error (N.) in law, judicial error (N.)
Rechtskraft (F.) legal force (N.), legal validity (N.)
rechtskräftig absolute (Adj.), indefeasible (Adj.), unappealable (Adj.)
Rechtslage (F.) legal status (N.), legal position (N.)
Rechtsmangel (M.) cloud (N.) on title, defect (N.) in title, deficiency (N.) in title
Rechtsmissbrauch (M.) abuse (N.) of title, abuse (N.) of law
Rechtsmittel (N.) legal remedy (N.), appeal (N.), remedy (N.), relief (N.)
Rechtsmittelbelehrung (F.) instruction (N.) about a person's right to appeal, caution (N.)
Rechtsmittelgericht (N.) appelate court (N.)
Rechtsmittelverzicht (M.) waiver (N.) of right to appeal
Rechtsnachfolge (F.) succession (N.), succession (N.) in title
Rechtsnachfolger (M.) legal successor (M. bzw. F.), successor (M. bzw. F.) in interest, assign (M. bzw. F.)
Rechtsnachfolgerin (F.) legal successor (F.), successor (F.) in interest, assign (F.)
Rechtsnachteil (M.) legal detriment (N.), legal disadvantage (N.)
Rechtsnorm (F.) legal norm (N.), rule (N.) of law
Rechtsobjekt (N.) legal object (N.), object (N.) of a right
Rechtsordnung (F.) legal system (N.), legal regime (N.)
Rechtspersönlichkeit (F.) legal personality (N.), legal status (N.)
Rechtspflege (F.) administration (N.) of justice, judicature (N.)
Rechtspfleger (M.) clerk (M. bzw. F.) of the court, judicial officer (M. bzw. F.), master (M. bzw. F.)
Rechtspflegerin (F.) clerk (F.) of the court, judicial officer (F.), master (F.)
Rechtspflicht (F.) legal duty (N.), legal obligation (N.)
Rechtsphilosophie (F.) legal philosophy (N.), philosophy (N.) of law
Rechtspolitik (F.) legal policy (N.)
Rechtspositivismus (M.) legal positivism (N.)
Rechtspraxis (F.) legal practice (N.) (brit.), legal practise (N.) (am.), practice (N.) of the courts (brit.), practise (N.) of the courts (am.)
Rechtsprechung (F.) jurisdiction (N.), dispensation (N.)
Rechtsquelle (F.) source (N.) of law
Rechtsreferendar (M.) trainee (M. bzw. F.) in the judicial service, trainee lawyer (M. bzw. F.)
Rechtsreferendarin (F.) trainee (F.) in the judicial service, trainee lawyer (F.)
Rechtssatz (M.) legal rule (N.), legal provision (N.)
Rechtsschein (M.) appearance (N.) of a legal position, prima facie entitlement (N.), color (N.) of law (am.), color (N.) of title (am.). colour (N.) of law (N.) (brit.), colour (N.) of title (brit.)
Rechtsschöpfung (F.) creation (N.) of laws, lawmaking (N.)
Rechtsschule (F.) school (N.) of law
Rechtsschutz (M.) protection (N.) of law, legal protection (N.)
Rechtsschutzbedürfnis (N.) legitimate interest (N.) to take legal action
Rechtsschutzversicherung (F.) insurance (N.) for legal costs
Rechtssicherheit (F.) legal security (N.), certainty (N.) of the law
Rechtssoziologie (F.) sociology (N.) of law
Rechtssprache (F.) legal language (N.)
Rechtssprichwort (N.) legal proverb (N.)
Rechtsstaat (M.) constitutional state (N.)
Rechtsstaatsprinzip (N.) principle (N.) of due course of law, rule (N.) of law
Rechtsstreit (M.) litigation (N.), lawsuit (N.), suit (N.), cause (N.)
Rechtsstreitigkeit (F.) legal dispute (N.), litigation (N.)
Rechtssubjekt (N.) legal subject (M. bzw. F.), holder (M. bzw. F.) of rights, entity (N.)
Rechtssymbol (N.) symbol (N.) of law
Rechtssystem (N.) legal system (N.)
Rechtsübergang (M.) devolution (N.) of title, transmission (N.) of rights
Rechtsübertragung (F.) transfer (N.) of title, assignment (N.), subrogation (N.)

Rechtsunsicherheit (F.) legal uncertainty (N.), uncertainty (N.) as to what the law is
rechtsunwirksam invalid (Adj.), legally ineffective (Adj.), of no legal force
Rechtsverfolgung (F.) prosecution (N.)
Rechtsvergleichung (F.) comparative jurisprudence (N.), comparative law (N.)
Rechtsverhältnis (N.) privity (N.), legal relationship (N.), legal relations (N.Pl.)
Rechtsverkehr (M.) legal relations (N.Pl.)
Rechtsverletzung (F.) violation (N.) of law, infringement (N.) of rights
Rechtsvermutung (F.) presumtion (N.) of law
Rechtsverordnung (F.) statutory order (N.), decree (N.), order (N.), statutory instrument (N.)
Rechtsverweigerung (F.) refusal (N.) of justice, denial (N.) of justice
Rechtsverwirkung (F.) estoppel (N.)
Rechtsvorgänger (M.) predecessor (M. bzw. F.) in title
Rechtsvorgängerin (M.) predecessor (F.) in title
Rechtswahl (F.) choice (N.) of law
Rechtsweg (M.) course (N.) of law, legal process (N.), judical process (N.)
Rechtsweggarantie (F.) guarantee (N.) of access to the courts
Rechtswegzulässigkeit (F.) access (N.) to the courts
rechtswidrig illegal (Adj.), unlawful (Adj.)
rechtswidrige Einwirkung (F.) trespass (N.)
Rechtswidrigkeit (F.) illegality (N.), unlawfulness (N.)
Rechtswissenschaft (F.) jurisprudence (N.)
Rechtswohltat (F.) legal benefit (N.), benefit (N.) of the law
Rechtszug (M.) instance (N.), recourse to legal process (N.)
Rediskontierung (F.) rediscounting (N.)
redlich honest (Adj.), in good faith
Redlichkeit (F.) good faith (N.), uprightness (N.), integrity (N.), sincerity (N.)
Reduktion (F.) reduction (N.)
Reede (F.) roadsteed (N.), roads (N.Pl.)
Reeder (M.) shipowner (M. bzw. F.)
Reederei (F.) (Schifffahrtsunternehmen) shipping company (N.)
Reederei (F.) (Schifffahrtswesen) shipping trade (N.), shipping business (N.)
Reederin (F.) shipowner (F.)
Referat (N.) (Abteilung) department (N.)
Referat (N.) (Vortrag) report (N.)
Referendar (M.) post-graduate civil service trainee (M. bzw. F.)
Referendarin (F.) post-graduate civil service trainee (F.)
Referendum (N.) referendum (N.)
Referent (M.) (Referatsleiter) head (M. bzw. F.) of section
Referent (M.) (Vortragender) reporter (M. bzw. F.), rapporteur (M. bzw. F.)
Referentin (F.) (Referatsleiterin) head (F.) of section
Referentin (F.) (Vortragende) reporter (F.), rapporteur (M. bzw. F.)
referieren report (V.)
referieren report (V.)
Reform (F.) reform (N.)
reformatio (F.) in peius (lat.) worsening (N.) of sentence on appeal
Reformation (F.) Reformation (N.)
reformieren reform (V.)
Regel (F.) rule (N.), guiding rule (N.)
Regel (F.) der Präjudizienbindung stare-decisis-rule (N.)
Regelbedarf (M.) normal requirement (N.)
regeln regulate (V.), settle (V.)
Regelstrafe (F.) normal penalty (N.)
Regelung (F.) regulation (N.), settlement (N.)
Regelungsverfügung (F.) settlement instruction (N.)
Regelunterhalt (M.) periodic payment (N.) according to normal requirement
Regent (M.) ruler (M. bzw. F.), sovereign (M. bzw. F.), regent (M. bzw. F.)
Regentin (F.) ruler (F.), sovereign (F.), regent (F.)
Regiebetrieb (M.) ancillary municipal enterprise (N.), public undertaking (N.)
regieren govern (V.)
Regierung (F.) government (N.), administration (N.)
Regierungsbezirk (M.) administrative district (N.)
Regierungspräsident (M.) chief official (M. bzw. F.) in a district
Regierungspräsidentin (F.) chief official (F.) in a district

Regierungsrat (M.) (Beamtentitel) senior executive officer (M. bzw. F.)
Regierungsrat (M.) (Kantonsregierung in der Schweiz) cantonal government (N.)
Regierungsrätin (F.) (Beamtentitel) senior executive officer (F.)
Regierungsvorlage (F.) Command paper (N.), Government bill (N.)
Regime (N.) regime (N.)
Regiment (N.) regiment (N.)
Region (F.) region (N.)
regional regional (Adj.)
Register (N.) register (N.), registry (N.), index (N.)
Registratur (F.) filing department (N.), registry (N.)
registrieren register (V.), record (V.)
Regress (M.) recourse (N.), redress (N.)
Regulation (F.) regulation (N.)
regulieren regulate (V.), adjust (V.), settle (V.)
Regulierung (F.) regulation (N.), adjustment (N.), settlement (N.)
Rehabilitation (F.) rehabilitation (N.)
rehabilitieren rehabilitate (V.)
Reich (N.) empire (N.), realm (N.)
Reich (N.) (Deutsches Reich 1871-1945) Reich (N.)
Reichsgericht (N.) Supreme Court (N.) of the German Reich
Reichsgesetz (N.) Reich law (N.)
Reichsgesetzblatt (N.) Reich Law Gazette (N.)
Reichsgesetzblatt (N.) (Reichsgesetzblatt in Österreich) Imperial Law Gazette (N.)
Reichskanzler (M.) Reich Chancellor (M.)
Reichspräsident (M.) Reich President (M.)
Reichsrat (M.) Imperial Senate (N.)
Reichsrat (M.) (Reichsrat in Österreich) Imperial Parliament (N.)
Reichsregierung (F.) Reich Government (N.)
Reichstag (M.) German Diet (N.)
Reichsverfassung (F.) Constitution (N.) of the German Reich
Reichsversicherungsordnung (F.) Reich Insurance Code (N.)
Reichsverweser (M.) regent (M. bzw. F.), protector (M. bzw. F.)
Reichsverweserin (F.) regent (F.), protector (F.)
Reife (F.) maturity (N.), matureness (N.)
Reifeprüfung (F.) school-leaving examination (N.), A-levels (N.Pl.) (brit.)
Reingewinn (M.) clear profit (N.), net profit (N.)
Reinigungseid (M.) purgative oath (N.)
Reinvermögen (N.) net worth (N.)
Reise (F.) journey (N.), trip (N.)
Reisebüro (N.) travel agency (N.)
Reisegewerbe (N.) itinerant trade (N.), itinerant occupation (N.)
Reisekosten (Pl.) travelling expenses (N.Pl.) (brit.), travel expenses (N.Pl.) (am.)
Reisekostenrecht (N.) travelling expenses law (N.) (brit.), travel expenses law (N.) (am.)
reisen travel (V.)
Reisepass (M.) passport (N.)
Reiserecht (N.) law (N.) on travelling
Reisescheck (M.) traveller's cheque (N.) (brit.), traveller's check (N.) (am.)
Reiseversicherung (F.) travel insurance (N.), voyage insurance (N.)
Reisevertrag (M.) travel contract (N.), contract (N.) of tourism
reiten ride (V.), go (V.) on horseback, go (V.) for a ride
Reitweg (M.) bridle-path (N.), bridleway (N.)
Rekrut (M.) recruit (M. bzw. F.)
Rekrutin (F.) recruit (F.)
Rektapapier (N.) unendorsable title (N.), non-negotiable instrument (N.)
Rektor (M.) (Rektor einer Universität) rector (M. bzw. F.), president (M. bzw. F.) (am.), vice-chancellor (M. bzw. F.) (brit.)
Rektor (M.) (Rektor einer Volksschule) headmaster (M.)
Rektorat (N.) (Rektorat einer Universität) rector's office (N.), vice-chancellor's office (N.) (brit.)
Rektorat (N.) (Rektorat einer Volksschule) headmaster's room (N.)
Rektorin (F.) (Rektorin einer Volksschule) headmaster (F.)
Rekurs (M.) recourse (N.)
Relation (F.) relation (N.), relationship (N.)
relativ relative (Adj.)
relative Mehrheit (F.) relative majority (N.), plurality (N.)

relative Unwirksamkeit (F.) uneffectiveness (N.) as between the parties
relatives Recht (N.) relative right (N.)
Relegation (F.) expulsion (N.)
relevant relevant (Adj.), pertinent (Adj.), significant (Adj.)
Relevanz (F.) relevancy (N.), significance (N.), relevance (N.)
Religion (F.) religion (N.)
Religionsfreiheit (F.) religious freedom (N.), religious liberty (N.)
Religionsgesellschaft (F.) religious society (N.)
Religionsunterricht (M.) religious education (N.)
Remittent (M.) payee (M. bzw. F.) of a bill of exchange
Remittentin (F.) payee (F.) of a bill of exchange
Remonstration (F.) remonstrance (N.), formal protest (N.), representation (N.)
Remonstrationspflicht (F.) public officer's duty to remonstrate
remuneratorisch remunerative (Adj.)
remuneratorische Schenkung (F.) remunerative gift (N.)
Rendite (F.) yield (N.), return (N.)
Rente (F.) pension (N.), social insurance pension (N.), annuity (N.)
Rentenanspruch (M.) pension entitlement (N.)
Rentenrecht (N.) law (N.) relating to social security pensions
Rentenschuld (F.) annuity charge (N.), annuity land charge (N.)
Rentenversicherung (F.) pension insurance fund (N.), social pension insurance (N.), pension scheme (N.)
Rentner (M.) pensioner (M. bzw. F.), social insurance pensioner (M. bzw. F.)
Rentnerin (F.) pensioner (F.), social insurance pensioner (F.)
Renvoi (M.) renvoi (N.)
Reparation (F.) reparation (N.)
Reparatur (F.) repair (N.), repair work (N.), repairing (N.)
reparieren repair (V.)
repetieren repeat (V.)
Repetitor (M.) coach (M. bzw. F.), tutor (M. bzw. F.)
Repetitorium (N.) refresher course (N.)
Replik (F.) reply (N.), replication (N.), reply comment (N.), answer (N.)
Repräsentant (M.) representative (M. bzw. F.), exponent (M. bzw. F.)
Repräsentantenhaus (N.) House (N.) of Representatives (am.)
Repräsentation (F.) representation (N.)
Repräsentationsprinzip (N.) principle (N.) of representation
repräsentativ representative (Adj.), represensentional (Adj.)
repräsentative Demokratie (F.) representative democracy (N.)
repräsentieren represent (V.)
Repressalie (F.) reprisal (N.), retaliation (N.)
Repression (F.) repression (N.)
repressiv repressive (Adj.)
repressives Verbot (N.) repressive interdiction (N.)
reprivatisieren denationalize (V.)
Reprivatisierung (F.) restoration (N.) to private ownership, denationalization (N.)
Republik (F.) republic (N.)
Republikaner (M.) republican (M. bzw. F.)
Republikaner (M.Pl.) (politische Partei in den Vereinigten Staaten von Amerika) Republicans (Pl.), GOPs (Pl.)
Republikanerin (F.) republican (F.)
republikanisch republican (Adj.)
Requisition (F.) requisitioning (N.)
Reservation (F.) reservation (N.)
Reserve (F.) reserve (N.)
reservieren book (V.), reserve (V.)
Reservist (M.) reservist (M.)
Reservistin (F.) reservist (F.)
Residenz (F.) residence (N.)
Residenzpflicht (F.) residence requirement (N.)
Resolution (F.) resolution (N.)
resolutiv resolutory (Adj.)
Resolutivbedingung (F.) resolutory condition (N.), dissolving condition (N.)
resozialisieren rehabilitate (V.)
Resozialisierung (F.) social adjustment (N.), rehabilitation (N.)
Ressort (N.) department (N.), purview (N.), portfolio (N.)
Rest (M.) rest (N.), residue (N.), remainder (N.)
restitutio (F.) in integrum (lat.) restoration (N.) to the previous condition

Restitution (F.) restitution (N.), restoration (N.) of property
Restitutionsklage (F.) proceedings (N.Pl.) for restitution
Restkaufpreishypothek (F.) purchase-money mortgage (N.)
restlich remaining (Adj.), left (Adj.) over, residual (Adj.), residuary (Adj.)
restriktiv restrictive (Adj.)
Restschuld (F.) residual debt (N.)
Restschuldbefreiung (F.) residual debt release (N.)
Retention (F.) retention (N.), holding back (N.)
Retentionsrecht (N.) right (N.) of retention
Retorsion (F.) retorsion (N.), retaliation (N.)
Reue (F.) remorse (N.), repentance (N.)
Reugeld (N.) salvage-money (N.)
Revier (N.) (Forstrevier) forestry district (N.)
Revier (N.) (Polizeirevier) police district (N.)
revisibel reversible (Adj.) on error
Revision (F.) (Revision im Handelsrecht) auditing (N.), audit (N.)
Revision (F.) (Revision im Zivilprozessrecht) writ (N.) of error, appeal (N.) on points of law
Revisionsbeklagte (F.) defendant (F.) in error
Revisionsbeklagter (M.) defendant (M. bzw. F.) in error
Revisionsgericht (N.) appeal court (N.), court (N.) of appeal
Revisionsgericht (N.) Appeal Court (N.), Court (N.) of Appeal
Revisionsgrund (M.) error (N.), common error (N.), prejudicial error (N.)
Revisionskläger (M.) plaintiff (M. bzw. F.) in error
Revisionsklägerin (F.) plaintiff (F.) in error
Revolution (F.) revolution (N.)
Rezeption (F.) reception (N.)
rezipieren take (V.) gradually over a foreign system of law
reziprok reciprocal (Adj.)
reziprokes Testament (N.) reciprocal will (N.), mutual will (N.)
Reziprozität (F.) mutuality (N.), reciprocity (N.)
Rheinland-Pfalz (N.) Rhineland-Palatinate (F.)
Rhetorik (F.) rhetoric (N.)
richten set (V.) right, arrange (V.), put (V.) in order, repair (V.), straighten (V.), direct (V.), level (V.) at, address (V.), depend (V.) on, follow (V.), judge (V.), pass (V.) sentence on, pronounce (V.) sentence on, condemn (V.)
Richter (M.) judge (M. bzw. F.), justice (M. bzw. F.)
Richter (M.) (Richter am Supreme Court der Vereingten Staaten von Amerika) associate judge (M. bzw. F.) (am.)
Richteramt (N.) judgeship (N.), justiceship (N.)
Richteramtsbefähigung (F.) qualification (N.) to exercise the function of a judge
Richterin (F.) judge (F.), justice (F.)
Richterin (M.) (Richterin am Supreme Court der Vereingten Staaten von Amerika) associate judge (F.) (am.)
richterlich judicial (Adj.), judiciary (Adj.)
richterliche Haftprüfung (F.) habeas corpus (N.) (lat.)
Richterprivileg (N.) privilege of judges
Richterrecht (N.) judge-made law (N.)
Richterschaft (F.) judiciary (N.), justiciary (N.)
Richterspruch (M.) verdict (N.), judgement (N.), ruling (N.), judicial decision (N.), sentence (N.), decree (N.), finding (N.)
richtig right (Adj.), correct (Adj.), proper (Adj.), suitable (Adj.), just (Adj.), fair (Adj.)
Richtlinie (F.) directive (N.), guidance (N.), rule (N.)
Richtung (F.) direction (N.), course (N.), trend (N.), views (N.Pl.)
Rigorosum (N.) doctoral viva
Risiko (N.) risk (N.), peril (N.), danger (N.), hazard (N.)
Risikoübernahme (F.) assumption (N.) of risk
Ritter (M.) knight (M.)
Rittergut (N.) manor (N.), nobleman's estate (N.)
Robe (F.) gown (N.), robe (N.)
Rolle (F.) roll (N.), scroll (N.)
römisch Roman (Adj.)
römisches Recht (N.) Roman law (N.)
Rota (F.) Romana (lat.) Sacred Roman

Rota (N.)
Rotation (F.) rotation (N.)
Rotte (F.) (Gruppe von Menschen) mob (N.), gang (N.), horde (N.)
Rubrum (N.) caption (N.), recitals (N.Pl.), title reference (N.)
Rückbürge (M.) counter-surety (M. bzw. F.), counter-guarantor (M. bzw. F.)
Rückbürgin (F.) counter-surety (F.), counter-guarantor (F.)
Rückbürgschaft (F.) counter-surety (N.), back-to-back-guarantee (N.)
rückerstatten restore (V.), return (V.), refund (V.), repay (V.), reimburse (V.)
Rückerstattung (F.) return (N.), restitution (N.), restoration (N.), repayment (N.), refund (N.), reimbursement (N.)
Rückfall (M.) relapse (N.), recidivism (N.), reversion (N.)
rückfällig relapsing (Adj.), recidivous (Adj.)
Rückfalltäter (M.) recidivist (M. bzw. F.)
Rückfalltäterin (F.) recidivist (F.)
rückfordern claim (V.) back, reclaim (V.)
Rückforderung (F.) reclamation (N.), clawback (N.)
Rückgewähr (F.) return (N.), restitution (N.)
Rückgewähranspruch (M.) claim (N.) for restitution
Rückgewährschuldverhältnis (N.) obligation (N.) of restitution
Rückgriff (M.) recourse (N.)
Rücklage (F.) reserve (N.), reserve fund (N.), provision (N.)
Rücknahme (F.) taking back (N.), withdrawal (N.), retraction (N.)
Rückruf (M.) call back (N.)
Rückseite (F.) back (N.), rear (N.), reverse (N.)
Rücksicht (F.) regard (N.), consideration (N.), respect (N.)
rücksichtslos reckless (Adj.), unfeeling (Adj.), inconsiderate (Adj.), ruthless (Adj.)
Rückstellung (F.) special reserve (N.), special contigency reserve (N.), provision (N.)
Rückstellungen (F.Pl.) appropriated surplus (N.)
Rücktritt (M.) resignation (N.), withdrawal (N.) from, abandonment (N.) of priority
Rücktritt (M.) vom Versuch renunciation (N.), cancellation clause (N.)
Rücktrittsklausel (F.) escape clause (N.)
Rücktrittsrecht (N.) right (N.) of cancellation, right (N.) of withdrawal from a contract
Rückversicherung (F.) reinsurance (N.)
Rückverweisung (F.) referring back (N.), renvoi (N.), cross-reference (N.)
rückwirkend ex post facto (lat.), retroactive (Adj.), retrospective (Adj.)
Rückwirkung (F.) retroactive force (N.), retroactivity (N.)
Rückwirkungsverbot (N.) prohibition (N.) on retroactive legislation
Rückzahlung (F.) payback (N.), back payment (N.), redemption (N.), repayment (N.), amortization (N.)
Ruf (M.) reputation (N.), standing (N.), repute (N.), name (N.), credit (N.), fame (N.), renown (N.)
Rüge (F.) rebuke (N.), reprehension (N.), reprimand (N.)
rügen rebuke (V.), reprimand (V.), notify (V.) a defect, censure (V.)
Rügepflicht (F.) requirement (N.) to notify a defect
Ruhe (F.) rest (N.), recreation (N.), silence (N.)
Ruhegehalt (N.) retirement pension (N.), retired pay (N.), pension (N.)
ruhen rest (V.), be (V.) suspended
Ruhen (N.) des Verfahrens suspension (N.) of proceedings
Ruhestand (M.) retirement (N.)
Ruhestandsverhältnis (N.) relationship (N.) of retirement
Ruhestörung (F.) breach (N.) of the peace, disorder (N.), disturbance (N.)
Rumänien (N.) Rumania (N.)
Rundfunk (M.) radio (N.)
Rundfunkfreiheit (F.) freedom (N.) of broadcasting
rüsten prepare (V.), arm (V.), get (V.) ready
Rüstung (F.) armament (N.)

S

Saarland (N.) Saarland (F.)
Saat (F.) (Aussäen) seeding (N.)
Saat (F.) (Saatgut) seeds (N.Pl.)
Sabotage (F.) sabotage (N.)
sabotieren sabotage (V.)

Sachbearbeiter (M.) employee (M. bzw. F.) in charge, subject specialist (M. bzw. F.), clerk (M. bzw. F.)
Sachbearbeiterin (F.) employee (F.) in charge, subject specialist (F.), clerk (F.)
Sachbefugnis (F.) entitlement (N.) to a cause of action, authority (N.) to claim
Sachbeschädigung (F.) damage (N.) to property, injury (N.) to property
Sachbesitzstörung (F.) (Sachbesitzstörung im angloamerikanischen Recht) trespass (N.) to chattels
Sache (F.) (Angelegenheit) matter (N.), case (N.), affair (N.), business (N.), cause (N.)
Sache (F.) (Ding) thing (N.), physical object (N.)
Sacheinlage (F.) subscription (N.) in kind, investment (N.) in kind
Sachenrecht (N.) real law (N.), law (N.) of property, law (N.) of things
Sachfirma (F.) objective firm name (N.)
Sachgerichtsbarkeit (F.) in rem jurisdiction (N.)
Sachgesamtheit (F.) impersonal entity (N.)
Sachherrschaft (F.) possession (N.)
Sachinbegriff (M.) aggregate (N.) of things, entirety (N.) of things
Sachkunde (F.) technical competence (N.), expert knowledge (N.)
Sachlegitimation (F.) legitimacy (N.) as the proper party
sachlich factual (Adj.), objective (Adj.), material (Adj.)
sachliche Zuständigkeit (F.) jurisdiction (N.) over the subject
Sachmangel (M.) defect (N.) of quality, fault (N.), redhibitory defect (N.)
Sachsen (N.) Saxony (F.)
Sachsen-Anhalt (N.) Saxony-Anhalt (F.)
Sachurteil (N.) judgement (N.) on the merits
Sachverhalt (M.) state (N.) of facts, facts (N.Pl.) of the case
Sachversicherung (F.) property insurance (N.), non-life insurance (N.)
sachverständig expert (Adj.), competent (Adj.)
Sachverständige (F.) expert (F.), specialist (F.), expert witness (F.)
Sachverständiger (M.) expert (M. bzw. F.), specialist (M. bzw. F.), expert witness (M. bzw. F.)
Sachvortrag (M.) averment (N.)
Sachwalter (M.) agent (M. bzw. F.), private attorney (M. bzw. F.)
Sachwalterin (F.) agent (F.), private attorney (F.)
Sachwucher (M.) usurious enrichment (N.), predatory dealing (N.)
Sachzusammenhang (M.) factual connection (N.)
Sackgasse (F.) blind alley (N.), dead-end (N.) (am.)
Sadismus (M.) sadism (N.)
Sakrament (N.) sacrament (N.)
Sakrileg (N.) sacrilege (N.)
Säkularisation (F.) secularization (N.)
säkularisieren secularize (V.)
saldieren balance (V.), settle (V.)
Saldo (M.) balance (N.)
Sammelladung (F.) consolidated shipment (N.), collective consignment (N.)
sammeln collect (V.), gather (V.)
Sammelwerk (N.) compilation (N.)
Sammlung (F.) collection (N.), compilation (N.)
sanieren reconstruct (V.), rehabilitate (V.), stabilize (V.), sanitate (V.)
Sanierung (F.) reconstruction (N.), sanitation (N.), reorganization (N.)
Sanktion (F.) sanction (N.)
sanktionieren sanction (V.), confirm (V.)
Satisfaktion (F.) satisfaction (N.)
Satz (M.) (in sich geschlossene Abfolge von Wörtern) sentence (N.)
Satz (M.) (Satz in der Drucktechnik) composition (N.)
Satz (M.) (Tarif) rate (N.)
Satz (M.) (zusammengehörige Gegenstände) set (N.)
Satzung (F.) charter (N.), articles (N.Pl.) of incorporation, articles (N.Pl.) of association, memorandum (N.) of association
satzungsgemäß constitutional (Adj.), statutory (Adj.)
Satzungsrecht (N.) statutory law (N.)
Säumnis (F.) delay (N.), dilatoriness (N.)
schaden harm (V.), hurt (V.), do (V.) damage
Schaden (M.) damage (N.), loss (N.), harm (N.)

Schadensersatz (M.) compensation (N.) for damage, compensatory damages (N.Pl.), restitution (N.), indemnification (N.)
Schadensersatzanspruch (M.) damage claim (N.), claim (N.) for compensation
Schadensfreiheitsrabatt (M.) no-claims bonus (N.)
Schadensversicherung (F.) indemnity insurance (N.), compensation insurance (N.)
schädigen damage (V.), harm (V.), prejudice (V.)
Schädiger (M.) (Schädiger im Privatrecht) tortfeasor (M. bzw. F.)
Schädigerin (F.) (Schädigerin im Privatrecht) tortfeasor (F.)
schädlich injurious (Adj.), damaging (Adj.), harmful (Adj.), noxious (Adj.)
schädliche Neigung (F.) proclivity (N.), destructive leanings (N.Pl.), damaging tendency (N.)
Schadloshaltung (F.) indemnification (N.)
Schaffner (M.) conductor (M. bzw. F.)
Schaffnerin (F.) conductor (F.)
Schafott (N.) scaffold (N.)
Schalter (M.) (Ort an dem Publikum bedient wird) counter (N.)
Schande (F.) disgrace (N.), shame (N.)
Schändung (F.) ravishment (N.), rape (N.)
Schankkonzession (F.) licence (N.) for sale of alcoholic drinks (brit.), license (N.) for sale of alcoholic drinks (am.), licence (N.) to sell liquor, liquor licence (N.)
Scharfrichter (M.) executioner (M.)
Schatz (M.) treasure (N.)
schätzen estimate (V.), assess (V.), appraise (V.), appreciate (V.)
Schatzfund (M.) treasure-trove (N.)
Schatzkanzler (M.) (Schatzkanzler in Großbritannien) Chancellor (M. bzw. F.) of the Exchequer (brit.)
Schatzkanzlerin (F.) (Schatzkanzlerin in Großbritannien) Chancellor (F.) of the Exchequer (brit.)
Schätzung (F.) estimate (N.), assessment (N.) (brit.), assessed valuation (N.) (am.), appraisal (N.)
Scheck (M.) cheque (N.) (brit.), check (N.) (am.)
Scheckkarte (F.) cheque card (N.) (brit.), check card (N.) (am.)
Scheidemünze (F.) divisional coin (N.), subsidiary coin (N.)
scheiden divorce (V.)
Scheidung (F.) divorce (N.)
Schein (M.) appearance (N.)
Scheinbestandteil (M.) fictitious element (N.)
Scheinehe (F.) fictitious marriage (N.), mock marriage (N.), marriage (N.) of convenience
Scheinerbe (M.) presumptive heir (M. bzw. F.)
Scheinerbin (F.) presumptive heiress (F.)
Scheingericht (N.) kangaroo court (N.)
Scheingeschäft (N.) fictitious bargain (N.), sham transaction (N.)
Scheinkauffrau (F.) merchant (F.) by appearance
Scheinkaufmann (M.) merchant (M. bzw. F.) by appearance
Scheintod (M.) apparent death (N.)
Scheinurteil (N.) fictitious judgement (N.)
Scheinvollmacht (F.) ostensible agency (N.), apparent authority (N.)
scheitern break (V.) down, fail (V.)
Scheitern (N.) der Ehe irretrievable breakdown (N.) of marriage, failure (N.) of marriage
Schelte (F.) scolding (N.), chiding (N.)
schelten scode (V.), chide (V.)
schenken donate (V.), make (V.) a gift, endow (V.)
Schenker (M.) donor (M.), giver (M.)
Schenkerin (F.) donatrix (F.), giver (F.)
Schenkung (F.) gift (N.), present (N.), donation (N.)
Schenkung (F.) von Todes wegen gift (N.) causa mortis
Schenkungsempfänger (M.) donee (M. bzw. F.)
Schenkungsempfängerin (F.) donee (F.)
Schenkungsteuer (F.) gift tax (N.), tax (N.) on donations
Scherz (M.) jest (N.), joke (N.)
Schicht (F.) (Arbeitszeit) shift (N.)
Schicht (F.) (Lage) layer (N.)
Schichtarbeit (F.) shift work (N.)
schicken send (V.), dispatch (V.), consign (V.)
Schicksal (N.) fate (N.)
Schickschuld (F.) obligation (N.) to be performed at the debtor's place of business

Schiedsfrau (F.) arbitrator (F.), official referee (F.)
Schiedsgericht (N.) court (N.) of arbitration, tribunal (N.)
Schiedsgerichtsordnung (F.) arbitration code (N.)
Schiedsgutachter (M.) arbitrator (M. bzw. F.), adjudicator (M. bzw. F.)
Schiedsgutachterin (F.) arbitrator (F.), adjudicator (F.)
Schiedshof (M.) arbitration court (N.)
Schiedsklausel (F.) arbitration clause (N.), obligation (N.) to arbitrate, future disputes clause (N.)
Schiedsmann (M.) arbitrator (M. bzw. F.), official referee (M. bzw. F.)
Schiedsrichter (M.) (Schiedsrichter im Rechtswesen) arbitrator (M. bzw. F.)
Schiedsrichter (M.) (Schiedsrichter im Sport) referee (M. bzw. F.)
Schiedsrichterin (F.) arbitrator (F.), referee (F.)
Schiedsspruch (M.) arbitral award (N.), arbitration award (N.)
Schiedsstelle (F.) arbitration board (N.)
Schiedsvereinbarung (F.) arbitration agreement (N.)
Schiedsvertrag (M.) arbitration agreement (N.), arbitration clause (N.)
schießen shoot (V.), fire (V.)
Schiff (N.) ship (N.), vessel (N.), boat (N.)
Schifffahrt (F.) shipping (N.), navigation (N.)
Schifffahrtsgericht (N.) naval court (N.), navigation court (N.)
Schiffbruch (M.) shipwreck (N.), wreck (N.)
Schiffspfandrecht (N.) maritime lien (N.)
Schikane (F.) chicanery (N.), vexation (N.), harassment (N.)
Schikaneverbot (N.) prohibition (N.) of chicanery
schikanieren use (V.) chicanery, vex (V.), harass (V.)
schikanös vexatious (Adj.), spiteful (Adj.)
schikanöse Prozessführung (F.) vexatious litigation (N.)
Schilling (M.) shilling (N.)
schimpfen scold (V.), grumble (V.)
schinden maltreat (V.), strain (V.)
Schinder (M.) taskmaster (M.), oppressor (M. bzw. F.)
Schirmherr (M.) sponsor (M. bzw. F.), patron (M. bzw. F.)
Schirmherrin (F.) sponsor (F.), patron (F.)
Schisma (N.) schism (N.)
Schizophrenie (F.) schizophrenia (N.)
Schlag (M.) stroke (N.), knock (N.), blow (N.)
Schlagbaum (M.) toll bar (N.)
schlagen beat (V.), hit (V.), strike (V.)
Schläger (M.) (Mensch als Schläger) thug (M. bzw. F.), ruffian (M. bzw. F.)
Schlägerei (F.) brawl (N.), fight (N.), row (N.), affray (N.)
Schlägerin (F.) thug (F.), ruffian (F.)
Schlechterfüllung (F.) malperformance (N.), misperformance (N.)
Schlechtleistung (F.) poor workmanship (N.), insuffiecent performance (N.)
Schleppnetzfahndung (N.) drag-net technique (N.)
Schleswig-Holstein (N.) Schleswig-Holstein (F.)
schlichten (einen Streit friedlich beenden) conciliate (V.), settle (V.) amicably
Schlichter (M.) adjudicator (M. bzw. F.), arbitrator (M. bzw. F.), official mediator (M. bzw. F.)
Schlichterin (F.) adjudicator (F.), arbitrator (F.), official mediator (F.)
Schlichtung (F.) settlement (N.), conciliation (N.), mediation (N.), aritration (N.)
Schlichtungsstelle (F.) mediation agency (N.)
schließen (vereinbaren) conclude (V.)
schließen (zumachen) shut (V.), close (V.)
Schließung (F.) closing (N.), closure (N.) (brit.), cloture (N.) (am.), shut-down (N.)
Schluss (M.) (Beendigung) termination (N.), closure (N.)
Schluss (M.) (Folgerung) conclusion (N.), presumption (N.)
Schlüssel (M.) key (N.)
Schlüsselgewalt (F.) wife's authorization (N.) to purchase necessaries
schlüssig conclusive (Adj.), convincing (Adj.), logical (Adj.), implied (Adj.) , implied (Adj.) in fact
schlüssiges Handeln (N.) conclusive action (N.)
Schlüssigkeit (F.) conclusiveness (N.)
Schlussverkauf (M.) seasonal sale (N.)

Schlussvortrag (M.) summing up (N.)
Schmerz (M.) pain (N.)
Schmerzensgeld (N.) compensation (N.) for pain and suffering, smart money (N.)
Schmierer (M.) scribbler (M.), scrawler (M.), messy fellow (M.)
Schmiergeld (N.) bribemoney (N.) (brit.), slush money (N.) (am.)
Schmiergeld (N.) grease money (N.), bribe (N.), palm oil (N.)
Schmuggel (M.) smuggling (N.)
schmuggeln smuggle (V.)
Schmuggler (M.) smuggler (M. bzw. F.)
Schmugglerin (F.) smuggler (F.)
Schock (M.) shock (N.)
Schöffe (M.) lay assessor (M. bzw. F.), unpaid magistrate (M. bzw. F.), juror (M. bzw. F.), juryman (M.), jurywoman (F.)
Schöffenbank (F.) (Schöffenbank im angloamerikanischen Recht) jury box (N.) (am.)
Schöffengericht (N.) magistrates' court (N.)
Schöffin (F.) lay assessor (F.), unpaid magistrate (F.), juror (F.), jurywoman (F.)
schonen take (V.) care of
Schönheitsreparatur (F.) interior decorative repair (N.)
Schonzeit (F.) close season (N.)
schöpfen (erschaffen) create (V.)
Schöpfung (F.) creation (N.)
Schornstein (M.) chimney (N.)
Schornsteinfeger (M.) chimney sweep (M. bzw. F.)
Schornsteinfegergesetz (N.) act (N.) on chimney-sweeps
Schornsteinfegerin (F.) chimney sweep (F.)
Schranke (F.) gate (N.), bar (N.), barrier (N.)
schrecken frighten (V.), scare (V.)
Schreibtischtäter (M.) desk murderer (M. bzw. F.)
Schreibtischtäterin (F.) desk murderess (F.)
Schrift (F.) writing (N.), pamphlet (N.), publication (N.)
Schriftform (F.) written form (N.)
Schriftführer (M.) secretary (M. bzw. F.)
Schriftführerin (F.) secretary (F.)
schriftlich written (Adj.)
schriftliches Verfahren (N.) written proceedings (N.Pl.)
Schriftlichkeit (F.) written form (N.)
Schriftsatz (M.) brief (N.), written pleading (N.), pleading (N.)
Schriftwerk (N.) literary work (N.), literary composition (N.)
Schuld (F.) (Verpflichtung im Privatrecht) debt (N.), obligation (N.), liability (N.)
Schuld (F.) (Verschulden im Strafrecht) guilt (N.), fault (N.)
Schuldanerkenntnis (F.) acknowledgement (N.) of indebtedness
Schuldausschließungsgrund (M.) lawful excuse (N.), reason (N.) excluding punishability
Schuldbeitritt (M.) cumulative assumption (N.) of debts
schulden owe (V.)
schuldenfrei free (Adj.) from debt
Schuldentilgung (F.) liquidation (N.) of debts
schuldfähig capable (Adj.) of being guilty
Schuldfähigkeit (F.) criminal responsibility (N.), culpability (N.)
Schuldform (F.) type (N.) of guilt
schuldhaft culpable (Adj.)
Schuldhaft (F.) detention (N.) for debt
schuldig (schuldbehaftet im Strafrecht) guilty (Adj.)
schuldig (verpflichtet im Privatrecht) owing (Adj.), payable (Adj.)
Schuldige (F.) party (F.) at fault, guilty party (F.), culprit (F.)
Schuldiger (M.) party (M. bzw. F.) at fault, guilty party (M. bzw. F.), culprit (M. bzw. F.)
Schuldinterlokut (N.) separate finding (N.) of guilt
schuldlos innocent (Adj.)
Schuldmerkmal (N.) element (N.) of guilt
Schuldner (M.) debtor (M. bzw. F.), obligor (M. bzw. F.)
Schuldnerin (F.) debtrix (F.), obligor (F.)
Schuldnerverzeichnis (N.) list (N.) of insolvent debtors
Schuldnerverzug (M.) debtor's delay (N.), mora (N.) debitoris (lat.)
Schuldrecht (N.) law (N.) of obligations
Schuldschein (M.) memorandum (N.) of debt, promissory note (N.), bond (N.), debenture (N.)

Schuldspruch (M.) verdict (N.) of guilty, conviction (N.)
Schuldübernahme (F.) assumption (N.) of an obligation, assumption (N.) of a debt
Schuldübernahme (F.) assumption (N.) of indebtedness
Schuldumschaffung (F.) novation (N.)
schuldunfähig incapable (Adj.) of being guilty
Schuldunfähigkeit (F.) lack (N.) of criminal capacity
Schuldverhältnis (N.) obligation (N.), debt relationship (N.)
Schuldverschreibung (F.) debenture bond (N.), bond (N.), debt certificate (N.), treasury bond (N.)
Schuldversprechen (N.) promise (N.) to pay, recognition (N.) of liability
Schuldzinsen (M.Pl.) interest (N.) on debts
Schule (F.) school (N.)
Schüler (M.) pupil (M. bzw. F.), student (M. bzw. F.) (am.)
Schülerin (F.) pupil (F.), student (F.) (am.)
Schulgewalt (F.) state power (N.) over school-bodies and pupils
Schulpflicht (F.) compulsory education (N.)
Schulzwang (M.) compulsory education (N.)
schürfen prospect (V.)
Schuss (M.) shot (N.)
Schusswaffe (F.) fire-arm (N.), gun (N.)
Schutt (M.) rubble (N.)
Schutz (M.) protection (N.), security (N.)
Schutzbereich (M.) area (N.) of protection, extent (N.) of protection, restricted area (N.)
Schutzbriefversicherung (F.) letter of protection insurance (N.)
Schütze (M.) rifleman (M.), shooter (M. bzw. F.)
schützen protect (V.), safeguard (V.), shield (V.)
Schutzfrau (F.) policewoman (F.)
Schutzgelderpressung (F.) extortion racket (N.), racketeering (N.)
Schutzgesetz (N.) protective law (N.), remedial statute (N.)
Schützin (F.) riflewoman (F.), shooter (F.)
Schutzmann (M.) policeman (M.)
Schutzmaßnahme (F.) safety measure (N.), protective measure (N.), precautionary measure (N.)
Schutzpflicht (F.) duty (N.) to protect
Schutzschrift (F.) caveat (N.)
Schutzzoll (M.) protective duty (N.)
Schutzzweck (M.) protective purpose (N.)
Schwager (M.) brother-in-law (M.)
Schwägerin (F.) sister-in-law (F.)
Schwägerschaft (F.) relationship (N.) by marriage, affinity (N.)
schwanger pregnant (Adj.)
Schwangerschaft (F.) pregnancy (N.)
Schwangerschaftsabbruch (M.) abortion (N.), interruption (N.) of pregnancy
Schwangerschaftsunterbrechung (F.) termination (N.) of pregnancy, induced abortion (N.), abortion (N.)
Schwarzarbeit (F.) illicit work (N.), moonlighting (N.)
Schwarzarbeiter (M.) moonlighter (M. bzw. F.)
Schwarzarbeiterin (F.) moonlighter (F.)
Schwarzfahren (N.) travelling (N.) without payment, unauthorized use (N.) of a motor vehicle
Schwarzhandel (M.) black-marketeering (N.), illicit trade (N.)
Schwarzhändler (M.) black marketeer (M. bzw. F.)
Schwarzhändlerin (F.) black marketeer (F.)
Schwarzkauf (M.) illicit purchase (N.), black-market sale (N.)
Schwarzmarkt (M.) black market (N.)
schweben dangle (V.), be (V.) suspended
schwebend pending (Adj.), in suspense
schwebende Unwirksamkeit (F.) provisional invalidity (N.)
Schwebezustand (M.) abeyance (N.)
schweigen be (V.) silent, keep (V.) silence
Schweigen (N.) silence (N.)
Schweigepflicht (F.) pledge (N.) of secrecy, professional discretion (N.)
Schweiz (F.) Switzerland (F.)
schwer heavy (Adj.), oppressive (Adj.), onerous (Adj.)
Schwerbehinderte (F.) severely handicapped person (F.), invalid (F.)
Schwerbehinderter (M.) severely handicapped person (M. bzw. F.), invalid (M. bzw. F.)
Schwerbeschädigte (F.) seriously disabled person (F.)
Schwerbeschädigter (M.) seriously disabled person (M. bzw. F.)

Schwere (F.) gravity (N.)
Schwere (F.) der Schuld severity (N.) of guilt
schwere Brandstiftung (F.) aggravated arson (N.)
schwere Körperverletzung (F.) grievous bodily harm (N.)
Schwerpunkt (M.) center (N.) of gravity
Schwester (F.) sister (F.)
Schwiegereltern (Pl.) parents-in-law (Pl.)
Schwiegermutter (F.) mother-in-law (F.)
Schwiegersohn (M.) son-in-law (M.)
Schwiegertochter (F.) daughter-in-law (F.)
Schwiegervater (M.) father-in-law (M.)
Schwippschwager (M.) (Bruder des Schwagers) brother (M.) of the brother-in-law
Schwippschwager (M.) (Ehemann der Schwägerin) husband (M.) of the sister-in-law
schwören swear (V.), take (V.) the oath
Schwur (M.) oath (N.), vow (N.)
Schwurgericht (N.) crown court (N.)
See (F.) (Meer) sea (N.)
See (M.) lake (N.)
Seegericht (N.) admiralty court (N.) (brit.)
Seeherrschaft (F.) naval supremacy (N.)
seelischer Schmerz (M.) mental anguish (N.)
Seemann (M.) seaman (M.), sailor (M.)
Seeräuber (M.) pirate (M. bzw. F.)
Seeräuberin (F.) pirate (F.)
Seerecht (N.) admiralty law (N.), law (N.) of the sea, maritime law (N.)
Seeweg (M.) sea-route (N.)
Seite (F.) side (N.), feature (N.)
Seitenlinie (F.) collateral line (N.)
Sekretär (M.) secretary (M. bzw. F.)
Sekretariat (N.) secretariat (N.)
Sekretärin (F.) secretary (F.)
Sekte (F.) sect (N.)
Sektion (F.) (Abteilung im Verwaltungsrecht) section (N.), group (N.)
Sektion (F.) (Leichenöffnung in der Medizin) autopsy (N.), post-mortem examination (N.)
Sektor (M.) sector (N.)
Selbstanzeige (F.) self-accusation (N.)
Selbstauflösung (F.) voluntary winding up (N.)
Selbstauflösungsrecht (N.) right (N.) to wind up voluntarily
Selbstbehalt (M.) excess (N.)
Selbstbelieferung (F.) obtaining (N.) supplies oneself
Selbstbelieferungsklausel (F.) obtaining supplies oneself clause (N.)
Selbstbestimmung (F.) self-determination (N.)
Selbstbestimmungsrecht (N.) right (N.) of self-determination
Selbstbindung (F.) self-engagement (N.), unilateral engagement (N.)
Selbsteintritt (M.) adopting (N.) a transaction for oneself
Selbsthilfe (F.) self-help (N.), self-redress (N.)
Selbsthilferecht (N.) right (N.) of self-redress
Selbsthilfeverkauf (M.) emergency sale (N.), sale (N.) without resort to legal process
Selbstkontrahieren (N.) self-dealing (N.)
Selbstmord (M.) suicide (N.)
Selbstmörder (M.) suicide (M. bzw. F.)
Selbstmörderin (F.) suicide (F.)
Selbstorganschaft (F.) self-integrated inter-company relation (N.)
Selbstschuldner (M.) principal debtor (M. bzw. F.)
Selbstschuldnerin (F.) principal debtrix (F.)
selbstschuldnerisch directly liable (Adj.)
selbstschuldnerische Bürgschaft (F.) absolute suretyship (N.), directly enforceable guarantee (N.)
selbstständig independent (Adj.), self-employed (Adj.)
Selbstständige (F.) independent person (F.), self-employed person (F.)
Selbstständiger (M.) independent person (M. bzw. F.), self-employed person (M. bzw. F.)
Selbstverteidigung (F.) self-defence (N.) (brit.), self-defense (N.) (am.)
Selbstverwaltung (F.) home rule (N.), self-government (N.), self-administration (N.)
Selbstverwaltungskörperschaft (F.) self-governing body (N.)
Semester (N.) semester (N.), term (N.)
Seminar (N.) (Lehrveranstaltung in der Universität) seminar (N.)
Seminar (N.) (Priesterseminar) seminary (N.)

Senat (M.) senate (N.)
Senator (M.) senator (M. bzw. F.)
Senatorin (F.) senator (F.)
Sequester (M.) receiver (M. bzw. F.), sequestrator (M. bzw. F.)
Sequesterin (F.) receiver (F.), sequestrator (F.)
Sequestration (F.) sequestration (N.), official receivership (N.)
sequestrieren sequestrate (V.)
Servitut (F.) servitude (N.), easement (N.)
Session (F.) session (N.)
Seuche (F.) epidemic (N.)
Sex (M.) sex (N.), sexual intercourse (N.)
Sexualdelikt (N.) sexual offence (N.)
sexuell sexual (Adj.)
sexuelle Handlung (F.) sexual act (N.)
sexueller Missbrauch (M.) sexual abuse (N.)
Sezession (F.) secession (N.)
Sheriff (M.) (Sheriff im angloamerikanischen Recht) sheriff (M. bzw. F.) (am.)
sicher secure (Adj.), safe (Adj.), immune (Adj.), certain (Adj.)
Sicherheit (F.) security (N.), safety (N.), surety (N.)
Sicherheitsleistung (F.) security deposit (N.), civil bail (N.), lodging (N.) of security
Sicherheitsrat (M.) Security Council (N.)
Sicherheitsverwahrung (F.) preventive detention (N.)
Sicherheitsverwahrung (F.) preventive detention (N.)
Sicherheitsvorschrift (F.) safety regulations (N.Pl.), safety rule (N.)
sichern secure (V.), provide (V.) security, save (V.)
Sicherstellung (F.) provision (N.) of security, safeguarding (N.)
Sicherung (F.) securing (N.), ensuring (N.), safeguarding (N.)
Sicherungsabrede (F.) agreement (N.) on the provision of collateral
Sicherungsabtretung (F.) assignment (N.) by way of security
Sicherungseigentum (N.) ownership (N.) by way of a chattel mortgage
Sicherungsgeschäft (N.) secured transaction (N.), security transaction (N.)
Sicherungsgrundschuld (F.) cautionary land charge (N.)
Sicherungshypothek (F.) cautionary mortgage (N.)
Sicherungsübereignung (F.) chattel mortgage (N.), transfer (N.) of ownership by way of security
Sicherungsurkunde (F.) (Sicherungsurkunde im angloamerikanischen Recht) chattel paper (N.)
Sicherungsverfahren (N.) attachment proceedings (N.Pl.), safeguarding proceedings (N.Pl.), preventive detention (N.)
Sicherungsvertrag (M.) agreement (N.) on the provision of collateral
Sicherungsverwahrung (F.) preventive detention (N.), extended sentence (N.) of imprisonment
Sicht (F.) sight (N.), view (N.)
Sichtvermerk (M.) endorsement (N.), visa (N.), visé (N.)
Sichtwechsel (M.) sight bill (N.), sight draft (N.), demand bill (N.)
Sichverschaffen (N.) obtaining (N.), acquiring (N.)
Sieg (M.) victory (N.)
Siegel (N.) seal (N.), signet (N.)
Siegelbruch (M.) breaking (N.) of official seals
siegeln seal (V.)
Signatur (F.) signature (N.)
simultan simultaneous (Adj.)
Sippe (F.) clan (N.), kin (N.)
Sippenhaft (F.) joint liability (N.) of family members
sistieren suspend (V.), stay (V.)
Sistierung (F.) stay (N.) of execution, stay (N.) of proceedings
Sitte (F.) custom (N.), morality (N.), convention (N.), usage (N.)
Sittengesetz (N.) moral law (N.), rule (N.) of ethics
sittenwidrig immoral (Adj.), offending (Adj.) against good morals, unconscionable (Adj.)
Sittenwidrigkeit (F.) immorality (N.), violation (N.) of moral principles
sittlich moral (Adj.), ethical (Adj.)
Sittlichkeit (F.) morality (N.), morals (N.Pl.), public decency (N.), decency (N.)
Sittlichkeitsdelikt (N.) offence (N.) against morality, sexual offence (N.)
Sitz (M.) (Sitz in einem Gremium) chair

(N.), seat (N.)
Sitz (M.) (Standort) office (N.), domicile (N.), registered seat (N.), corporate domicile (N.), seat (N.), base (N.)
Sitztheorie (F.) seat theory (N.), domicile theory (N.)
Sitzung (F.) session (N.), meeting (N.), hearing (N.)
Sitzungsperiode (F.) session (N.), term (N.)
Sitzungspolizei (F.) police power (N.) in court
Sitzverteilung (F.) allotment (N.) of seats
Sklave (M.) slave (M. bzw. F.)
Sklavin (F.) slave (F.)
Skonto (N.) cash discount (N.)
Skript (N.) script (N.)
Skriptum (N.) script (N.)
Slowakei (F.) Slovakia (N.)
Smog (M.) smog (N.)
so gut wie virtually (Adv.)
Sodomie (F.) sodomy (N.), buggery (N.)
sofort immediate (Adj.), instantaneous (Adj.)
sofortig immediate (Adj.)
sofortige Beschwerde (F.) immediate appeal (N.)
sofortige Verfolgung (F.) fresh pursuit (N.)
soft law (N.) (engl.) soft law (N.)
Software (F.) (engl.) soft ware (N.)
Sohn (M.) son (M.)
Solawechsel (M.) negotiable promissory note (N.), negotiable note (N.)
Sold (M.) soldier's pay (N.)
Soldat (M.) soldier (M.)
Soldatenmeuterei (F.) mutiny (N.) of soldiers
Söldner (M.) mercenary (M.)
Solidarhaftung (F.) joint and several liability (N.)
solidarisch solidary (Adj.), joint and several (Adj.)
Solidarität (F.) solidarity (N.)
Solidaritätsbeitrag (M.) solidarity contribution (N.)
Soll (N.) (Plansoll) target (N.), output target (N.)
Soll (N.) (Schuld in der Buchhaltung) debit (N.), debit side (N.)
Sollkaufmann (M.) obligatorily registrable trader (M. bzw. F.)
Sollvorschrift (F.) directory provision (N.), directory statute (N.)
solvent solvent (Adj.), able (Adj.) to pay
Solvenz (F.) solvency (N.), ability (N.) to pay
Sommer (M.) summer (N.)
Sommerzeit (F.) summer-time (N.)
Sonderabfall (M.) special waste (N.)
Sonderausgabe (F.) specially allowed tax reduction (N.), special expenditure (N.)
Sonderbehörde (F.) special administrative board (N.)
Sonderdelikt (N.) special statutory offence (N.)
Sondererbfolge (F.) special succession (N.) to property upon death
Sondergericht (N.) special tribunal (N.)
Sondergut (N.) special property (N.)
Sondernutzung (F.) seperate use (N.)
Sonderopfer (N.) special sacrifice (N.)
Sonderrecht (N.) (besonderes Vorrecht) special right (N.), privilege (N.)
Sonderrecht (N.) (Sonderrechtsordnung) special law (N.)
Sonderrechtsnachfolge (F.) subrogation (N.)
Sonderrechtsverhältnis (N.) special legal relationship (N.)
Sondervermögen (N.) special fund (N.), separate property (N.)
Sonderverordnung (F.) special ordinance (N.)
Sondervotum (N.) (Sondervotum in einem Gerichtssenat) dissenting opinion (N.)
Sondervotum (N.) (Sondervotum in einem Gremium) dissenting vote (N.)
Sonntag (M.) sunday (N.)
sonstig other (Adj.), miscellaneous (Adj.)
sonstiges Recht (N.) other right (N.)
Sorge (F.) (Besorgnis) sorrow (N.)
Sorge (F.) (Fürsorge) care (N.), concern (N.), solicitude (N.)
sorgen (für) take (V.) care of, provide (V.) for
sorgen (sich sorgen) be (V.) worried, be (V.) concerned
Sorgerecht (N.) right (N.) to the custody, care and control (N.)
Sorgfalt (F.) care (N.), diligence (N.), due care (N.)

sorgfältig careful (Adj.), attentive (Adj.), accurate (Adj.)
Sorgfaltspflicht (F.) duty (N.) to take care, duty (N.) of care
Sorgfaltspflichtverletzung (F.) breach (N.) of duty, malpractice (N.)
Sorte (F.) sort (N.), kind (N.), variety (N.), type (N.)
Sortenschutz (M.) plant varieties patent (N.)
souverän sovereign (Adj.)
Souverän (M.) sovereign (M. bzw. F.)
Souveränität (F.) sovereignty (N.)
Sowjetunion (F.) Soviet Union (F.)
Sozia (F.) partner (F.)
sozial social (Adj.)
Sozialadäquanz (F.) adequance (N.) in a social sense
Sozialarbeiter (M.) social worker (M. bzw. F.)
Sozialarbeiterin (F.) social worker (F.)
Sozialbindung (F.) restriction (N.) on individual property for the benefit of society
soziale Frage (F.) social question (N.)
soziale Indikation (F.) permissible abortion (N.) for social reasons
sozialer Wohnungsbau (M.) low-rent housing (N.), council houses (N.Pl.)
Sozialethik (F.) social ethics (N.Pl.)
Sozialgericht (N.) social court (N.), social insurance tribunal (N.)
Sozialgesetzbuch (N.) social security code (N.)
Sozialgesetzgebung (F.) social legislation (N.)
Sozialhilfe (F.) public welfare (N.), supplementary benefits (N.Pl.), social security (N.)
sozialisieren nationalize (V.), socialize (V.)
Sozialisierung (F.) nationalization (N.), socialization (N.)
Sozialismus (M.) socialism (N.)
Sozialist (M.) socialist (M. bzw. F.)
Sozialistin (F.) socialist (F.)
sozialistisch socialist (Adj.)
Sozialleistung (F.) social security benefit (N.)
Sozialleistungsanspruch (M.) entitlement (N.) to social security benefits, claim (N.) to social security benefits
Sozialleistungsquote (F.) social security benefits quota (N.)
Sozialpartner (M.) employers (Pl.) and employees (Pl.), management (N.) and labour (N.)
Sozialpflichtigkeit (F.) social obligation (N.)
Sozialplan (M.) social plan (N.)
Sozialrecht (N.) social welfare law (N.)
Sozialrente (F.) social insurance pension (N.), social security pension (N.)
sozialschädlich socially harmful (Adj.)
Sozialschädlichkeit (F.) harmfulness (N.) for society
Sozialstaat (M.) welfare state (N.), social state (N.)
Sozialstaatsprinzip (N.) principle (N.) of social justice and the welfare state
sozialtherapeutische Anstalt (F.) social therapeutic institution (N.)
Sozialversicherung (F.) social insurance (N.), national insurance (N.) (brit.), social security (N.) (am.)
Sozialversicherungsanspruch (M.) right (N.) to social security benefits
Sozialversicherungsbeitrag (M.) social insurance contribution (N.), national insurance contribution (N.) (brit.), social security tax (N.) (am.)
Sozialversicherungsträger (M.) social insurance institution (N.)
Sozialversicherungswahl (F.) social security election (N.)
Sozialverwaltungsrecht (N.) law (N.) governing social security authorities
Sozialwohnung (F.) council home (N.), socially subsidized flat (N.), public-assistance dwelling (N.)
Sozietät (F.) society (N.), professional partnership (N.), partnership (N.)
Soziologie (F.) sociology (N.)
Sozius (M.) partner (M. bzw. F.)
Sparbuch (N.) pass-book (N.), savings-bank book (N.)
Spareinlage (F.) saving deposit (N.)
sparen save (V.), economize (V.)
Sparer (M.) saver (M. bzw. F.)
Sparerin (F.) saver (F.)
Sparkasse (F.) savings bank (N.), mutual savings bank (N.)
Sparkonto (N.) deposit account (N.)
Spediteur (M.) forwarder (M. bzw. F.), forwarding agent (M. bzw. F.)

Spediteurin (F.) forwarder (F.), forwarding agent (F.)
Spedition (F.) forwarding (N.), forwarding trade (N.)
Spekulant (M.) speculator (M. bzw. F.), speculative dealer (M. bzw. F.)
Spekulantin (F.) speculator (F.), speculative dealer (F.)
Spekulation (F.) speculation (N.), venture (N.)
spekulieren speculate (V.), operate (V.)
Spende (F.) donation (N.), charity (N.), benefication (N.), contribution (N.)
spenden donate (V.), contribute (V.)
Spender (M.) giver (M.), contributor (M.), donor (M.), benefactor (M.)
Spenderin (F.) giver (F.), contributor (F.), donor (F.), benefactor (F.)
sperren obstruct (V.), block (V.), stop (V.), freeze (V.), cut (V.) off
Sperrgebiet (N.) prohibited area (N.), barred zone (N.), neutral zone (N.), blockaded area (N.), exclusion zone (N.)
Sperrstunde (F.) closing hour (N.), curfew (N.)
Sperrung (F.) barring (N.), blocking (N.), closing (N.), stop order (N.)
Spese (F.) petty expense (N.), out-of-pocket-expense (N.), expense (N.)
Spezialhandlungsvollmacht (F.) special commercial power (N.)
Spezialist (M.) specialist (M. bzw. F.)
Spezialistin (F.) specialist (F.)
Spezialität (F.) speciality (N.)
Spezialprävention (F.) deterrent effect (N.) on a particular offender
speziell special (Adj.)
spezielles Schuldmerkmal (N.) special indication (N.) of guilt
Spezies (F.) species (N.)
Speziesschuld (F.) specific obligation (N.), determinate obligation (N.)
Spezifikation (F.) specification (N.)
Spezifikationskauf (M.) sale (N.) subject to buyer's specification
Spezifizierung (F.) (Spezifizierung eines gerichtlichen Vorbringens) particulars (N.Pl.)
Sphäre (F.) sphere (N.)
Spiel (N.) game (N.), gambling (N.), play (N.)
spielen play (V.), gamble (V.), perform (V.)
Spion (M.) spy (M. bzw. F.)
Spionage (F.) espionage (N.)
spionieren spy (V.)
Spionin (F.) spy (F.)
Spital (N.) hospital (N.)
Spitzel (M.) informer (M. bzw. F.), common informer (M. bzw. F.), stool pigeon (M. bzw. F.)
Splitting (N.) (engl.) splitting (N.)
Sponsor (M.) (engl.) sponsor (M. bzw. F.)
Sponsorin (F.) sponsor (F.)
Sponsoring (N.) (engl.) sponsoring (N.)
Sport (M.) sport (N.), sports (N.Pl.)
Sprache (F.) language (N.)
sprechen speak (V.), talk (V.), plead (V.)
Sprecher (M.) speaker (M. bzw. F.), spokesman (M.)
Sprecherausschuss (M.) committee (N.) of spokesmen
Sprecherin (F.) speaker (F.), spokeswoman (F.)
Sprechstunde (F.) (Sprechstunde im angloamerikanischen Recht) surgery (N.)
Sprengel (M.) parish (N.), district (N.)
sprengen blow (V.) up, blast (V.)
Sprengstoff (M.) blasting agent (N.), explosive (N.)
Spruch (M.) award (N.), verdict (N.), judgement (N.)
Spruchkörper (M.) panel (N.) of judges
Spruchrichter (M.) trial judge (M. bzw. F.)
Spruchrichterin (F.) trial judge (F.)
Sprungrevision (F.) leap-frog appeal (N.), leap frogging (N.), leap frog procedure (N.)
Spur (F.) trace (N.), track (N.)
Spur (F.) (Fahrspur auf der Straße) lane (N.)
Staat (M.) state (N.), country (N.)
Staatenbund (M.) confederation (N.), union (N.)
staatenlos stateless (Adj.)
Staatenlosigkeit (F.) statelessness (N.)
Staatennachfolge (F.) succession (N.) of states
staatlich governmental (Adj.), national (Adj.), public (Adj.)
Staatsangehörige (F.) national (F.), subject (F.)

Staatsangehöriger (M.) national (M. bzw. F.), subject (M. bzw. F.)
Staatsangehörigkeit (F.) nationality (N.), citizenship (N.)
Staatsanwalt (M.) prosecutor (M. bzw. F.), prosecution counsel (M. bzw. F.) (brit.), district attorney (M. bzw. F.) (am.)
Staatsanwältin (F.) prosecutor (F.), prosecution counsel (F.) (br.), district attorney (F.) (am.)
Staatsanwaltschaft (F.) prosecution (N.)
Staatsaufsicht (F.) governmental supervision (N.)
Staatsbürger (M.) citizen (M. bzw. F.), national (M. bzw. F.), subject (M. bzw. F.)
Staatsbürgerin (F.) citizen (F.), national (F.), subject (F.)
Staatsbürgerschaft (F.) nationality (N.) (brit.), citizenship (N.) (am.)
Staatsdienst (M.) civil service (N.) (brit.), public service (N.) (am.)
Staatsform (F.) form (N.) of government
Staatsgebiet (N.) national territory (N.)
Staatsgeheimnis (N.) official secret (N.), state secret (N.)
Staatsgerichtshof (M.) state tribunal (N.), constitutional court (N.)
Staatsgewalt (F.) state authority (N.), state power (N.)
Staatshaftung (F.) state liability (N.), government liability (N.)
Staatskanzlei (F.) state chancellery (N.)
Staatskasse (F.) public treasury (N.)
Staatskirche (F.) state church (N.), national church (N.), established church (N.) (brit.)
Staatskirchenrecht (N.) public law (N.) concerning religious bodies
Staatskommissar (M.) state commissioner (M. bzw. F.)
Staatskommissarin (F.) state commissioner (F.)
Staatslehre (F.) political science (N.)
Staatsmann (M.) statesman (M.)
Staatsnotstand (M.) state emergency (N.)
Staatsoberhaupt (M.) head (M. bzw. F.) of state
Staatspartei (F.) state party (N.)
Staatspräsident (M.) president (M. bzw. F.)
Staatspräsidentin (F.) president (F.)
Staatsprüfung (F.) state examination (N.)
Staatsräson (F.) reason (N.) of state, raison (N.) d'état (franz.)
Staatsrecht (N.) public law (N.)
Staatsreligion (F.) state religion (N.)
Staatsschuldenrecht (N.) law (N.) on national debts
Staatsschutz (M.) state security (N.)
Staatssekretär (M.) secretary (M. bzw. F.) of state
Staatssekretärin (F.) secretary (F.) of state
Staatssymbol (N.) national emblem (N.)
Staatsvertrag (M.) state treaty (N.), international agreement (N.)
Staatsverwaltung (F.) public administration (N.)
Staatsvolk (N.) leading nation (N.)
Staatszweck (M.) purpose (N.) of a state
Stab (M.) staff (N.)
stabil stable (Adj.), steady (Adj.), solid (Adj.), firm (Adj.)
Stadt (F.) town (N.), city (N.)
Stadtdirektor (M.) town clerk (M. bzw. F.) (brit.), city manager (M. bzw. F.) (am.)
Stadtdirektorin (F.) town clerk (F.) (br.), city manager (F.) (am.)
Städtebauförderungsrecht (N.) law (N.) concerning the promotion of urban construction
städtisch municpal (Adj.), urban (Adj.)
Stadtplanung (F.) town planning (N.) (brit.), city planning (N.) (am.)
Stadtrat (M.) (Stadtabgeordneter) municipal councillor (M. bzw. F.), city councillor (M. bzw. F.)
Stadtrat (M.) (Stadtparlament) municipal council (N.), town council (N.), city council (N.)
Stadträtin (F.) municipal councillor (F.), city councillor (F.)
Stadtrecht (M.) municipal right (N.)
Stadtstaat (M.) city state (N.)
Stamm (M.) stock (N.), permanent staff (N.), parentela (N.)
Stammaktie (F.) original share (N.), ordinary share (N.) (brit.), common stock (N.) (am.)
Stammeinlage (F.) original capital share (N.), original capital contribution (N.)
stammen be (V.) descended, come (V.), spring (V.)

Stammkapital (N.) registered capital (N.), original capital (N.)
Stammkapital (N.) (Stammkapital einer Gesellschaft mit beschränkter Haftung) stock (N.)
Stand (M.) status (N.), position (N.), social station (N.)
Standard (M.) standard (N.)
Standesamt (N.) registry office (N.), registrar's office (N.) (brit.), district registry (N.)
Standesbeamter (M.) registrar (M. bzw. F.) (brit.), civil magistrate (M. bzw. F.) (am.)
Standesbeamtin (F.) registrar (F.) (br.), civil magistrate (F.) (am.)
Standesrecht (N.) canons (N.Pl.) of professional etiquette
Standgericht (N.) court-martial (N.), drumhead trial (N.)
ständig permanent (Adj.), standing (Adj.)
Standort (M.) position (N.), site (N.), place (N.), base (N.)
Standrecht (N.) martial law (N.)
Station (F.) station (N.), ward (N.)
Statistik (F.) statistics (N.)
Stätte (F.) site (N.), location (N.)
statthaft admissible (Adj.), permissible (Adj.)
Statthaftigkeit (F.) admissibility (N.), permissibility (N.)
Statthalter (M.) governor (M. bzw. F.), prefect (M. bzw. F.)
Statthalterin (F.) governor (F.), prefect (F.)
statuieren establish (V.), constitute (V.)
Status (M.) status (N.), standing (N.)
status (M.) quo (lat.) status (N.) quo (lat.)
Statusprozess (M.) procedure (N.) on the personal status of a child
Statut (N.) charter (N.), statute (N.), regulation (N.)
Statutenkollision (F.) conflict (N.) of laws
Stau (M.) (Verkehrsstau) traffic jam (N.), congestion (N.) (am.)
Steckbrief (M.) warrant (N.) of apprehension, wanted circular (N.)
stehlen steal (V.), purloin (V.), commit (V.) larceny
steigern increase (V.), augment (V.)
Stelle (F.) (Amt) agency (N.)
Stelle (F.) (Ort) place (N.), post (N.), site (N.), locality (N.)
Stellenvermittlung (F.) placement (N.), Job Centre (N.), employment office (N.), employment bureau (N.), employment agency (N.)
Stellung (F.) position (N.), standing (N.), status (N.)
stellvertretend vicarious (Adj.), substitutionary (Adj.)
stellvertretendes commodum (N.) vicarious substitute (N.)
Stellvertreter (M.) agent (M. bzw. F.), representative (M. bzw. F.), deputy (M. bzw. F.), substitute (M. bzw. F.)
Stellvertreterin (F.) agent (F.), representative (F.), deputy (F.), substitute (F.)
Stellvertretung (F.) agency (N.), representation (N.), proxy (N.)
Stempel (M.) stamp (N.), imprint (N.)
Stempelgebühr (F.) (Stempelgebühr im angloamerikanischen Recht) stamp duty (N.)
stempeln stamp (V.), mark (V.)
Sterbebuch (N.) register (N.) of deaths
Sterbegeld (N.) death benefit (N.), death grant (N.)
Sterbehilfe (F.) euthanasia (N.)
sterben die (V.), decease (V.)
Sterbeurkunde (F.) death certificate (N.)
steril (keimfrei) sterile (Adj.), aseptic (Adj.)
steril (unfruchtbar) sterile (Adj.), infertile (Adj.)
Sterilisation (F.) sterilization (N.)
sterilisieren sterilize (V.), make (V.) sterile
Sternsozietät (F.) star paartnership (N.)
Steuer (F.) tax (N.), duty (N.), levy (N.)
Steuerbefreiung (F.) exemption (N.) from tax, tax exemption (N.), tax holiday (N.)
Steuerbehörde (F.) revenue authorities (N.Pl.)
Steuerberater (M.) tax consultant (M. bzw. F.)
Steuerberaterin (F.) tax consultant (F.)
Steuerbescheid (M.) tax assessment (N.), tax demand (N.)
Steuerbevollmächtigte (F.) tax representative (F.)
Steuerbevollmächtigter (M.) tax representative (M. bzw. F.)

Steuerbilanz (F.) tax balance (N.), fiscal balance sheet (N.)
Steuererklärung (F.) tax declaration (N.), tax return (N.)
Steuerfahndung (F.) investigation (N.) of tax offences, fiscal investigation (N.)
Steuerflucht (F.) tax evasion (N.), evasion (N.) of tax
steuerfrei tax-free (Adj.), tax-exempt (Adj.)
Steuerfreibetrag (M.) tax free allowance (N.) (brit.), tax credit (N.) (am.)
Steuergeheimnis (N.) tax secrecy (N.)
Steuerhehlerei (F.) receiving (N.) property obtained by tax evasion
Steuerhinterziehung (F.) evasion (N.) of tax, tax evasion (N.), fiscal fraud (N.), defraudation (N.) of the revenue
Steuerhoheit (F.) tax sovereignty (N.), taxing power (N.)
steuerlich fiscal (Adj.)
Steuerpflicht (F.) tax liability (N.)
steuerpflichtig taxable (Adj.), liable (Adj.) to taxation
Steuerpflichtige (F.) tax payer (F.), taxable person (F.)
Steuerpflichtiger (M.) tax payer (M. bzw. F.), taxable person (M. bzw. F.)
Steuerrecht (N.) fiscal law (N.), tax law (N.), revenue law (N.)
Steuerrichtlinie (F.) administrative tax regulation (N.)
Steuerstrafrecht (N.) law (N.) on criminal prosecution for tax offences
Steuertabelle (F.) tax table (N.)
Steuerungsfähigkeit (F.) (Steuerungsfähigkeit im Strafrecht) ability (N.) to control
Steuerveranlagung (F.) tax assessment (N.)
Steuerverbund (M.) combined revenue collection (N.)
Steuervergünstigung (F.) tax privilege (N.), tax concession (N.)
Stichtag (M.) fixed date (N.), key date (N.), computation date (N.), deadline (N.)
Stichwahl (F.) run-off vote (N.), decisive ballot (N.)
Stiefbruder (M.) step-brother (M.)
Stiefkind (N.) step-child (M. bzw. F.)
Stiefmutter (F.) step-mother (F.)
Stiefschwester (F.) step-sister (F.)
Stiefsohn (M.) step-son (M.)
Stieftochter (F.) step-daughter (F.)
Stiefvater (M.) step-father (M.)
Stift (N.) foundation (N.), convent (N.)
stiften (gründen) found (V.), establish (V.)
stiften (spenden) donate (V.), endow (V.)
Stifter (M.) (Gründer) founder (M. bzw. F.), originator (M. bzw. F.)
Stifter (M.) (Spender) donor (M. bzw. F.)
Stifterin (F.) founder (F.), originator (F.)
Stiftung (F.) foundation (N.), endowed institution (N.), donation (N.), endowment (N.)
stille Gesellschaft (F.) undisclosed participation (N.), dormant partnership (N.)
stillschweigend tacit (Adj.), implied (Adj.)
Stillstand (M.) standstill (N.), stoppage (N.), deadlock (N.)
Stillstand (M.) des Verfahrens suspension (N.) of proceedings
Stimmabgabe (F.) voting (N.), polling (N.)
Stimme (F.) (Wählerstimme) vote (N.)
Stimmenmehrheit (F.) majority (N.) of votes
Stimmenthaltung (F.) (Zurückhaltung von Bundesgerichten in den Vereinigten Staaten von Amerika) abstention (N.)
Stimmrecht (N.) right (N.) to vote, voting right (N.), franchise (N.), suffrage (N.)
Stimmzettel (M.) ballot paper (N.), voting paper (N.), ballot (N.)
Stipendium (N.) scholarship (N.)
Stockwerk (N.) floor (N.), storey (N.) (brit.), story (N.) (am.)
Stoff (M.) stuff (N.), substance (N.), material (N.), subject-matter (N.)
stören disturb (V.), annoy (V.)
Störer (M.) disturber (M. bzw. F.), intruder (M. bzw. F.)
Störerin (F.) disturber (F.), intruder (F.)
stornieren cancel (V.), annul (V.), revoke (V.)
Storno (N.) cancellation (N.)
Störung (F.) disturbance (N.), annoyance (N.), nuisance (N.), interference (N.)
Strafanstalt (F.) prison (N.), penal institution (N.) (brit.), penitentiary (N.) (am.), custodial establishment (N.), custodial institution (N.)
Strafantrag (M.) demand (N.) for prosecution, demand (N.) for a penalty
Strafanzeige (F.) complaint (N.) of an offence, denunciation (N.), information (N.)

Strafarrest (M.) imprisonment (N.)
Strafaufhebungsgrund (M.) reason (N.) for withdrawing punishment
Strafaufschub (M.) suspension (N.) of sentence, respite (N.) in punishment
Strafausschließungsgrund (M.) reason (N.) for not exacting punishment
Strafaussetzung (F.) suspension (N.) of sentence
strafbar punishable (Adj.), criminal (Adj.), guilty (Adj.)
Strafbarkeit (F.) punishability (N.), culpability (N.), guilt (N.)
strafbedrohte Handlung (F.) act (N.) subject to penalty
Strafbefehl (M.) summary sentence (N.)
Strafbestimmung (F.) penal provision (N.)
Strafe (F.) punishment (N.), penalty (N.), sentence (N.)
strafen punish (V.), sentence (V.)
Straferkenntnis (F.) sentence (N.)
Strafgefangene (F.) convict (F.), prisoner (F.)
Strafgefangener (M.) convict (M. bzw. F.), prisoner (M. bzw. F.)
Strafgericht (N.) criminal court (N.)
Strafgesetz (N.) criminal law (N.), penal law (N.)
Strafgesetzbuch (N.) criminal code (N.), penal code (N.)
Strafherabsetzung (F.) commutation (N.)
Strafkammer (F.) criminal division (N.)
Sträfling (M.) prisoner (M. bzw. F.), convict (M. bzw. F.)
Strafmaß (N.) degree (N.) of punishment, measure (N.) of penalty
Strafmaßrevision (F.) appeal (N.) against sentence
Strafmilderung (F.) mitigation (N.) of sentence, extenuation (N.)
Strafmilderungsgrund (M.) ground (N.) for mitigation
strafmündig of criminally responsible age
Strafmündigkeit (F.) age (N.) of criminal responsibility
Strafprozess (M.) criminal procedure (N.), criminal proceedings (N.Pl.)
Strafprozessordnung (F.) code (N.) of criminal procedure
Strafrahmen (M.) range (N.) of punishment
Strafrecht (N.) penal law (N.), criminal law (N.)
strafrechtlich penal (Adj.), criminal (Adj.)
Strafrechtsentschädigung (F.) criminal law restitution (N.)
Strafregister (N.) register (N.) of conviction
Strafrichter (M.) criminal court judge (M. bzw. F.), sentencer (M. bzw. F.)
Strafrichterin (F.) criminal court judge (F.), sentencer (F.)
Strafsache (F.) criminal case (N.)
Strafschadensersatz (M.) punitive damage (N.)
Strafschärfung (F.) aggravation (N.) of sentence
Strafschärfungsgrund (M.) aggravating circumstance (N.)
Strafsenat (M.) (Strafsenat beim Bundesgerichtshof) criminal section (N.)
Straftat (F.) criminal act (N.), punishable deed (N.), crime (N.), offence (N.) (brit.), offense (N.) (am.)
Straftatbestand (M.) facts (N.Pl.) constituting an offence, statutory definition (N.) of a crime
Straftäter (M.) delinquent (M. bzw. F.), offender (M. bzw. F.)
Straftäterin (F.) delinquent (F.), offender (F.)
Straftilgung (F.) extinction (N.) of previous convictions
Strafumwandlung (F.) commutation (N.)
strafunmündig incapax doli (lat.)
Strafunmündigkeit (F.) age (N.) below criminal responsibility, criminal incapacity (N.) due to young age
Strafurteil (N.) penal judgement (N.), conviction (N.) and sentence (N.)
Strafvereitelung (F.) obstruction (N.) of criminal execution
Strafverfahren (N.) criminal procedure (N.), penal proceedings (N.Pl.), criminal action (N.)
Strafverfolgung (F.) prosecution (N.)
Strafverfügung (F.) penal order (N.), disciplinary penalty (N.)
Strafverteidiger (M.) defence counsel (M. bzw. F.) (brit.), defense counsel (M. bzw. F.) (am.)
Strafverteidigerin (F.) defence counsel

(F.) (br.) , defense counsel (F.) (am.)
Strafvollstreckung (F.) execution (N.) of a sentence
Strafvollzug (M.) execution (N.) of a sentence
Strafvollzugsanstalt (F.) correctional institution (N.), prison (N.), penal institution (N.)
Strafvollzugsbeamter (M.) prison officer (M. bzw. F.)
Strafvollzugsbeamtin (F.) prison officer (F.)
Strafvorschrift (F.) penal provisions (N. Pl.)
Strafzumessung (F.) award (N.) of punishment, assessment (N.) of penalty
Strafzweck (M.) object (N.) of punishment, purpose (N.) of punishment
Strand (M.) sea-shore (N.), beach (N.)
Strandgut (N.) stranded goods (N.Pl.), flotsam (N.) and jetsam (N.)
Strang (M.) (Strang am Galgen) halter (N.), death rope (N.), death cord (N.)
Strangulation (F.) strangulation (N.)
strangulieren strangle (V.), choke (N.)
Straße (F.) (Landstraße) road (N.)
Straße (F.) (Stadtstraße in bebautem Gebiet) street (N.)
Straßenbau (M.) (Bau einer Landstraße) road construction (N.)
Straßenbau (M.) (Bau einer Stadtstraße) street works (N.Pl.)
Straßenbaubehörde (F.) highway authority (N.) (brit.), road construction office (N.)
Straßenbaulast (F.) duty (N.) to construct and maintain roads
Straßenbaulastträger (M.) party (N.) liable to construct and maintain roads
Straßenraub (M.) highway robbery (N.), mugging (N.)
Straßenrecht (N.) law (N.) of public streets and roads
Straßenverkehr (M.) road traffic (N.)
Straßenverkehrsbehörde (F.) road traffic authority (N.)
Straßenverkehrsordnung (F.) road traffic regulations (N.Pl.), highway code (N.) (brit.)
Straßenverkehrsrecht (N.) road traffic law (N.)
streichen (beseitigen) delete (V.), eliminate (V.), cancel (V.)
Streife (F.) patrol (N.), beat (N.)
Streifenwagen (M.) patrol car (N.), police car (N.) (brit.), prowl car (N.)
Streik (M.) strike (N.)
Streikbrecher (M.) strike-breaker (M. bzw. F.), backleg (M. bzw. F.)
Streikbrecherin (F.) strike-breaker (F.), backleg (F.)
streiken strike (V.), be (V.) on strike
Streikrecht (N.) right (N.) to strike, freedom (N.) to strike
Streit (M.) dispute (N.), controversy (N.)
streiten dispute (V.), quarrel (V.), argue (V.)
Streitgegenstand (M.) object (N.) at issue, subject (N.) of litigation
Streitgenosse (M.) joint litigant (M. bzw. F.), joint plaintiff (M. bzw. F.)
Streitgenossenschaft (F.) joinder (N.) of parties
Streitgenossin (F.) joint litigant (F.), joint plaintiff (F.)
streitig litigant (Adj.), in dispute, at issue
streitige Gerichtsbarkeit (F.) contentious jurisdiction (N.)
Streitigkeit (F.) quarrel (N.), dispute (N.)
Streitverkündung (F.) third party notice (N.), third party complaint (N.) (am.)
Streitwert (M.) value (N.) in dispute, sum (N.) in dispute
streng severe (Adj.), rigorous (Adj.), hard (Adj.)
Strengbeweis (M.) strict evidence (N.)
strenges Recht (N.) (strenges Recht im angloamerikanischen Recht) common law (N.)
Strich (M.) (Straßenstrich von Prostituierten) street prostitution (N.)
strittig point at issue, contentious (Adj.)
Strohfrau (F.) woman (F.) of straw, straw woman (F.), figurehead (F.)
Strohmann (M.) man (M.) of straw, figurehead (M. bzw. F.), straw man (M.)
Strom (M.) (elektrischer Strom) electricity (N.), electric power (N.)
Strom (M.) (Wasserstrom) river (N.)
Stromeinspeisungsgesetz (N.) Current Input Act (N.)
Stück (N.) piece (N.), item (N.)

Stückaktie (F.) individual share certificate (N.)
Stückschuld (F.) determinate obligation (N.)
Student (M.) student (M. bzw. F.)
Studentenausschuss (M.), allgemeiner students' representative council (N.)
Studentenschaft (F.) students (Pl.), student body (N.)
Studentenwerk (N.) student welfare organization (N.), students' union (N.)
Studentin (F.) student (F.)
Studienordnung (F.) rules (N.Pl.) of study
Studierende (F.) student (F.)
Studierender (M.) student (M. bzw. F.)
Studium (N.) study (N.), studies (N.Pl.)
Stufe (F.) step (N.), stage (N.), phase (N.)
Stufenklage (F.) action (N.) by stages
stumm mute (Adj.), dumb (Adj.)
Stunde (F.) hour (N.), lesson (N.) (brit.), period (N.) (am.)
stunden grant (V.) a respite in payment, allow (V.) a respite in payment
Stundung (F.) respite (N.), grant (N.) of delay, forbearance (N.)
subaltern subaltern (Adj.), subordinate (Adj.)
Subhastation (F.) execution sale (N.) by public auction, compulsory auction (N.)
Subjekt (N.) subject (N.), legal entity (N.)
subjektiv subjective (Adj.)
subjektive Unmöglichkeit (F.) relative impossibility (N.)
subjektiver Tatbestand (M.) mental element (N.)
subjektives öffentliches Recht (N.) public right (N.)
subjektives Recht (N.) right (N.), entitlement (N.)
subjektives Rechtfertigungselement (N.) subjective element (N.) of legal justification
subjektives Tatbestandsmerkmal (N.) mental element (N.) of an offence
subjektives Unrechtselement (N.) mental element (N.) of an offence
Subordination (F.) subordination (N.)
subsidiär subsidiary (Adj.)
Subsidiarität (F.) subsidiarity (N.)
Subsidie (F.) subsidy (N.)
Subskription (F.) subscription (N.)
Substitut (N.) substitute (N.)
Substitution (F.) substitution (N.)
subsumieren subsume (V.)
Subsumtion (F.) subsumption (N.)
Subsumtionsirrtum (M.) error (N.) of subsumption
Subunternehmer (M.) subcontractor (M. bzw. F.)
Subunternehmerin (F.) subcontractor (F.)
Subvention (F.) subsidy (N.)
subventionieren subsidize (V.)
Subventionsbetrug (M.) economic subsidy fraud (N.)
subversiv subversive (Adj.)
suchen search (V.), look (V.) for, seek (V.)
Sucht (F.) addiction (N.), mania (N.)
Suffragan (M.) suffragan (M.)
Suffragette (F.) suffragette (F.)
suggestiv suggestive (Adj.)
Sühne (F.) atonement (N.), expiation (N.)
Sujet (N.) (franz.) subject (N. bzw. M. bzw. F.)
Sukzession (F.) succession (N.)
sukzessiv successive (Adj.), gradual (Adj.)
Sukzessivlieferungsvertrag (M.) multiple delivery contract (N.)
summarisch summary (Adj.)
Summe (F.) sum (N.), amount (N.), figure (N.)
Sünde (F.) sin (N.)
Superintendent (M.) superintendent (M. bzw. F.)
Superintendentin (F.) superintendent (F.)
supranational supranational (Adj.)
Surrogat (N.) substitute (N.), alternative (N.)
Surrogation (F.) surrogation (N.), replacement (N.)
suspekt suspicious (Adj.)
suspendieren suspend (V.), stay (V.)
Suspendierung (F.) suspension (N.)
Suspension (F.) suspension (N.)
suspensiv suspensive (Adj.), suspensory (Adj.)
Suspensivbedingung (F.) suspensive condition (N.), condition precedent (N.)
Suspensiveffekt (M.) suspensory effect (N.)
Suzeranität (F.) suzeranity (N.)
Syllogismus (M.) syllogism (N.)
Symbol (N.) symbol (N.)
symbolisch constructive (Adj.)

Synallagma (N.) reciprocity (N.)
Syndika (F.) legal adviser (F.), staff lawyer (F.), in.-house-lawyer (F.)
Syndikat (N.) syndicate (N.), consortium (N.), trust (N.) (am.)
Syndikus (M.) legal adviser (M. bzw. F.), staff lawyer (M. bzw. F.)
Syndikusanwalt (M.) staff lawyer (M. bzw. F.), in-house lawyer (M. bzw. F.)
Synode (F.) synod (N.)
System (N.) system (N.)
Systematik (F.) systematics (N.Pl.)
systematisch systematic (Adj.)
systematische Interpretation (F.) systematic interpretation (N.)

T

Tabelle (F.) scale (N.), schedule (N.), tabulation (N.), table (N.)
Tabu (N.) taboo (N.), tabu (N.)
Tag (M.) day (N.), date (N.)
Tagegeld (N.) attendance fee (N.), daily allowance (N.)
Tagelohn (M.) daily wage (N.)
Tagelöhner (M.) day labourer (M. bzw. F.)
Tagelöhnerin (F.) day labourer (F.)
tagen hold (V.) a meeting, be (V.) in session
Tagesgeld (N.) day-to-day money (N.), call money (N.), money (N.) on call
Tagesordnung (F.) agenda (N.), order (N.) of the day
Tagesordnungspunkt (M.) matters (N.Pl.) arising
Tagessatz (M.) daily rate (N.), per diem allowance (N.)
täglich daily (Adj.)
Tagsatzung (F.) day (N.) of hearing, court hearing (N.)
Tagung (F.) meeting (N.), convention (N.)
Tagungsort (M.) venue (N.), place (N.) of conference
Taktik (F.) tactics (N.Pl.)
Talar (M.) robe (N.), gown (N.)
Talion (F.) talion (N.)
Talon (M.) talon (N.), stub (N.), renewal certificate (N.)
Tante (F.) aunt (F.)
Tantieme (F.) author's fee (N.), royalty (N.)
Tara (F.) tare (N.)
Tarif (M.) scale (N.), scale (N.) of charges, table (N.) of fares, tariff (N.), rate (N.)
Tarifausschlussklausel (F.) clause (N.) contracting out of tariff agreements
Tarifautonomie (F.) collective bargaining autonomy (N.)
Tariffähigkeit (F.) collective bargaining capacity (N.)
Tarifgebundenheit (F.) subjectivity (N.) to tariffs
tariflich according (Adj.) to collective agreement, persuant (Adj.) to the tariff
Tarifpartner (M.) party (M. bzw. F.) to a collective wage agreement
Tarifrecht (N.) collective bargaining law (N.)
Tarifverhandlung (F.) collective bargaining (N.)
Tarifvertrag (M.) collective agreement (N.), collective wage agreement (N.), union agreement (N.)
Taschendieb (M.) pickpocket (M. bzw. F.), picker (M. bzw. F.)
Taschendiebin (F.) pickpocket (F.), picker (F.)
Taschengeld (N.) pocket money (N.)
Taschengeldparagraph (M.) pocket money rule (N.) for minors
Tat (F.) act (N.), deed (N.), offence (N.) (brit.), offense (N.) (am.)
Tatbestand (M.) (im Strafrecht) abstract (N.) of record, elements (N.Pl.) of an offence
Tatbestand (M.) (im Verfahrensrecht) state (N.) of facts, facts (N.Pl.) of the case
Tatbestandsirrtum (M.) factual mistake (N.)
Tatbestandsmerkmal (N.) element (N.) of an offence, constituent fact (N.)
Tateinheit (F.) unity (N.) of crime
Tatentschluss (M.) decision (N.) to act
Täter (M.) perpetrator (M. bzw. F.), offender (M. bzw. F.), delinquent (M. bzw. F.)
Täter (M.) (Straftäter) tortfeasor (M. bzw. F.), offender (M. bzw. F.), culprit (M. bzw. F.)
Täterin (F.) perpetrator (F.), offender (F.), delinquent (F.), tortfeasor (F.), culprit (F.)
Täterschaft (F.) commission (N.) of the offence, perpetration (N.)

Täterschaftsrecht (N.) criminal law (N.) connecting the sentence with the perilousness of the offender
Tatfrage (F.) question (N.) of fact, point (N.) of fact, matter (N.) of fact
tätig engaged (Adj.), active (Adj.), busy (Adj.)
tätige Reue (F.) active regret (N.), active repentance (N.)
Tätigkeit (F.) activity (N.), occupation (N.), work (N.)
Tätigkeitsdelikt (N.) offence (N.) by commission (brit.), offense (N.) by commission (am.)
tätlich violent (Adj.)
Tätlichkeit (F.) violence (N.), assault (N.)
Tatmehrheit (F.) plurality (N.) of acts, joinder (N.) of offences
Tatort (M.) scene (N.), place (N.) of a crime
Tatsache (F.) fact (N.)
Tatsachenirrtum (M.) error (N.) of fact, factual error (N.)
tatsächlich actual (Adj.), real (Adj.), based on fact
Tatstrafrecht (N.) criminal law (N.) connecting the sentence with the prohibited action of the offender
Tatumstand (M.) circumstance (N.)
Tatumstandsirrtum (M.) mistake (N.) as to the facts and cirumstances of an offence
Tatverdacht (M.) suspicion (N.)
taub deaf (Adj.)
taubstumm deaf and dumb (Adj.)
Taufe (F.) baptism (N.)
taufen baptize (V.)
tauglich (dienlich) serviceable (Adj.)
tauglich (dienstfähig) fit (Adj.), capable (Adj.)
Tauglichkeit (F.) usefulness (N.), qualification (N.), fitness (N.)
Tausch (M.) exchange (N.), barter (N.), swap (N.)
täuschen deceive (V.), delude (V.)
tauschen exchange (V.), barter (V.)
Täuschung (F.) deceit (N.), deception (N.), misrepresentation (F.)
Taxe (F.) rate (N.), tax (N.), charge (N.), fee (N.)
Taxi (N.) taxi (N.) (brit.), cab (N.) (am.)
taxieren estimate (V.), value (V.), assess (V.)
Technik (F.) (Vorgehensweise) technic (N.)
technisch technical (Adj.)
Technischer Überwachungsverein (M.) (TÜV) Technical Control Board (N.)
Teil (M.) part (N.), portion (N.), share (N.)
teilbar separable (Adj.), severable (Adj.), divisible (Adj.)
teilbare Leistung (F.) divisible performance (N.)
Teilbesitz (M.) part possession (N.)
Teileigentum (N.) part-ownership (N.)
teilen divide (V.), part (V.), separate (V.)
Teilgläubiger (M.) part-creditor (M. bzw. F.)
Teilgläubigerin (F.) part-creditor (F.)
Teilgläubigerschaft (F.) part-creditorship (N.)
Teilhaber (M.) partner (M. bzw. F.), associate (M. bzw. F.), copartner (M. bzw. F.), joint proprietor (M. bzw. F.)
Teilhaberin (F.) partner (F.), associate (F.), copartner (F.), joint proprietor (F.)
Teilhaberschaft (F.) co-partnership (N.), partnership (N.)
Teilleistung (F.) part performance (N.)
Teilnahme (F.) participation (N.), complicity (N.)
Teilnehmer (M.) participant (M. bzw. F.), accomplice (M. bzw. F.), accessory (M. bzw. F.)
Teilnehmerin (F.) participant (F.), accomplice (F.), accessory (F.)
Teilnichtigkeit (F.) partial nullity (N.)
Teilschuld (F.) part (N.) of the debt
Teilschuldner (M.) part-debtor (M. bzw. F.)
Teilschuldnerin (F.) part-debtrix (F.)
Teilschuldnerschaft (F.) part-indebtedness (N.)
Teilstaat (M.) constituent state (N.)
Teilstreik (M.) (Branchenstreik) sectional strike (N.)
Teilstreik (M.) (örtlicher Teilstreik) local strike (N.)
Teilung (F.) division (N.), partition (N.)
Teilungsanordnung (F.) instruction (N.) to apportion the estate
Teilungsklage (F.) action (N.) for partition, action (N.) for apportionment
Teilungsversteigerung (F.) compulsory partition (N.) by public auction

Teilunmöglichkeit (F.) partial impossibility (N.)
Teilurteil (N.) part-judgement (N.)
teilweise partial (Adj.), to a certain extent, partly (Adv.)
Teilzahlung (F.) part payment (N.), installment (N.)
Teilzahlungsabrede (F.) part payment clause (N.), instalment clause (N.) (brit.), installment clause (N.) (am.)
Teilzeit (F.) part time (N.)
Teilzeitarbeit (F.) part-time work (N.)
Teilzeitwohnrecht (N.) time-sharing (N.)
Telefax (N.) telefax (N.)
Telefon (N.) telephone (N.)
Telegramm (N.) telegramm (N.), wire (N.)
Telekommunikation (F.) telecommunication (N.)
Telekommunikationsgesetz (N.) Telecommunication Act (N.)
Teleologie (F.) teleology (N.), finality (N.)
teleologisch teleologic (Adj.), finalistic (Adj.)
teleologische Auslegung (F.) teleologic interpretation (N.)
teleologische Reduktion (F.) teleologic reduction (N.)
Tendenz (F.) tendency (N.), trend (N.)
Tendenzbetrieb (M.) enterprise (N.) in the field of politics, the press, education, the Churches etc., not fully subject to the Betriebsverfassungsgesetz
Tenor (M.) tenor (N.), operative part (N.), substance (N.)
Termin (M.) date (N.), fixed time (N.)
Termin (M.) (Verhandlungszeitpunkt) hearing date (N.), court hearing (N.), trial date (N.)
Termineinlage (F.) term deposit (N.)
Termingeschäft (N.) forward business (N.), futures contract (N.)
terminieren (zeitlich festlegen) fix (V.) a date, specify (V.) a date
territorial territorial (Adj.)
Territorialgerichtsbarkeit (F.) territorial jurisdiction (N.)
Territorialitätsprinzip (N.) principle (N.) of territoriality
Territorialstaat (M.) territorial state (N.)
Territorium (N.) territory (N.)
Terror (M.) terror (N.)
Terrorismus (M.) terrorism (N.)
Terrorist (M.) terrorist (M. bzw. F.)
Terroristin (F.) terrorist (F.)
Test (M.) test (N.)
Testament (N.) testament (N.), last will (N.), will (N.)
testamentarisch testamentary (Adj.)
Testamentsvollstrecker (M.) executor (M. bzw. F.)
Testamentsvollstreckerin (F.) executor (F.), executrix (F.)
Testamentvollstreckung (F.) executorship (N.)
Testat (N.) attestation (N.), official certificate (N.)
Testator (M.) testator (M. bzw. F.)
Testatorin (F.) testator (F.)
testieren (bezeugen) attest (V.)
testieren (ein Testament anfertigen) testate (V.), make (V.) a will
testierfähig capable (Adj.) of making a will
Testierfähigkeit (F.) testamentary capacity (N.), testamentary power (N.)
Testierfreiheit (F.) freedom (N.) of testamentary disposition
Textverarbeitung (F.) word processing (N.)
Theaterrecht (N.) theatre law (N.) (br.), theater law (N.) (am.)
Thema (N.) topic (N.), subject (N.)
Theokratie (F.) theocracy (N.)
Theologie (F.) theology (N.)
Theorie (F.) theory (N.)
Therapie (F.) therapy (N.)
These (F.) thesis (N.)
Thron (M.) throne (N.)
Thronrede (F.) (Thronrede in Großbritannien) Queen's Speech (N.), King's Speech (N.)
Thüringen (N.) Thuringia (F.)
Tier (N.) animal (N.)
Tierhalter (M.) keeper (M. bzw. F.) of an animal, minder (M. bzw. F.)
Tierhalterin (F.) keeper (F.) of an animal, minder (F.)
Tierhüter (M.) animal attendant (M. bzw. F.)
Tierhüterin (F.) animal attendant (F.)
Tierkörperbeseitigungsrecht (N.) law (N.) on the disposal of dead animals
Tierschutz (M.) protection (N.) of animals

tilgen repay (V.), pay (V.) off a debt, amortize (V.), redeem (V.)
Tilgung (F.) repayment (N.), paying (N.) off, redemption (N.), settlement (N.), discharge (N.)
Tilgungsrate (F.) amortization instalment (N.) (brit.), amortization installment (N.) (am.)
Titel (M.) title (N.)
Titelschutz (M.) copyright protection (N.) of titles
Tochter (F.) daughter (F.)
Tochtergesellschaft (F.) subsidiary company (N.), division (N.)
Tod (M.) death (N.), decease (N.), demise (N.)
Todeserklärung (F.) declaration (N.) of death
Todesstrafe (F.) capital punishment (N.), death penalty (N.)
Todesvermutung (F.) presumption (N.) of death
Todeszelle (F.) (Todeszelle in den Vereinigten Staaten von Amerika) death cell (N.), condemned cell (N.)
tödlich fatal (Adj.), mortal (Adj.), lethal (Adj.)
Toleranz (F.) tolerance (N.)
Tortur (F.) torture (N.)
tot dead (Adj.), deceased (Adj.)
tote Hand (F.) mortmain (N.)
töten kill (V.), put (V.) to death
Totgeburt (F.) stillbirth (N.)
Totschlag (M.) manslaughter (N.), homicide (N.)
Totschläger (M.) homicide (M. bzw. F.), manslayer (M. bzw. F.), life-preserver (M. bzw. F.) (brit.), blackjack (M. bzw. F.) (am.)
Totschlägerin (F.) homicide (F.), manslayer (F.)
Tötung (F.) killing (N.), homicide (N.)
Tötung (F.) im Straßenverkehr death (N.) by dangerous driving
trachten endeavour (V.) (brit.), endeavor (V.) (am.), try (V.), seek (V.)
Traditionspapier (N.) negotiable document (N.) of title
Träger (M.) bearer (M. bzw. F.), holder (M. bzw. F.), porter (M. bzw. F.)
Trägerin (F.) bearer (F.), holder (F.), porter (F.)
Transfer (M.) transfer (N.)
transferieren transfer (V.)
Transformation (F.) transformation (N.)
Transformationsgesetz (N.) Act (N.) on the transformation of international law and agreements
Transfusion (F.) transfusion (N.)
Transit (M.) transit (N.)
Transplantation (F.) (Gewebetransplantation) graft (N.)
Transplantation (F.) (Organtransplantation) transplantation (N.)
transplantieren transplant (V.), graft (V.)
Transport (M.) transport (N.), hauling (N.), conveyance (N.)
transportieren transport (V.), carry (V.), convey (V.)
Trassant (M.) drawer (M. bzw. F.)
Trassantin (F.) drawer (F.)
Trassat (M.) drawee (M. bzw. F.)
Trassatin (F.) drawee (F.)
Tratte (F.) draft (N.), bill (N.) of exchange
trauen trust (V.)
Trauung (F.) marriage ceremony (N.), wedding ceremony (N.)
Trauzeuge (M.) witness (M. bzw. F.) to a marriage
Trauzeugin (F.) witness (F.) to a marriage
Travellerscheck (M.) traveller's cheque (N.) (brit.), traveller's check (N.) (am.)
trennen separate (V.), divide (V.), disconnect (V.), sever (V.)
Trennung (F.) separation (N.), division (N.), disconnection (N.), severance (N.), desertion (N.)
treu faithful (Adj.), loyal (Adj.)
Treu (F.) und Glauben (M.) good faith (N.), loyalty (N.) and good faith (N.)
Treubruch (M.) breach (N.) of faith, disloyalty (N.), perfidy (N.)
treubrüchig faithless (Adj.), disloyal (Adj.), perfidious (Adj.)
Treubruchstatbestand (M.) statutory definition (N.) of a breach of trust
Treue (F.) faith (N.), loyalty (N.), allegiance (N.), fidelity (N.)
Treuepflicht (F.) duty (N.) of loyalty, duty (N.) of fidelity
Treugeber (M.) trustor (M. bzw. F.), settlor (M. bzw. F.)
Treugeberin (F.) trustor (F.), settlor (F.)

Treuhand (F.) trust (N.)
Treuhänder (M.) trustee (M. bzw. F.), bailee (M. bzw. F.), fiduciary (M. bzw. F.)
Treuhänderin (F.) trustee (F.), bailee (F.), fiduciary (F.)
treuhänderisch fiduciary (Adj.)
treuhänderische Besitzerin (F.) bailee (F.)
treuhänderischer Besitzer (M.) bailee (M. bzw. F.)
Treuhänderschaft (F.) trusteeship (N.)
Treuhandgesellschaft (F.) trust company (N.)
Treuhandkonto (N.) escrow account (N.)
Treuhandschaft (F.) trust (N.)
Treuhandverhältnis (N.) trust (N.)
Treunehmer (M.) trustee (M. bzw. F.)
Treunehmerin (F.) trustee (F.)
Tribunal (N.) tribunal (N.)
Tribut (M.) tribute (N.)
Trichotomie (F.) trichotomy (N.)
Trieb (M.) impulse (N.), driving force (N.), urge (N.)
Triebtäter (M.) sex criminal (M. bzw. F.)
Triebtäterin (F.) sex criminal (F.)
trinken drink (V.), tipple (V.)
Trinkgeld (N.) tip (N.), gratuity (N.)
TRIPS (N.) (Übereinkommen über Aspekte des Handels mit Immaterialgüterrechten) TRIPS (N.) (Agreement on Trade-related Aspects of Intellectual Property Rights)
Trödelvertrag (M.) contract (N.) on second-hand goods
Trucksystem (N.) truck system (N.)
Trunkenheit (F.) drunkenness (N.), inebriation (N.), intoxication (N.)
Trunkenheit (F.) im Straßenverkehr drunken driving (N.), driving (N.) while under the influence of alcohol
Trunkenheit am Steuer (F.) drunkenness (N.) at the wheel, driving (N.) while drunk, drunken driving (N.)
Trunksucht (F.) alcoholism (N.), habitual drunkenness (N.)
Trust (M.) trust (N.)
Trust (M.) von Rechts wegen (Trust von Rechts wegen im angloamerikanischen Recht) constructive trust (N.)
Trustverwaltung (F.) zur Verschwendungsverhinderung spendthrift trust (N.)
Tücke (F.) malice (N.), spite (N.), deceit (N.)
Tun (N.) action (N.), commission (N.)
Turnus (M.) rotation (N.), turn (N.)
Tutor (M.) tutor (M. bzw. F.)
Tutorin (F.) tutor (F.)
TÜV (M.) (Technischer Überwachungsverein) Technical Control Board (N.)
Typ (M.) type (N.), sort (N.), kind (N.)
Typengenehmigung (F.) type approval (N.)
Typenverschmelzungsvertrag (M.) contract (N.) in which elements of several types of contracts are connected with each other
Typenzwang (M.) compulsion (N.) of types
Tyrann (M.) tyrant (M. bzw. F.)
Tyrannin (F.) tyrant (F.)

U

übel evil (Adj.), bad (Adj.), foul (Adj.)
Übeltäter (M.) wrong-doer (M. bzw. F.), malefactor (M. bzw. F.)
Übeltäterin (F.) wrong-doer (F.), malefactor (F.)
üben practice (V.) (brit.), practise (V.) (am.)
überantworten (der Polizei übergeben) surrender (V.)
überantworten (eine Sache übergeben) hand (V.) over, deliver (V.) up
Überbau (M.) superstructure (N.), structure (N.) projecting over a boundary
überbauen build (V.) over
Überbringer (M.) bearer (M. bzw. F.)
Überbringerin (F.) bearer (F.)
übereignen transfer (V.) ownership, pass (V.) title, assign (V.)
Übereignung (F.) transfer (N.) of property, passing (N.) of title, making over (N.), assignment (N.)
übereinkommen agree (V.), reach (V.) an agreement
Übereinkommen (N.) agreement (N.), treaty (N.)
Übereinkommen (N.) über Aspekte des Handels mit Immaterialgüterrechten (TRIPS) Agreement on Trade-related Aspects of Intellectual Property Rights (TRIPS)

Übereinkommen (N.) über den internationalen Warenkauf (CISG) Convention (N.) on contracts for the international sale of goods (CISG)
Übereinkommen über den Beförderungsvertrag im internationalen Straßengüterverkehr (CMR) agreement (N.) on transport contract concerning international road haulage (CMR)
Übereinkunft (F.) agreement (N.), arrangement (N.), settlement (N.), understanding (N.)
Überfall (M.) (Überfall im Strafrecht) assault (N.), raid (N.), attack (N.)
überfallen attack (V.), raid (V.), hold (V.) up, assault (V.)
überführen (erweisen) prove (V.) one's guilt
überführen (übergeben) transfer (V.), ferry (V.)
Übergabe (F.) delivery (N.), manual delivery (N.), transfer (N.) by hand
Übergang (M.) (Straßenübergang) crossing (N.)
Übergang (M.) (Übergang eines Rechtes) transmission (N.), devolution (N.), transition (N.)
übergeben hand (V.) over, present (V.), surrender (V.), deliver (V.) up
übergesetzlicher Notstand (M.) extra-statuatory necessity (N.)
Überhang (M.) overhang (N.)
Überhangmandat (N.) excessive mandate (N.)
überholen (überprüfen) overhaul (V.)
überholen (vorbeifahren) overtake (V.)
überholende Kausalität (F.) overtaking causality (N.)
überlassen cede (V.), leave (V.)
Überlassung (F.) (Überlassung eines Grundstücks) demise (N.)
überlegen (Adj.) superior (Adj. Komp.)
Überlegenheit (F.) superiority (N.)
überleiten pass (V.) over, conduct (V.) over
Überleitung (F.) transition (N.)
Überleitungsvertrag (M.) transition agreement (N.), transference convention (N.)
Übermaß (N.) excess (N.), excessive amount (N.)
Übermaßverbot (N.) prohibition (N.) of excessiveness, rule (N.) of reasonableness
Übernahme (F.) (Übernahme einer Schuld) receipt (N.), acceptance (N.)
Übernahme (F.) (Übernahme eines Betriebes) taking-over (N.), takeover (N.), absorption (N.)
übernehmen take (V.) over, receive (V.), undertake (V.), accept (V.), assume (V.), take (V.) possession of, adopt (V.)
Überprüfung (F.) reconsideration (N.), review (N.)
überschreiten (eine Grenze überqueren) cross (V.)
überschreiten (eine Grenze verletzen) exceed (V.)
Überschreitung (F.) (Überqueren einer Grenze) crossing (N.)
Überschreitung (F.) (Verletzung eines Verbotes) excess (N.), transgression (N.)
Überschreitung (F.) der satzungsmäßigen Befugnisse ultra-vires-action (N.)
Überschrift (F.) heading (N.)
Überschuldung (F.) over-indebtedness (N.), excessive indebtness (N.)
Überschuss (M.) (Gewinn) profit (N.)
Überschuss (M.) (Saldo) balance (N.)
Überschuss (M.) (Warenüberschuss) surplus (N.), overplus (N.)
Übersicherung (F.) excessive collateral (N.)
überstimmen outvote (V.), vote (V.) down
Überstunde (F.) overwork (N.), overtime (N.)
übertragbar transferable (Adj.)
übertragen (ein Recht weitergeben) transfer (V.), convey (V.)
übertragen (eine Aufgabe übertragen) assign (V.), consign (V.)
übertragen (eine Sendung übertragen) broadcast (V.)
übertragener Wirkungskreis (M.) delegated sphere (N.) of functions
Übertragung (F.) (Übertragung eines Rechtes) transfer (N.), conveyance (N.)
übertreten infringe (V.), violate (V.), transgress (V.), break (V.)
Übertretung (F.) infraction (N.), infringement (N.), transgression (N.), breach (N.), violation (N.)
überwachen supervise (V.), keep (V.) under surveillance, superintend (V.)
Überwachung (F.) supervision (N.), surveillance (N.), superintendence (N.), control (N.)

überweisen remit (V.), transfer (V.)
Überweisung (F.) remittance (N.), transfer (N.)
Überweisungsbeschluss (M.) transfer order (N.)
Überweisungsvertrag (M.) transfer contract (N.), banktransfer contract (N.)
überzeugen convince (V.), satisfy (V.)
Überzeugung (F.) conviction (N.)
Überzeugungstäter (M.) offender (M. bzw. F.) due to conviction
Überzeugungstäterin (F.) offender (F.) due to conviction
überziehen overdraw (V.)
Überziehung (F.) overdrawing (N.), overdraft (N.)
Überziehungskredit (M.) overdraft facility (N.)
üble Nachrede (F.) defamatory remark (N.), slander (N.), calumny (N.)
Übung (F.) practice (N.) (brit.), practise (N.) (am.), usage (N.)
Ufer (N.) (Flussufer) bank (N.)
Ufer (N.) (Meeresufer) shore (N.), seashore (N.)
Ufer (N.) (Seeufer) bank (N.), shore (N.)
Ultimatum (N.) ultimatum (N.)
ultra-vires-Lehre (F.) doctrine (N.) of ultra vires
umbringen kill (V.), put (V.) to death
umdeuten give (V.) a different interpretation, reinterpret (V.)
Umdeutung (F.) reinterpretation (N.)
Umgangsrecht (N.) right (N.) of access, visitation right (N.)
umgehen circumvent (V.)
umgehend immediate (Adj.), forthwith (Adv.)
Umgehung (F.) circumvention (N.), elusion (N.), evasion (N.), avoidance (N.)
Umgehungsgeschäft (N.) transaction (N.) for the purpose of evading a law
Umkehr (F.) reversal (N.)
umkehren turn (V.) back, return (V.)
Umkehrschluss (M.) argumentum (N.) e contrario (lat.)
Umlage (F.) rate (N.), levy (N.)
Umlage (F.) (Umlage im Versicherungsrecht) contribution (N.)
Umlauf (M.) circulation (N.)
umlaufen run (V.) round
Umlaufverfahren (N.) circularizing (N.)
Umlaufvermögen (N.) current assets (N. Pl.), revolving assets (N.Pl.)
umlegen hit (V.), distribute (V.), divert (V.), transfer (V.)
Umlegung (F.) regrouping (N.)
Umsatz (M.) sales (N.Pl.), turnover (N.)
Umsatzsteuer (F.) turnover tax (N.), value added tax (N.) (VAT), VAT (N.) (value added tax), sales tax (N.)
umsetzen transfer (V.), realize (V.), dispose (V.) of, turn (V.) over
umsonst for nothing, gratis (Adv.), free (Adv.) of charge
Umstand (M.) circumstance (N.), factor (N.)
umwandeln change (V.), convert (V.), commute (V.)
Umwandlung (F.) transformation (N.), conversion (N.), change (N.) of corporate form, commutation (N.)
Umwandlungsteuer (F.) reorganization tax (N.)
Umwandlungsteuergesetz (N.) Reorganization Tax Act (N.)
Umwelt (F.) (Umgebung) surroundings (N.Pl.)
Umwelt (F.) (Umwelt als Schutzgegenstand) environment (N.)
Umweltaudit (N.) environment audit (N.), environmental audit (N.)
Umwelthaftungsgesetz (N.) Environmental Liability Law (N.)
Umweltinformationsgesetz (N.) Environmental Information Regulations (N.Pl.)
Umweltkriminalität (F.) offences (N.Pl.) involving environmental damage
Umweltrecht (N.) environmental law (N.)
Umweltschutz (M.) environmental protection (N.)
Umweltverträglichkeitsprüfung (F.) environmental impact assessment (N.)
Unabdingbarkeit (F.) (Unabdingbarkeit einer Forderung) indispensibility (N.)
Unabdingbarkeit (F.) (Unabdingbarkeit eines Rechts) inalienability (N.), unalterability (N.)
unabhängig independent (Adj.)
Unabhängigkeit (F.) independence (N.)
unabwendbar unevitable (Adj.)
unabwendbares Ereignis (N.) unavoidable event (N.), unevitable event (N.)

unbedingt unconditional (Adj.)
unbefugt unauthorized (Adj.)
unbenommen unrestrained (Adj.), free (Adj.)
unbescholten unblemished (Adj.), blameless (Adj.)
unbeschränkt unrestricted (Adj.), absolute (Adj.)
unbestimmt indeterminate (Adj.), unascertained (Adj.), indefinite (Adj.)
unbestimmter Rechtsbegriff (M.) indefinite legal term (N.)
unbeweglich immovable (Adj.)
unbewegliche Sache (F.) immovable (N.), real property (N.)
unbewusst unconscious (Adj.), unwitting (Adj.)
unbewusste Fahrlässigkeit (F.) unconscious negligence (N.)
unbillig unequitable (Adj.)
Unbilligkeit (F.) unfairness (N.), inequity (N.)
unbotmäßig recalcitrant (Adj.)
Unbotmäßigkeit (F.) recalcitrance (N.), insubordination (N.)
unecht false (Adj.), artificial (Adj.)
unechte Gesamtschuld (F.) not genuine joint obligation (N.)
unechte Rückwirkung (F.) false retroactivity
unechte Urkunde (F.) fabricated document (N.)
unechtes Sonderdelikt (N.) not genuine special offence (N.)
unechtes Unterlassungsdelikt (N.) not genuine failure (N.) to act
unehelich illegitimate (Adj.)
Unehelichkeit (F.) illegitimacy (N.)
uneigentlich not in a strict sense, figurative (Adj.), improper (Adj.)
uneigentlicher Werklieferungsvertrag (M.) figurative contract (N.) for work done and materials supplied
unentgeltlich free (Adj.), gratuitous (Adj.), free (Adj.) of charge, voluntary (Adj.)
Unentgeltlichkeit (F.) gratuitousness (N.), gratuity (N.)
unerheblich harmless (Adj.)
unerlaubt illegal (Adj.), illicit (Adj.), not permitted (Adj.), unlawful (Adj.), tortious (Adj.)
unerlaubte Handlung (F.) tort (N.), tortious act (N.), illicit act (N.)
unerlaubtes Entfernen (N.) vom Unfallort illegal leaving (N.) the scene of an accident
unfähig incapable (Adj.), incompetent (Adj.)
Unfähigkeit (F.) incapacity (N.), incapability (N.), inability (N.)
Unfall (M.) accident (N.)
Unfallbeteiligte (F.) person (F.) involved in an accident
Unfallbeteiligter (M.) person (M. bzw. F.) involved in an accident
Unfallhaftpflicht (F.) legal liability (N.) for accidents
Unfallhaftpflichtrecht (N.) law (N.) on legal liability for accidents
Unfallverhütung (F.) accident prevention (N.), prevention (N.) of accidents
Unfallversicherung (F.) personal accident insurance (N.)
unfreiwillig involuntary (Adj.)
Unfug (M.) mischief (N.), nuisance (N.), disorderly conduct (N.)
ungeboren unborn (Adj.)
Ungebühr (F.) vor Gericht contempt (N.) of court
ungehorsam disobedient (Adj.)
ungerecht unjust (Adj.), unfair (Adj.)
ungerechtfertigt unjustified (Adj.)
ungerechtfertigte Bereicherung (F.) unjust enrichment (N.)
Ungerechtigkeit (F.) injustice (N.)
ungesetzlich illegal (Adj.), unlawful (Adj.), illicit (Adj.), wrongful (Adj.)
Unglück (N.) misfortune (N.), bad luck (N.), accident (N.), misfortune (N.)
Unglücksfall (M.) misfortune (N.), misadventure (N.)
ungültig defective (Adj.), invalid (Adj.), null (Adj.), void (Adj.)
ungültig (Adj.) invalid (Adj.), void (Adj.)
Ungültigkeit (F.) invalidity (N.), nullity (N.)
Ungültigkeitserklärung (F.) ademption (N.)
Unidroit (N.) (Internationales Institut zur Vereinheitlichung des Privatrechts) Unidroit (N.) (International institute for unification of private law)

Uniform (F.) uniform (N.)
Union (F.) union (N.)
universal universal (Adj.)
Universalerbe (M.) universal heir (M. bzw. F.), sole heir (M. bzw. F.)
Universalerbin (F.) universal heiress (F.), sole heiress (F.)
Universalität (F.) universality (N.)
Universalrechtsgut (N.) universal object (N.) of legal protection
Universalsukzession (F.) universal succession (N.)
Universitiät (F.) university (N.), college (N.)
Unkenntnis (F.) ignorance (N.), unawareness (N.)
unkörperlich incorporeal (Adj.)
Unkosten (F.Pl.) costs (N.Pl.), expenses (N.Pl.), outlay (N.)
unlauter dishonest (Adj.), dubious (Adj.), unfair (Adj.)
unlauterer Wettbewerb (M.) unfair competition (N.), unlawful competition (N.)
unmittelbar direct (Adj.), immediate (Adj.)
unmittelbar bevorstehend imminent (Adj.)
unmittelbare Stellvertretung (F.) direct agency (N.)
unmittelbare Wahl (F.) direct voting (N.)
unmittelbarer Besitz (M.) immediate possession (N.), direct possession (N.)
unmittelbarer Schaden (M.) direct damage (N.), actual damage (N.)
unmittelbarer Zwang (M.) direct compulsion (N.)
Unmittelbarkeit (F.) immediacy (N.), directness (N.)
unmöglich impossible (Adj.)
Unmöglichkeit (F.) impossibility (N.)
unmündig under age (Adj.)
Unmündigkeit (F.) minority (N.)
UNO (F.) (Vereinte Nationen) United Nations Organization (N.)
unparteiisch impartial (Adj.), unbiased (Adj.)
unparteilich impartial (Adj.), unbiased (Adj.)
Unparteilichkeit (F.) impartiality (N.)
unpfändbar unseizable (Adj.), non-leviable (Adj.)
Unpfändbarkeit (F.) exemption (N.) from seizure
unrecht wrong (Adj.), unjust (Adj.), unfair (Adj.)
Unrecht (N.) injustice (N.), wrong (N.)
Unrechtsbewusstsein (N.) guilty knowledge (N.)
Unrechtselement (N.) element (N.) of injustice
unredlich dishonest (Adj.), underhand (Adj.)
unregelmäßig irregular (Adj.)
unregelmäßige Verwahrung (F.) irregular deposit (N.)
unrichtig wrong (Adj.), false (Adj.), erroneous (Adj.), improper (Adj.)
Unrichtigkeit (F.) erroneousness (N.), incorrectness (N.), falsity (N.)
Unschuld (F.) innocence (N.)
unschuldig innocent (Adj.)
Unschuldsvermutung (F.) presumption (N.) of innocence
unstatthaft inadmissible (Adj.), not allowed, irregular (Adj.)
untätig inactive (Adj.), idle (Adj.)
Untätigkeit (F.) inactivity (N.), idleness (N.)
Untätigkeitsklage (F.) action (N.) on the grounds of administrative inactivity
untauglich (dienstunfähig) unfit (Adj.), incapable (Adj.)
untauglich (nicht dienlich) unsuitable (Adj.)
untauglicher Versuch (M.) attempt (N.) foredoomed to failure
Unterausschuss (M.) sub-committee (N.)
Unterbeteiligung (F.) sub-participation (N.), subpartnership (N.)
unterbrechen interrupt (V.), disconnect (V.), discontinue (V.), suspend (V.)
unterbrechend (kausalitätsunterbrechend) intervening (Adj.)
Unterbrechung (F.) interruption (N.), discontinuation (N.)
unterbringen accommodate (V.), place (V.)
Unterbringung (F.) accommodation (N.), placement (N.)
unterdrücken suppress (V.), oppress (V.), repress (V.)
Unterdrücken (N.) (einer Urkunde) suppression (N.) (of a document)

Untereigentum (N.) sub-property (N.)
untergeben be (V.) subordinate
untergeordnet subordinate (Adj.), puisne (Adj.)
Untergericht (N.) (Untergericht in Großbritannien) inferior court (N.)
Unterhalt (M.) maintenance (N.), support (N.), alimony (N.)
Unterhalt (M.) für den Lebensgefährten palimony (N.)
unterhalten (unterstützen) support (V.), maintain (V.)
Unterhaltsanspruch (M.) right (N.) of maintenance, maintenance claim (N.)
Unterhaltspflicht (F.) obligation (N.) to provide maintenance, liability (N.) to support
Unterhaltsrecht (N.) law of maintenance
Unterhaltsvorschuss (M.) advance maintenance payments (N.Pl.)
Unterhaus (N.) House (N.) of Commons (brit.)
unterlassen desist (V.), omit (V.), fail (V.) to do, forbear (V.)
Unterlassen (N.) failure (N.) to act, omission (N.), nonfeasance (N.)
unterlassene Hilfeleistung (F.) failure (N.) to render aid
Unterlassung (F.) forbearance (N.), omission (N.), non-act (N.), failure (N.), default (N.)
Unterlassungsanspruch (M.) right (N.) to forbearance, right (N.) to refrain someone from acting
Unterlassungsdelikt (N.) crime (N.) by omission
Unterlassungsklage (F.) prohibitory action (N.), suit (N.) for discontinuance
Unterlassungsurteil (N.) (Unterlassungsurteil im angloamerikanischen Recht) perpetual injunction (N.), permanent injunction (N.)
unterliegen be (V.) subject to, be (V.) governed by, liable (V.) to, underlie (V.), be (V.) defeated
Untermiete (F.) sublease (N.), subtenancy (N.), undertenancy (N.), underlease (N.)
Untermieter (M.) subtenant (M. bzw. F.), sublessee (M. bzw. F.), undertenant (M. bzw. F.), lodger (M. bzw. F.) (brit.), roomer (M. bzw. F.) (am.)
Untermieterin (F.) subtenant (F.), sublessee (F.), undertenant (F.), lodger (F.) (br.), roomer (F.) (am.)
Untermietvertrag (M.) sublease (N.), underlease (N.)
Unternehmen (N.) (Geschäft) business (N.), enterprise (N.), undertaking (N.), company (N.)
Unternehmen (N.) (Tätigkeit) activity (N.), operation (N.)
Unternehmenspersönlichkeit (F.) corporate identity (N.)
Unternehmenstarifvertrag (M.) collective bargaining contract (N.) for a business undertaking
Unternehmer (M.) entrepreneur (M. bzw. F.), industrialist (M. bzw. F.), business owner (M. bzw. F.), contractor (M. bzw. F.)
Unternehmerin (F.) entrepreneur (F.), industrialist (F.), business owner (F.), contractor (F.)
Unternehmerpfandrecht (N.) artisan's lien (N.), mechanic's lien (N.)
Unterpacht (F.) sublease (N.), underlease (N.), subdemise (N.)
Unterpächter (M.) sublessee (M. bzw. F.), subtenant (M. bzw. F.), undertenant (M. bzw. F.)
Unterpächterin (F.) sublessee (F.), subtenant (F.), undertenant (F.)
unterrichten teach (V.), inform (V.), instruct (V.), advise (V.)
untersagen forbid (V.), interdict (V.), inhibit (V.), bar (V.)
Untersagung (F.) prohibition (N.), interdiction (N.), inhibition (N.)
unterscheiden distinguish (V.), make (V.) a distinction, differentiate (V.)
Unterscheidung (F.) distinction (N.), differentiation (N.)
Unterschieben (N.) eines Kindes foisting (N.) a child upon another
Unterschied (M.) difference (N.), distinction (N.)
unterschlagen defraud (V.), embezzle (V.), misappropriate (V.)
Unterschlagung (F.) embezzlement (N.), misappropriation (N.), defalcation (N.)
Unterschlagung (F.) öffentlicher Gelder peculation (N.)
unterschreiben sign (V.), subscribe (V.),

affix (V.) one's signature to, set (V.) one's hand
Unterschrift (F.) signature (N.)
untersuchen investigate (V.), examine (V.), inspect (V.)
Untersuchung (F.) investigation (N.), inquiry (N.), examination (N.), inquest (N.)
Untersuchungsausschuss (M.) committee (N.) of inquiry, investigating committee (N.)
Untersuchungsgefangene (F.) prisoner (F.) on remand, person (F.) detained for trial, remand prisoner (F.)
Untersuchungsgefangener (M.) prisoner (M. bzw. F.) on remand, person (M. bzw. F.) detained for trial, remand prisoner (M. bzw. F.)
Untersuchungsgrundsatz (M.) inquisitorial system (N.)
Untersuchungshaft (F.) detention (N.) pending trial (N.), imprisonment (N.) on remand, pre-trial confinement (N.), remand (N.), custody (N.)
Untersuchungsrichter (M.) committing magistrate (M. bzw. F.), investigating magistrate (M. bzw. F.), examining magistrate (M. bzw. F.)
Untersuchungsrichterin (F.) committing magistrate (F.), investigating magistrate (F.), examining magistrate (F.)
Untervermächtnis (N.) sublegacy (N.)
Untervollmacht (F.) delegated authority (N.)
unterzeichnen sign (V.)
Unterzeichner (M.) signatory (M. bzw. F.)
Unterzeichnerin (F.) signatory (F.)
Unterzeichnung (F.) signature (N.)
Untreue (F.) disloyalty (N.), breach (N.) of trust, unfaithfulness (N.)
unveräußerlich inalienable (Adj.)
unvereinbar incompatible (Adj.), inconsistent (Adj.), irreconcilable (Adj.)
Unvereinbarkeit (F.) incompatibility (N.), inconsistency (N.)
unvermeidbar inevitable (Adj.), unavoidable (Adj.)
Unvermeidbarkeit (F.) inevitability (N.), unavoidability (N.)
unvermeidlich inevitable (Adj.), unavoidable (Adj.), without fail
Unvermögen (N.) incapacity (N.), inability (N.)
unverschuldet innocent (Adj.)
unversetzbar irremovable (Adj.)
Unversetzbarkeit (F.) irremovability (N.), exemption (N.) from transfer
Unverstand (M.) senselessness (N.), thoughtlessness (N.)
unvertretbar (nicht vertretbar) untenable (Adj.), indefensible (Adj.)
unvertretbare Sache (F.) non-fungible thing (N.), specific property item (N.)
unverzüglich immediate (Adj.), prompt (Adj.), without delay, out of hand
unvollkommene Verbindlichkeit (F.) imperfect obligation (N.)
unvordenklich immemorial (Adj.)
unvordenkliche Verjährung (F.) immemorial prescription (N.)
unvoreingenommen unbiased (Adj.), unprejudiced (Adj.), impartial (Adj.)
Unvoreingenommenheit (F.) impartiality (N.)
unwahr untrue (Adj.), false (Adj.)
Unwahrheit (F.) falsehood (N.), untruth (N.)
unwesentlich unessential (Adj.), irrelevant (Adj.), immaterial (Adj.), negligible (Adj.)
unwiderlegbar irrebuttable (Adj.)
unwiderleglich irrebuttable (Adj.)
unwiderruflich irrevocable (Adj.), beyond recall
unwirksam void (Adj.)
Unwirksamkeit (F.) invalidity (N.), ineffectiveness (N.)
unwissend ignorant (Adj.)
Unwissenheit (F.) ignorance (N.)
unwürdig unworthy (Adj.), disgraceful (Adj.)
Unwürdigkeit (F.) unworthiness (N.), lack (N.) of dignity
Unzucht (F.) indecency (N.), lewdness (N.)
unzüchtig indecent (Adj.), obscene (Adj.), lewd (Adj.)
unzulässig (nicht zuzulassen) inadmissible (Adj.)
unzulässig (rechtswidrig) unlawful (Adj.), illicit (Adj.), undue (Adj.)
Unzulässigkeit (F.) (Nichtzulassbarkeit) inadmissibility (N.)
Unzulässigkeit (F.) (Rechtswidrigkeit) unlawfulness (N.)
Unzulässigkeit (F.) der Rechtsausübung estoppel (N.)

unzumutbar unreasonable (Adj.), unacceptable (Adj.)
Unzumutbarkeit (F.) unreasonableness (N.), unacceptibility (N.)
unzurechnungsfähig incapable (Adj.) of criminal intention, non compos mentis (Adj.)
Unzurechnungsfähigkeit (F.) mental incapacity (N.), incapacity (N.) of forming intent
unzuständig incompetent (Adj.), having no jurisdiction over
Unzuständigkeit (F.) incompetence (N.), lack (N.) of jurisdiction
unzuverlässig unreliable (Adj.), untrustworthy (Adj.)
Unzuverlässigkeit (F.) untrustworthiness (N.)
Urabstimmung (F.) strike vote (N.), strike ballot (N.)
Urheber (M.) author (M. bzw. F.), originator (M. bzw. F.)
Urheberbenennung (F.) the naming (N.) of the author
Urheberin (F.) author (F.), originator (F.)
Urheberrecht (N.) copyright (N.), author's right (N.), charter (N.), certificate (N.)
urheberrechtlich under the Copyright Act, copyright (Adj.)
Urkunde (F.) document (N.), instrument (N.), deed (N.), title deed (N.)
Urkundenbeweis (M.) documentary evidence (N.), written proof (N.)
Urkundendelikt (N.) offence (N.) on documents
Urkundenfälschung (F.) forgery (N.) of a document
Urkundenkopf (M.) caption (N.)
Urkundenprozess (M.) trial (N.) by the record
Urkundenunterdrückung (F.) suppression (N.) of documents, interception (N.) of documents
Urkundenvorlegung (F.) (Urkundenvorlegung im Vorverfahren in Großbritannien) discovery (N.)
urkundlich documentary (Adj.), by formal deed
Urkundsbeamter (M.) authenticating clerk (M. bzw. F.), recording official (M. bzw. F.)
Urkundsbeamtin (F.) authenticating clerk (F.), recording official (F.)
Urlaub (M.) holiday (N.) (brit.), vacation (N.) (am.), leave (N.)
Urlaubsgeld (N.) holiday pay (N.) (brit.), leave pay (N.) (am.)
Urne (F.) (Totenurne) urn (N.)
Urne (F.) (Wahlurne) ballot box (N.)
Urproduktion (F.) primary production (N.)
Ursache (F.) cause (N.)
ursächlich causal (Adj.), causative (Adj.)
Ursächlichkeit (F.) causality (N.)
ursprünglich original (Adj.), initial (Adj.)
ursprüngliche Unmöglichkeit (F.) initial impossibility (N.)
Urteil (N.) judgement (N.), decree (N.), sentence (N.), decision (N.), verdict (N.)
urteilen judge (V.)
Urteilsformel (F.) operative part (N.) of a judgement
Urteilsgebühr (F.) court fee (N.) for a judgement
Urteilsgrund (M.) ground (N.) for a judgement, opinion (N.) of the court
Urteilstenor (M.) operative part (N.) of a judgement
Urteilsverkündung (F.) pronouncing (N.) of judgement
Urteilsvollstreckung (F.) execution (N.) of judgement, execution (N.) of sentence
USA (F. bzw. N.Pl.) (Vereinigte Staaten von Amerika) United States (N.Pl.) of America
Usance (F.) usage (N.), commercial usage (N.), custom (N.)
Usurpation (F.) usurpation (N.)
usurpieren usurp (V.)
Utilitarismus (M.) utilitarism (N.)

V

Vakanz (F.) vacancy (N.)
Valuta (F.) (Währung) foreign currency (N.), foreign notes (N.Pl.)
Valuta (F.) (Währungswert) value (N.)
Vasall (M.) vassal (M.)
Vater (M.) father (M.)
Vaterland (N.) native country (N.), mother country (N.), fatherland (N.)
väterlich parental (Adj.)

väterliche Gewalt (F.) paternal power (N.)
Vaterschaft (F.) paternity (N.), fatherhood (N.)
Vaterschaftsanerkenntnis (N.) acknowledgement (N.) of paternity
Vaterschaftsanerkennung (F.) acknowledgement (N.) of paternity, recognition (N.) of paternity
Vaterschaftsgutachten (N.) medical report (N.) on paternity
Vaterschaftsvermutung (F.) presumption (N.) of paternity
Vatikan (M.) Vatican (N.)
Vatikanisches Konzil (N.) Vatican Council (N.)
VELKD (F.) (Vereinigte evangelisch-lutherische Kirche Deutschlands) United Protestant Lutheran Church (N.) of Germany
verabreden agree (V.), make (V.) an appointment, conspire (V.)
Verabredung (F.) appointment (N.), concerted action (N.), conspiracy (N.)
Verabredungsgefahr (F.) danger (N.) of conspiracy
verabschieden pass (V.)
verächtlichmachen bring (V.) into contempt, disparage (V.)
Verächtlichmachung (F.) defamation (N.), disparagement (N.)
verändern change (V.), alter (V.), vary (V.), modify (V.)
Veränderung (F.) change (N.), alteration (N.), variation (N.), modification (N.)
Veränderungssperre (F.) temporary ban (N.) on alterations
veranlagen assess (V.)
Veranlagung (F.) (Eigenschaft) disposition (N.), inclination (N.)
Veranlagung (F.) (Festsetzung einer Steuer) tax assessment (N.), taxation (N.)
Veranlagungsteuer (F.) assessment tax (N.)
verantwortlich responsible (Adj.), liable (Adj.), accountable (Adj.)
Verantwortlichkeit (F.) responsibility (N.), accountability (N.)
verarbeiten (Gedanken bzw. Nahrung verarbeiten) digest (V.)
verarbeiten (Material verarbeiten) make (V.) into, process (V.)
Verarbeitung (F.) (Verarbeitung von Gedanken bzw. Nahrung) digestion (N.)
Verarbeitung (F.) (Verarbeitung von Material) working up (N.), processing (N.)
veräußern alienate (V.), dispose (V.) of, sell (V.)
Veräußerung (F.) alienation (N.), disposal (N.), sale (N.)
Veräußerungsverbot (N.) ban (N.) on sales, restraint (N.) on alienation
Verbalinjurie (F.) gross insult (N.)
Verband (M.) federation (N.), association (N.), union (N.)
Verbandsklage (F.) legal action (N.) instituted by an association
Verbandskompetenz (F.) competence (N.) of an association
Verbandskörperschaft (F.) corporation (N.) of an association
Verbandsstrafe (F.) association penalty (N.)
Verbandstarifvertrag (M.) collective bargaining contract (N.) of an employers' association
verbannen banish (V.), exile (V.)
Verbannung (F.) banishment (N.), exile (N.)
verbessern amend (V.), reform (V.), correct (V.)
Verbesserung (F.) correction (N.), improvement (N.), betterment (N.)
verbieten forbid (V.), prohibit (V.), ban (V.), bar (V.), veto (V.)
verbinden combine (V.), join (V.), unite (V.), connect (V.)
verbindlich binding (Adj.), compulsory (Adj.)
Verbindlichkeit (F.) obligation (N.), liability (N.), account payable (N.)
Verbindung (F.) combination (N.), connection (N.), tie (N.), link (N.), contact (N.), relationship (N.)
verborgener Mangel (M.) latent defect (N.)
Verbot (N.) prohibition (N.), interdiction (N.), ban (N.), interdict (N.)
verboten forbidden (Adj.), prohibited (Adj.), illegal (Adj.), illicit (Adj.)
verbotene Eigenmacht (F.) unlawful interference (N.) with possession
Verbotsirrtum (M.) error (N.) as to the prohibited nature of an act

Verbrauch (M.) consumption (N.)
verbrauchbar consumable (Adj.)
verbrauchbare Sache (F.) consumable (N.), consumable thing (N.)
verbrauchen consume (V.), use (V.) up
Verbraucher (M.) consumer (M. bzw. F.)
Verbrauchergeschäft (N.) transaction (N.) involving a consumer
Verbraucherin (F.) customer (F.)
Verbraucherinsolvenz (F.) customer insolvency
Verbraucherkredit (M.) consumer credit (N.)
Verbraucherkreditgesetz (N.) Law (N.) on Consumer Credits
Verbraucherschutz (M.) consumer protection (N.)
Verbrauchsgüterkauf (M.) consumer goods sale (N.)
Verbrauchsteuer (F.) excise tax (N.), consumption tax (N.)
Verbrechen (N.) crime (N.), felony (N.), indictable offence (N.) (brit.)
Verbrecher (M.) criminal (M. bzw. F.), felon (M. bzw. F.), culprit (M. bzw. F.)
Verbrecherin (F.) criminal (F.), felon (F.), culprit (F.)
verbrecherisch criminal (Adj.), felonious (Adj.)
Verbund (M.) compound (N.), combine (N.), interlocking system (N.)
verbürgen guarantee (V.), warrant (V.), vouch (V.)
verbüßen serve (V.)
Verdacht (M.) suspicion (N.)
verdächtig suspect (Adj.), suspicious (Adj.)
Verdächtige (F.) suspect (F.)
verdächtigen suspect (V.), cast (V.) suspicion on
Verdächtiger (M.) suspect (M. bzw. F.)
Verdächtigung (F.) suspecting (N.), casting suspicion (N.)
Verdachtsmoment (M.) für betrügerisches Verhalten des Schuldners badge (N.) of fraud
verdeckt undisclosed (Adj.)
verdienen earn (V.), deserve (V.)
Verdienst (M.) (Einkommen) earnings (N. Pl.), gain (N.)
Verdienst (N.) (Leistung) merit (N.), deserts (N.Pl.)
Verdikt (N.) verdict (N.), findings (N.Pl.)
Verdingung (F.) hire (N.), hiring (N.) out
Verdingungsordnung (F.) für Bauleistungen (VOB) standard building contract terms (N.Pl.)
Verdingungsordnung für Leistungen (VOL) standard official contracting terms (N.Pl.) concerning performances
verdunkeln (von Sachverhalten) obscure (V.), obfuscate (V.), camouflage (V.)
Verdunkelung (F.) obscuration (N.), obfuscation (N.)
Verdunkelungsgefahr (F.) danger (N.) of collusion
vereidigen swear (V.) in, administer (V.) an oath
Vereidigung (F.) swearing (N.) in, oath-taking ceremony (N.)
Verein (M.) society (N.), club (N.), association (N.)
vereinbaren agree (V.), stipulate (V.)
Vereinbarung (F.) agreement (N.), stipulation (N.), contract (N.), understanding (N.)
Vereinbarungsdarlehen (N.) contractual loan (N.)
vereinen unite (V.), combine (V.), unify (V.)
vereinfachen simplify (V.), consolidate (V.)
vereinigen unite (V.), combine (V.), unify (V.)
Vereinigte Staaten von Amerika (M.Pl.) (USA) United States (N.Pl.) of America (USA)
Vereinigung (F.) (Institution) association (N.), federation (N.), organization (N.)
Vereinigung (F.) (Verschmelzung) amalgamation (N.), combination (N.)
Vereinigungsfreiheit (F.) freedom (N.) to form associations
Vereinsfreiheit (F.) freedom (N.) of association
Vereinshaftung (F.) liability (N.) of a club
Vereinsregister (N.) register (N.) of associations, register (N.) of societies
Vereinssache (F.) society matter (N.)
Vereinte Nationen (F.Pl.) (UNO) United Nations (N.Pl.) (U.N.)
vereiteln thwart (V.), prevent (V.), frustrate (V.), block (V.)
vererben bequeath (V.), leave (V.), transfer (V.) by will

Verfahren (N.) procedure (N.), proceedings (N.Pl.), process (N.), suit (N.)
verfahren (V.) proceed (V.)
Verfahrensbeteiligte (F.) party (F.) to the proceedings
Verfahrensbeteiligter (M.) party (M. bzw. F.) to the proceedings
Verfahrensgrundsatz (M.) principle (N.) of trial
Verfahrensmissbrauch (M.) abuse (N.) of process
Verfahrensrecht (N.) adjective law (N.), procedural law (N.), law (N.) of procedure
verfahrensrechtlich procedural (Adj.)
Verfahrensverschleppung (F.) protraction (N.) of a lawsuit
Verfahrensvorschrift (F.) rule (N.) of procedure
Verfall (M.) (Gültigkeitsverlust einer Forderung) expiry (N.), expiration (N.)
Verfall (M.) (Verfall eines Wechsels) maturity (N.)
Verfall (M.) (Verwahrlosung eines Gebäudes) dilapidation (N.), decay (N.), lapse (N.)
verfallen (V.) (ablaufen) expire (V.)
verfallen (V.) (verfallen eines Gebäudes) decay (V.), fall (V.) into decay, go (V.) to ruin, lapse (V.)
Verfallsklausel (F.) cancellation clause (N.), expiry clause (N.)
Verfallspfand (N.) forfeiture pledge (N.)
verfassen draft (V.), draw (V.) up, prepare (V.)
Verfasser (M.) author (M. bzw. F.), draftsman (M.), drafter (M. bzw. F.)
Verfasserin (F.) author (F.), draftswoman (F.), drafter (F.)
Verfassung (F.) constitution (N.)
verfassunggebend constituent (Adj.), creating constitutional law
verfassunggebende Gewalt (F.) constitutional authority (N.)
Verfassungsänderung (F.) constitutional amendment (N.), constitutional revision (N.)
Verfassungsauslegung (F.) interpretation (N.) of a constitution
Verfassungsbeschwerde (F.) constitutional complaint (N.)
Verfassungsfeind (M.) enemy (M. bzw. F.) of the democratic constitutional order, extremist (M. bzw. F.)
Verfassungsfeindin (F.) enemy (F.) of the democratic constitutional order, extremist (F.)
verfassungsgemäß constitutional (Adj.)
Verfassungsgericht (N.) constitutional court (N.)
Verfassungsgeschichte (F.) constitutional history (N.)
Verfassungsgrundsatz (M.) constitutional principle (N.)
verfassungskonform compatible (Adj.) with the constitution, constitutional (Adj.)
verfassungskonforme Auslegung (F.) interpretation (N.) compatible with the constitution
Verfassungskontrolle (F.) control (N.) of constitutionality
verfassungsmäßig constitutional (Adj.)
verfassungsmäßige Ordnung (F.) constitutional order (N.)
verfassungsmäßige Vertreterin (F.) constitutional agent (F.)
verfassungsmäßiger Vertreter (M.) constitutional agent (M. bzw. F.)
Verfassungsorgan (N.) constitutional organ (N.)
Verfassungsprinzip (N.) constitutional principle (N.)
Verfassungsprozess (M.) proceedings (N.Pl.) on a constitutional dispute
Verfassungsrecht (N.) constitutional law (N.)
Verfassungsschutz (M.) protection (N.) of the constitution
Verfassungsschutz (M.) (Verfassungsschutzamt) office (N.) for the protection of the constitution
Verfassungsstreitigkeit (F.) litigation (N.) in constitutional matters
Verfassungsurkunde (F.) constitutional charter (N.), charter (N.) of the constitution
Verfassungsvorbehalt (M.) constitutional reservation (N.)
verfassungswidrig unconstitutional (Adj.)
Verfassungswidrigkeit (F.) unconstitutionality (N.)
verfolgen pursue (V.), prosecute (V.), persecute (V.), trace (V.)
Verfolgung (F.) pursuit (N.), prosecution (N.), persecution (N.)

Verfolgungsverjährung (F.) limitation (N.) of prosecution, prescription (N.)
Verfrachter (M.) carrier (M. bzw. F.) by sea, shipper (M. bzw. F.), freighter (M. bzw. F.) (am.)
Verfrachterin (F.) carrier (F.) by sea, shipper (F.), freighter (F.) (am.)
verfrühte Gegenleistung (F.) (verfrühte Gegenleistung im angloamerikanischen Recht) past consideration (N.)
verfügen (anordnen) direct (V.), order (V.)
verfügen (über etwas verfügen) dispose (V.) of, have (V.) at disposal, decree (V.)
Verfügung (F.) (Anordnung) direction (N.), order (N.)
Verfügung (F.) (Willenserklärung) disposal (N.), disposition (N.), settlement (N.)
Verfügung (F.) eines Nichtberechtigten über fremdes Gut (Verfügung eines Nichtberechtigten über fremdes Gut im angloamerikanischen Recht) conversion (N.) of goods
Verfügung von Todes wegen (F.) disposition (N.) mortis causa
Verfügungsbefugnis (F.) power (N.) of disposal, power (N.) of disposition
Verfügungsermächtigung (F.) power (N.) of disposal, power (N.) of disposition
Verfügungsgeschäft (N.) disposition (N.)
Verfügungsgrundsatz (M.) principle (N.) of party disposition
Verfügungsverbot (N.) restraint (N.) on disposition
verführen seduce (V.), entice (V.)
Verführung (F.) seduction (N.), enticement (N.)
Vergabe (F.) contracting (N.)
Vergaberecht (N.) contracting law (N.)
vergangen past (Adj.)
vergeblich futile (Adj.)
Vergehen (N.) misdemeanour (N.) (brit.), misdemeanor (N.) (am.), breach (N.), offence (N.) (brit.), offense (N.) (am.)
vergehen (sich vergehen) commit (V.) an indecent assault
vergelten retort (V.), retaliate (V.)
Vergeltung (F.) retaliation (N.), reprisal (N.), retribution (N.)
Vergesellschaftung (F.) socialization (N.)
vergewaltigen rape (V.), ravish (V.)
Vergewaltigung (F.) rape (N.), ravishment (N.)
vergiften poison (V.)
Vergiftung (F.) poisoning (N.)
Vergleich (M.) (Inbeziehungsetzung zweier Dinge) comparison (N.), collation (N.)
Vergleich (M.) (Vergleich im Privatrecht) settlement (N.), compromise (N.), arrangement (N.)
vergleichen (sich vergleichen) reach (V.) a compromise
vergleichen (zwei Dinge in Beziehung setzen) compare (V.)
Vergleichsordnung (F.) composition code (N.)
Vergleichsverfahren (N.) composition proceedings (N.Pl.)
vergüten remunerate (V.), reimburse (V.), refund (V.)
Vergütung (F.) remuneration (N.), reimbursement (N.), refund (N.), compensation (N.) (am.)
Vergütungsgefahr (F.) risk (N.) of remuneration
verhaften arrest (V.), apprehend (V.), take (V.) into custody, attach (V.)
Verhaftung (F.) arrest (N.), apprehension (N.), taking (N.) into custody
verhalten behave (V.), conduct (V.), act (V.)
Verhalten (N.) behaviour (N.) (brit.), behavior (N.) (am.), conduct (N.), demeanour (N.) (brit.), demeanor (N.) (am.)
Verhaltenshaftung (F.) liability (N.) for a public disturbance
Verhältnis (N.) relation (N.), relationship (N.), proportion (N.)
verhältnismäßig proportional (Adj.), relative (Adj.)
Verhältnismäßigkeit (F.) commensurability (N.), reasonableness (N.)
Verhältniswahl (F.) proportional representation (N.)
Verhältniswahlrecht (N.) proportional voting system (N.)
verhandeln negotiate (V.), confer (V.)
Verhandlung (F.) (Verhandlung im Prozessrecht) court hearing (N.)
Verhandlung (F.) (Verhandlung im Völkerrecht) negotiation (N.)
Verhandlungsfähigkeit (F.) capacity (N.) to negotiate

Verhandlungsgebühr (F.) sitting fee (N.), hearing fee (N.)
Verhandlungsgrundsatz (M.) principle (N.) of party presentation
verhängen impose (V.), inflict (V.)
Verhängung (F.) imposition (N.)
verharmlosen belittle (V.), minimize (V.)
Verharmlosung (F.) making (N.) something appear to be harmless
verherrlichen glorify (V.), apotheosize (V.)
Verherrlichung (F.) glorification (N.)
verhindern prevent (V.), hinder (V.)
Verhinderung (F.) prevention (N.)
Verhör (N.) interrogation (N.), questioning (N.), examination (N.)
verhören interrogate (V.), question (V.)
verhüten prevent (V.)
Verhütung (F.) prevention (N.)
Verhütungsmittel (N.) contraceptive (N.)
verjähren fall (V.) under the statute of limitations
Verjährung (F.) statute (N.) of limitations, limitation (N.) of actions, time limitation (N.)
Verkauf (M.) sale (N.), vending (N.), disposal (N.)
verkaufen sell (V.), vend (V.)
Verkäufer (M.) seller (M.), salesman (M.), vendor (M. bzw. F.)
Verkäuferin (F.) saleslady (F.), vendor (F.)
Verkaufskommission (F.) commission (N.) for sale, bailment (N.) for sale, consignment (N.)
Verkehr (M.) (Geschäftsverkehr) transactions (N.Pl.)
Verkehr (M.) (Straßenverkehr) traffic (N.), transport (N.)
Verkehr (M.) (Umgang) dealings (N.Pl.), intercourse (N.)
verkehren deal with (V.), have (V.) relations with, have (V.) intercourse with
Verkehrsdelikt (N.) traffic offence (N.) (brit.), traffic offense (N.) (am.)
verkehrserforderlicher Sorgfaltsmaßstab (F.) (verkehrserforderlicher Sorgfaltsmaßstab im angloamerikanischen Recht) reasonable person standard (N.)
Verkehrsgefährdung (F.) dangerous driving (N.)
Verkehrsgeschäft (N.) transaction (N.) in accordance with ordinary trade usage
Verkehrshypothek (F.) ordinary mortgage (N.)
Verkehrsmittel (N.) conveyance (N.) (brit.), means (N.) of transportation (am.)
Verkehrspflicht (F.) duty (N.) to maintain safety, duty (N.) of care toward third parties
Verkehrspolizei (F.) traffic police (N.)
Verkehrsrecht (N.) (Besuchsberechtigung) visiting right (N.), right (N.) of access
Verkehrsrecht (N.) (Rechtsordnung des Straßenverkehrs) road traffic law (N.)
Verkehrssicherung (F.) traffic safeguarding (N.)
Verkehrssicherungspflicht (F.) legal duty (N.) to maintain safety
Verkehrssitte (F.) common usage (N.)
Verkehrsstrafrecht (N.) penal traffic law (N.)
Verkehrsteuer (F.) tax (N.) on transactions, transfer duty (N.)
Verkehrsunfall (M.) (Verkehrsunfall auf einer Überlandstraße) road accident (N.)
Verkehrsunfall (M.) (Verkehrsunfall in der Stadt) street accident (N.)
Verkehrsunfallflucht (F.) hit-and-run driving (N.)
Verkehrsvorschrift (F.) traffic regulation (N.)
Verkehrswirtschaft (F.) free market economy (N.)
Verkehrszeichen (N.) traffic sign (N.), road sign (N.)
Verkehrszentralregister (N.) control register (N.) of traffic violations
verklagen sue (V.), take (V.) legal proceedings, bring (V.) action against, bring (V.) a lawsuit, take (V.) to court, take (V.) to law, proceed (V.) against
verklaren make (V.) protest
Verklarung (F.) ship's protest (N.), sea protest (N.)
verkünden proclaim (V.), read out (V.)
verkünden (ein Gesetz veröffentlichen) promulgate (V.)
verkünden (ein Urteil bekanntgeben) pronounce (V.)
Verkündung (F.) proclamation (N.), announcement (N.)
Verkündung (F.) (Bekanntgabe eines Urteils) pronouncement (N.)

Verkündung (F.) (Veröffentlichung eines Gesetzes) promulgation (N.)
Verkündungsblatt (N.) legal gazette (N.)
verladen load (V.), ship (V.), entrain (V.), consign (V.), forward (V.)
Verladeschein (M.) shipping note (N.), certificate (N.) of receipt
Verlag (M.) publishing house (N.), publishing firm (N.), publisher (M. bzw. F.)
Verlagsrecht (N.) right (N.) to publish, publishing rights (N.Pl.), publishing law (N.)
verlagsrechtlich concerning publishing law (N.)
Verlagsvertrag (M.) author-publisher agreement (N.), publishing contract (N.)
verlängern prolong (V.), extend (V.), renew (V.)
verlängerter Eigentumsvorbehalt (M.) extended reservation (N.) of proprietary rights
Verlängerung (F.) prolongation (N.), extension (N.), renewal (N.)
Verlassenschaft (F.) property left (N.), deceased's estate (N.), heritage (N.)
verlautbaren announce (V.) officially
verlegen (V.) publish (V.), print (V.)
Verleger (M.) publisher (M. bzw. F.)
Verlegerin (F.) publisher (F.)
verleihen (ausleihen) lend (V.), hire (V.) out, loan (V.)
verleihen (eine Auszeichnung geben) confer (V.), bestow (V.)
Verleihung (F.) (Austeilung) conferment (N.), bestowal (N.), grant (N.)
verleiten suborn (V.), inveigle (V.), entice (V.), incite (V.)
Verleitung (F.) subornation (N.), incitement (N.)
Verlesung (F.) reading (N.)
verletzen (beschädigen) hurt (V.), injure (V.), break (V.)
verletzen (eine Vorschrift übertreten) defy (V.), violate (V.), infringe (V.)
Verletzte (F.) injured person (F.), injured party (F.)
Verletzter (M.) injured person (M. bzw. F.), injured party (M. bzw. F.)
Verletzung (F.) (Beschädigen einer Person) injury (N.), hurt (N.)
Verletzung (F.) (Übertretung einer Vorschrift) violation (N.), infringement (N.), breach (N.)
Verletzung (F.) einer Vertragspflicht (Verletzung einer Vertragspflicht im angloamerikanischen Recht) misrepresentation (N.)
Verletzungsdelikt (N.) offence (N.) of causing an injury
verleumden calumniate (V.), slander (V.), libel (V.), defame (V.)
Verleumder (M.) calumniator (M. bzw. F.), slanderer (M. bzw. F.), libeller (M. bzw. F.)
Verleumderin (F.) calumniator (F.), slanderer (F.), libeller (F.)
Verleumdung (F.) defamation (N.), calumny (N.), libel (N.), slander (N.)
verlieren lose (V.)
verloben (sich verloben) get (V.) engaged, become (V.) engaged
Verlöbnis (N.) engagement (N.)
Verlobte (F.) fiancée (F.)
Verlobter (M.) fiancé (M.)
Verlobung (F.) engagement (N.)
Verlust (M.) loss (N.)
vermachen bequeath (V.), settle (V.) on
Vermächtnis (N.) legacy (N.), bequest (N.)
Vermächtnisnehmer (M.) legatee (M. bzw. F.)
Vermächtnisnehmerin (F.) legatee (F.)
vermählen (sich vermählen) marry (V.), wed (V.)
Vermählung (F.) marriage (N.), wedding (N.)
vermeidbar avoidable (Adj.)
vermeidbarer Verbotsirrtum (M.) avoidable error (N.) as to the prohibited nature of an act
vermeiden avoid (V.)
Vermeidung (F.) avoidance (N.)
vermengen mix (V.), mingle (V.), blend (V.)
Vermengung (F.) comminglement (N.), mixing (N.) together
Vermerk (M.) endorsement (N.), indorsement (N.), note (N.), annotation (N.), entry (N.)
vermerken note (V.)
vermessen (V.) measure (V.), survey (V.)
Vermessung (F.) measuring (N.), survey (N.)

vermieten let (V.), let (V.) on hire, lease (V.), rent (V.)
Vermieter (M.) lessor (M. bzw. F.), lettor (M. bzw. F.)
Vermieter (M.) (Vermieter von Wohnungen) landlord (M.)
Vermieterin (F.) lessor (F.), lettor (F.), landlady (F.)
Vermieterpfandrecht (N.) lien (N.) of lessor
Vermietung (F.) letting (N.)
vermindern diminish (V.), lessen (V.), reduce (V.), decrease (V.)
vermindert reduced (Adj.), decreased (Adj.)
verminderte Schuldfähigkeit (F.) diminished responsibility (N.)
Verminderung (F.) diminution (N.), reduction (N.), decrease (N.)
vermischen mix (V.), blend (V.), mingle (V.)
Vermischung (F.) intermingling (N.), mixing (N.), blending (N.)
vermitteln (als Mittler auftreten) mediate (V.), act (V.) as intermediary
Vermittler (M.) intermediary (M. bzw. F.), middleman (M.), agent (M. bzw. F.), procurer (M. bzw. F.)
Vermittlerin (F.) intermediary (F.), agent (F.), procurer (F.)
Vermittlung (F.) mediation (N.), conciliation (N.)
Vermittlungsausschuss (M.) mediation committee (N.), conference committee (N.) (am.)
Vermittlungsvertreter (M.) soliciting agent (M. bzw. F.)
Vermittlungsvertreterin (F.) soliciting agent (F.)
Vermögen (N.) wealth (N.), property (N.), fortune (N.)
Vermögensbildung (F.) formation (N.) of wealth
Vermögensbildungsgesetz (N.) formation of wealth law (N.)
Vermögensdelikt (N.) offence (N.) against property
Vermögensnachfolge (F.) succession (N.) in property rights
Vermögenspflegschaft (F.) curatorship (N.) for assets
Vermögensrecht (N.) (Vermögensberechtigung) proprietary right (N.)
Vermögensrecht (N.) (Vermögensrechtsordnung) property law (N.), property (N.)
Vermögensschaden (N.) property loss (N.), pecuniary loss (N.)
Vermögenssorge (F.) statutory duty (N.) of care for a minor's property
Vermögensstrafe (F.) fine (N.) levied on property
Vermögensteuer (F.) property tax (N.), wealth tax (N.), capital levy (N.)
Vermögensübernahme (F.) take-over (N.) of capital
Vermögensverfügung (F.) disposition (N.) of property
Vermögensverwalter (M.) trustee (M. bzw. F.)
Vermögensverwalterin (F.) trustee (F.)
Vermögensverwaltung (F.) administration (N.) of the property, property management (N.), trust (N.)
Vermögensverzeichnis (N.) inventory (N.) of property, statement (N.) of affairs
Vermögensvorteil (M.) pecuniary profit (N.), capital gain (N.)
vermummen mask (V.), hide (V.) one's face
vermuten presume (V.), assume (V.)
vermutlich presumable (Adj.), supposed (Adj.), probably (Adv.)
Vermutung (F.) presumption (N.), assumption (N.)
vernachlässigen neglect (V.)
Vernachlässigung (F.) neglecting (N.)
vernehmen interrogate (V.), question (V.)
Vernehmung (F.) interrogation (N.), questioning (N.), examination (N.)
Vernunft (F.) reason (N.)
vernünftig reasonable (Adj.), sound (Adj.), rational (Adj.)
Vernunftrecht (N.) law (N.) of reason
veröffentlichen publish (V.)
Veröffentlichung (F.) publication (N.)
verordnen ordain (V.), decree (V.)
Verordnung (F.) ordinance (N.) (am.), statutory order (N.), decree (N.)
verpachten lease (V.), let (V.) on lease, rent (V.)
Verpächter (M.) lessor (M. bzw. F.)
Verpächterin (F.) lessor (F.)

Verpachtung (F.) demise (N.)
Verpackungsverordnung (F.) packing regulation (N.)
verpfänden hypothecate (V.), pawn (V.), pledge (V.), mortgage (V.)
Verpfändung (F.) pawning (N.), pledging (N.), mortgaging (N.), pawn (N.), hypothecation (N.)
Verpfändung (F.) von Vermögenswerten eines Unternehmens (Verpfändung von Vermögenswerten eines Unternehmens in Großbritannien) floating charge (N.)
verpflichten obligate (V.), commit (V.), engage (V.), bind (V.)
verpflichten (sich verpflichten) undertake (V.), obligate (V.) oneself, commit (V.) oneself
Verpflichtete (F.) obligor (F.), party (F.) liable
Verpflichteter (M.) obligor (M. bzw. F.), party (M. bzw. F.) liable
Verpflichtung (F.) obligation (N.), commitment (N.), engagement (N.), responsibility (N.)
Verpflichtungsgeschäft (N.) executory agreement (N.)
Verpflichtungsklage (F.) action (N.) for the issue of an administrative act
Verrat (M.) treason (N.), betrayal (N.), treachery (N.)
verraten (etwas verraten) divulge (V.), disclose (V.)
verraten (jemanden verraten) betray (V.)
Verräter (M.) traitor (M. bzw. F.), betrayer (M.)
Verräterin (F.) traitress (F.), traitoress (F.)
verräterisch treasonable (Adj.), traitorous (Adj.)
verrechnen (aufrechnen) settle (V.), set off (V.)
verrechnen (in Rechnung stellen) account (V.) for, enter (V.) in someone's account
Verrechnung (F.) (Aufrechnung) settlement (N.), set off (N.)
Verrechnung (F.) (Inrechnungstellung) placing (N.) to the account
Verrechnungsscheck (M.) account-only cheque (N.) (brit.), account-only check (N.) (am.), crossed cheque (N.) (brit.), crossed check (N.) (am.)
verrichten (bewirken) effect (V.)
verrichten (tun) perform (V.), carry (V.) out
Verrichtung (F.) doing (N.), work (N.), execution (N.)
Verrichtungsgehilfe (M.) vicarious agent (M. bzw. F.)
Verrichtungsgehilfin (F.) vicarious agent (F.)
verrucht wicked (Adj.), pernicious (Adj.), odious (Adj.)
Versailler Vertrag (M.) Treaty (N.) of Versailles
versammeln (sich versammeln) assemble (V.), meet (V.)
Versammlung (F.) assembly (N.), meeting (N.)
Versammlung (F.) der Europäischen Union European Assembly (N.)
Versammlungsfreiheit (F.) right (N.) of assembly, freedom (N.) of meeting
Versammlungsgesetz (N.) law (N.) regulating public meetings
Versammlungsrecht (N.) right (N.) of assembly, freedom (N.) of meeting
Versammlungsverbot (N.) prohibition (N.) of assembly, ban (N.) on public meetings
Versandhandel (M.) direct mail selling (N.), mail-order business (N.)
Versandhaus (N.) mail-order business (N.), mail-order house (N.), mail-order firm (N.)
versäumen miss (V.), fail (V.) to appear, fail (V.) to attend, neglect (V.)
Versäumnis (N.) (Fehlen) default (N.) of appearance, non-attendance (N.)
Versäumnis (N.) (Unterlassung) failure (N.) to perform
Versäumnisurteil (N.) default judgement (N.), judgement (N.) by default
Versäumung (F.) failure (N.) to observe
verschaffen procure (V.), obtain (V.), acquire (V.)
Verschaffen (N.) procurement (N.)
Verschaffung (F.) procurement (N.)
Verschaffungsvermächtnis (N.) demonstrative legacy (N.)
verschärfen intensify (V.), aggravate (V.), stiffen (V.)
verschenken give (V.) away
verschieben defer (V.), postpone (V.), adjourn (V.), put (V.) off

verschieden (Adj.) diverse (Adj.)
Verschiedenes (N.) miscellaneous (N.)
verschiffen ship (V.)
verschleiern mask (V.), disguise (V.)
verschleppen (in die Länge ziehen) delay (V.) unduly, protract (V.)
verschleppen (örtlich fortbewegen) kidnap (V.), carry (V.) off
Verschleppung (F.) (örtliche Veränderung einer Person) kidnapping (N.), abduction (N.)
Verschleppung (F.) (Verzögerung im Prozess) protraction (N.), dilatory tactics (N.)
Verschleuderung (F.) (Verschleuderung im Insolvenzrecht) fraudulent conveyance (N.)
Verschluss (M.) seal (N.)
verschmelzen merge (V.), amalgamate (V.), fuse (V.)
Verschmelzung (F.) merger (N.), amalgamation (N.), fusion (N.)
verschollen missing (Adj.), untraceable (Adj.)
Verschollenheit (F.) (Verschollenheit einer Person) disappearance (N.)
verschulden (herbeiführen) cause (V.), give (V.) the cause of
Verschulden (N.) fault (N.), blame (N.)
verschulden (schuld sein) be (V.) to blame for, be (V.) at fault in
verschulden (sich verschulden) get (V.) into debt
Verschuldenshaftung (F.) liability (N.) based on fault, liability (N.) in tort
Verschuldensvermutung (F.) presumption (N.) of fault
verschuldet indebted (Adj.)
verschwägert related (Adj.) by marriage
verschweigen (Material unterdrücken) suppress (V.)
verschweigen (nicht kundgeben) conceal (V.), withhold (V.)
Verschweigung (F.) (Unterdrückung von Material) suppression (N.)
Verschweigung (F.) (Verschweigung von Informationen) concealment (N.)
verschwenden waste (V.), squander (V.)
Verschwendung (F.) waste (N.), squander (N.), wastage (N.)
verschwiegen discret (Adj.)
Verschwiegenheit (F.) discretion (N.), secrecy (N.)
Verschwiegenheitspflicht (F.) obligation (N.) of secrecy
verschwören (sich verschwören) conspire (V.), plot (V.)
Verschwörer (M.) conspirator (M. bzw. F.), plotter (M. bzw. F.)
Verschwörerin (F.) conspirator (F.), plotter (F.)
Verschwörung (F.) conspiracy (N.), plot (N.)
Versehen (N.) slip (N.), oversight (N.)
versenden send (V.) off, dispatch (V.), ship (V.)
Versender (M.) consignor (M. bzw. F.)
Versenderin (F.) consignor (F.)
Versendung (F.) dispatch (N.), shipment (N.)
Versendungskauf (M.) mail order sale (N.)
versetzen (eine Person versetzen) relocate (V.), transfer (V.) to another post
versetzen (verpfänden) pawn (V.), pledge (V.)
Versetzung (F.) (Versetzung einer Person) transfer (N.) to another post, transfer (N.)
Versicherer (M.) insurer (M. bzw. F.), underwriter (M. bzw. F.), assurer (M. bzw. F.)
Versichererin (F.) insurer (F.), underwriter (F.), assurer (F.)
versichern (bestätigen) affirm (V.), assure (V.)
versichern (eine Versicherung abschließen) insure (V.), assure (V.)
versichert insured (Adj.), assured (Adj.)
Versicherung (F.) (Absicherung von Werten) insurance (N.), assurance (N.)
Versicherung (F.) (Bestätigung) assurance (N.), affirmation (N.), declaration (N.)
Versicherung (F.) an Eides statt affirmation (N.) in lieu of an oath
Versicherungsaufsicht (F.) insurance control (N.)
Versicherungsbedingung (F.) insurance condition (N.)
Versicherungsberater (M.) insurance consultant (M. bzw. F.)
Versicherungsberaterin (F.) insurance consultant (F.)
Versicherungsbetrug (M.) insurance fraud (N.)

Versicherungsbilanz (F.) insurance balance (N.)
Versicherungsfall (M.) event (N.) insured against
Versicherungsgesellschaft (F.) insurance company (N.)
Versicherungskarte (F.) green card (N.)
Versicherungsmakler (M.) broker (M. bzw. F.)
Versicherungsmaklerin (F.) broker (F.)
Versicherungsnehmer (M.) insured person (M. bzw. F.), insurant (M. bzw. F.)
Versicherungsnehmerin (F.) insured person (F.), insurant (F.)
Versicherungspflicht (F.) compulsory insurance (N.)
Versicherungspolice (F.) insurance policy (N.)
Versicherungsprämie (F.) insurance premium (N.)
Versicherungsrecht (N.) insurance law (N.)
Versicherungsschein (M.) insurance policy (N.)
Versicherungssumme (F.) sum (N.) insured
Versicherungsteuer (F.) insurance tax (N.)
Versicherungsträger (M.) insurer (M. bzw. F.), insurance institution (N.), assurer (M. bzw. F.)
Versicherungsträgerin (F.) insurer (F.), assurer (F.)
Versicherungsurkunde (F.) deed (N.) of insurance
Versicherungsverein (M.) insurance association (N.)
Versicherungsvertrag (M.) insurance contract (N.), insurance agreement (N.)
Versicherungszwang (M.) compulsory insurance (N.), liability (N.) to insure
versiegeln seal (V.), put (V.) under seal
Versiegelung (F.) sealing (N.)
versitzen be (V.) subject to an extinctive prescription
Versitzung (F.) extinctive prescription (N.)
versorgen supply (V.) (with), provide (V.), maintain (V.)
Versorgung (F.) sustenance (N.), provision (N.), supply (N.)
Versorgungsausgleich (M.) statutory pensions equalization (N.)
versprechen promise (V.)
Versprechen (N.) promise (N.)
Versprechensempfänger (M.) promisee (M. bzw. F.)
Versprechensempfängerin (F.) promisee (F.)
Versprechensgeber (M.) (Versprechensgeber im angloamerikanischen Recht) promisor (M. bzw. F.)
Versprechensgeberin (F.) (Versprechensgeberin im angloamerikanischen Recht) promisor (F.)
verstaatlichen nationalize (V.), socialize (V.)
Verstaatlichung (F.) nationalization (N.), socialization (N.)
Versteigerer (M.) auctioneer (M. bzw. F.)
Versteigererin (F.) auctioneer (F.)
versteigern auctioneer (V.), auction (V.) off, sell (V.) by public auction
Versteigerung (F.) auction (N.), public sale (N.)
versterben decease (V.)
verstorben deceased (Adj.)
Verstoß (M.) offence (N.) (brit.), offense (N.) (am.), violation (N.), infringement (N.), breach (N.)
verstoßen (verletzen) offend (V.), violate (V.), infringe (V.), contravene (V.)
verstoßen (zurückweisen) expel (V.), cast out (V.), repudiate (V.)
verstricken entangle (V.), inculpate (V.)
Verstrickung (F.) entanglement (N.), inculpation (N.), involvement (N.)
Verstrickungsbruch (M.) interference (N.) with attachment
verstümmeln mutilate (V.), maim (V.), garble (V.)
Verstümmelung (F.) mutilation (N.)
Versuch (M.) attempt (N.), test (N.), trial (N.)
versuchen try (V.), attempt (V.)
vertagen postpone (V.), adjourn (V.), prorogue (V.), defer (V.)
Vertagung (F.) adjournment (N.), deferment (N.), continuance (N.), postponement (N.)
verteidigen defend (V.)
Verteidiger (M.) defence counsel (M. bzw. F.) (brit.), defense counsel (M. bzw. F.) (am.), defence attorney (M. bzw. F.) (brit.),

defense attorney (M. bzw. F.) (am.), defence (N.) (brit.), defense (N.) (am.)
Verteidigerin (F.) defence counsel (F.) (br.), defense counsel (F.) (am.), defence attorney (F.) (br.), defense attorney (F.) (br.), defense attorney (F.) (am.), defence (n.) (br.), defense (N.) (am.)
Verteidigung (F.) defence (N.) (brit.), defense (N.) (am.)
Verteidigungsfall (M.) case (N.) of defence (brit.), case (N.) of defense (am.), case (N.) of war
Verteidigungsnotstand (M.) national emergency (N.) for the defence of the country
verteilen distribute (V.), allot (V.), allocate (V.), share (V.)
Verteilung (F.) distribution (N.), apportionment (N.), allotment (N.), dissemination (N.), allocation (N.)
Vertiefung (F.) eines Grundstückes deepening (N.) of a real estate
vertikal vertical (Adj.)
vertikaler Finanzausgleich (M.) vertical fiscal adjustment (N.)
Vertrag (M.) contract (N.), treaty (N.), agreement (N.), covenant (N.)
Vertrag (M.) zu Lasten Dritter contract (N.) imposing a burden on a third party
Vertrag (M.) zugunsten Dritter agreement (N.) in favor of a third party
vertraglich contractual (Adj.)
Vertragsauflösung (F.) (Vertragsauflösung im angloamerikanischen Recht) rescission (N.)
Vertragsauslegung (F.) construction (N.) of the terms of a contract, interpretation (N.) of a contract
Vertragsbruch (M.) breach (N.) of contract, repudiation (N.) of contract
Vertragsfreiheit (F.) freedom (N.) of contract
Vertragshändler (M.) authorized dealer (M. bzw. F.), appointed dealer (M. bzw. F.), dealer (M.)
Vertragshändlerin (F.) authorized dealer (F.), appointed dealer (F.), dealer (F.)
Vertragskarte (F.) contract card (N.)
Vertragspartner (M.) contracting party (M. bzw. F.), party (M. bzw. F.) to a contract
Vertragspartnerin (F.) contracting party (F.), party (F.) to a contract
Vertragspflicht (F.) contractual commitment (N.), obligation (N.) under a contract
Vertragspflichtverletzung (F.) breach (N.) of contract
Vertragsrecht (N.) law (N.) of contract, contract law (N.)
vertragsschließende Partei (F.) contractor (M. bzw. F.)
Vertragsschluss (M.) conclusion (N.) of treaty, formation (N.) of treaty
Vertragsstatut (N.) proper law (N.) of the agreement
Vertragsstrafe (F.) conventional penalty (N.), contractual penalty (N.), penalty (N.)
Vertragsübernahme (F.) taking-over (N.) of a contract
Vertragsurkunde (F.) contractual document (N.), deed (N.) of covenant, indenture (N.)
Vertragsverhältnis (N.) contractual relationship (N.)
Vertragsverlängerung (F.) extension (N.) of a contract
Vertragsverletzung (F.) breach (N.) of contract, violation (N.) of contract, default (N.)
vertrauen trust (V.), rely (V.) on
Vertrauen (N.) trust (N.), reliance (N.), confidence (N.)
Vertrauensarzt (M.) medical examiner (M. bzw. F.)
Vertrauensärztin (F.) medical examiner (F.)
Vertrauensbruch (M.) betrayal (N.) of trust, breach (N.) of confidence
Vertrauensfrage (F.) question (N.) of confidence
Vertrauensgrundsatz (M.) principle (N.) of mutual reliance on reasonably safe driving of other road users
Vertrauenshaftung (F.) liability (N.) based on principles of reliance
Vertrauensinteresse (N.) detriments (N.Pl.) due to anticipatory breach or fault in negotiating
Vertrauensschaden (N.) damage (N.) caused by breach of trust
Vertrauensschutz (M.) legal protection (N.) for bona fide acts, fidelity clause (N.)
Vertrauensstellung (F.) position (N.) of trust

Vertrauensvotum (N.) confidence vote (N.), vote (N.) of confidence
vertraulich confidential (Adj.), in confidence
vertreiben (austreiben) drive (V.) out, expel (V.), oust (V.)
Vertreibung (F.) expulsion (N.), expatriation (N.)
vertretbar (austauschbar) fungible (Adj.), exchangeable (Adj.)
vertretbar (begründbar) justifiable (Adj.), reasonable (Adj.)
vertretbare Sache (F.) fungible (N.)
vertreten represent (V.), act (V.) for
Vertretenmüssen (N.) obligation (N.) to represent
Vertreter (M.) agent (M. bzw. F.), representative (M. bzw. F.), deputy (M. bzw. F.)
Vertretergeschäft (N.) transaction (N.) by agency
Vertreterin (F.) agent (F.), representative (F.), deputy (F.)
Vertretung (F.) representation (N.), agency (N.), proxy (N.)
Vertretungsmacht (F.) representative authority (N.), power (N.) of agency
Vertretungsunternehmen (N.) (Vertretungsunternehmen im Außenhandel in Großbritannien) confirming house (N.)
Vertretungswille (M.) intention (N.) to act on behalf of another
Vertretungszwang (M.) compulsory representation (N.)
Vertrieb (M.) distribution (N.), sales (N.Pl.)
Vertriebene (F.) expellee (F.), displaced person (F.)
Vertriebener (M.) expellee (M. bzw. F.), displaced person (M. bzw. F.)
Vertriebsrecht (N.) right (N.) of sale
verüben commit (V.), perpetrate (V.)
verunglimpfen disparage (V.), decry (V.), smear (V.)
veruntreuen misappropriate (V.), defalcate (V.), embezzle (V.)
Veruntreuung (F.) misappropriation (N.), defalcation (N.), peculation (N.), embezzlement (N.)
verursachen cause (V.)
Verursacher (M.) causer (M. bzw. F.), cause (M. bzw. F.)
Verursacherin (F.) cause (F.), causer (F.)
Verursachung (F.) causation (N.)
verurteilen sentence (V.), convict (V.), condemn (V.)
Verurteilung (F.) conviction (N.), adjucation (N.), condamnation (N.)
vervielfältigen duplicate (V.), reproduce (V.)
Vervielfältigung (F.) duplication (N.), reproduction (N.)
verwahren keep (V.) in custody, hold (V.) in custody
Verwahrer (M.) bailee (M. bzw. F.)
Verwahrerin (F.) bailee (F.)
Verwahrlosung (F.) neglect (N.)
Verwahrlosung (F.) (Verfall von Häusern) dilapidation (N.)
Verwahrung (F.) custody (N.), safekeeping (N.)
Verwahrungsbruch (M.) breach (N.) of official custody
Verwahrungsvertrag (M.) safe-deposit contract (N.)
verwalten administer (V.), manage (V.)
Verwalter (M.) administrator (M. bzw. F.)
Verwalterin (F.) administrator (F.)
Verwaltung (F.) administration (N.), management (N.)
Verwaltungsakt (M.) administrative act (N.)
Verwaltungsanordnung (F.) administration order (N.)
Verwaltungsbehörde (F.) public authority (N.), administrative body (N.)
Verwaltungsgebühr (F.) official fee (N.), service charge (N.)
Verwaltungsgemeinschaft (F.) administration (N.) of the wife's assets by the husband
Verwaltungsgericht (N.) administrative court (N.), administrative tribunal (N.)
Verwaltungsgerichtsbarkeit (F.) system (N.) of administrative tribunals
Verwaltungsgerichtsgesetz (N.) law (N.) relating to administrative jurisdiction
Verwaltungsgerichtshof (M.) higher administrative court (N.)
Verwaltungsgerichtshof (M.) (Verwaltungsgerichtshof in Österreich) court (N.) of administration
Verwaltungsgerichtsordnung (F.) regulations (N.Pl.) governing administrative courts

Verwaltungskosten (F.Pl.) administrative costs (N.Pl.), administrative overheads (N.Pl.)
Verwaltungslehre (F.) science (N.) of administration
Verwaltungsprivatrecht (N.) rules (N.Pl.) for private-law transactions of public bodies
Verwaltungsprozess (M.) proceedings (N.Pl.) before an administrative court
Verwaltungsprozessrecht (N.) law (N.) on administrative procedure
Verwaltungsrat (M.) governing board (N.), directorate (N.)
Verwaltungsrecht (N.) administrative law (N.)
Verwaltungsträger (M.) administrative organ (N.), executive body (N.)
Verwaltungstreuhand (F.) administrative trust (N.)
Verwaltungsunrecht (N.) administrative offence (N.) (brit.), administrative offense (N.) (am.)
Verwaltungsverfahren (N.) administrative procedure (N.), administrative proceedings (N.Pl.)
Verwaltungsvermögen (N.) administrative property (N.)
Verwaltungsverordnung (F.) administrative regulation (N.), statutory order (N.)
Verwaltungsvertrag (M.) contract (N.) under public law
Verwaltungsvollstreckung (F.) administrative enforcement (N.)
Verwaltungsvollstreckungsgesetz (N.) administrative enforcement law (N.)
Verwaltungsvorschrift (F.) regulatory order (N.), rule (N.)
Verwaltungszustellung (F.) administrative service (N.) of notes
Verwaltungszwang (M.) administrative compulsion (N.)
verwandt related (Adj.)
Verwandte (F.) relative (F.)
Verwandter (M.) relative (M. bzw. F.)
Verwandtschaft (F.) (Gesamtheit der Verwandten) relatives (M.Pl. bzw. F.Pl.), kindred (M.Pl. bzw. F.Pl.), kin (M.Pl. bzw. F.Pl.)
Verwandtschaft (F.) (Verwandtsein) relationship (N.), connection (N.), propinquity (N.) (brit.)
verwandtschaftlich relational (Adj.)
verwarnen warn (V.), admonish (V.), reprimand (V.), caution (V.)
Verwarnung (F.) warning (N.), admonition (N.), reprimand (N.), caution (N.)
Verwarnungsgeld (N.) warning charge (N.), police ticket (N.)
verweigern deny (V.), refuse (V.)
Verweigerung (F.) refusal (N.), denial (N.)
Verweis (M.) (Hinweis) reference (N.), caution (N.)
Verweis (M.) (Tadel) reprimand (N.)
verweisen refer (V.) to, remit (V.), remand (V.)
Verweisung (F.) (Ausweisung einer Person) expulsion (N.), removal (N.)
Verweisung (F.) (Übermittlung einer Rechtssache) remission (N.), remittal (N.)
Verweisungsrecht (N.) right (N.) of expulsion
verwenden use (V.), utilize (V.)
Verwendung (F.) use (N.), utilization (N.)
verwerfen dismiss (V.), quash (V.), overrule (V.), reject (V.)
Verwerfung (F.) dismissal (N.), quashing (N.), rejection (N.)
verwerten use (V.), utilize (V.), realize (V.)
Verwertung (F.) utilization (N.), realization (N.)
Verwertungsgesellschaft (F.) performing rights society (N.)
Verwertungsverbot (N.) ban (N.) on utilization
verwesen (verwalten) administer (V.)
Verweser (M.) vice-regent (M. bzw. F.), administrator (M. bzw. F.)
Verweserin (F.) vice-regent (F.), administrator (F.)
verwirken forfeit (V.)
verwirklichen realize (V.), translate (V.) into action
Verwirklichung (F.) realization (N.)
Verwirkung (F.) forfeiture (N.), laches (N.), forfeit (N.), estoppel (N.), promissory estoppel (N.)
Verwirkungsklausel (F.) forfeiture clause (N.), forfeit clause (N.)
verwunden wound (V.)
verzeichnen record (V.), list (V.), register (V.)

Verzeichnis (N.) register (N.), list (N.), record (N.), index (N.), schedule (N.), dock (N.)
verzeihen condone (V.)
Verzeihung (F.) condonation (N.)
Verzicht (M.) renunciation (N.), waiver (N.), disclaimer (N.), release (N.)
verzichten renounce (V.), waive (V.)
Verzichtserklärung (F.) waiver (N.), disclaimer (N.)
verzögern delay (V.), retard (V.)
Verzögerung (F.) delay (N.), retardation (N.)
verzollen pay (V.) duty on, clear (V.) through the customs
Verzug (M.) delay (N.), culpable delay (N.)
Verzugszinsen (M.Pl.) interest (N.) on arreas, overdue interest (N.)
Veteran (M.) (Veteran im angloamerikanischen Recht) veteran (M.)
Veto (N.) veto (N.)
Vetter (M.) cousin (M.)
Vetternwirtschaft (F.) nepotism (N.)
Vieh (N.) livestock (N.)
Viehkauf (M.) sale (N.) of livestock
Vielweiberei (F.) polygamy (N.)
Vierteljahr (N.) quarter (N.) of a year
vierteljährlich quarterly (Adj.)
Viktimologie (F.) branch (N.) of criminology dealing with victims of crime
Vindikation (F.) replevin (N.)
Vindikationslegat (N.) claimable legacy (N.)
Vindikationszession (F.) assignment (N.) of the right to claim the surrender of something
vinkulieren restrict (V.) the transferability, tie (V.), block (V.)
vinkulierte Namensaktie (F.) not freely transferable registered share (N.)
Visum (N.) visa (N.)
Vivisektion (F.) vivisection (N.), biotomy (N.)
Vizekanzler (M.) vice-chancellor (M. bzw. F.)
Vizekanzlerin (F.) vice-chancellor (F.)
Vizekönig (M.) vice-king (M.), viceroy (M.)
Vizekönigin (F.) vice-queen (F.), vicereine (F.)
Vizepräsident (M.) Vice-President (M. bzw. F.)
Vizepräsidentin (F.) vice-president (F.)
V-Mann (M.) confidential agent (M. bzw. F.)
vogelfrei outlawed (Adj.)
VOL (F.) Verdingungsordnung für Leistungen standard official contracting terms (N.Pl.) concerning performances
Volk (N.) people (N.)
Völkerbund (M.) League (N.) of Nations
Völkermord (M.) genocide (N.)
Völkerrecht (N.) international law (N.)
Völkerrechtssubjekt (N.) subject (N.) of international law
Volksabstimmung (F.) plebiscite (N.), referendum (N.)
Volksbank (F.) popular bank (N.), industrial credit cooperative (N.)
Volksbegehren (N.) popular initiative (N.)
Volksdemokratie (F.) people's democracy (N.)
Volksentscheid (M.) plebiscite (N.), referendum (N.)
Volkshochschule (F.) adult evening courses (N.Pl.)
Volksschule (F.) primary school (N.), elementary school (N.)
Volkssouveränität (F.) sovereignty (N.) of the people, national sovereignty (N.)
Volksverhetzung (F.) incitement (N.) of the people
Volksversammlung (F.) popular assembly (N.), public meeting (N.)
Volksvertreter (M.) representative (M. bzw. F.) of the people
Volksvertreterin (F.) representative (F.) of the people
Volksvertretung (F.) representation (N.) of the people, parliament (N.)
Volkswirtschaft (F.) national economy (N.)
volkswirtschaftlich economic (Adj.)
vollenden complete (V.), accomplish (V.)
Vollendung (F.) completion (N.), accomplishment (N.)
volljährig of age, major (Adj.)
Volljährigkeit (F.) majority (N.), legal age (N.) (am.)
Volljurist (M.) fully trained lawyer (M. bzw. F.)
Volljuristin (F.) fully trained lawyer (F.)
Vollkaufmann (M.) qualified merchant (M. bzw. F.), full trader (M. bzw. F.)

Vollmacht (F.) power (N.) of agency, authority (N.), faculty (N.), warrant (N.)
Vollmachtsurkunde (F.) proxy (N.)
Vollrausch (M.) total intoxication (N.)
vollständig complete (Adj.), whole (Adj.), entire (Adj.)
vollstreckbar enforceable (Adj.)
vollstreckbare Urkunde (F.) enforceable instrument (N.)
Vollstreckbarkeit (F.) enforceability (N.)
vollstrecken execute (V.), carry (V.) out, enforce (V.)
Vollstrecker (M.) executer (M. bzw. F.)
Vollstreckerin (F.) executer (F.)
Vollstreckung (F.) enforcement (N.), execution (N.), judgement enforcement (N.), judgement execution (N.)
Vollstreckungsanordnung (F.) writ (N.) of execution
Vollstreckungsbeamter (M.) executory officer (M. bzw. F.), law enforcement officer (M. bzw. F.)
Vollstreckungsbeamtin (F.) executory officer (F.), law enforcement officer (F.)
Vollstreckungsbefehl (M.) order (N.) for execution, summary payment warrant (N.)
Vollstreckungsbescheid (M.) order (N.) of execution
Vollstreckungsgegenklage (F.) action (N.) to oppose enforcement, interpleader (N.) challenging execution
Vollstreckungsgericht (N.) court (N.) competent for enforcement matters
Vollstreckungsgläubiger (M.) execution creditor (M. bzw. F.)
Vollstreckungsgläubigerin (F.) execution creditor (F.)
Vollstreckungsklausel (F.) fiat (N.) of execution, writ (N.) of execution
Vollstreckungsorgan (N.) official organ (N.) for enforcement by execution
Vollstreckungsschuldner (M.) execution debtor (M. bzw. F.)
Vollstreckungsschuldnerin (F.) execution debtrix (F.)
Vollstreckungsschutz (M.) exemption (N.) from judicial execution
Vollstreckungstitel (M.) writ (N.) of execution, title (N.) of execution
Vollstreckungsvereitelung (F.) frustrating (N.) execution
Vollstreik (M.) total strike (N.)
Volltrunkenheit (F.) total intoxication (N.)
vollziehen execute (V.), enforce (V.)
Vollziehung (F.) execution (N.), enforcement (N.)
Vollzug (M.) execution (N.), enforcement (N.), implementation (N.)
Vollzugsbeamter (M.) managing clerk (M. bzw. F.), warder (M. bzw. F.)
Vollzugsbeamtin (F.) managing clerk (F.), warder (F.)
Vollzugsbehörde (F.) enforcement agency (N.)
Vollzugsdienst (M.) enforcement officer's service (N.)
Vollzugsnorm (F.) self-executing norm (N.)
Vollzugspolizei (F.) police (N.)
Volontär (M.) trainee (M. bzw. F.)
Volontärin (F.) trainee (F.)
von Amts wegen officially (Adv.), ex officio (lat.)
vorab in advance, advance (Adv.)
Vorabentscheidung (F.) preliminary ruling (N.)
Vorabentscheidungsverfahren (N.) interlocutory decision procedure (N.), preliminary ruling process (N.)
Voranfrage (F.) preliminary inquiry (N.)
vorangegangenes Tun (N.) foregoing action (N.)
Voranschlag (M.) rough estimate (N.) of cost, estimate (N.) of expenditure
Voraus (M.) preferential right (N.)
Vorausabtretung (F.) anticipatory assignment (N.)
Vorausklage (F.) previous action (N.)
voraussehbar foreseeable (Adj.)
Voraussehbarkeit (F.) foreseeability (N.)
Vorausvermächtnis (N.) preferential legacy (N.)
Vorauszahlung (F.) prepayment (N.), payment (N.) in advance
Vorbedacht (M.) premeditation (N.), forethought (N.)
Vorbedingung (F.) precondition (N.), prerequisite (N.), condition (N.) precedent
Vorbehalt (M.) reservation (N.), proviso (N.)
vorbehalten (V.) reserve (V.)
vorbehaltlos unconditional (Adj.), unreserved (Adj.), general (Adj.)

Vorbehaltsgut (N.) privileged property (N.)
Vorbehaltsurteil (N.) provisional judgement (N.), conditional judgement (N.)
vorbereiten prepare (V.)
Vorbereitung (F.) preparation (N.)
Vorbereitungsdienst (M.) preparatory service (N.)
Vorbereitungshandlung (F.) act (N.) preparatory to the commission of an offence
Vorbescheid (M.) preliminary ruling (N.)
Vorbescheid (M.) (Vorbescheid im Baurecht) outline permission (N.)
Vorbescheid (M.) (Vorbescheid im Patentrecht) interim action (N.)
vorbestellen order (V.) in advance, book (V.) (brit.), make (V.) a reservation (am.)
vorbestraft previously convicted (Adj.), having a criminal record
Vorbeugehaft (F.) preventive detention (N.)
vorbeugen prevent (V.), preclude (V.), forestall (V.)
vorbeugend preventive (Adj.), precautionary (Adj.)
vorbringen advance (V.), produce (V.), prefer (V.), plead (V.), allege (V.)
Vorbringen (N.) pleading (N.), allegation (N.), submission (N.)
Voreid (M.) promissory oath (N.)
voreingenommen partial (Adj.), prejudiced (Adj.), biassed (Adj.)
Voreingenommenheit (F.) partiality (N.), bias (N.), prejudice (N.)
vorenthalten hold (V.) back, withhold (V.)
Vorenthaltung (F.) detention (N.), withholding (N.), detinue (N.)
Vorerbe (M.) provisional heir (M. bzw. F.)
Vorerbin (F.) provisional heiress (F.)
Vorerbschaft (F.) provisional succession (N.)
Vorfahre (M.) ancestor (M.)
Vorfahrin (F.) ancestress (F.)
Vorfahrt (F.) right (N.) of way
Vorfall (M.) incident (N.), occurrence (N.), event (N.)
vorführen (vor Gericht bzw. Behörde vorführen) bring (V.) before (the judge)
Vorführung (F.) (Vorführung vor Gericht bzw. Behörde) leading (N.) someone in the court room
Vorführungsbefehl (M.) order (N.) to bring someone before the judge
Vorgänger (M.) predecessor (M. bzw. F.)
Vorgängerin (F.) predecessor (F.)
vorgehen take (V.) action, proceed (V.), have (V.) priority, take (V.) priority
Vorgehen (N.) action (N.), procedure (N.)
Vorgesellschaft (F.) company (N.) prior to registration
Vorgesetzte (F.) superior (F.), senior (F.) in rank, principal (F.)
Vorgesetzter (M.) superior (M. bzw. F.), senior (M. bzw. F.) in rank, principal (M. bzw. F.)
vorhersehbar foreseeable (Adj.)
Vorhersehbarkeit (F.) foreseeability (N.)
vorhersehen foresee (V.)
Vorkauf (M.) pre-emption (N.)
Vorkaufsrecht (N.) right (N.) of preemption
vorladen summon (V.), serve (V.) a summons, cite (V.)
Vorladung (F.) summons (N.), citation (N.)
Vorlage (F.) (Auslage) advance (N.), outlay (N.)
Vorlage (F.) (Gesetzesvorlage) bill (N.)
Vorlage (F.) (Vorlegen) presentation (N.), submission (N.), production (N.)
vorläufig provisional (Adj.), interim (Adj.)
vorläufige Einstellung (F.) provisional stay (N.) of the proceedings
vorläufige Festnahme (F.) provisional apprehension (N.)
vorläufige Vollstreckbarkeit (F.) provisional enforceability (N.)
vorläufiger Rechtsschutz (M.) interim protection (N.) of law, interlocutory injunction (N.)
vorlegen present (V.), submit (V.)
Vorlegung (F.) presentation (N.), submission (N.), presentment (N.)
Vorlegungspflicht (F.) statutory requirement (N.) to submit
Vorleistung (F.) advance performance (N.), advance payment (N.)
Vorleistungspflicht (F.) obligation (N.) to pay in advance, obligation (N.) to previous work
vorliegend instant (Adj.)
vormerken note (V.), register (V.)
Vormerkung (F.) (vorläufige Eintragung im Grundbuchrecht) priority notice (N.), priority caution (N.), caution (N.)

Vormiete (F.) preceding tenancy (N.)
Vormietrecht (N.) law (N.) of preceding tenancy
Vormund (M.) guardian (M. bzw. F.), tutor (M. bzw. F.)
Vormundin (F.) guardian (F.), tutor (F.)
Vormundschaft (F.) guardianship (N.), tutelage (N.), wardship (N.)
Vormundschaftsgericht (N.) guardianship court (N.)
Vornahme (F.) undertaking (N.), execution (N.), perpetration (N.)
Vornahmeklage (F.) action (N.) for specific performance
Vorname (M.) christian name (N.), first name (N.)
vornehmen undertake (V.), do (V.)
Vorpfändung (F.) provisional garnishment (N.), prior attachment (N.)
Vorprüfung (F.) preliminary examination (N.)
Vorprüfungsverfahren (N.) preliminary examination proceeding (N.)
Vorrang (M.) priority (N.), seniority (N.), precedence (N.)
Vorrang (M.) des Gesetzes priority (N.) of law, prerogative (N.)
vorrangig priority (Adj.)
Vorrat (M.) stock (N.), store (N.), supply (N.)
Vorrecht (N.) privilege (N.), prerogative (N.)
Vorruhestand (M.) anticipated retirement (N.)
Vorsatz (M.) intent (N.), intention (N.)
vorsätzlich deliberate (Adj.), intentional (Adj.), premediated (Adj.), wilful (Adj.), fraudulent (Adj.)
vorschreiben prescribe (V.), direct (V.)
Vorschrift (F.) rule (N.), prescription (N.), directive (N.), provision (N.), instruction (N.)
vorschriftsmäßig prescribed (Adj.), in due form, duly (Adj.), in accordance with instructions
vorschriftswidrig irregular (Adj.)
Vorschuss (M.) advance (N.), anticipated payment (N.)
Vorschussleistung (F.) payment (N.) in advance
Vorsitz (M.) chair (N.), chairmanship (N.), presidency (N.)
Vorsitzende (F.) president (F.), chairwoman (F.)
Vorsitzender (M.) chairman (M.), president (M. bzw. F.)
Vorsitzender Richter (M.) (Vorsitzender Richter am Supreme Court der Vereinigten Staaten von Amerika) Chief Justice (M. bzw. F.)
Vorsitzer (M.) chairman (M.)
Vorsitzerin (F.) president (F.), chairwoman (F.)
Vorsorge (F.) precaution (N.), provision (N.)
vorsorgen provide (V.), make (V.) provision
Vorsorgevollmacht (F.) precautionary authority (N.)
vorspiegeln pretend (V.), delude (V.), feign (V.), simulate (V.)
Vorspiegelung (F.) pretending (N.), pretence (N.)
Vorspruch (M.) preamble (N.)
Vorstand (M.) management board (N.), executive board (N.), board (N.) of directors
Vorstandsvorsitzende (F.) chairwoman (F.)
Vorstandsvorsitzender (M.) chairman (M.), chairwoman (F.)
Vorsteher (M.) head (M. bzw. F.), chief (M. bzw. F.), senior (M. bzw. F.)
Vorsteherin (F.) chief (F.), head (F.), senior (F.)
Vorsteuer (F.) prior turnover tax (N.), input tax (N.)
Vorstrafe (F.) previous conviction (N.), prior conviction (N.), criminal record (N.)
Vortat (F.) prior offence (N.) (brit.), prior offense (N.) (am.)
vortäuschen pretend (V.), feign (V.), simulate (V.), fake (V.)
Vortäuschen (N.) einer Straftat feigning (N.) commission of a crime
Vortäuschung (F.) pretence (N.), jactitation (N.) (brit.)
Vorteil (M.) advantage (N.), benefit (N.)
vorteilhaft advantageous (Adj.), profitable (Adj.), favourable (Adj.), beneficial (Adj.)
Vorteilsannahme (F.) acceptance (N.) of benefit
Vorteilsausgleichung (F.) offsetting (N.) losses by advantages

Vorteilsgewährung (F.) granting (N.) of an undue advantage
Vorteilsverschaffungsabsicht (F.) intention (N.) to get an undue advantage
vorübergehend passing (Adj.), temporary (Adj.), pro tempore (lat.)
Voruntersuchung (F.) preliminary examination (N.), pre-trial procedure (N.), preliminary hearing (N.)
Vorurteil (N.) prejudice (N.)
Vorverein (M.) preliminary association (N.) not capable of possessing legal personality
Vorverfahren (N.) pre-trial discovery (N.), pre-trial proceedings (N.Pl.), pre-trial process (N.), preliminary proceedings (N.Pl.), pre-trial review (N.)
Vorvertrag (M.) preliminary agreement (N.), preliminary contract (N.)
Vorvertrag (M.) (Vorvertrag im Versicherungsrecht) binder (N.)
Vorwahl (F.) (politische Vorwahl) (F.) preliminary election (N.) (brit.), primary election (N.) (am.)
Vorwahl (F.) (telefonische Vorwahl) (F.) dialling code (N.) (brit.), area code (N.) (am.)
Vorwurf (M.) reproach (N.), rebuke (N.), charge (N.)
vorzeitig premature (Adj.), early (Adj.)
Vorzug (M.) preference (N.), priority (N.)
Vorzugsaktie (F.) preferred share (N.), senior share (N.), preference share (N.), preferreed stock (N.) (am.)
Votum (N.) vote (N.), assent (N.)
vulgär vulgar (Adj.)

W

Wache (F.) guard (N.), watch (N.)
Wache (F.) (Polizeiwache) police station (N.)
Wächter (M.) guard (M. bzw. F.), guardian (M. bzw. F.)
Wächterin (F.) guard (F.), guardian (F.)
Waffe (F.) weapon (N.), arm (N.)
Waffenkontrollgesetz (N.) gun control law (N.)
Waffenschein (M.) firearms certificate (N.)
Waffenstillstand (M.) cease-fire (N.), truce (N.)
Wagen (M.) (Auto) car (N.), automobile (N.)
Wagen (M.) (Eisenbahnwagen) waggon (N.), car (N.)
Wahl (F.) (Auswahl) choice (N.), selection (N.), option (N.)
Wahl (F.) (politische Entscheidung) election (N.), vote (N.), poll (N.), ballot (N.)
wählbar eligible (Adj.)
Wahlbeamter (M.) elected official (M. bzw. F.)
Wahlbeamtin (F.) elected official (F.)
Wahlbehinderung (F.) obstruction (N.) of polling
Wahlberechtigte (F.) qualified elector (F.), qualified voter (F.)
Wahlberechtigter (M.) qualified elector (M. bzw. F.), qualified voter (M. bzw. F.)
Wahlberechtigung (F.) electoral capacity (N.)
Wahldelikt (N.) voting offence (N.) (brit.), voting offense (N.) (am.)
wählen (auswählen) choose (V.), select (V.)
wählen (einen Vertreter durch Stimmabgabe bestimmen) elect (V.), vote (V.)
Wähler (M.) voter (M. bzw. F.), elector (M. bzw. F.)
Wählerbestechung (F.) bribing (N.) voters, corrupt electoral practices (N.Pl.)
Wählerin (F.) voter (F.), elector (F.)
Wählernötigung (F.) undue pressure (N.) on electors
Wählertäuschung (F.) deception (N.) of voters
Wahlfälschung (F.) election fraud (N.)
Wahlfeststellung (F.) alternative finding (N.)
Wahlgeheimnis (N.) secrecy (N.) of elections
Wahlgerichtsstand (M.) elective venue (N.), forum (N.) of choice
Wahlkonsul (M.) honorary consul (M. bzw. F.)
Wahlkonsulin (F.) honorary consul (F.)
Wahlkreis (M.) constituency (N.), electoral district (N.)
Wahlleiter (M.) returning officer (M. bzw. F.)
Wahlleiterin (F.) returning officer (F.)
Wahlperiode (F.) electoral period (N.)

Wahlpflicht (F.) compulsory voting (N.), electoral duty (N.)
Wahlprüfung (F.) electoral scrutiny (N.)
Wahlrecht (N.) (subjektives Wahlrecht) voting right (N.), electoral franchise (N.), suffrage (N.)
Wahlrechtsgesetz (N.) Voting Rights Act (N.) (am.)
Wahlschuld (F.) alternative obligation (N.)
Wahlurne (F.) ballot box (N.), voting box (N.)
Wahlvermächtnis (N.) alternative legacy (N.)
Wahlverteidiger (M.) counsel (M. bzw. F.) of one's own choice
Wahlverteidigerin (F.) counsel (F.) of one's own choice
Wahlzettel (M.) ballot paper (N.), voting paper (N.)
Wahndelikt (N.) act (N.) committed under the erroneous assumption of punishability
Wahnsinn (M.) madness (N.), insanity (N.), lunacy (N.)
wahnsinnig mad (Adj.), insane (Adj.), lunatic (Adj.)
wahr true (Adj.), truthful (Adj.)
währen last (V.)
Wahrheit (F.) truth (N.), verity (N.)
Wahrheitsbeweis (M.) proving (N.) the truth
Wahrheitspflicht (F.) obligation (N.) to be truthful
Wahrnehmung (F.) (Wahrnehmung eines Rechtes) assertion (N.)
Wahrnehmung (F.) (Wahrnehmung eines Reizes) perception (N.)
Wahrnehmung (F.) berechtigter Interessen privileged occasion (N.), preservation (N.) of privileged interests
wahrscheinlich probable (Adj.), likely (Adj.)
Wahrscheinlichkeit (F.) probability (N.), likelihood (N.)
Währung (F.) currency (N.)
Währungsreserve (F.) currency reserve (N.)
Währungsunion (F.) monetary union (N.)
Waise (M. bzw. F.) orphan (M. bzw. F.)
Wald (M.) wood (N.), forest (N.)
Wandelanleihe (F.) convertible loan stock (N.)
Wandelschuldverschreibung (F.) convertible bond (N.), convertible (N.)
Wandlung (F.) change (N.), cancellation (N.) of sale (brit.), redhibition (N.)
Wappen (N.) coat (N.) of arms, arms (N.Pl.)
Ware (F.) commodity (N.), merchandise (N.), goods (N.Pl.), article (N.)
Warenkauf (M.) (Warenkauf im angloamerikanischen Recht) sale (N.) of goods
Warenverkehr (M.) trade (N.), movement (N.) of goods, circulation (N.) of goods
Warenverkehrsfreiheit (F.) free movement (N.) of goods
Warenzeichen (N.) trade mark (N.) (brit.), trademark (N.) (am.)
warnen warn (V.), caution (V.)
Warnung (F.) warning (N.), admonition (N.), caution (N.), caveat (N.)
Wärter (M.) guard (M. bzw. F.), warder (M. bzw. F.), keeper (M. bzw. F.), attendant (M.)
Wärterin (F.) guard (F.), warder (F.), keeper (F.), attendant (F.)
Wasserhaushalt (M.) water supply (N.), water resources (N.Pl.)
Wasserhaushaltsgesetz (N.) water resources act (N.)
Wasserrecht (N.) law (N.) concerning water, water regulations (N.Pl.) (brit.)
Wasserverband (M.) water board (N.)
Wechsel (M.) (Änderung) change (N.), exchange (N.)
Wechsel (M.) (Wertpapier) bill (N.) of exchange, promissory note (N.), draft (N.)
wechselbezüglich reciprocal (Adj.)
wechselbezügliches Testament (N.) reciprocal will (N.), joint and mutual will (N.)
Wechselbürgschaft (F.) bill guaranty (N.)
Wechselprotest (M.) protest (N.) of a bill
Wechselprozess (M.) proceedings (N.Pl.) on a bill of exchange
Wechselrecht (N.) law (N.) on bills of exchange
Wechselreiterei (F.) kiteflying (N.)
Weg (M.) way (N.), passage (N.)
Wegerecht (N.) (Wegerechtsberechtigung) right (N.) of way, right (N.) of passage
Wegeunfall (M.) accident (N.) en route
Wegfall (M.) cessation (N.), abolition (N.), lapse (N.)

Wegfall (M.) der Bereicherung (F.) lapse (N.) of unjust enrichment
Wegfall (M.) der Geschäftsgrundlage frustration (N.) of contract
Wegnahme (F.) removal (N.), taking (N.)
Wegnahmerecht (N.) right (N.) to take away, right (N.) to repossess
wegnehmen take (V.) away, remove (V.), rob (V.)
Wehrbeauftragte (F.) commissioner (F.), defence commissioner (F.) (br.), defense commissioner (F.) (am.), parliamentary commissioner (F.) for the armed forces
Wehrbeauftragter (M.) commissioner (M. bzw. F.), defense commissioner (M. bzw. F.), parliamentary commissioner (M. bzw. F.) for the armed forces
Wehrdienst (M.) military service (N.)
Wehrdienstverweigerer (M.) conscientious objector (M.)
Wehrdienstverweigerung (F.) refusal (N.) to serve in the armed forces
wehren (sich wehren) resist (V.)
wehrlos defenceless (Adj.) (brit.), defenseless (Adj.) (brit.)
Wehrlosigkeit (F.) defencelessness (N.) (brit.), defenselessness (N.) (am.)
Wehrmittel (N.Pl.) military resources (N.Pl.), military funds (N.Pl.)
Wehrpflicht (F.) compulsory military service (N.)
Wehrpflichtiger (M.) person (M. bzw. F.) liable to military service
Wehrrecht (N.) military law (N.)
Wehrstrafrecht (N.) military penal law (N.)
Wehrüberwachung (F.) surveillance (N.) of drafting
weigern (sich weigern) refuse (V.), deny (V.)
Weigerung (F.) refusal (N.), denial (N.)
Weigerungsklage (F.) claim (N.) of refusal
Weihe (F.) (Priesterweihe) ordination (N.)
Weisung (F.) instruction (N.), directive (N.), order (N.)
Weisungsrecht (N.) right (N.) to give instructions
Weisungsverwaltung (F.) administration (N.) bound by instructions
weitere Beschwerde (F.) further appeal (N.) on bill of exceptions
Weitergabe (F.) dissemination (N.), transmission (N.), passing-on (N.)
Weltbank (F.) World Bank (N.) (IBRD), IBRD (N.) (World Bank)
Weltpostverein (M.) Universal Postal Union (N.) (UPU), UPU (N.) (Universal Postal Union)
Weltraum (M.) outer space (N.), space (N.)
Weltraumrecht (N.) outer space law (N.)
Weltstrafgerichtshof (M.) Universal Criminal Court (N.)
Welturheberrechtsabkommen (N.) universal copyright convention (N.)
werben (Arbeitskräfte anwerben) recruit (V.), enlist (V.)
werben (Kunden bzw. Abonnenten anwerben) solicit (V.), win (V.)
Werbung (F.) advertisement (N.), sales promotion (N.)
Werbungskosten (F.Pl.) publicity costs (N.Pl.)
Werk (N.) (Fabrik) plant (N.), factory (N.)
Werk (N.) (Tätigkeit bzw. Ergebnis) work (N.), performance (N.)
Werklieferung (F.) contractor's labor and materials (N.)
Werklieferungsvertrag (M.) contract (N.) for work and materials
Werkstarifvertrag (M.) collective bargaining agreement (N.) for a factory
Werktag (M.) workday (N.), working day (N.)
werktätig working (Adj.)
Werkvertrag (M.) contract (N.) for services, contract (N.) of manufacture
Werkzeug (N.) tool (N.), implement (N.)
Wert (M.) worth (N.), value (N.), instrument (N.)
werten evaluate (V.), rate (V.)
Wertesystem (N.) value system (N.)
Wertgegenstand (M.) object (N.) of value, valuables (N.Pl.), valuable property (N.)
wertlos worthless (Adj.), valueless (Adj.)
Wertpapier (N.) negotiable instrument (N.), commercial paper (N.), security (N.)
Wertpapierrecht (N.) law (N.) relating to securities
Wertrecht (N.) loan stock right (N.)
Wertsache (F.) valuable property (N.), valuables (N.Pl.)

Wertsicherung (F.) value guarantee (N.)
Wertsicherungsklausel (F.) stable value clause (N.)
Werturteil (N.) value judgement (N.)
Wertzeichen (N.) postal stamp (N.), value (N.) of token
Wertzeichenfälschung (F.) forgery (N.) of postal stamps
Wesen (N.) character (N.), personality (N.), creature (N.)
wesentlich substantial (Adj.), material (Adj.)
wesentliche Einrichtung (F.) essential facility (N.)
wesentlicher Bestandteil (M.) essential part (N.), integral part (N.)
Westeuropäische Union (F.) (WEU) Westeuropean Union (N.) (WEU), Western European Union (N.)
Wettbewerb (M.) competition (N.), contest (N.)
Wettbewerbsbeschränkung (F.) restraint (N.) of competition
Wettbewerbsrecht (N.) law (N.) on competition
Wettbewerbsverbot (N.) prohibition (N.) of competition
Wette (F.) bet (N.), wager (N.)
wetten bet (V.), wager (V.)
WEU (F.) (Westeuropäische Union) WEU (N.) (Western European Union)
wichtig important (Adj.)
wichtiger Grund (M.) important reason (N.), special reason (N.)
Widerklage (F.) counterclaim (N.), cross-petition (N.), cross-action (N.)
widerlegbar rebuttable (Adj.)
widerlegen refute (V.), disprove (V.), rebute (V.)
widerleglich rebuttable (Adj.)
widerrechtlich unlawful (Adj.)
Widerrechtlichkeit (F.) unlawfulness (N.)
Widerruf (M.) ademption (N.), retraction (N.), revocation (N.)
widerrufen withdraw (V.), retract (V.), revoke (V.)
widerruflich revocable (Adj.)
Widerrufsrecht (N.) power (N.) of revocation
Widerrufsvorbehalt (M.) proviso (N.) of cancellation
Widerspruch (M.) objection (N.), protest (N.), opposition (N.), contradiction (N.)
widersprüchlich contradictory (Adj.), inconsistent (Adj.), conflicting (Adj.)
Widerspruchsbehörde (F.) public authority (N.) deciding on a protest
Widerspruchsbescheid (M.) ruling (N.) on an objection
Widerspruchsklage (F.) interpleader (N.) by a third party on seizure
Widerspruchsverfahren (N.) administrative proceedings (N.Pl.) reviewing an individual administrative decision upon a protest by the party aggrieved
Widerstand (M.) resistance (N.), disobedience (N.)
Widerstand (M.) gegen die Staatsgewalt resistance (N.) to state authority
Widerstandsrecht (N.) right (N.) to resist
widmen dedicate (V.), devote (V.)
Widmung (F.) dedication (N.)
Wiederaufnahme (F.) resumption (N.), reopening (N.)
wiederaufnehmen resume (V.)
wiederbeschaffen recover (V.)
Wiederbeschaffung (F.) recovery (N.)
wiedereinsetzen reinstate (V.), restore (V.), restitute (V.)
Wiedereinsetzung (F.) in den vorigen Stand reinstatement (N.), restitution (N.) to the previous condition
wiedergutmachen repair (V.), compensate (V.)
Wiedergutmachung (F.) reparation (N.), compensation (N.)
wiederherstellen restore (V.)
Wiederherstellung (F.) restoration (N.), repair (N.)
wiederholen repeat (V.)
wiederholen (mehrmals wiederholen) reiterate (V.)
wiederholte Verfügung (F.) repeated order (N.)
Wiederholung (F.) repetition (N.), reiteration (N.)
Wiederholungsgefahr (F.) danger (N.) of recurrence, danger (N.) of recidivism
Wiederkauf (M.) repurchase (N.)
Wiederkehrschuldverhältnis (N.) recurrent obligation (N.)
Wiedervereinigung (F.) reunification (N.)

Wiederverheiratung (F.) remarriage (N.)
Wiederverheiratungsklausel (F.) remarriage clause (N.)
Wiedervorlage (F.) resubmission (N.)
Wild (N.) wild animals (N.Pl.), game (N.)
Wilddieb (M.) poacher (M. bzw. F.)
Wilddiebin (F.) poacher (F.)
wilder Streik (M.) wildcat strike (N.), walkout (N.)
Wilderei (F.) poaching (N.)
Wilderer (M.) poacher (M. bzw. F.)
Wildererin (F.) poacher (F.)
wildern poach (V.)
Wildschaden (M.) damage (N.) caused by game
Wille (M.) will (N.), intent (N.)
Willenseinigung (F.) (Willenseinigung im angloamerikanischen Recht) meeting (N.) of minds
Willenserklärung (F.) declaration (N.) of intention
Willensfreiheit (F.) freedom (N.) of will
Willensmangel (M.) deficiency (N.) of intention, lack (N.) of will-power
Willenstheorie (F.) doctrine (N.) of real intention
Willkür (F.) arbitrariness (N.)
willkürlich arbitrary (Adj.), wanton (Adj.)
Willkürverbot (N.) unlawfulness (N.) of arbitrary rule
Winterausfallsgeld (N.) bad-weather pay (N.), bad-weather allowance (N.)
Winzer (M.) wine-grower (M. bzw. F.)
Winzerin (F.) wine-grower (F.)
wirken (Auswirkung haben) have (V.) effect
wirksam effective (Adj.), efficient (Adj.), operative (Adj.)
Wirkung (F.) effect (N.)
Wirkungskreis (M.) purview (N.), sphere (N.) of functions, scope (N.)
Wirt (M.) innkeeper (M. bzw. F.), landlord (M.)
Wirtin (F.) innkeeper (F.), landlady (F.)
Wirtschaft (F.) economy (N.), trade and industry (N.)
wirtschaftlich (die Wirtschaft betreffend) economic (Adj.)
wirtschaftlich (gemäß dem ökonomischen Prinzip) economical (Adj.)
Wirtschaftlichkeit (F.) economy (N.), good management (N.), profitability (N.)
Wirtschaftskriminalität (F.) white-collar criminality (N.)
Wirtschaftslenkung (F.) regulation (N.) of business
Wirtschaftsprüfer (M.) certified accountant (M. bzw. F.) (brit.), certified public accountant (M. bzw. F.) (am.)
Wirtschaftsprüferin (F.) certified accountant (F.), certified public accountant (F.)
Wirtschaftsrecht (N.) commercial law (N.), business law (N.)
Wirtschaftsstrafrecht (N.) penal law (N.) concerning business offences
Wirtschaftsunion (F.) economic union (N.)
Wirtschaftsverfassung (F.) economic system (N.)
Wirtschaftsverfassungsrecht (N.) law (N.) on the economic system
Wirtschaftsverwaltung (F.) economic administration (N.)
Wirtschaftsverwaltungsrecht (N.) law (N.) on the administrative law condeming trade and industry
Wirtshaus (N.) inn (N.), pub (N.)
wissen know (V.), be (V.) aware of
Wissen (N.) knowledge (N.)
Wissenmüssen (N.) obligation (N.) to know
Wissenschaft (F.) science (N.)
wissenschaftlich scientific (Adj.)
Wissenschaftsfreiheit (F.) freedom (N.) of science
wissentlich knowingly (Adv.)
Witwe (F.) widow (F.)
Witwer (M.) widower (M.)
Woche (F.) week (N.)
wöchentlich weekly (Adj.), week-by-week
Wohl (N.) welfare (N.), weal (N.)
wohlerworben established (Adj.), vested (Adj.)
Wohlfahrt (F.) public welfare (N.), social welfare (N.)
Wohlfahrtspflege (F.) charity (N.), welfare work (N.)
Wohlfahrtsstaat (M.) social welfare state (N.), welfare state (N.)
wohnen live (V.), lodge (V.), reside (V.)
Wohngeld (N.) housing allowance (N.)
wohnhaft sein (V.) be (V.) resident, be (V.) domiciled

Wohnort (M.) place (N.) of residence, legal domicile (N.), residence (N.)
Wohnraum (M.) residential space (N.), housing accommodation (N.)
Wohnrecht (N.) right (N.) of habitation, right (N.) of residence
Wohnsitz (M.) domicile (N.), legal residence (N.), residence (N.), abode (N.)
Wohnung (F.) flat (N.) (brit.), apartment (N.) (am.), accomodation (N.), home (N.), dwelling (N.)
Wohnungsbau (M.) house-building (N.), residential construction (N.)
Wohnungsbindungsgesetz (N.) controlled tenancies act (N.)
Wohnungseigentum (N.) property (N.) in a freehold flat (brit.), condominium (N.) (am.)
Wohnungsrecht (N.) (objektiv) law (N.) of tenancy
Wohnungsvermittlung (F.) housing agency (N.)
Wollen (N.) will (N.), volition (N.)
Wort (N.) word (N.)
Wrack (N.) wreck (N.)
Wucher (M.) usury (N.)
Wucherer (M.) usurer (M. bzw. F.), profiteer (M. bzw. F.)
Wuchererin (F.) usurer (F.), profiteer (F.)
Wunde (F.) wound (N.), injury (N.), cut (N.)
Würde (F.) dignity (N.), stateliness (N.)
Würdenträger (M.) dignitary (M. bzw. F.)
Würdenträgerin (F.) dignitary (F.)
würdigen appreciate (V.), assess (V.)

Z

Zahl (F.) figure (N.), number (N.)
zahlbar payable (Adj.)
zahlen pay (V.)
Zahlung (F.) payment (N.)
Zahlungsanweisung (F.) order (N.) to pay
Zahlungsbefehl (M.) summary notice (N.) to pay
Zahlungseinstellung (F.) cessation (N.) of payments, suspension (N.) of payments
zahlungsfähig able (Adj.) to pay, solvent (Adj.)
Zahlungsfähigkeit (F.) ability (N.) to pay, solvency (N.)
Zahlungsklage (F.) (Zahlungsklage in Großbritannien (F.) default action (N.)
Zahlungsmittel (N.) mean (N.) of payment, instrument (N.) of payment
zahlungsunfähig unable (Adj.) to pay, insolvent (Adj.)
Zahlungsunfähigkeit (F.) insolvency (N.)
Zahlungsverkehr (M.) money transfers (N.Pl.)
Zahlungsvertrag (M.) payment contract (N.)
Zahlungsverzug (M.) default (N.) of payment
Zahnarzt (M.) dentist (M. bzw. F.)
Zahnärztin (F.) dentist (F.)
Zapfenstreich (M.) tattoo (N.)
Zaun (M.) fence (N.)
Zeche (F.) (Grube im Bergbau) mining company (N.)
Zeche (F.) (Verzehr bzw. Rechnung in einer Gaststätte) bill (N.), check (N.) (am.)
Zedent (M.) assignor (M. bzw. F.)
Zedentin (F.) assignor (F.)
Zeichen (N.) (Anzeichen) sign (N.), indication (N.)
Zeichen (N.) (Zeichen eines Unternehmers) token (N.), trade mark (N.) (brit.), trademark (N.) (am.)
zeichnen (abbilden) draw (V.)
zeichnen (unterschreiben) subscribe (V.), apply (V.)
Zeit (F.) time (N.)
Zeitablauf (M.) passage (N.) of time, lapse (N.) of time
Zeitbestimmung (F.) dating (N.)
Zeitgesetz (N.) temporary law (N.)
Zeitlohn (M.) time wages (N.Pl.)
Zeitschrift (F.) journal (N.), magazine (N.), periodical (N.), review (N.)
Zeitung (F.) newspaper (N.), paper (N.)
Zelle (F.) cell (N.)
zensieren censure (V.), expurgate (V.)
Zensur (F.) censorship (N.)
zentral central (Adj.)
Zentralbank (F.) central bank (N.)
Zentralisation (F.) centralisation (N.)
zentralisieren centralize (V.)
Zentralismus (M.) centralism (N.)
Zentralregister (N.) central register (N.)
Zentrum (N.) centre (N.) (brit.), center (N.) (am.)

zerrütten disrupt (V.), ruin (V.), derange (V.), cause (V.) the breakdown of
Zerrüttung (F.) disintegration (N.), breakdown (N.), disruption (N.)
Zerrüttungsprinzip (N.) principle (N.) of entitlement to divorce in case of irretrievable breakdown of marriage
zerstören destroy (V.), devastate (V.), demolish (V.), wreck (V.)
Zerstörung (F.) destruction (N.), demolition (N.), devastation (N.)
Zertifikat (N.) certificate (N.)
Zession (F.) assignment (N.), transfer (N.), subrogation (N.)
Zessionar (M.) assignee (M. bzw. F.), transferee (M. bzw. F.)
Zessionarin (F.) assignee (F.), transferee (F.)
Zeuge (M.) witness (M. bzw. F.)
Zeugenaussage (F.) testimony (N.) of a witness, evidence (N.)
Zeugenvernehmung (F.) hearing (N.) of evidence, examination (N.) of witnesses
Zeugin (F.) witness (F.)
Zeugnis (N.) certificate (N.), testimony (N.)
Zeugnis (N.) (Schulzeugnis) school report (N.)
Zeugnisverweigerung (F.) refusal (N.) to give evidence
Zeugnisverweigerungsrecht (N.) right (N.) to refuse to give evidence
Zeugung (F.) procreation (N.), generation (N.)
Ziffer (F.) figure (N.), numeral (N.)
Zigeuner (M.) gipsy (M. bzw. F.)
Zigeunerin (F.) gipsy (F.)
Zins (M.) interest (N.)
Zinsabschlaggesetz (N.) act (N.) on interests deducted at source
Zinseszins (M.) compound interest (N.)
Zinssatz (M.) rate (N.) of interest, interest rate (N.), bank rate (N.)
Zinsschein (M.) interest coupon (N.), interest warrant (N.)
Zinsschuld (F.) interest debt (N.)
Zitat (N.) quotation (N.), citation (N.)
zitieren quote (V.), cite (V.)
zivil civil (Adj.)
Zivildienst (M.) non-military service (N.), civilian service (N.)
Zivilehe (F.) civil marriage (N.)
Zivilgericht (N.) civil court (N.)
Zivilkammer (F.) civil chamber (N.), civil division (N.)
Zivilklage (F.) civil action (N.)
Zivilprozess (M.) civil proceedings (N.Pl.), civil procedure (N.), civil trial (N.), civil action (N.)
Zivilprozessordnung (F.) code (N.) of civil procedure
Zivilrecht (N.) civil law (N.), private law (N.)
Zivilrichter (M.) judge (M. bzw. F.) for civil cases
Zivilrichterin (F.) judge (F.) for civil cases
Zivilsache (F.) civil case (N.)
Zivilschutz (M.) civil defence (N.) (br.), civil defense (N.) (am.)
Zivilsenat (M.) civil division (N.)
Zivilverfahrensrecht (N.) civil procedure law (N.)
Zölibat (M. bzw. N.) celibacy (N.)
Zoll (M.) customs duty (N.), tariff (N.), customs (N.Pl)
Zollbehörde (F.) custom authority (N.), customs (N.Pl.)
zollfrei duty-free (Adj.), free (Adj.) from duty
Zollgebiet (N.) customs territory (N.)
Zöllner (M.) customs officer (M. bzw. F.)
Zöllnerin (F.) customs officer (F.)
Zollunion (F.) customs union (N.)
Zone (F.) zone (N.)
Zubehör (N.) (Zubehör einer beweglichen Sache) accessories (N.Pl.)
Zubehör (N.) (Zubehör einer unbeweglichen Sache) appurtenance (N.), appendage (N.)
Zucht (F.) breeding (N.)
Zuchthaus (N.) penitentiary (N.)
züchtigen chastise (V.), flog (V.)
Züchtigung (F.) chastising (N.), corporeal punishment (N.), punishment (N.)
Züchtigungsrecht (N.) right (N.) of chastisement
Zuchtmittel (N.) mean (N.) of correction
zueignen (sich zueignen) appropriate (V.), acquire (V.)
Zueignung (F.) appropriation (N.)
Zueignungsabsicht (F.) intention (N.) of appropriating something, intention (N.) of acquiring

Zufall (M.) accident (N.), chance (N.)
Zugabe (F.) bonus (N.), premium (N.)
Zugang (M.) (Erhalt) receipt (N.)
Zugang (M.) (Erwerb in der Buchhaltung) addition (N.)
Zugang (M.) (Zutritt) access (N.)
Zugangsvereitelung (F.) frustration (N.) of receipt
Zugangsverzögerung (F.) delay (N.) of receipt
zugerechnetes Dritverschulden (N.) (zugerechnetes Drittverschulden im angloamerikanischen Recht) imputes negligence (N.)
Zugewinn (M.) accrued gain (N.), property increment (N.)
Zugewinnausgleich (M.) equalization (N.) of accrued gains
Zugewinngemeinschaft (F.) community (N.) of accrued gain
Zuhälter (M.) pimp (M.), procurer (M.), souteneur (M.)
Zuhälterei (F.) pandering (N.), procuring (N.), procurement (N.)
zukünftig future (Adj.), expectant (Adj.)
zulassen admit (V.), allow (V.)
zulässig admissible (Adj.), proper (Adj.)
zulässiges Beweismittel (N.) admissible evidence (N.)
Zulässigkeit (F.) admissibility (N.), permissibility (N.), propriety (N.)
Zulassung (F.) admission (N.), permission (N.), permit (N.), licence (N.) (brit.), license (N.) (am.)
Zulassungsberufung (F.) appeal (N.) by leave of the court
Zulassungsvoraussetzung (F.) admission requirement (N.)
Zulieferer (M.) supplier (M. bzw. F.)
Zuliefererin (F.) supplier (F.)
zumessen award (V.), apportion (V.)
Zumessung (F.) inflicting (N.), awarding (N.), apportionment (N.)
zumutbar appropriate (Adj.), acceptable (Adj.)
Zumutbarkeit (F.) appropriateness (N.), acctepability (N.)
Zuname (M.) surname (N.), family name (N.)
Zunft (F.) guild (N.)
zurechenbar attributable (Adj.), imputable (Adj.)
Zurechenbarkeit (F.) accountability (N.), penal responsibility (N.)
zurechnen attribute (V.), charge (V.) with, ascribe (V.) to
Zurechnung (F.) allocation (N.), imputation (N.), attribution (N.)
zurechnungsfähig sane (Adj.), of sound mind
Zurechnungsfähigkeit (F.) responsible capacity (N.), criminal responsibility (N.)
zurückbehalten keep (V.) back, retain (V.), detain (V.), reserve (V.)
Zurückbehaltung (F.) retention (N.)
Zurückbehaltungsrecht (N.) recoupment (N.), right (N.) of retention, lien (N.)
zurückfordern claim (V.) back, claw (V.) back, reclaim (V.)
zurückgeben give (V.) back, return (V.), surrender (V.)
zurücktreten resign (V.), retire (V.), withdraw (V.), cancel (V.), terminate (V.)
zurückverweisen remand (V.), recommit (V.)
Zurückverweisung (F.) remand (N.), recommitment (N.)
zurückweisen dismiss (V.), refuse (V.), reject (V.), disallow (V.), dishonour (V.), repudiate (V.)
Zurückweisung (F.) rebuttal (N.), rejection (N.), refusal (N.), dismissal (N.)
zurückzahlen pay (V.) back, repay (V.), refund (V.), redeem (V.), pay (V.) off
zurückziehen withdraw (V.), retract (V.)
Zusage (F.) acceptance (N.), promise (N.)
Zusammenarbeit (F.) cooperation (N.)
Zusammenfassung (F.) (Zusammenfassung im angloamerikanischen Recht) summing (N.) up
Zusammenhang (M.) coherence (N.), connection (N.), relation (N.), context (N.)
zusammenrotten (sich zusammenrotten) gang up (V.), riot (V.)
Zusammenrottung (F.) riot (N.), riotous assembly (N.)
Zusammenschluss (M.) union (N.), association (N.), merger (N.), amalgamation (N.)
Zusatz (M.) addition (N.), appendix (N.), supplement (N.)
zusätzlich additional (Adj.), added (Adj.), supplementary (Adj.)

Zuschlag (M.) (Aufpreis) excess charge (N.), surcharge (N.), premium (N.)
Zuschlag (M.) (Zuteilung bei der Versteigerung) fall (N.) of the hammer, award (N.)
zuschreiben attribute (V.), impute (V.)
Zuschuss allowance (N.), grant (N.), subsidy (N.), contribution (N.)
zusichern assure (V.), reassure (V.), warrant (V.)
Zusicherung (F.) assurance (N.), reassurance (N.), warranty (N.), represention (N.)
Zusicherung (F.) einer Eigenschaft warranty (N.) of quality
Zustand (M.) state (N.), condition (N.)
zuständig competent (Adj.), responsible (Adj.)
Zuständigkeit (F.) competence (N.), jurisdiction (N.)
zuständigkeitsüberschreitendes Gesetz (N.) (zuständigkeitsüberschreitendes Gesetz im angloamerikanischen Recht) long-arm statute (N.)
Zustandsdelikt (N.) tort (N.) by state, tort (N.) by condition
Zustandshaftung (F.) liability (N.) by state, liablity (N.) by condition
Zustandsstörer (M.) disturber (M. bzw. F.) by state, disturber (M. bzw. F.) by condition
Zustandsstörerin (F.) disturber (F.) by state, disturber (F.) by condition
zustellen deliver (V.)
Zustellung (F.) delivery (N.), notification (N.), service (N.)
Zustellungsbetreiber (M.) process server (M.)
Zustellungsbevollmächtigte (F.) process agent (F.)
Zustellungsbevollmächtigter (M.) process agent (M. bzw. F.)
Zustellungsurkunde (F.) acknowledgement (N.) of service
zustimmen approve (V.), assent (V.), agree (V.)
Zustimmung (F.) approval (N.), assent (N.), consent (N.)
Zustimmungsgesetz (N.) Act (N.) of the Bundestag requiring the consent of the Bundesrat
zuverlässig reliable (Adj.), trustworthy (Adj.), faithful (Adj.)
Zuverlässigkeit (F.) reliability (N.), trustworthiness (N.), faithfulness (N.)
zuwenden bestow (V.), bequeath (V.), allow (V.)
Zuwendung (F.) bestowal (N.), bequest (N.), grant (N.), allowance (N.)
Zuwendungsverhältnis (N.) underlying debt relationship (N.)
Zwang (M.) compulsion (N.), coercion (N.), duress (N.)
Zwangsarbeit (F.) (Zwangsarbeit im angloamerikanischen Recht) involuntary servitude (N.)
Zwangsgeld (N.) coercive enforcement penalty (N.)
Zwangshypothek (F.) execution lien (N.), covering mortgage (N.)
Zwangslizenz (F.) compulsory licence (N.) (brit.), compulsory license (N.) (am.)
Zwangsmittel (N.) mean (N.) of coercion, coercive mean (N.)
Zwangsräumung (F.) ejectment (N.), eviction (N.), ejection (N.), ouster (N.)
Zwangsvergleich (M.) enforced settlement (N.), bankruptcy composition (N.)
Zwangsversteigerung (F.) compulsory auction (N.), execution sale (N.), sheriff's sale (N.), judicial sale (N.)
Zwangsverwalter (M.) receiver (M. bzw. F.)
Zwangsverwalterin (F.) receiver (F.)
Zwangsverwaltung (F.) forced administration (N.), judicial sequestration (N.), receivership (N.)
Zwangsvollstreckung (F.) enforcement (N.), execution (N.), foreclosure (N.)
Zweck (M.) purpose (N.), aim (N.), end (N.), intention (N.), object (N.)
Zweckentfremdung (F.) misuse (N.)
Zweckerreichung (F.) accomplishment (N.) of purpose
Zweckfortfall (M.) frustration (N.) of purpose
zweckmäßig expedient (Adj.), suitable (Adj.)
Zweckmäßigkeit (F.) expedience (N.)
Zweckstörung (F.) frustration (N.) of purpose
Zweckverband (M.) (Zweckverband von Gemeinden) special administrative union (N.)

Zweifel (M.) doubt (N.), uncertainty (N.), suspicion (N.), reservation (N.)
zweifelhaft doubtful (Adj.), dubious (Adj.), questionable (Adj.)
Zweigniederlassung (F.) branch establishment (N.), branch (N.)
Zweigstelle (F.) branch office (N.), branch (N.)
Zweikammersystem (N.) bicameral system (N.)
zweiseitig bilateral (Adj.), bipartite (Adj.), two-sided (Adj.)
zweispurig double-tracked (Adj.)
Zweispurigkeit (F.) double-tracking (N.)
Zweistaatentheorie (F.) two-state theory (N.)
Zweistufentheorie (F.) two-stage theory (N.)
Zweitbescheid (M.) second decision (N.)
Zwilling (M.) twin (M. bzw. F.)
zwingen force (V.), compel (V.), coerce (V.)
zwingend compulsory (Adj.), obligatory (Adj.), imperative (Adj.)
zwingendes Recht (N.) cogent law (N.), binding law (N.)
Zwischenbescheid (M.) interim notice (N.)
Zwischenprüfung (F.) interim check (N.), interim examination (N.)
zwischenstaatlich international (Adj.), intergovernmental (Adj.), interstate (Adj.), detention center (N.) (am.), remand home (N.)
Zwischenurteil (N.) interlocutory judgement (N.), special verdict (N.)
Zwischenverfahren (N.) interlocutory proceedings (N.Pl.), mesne process (N.)
Zwischenverfügung (F.) interim order (N.)
Zwischenzeugnis (N.) provisional testimonial (N.)

Englisch - Deutsch

a

abandon (V.) abandonnieren, aufgeben, aussetzen (in eine hilflose Lage verbringen), preisgeben
abandoned (Adj.) herrenlos
abandonment (N.) Abandon (M.), Aussetzung (F.) (Verbringung in eine hilflose Lage), Preisgabe (F.)
abandonment (N.) of goods Eigentumsaufgabe (F.)
abandonment (N.) of priority Rücktritt (M.)
abandonment (N.) of property Dereliktion (F.)
abate (V.) abstellen, beseitigen
abatement (N.) Abschlag (M.), Beseitigung (F.), Herabsetzung (F.), Nachlass (M.) (Minderung)
abbess (F.) Äbtissin (F.)
abbey (N.) Abtei (F.)
abbot (M.) Abt (M.)
abbreviation (N.) Abkürzung (F.)
ABC-weapons (N.Pl.) ABC-Waffen (F.Pl.)
abduct (V.) entführen
abduction (N.) Entführung (F.), Verschleppung (F.) (örtliche Veränderung einer Person)
abduction (N.) of child Kindesentziehung (F.)
abductor (F.) Entführerin (F.)
abductor (M. bzw. F.) Entführer (M.)
abet (V.) anstiften, begünstigen
abetting (N.) Begünstigung (F.)
abettor (F.) Anstifterin (F.)
abettor (M. bzw. F.) Anstifter (M.)
abeyance (N.) Schwebezustand (M.)
ability (N.) Fähigkeit (F.), Können (N.)
ability (N.) to control Steuerungsfähigkeit (F.) (Steuerungsfähigkeit im Strafrecht)
ability (N.) to pay Solvenz (F.), Zahlungsfähigkeit (F.)
ab initio (lat.) ex tunc (lat.)
able (Adj.) fähig
able (Adj.) to pay solvent, zahlungsfähig
abnormal (Adj.) abnorm, anormal
abode (N.) Aufenthaltsort (M.), Wohnsitz (M.)
abolish (V.) abschaffen, abstellen, aufheben
abolition (N.) Abschaffung (F.), Wegfall (M.)
abort (V.) abtreiben
abortifacient (N.) Abtreibungsmittel (N.)
abortion (N.) Abbruch (M.) der Schwangerschaft, Abtreibung (F.), Schwangerschaftsabbruch (M.), Schwangerschaftsunterbrechung (F.)
abridge (V.) kürzen
abrogate (V.) abrogieren, aufheben (ein Gesetz beseitigen), außer Kraft setzen
abrogation (N.) Abrogation (F.)
abscond (V.) entziehen (sich entziehen), flüchtig sein
absence (N.) Abwesenheit (F.)
absence (N.) of formal requirements Formfreiheit (F.)
absent (Adj.) abwesend
absentee (F.) Abwesende (F.)
absentee (M. bzw. F.) Abwesender (M.)
absentee ballot (N.) Briefwahl (F.)
absolute (Adj.) absolut, bedingungsfeindlich, rechtskräftig, unbeschränkt
absolute impossibility (N.) objektive Unmöglichkeit (F.)
absolute liability (N.) Gefährdungshaftung (F.)
absolute majority (N.) absolute Mehrheit (F.)
absolute right (N.) absolutes Recht (N.)
absolute suretyship (N.) selbstschuldnerische Bürgschaft (F.)
absolute time bargain (N.) absolutes Fixgeschäft (N.)
absolute unfitness (N.) to drive absolute Fahruntüchtigkeit (F.)
absolution (N.) Absolution (F.)
absolutism (N.) Absolutismus (M.)
absorb (V.) abschöpfen, absorbieren
absorbing principle (N.) Absorptionsprinzip (N.)
absorption (N.) Absorption (F.), Übernahme (F.) (Übernahme eines Betriebes)
abstention (N.) Stimmenthaltung (F.) (Zurückhaltung von Bundesgerichten in den Vereinigten Staaten von Amerika)
abstract (Adj.) abstrakt
abstract (N.) Auszug (M.), Kompendium (N.)
abstract (N.) of record Tatbestand (M.) (im Strafrecht)

abstract (V.) abstrahieren
abstraction (N.) Abstraktion (F.)
abstract judicial review (N.) of the constitutionality of laws abstrakte Normenkontrolle (F.)
abstract strict-liability tort (N.) abstraktes Gefährdungsdelikt (N.)
abstract test (N.) of constitutionality abstrakte Normenkontrolle (F.)
abuse (N.) Beschimpfung (F.), Missbrauch (M.), Misshandlung (F.)
abuse (N.) of discretion Ermessensfehler (M.), Ermessensmissbrauch (M.)
abuse (N.) of law Rechtsmissbrauch (M.)
abuse (N.) of process Verfahrensmissbrauch (M.)
abuse (N.) of title Rechtsmissbrauch (M.)
abuse (V.) beschimpfen, missbrauchen, misshandeln
abusive language (N.) Beschimpfung (F.), Formalbeleidigung (F.)
abuttal (N.) Grenze (F.) (Grenzlinie)
abutter (F.) Anliegerin (F.)
abutter (M. bzw. F.) Anlieger (M.)
academic (Adj.) akademisch
academical degree (N.) akademischer Grad (M.)
academy (N.) Akademie (F.)
acccrue (V.) auflaufen
accede (V.) beitreten
accelerating clause (N.) Fälligkeitsklausel (F.)
accept (V.) abnehmen (billigen beim Werkvertrag), akzeptieren, anerkennen, annehmen, bejahen, nehmen, übernehmen
acceptable (Adj.) akzeptabel, genehm, zumutbar
acceptance (N.) Akzept (N.), Annahme (F.), Übernahme (F.) (Übernahme einer Schuld), Zusage (F.)
acceptance (N.) of a mortgage Hypothekenübernahme (F.)
acceptance (N.) of benefit Vorteilsannahme (F.)
acceptance (N.) of law Rechtsakzeptanz (F.)
acceptance (N.) of performance Abnahme (F.) (Billigung beim Werkvertrag)
acceptor (N.) Akzeptant (M.)
access (N.) Besuchsrecht (N.), Zugang (M.) (Zutritt)
access (N.) to records Akteneinsicht (F.)
access (N.) to the courts Rechtswegzulässigkeit (F.)
accession (N.) Anfall (M.), Beitritt (M.)
accession (N.) of title Eigentumserwerb (M.)
accessories (N.Pl.) Zubehör (N.) (Zubehör einer beweglichen Sache)
accessoriness (N.) Akzessorietät (F.)
accessory (Adj.) akzessorisch
accessory (F.) Gehilfin (F.), Komplizin (F.), Teilnehmerin (F.)
accessory (M. bzw. F.) Gehilfe (M.) (Gehilfe im Strafrecht), Komplize (M.), Teilnehmer (M.)
accessory obligation (N.) Nebenpflicht (F.)
accessory prosecution (N.) Nebenklage (F.)
accessory prosecutor (F.) Nebenklägerin (F.)
accessory prosecutor (M. bzw. F.) Nebenkläger (M.)
accessory right (N.) Nebenrecht (N.)
accident (N.) Unfall (M.), Unglück (N.), Zufall (M.)
accident (N.) en route Wegeunfall (M.)
accidental (Adj.) gelegentlich
accidential (Adj.) akzidentiell
accident prevention (N.) Gefahrenabwehr (F.), Unfallverhütung (F.)
acclamation (N.) Akklamation (F.)
accommodate (V.) unterbringen
accommodation (N.) Gefälligkeit (F.), Unterbringung (F.)
accomodate (V.) beherbergen
accomodation (N.) Beherbergung (F.), Wohnung (F.)
accomplice (F.) Komplizin (F.), Mittäterin (F.), Teilnehmerin (F.)
accomplice (M. bzw. F.) Komplize (M.), Mittäter (M.), Teilnehmer (M.)
accomplish (V.) durchführen (verwirklichen), leisten, vollenden
accomplishment (N.) Durchführung (F.), Leistung (F.), Vollendung (F.)
accomplishment (N.) of purpose Zweckerreichung (F.)
accord (N.) Abkommen (N.), Abrede (F.)
accord and satisfaction (N.) Abfindung (F.)
according (Adj.) to collective agreement tariflich
account (N.) Abrechnung (F.), Bankkonto (N.), Konto (N.), Rechenschaft (F.), Rechnung (F.)

account (N.) receivable Forderung (F.) (Anspruch)
account (V.) abrechnen, buchen
account (V.) for verrechnen (in Rechnung stellen)
accountability (N.) Rechenschaftslegungspflicht (F.), Verantwortlichkeit (F.), Zurechenbarkeit (F.)
accountable (Adj.) verantwortlich
accountancy (N.) Buchführung (F.), Buchhaltung (F.)
accountant (F.) Rechnungsprüferin (F.)
accountant (M. bzw. F.) Rechnungsprüfer (M.)
account book (N.) Handelsbuch (N.)
accounting (N.) Buchführung (F.), Buchhaltung (F.)
account-only check (N.) (am.) Verrechnungsscheck (M.)
account-only cheque (N.) (brit.) Verrechnungsscheck (M.)
account payable (N.) Verbindlichkeit (F.)
accredit (V.) akkreditieren
accreditation (N.) Akkreditierung (F.)
accretion (N.) Anwachsung (F.)
accrual (N.) Anfall (M.), Anwachsung (F.)
accrual (N.) of an inheritance Erbanfall (M.), Erbfall (M.)
accrue (V.) anfallen, anwachsen
accrued gain (N.) Zugewinn (M.)
acctepability (N.) Zumutbarkeit (F.)
accumulate (V.) auflaufen, kumulieren
accumulation (N.) Häufung (F.)
accumulation (N.) of offences Realkonkurrenz (F.)
accurate (Adj.) sorgfältig
accusation (N.) Anklage (F.)
accusatory principle (N.) Offizialmaxime (F.)
accuse (V.) anklagen, anschuldigen, beschuldigen, bezichtigen
accused (F.) Angeklagte (F.), Angeschuldigte (F.), Beschuldigte (F.)
accused (M. bzw. F.) Angeklagter (M.), Angeschuldigter (M.), Beschuldigter (M.)
accuser (F.) Anklägerin (F.)
accuser (M. bzw. F.) Ankläger (M.)
achieve (V.) leisten
achievement (N.) Erfolg (M.), Errungenschaft (F.), Leistung (F.)
acknowledge (V.) anerkennen, bekennen
acknowledgement (N.) Anerkenntnis (N.), Bekenntnis (N.), Beurkundung (F.)
acknowledgement (N.) of an order Auftragsbestätigung (F.)
acknowledgement (N.) of indebtedness Schuldanerkenntnis (F.)
acknowledgement (N.) of non-indebtedness negatives Schuldanerkenntnis (N.)
acknowledgement (N.) of paternity Vaterschaftsanerkenntnis (N.), Vaterschaftsanerkennung (F.)
acknowledgement (N.) of service Zustellungsurkunde (F.)
acquiesce (V.) dulden
acquiescence (N.) Duldung (F.)
acquire (V.) erwerben, verschaffen, zueignen (sich zueignen)
acquire (V.) by prescription ersitzen
acquired status (N.) Besitzstand (M.)
acquirer (F.) Käuferin (F.)
acquirer (M. bzw. F.) Käufer (M.)
acquiring (N.) Erwerb (M.), Sichverschaffen (N.)
acquisition (N.) Beschaffung (F.), Errungenschaft (F.), Erwerb (M.)
acquisition (N.) in good faith gutgläubiger Erwerb (M.)
acquisition (N.) of a right Rechtserwerb (M.)
acquisition (N.) of a title Rechtserwerb (M.)
acquisition (N.) of property Eigentumserwerb (M.)
acquit (V.) freisprechen
acquittal (N.) Freisprechung (F.), Freispruch (M.)
act (N.) Akt (M.), Gesetz (N.), Handlung (F.), nomos (M.) (griech.), Tat (F.)
act (N.) committed under the erroneous assumption of punishability Wahndelikt (N.)
act (N.) not excused by the emergency Notstandsexzess (M.)
act (N.) of assignment Abtretungserklärung (F.)
act (N.) of bankruptcy Konkursgrund (M.)
act (N.) of clemency Gnadenakt (M.)
act (N.) of courtesy Gefälligkeit (F.)
act (N.) of establishment Organisationsakt (M.)
act (N.) of foundation Organisationsakt (M.)
act (N.) of mercy Gnadenakt (M.)

act (N.) of pardon Gnadenerweis (M.)
act (N.) of state Hoheitsakt (M.)
Act (N.) of the Bundestag requiring the consent of the Bundesrat Zustimmungsgesetz (N.)
act (N.) of the party rechtsgeschäftsähnliche Handlung (F.)
act (N.) of violence Gewalttat (F.)
Act (N.) on chemicals Chemikaliengesetz (N.)
act (N.) on chimney-sweeps Schornsteinfegergesetz (N.)
Act (N.) on homes and houses Heimgesetz (N.)
Act (N.) on hours of work Arbeitszeitsrechtsgesetz (N.)
act (N.) on interests deducted at source Zinsabschlaggesetz (N.)
Act (N.) on real estate transfer tax Grunderwerbsteuergesetz (N.)
Act (N.) on safety at work Arbeitssicherheitsgesetz (N.)
Act (N.) on the control of military weapons Kriegswaffenkontrollgesetz (N.)
Act (N.) on the transformation of international law and agreements Transformationsgesetz (N.)
act (N.) preparatory to the commission of an offence Vorbereitungshandlung (F.)
act (N.) subject to penalty strafbedrohte Handlung (F.)
act (V.) agieren, einwirken, handeln (tätig sein), verhalten
act (V.) as intermediary vermitteln (als Mittler auftreten)
act (V.) for vertreten
acting (N.) Handeln (N.)
acting person (F.) Handelnde (F.)
acting person (M. bzw. F.) Handelnder (M.)
action (N.) Aktion (F.), Einschreiten (N.), Einwirkung (F.), Handeln (N.), Handlung (F.), Klage (F.), Maßnahme (F.), Tun (N.), Vorgehen (N.)
action (N.) against unfair award to competitor Konkurrentenklage (F.)
action (N.) by stages Stufenklage (F.)
action (N.) by the state öffentliche Klage (F.)
action (N.) for annullment Anfechtungsklage (F.) (Anfechtungsklage im Eherecht)
action (N.) for annulment Nichtigkeitsklage (F.)
action (N.) for apportionment Teilungsklage (F.)
action (N.) for avoidance Anfechtungsklage (F.) (Anfechtung einer Willenserklärung)
action (N.) for legislation Normerlaßklage (F.)
action (N.) for partition Teilungsklage (F.)
action (N.) for performance Leistungsklage (F.)
action (N.) for recovery of an inheritance Erbschaftsklage (F.)
action (N.) for restitution Kondiktion (F.)
action (N.) for satisfaction Leistungsklage (F.)
action (N.) for specific performance Herstellungsklage (F.) (Herstellungsklage auf eheliche Lebensgemeinschaft), Vornahmeklage (F.)
action (N.) for the issue of an administrative act Verpflichtungsklage (F.)
action (N.) for the modification of rights Gestaltungsklage (F.)
action (N.) implying intention konkludentes Handeln (N.)
action (N.) of ejectment (am.) Räumungsklage (F.)
action (N.) of emergency Notstandsklage (F.)
action (N.) of eviction (brit.) Räumungsklage (F.)
action (N.) of intervention Interventionsklage (F.)
action (N.) of replevin Interventionsklage (F.)
action (N.) on the grounds of administrative inactivity Untätigkeitsklage (F.)
action (N.) to oppose enforcement Impugnationsklage (F.), Vollstreckungsgegenklage (F.)
action (N.) to set aside Anfechtungsklage (F.) (Anfechtungsklage gegen ein Urteil)
actionability (N.) Klagbarkeit (F.)
actionable (Adj.) klagbar
active (Adj.) aktiv, tätig
active debt (N.) Aktivschuld (F.)
active regret (N.) tätige Reue (F.)
active repentance (N.) tätige Reue (F.)
active representation (N.) Aktivvertretung (F.)

activity (N.) Tätigkeit (F.), Unternehmen (N.) (Tätigkeit)
actual (Adj.) faktisch, real (wirklich), tatsächlich
actual damage (N.) unmittelbarer Schaden (M.)
actual danger (N.) gegenwärtige Gefahr (F.)
actual loss (N.) materieller Schaden (M.)
actus reus (lat.) objektives Tatbestandsmerkmal (N.)
act which is subject to a possible objection by the Bundesrat Einspruchsgesetz (N.)
ad (N.) Inserat (N.)
a data ex nunc (lat.)
add (V.) anschließen
added (Adj.) zusätzlich
added value (N.) Mehrwert (M.)
addendum (N.) Nachtrag (M.)
addiction (N.) Sucht (F.)
addition (N.) Zugang (M.) (Erwerb in der Buchhaltung), Zusatz (M.)
additional (Adj.) zusätzlich
additional contribution (N.) Nachschuss (M.)
additional earnings (N.Pl.) Nebenverdienst (M.)
additional expenses (N.Pl.) Nebenkosten (F.Pl.)
additional function (N.) Nebenamt (N.)
additional payment (N.) Nachzahlung (F.)
additional period time (N.) Nachfrist (F.)
additional respite (N.) Nachfrist (F.)
additional supply (N.) Nachlieferung (F.)
address (N.) Adresse (F.)
address (V.) adressieren, richten
addressee (F.) Adressatin (F.), Empfängerin (F.), Normadressatin (F.)
addressee (M. bzw. F.) Adressat (M.) (Normadressat), Empfänger (M.)
addressee (M. bzw. F.) of a norm Normadressat (M.)
adduction (N.) Beibringung (F.)
ademption (N.) Ungültigkeitserklärung (F.), Widerruf (M.)
adequance (N.) in a social sense Sozialadäquanz (F.)
adequate (Adj.) adäquat, ausreichend, hinreichend
adherence (N.) Beitritt (M.)
adhesion (N.) Adhäsion (F.)
adhesive procedure (N.) Adhäsionsverfahren (N.)
ad hoc (lat.) ad hoc (lat.)
ad hoc association (N.) Gelegenheitsgesellschaft (F.)
adjacent owner (F.) Anliegerin (F.)
adjacent owner (M. bzw. F.) Anlieger (M.)
adjective law (N.) Verfahrensrecht (N.)
adjoin (V.) angrenzen
adjourn (V.) verschieben, vertagen
adjournment (N.) Erinnerung (F.) (Rechtsmittelerinnerung), Vertagung (F.)
adjucate (V.) entscheiden
adjucation (N.) Entscheidung (F.), Verurteilung (F.)
adjudge (V.) entscheiden, erkennen
adjudicate (V.) judizieren
adjudicated bankrupt (F.) Gemeinschuldnerin (F.)
adjudicated bankrupt (M. bzw. F.) Gemeinschuldner (M.)
adjudicator (F.) Schiedsgutachterin (F.), Schlichterin (F.)
adjudicator (M. bzw. F.) Schiedsgutachter (M.), Schlichter (M.)
adjunct (F.) Beigeordnete (F.)
adjunct (M. bzw. F.) Beigeordneter (M.)
adjust (V.) anpassen, ausgleichen, bereinigen, berichtigen, korrigieren, regulieren
adjustment (N.) Anpassung (F.), Ausgleich (M.), Bereinigung (F.), Regulierung (F.)
adjutant (F.) Adjutantin (F.)
adjutant (M. bzw. F.) Adjutant (M.)
administer (V.) verwalten, verwesen (verwalten)
administer (V.) an oath vereidigen
administer justice (V.) judizieren
administration (N.) Administration (F.), Regierung (F.), Verwaltung (F.)
administration (N.) bound by instructions Weisungsverwaltung (F.)
administration (N.) by commission Auftragsverwaltung (F.)
administration (N.) of an estate Nachlassverwaltung (F.)
administration (N.) of community services Leistungsverwaltung (F.)
administration (N.) of justice Justiz (F.), Justizverwaltung (F.), Rechtspflege (F.)
administration (N.) of the courts Gerichtsverwaltung (F.)

administration (N.) of the property Vermögensverwaltung (F.)
administration (N.) of the wife's assets by the husband Verwaltungsgemeinschaft (F.)
administration (N.) on behalf of the Federation Bundesauftragsverwaltung (F.)
administration of justice law (N.) Justizverwaltungsgesetz (N.)
administration order (N.) Verwaltungsanordnung (F.)
administrative (Adj.) administrativ
administrative act (N.) Verwaltungsakt (M.)
administrative act (N.) requiring participation mitwirkungsbedürftiger Verwaltungsakt (M.)
administrative act (N.) which results in a benefit begünstigender Verwaltungsakt (M.)
administrative aid (N.) Amtshilfe (F.)
administrative body (N.) Verwaltungsbehörde (F.)
administrative compulsion (N.) Verwaltungszwang (M.)
administrative costs (N.Pl.) Verwaltungskosten (F.Pl.)
administrative court (N.) Verwaltungsgericht (N.)
administrative court judgement (N.) instructing a public authority to make a certain ruling Bescheidungsurteil (N.)
administrative demand (N.) for payment Leistungsbescheid (M.)
administrative district (N.) Regierungsbezirk (M.)
administrative enforcement (N.) Verwaltungsvollstreckung (F.)
administrative enforcement law (N.) Verwaltungsvollstreckungsgesetz (N.)
administrative finality (N.) Bestandskraft (F.)
administrative fine (N.) Bußgeld (N.), Geldbuße (F.), Ordnungsgeld (N.)
administrative judicial act (N.) Justizverwaltungsakt (M.)
administrative law (N.) Verwaltungsrecht (N.)
administrative law (N.) on education Bildungsverwaltungsrecht (N.)
administrative offence (N.) (brit.) Verwaltungsunrecht (N.)
administrative offense (N.) (am.) Verwaltungsunrecht (N.)
administrative organ (N.) Verwaltungsträger (M.)
administrative overheads (N.Pl.) Verwaltungskosten (F.Pl.)
administrative penalty (N.) Ordnungsstrafe (F.)
administrative procedure (N.) Verwaltungsverfahren (N.)
administrative proceedings (N.Pl.) Verwaltungsverfahren (N.)
administrative proceedings (N.Pl.) reviewing an individual administrative decision upon a protest by the party aggrieved Widerspruchsverfahren (N.)
administrative property (N.) Verwaltungsvermögen (N.)
administrative regulation (N.) Verwaltungsverordnung (F.)
administrative rules (N.Pl.) Ordnungsrecht (N.)
administrative service (N.) of notes Verwaltungszustellung (F.)
administrative tax regulation (N.) Steuerrichtlinie (F.)
administrative tribunal (N.) Verwaltungsgericht (N.)
administrative trust (N.) Verwaltungstreuhand (F.)
administrator (F.) Kuratorin (F.), Verwalterin (F.), Verweserin (F.)
administrator (F.) of a bankrupt's estate Masseverwalterin (F.)
administrator (F.) of an estate Nachlassverwalterin (F.)
administrator (M. bzw. F.) Kurator (M.), Verwalter (M.), Verweser (M.)
administrator (M. bzw. F.) of a bankrupt's estate Masseverwalter (M.)
administrator (M. bzw. F.) of an estate Nachlassverwalter (M.)
admiral (F.) Admiralin (F.)
admiral (M.) Admiral (M.)
admiralty court (N.) (brit.) Seegericht (N.)
admiralty law (N.) Seerecht (N.)
admirer (F.) Liebhaberin (F.)
admirer (M. bzw. F.) Liebhaber (M.)
admissibility (N.) Statthaftigkeit (F.), Zulässigkeit (F.)
admissibility (N.) as a party in court Parteifähigkeit (F.)
admissible (Adj.) statthaft, zulässig

admissible evidence (N.) zulässiges Beweismittel (N.)
admission (N.) Geständnis (N.) (Geständnis im Zivilprozess), Zulassung (F.)
admission requirement (N.) Zulassungsvoraussetzung (F.)
admit (V.) approbieren, gestehen, zulassen
admonish (V.) ermahnen, verwarnen
admonition (N.) Erinnerung (F.) (Mahnung), Ermahnung (F.), Verwarnung (F.), Warnung (F.)
adolescent (Adj.) jugendlich
adolescent (F.) Heranwachsende (F.), Jugendliche (F.)
adolescent (M. bzw. F.) Heranwachsender (M.), Jugendlicher (M.)
adopt (V.) adoptieren, übernehmen
adopting (N.) a transaction for oneself Selbsteintritt (M.)
adoption (N.) Adoption (F.), Annahme als Kind (F.), Billigung (F.), Kindesannahme (F.)
adoptive child Adoptivkind (N.)
adoptive parents (Pl.) Adoptiveltern (Pl.)
adult (F.) Erwachsene (F.)
adult (M. bzw. F.) Erwachsener (M.)
adulterer (M.) Ehebrecher (M.)
adulteress (F.) Ehebrecherin (F.)
adulterous (Adj.) ehebrecherisch
adultery (N.) Ehebruch (M.)
adult evening courses (N.Pl.) Volkshochschule (F.)
advance (Adv.) vorab
advance (N.) Kredit (M.), Vorlage (F.) (Auslage), Vorschuss (M.)
advance (N.) on court fees Gerichtskostenvorschuss (M.)
advance (V.) leihen (etwas einem anderen leihen), vorbringen
advance maintenance payments (N.Pl.) Unterhaltsvorschuss (M.)
advancement (N.) Beförderung (F.) (Beförderung im Beruf)
advancements (N.Pl.) Ausstattung (F.)
advance payment (N.) Vorleistung (F.)
advance payment (N.) of costs Prozesskostenvorschuss (M.)
advance performance (N.) Vorleistung (F.)
advantage (N.) Vorteil (M.)
advantageous (Adj.) vorteilhaft
adversary (F.) Gegnerin (F.)
adversary (M. bzw. F.) Gegner (M.)
adverse (Adj.) feindlich
adverse vote (N.) Gegenstimme (F.)
advertisement (N.) Inserat (N.), Werbung (F.)
advice (N.) Belehrung (F.), Empfehlung (F.), Rat (M.) (Ratschlag)
advice note (N.) Avis (M.)
advisary opinion (N.) Gutachten (N.)
advise (V.) belehren, beraten (V.) (einen Rat geben), empfehlen, unterrichten
advisor (F.) Beraterin (F.)
advisor (M. bzw. F.) Berater (M.)
advisory board (N.) Beirat (M.)
advocacy (N.) Anwaltschaft (F.), Befürwortung (F.)
advocate (F.) Anwältin (F.), Fürsprecherin (F.), Rechtsanwältin (F.), Rechtsbeiständin (F.)
advocate (M. bzw. F.) Anwalt (M.), Fürsprecher (M.), Rechtsanwalt (M.), Rechtsbeistand (M.)
advocate (V.) befürworten
affair (N.) Angelegenheit (F.), Sache (F.) (Angelegenheit)
affect (V.) auswirken, beeinträchtigen, einwirken
affection (N.) Affektion (F.)
affidavit (N.) Affidavit (N.)
affiliation (N.) Anschluss (M.)
affinity (N.) Schwägerschaft (F.)
affirm (V.) bejahen, bestätigen, versichern (bestätigen)
affirm (V.) by oath beeiden, beeidigen
affirm (V.) upon oath beeiden, beeidigen
affirmation (N.) Versicherung (F.) (Bestätigung)
affirmation (N.) by oath Beeidigung (F.)
affirmation (N.) in lieu of an oath eidesstattliche Versicherung (F.), Versicherung (F.) an Eides statt
affirmative (Adj.) affirmativ
affirmative act (N.) Ingerenz (F.)
affirmative action (N.) Antidiskriminierung (F.)
affix (V.) anheften, beifügen
affix (V.) one's signature to unterschreiben
affray (N.) Raufhandel (M.), Schlägerei (F.)
affront (N.) Affront (M.)
Africa (F.) Afrika (N.)

after-acquired property (N.) nachträglich erworbenes Eigentum (N.) (im Eherecht)
after all deductions (Adj.) netto
after-sight bill (N.) Nachsichtwechsel (M.)
against payment entgeltlich
age (N.) Alter (N.), Lebensalter (N.)
age (N.) below criminal responsibility Strafunmündigkeit (F.)
age (N.) of criminal responsibility Strafmündigkeit (F.)
age limit (N.) Altersgrenze (F.)
agency (N.) Agentur (F.), Amt (N.), Büro (N.), Geschäftsstelle (F.), Stelle (F.) (Amt), Stellvertretung (F.), Vertretung (F.)
agency (N.) by estoppel Anscheinsvollmacht (F.)
agency (N.) by holding out Anscheinsvollmacht (F.)
agency (N.) without authority Geschäftsführung (F.) ohne Auftrag
agency business (N.) Geschäftsbesorgung (F.)
agenda (N.) Tagesordnung (F.)
agent (F.) Agentin (F.), Bevollmächtigte (F.), Handelsvertreterin (F.), Maklerin (F.), Sachwalterin (F.), Stellvertreterin (F.), Vermittlerin (F.), Vertreterin (F.)
agent (M. bzw. F.) Agent (M.), Bevollmächtigter (M.), Handelsvertreter (M.), Makler (M.), Sachwalter (M.), Stellvertreter (M.), Vermittler (M.), Vertreter (M.)
agent (M. bzw. F.) without authority falsus procurator (M.) (lat.)
agent (F.) with power to conclude a contract Abschlussvertreterin (F.)
agent (M. bzw. F.) with power to conclude a contract Abschlussvertreter (M.)
agent provocateur (M. bzw. F.) agent (M.) provocateur (franz.)
agent provocateur (M. bzw. F.) (franz.) Provokateur (M.)
aggravate (V.) verschärfen
aggravated (Adj.) qualifiziert (bestimmt)
aggravated arson (N.) schwere Brandstiftung (F.)
aggravated crime (N.) qualifizierte Straftat (F.)
aggravating circumstance (N.) Strafschärfungsgrund (M.)
aggravation (N.) of sentence Strafschärfung (F.)
aggregate (N.) Gesamtheit (F.), Komplex (M.)
aggregate (N.) of things Sachinbegriff (M.)
aggregate property (N.) Gesamthandseigentum (N.)
aggression (N.) Aggression (F.)
aggressive (Adj.) aggressiv
aggressive protection (N.) of possession Besitzkehr (F.)
aggressive state (N.) of emergency aggressiver Notstand (M.), Angriffsnotstand (M.)
aggressive war (N.) Angriffskrieg (M.)
aggrieve (V.) beschweren (belasten)
agio (N.) Aufgeld (N.)
agitator (F.) Aufrührerin (F.)
agitator (M. bzw. F.) Aufrührer (M.)
agnate (F.) Agnatin (F.)
agnate (M. bzw. F.) Agnat (M.)
agrarian reform (N.) Bodenreform (F.)
agree (V.) einigen, übereinkommen, verabreden, vereinbaren, zustimmen
agree (V.) to abreden, einwilligen
agreeable (Adj.) genehm
agreed exemption (N.) from liability Freizeichnung (F.)
agreed on einig
agreement (N.) Abkommen (N.), Abmachung (F.), Abrede (F.), Einigung (F.), Einverständnis (N.), Konsens (M.), Übereinkommen (N.), Übereinkunft (F.), Vereinbarung (F.), Vertrag (M.)
agreement (N.) by the parties Parteivereinbarung (F.)
agreement (N.) in favor of a third party Vertrag (M.) zugunsten Dritter
agreement (N.) not to sue pactum (N.) de non petendo (lat.)
agreement (N.) on the provision of collateral Sicherungsabrede (F.), Sicherungsvertrag (M.)
agreement (N.) on transport contract concerning international road haulage (CMR) Übereinkommen über den Beförderungsvertrag im internationalen Straßengüterverkehr (CMR)
Agreement on Trade-related Aspects of Intellectual Property Rights (TRIPS) Übereinkommen (N.) über Aspekte des Handels mit Immaterialgüterrechten (TRIPS)
agreements (N.Pl.) must be observed pacta (N.Pl.) sunt servanda (lat.)

agrément (N.) (franz.) Agrément (N.)
agricultural association (N.) Landschaftsverband (M.)
agricultural law (N.) Agrarrecht (N.)
agriculture (N.) Landwirtschaft (F.)
agriculturist (F.) Landwirtin (F.)
agriculturist (M. bzw. F.) Landwirt (M.)
aid (N.) Beihilfe (F.) (Gehilfenschaft), Beistand (M.), Hilfe (F.), Hilfeleistung (F.)
aid (V.) hilfeleisten
aide (F.) Assistentin (F.), Gehilfin (F.)
aide (M. bzw. F.) Assistent (M.), Gehilfe (M.)
aide-de-camp (F.) Adjutantin (F.)
aide-de-camp (M. bzw. F.) Adjutant (M.)
aider and abetter (M. bzw. F.) Gehilfe (M.) (Gehilfe im Strafrecht)
aider and better (F.) Gehilfin (F.)
aids (N.) Aids (N.)
aim (N.) Zweck (M.)
aircraft (N.) Flugzeug (N.), Luftfahrzeug (N.)
air law (N.) Luftrecht (N.)
alarm (N.) Alarm (M.)
Albania (N.) Albanien (N.)
alcohol (N.) Alkohol (M.)
alcoholism (N.) Trunksucht (F.)
aleatory (Adj.) aleatorisch
aleatory contract (N.) Glücksvertrag (M.)
alert (N.) Alarm (M.)
A-levels (N.Pl.) (brit.) Reifeprüfung (F.)
alias alias
alibi (N.) Alibi (N.)
alien (Adj.) fremd
alien (F.) Ausländerin (F.), Fremde (F.) (2)
alien (M. bzw. F.) Ausländer (M.), Fremder (M.)
alienate (V.) veräußern
alienation (N.) Veräußerung (F.)
alienation (N.) of affections Entfremdung (F.) (Entfremdung im Eherecht)
alike (Adv.) gleich
alimony (N.) Alimentation (F.), Unterhalt (M.)
allegation (N.) Behauptung (F.), Vorbringen (N.)
allege (V.) behaupten, vorbringen
alleged (Adj.) angeblich
allegiance (N.) Treue (F.)
allegiance (N.) to the Federal Government Bundestreue (F.)
All-German (Adj.) großdeutsch
alliance (N.) Allianz (F.), Bund (M.)
allies (Pl.) Alliierte (M.Pl.)
allocate (V.) verteilen
allocation (N.) Dotation (F.), Verteilung (F.), Zurechnung (F.)
allocation (N.) of duties Geschäftsverteilung (F.)
allocution (N.) letztes Wort (N.) des Angeklagten
allod (N.) Allod (N.)
allot (V.) verteilen
allotment (N.) Kontingent (N.), Verteilung (F.)
allotment (N.) of seats Sitzverteilung (F.)
allow (V.) bewilligen, erlauben, gestatten, gewähren, zulassen, zuwenden
allow (V.) a respite in payment stunden
allowance (N.) Beihilfe (F.) (Unterstützungsleistung), Zuschuss, Zuwendung (F.)
allowance (N.) in kind Deputat (N.)
alluvion (N.) Anlandung (F.), Anschwemmung (F.)
alms (N.Pl.) Almosen (N.)
alp (N.) Alm (F.), Alpe (F.)
alpine pasture (N.) Alm (F.), Alpe (F.)
alter (V.) abändern, ändern, verändern
alteration (N.) Abänderung (F.), Änderung (F.), Veränderung (F.)
alteration (N.) in party Parteiänderung (F.)
alteration (N.) of a statute Gesetzesänderung (F.)
alternate heir (M. bzw. F.) Ersatzerbe (M.)
alternate heiress (F.) Ersatzerbin (F.)
alternative (Adj.) alternativ
alternative (N.) Alternative (F.), Surrogat (N.)
alternative expertise (N.) Hilfsgutachten (N.)
alternative finding (N.) Wahlfeststellung (F.)
alternative legacy (N.) Wahlvermächtnis (N.)
alternative obligation (N.) Alternativobligation (F.), Wahlschuld (F.)
alternative performance (N.) Ersetzungsbefugnis (F.)
alternative pleading (N.) Eventualmaxime (F.)
alternative service (N.) Ersatzdienst (M.)
amalgamate (V.) fusionieren, verschmelzen

amalgamation (N.) Fusion (F.), Vereinigung (F.) (Verschmelzung), Verschmelzung (F.), Zusammenschluss (M.)
ambassador (F.) Botschafterin (F.)
ambassador (M. bzw. F.) Botschafter (M.)
ambassadress (F.) Botschafterin (F.)
amenable (Adj.) gefügig
amend (V.) abändern, ändern, berichtigen, novellieren, verbessern
amended charge (N.) Nachtragsanklage (F.)
amending law (N.) Novelle (F.)
amendment (N.) Abänderung (F.), Amendement (N.), Änderung (F.), Novellierung (F.)
amendment (N.) of action Klageänderung (F.)
amendment (N.) of a law Gesetzesänderung (F.)
amendment (N.) of pleadings Klageänderung (F.)
amends (N.Pl.) Genugtuung (F.)
America (F.) Amerika (N.)
amicus (M.) curiae (lat.) Beistand (M.) (Beistand im angloamerikanischen Recht)
ammunition (N.) Munition (F.)
amnesty (N.) Amnestie (F.)
amnesty (V.) amnestieren
amok (N.) Amok (M.)
amortization (N.) Amortisation (F.), Rückzahlung (F.)
amortization installment (N.) (am.) Tilgungsrate (F.)
amortization instalment (N.) (brit.) Tilgungsrate (F.)
amortize (V.) amortisieren, tilgen
amount (N.) Betrag (M.), Geldbetrag (M.), Menge (F.), Summe (F.)
amount (N.) involved Gegenstandswert (M.)
Amsterdam Treaty (N.) Amsterdamer Vertrag (M.)
analogous (Adj.) analog
analogous application (N.) of laws Gesetzesanalogie (F.)
analogous law (N.) Rechtsanalogie (F.)
analogy (N.) Analogie (F.)
analytical jurisprudence (N.) Begriffsjurisprudenz (F.)
anarchical (Adj.) anarchisch
anarchist (F.) Anarchistin (F.)
anarchist (M. bzw. F.) Anarchist (M.)
anarchy (N.) Anarchie (F.)
anasthetization (N.) Betäubung (F.)
anathema (N.) Anathema (N.), Bann (M.) (Kirchenbann)
anatocism (N.) Anatozismus (M.)
ancestor (M.) Ahn (M.), Vorfahre (M.)
ancestress (F.) Ahne (F.), Ahnfrau (F.), Vorfahrin (F.)
ancestry (N.) Herkommen (N.)
ancillary municipal enterprise (N.) Regiebetrieb (M.)
angle (V.) fischen
animal (N.) Tier (N.)
animal attendant (F.) Tierhüterin (F.)
animal attendant (M. bzw. F.) Tierhüter (M.)
animosity (N.) Hass (M.)
annex (N.) Annex (M.)
annex (N.) (am.) Anhang (M.)
annex (V.) annektieren
annexation (N.) Einverleibung (F.)
annexe (V.) (am.) anhängen
annexiation (N.) Annexion (F.)
annotation (N.) Kommentar (M.), Vermerk (M.)
annotator (F.) Kommentatorin (F.)
annotator (M. bzw. F.) Kommentator (M.)
announce (V.) ankündigen, bekanntgeben, bekanntmachen
announce (V.) officially verlautbaren
announcement (N.) Ankündigung (F.), Anzeige (F.), Bekanntgabe (F.), Bekanntmachung (F.), Verkündung (F.)
annoy (V.) belästigen, stören
annoyance (N.) Störung (F.)
annoying (Adj.) lästig
annual (Adj.) jährlich
annual accounts (N.Pl.) Jahresabschluss (M.)
annual balance sheet (N.) Jahresbilanz (F.)
annual estimates (N.Pl.) Budget (N.)
annual report (N.) Geschäftsbericht (M.), Jahresbericht (M.)
annuity (N.) Rente (F.)
annuity charge (N.) Rentenschuld (F.)
annuity land charge (N.) Rentenschuld (F.)
annul (V.) abrogieren, annullieren, auflösen, kassieren (aufheben), stornieren
annulment (N.) Annullierung (F.), Auflösung (F.), Kassation (F.)
annulment (N.) of marriage Eheaufhebung (F.)

anomalous (Adj.) abnorm
anonymity (N.) Anonymität (F.)
anonymous (Adj.) anonym
answer (N.) Antwort (F.), Erwiderung (F.), Klageerwiderung (F.), Replik (F.)
answer (V.) antworten, erwidern
answer (V.) for haften
answerability (N.) as the proper party Passivlegitimation (F.)
antichresis (N.) Antichrese (F.), Nutzungspfand (N.)
anticipate (V.) antizipieren
anticipated payment (N.) Vorschuss (M.)
anticipated retirement (N.) Vorruhestand (M.)
anticipation payment (N.) Abschlagszahlung (F.)
anticipatory assignment (N.) Vorausabtretung (F.)
anticipatory breach (N.) Erfüllungsverweigerung (F.)
antigraphy (N.) Ausfertigung (F.)
antinomy (N.) Antinomie (F.)
antisemitism (N.) Antisemitismus (M.)
antitrust division (N.) (am.) Kartellbehörde (F.)
anti-trust law (N.) Kartellgesetz (N.)
antitrust law (N.) (am.) Kartellrecht (N.)
anxiety (N.) Besorgnis (F.)
apartment (N.) (am.) Mietwohnung (F.), Wohnung (F.)
apartment building (N.) (am.) Mietshaus (N.)
apologize (V.) entschuldigen (sich entschuldigen)
apology (N.) Entschuldigung (F.)
apostolic (Adj.) apostolisch
apotheosize (V.) verherrlichen
appanage (N.) Apanage (F.)
apparent (Adj.) anscheinend, offenbar
apparent authority (N.) Anscheinsvollmacht (F.), Scheinvollmacht (F.)
apparent danger (N.) Anscheinsgefahr (F.)
apparent death (N.) Scheintod (M.)
appeal (N.) Appellation (F.), Berufung (F.), Rechtsmittel (N.)
appeal (N.) against Anfechtung (F.) (Anfechtung eines Urteils)
appeal (N.) against denial of leave to appeal Nichtzulassungsbeschwerde (F.)
appeal (N.) against sentence Strafmaßrevision (F.)
appeal (N.) by leave of the court Zulassungsberufung (F.)
appeal (N.) on points of law Rechtsbeschwerde (F.), Revision (F.) (Revision im Zivilprozessrecht)
appeal (V.) anfechten (ein Urteil anfechten), appellieren
appealability (N.) Anfechtbarkeit (F.) (Urteilsanfechtbarkeit)
appeal court (N.) Berufungsgericht (N.), Revisionsgericht (N.)
Appeal Court (N.) Revisionsgericht (N.)
appeal proceedings (N.Pl.) Berufungsverfahren (N.)
appeals court (N.) (am.) Berufungsgericht (N.)
appear (V.) erscheinen
appearance (N.) Anschein (M.), Einlassung (F.), Erscheinen (N.), Schein (M.)
appearance (N.) in person persönliches Erscheinen (N.)
appearance (N.) of a legal position Rechtsschein (M.)
appelate court (N.) Rechtsmittelgericht (N.)
appellant (F.) Antragstellerin (F.), Beschwerdeführerin (F.)
appellant (M. bzw. F.) Antragsteller (M.), Beschwerdeführer (M.)
append (V.) anhängen
appendage (N.) Zubehör (N.) (Zubehör einer unbeweglichen Sache)
appendix (N.) Zusatz (M.)
appliance (N.) Gerät (N.)
applicability (N.) Eignung (F.)
applicable (Adj.) anwendbar, einschlägig
applicant (F.) Bewerberin (F.), Kandidatin (F.)
applicant (M. bzw. F.) Bewerber (M.), Kandidat (M.)
application (N.) Antrag (M.), Anwendung (F.), Bewerbung (F.), Eingabe (F.), Gesuch (N.)
application (N.) for a mining concession Mutung (F.)
application (N.) for relief Klageantrag (M.)
application (N.) of law Rechtsanwendung (F.)
application (N.) to carry out inquiries Ausforschungsbeweisantrag (M.)

apply (V.) kandidieren, zeichnen (unterschreiben)
apply (V.) for bewerben
appoint (V.) berufen (V.), bestallen, bestellen, einsetzen (eine Person einsetzen), ernennen
appointed dealer (F.) Vertragshändlerin (F.)
appointed dealer (M. bzw. F.) Vertragshändler (M.)
appointee (F.) Kandidatin (F.)
appointee (M. bzw. F.) Kandidat (M.)
appointment (N.) Besetzung (F.) (Besetzung eines Postens), Bestallung (F.), Bestellung (F.), Einsetzung (F.), Ernennung (F.), Verabredung (F.)
appointment (N.) as an heir Erbeinsetzung (F.)
appointment (N.) of a term Fristsetzung (F.)
apportion (V.) zumessen
apportionment (N.) Auseinandersetzung (F.), Verteilung (F.), Zumessung (F.)
appraisal (N.) Beurteilung (F.), Bewertung (F.), Schätzung (F.)
appraise (V.) bewerten, schätzen
appreciate (V.) schätzen, würdigen
apprehend (V.) arrestieren, fassen, festnehmen, verhaften
apprehension (N.) Arrest (M.), Festnahme (F.), Verhaftung (F.)
apprentice (F.) Auszubildende (F.)
apprentice (M. bzw. F.) Auszubildender (M.), Lehrling (M.)
apprenticeship (N.) Lehre (F.) (Ausbildung)
approach (N.) Betrachtungsweise (F.), Einstellung (F.) (Haltung)
approbate (V.) approbieren
approbation (N.) Bewilligung (F.)
approbiate (V.) bewilligen
appropriate (Adj.) angemessen, zumutbar
appropriate (V.) aneignen, zueignen (sich zueignen)
appropriated surplus (N.) Rückstellungen (F.Pl.)
appropriateness (N.) Zumutbarkeit (F.)
appropriation (N.) Aneignung (F.), Konkretisierung (F.) (Konkretisierung einer Gattungsschuld), Zueignung (F.)
appropriation bill (N.) Haushaltsvorlage (F.)
approval (N.) Billigung (F.), Einverständnis (N.), Einwilligung (F.), Genehmigung (F.), Konsens (M.), Zustimmung (F.)
approval (N.) of cancellation Löschungsbewilligung (F.)
approve (V.) befürworten, einwilligen, zustimmen
approve (V.) of billigen, genehmigen
appurtenance (N.) Zubehör (N.) (Zubehör einer unbeweglichen Sache)
arbitrage (N.) Arbitrage (F.)
arbitral award (N.) Schiedsspruch (M.)
arbitrariness (N.) Willkür (F.)
arbitrary (Adj.) arbiträr, willkürlich
arbitration agreement (N.) Schiedsvereinbarung (F.), Schiedsvertrag (M.)
arbitration award (N.) Schiedsspruch (M.)
arbitration board (N.) Schiedsstelle (F.)
arbitration clause (N.) Schiedsklausel (F.), Schiedsvertrag (M.)
arbitration code (N.) Schiedsgerichtsordnung (F.)
arbitration court (N.) Schiedshof (M.)
arbitrator (F.) Schiedsfrau (F.), Schiedsgutachterin (F.), Schiedsrichterin (F.), Schlichterin (F.)
arbitrator (M. bzw. F.) Schiedsgutachter (M.), Schiedsmann (M.), Schiedsrichter (M.) (Schiedsrichter im Rechtswesen), Schlichter (M.)
archaic (Adj.) archaisch
archbishop (M.) Erzbischof (M.)
archeological find (N.) Bodenaltertum (N.)
architect (F.) Architektin (F.)
architect (M. bzw. F.) Architekt (M.)
archive (N.) Archiv (N.)
area (N.) Bereich (M.), Gebiet (N.), Raum (M.) (Gegend)
area (N.) of protection Schutzbereich (M.)
area code (N.) (am.) Vorwahl (F.) (telefonische Vorwahl) (F.)
argue (V.) argumentieren, erörtern, streiten
argument (N.) Argument (N.), Beweisgrund (M.)
argument (N.) by analogy Analogieschluss (M.)
argumentation (N.) Beweisführung (F.)
arguments (N.Pl.) Gegenvorstellung (F.)
arguments for (N.Pl.) Begründetheit (F.)
argumentum (N.) e contrario (lat.) Gegenschluss (M.), Umkehrschluss (M.)

aristocracy (N.) Adel (M.), Aristokratie (F.)
aristocrat (F.) Aristokratin (F.)
aristocrat (M. bzw. F.) Aristokrat (M.)
aristocratic (Adj.) feudal
aritration (N.) Schlichtung (F.)
arm (N.) Waffe (F.)
arm (V.) rüsten
armament (N.) Rüstung (F.)
armed forces (N.Pl.) Heer (N.), Militär (N.)
armed-robbery (N.) Raubüberfall (M.)
armour (N.) Panzer (M.) (Schutzpanzer)
arms (N.Pl.) Wappen (N.)
army (N.) Armee (F.), Heer (N.)
arraignment (N.) Anklageverlesung (F.) (Anklageverlesung in Großbritannien)
arrange (V.) abreden, erledigen, ordnen, richten
arrangement (N.) Aufstellung (F.), Disposition (F.), Erledigung (F.), Übereinkunft (F.), Vergleich (M.) (Vergleich im Privatrecht)
arranging (N.) credit facilities Kreditvermittlung (F.)
arrest (N.) Arrest (M.), Festnahme (F.), Haft (F.), Inhaftierung (F.), Verhaftung (F.)
arrest (N.) for disobedience to court orders Ordnungshaft (F.)
arrest (N.) of juveniles Jugendarrest (M.)
arrest (N.) to enforce a court order Erzwingungshaft (F.)
arrest (V.) arrestieren, inhaftieren, verhaften
arrest warrant (N.) Haftbefehl (M.)
arrogate (V.) berühmen
arsehole (N.) Arschloch (N.)
arson (N.) Brandstiftung (F.)
arsonist (F.) Brandstifterin (F.)
arsonist (M. bzw. F.) Brandstifter (M.)
art (N.) Kunst (F.)
arterial road (N.) Fernstraße (F.)
article (N.) Absatz (M.) (Teil eines Gesetzes), Artikel (M.), Paragraph (M.), Ware (F.)
article (N.) for daily use Gebrauchsgegenstand (M.)
articles (N.) of food Lebensmittel (N.Pl.)
articles (N.Pl.) of association Gesellschaftsvertrag (M.), Satzung (F.)
articles (N.Pl.) of incorporation Satzung (F.)
articles (N.Pl.) of partnership Gesellschaftsvertrag (M.)
articles of impeachment (N.Pl.) Parlamentsanklage (F.)
artificial (Adj.) künstlich, unecht
artisan's lien (N.) Unternehmerpfandrecht (N.)
artist (F.) Künstlerin (F.)
artist (M. bzw. F.) Künstler (M.)
ascendant (F.) Aszendentin (F.)
ascendant (M. bzw.F.) Aszendent (M. bzw. F.)
ascertain (V.) erheben (feststellen), ermitteln, feststellen
ascertainment (N.) Feststellung (F.)
ascribe (V.) to zurechnen
aseptic (Adj.) steril (keimfrei)
Asia (N.) Asien (N.)
ask (V.) anfragen, bitten, fragen
ask (V.) alms betteln
asocial (Adj.) asozial
aspect (N.) Gesichtspunkt (M.)
aspersion (N.) Nachrede (F.)
aspirant (F.) Anwärterin (F.), Aspirantin (F.)
aspirant (M. bzw. F.) Anwärter (M.), Aspirant (M.)
ass (N.) Esel (M.)
assassin (F.) Attentäterin (F.)
assassin (M. bzw. F.) Attentäter (M.)
assassination (N.) Attentat (N.), Mord (M.)
assassination attempt (N.) Attentat (N.)
assassinator (F.) Attentäterin (F.)
assassinator (M. bzw. F.) Attentäter (M.)
assault (N.) Drohung (F.) mit Gewalt, Tätlichkeit (F.), Überfall (M.) (Überfall im Strafrecht)
assault (V.) angreifen, überfallen
assemble (V.) versammeln (sich versammeln)
assembly (N.) Konvent (M.), Versammlung (F.)
assent (N.) Genehmigung (F.), Votum (N.), Zustimmung (F.)
assent (V.) zustimmen
assert (Adj.) geltend
assert (V.) behaupten, berühmen
assertion (N.) Behauptung (F.), Wahrnehmung (F.) (Wahrnehmung eines Rechtes)
assertion (N.) of rights of ownership against the bankrupt's estate Aussonderung (F.)
assess (V.) beurteilen, bewerten, schätzen, taxieren, veranlagen, würdigen

assessable value (N.) Einheitswert (M.)
assessed valuation (N.) (am.) Schätzung (F.)
assessment (N.) Bemessung (F.), Beurteilung (F.), Bewertung (F.), Festsetzung (F.)
assessment (N.) (brit.) Schätzung (F.)
assessment (N.) of costs Kostenfestsetzung (F.)
assessment (N.) of penalty Strafzumessung (F.)
assessment (N.) of profits Gewinnermittlung (F.)
assessment tax (N.) Veranlagungsteuer (F.)
assessment unit value (N.) Einheitswert (M.) (Einheitswert einer Liegenschaft)
asset (N.) Kapital (N.)
assets (N.Pl.) Aktiva (N.Pl.), Masse (F.) (Insolvenzvermögen)
assign (F.) Erwerberin (F.), Rechtsnachfolgerin (F.)
assign (M. bzw. F.) Erwerber (M.), Rechtsnachfolger (M.)
assign (V.) abtreten (eine Forderung abtreten), anweisen (Geld anweisen), übereignen, übertragen (eine Aufgabe übertragen)
assigned counsel (F.) notwendige Verteidigerin (F.)
assigned counsel (M. bzw. F.) notwendiger Verteidiger (M.)
assignee (F.) Abtretungsempfängerin (F.), Zessionarin (F.)
assignee (M. bzw. F.) Abtretungsempfänger (M.), Zessionar (M.)
assignment (N.) Abtretung (F.), Angabe (F.), cessio (F.) (lat.), Einweisung (F.), Forderungsabtretung (F.) (Forderungsabtretung im angloamerikanischen Recht), Forderungsverkauf (M.) (Forderungsverkauf im angloamerikanischen Recht), Rechtsübertragung (F.), Übereignung (F.), Zession (F.)
assignment (N.) by operation of law Legalzession (F.)
assignment (N.) by way of security Sicherungsabtretung (F.)
assignment (N.) in blank Blankozession (F.)
assignment (N.) of accounts receivable for collection Inkassozession (F.)
assignment (N.) of actions Geschäftsverteilung (F.) (Geschäftsverteilung bei Gericht)
assignment (N.) of the right to claim the surrender of something Vindikationszession (F.)
assignor (F.) Zedentin (F.)
assignor (M. bzw. F.) Zedent (M.)
assist (V.) helfen, hilfeleisten
assistance (N.) Beihilfe (F.) (Gehilfenschaft), Beistand (M.), Fürsorge (F.), Hilfe (F.), Mitarbeit (F.), Mitwirken (N.)
assistance (N.) under legal advice scheme Beratungshilfe (F.)
assistant (F.) Assistentin (F.), Gehilfin (F.)
assistant (M. bzw. F.) Assistent (M.), Gehilfe (M.)
assistant professor (F.) Hochschulassistentin (F.)
assistant professor (M. bzw. F.) Hochschulassistent (M.)
assize court (N.) Assisengericht (N.) (Assisengericht in Großbritannien)
associate (F.) Beigeordnete (F.), Konsortin (F.), Teilhaberin (F.)
associate (M. bzw. F.) Beigeordneter (M.), Konsorte (M.), Teilhaber (M.)
associate (V.) assoziieren
associate judge (F.) Assessorin (F.), Beisitzerin (F.), Berichterstatterin (F.)
associate judge (F.) (am.) Richterin (M.) (Richterin am Supreme Court der Vereingten Staaten von Amerika)
associate judge (M. bzw. F.) Assessor (M.), Beisitzer (M.), Berichterstatter (M.)
associate judge (M. bzw. F.) (am.) Richter (M.) (Richter am Supreme Court der Vereingten Staaten von Amerika)
association (N.) Assoziation (F.), Gemeinschaft (F.), Gesellschaft (F.), Personenvereinigung (F.), Verband (M.), Vereinigung (F.) (Institution), Verein (M.), Zusammenschluss (M.)
association (N.) of municipalities Gemeindeverband (M.)
association penalty (N.) Verbandsstrafe (F.)
association (N.) to watch against unfair practices Abmahnverein (M.)
assume (V.) einnehmen, mutmaßen, übernehmen, vermuten
assumed (Adj.) mutmaßlich
assumpsit (lat.) formloses Versprechen (N.) (formloses Versprechen im angloamerikanischen Recht)

assumption (N.) Präsumption (F.), Vermutung (F.)
assumption (N.) of a debt Schuldübernahme (F.)
assumption (N.) of a debt with full discharge of original debtor privative Schuldübernahme (F.)
assumption (N.) of an obligation Schuldübernahme (F.)
assumption (N.) of indebtedness Schuldübernahme (F.)
assumption (N.) of risk Risikoübernahme (F.)
assurance (N.) Assekuranz (F.), Versicherung (F.) (Absicherung von Werten), Versicherung (F.) (Bestätigung), Zusicherung (F.)
assure (V.) versichern (bestätigen), versichern (eine Versicherung abschließen), zusichern
assured (Adj.) versichert
assurer (F.) Versichererin (F.), Versicherungsträgerin (F.)
assurer (M. bzw. F.) Versicherer (M.), Versicherungsträger (M.)
asylum (N.) Asyl (N.)
asylum seeker (F.) Asylantin (F.)
asylum seeker (M. bzw. F.) Asylant (M.)
at call kündbar
at issue streitig
at law nach strengem Recht
atomic energy law (N.) Atomgesetz (N.)
atone (V.) büßen
atonement (N.) Buße (F.), Sühne (F.)
at par paritätisch
atrocious (Adj.) gewaltsam
atrocity (N.) Grausamkeit (F.)
attach (V.) beschlagnahmen, pfänden, verhaften
attaché (M.) Attaché (M.)
attached (Adj.) gepfändet
attachment (N.) Beschlagnahme (F.), Pfändung (F.)
attachment (N.) of debts Forderungspfändung (F.)
attachment (N.) of earnings Gehaltspfändung (F.), Lohnpfändung (F.)
attachment order (N.) Pfändungsbeschluss (M.)
attachment proceedings (N.Pl.) Sicherungsverfahren (N.)
attack (N.) Angriff (M.), Überfall (M.) (Überfall im Strafrecht)
attack (V.) angreifen, überfallen
attacker (F.) Angreiferin (F.)
attacker (M. bzw. F.) Angreifer (M.)
attempt (N.) Anschlag (M.), Versuch (M.)
attempt (N.) foredoomed to failure untauglicher Versuch (M.)
attempt (V.) versuchen
attempted murder (N.) Mordversuch (M.)
attend (V.) beiwohnen, besuchen
attendance (N.) Bereitschaft (F.), Erscheinen (N.)
attendance fee (N.) Tagegeld (N.)
attendant (F.) Dienerin (F.), Wärterin (F.)
attendant (M.) Diener (M.), Wärter (M.)
attention (N.) Achtung (F.), Beachtung (F.), Obacht (F.)
attentive (Adj.) sorgfältig
attest (V.) beglaubigen, bescheinigen, bestätigen, testieren (bezeugen)
attestation (N.) Beglaubigung (F.), Bescheinigung (F.), Bestätigung (F.), Testat (N.)
attestation (N.) of good character Leumundszeugnis (N.)
attestation clause (N.) Beglaubigungsvermerk (M.)
attitude (N.) Einstellung (F.) (Haltung)
attorney (F.) Bevollmächtigte (F.)
attorney (F.) (am.) Anwältin (F.), Rechtsanwältin (F.)
attorney (F.) at law (am.) Anwältin (F.), Rechtsanwältin (F.)
attorney (F.) of record (am.) Prozessbevollmächtigte (F.)
attorney (M. bzw. F.) Bevollmächtigter (M.)
attorney (M. bzw. F.) (am.) Anwalt (M.), Rechtsanwalt (M.)
attorney (M. bzw. F.) at law (am.) Anwalt (M.), Rechtsanwalt (M.)
attorney (M. bzw. F.) of record (am.) Prozessbevollmächtigter (M.)
attorney general (F.) Kronanwältin (F.)
attorney general (F.) (am.) Justizministerin (F.)
Attorney General (M. bzw. F.) Kronanwalt (M.)
Attorney General (M. bzw. F.) (am.) Justizminister (M.)
attorney's fee (N.) Anwaltsgebühr (F.)

Attorneys' Fees Act (N.) Bundesgebührenordnung (F.) für Rechtsanwälte
attorneyship (N.) Anwaltschaft (F.)
attornment (N.) Anerkenntnis (N.)
attributable (Adj.) zurechenbar
attribute (N.) Eigenschaft (F.)
attribute (V.) zurechnen, zuschreiben
attribution (N.) Zurechnung (F.)
auction (N.) Auktion (F.), Versteigerung (F.)
auction (V.) off versteigern
auctioneer (F.) Auktionatorin (F.), Versteigererin (F.)
auctioneer (M. bzw. F.) Auktionator (M.), Versteigerer (M.)
auctioneer (V.) versteigern
audience (N.) Audienz (F.), Publikum (N.)
audit (N.) Rechnungsprüfung (F.), Revision (F.) (Revision im Handelsrecht)
auditing (N.) Revision (F.) (Revision im Handelsrecht)
audit office (N.) Rechnungshof (M.)
auditor (F.) Hospitantin (F.), Prüferin (F.), Rechnungsprüferin (F.)
auditor (M. bzw. F.) Hospitant (M.), Prüfer (M.), Rechnungsprüfer (M.)
augment (V.) anwachsen, steigern
aunt (F.) Tante (F.)
Austria (F.) Österreich (N.)
authentic (Adj.) echt
authentical (Adj.) authentisch
authentical interpretation (N.) authentische Interpretation (F.)
authenticate (V.) beglaubigen, beurkunden
authenticating clerk (F.) Urkundsbeamtin (F.)
authenticating clerk (M. bzw. F.) Urkundsbeamter (M.)
authentication (N.) Beurkundung (F.)
authentic copy (N.) Ausfertigung (F.)
authentic document (N.) echte Urkunde (F.)
authenticity (N.) Echtheit (F.)
author (F.) Autorin (F.), Urheberin (F.), Verfasserin (F.)
author (M. bzw. F.) Autor (M.), Urheber (M.), Verfasser (M.)
authority (N.) Befugnis (F.), Berechtigung (F.), Bevollmächtigung (F.), Kompetenz (F.), Vollmacht (F.)
authority (N.) to claim Sachbefugnis (F.)
authority (N.) to complete Ausfüllungsbefugnis (F.)
authority (N.) to provide a substitute Ersetzungsbefugnis (F.)
authorization (N.) Bevollmächtigung (F.), Bewilligung (F.), Billigung (F.), Ermächtigung (F.)
authorization (N.) for registration Eintragungsbewilligung (F.)
authorize (V.) autorisieren, berechtigen, bevollmächtigen, bewilligen, billigen, ermächtigen, genehmigen, legitimieren
authorized (Adj.) befugt, kompetent (zuständig)
authorized agent (F.) Handlungsbevollmächtigte (F.)
authorized agent (M. bzw. F.) Handlungsbevollmächtigter (M.)
authorized capital (N.) genehmigtes Kapital (N.)
authorized dealer (F.) Vertragshändlerin (F.)
authorized dealer (M. bzw. F.) Vertragshändler (M.)
authorized signatory (F.) Prokuristin (F.)
authorized signatory (M. bzw. F.) Prokurist (M.)
authorized stock (N.) genehmigtes Kapital (N.)
author-publisher agreement (N.) Verlagsvertrag (M.)
author's fee (N.) Tantieme (F.)
author's right (N.) Urheberrecht (N.)
automatic (Adj.) automatisch
automatic error (N.) absoluter Revisionsgrund (M.)
automatic machine (N.) Automat (M.)
automobile (N.) Wagen (M.) (Auto)
automobile insurance (N.) Kraftfahrzeugversicherung (F.)
autonomous (Adj.) autonom
autonomy (N.) Autonomie (F.)
autopsy (N.) Autopsie (F.), Leichenöffnung (F.), Leichenschau (F.), Obduktion (F.), Sektion (F.) (Leichenöffnung in der Medizin)
auxiliary expertise (N.) Hilfsgutachten (N.)
auxiliary officer (F.) Hilfsbeamtin (F.)
auxiliary officer (M. bzw. F.) Hilfsbeamter (M.)

aval (N.) Aval (M.)
avarice (N.) Habgier (F.)
avenge (V.) rächen
average (Adj.) durchschnittlich
average (N.) Durchschnitt (M.), Haverei (F.)
averment (N.) Behauptung (F.), Sachvortrag (M.)
avert (V.) abwehren
averting (N.) dangers Gefahrenabwehr (F.)
avoid (V.) anfechten (eine Willenserklärung anfechten), ausweichen, meiden, vermeiden
avoidable (Adj.) vermeidbar
avoidable error (N.) as to the prohibited nature of an act vermeidbarer Verbotsirrtum (M.)
avoidance (N.) Anfechtung (F.) (Anfechtung einer Willenserklärung), Umgehung (F.), Vermeidung (F.)
award (N.) Preis (M.) (Belohnung), Spruch (M.), Zuschlag (M.) (Zuteilung bei der Versteigerung)
award (N.) of punishment Strafzumessung (F.)
award (V.) zumessen
awarding (N.) Bemessung (F.), Zumessung (F.)
awarding (N.) of a doctorate Promotion (F.)
aware (Adj.) bewusst
axiom (N.) Axiom (N.)

b

bachelor (M.) Junggeselle (M.)
bachelor (M. bzw. F.) baccalaureus (M.) (lat.)
back (N.) Kreuz (N.), Rückseite (F.)
backbite (V.) lästern
background (N.) Herkunft (F.)
backing (N.) Deckung (F.) (Absicherung), Förderung (F.) (Unterstützung)
backleg (F.) Streikbrecherin (F.)
backleg (M. bzw. F.) Streikbrecher (M.)
back payment (N.) Nachzahlung (F.), Rückzahlung (F.)
back-to-back-guarantee (N.) Rückbürgschaft (F.)
bad (Adj.) übel
Baden (F.) Baden (N.)
Baden-Württemberg (F.) Baden-Württemberg (N.)
bad faith (N.) böser Glaube (M.), Bösgläubigkeit (F.), mala fides (F.) (lat.)
badge (N.) Plakette (F.)
badge (N.) of fraud Verdachtsmoment (M.) für betrügerisches Verhalten des Schuldners
bad luck (N.) Unglück (N.)
bad title (N.) mangelhafter Titel (M.)
bad-weather allowance (N.) Winterausfallsgeld (N.)
bad-weather pay (N.) Winterausfallsgeld (N.)
bagatelle (N.) Bagatelle (F.)
bail (N.) Bürgschaft (F.), Kaution (F.)
bailee (F.) Treuhänderin (F.), treuhänderische Besitzerin (F.), Verwahrerin (F.)
bailee (M. bzw. F.) treuhänderischer Besitzer (M.), Treuhänder (M.), Verwahrer (M.)
bailiff (F.) Amtmännin (F.), Gerichtsvollzieherin (F.)
bailiff (M. bzw. F.) Amtmann (M.), Gerichtsvollzieher (M.)
bailiff's stamp (N.) Pfandsiegel (N.)
bailment (N.) Besitzkonstitut (N.), Besitzmittelungsverhältnis (N.), Hinterlegung (F.)
bailment (N.) for sale Verkaufskommission (F.)
bailor (F.) Hinterlegerin (F.), mittelbare Besitzerin (F.)
bailor (M. bzw. F.) Hinterleger (M.), mittelbarer Besitzer (M.)
bait (V.) hetzen
balance (N.) Differenz (F.), Saldo (M.), Überschuss (M.) (Saldo)
balance (N.) in one's favor Guthaben (N.)
balance (N.) of trade Handelsbilanz (F.)
balance (sheet) (N.) Bilanz (F.)
balance (V.) ausgleichen, saldieren
balancing consideration (N.) of legally protected values Güterabwägung (F.)
ballot (N.) Stimmzettel (M.), Wahl (F.) (politische Entscheidung)
ballot (V.) abstimmen
ballot box (N.) Urne (F.) (Wahlurne), Wahlurne (F.)
ballot paper (N.) Stimmzettel (M.), Wahlzettel (M.)
ban (N.) Bann (M.) (Kirchenbann), Verbot (N.)
ban (N.) on entering the house Hausverbot (N.)

ban (N.) on public meetings Versammlungsverbot (N.)
ban (N.) on sales Veräußerungsverbot (N.)
ban (N.) on smoking Rauchverbot (N.)
ban (N.) on utilization Verwertungsverbot (N.)
ban (V.) indizieren, verbieten
bandit (F.) Banditin (F.)
bandit (M.) Bandit (M.)
banish (V.) verbannen
banishment (N.) Verbannung (F.)
bank (N.) Bank (F.), Ufer (N.) (Flussufer), Ufer (N.) (Seeufer)
bank (N.) of issue Notenbank (F.)
bank acceptance (N.) Bankakzept (N.)
bank account (N.) Bankkonto (N.)
bank balance (N.) Kontostand (M.)
bank deposit (N.) Bankeinlage (F.)
banker (F.) Bankierin (F.)
banker (M. bzw. F.) Bankier (M.)
banker's acceptance (N.) Bankakzept (N.)
banker's discretion (N.) Bankgeheimnis (N.)
banker's lien (N.) Bankenpfandrecht (N.)
banker's privilege (N.) Bankgeheimnis (N.)
bank giro contract (N.) Girovertrag (M.)
bank guarantee (N.) Aval (M.), Bankbürgschaft (F.)
banking (N.) Bankgeschäft (N.)
banking account (N.) Bankkonto (N.)
banking house (N.) Bank (F.)
banking institution (N.) Kreditinstitut (N.)
banking law (N.) Bankrecht (N.)
banking secrecy (N.) Bankgeheimnis (N.)
bank note (N.) Banknote (F.)
banknote (N.) Geldschein (M.)
bank rate (N.) Zinssatz (M.)
bankrupt (Adj.) bankrott
bankruptcy (N.) Bankrott (M.), Konkurs (M.), Pleite (F.)
bankruptcy (N.) of an estate Nachlasskonkurs (M.)
bankruptcy composition (N.) Zwangsvergleich (M.)
bankruptcy offence (N.) Konkursstraftat (F.)
bankruptcy petition (N.) Konkursantrag (M.)
bankruptcy proceedings (N.Pl.) Konkursverfahren (N.)
bankrupt person (F.) Bankrotteurin (F.)
bankrupt person (M. bzw. F.) Bankrotteur (M.)
bankrupt's estate (N.) Konkursmasse (F.), Masse (F.) (Insolvenzvermögen)
bank transaction (N.) Bankgeschäft (N.)
bank transfer (N.) Giro (N.)
banktransfer contract (N.) Überweisungsvertrag (M.)
banns (N.) of matrimony Aufgebot (N.) (Aufgebot im Eherecht)
baptism (N.) Taufe (F.)
baptize (V.) taufen
bar (N.) Anwaltschaft (F.), peremptorische Einrede (F.), Schranke (F.)
bar (N.) of trial Prozesshindernis (N.)
bar (V.) untersagen, verbieten
bar association (N.) (am.) Anwaltskammer (F.)
bargain (N.) Geschäft (N.) (Rechtsgeschäft)
bargain (V.) handeln (Handel treiben)
bargain (V.) for feilschen
baron (M.) Freiherr (M.), Pate (M.)
baroness (F.) Freifrau (F.)
barracks (N.Pl.) Kaserne (F.), Mietskaserne (F.)
barratry (N.) Anstiftung (F.) zu grundloser Prozessführung
barred zone (N.) Sperrgebiet (N.)
barrier (N.) Schranke (F.)
barring (N.) Sperrung (F.)
barrister (F.) Prozessanwältin (F.)
barrister (F.) (br.) Anwältin (F.)
barrister (M. bzw. F.) (brit.) Anwalt (M.), Prozessanwalt (M.)
barrister's fee (N.) Anwaltsgebühr (F.)
barter (N.) Tausch (M.)
barter (V.) tauschen
barter economy (N.) Naturalwirtschaft (F.)
base (N.) Sitz (M.) (Standort), Standort (M.)
based on fact tatsächlich
base motive (N.) niedriger Beweggrund (M.)
base rate (N.) of interest Basiszinssatz (M.)
basic budgetary rule (N.) Haushaltsgrundsatz (M.)
basic law (N.) Grundgesetz (N.)
basic military service (N.) Grundwehrdienst (M.)

basic pay (N.) Ecklohn (M.)
basic pension (N.) Grundrente (F.) (Mindestrente)
basic rate (N.) of interest Basiszinssatz (M.)
basic salary (N.) Grundgehalt (N.)
basic system (N.) Grundordnung (F.)
Basic Treaty (N.) Grundvertrag (M.)
basic wage (N.) Ecklohn (M.), Grundlohn (M.)
basis (N.) Grundlage (F.)
basis (N.) of assessment Bemessungsgrundlage (F.)
basis (N.) of a transaction Geschäftsgrundlage (F.)
basis (N.) of authorization Ermächtigungsgrundlage (F.)
basis (N.) of claim Anspruchsgrundlage (F.)
batallion (N.) Bataillion (N.)
batch (N.) of new peers Pairschub (M.)
battery (N.) Batterie (F.), gewaltsame Körperverletzung (F.), Körperverletzung (F.), Misshandlung (F.)
battery ordinance (N.) Batterieverordnung
battery regulation (N.) Batterieverordnung
battle (N.) of forms Kollision (F.) widersprechender allgemeiner Geschäftsbedingungen (Kollision widersprechender allgemeiner Geschäftsbedingungen im angloamerikanischen Recht)
Bavaria (N.) Bayern (N.)
Bavarian (Adj.) bayerisch
Bavarian (F.) Bayerin (F.)
Bavarian (M.) Bayer (M.)
Bavarian Supreme Court (N.) Bayerisches Oberstes Landesgericht (N.)
be (V.) absent ausbleiben
be (V.) acquainted with kennen
be (V.) adequate eignen
be (V.) a deserter fahnenflüchtig
be (V.) after nachstellen
be (V.) alive leben
be (V.) at fault in verschulden (schuld sein)
be (V.) aware of wissen
be (V.) concerned sorgen (sich sorgen)
be (V.) concurrent konkurrieren (zusammentreffen von Gesetzen)
be (V.) defeated unterliegen
be (V.) deficient mangeln
be (V.) descended stammen
be (V.) domiciled wohnhaft sein (V.)
be (V.) effective greifen (intransitiv)
be (V.) employed arbeiten
be (V.) governed by unterliegen
be (V.) granted erhalten (V.)
be (V.) in effect gelten
be (V.) informed erfahren (V.)
be (V.) in session tagen
be (V.) in want of mangeln
be (V.) lacking mangeln
be (V.) liable for haften
be (V.) located liegen (sich befinden)
be (V.) of use nützen (nützlich sein)
be (V.) on strike streiken
be (V.) opposed to opponieren
be (V.) partial to begünstigen
be (V.) prevalent gelten
be (V.) querelous querulieren
be (V.) resident wohnhaft sein (V.)
be (V.) responsible einstehen
be (V.) short of mangeln
be (V.) silent schweigen
be (V.) situated) liegen (sich befinden)
be (V.) subject to unterliegen
be (V.) subject to an extinctive prescription versitzen
be (V.) subject to wear and tear abnutzen
be (V.) subordinate untergeben
be (V.) suitable eignen
be (V.) suspended ruhen, schweben
be (V.) suspicious of misstrauen
be (V.) the duty of obliegen
be (V.) to blame for verschulden (schuld sein)
be (V.) useful nützen (nützlich sein)
be (V.) valid gelten
be (V.) worried sorgen (sich sorgen)
beach (N.) Strand (M.)
beadle (F.) Büttelin (F.)
beadle (M. bzw. F.) Büttel (M.)
bear (V.) dulden
bear (V.) on auswirken
bear (V.) witness to bezeugen
bearer (F.) Inhaberin (F.), Trägerin (F.), Überbringerin (F.)
bearer (M. bzw. F.) Inhaber (M.), Träger (M.), Überbringer (M.)
bearer bond (N.) Inhaberschuldverschreibung (F.)
bearer certificate (N.) Inhaberpapier (N.)
bearer check (N.) (am.) Inhaberscheck (M.)

bearer cheque (N.) (brit.) Inhaberscheck (M.)
bearer clause (N.) Inhaberklausel (F.)
bearer paper (N.) Inhaberpapier (N.)
bearer share (N.) (brit.) Inhaberaktie (F.)
bearer stock (N.) (am.) Inhaberaktie (F.)
bearer token (N.) Inhaberzeichen (N.)
bearing (N.) of the risk Gefahrtragung (F.)
be a subscriber to (V.) abonnieren
beat (N.) Streife (F.)
beat (V.) misshandeln, prügeln, schlagen
become (V.) a member of beitreten
become (V.) available anfallen
become (V.) engaged verloben (sich verloben)
beg (V.) betteln, bitten
beggar (F.) Bettlerin (F.)
beggar (M. bzw. F.) Bettler (M.)
begging (N.) Bettelei (F.)
begin (V.) with the realization of an offence Ansetzen (N.) zur Tatbestandsverwirklichung
beginning (N.) of the commission of the act Anfang (M.) der Ausführung
behave (V.) verhalten
behavior (N.) (am.) Führung (F.) (Benehmen), Gebaren (N.), Verhalten (N.)
behaviour (N.) (brit.) Führung (F.) (Benehmen), Gebaren (N.), Verhalten (N.)
behead (V.) enthaupten, köpfen
beheading (N.) Enthauptung (F.)
being (N.) Dasein (N.)
belated (Adj.) nachträglich
belief (N.) Glaube (M.)
believable (Adj.) glaubhaft
believe (V.) glauben
belittle (V.) verharmlosen
belong (V.) to angehören, gehören
belongings (N.Pl.) Habe (F.)
below par (N.) Disagio (N.)
bench warrant (N.) Haftbefehl (M.)
benefactor (F.) Spenderin (F.)
benefactor (M.) Spender (M.)
benefication (N.) Spende (F.)
benefice (N.) beneficium (N.) (lat.)
beneficial (Adj.) vorteilhaft
beneficial interest (N.) Nießbrauch (M.), Nutzungsrecht (N.)
beneficial occupier (F.) Nießbrauchsberechtigte (F.)
beneficial occupier (M. bzw. F.) Nießbrauchsberechtigter (M.)
beneficiary (F.) Begünstigte (F.), Berechtigte (F.)
beneficiary (M. bzw. F.) Begünstigter (M.), Begünstigter (M.) (Begünstigter eines Trusts), Berechtigter (M.)
benefit (N.) Beihilfe (F.) (Unterstützungsleistung), Frucht (F.) (Frucht im rechtlichen Sinn), Nutzen (M.), Vorteil (M.)
benefit (N.) of the law Rechtswohltat (F.)
benefit (N.) to the public Gemeinnützigkeit (F.)
Benelux country (N.) Benelux-Staat (M.)
bequeath (V.) nachlassen, vererben, vermachen, zuwenden
bequest (N.) Legat (N.) (Vermächtnis), Vermächtnis (N.), Zuwendung (F.)
bereaved (Adj.) hinterblieben
Berlin (F.) Berlin (N.)
Berlin Testament (N.) Berliner Testament (N.)
Berne Convention (N.) Berner Übereinkunft (F.)
bestow (V.) verleihen (eine Auszeichnung geben), zuwenden
bestowal (N.) Verleihung (F.) (Austeilung), Zuwendung (F.)
bet (N.) Wette (F.)
bet (V.) wetten
betray (V.) verraten (jemanden verraten)
betrayal (N.) Verrat (M.)
betrayal (N.) of trust Vertrauensbruch (M.)
betrayer (M.) Verräter (M.)
betterment (N.) Verbesserung (F.)
beware (V.) of hüten (sich hüten)
beyond recall unwiderruflich
bias (N.) Befangenheit (F.), Parteilichkeit (F.), Voreingenommenheit (F.)
bias (V.) beeinflussen
biased (Adj.) befangen, parteiisch, parteilich
biassed (Adj.) voreingenommen
bibliography (N.) Bibliographie
bicameral system (N.) Zweikammersystem (N.)
bid (N.) Angebot (N.), Gebot (N.) (Versteigerungsgebot)
bigamous marriage (N.) Doppelehe (F.)
bigamy (N.) Bigamie
bilateral (Adj.) bilateral, zweiseitig
bill (N.) Entwurf (M.), Faktura (F.), Gesetzentwurf (M.), Gesetzesvorlage (F.),

Rechnung (F.), Vorlage (F.) (Gesetzesvorlage), Zeche (F.) (Verzehr bzw. Rechnung in einer Gaststätte)
bill (N.) (am.) Banknote (F.)
bill (N.) of charges Kostenrechnung (F.) (Kostenrechnung im Geschäft)
bill (N.) of complaint Klageschrift (F.)
bill (N.) of costs Kostenrechnung (F.) (Kostenrechnung im Geschäft)
bill (N.) of exchange Tratte (F.), Wechsel (M.) (Wertpapier)
bill (N.) of freight Frachtbrief (M.)
bill (N.) of indictment Anklageschrift (F.)
bill (N.) of lading Konnossement (N.), Ladeschein (M.)
bill guaranty (N.) Wechselbürgschaft (F.)
bind (V.) binden, verpflichten
binder (N.) Punktation (F.), Vorvertrag (M.) (Vorvertrag im Versicherungsrecht)
binder (N.) (am.) Deckungszusage (F.)
binding (Adj.) bindend, verbindlich
binding (N.) Bindung (F.)
binding law (N.) zwingendes Recht (N.)
biotomy (N.) Vivisektion (F.)
bipartite (Adj.) zweiseitig
birth (N.) Geburt (F.)
birth certificate (N.) Geburtsurkunde (F.)
bishop (F.) Bischöfin (F.)
bishop (M.) Bischof (M.)
bishopric (N.) Bistum (N.)
blackjack (M. bzw. F.) (am.) Totschläger (M.)
blackmail (N.) Erpressung (F.)
blackmail (V.) erpressen
blackmailer (F.) Erpresserin (F.)
blackmailer (M. bzw. F.) Erpresser (M.)
blackmailing (Adj.) erpresserisch
black market (N.) Schwarzmarkt (M.)
black marketeer (F.) Schwarzhändlerin (F.)
black marketeer (M. bzw. F.) Schwarzhändler (M.)
black-marketeering (N.) Schwarzhandel (M.)
black-market sale (N.) Schwarzkauf (M.)
blame (N.) Verschulden (N.)
blame (V.) beschuldigen
blameless (Adj.) unbescholten
blank (N.) Blankett (N.), Formular (N.), Lücke (F.)
blank bill (N.) Blankowechsel (M.)
blank check (N.) (am.) Blankoscheck (M.)
blank cheque (N.) (brit.) Blankoscheck (M.)
blanket act (N.) Blankettvorschrift (F.)
blanket clause (N.) Generalklausel (F.)
blanket clause (N.) of the police polizeiliche Generalklausel (F.)
blanket law (N.) Blankettgesetz (N.
blank indorsement (N.) Blankoindossament (N.)
blank signature (N.) Blankounterschrift
blasphemous libel (N.) Gotteslästerung (F.)
blasphemy (N.) Blasphemie (F.), Gotteslästerung (F.)
blast (V.) sprengen
blasting agent (N.) Sprengstoff (M.)
blend (V.) vermengen, vermischen
blending (N.) Vermischung (F.)
blind alley (N.) Sackgasse (F.)
block (N.) Paket (N.)
block (N.) of flats (brit.) Mietshaus (N.)
block (V.) blockieren, sperren, vereiteln, vinkulieren
blockade (N.) Blockade (F.)
blockade (V.) blockieren
blockaded area (N.) Sperrgebiet (N.)
blocking (N.) Sperrung (F.)
block letters (N.Pl.) Druckschrift (F.) (Druckbuchstaben)
blood-alcohol (N.) Blutalkohol (M.)
bloodlust (N.) Mordlust (F.)
blood relationship (N.) Blutsverwandtschaft (F.)
blood revenge (N.) Blutrache (F.)
blood sample (N.) Blutprobe (F.)
blood test (N.) Blutprobe (F.)
blood-vengeance (N.) Blutrache (F.)
blow (N.) Schlag (M.)
blow (V.) up sprengen
board (N.) Aufsichtsrat (M.), Ausschuss (M.), Bord (N.), Gremium (N.), Kollegialbehörde (F.), Kollegialorgan (N.), Kollegium (N.)
board (N.) of conciliation Einigungsstelle (F.)
board (N.) of directors Aufsichtsrat (M.) (einer Gesellschaft), Vorstand (M.)
board (N.) of health Gesundheitsamt (N.)
board (N.) of trade (am.) Handelskammer (F.)
board (N.) of trustees Aufsichtsrat (M.) (einer Gesellschaft), Kuratorium (N.)

boat (N.) Schiff (N.)
bodily (Adj.) körperlich
bodily harm (N.) Körperverletzung (F.)
body (N.) Gremium (N.), Kollegium (N.), Körper (M.), Körperschaft (F.), Korporation (F.), Leib (M.), Organ (N.)
boilerplate (N.) Anwaltschinesisch (N.)
bona fide (Adj.) gutgläubig
bona fide purchaser (F.) gutgläubige Erwerberin (F.)
bona fide purchaser (M. bzw. F.) gutgläubiger Erwerber (M.)
bona fide rights protection (N.) Gutglaubensschutz (M.)
bona fides (N.) (lat.) bona fides (F.) (lat.), guter Glaube (M.)
bona fide transaction (N.) gutgläubiger Erwerb (M.)
bond (N.) Bund (M.), Obligation (F.), Schuldschein (M.), Schuldverschreibung (F.)
bond (N.) (am.) Anleihe (F.)
bondage (N.) Gebundenheit (F.)
bondholder (F.) Pfandbriefinhaberin (F.)
bondholder (M. bzw. F.) Pfandbriefinhaber (M.)
bondsman (M.) Bürge (M.)
bonus (N.) Bonus (M.), Gratifikation (F.), Prämie (F.), Zugabe (F.)
bonus share (N.) Genussschein (M.)
book (N.) Buch (N.)
book (N.) of authority Grundlagenwerk (N.) (Grundlagenwerk im angloamerikanischen Recht)
book (V.) bestellen, buchen, notieren, reservieren
book (V.) (brit.) vorbestellen
booking (N.) Buchung (F.) (Buchhaltung), Buchung (F.) (Vertragsabschluss einer Reise)
booking entry (N.) Notierung (F.)
bookkeeper (F.) Buchhalterin (F.)
bookkeeper (M. bzw. F.) Buchhalter (M.)
bookkeeping (N.) Buchführung (F.), Buchhaltung (F.)
book post (N.) (brit.) Drucksache (F.)
book value (N.) Buchwert (M.)
boom (N.) Hausse (F.)
booty (N.) Beute (F.)
border (N.) Grenze (F.) (Staatsgrenze)
born (Adj.) gebürtig
borough council (N.) Gemeinderat (M.)
borrow (V.) borgen, entleihen, leihen (sich etwas von jemandem anderen leihen)
borrowed capital (N.) Fremdkapital (N.)
borrower (F.) Kreditnehmerin (F.)
borrower (M. bzw. F.) Kreditnehmer (M.)
borrowing (N.) Leihe (F.)
borstal (N.) Jugendstrafanstalt (F.)
bottomry (N.) Bodmerei (F.)
bound (Adj.) gebunden
boundary (N.) Gemarkung (F.)
bounty (N.) Gabe (F.) (Geldgabe)
bourse (N.) Börse (F.)
box (N.) on the ear Ohrfeige (F.)
box (V.) someone's ear ohrfeigen
boycott (N.) Boykott (M.)
boycott (V.) boykottieren
brain (N.) Gehirn (N.), Hirn (M.)
branch (N.) Filiale (F.), Niederlassung (F.) (Unternehmensteil), Zweigniederlassung (F.), Zweigstelle (F.)
branch (N.) of criminology dealing with victims of crime Viktimologie (F.)
branch (N.) of law Rechtsgebiet (N.)
branch establishment (N.) Zweigniederlassung (F.)
branch office (N.) Filiale (F.), Zweigstelle (F.)
branch store (N.) Filiale (F.)
brand (N.) Marke (F.)
branded article (N.) Markenartikel (M.), Markenware (F.)
branded good (N.) Markenartikel (M.), Markenware (F.)
Brandenburg (F.) Brandenburg (N.)
brawl (N.) Schlägerei (F.)
breach (N.) Bruch (M.), Übertretung (F.), Vergehen (N.), Verletzung (F.) (Übertretung einer Vorschrift), Verstoß (M.)
breach (N.) of an obligation Forderungsverletzung (F.)
breach (N.) of confidence Vertrauensbruch (M.)
breach (N.) of contract positive Forderungsverletzung (F.), Vertragsbruch (M.), Vertragspflichtverletzung (F.), Vertragsverletzung (F.)
breach (N.) of custody Gewahrsamsbruch (M.)
breach (N.) of duty Pflichtverletzung (F.), Sorgfaltspflichtverletzung (F.)
breach (N.) of faith Treubruch (M.)

breach (N.) of official custody Verwahrungsbruch (M.)
breach (N.) of official duty Amtspflichtverletzung (F.)
breach (N.) of public peace Landfriedensbruch (M.)
breach (N.) of regulations Ordnungswidrigkeit (F.)
breach (N.) of the peace Friedensbruch (M.), Ruhestörung (F.)
breach (N.) of trust Untreue (F.)
breach-of-promise award (N.) Kranzgeld (N.)
break (N.) Bruch (M.)
break (N.) (brit.) Pause (F.)
break (V.) brechen, übertreten, verletzen (beschädigen)
break (V.) down scheitern
break (V.) in einbrechen
break (V.) off abbrechen
break (V.) out ausbrechen
break (V.) someone on the wheel rädern
breakdown (N.) Ausfall (M.), Betriebsstörung (F.), Zerrüttung (F.)
breaking (N.) off Abbruch (M.) (Beendigung von Verhandlungen)
breaking (N.) of official seals Siegelbruch (M.)
breeding (N.) Zucht (F.)
Bremen (F.) Bremen (N.)
bribable (Adj.) bestechlich
bribe (N.) Schmiergeld (N.)
bribe (V.) bestechen
bribemoney (N.) (brit.) Schmiergeld (N.)
bribery (N.) Bestechlichkeit (F.), Bestechung (F.), Korruption (F.)
bribery (N.) of an official Beamtenbestechung (F.)
bribing (N.) Bestechung (F.)
bribing (N.) congressmen Abgeordnetenbestechung (F.)
bribing (N.) Members of Parliament Abgeordnetenbestechung (F.)
bribing (N.) voters Wählerbestechung (F.)
bride (F.) Braut (F.)
bridegroom (M.) Bräutigam (M.)
bridle-path (N.) Reitweg (M.)
bridleway (N.) Reitweg (M.)
brief (N.) Schriftsatz (M.)
brigade (N.) Brigade (F.)
bring (V.) einreichen
bring (V.) action against verklagen
bring (V.) a lawsuit verklagen
bring (V.) before (the judge) vorführen (vor Gericht bzw. Behörde vorführen)
bring (V.) in einbringen (Kapital einbringen)
bring (V.) into contempt verächtlichmachen
bring (V.) up erziehen
bringing in (N.) Einbringung (F.) (Kapitaleinbringung)
broadcast (V.) funken, übertragen (eine Sendung übertragen)
broker (F.) Maklerin (F.), Versicherungsmaklerin (F.)
broker (M. bzw. F.) Abschlussvertreter (M.), Makler (M.), Versicherungsmakler (M.)
brokerage (N.) Provision (F.)
brokerage agreement (N.) Maklervertrag (M.)
brokerage contract (N.) Maklervertrag (M.)
brothel (N.) Bordell (N.), Freudenhaus (N.), Puff (M.)
brother (M.) Bruder (M.)
brother (M.) of the brother-in-law Schwippschwager (M.) (Bruder des Schwagers)
brother-in-law (M.) Schwager (M.)
brothers and sisters (Pl.) Geschwister (Pl.)
Brussels Treaty (N.) Brüsseler Vertrag (M.)
brutal (Adj.) grausam
brutalize (V.) misshandeln
bucaneer (F.) Freibeuterin (F.)
buccaneer (M. bzw. F.) Freibeuter (M.)
budget (N.) Budget (N.), Etat (M.), Haushalt (M.) (Staatshaushalt), Haushaltsplan (M.)
budgetary planning (N.) Finanzplanung (F.)
budget bill (N.) Haushaltsvorlage (F.)
budgeting (N.) Finanzplanung (F.)
budget law (N.) Haushaltsgesetz (N.), Haushaltsrecht (N.)
buggery (N.) Sodomie (F.)
bugging device (N.) Abhörgerät (N.)
build (V.) over überbauen
build (V.) up bebauen
build (V.) upon bebauen
builder (F.) Bauherrin (F.), Bauträgerin (F.)
builder (M. bzw. F.) Bauherr (M.), Baumeister (M.), Bauträger (M.)

building (N.) Bau (M.), Bauwerk (N.), Gebäude (N.), Haus (N.)
building and loan association (N.) (am.) Bausparkasse (F.)
building code (N.) Baugesetzbuch (N.), Bauordnung (F.)
building control office (N.) Baupolizei (F.)
building costs (N.Pl.) Baukosten (N.Pl.)
building expenses (N.Pl.) Baukosten (N. Pl.)
building ground (N.) Bauland (N.)
building inspection (N.) Bauaufsicht (F.), Baupolizei (F.), Bauüberwachung (F.)
building land (N.) Bauland (N.)
building land case (N.) Baulandsache (F.)
building law (N.) Baurecht (N.) (Baurechtsordnung)
building lawsuit (N.) Bauprozess (M.)
building lease (N.) Erbbaurecht (N.)
building licence (N.) (brit.) Baugenehmigung (F.)
building license (N.) (am.) Baugenehmigung (F.)
building line (N.) Baulinie (F.), Fluchtlinie (F.)
building owner (F.) Bauherrin (F.)
building owner (M. bzw. F.) Bauherr (M.)
building permit (N.) Baugenehmigung (F.), Bauschein (M.)
building plan (N.) Bauplan (M.)
building regulations (N.Pl.) Bauordnung (F.), Bauordnungsrecht (N.)
building scheme (N.) Bebauungsplan (M.)
building site (N.) Bauplatz (M.)
building site regulation (N.) Baustellenverordnung (F.)
building society (N.) (brit.) Bausparkasse (F.)
building society savings contract (N.) Bausparvertrag (M.)
building supervisor (F.) Bauleiterin (F.)
building supervisor (M. bzw. F.) Bauleiter (M.)
Bulgaria (N.) Bulgarien (N.)
bulk (N.) Masse (F.)
bulk sale (N.) Gesamtverkauf (M.) (Gesamtverkauf im angloamerikanischen Recht)
bull (N.) Bulle (F.) (kirchlich-päpstliches Gesetz)
bullet (N.) Geschoss (N.) (Geschoss aus einer Waffe)
bulletin (N.) Bulletin (N.)
bull market (N.) Hausse (F.)
Bundestag (N.) Bundestag (M.)
burden (N.) Auflage (F.), Belastung (F.), Last (F.) (Belastung)
burden (N.) of proof Beweislast (F.)
burden (V.) belasten
burdensome (Adj.) lästig
bureau (N.) Büro (N.), Dienststelle (F.), Geschäftsstelle (F.)
bureaucracy (N.) Bürokratie (F.)
burglar (F.) Einbrecherin (F.)
burglar (M. bzw. F.) Einbrecher (M.)
burglar alarm (N.) Alarmanlage (F.)
burglary (N.) Einbruch (M.), Einbruchsdiebstahl (M.)
burgle (V.) einbrechen
burial (N.) Beerdigung (F.)
burning (N.) Brand (M.)
bursar's office (N.) Quästur (F.) (Rechnungsbehörde an Universitäten)
bury (V.) beerdigen
business (N.) Angelegenheit (F.), Betrieb (M.), Gewerbe (N.), Sache (F.) (Angelegenheit), Unternehmen (N.) (Geschäft)
business combination law (N.) Konzernrecht (N.)
business company (N.) Firma (F.) (Unternehmen)
business enterprise (N.) Gewerbebetrieb (M.)
business hazard (N.) Betriebsrisiko (N.)
business hours (N.Pl.) Geschäftszeit (F.)
business law (N.) Wirtschaftsrecht (N.)
business letter (N.) Geschäftsbrief (M.)
businesslike (Adj.) geschäftsmäßig
businessman (M.) Gewerbetreibender (M.), Kaufmann (M.)
business name (N.) Firma (F.) (Name des Kaufmanns)
business owner (F.) Unternehmerin (F.)
business owner (M. bzw. F.) Unternehmer (M.)
business premises (N.Pl.) Geschäftsraum (M.)
business report (N.) Geschäftsbericht (M.)
business risk (N.) Betriebsrisiko (N.)
business secret (N.) Geschäftsgeheimnis (N.)
businesswoman (F.) Gewerbetreibende (F.), Kauffrau (F.)

business year (N.) Geschäftsjahr (N.)
bust (N.) (am.) Pleite (F.)
busy (Adj.) beschäftigt, tätig
buy (V.) kaufen
buy (V.) over bestechen
buyer (F.) Käuferin (F.), Nehmerin (F.)
buyer (M. bzw. F.) Käufer (M.), Nehmer (M.)
buying (N.) Bezug (M.) (Erwerb), Einkauf (M.), Kauf (M.)
buying commission (N.) Einkaufskommission (F.)
buying price (N.) Einkaufspreis (M.)
by act of law kraft Gesetzes
by analogy (N.) analog
by birth gebürtig
by-election (N.) Nachwahl (F.)
by fact of law ipso iure (lat.)
by formal deed urkundlich
by mistake irrtümlich
by one's own hand (Adj.) eigenhändig
by operation of law ex lege (lat.), ipso iure (lat.), kraft Gesetzes
by private contract freihändig
by right de iure (lat.)
by testament letztwillig
by the police polizeilich
by will letztwillig

c

cab (N.) (am.) Taxi (N.)
cabinet (N.) Kabinett (N.)
cabinet bill (N.) Kabinettsvorlage (F.)
cabinet decision (N.) Kabinettsbeschluss (M.)
Cabinet Office (N.) Kanzleramt (N.)
cable (N.) Kabel (N.)
cabotage (N.) Kabotage (F.)
cabotage liberty (N.) Kabotagefreiheit (F.)
cadastral land survey (N.) Kataster (M. bzw. N.)
cadastral office (N.) Katasteramt (N.)
cadaver (N.) (am.) Leiche (F.)
cadet (M.) Kadett (M.)
cadet sergeant (M.) Fähnrich (M.) (Fähnrich im Landheer)
calculate (V.) berechnen, kalkulieren, rechnen
calculation (N.) Kalkulation (F.)
calendar (N.) Kalender (M.)
calendrical (Adj.) kalendarisch
calibrate (V.) eichen
call (N.) Abruf (M.), Aufruf (M.), Bestallung (F.), Einladung (F.)
call (V.) aufrufen, laden (V.) (2) (herbestellen)
call (V.) for bedingen (verlangen)
call (V.) in anfordern, beiladen
call (V.) off abbrechen, absagen
call (V.) on auffordern, besuchen
call (V.) to berufen (V.)
call (V.) up einberufen
callable (Adj.) kündbar
call back (N.) Rückruf (M.)
calling (N.) in Beiladung (F.)
call money (N.) Tagesgeld (N.)
calumniate (V.) verleumden
calumniator (F.) Verleumderin (F.)
calumniator (M. bzw. F.) Verleumder (M.)
calumny (N.) Lästerung (F.), Nachrede (F.), üble Nachrede (F.), Verleumdung (F.)
camouflage (V.) verdunkeln (von Sachverhalten)
camp (N.) Lager (N.)
campaign (N.) Kampagne (F.)
canal (N.) Kanal (M.) (1) (künstlicher Kanal)
cancel (V.) absagen, annullieren, aufheben, kassieren (aufheben), löschen (tilgen), lösen, stornieren, streichen (beseitigen), zurücktreten
cancellation (N.) Annullierung (F.), Aufhebung (F.), Kaduzierung (F.), Löschung (F.) (Tilgung), Storno (N.)
cancellation (N.) of sale (brit.) Wandlung (F.)
cancellation clause (N.) Rücktritt (M.) vom Versuch, Verfallsklausel (F.)
cancellation right (N.) Löschungsanspruch (M.)
candidacy (N.) Kandidatur (F.)
candidate (F.) Anwärterin (F.), Bewerberin (F.), Kandidatin (F.)
candidate (F.) for a doctorate Doktorandin (F.)
candidate (M. bzw. F.) Anwärter (M.), Bewerber (M.), Kandidat (M.), Prüfling (M.)
candidate (M. bzw. F.) for a doctorate Doktorand (M.)

candidate (V.) kandidieren
candidature (N.) Kandidatur (F.)
cannon (N.) Kanone (F.)
canon (Adj.) kanonisch
canon (N.) Kanon (M.)
canonic (Adj.) kanonisch
canon law (N.) kanonisches Recht (N.), Kirchenrecht (N.)
canons (N.Pl.) of professional etiquette Standesrecht (N.)
canton (N.) Kanton
cantonal government (N.) Regierungsrat (M.) (Kantonsregierung in der Schweiz)
cap (V.) krönen
capability (N.) Befähigung (F.), Fähigkeit (F.)
capable (Adj.) fähig, tauglich (dienstfähig)
capable (Adj.) of being adjudicated justiziabel
capable (Adj.) of being guilty schuldfähig
capable (Adj.) of contracting geschäftsfähig
capable (Adj.) of making a will testierfähig
capable (Adj.) to act handlungsfähig
capacity (N.) Befähigung (F.), Eigenschaft (F.), Eignung (F.), Fähigkeit (F.), Kapazität (F.)
capacity (N.) to acquire and hold civil liberties Grundrechtsfähigkeit (F.)
capacity (N.) to act Handlungsfähigkeit (F.)
capacity (N.) to assert civil rights by court action Grundrechtsmündigkeit (F.)
capacity (N.) to conduct a case in court Postulationsfähigkeit (F.)
capacity (N.) to negotiate Verhandlungsfähigkeit (F.)
capacity (N.) to sue and to be sued Prozessfähigkeit (F.)
capacity (N.) to understand Einsichtsfähigkeit (F.)
capital (N.) Gesellschaftskapital (N.), Hauptstadt (F.), Kapital (N.)
capital crime (N.) Kapitalverbrechen (N.)
capital gain (N.) Vermögensvorteil (M.)
capital income tax (N.) Kapitalertragsteuer (F.)
capital investment (N.) Kapitalanlage (F.)
capitalism (N.) Kapitalismus (M.)
capitalist (Adj.) kapitalistisch
capitalist (F.) Kapitalistin (F.)
capitalist (M. bzw. F.) Kapitalist (M.)
capitalistic (Adj.) kapitalistisch
capitalize (V.) kapitalisieren
capital levy (N.) Vermögensteuer (F.)
capital market (N.) Kapitalmarkt (M.)
capital movements (N.Pl.) Kapitalverkehr (M.)
capital punishment (N.) Lebensstrafe (F.), Todesstrafe (F.)
capital reduction (N.) Kapitalherabsetzung (F.)
capital share (N.) Kapitalanteil (M.)
capital stock (N.) Kapital (N.)
capital stock (N.) (am.) Grundkapital (N.)
capital transactions (N.Pl.) Kapitalverkehr (M.)
capital transfer tax (N.) Kapitalverkehrsteuer (F.)
capital yield (N.) Kapitalertrag (M.)
capital-yield tax (N.) Kapitalertragsteuer (F.)
capitulate (V.) kapitulieren
capitulation (N.) Kapitulation (F.)
captain (F.) Kapitänin (F.)
captain (M. bzw. F.) Hauptmann (M.), Kapitän (M.)
caption (N.) Rubrum (N.), Urkundenkopf (M.)
captive (F.) Gefangene (F.)
captive (M. bzw. F.) Gefangener (M.)
captivity (N.) Gefangenschaft (F.)
capture (N.) Gefangennahme (F.)
capture (V.) kapern
captured (Adj.) gefangen
capturing (N.) Kaperei (F.)
car (N.) Wagen (M.) (Auto), Wagen (M.) (Eisenbahnwagen)
carat (N.) Karat (N.)
card catalog (N.) Kartei (F.)
cardinal (M.) Kardinal (M.)
card index (N.) Kartei (F.)
card money (N.) Kartengeld (N.)
care (N.) Aufsicht (F.), Betreuung (F.), Fürsorge (F.), Obacht (F.), Obhut (F.) (Fürsorge), Pflege (F.), Sorge (F.) (Fürsorge), Sorgfalt (F.)
care (V.) for hegen
care and control (N.) Sorgerecht (N.)
care and custody (N.) Personensorge (F.)
care association (N.) Betreuungsverein (M.)
career (N.) Laufbahn (F.)

careful (Adj.) sorgfältig
care law (N.) Pflegerecht (N.)
careless (Adj.) achtlos, fahrlässig, leichtfertig, nachlässig
carelessness (N.) Fahrlässigkeit (F.), Leichtfertigkeit (F.), Nachlässigkeit (F.)
caretaker (F.) Hausmeisterin (F.)
caretaker (M. bzw. F.) Hausmeister (M.)
cargo (N.) Fracht (F.), Frachtgut (N.), Ladung (F.) (Aufladung von Gütern)
car insurance (N.) Kraftfahrzeugversicherung (F.)
carnal (Adj.) geschlechtlich
carnal knowledge (N.) Beischlaf (M.), Geschlechtsverkehr (M.)
car owner (F.) Fahrzeughalterin (F.)
car owner (M. bzw. F.) Fahrzeughalter (M.)
car park (N.) Parkplatz (M.)
carriage (N.) Fracht (F.)
carriageway (N.) Fahrbahn (F.)
carrier (F.) Frachtführerin (F.)
carrier (F.) by sea Verfrachterin (F.)
carrier (M. bzw. F.) Frachtführer (M.)
carrier (M. bzw. F.) by sea Verfrachter (M.)
carry (V.) transportieren
carry (V.) off verschleppen (örtlich fortbewegen)
carry (V.) on betreiben, fortführen, führen
carry (V.) on a lawsuit prozessieren
carry (V.) out begehen, durchführen (verwirklichen), erfüllen, verrichten (tun), vollstrecken
carry (V.) out a coup d'état putschen
carry (V.) over prolongieren
carrying (N.) away of a woman Frauenraub (M.)
carrying (N.) with Beisichführen (N.)
carrying value (N.) Buchwert (M.)
carry out (V.) a putsch putschen
carte (N.) blanche (franz.) Blankovollmacht (F.), Freibrief (M.)
cartel (N.) Kartell (N.)
cartel authority (N.) Kartellbehörde (F.)
cartel law (N.) Kartellgesetz (N.)
cartels law (N.) Kartellrecht (N.)
cartridge (N.) Patrone (F.)
case (N.) Fall (M.), Sache (F.) (Angelegenheit)
case (N.) of defence (brit.) Verteidigungsfall (M.)
case (N.) of defense (am.) Verteidigungsfall (M.)
case (N.) of necessity Notfall (M.)
case (N.) of need Notfall (M.)
case (N.) of war Verteidigungsfall (M.)
casebook (N.) Entscheidungssammlung (F.), Fallsammlung (F.)
case law (N.) case-law (N.) (engl.), Fallrecht (N.), Kasuistik (F.)
cash (Adj.) bar
cash (N.) Bargeld (N.), Kasse (F.)
cash (N.) against shipping documents Kasse gegen Verladedokumente
cash (N.) against statement of account Kasse gegen Faktura
cash (N.) on delivery (C.O.D.) Nachnahme (F.)
cash (V.) kassieren (Geld einnehmen)
cash bid (N.) Bargebot (N.)
cash box (N.) Kasse (F.)
cash discount (N.) Skonto (N.)
cash dispenser (N.) Bankomat (M.)
cashier (F.) Kassiererin (F.)
cashier (M. bzw. F.) Kassierer (M.), Kassier (M.)
cash payment (N.) Barzahlung (F.)
cash purchase (N.) Barkauf (M.)
cash register (N.) Kasse (F.)
cash reserves (N.Pl.) Liquiditätsreserve (F.)
cast (V.) one's vote for candidates of different parties panaschieren
cast (V.) suspicion on verdächtigen
caste (N.) Kaste (F.)
casting suspicion (N.) Verdächtigung (F.)
cast out (V.) verstoßen (zurückweisen)
castrate (V.) kastrieren
castration (N.) Kastration (F.)
casual (Adj.) gelegentlich
casuistry (N.) Kasuistik (F.)
catalogue price (N.) Listenpreis (M.)
catastrophe (N.) Katastrophe (F.)
catch (V.) greifen (transitiv)
category (N.) Klasse (F.)
catholic (Adj.) katholisch
caucus (N.) (am.) Fraktion (F.)
caught (Adj.) gefangen
causal (Adj.) kausal, ursächlich
causal connection (N.) Kausalzusammenhang (M.)
causality (N.) Kausalität (F.), Ursächlichkeit (F.)

causation (N.) Kausalität (F.), Verursachung (F.)
causation (N.) creating liability haftungsbegründende Kausalität (F.)
causative (Adj.) kausal, ursächlich
cause (F.) Verursacherin (F.)
cause (M. bzw. F.) Verursacher (M.)
cause (N.) causa (F.) (lat.), Grund (M.) (Anlass), Rechtsstreit (M.), Sache (F.) (Angelegenheit), Ursache (F.)
cause (N.) falling within the province of the family court Familiensache (F.)
cause (N.) in law Rechtsgrund (M.)
cause (N.) of action Klagegrund (M.)
cause (V.) bedingen (bewirken), erregen, erzeugen, verschulden (herbeiführen), verursachen
cause (V.) the breakdown of zerrütten
causer (F.) Verursacherin (F.)
causer (M. bzw. F.) Verursacher (M.)
causing (N.) Beibringung (F.)
causing (N.) a public nuisance Erregung (F.) öffentlichen Ärgernisses
caution (N.) Rechtsmittelbelehrung (F.), Verwarnung (F.), Verweis (M.) (Hinweis), Vormerkung (F.) (vorläufige Eintragung im Grundbuchrecht), Warnung (F.)
caution (N.) of conveyance Auflassungsvormerkung (F.)
caution (V.) belehren, ermahnen, verwarnen, warnen
cautionary entry (N.) to ensure future cancellation Löschungsvormerkung (F.)
cautionary land charge (N.) Sicherungsgrundschuld (F.)
cautionary mortgage (N.) Sicherungshypothek (F.)
cautionary setting-off (N.) Eventualaufrechnung (F.)
cautioning (N.) Belehrung (F.)
caveat (N.) Schutzschrift (F.), Warnung (F.)
cease-fire (N.) Waffenstillstand (M.)
cede (V.) überlassen
ceiling price (N.) Höchstpreis (M.)
celebration (N.) of marriage Eheschließung (F.)
celibacy (N.) Zölibat (M. bzw. N.)
cell (N.) Zelle (F.)
cemetery (N.) Friedhof (M.)
censorship (N.) Zensur (F.)
censure (V.) rügen, zensieren
cent (N.) Heller (M.)
center (N.) (am.) Zentrum (N.)
center (N.) of gravity Schwerpunkt (M.)
central (Adj.) zentral
central bank (N.) Notenbank (F.), Zentralbank (F.)
centralisation (N.) Zentralisation (F.)
centralism (N.) Zentralismus (M.)
centralize (V.) zentralisieren
centrally managed economy (N.) Planwirtschaft (F.)
central register (N.) Zentralregister (N.)
central register (N.) of trade and industrial offences Gewerbezentralregister (N.)
centre (N.) (brit.) Zentrum (N.)
cerebral death (N.) Hirntod (M.)
certain (Adj.) bestimmt, sicher
certainty (N.) Bestimmtheit (F.), Gewissheit (F.)
certainty (N.) of the law Rechtssicherheit (F.)
certificate (N.) Attest (N.), Bescheinigung (F.), Nachweis (M.), Urheberrecht (N.), Zertifikat (N.), Zeugnis (N.)
certificate (N.) of birth Geburtsurkunde (F.)
certificate (N.) of conduct Führungszeugnis (N.)
certificate (N.) of costs Kostenfestsetzungsbeschluss (M.)
certificate (N.) of inheritance Erbschein (M.)
certificate (N.) of proficiency Befähigungsnachweis (M.)
certificate (N.) of qualification Befähigungsnachweis (M.)
certificate (N.) of receipt Verladeschein (M.)
certificate (N.) of sales Kaufschein (M.)
certificate (N.) of title to a motor vehicle Kraftfahrzeugbrief (M.)
certificated land charge (N.) Briefgrundschuld (F.), Briefrecht (N.)
certificated mortgage (N.) Briefhypothek (F.)
certificate of deposit (N.) Depositenzertifikat (N.)
certification (N.) Beglaubigung (F.), Bescheinigung (F.)
certified accountant (F.) Wirtschaftsprüferin (F.)

certified accountant (M. bzw. F.) (brit.) Wirtschaftsprüfer (M.)
certified mail (N.) (am.) Einschreiben (N.)
certified public accountant (F.) Wirtschaftsprüferin (F.)
certified public accountant (M. bzw. F.) (am.) Wirtschaftsprüfer (M.)
certify (V.) beglaubigen, bescheinigen, bestätigen
cessation (N.) Wegfall (M.)
cessation (N.) of payments Zahlungseinstellung (F.)
cession (N.) Abtretung (F.)
chain (N.) Kette (F.)
chain (N.) of causation Kausalzusammenhang (M.)
chain (N.) of titles Dokumentenkette (F.) (Dokumentenkette in Großbritannien)
chain employment relationship (N.) Kettenarbeitsverhältnis (N.)
chair (N.) Sitz (M.) (Sitz in einem Gremium), Vorsitz (M.)
chairman (M.) Obmann (M.), Präses (M.), Vorsitzender (M.), Vorsitzer (M.), Vorstandsvorsitzender (M.)
chairman (M.) by seniority Alterspräsident (M.)
chairmanship (N.) Leitung (F.), Vorsitz (M.)
chairwoman (F.) Obfrau (F.), Obmann (M.), Präsidin (F.), Vorsitzende (F.), Vorsitzerin (F.), Vorstandsvorsitzende (F.), Vorstandsvorsitzender (M.)
chairwoman (F.) by seniority Alterspräsidentin (F.)
challenge (N.) Ablehnung (F.), Anfechtung (F.) (Anfechtung eines Zeugen)
challenge (V.) anfechten (einen Zeugen angreifen)
challengeability (N.) Anfechtbarkeit (F.) (Angreifbarkeit)
chamber (N.) Kammer (F.)
chamber (N.) of agriculture Landwirtschaftskammer (F.)
chamber (N.) of commerce Handelskammer (F.)
chamber (N.) of handicrafts Handwerkskammer (F.)
chamber (N.) of industry and commerce Industrie- und Handelskammer (F.)
champion (F.) Meisterin (F.)
champion (M. bzw. F.) Meister (M.) (Sieger im Wettkampf)
chance (N.) Chance (F.), Gelegenheit (F.), Möglichkeit (F.) (Gelegenheit), Zufall (M.)
chancellery (N.) Kanzlei (F.) (Verwaltungskanzlei)
chancellor (F.) Kanzlerin (F.)
chancellor (F.) of the exchequer (br.) Finanzministerin (F.)
Chancellor (F.) of the Exchequer (brit.) Schatzkanzlerin (F.) (Schatzkanzlerin in Großbritannien)
chancellor (M. bzw. F.) Kanzler (M.)
chancellor (M. bzw. F.) of the exchequer (brit.) Finanzminister (M.)
Chancellor (M. bzw. F.) of the Exchequer (brit.) Schatzkanzler (M.) (Schatzkanzler in Großbritannien)
chancellorship (N.) Kanzleramt (N.)
chancery (N.) (brit.) Kanzlei (F.) (Gerichtskanzlei)
change (N.) Abänderung (F.), Änderung (F.), Veränderung (F.), Wandlung (F.), Wechsel (M.) (Änderung)
change (N.) in priority Rangänderung (F.)
change (N.) in the onus of proof Beweislastumkehr (F.)
change (N.) of corporate form Umwandlung (F.)
change (N.) of names Namensänderung (F.)
change (N.) of the legal aspect Änderung (F.) des rechtlichen Gesichtspunktes
change (N.) of use Nutzungsänderung (F.)
change (V.) abändern, ändern, umwandeln, verändern
channel (N.) Kanal (M.) (2) (natürliche Meeresenge)
chapel (N.) Kapelle (F.)
chapter (N.) Abschnitt (M.), Domkapitel (N.)
character (N.) Wesen (N.)
characteristic (N.) Merkmal (N.)
chargé (F.) d'affaires (franz.) Geschäftsträgerin (F.)
chargé (M. bzw. F.) d'affaires (franz.) Geschäftsträger (M.)
charge (N.) Anklage (F.), Anzeige (F.) (Anzeige bei einer Behörde), Belastung (F.), Gebühr (F.), Obhut (F.) (Fürsorge), Taxe (F.), Vorwurf (M.)

charge (N.) for the use of Benutzungsgebühr (F.)
charge (N.) on land Grundschuld (F.)
charge (V.) anklagen, anschuldigen, beauftragen, belasten, berechnen, beschuldigen, nehmen
charge (V.) with zurechnen
chargeable (Adj.) gebührenpflichtig
charge sheet (N.) Anklageschrift (F.)
charitable (Adj.) gemeinnützig
charitable nature (N.) Gemeinnützigkeit (F.)
charity (N.) Spende (F.), Wohlfahrtspflege (F.)
charter (N.) Charta (F.), Charter (F.), Satzung (F.), Statut (N.), Urheberrecht (N.)
charter (N.) of the constitution Verfassungsurkunde (F.)
charter (V.) chartern, mieten (eine bewegliche Sache mieten)
charterer (F.) Mieterin (F.)
charterer (M. bzw. F.) Mieter (M.)
charter party (N.) Chartervertrag (M.)
chase (V.) hetzen, jagen
chaste (Adj.) keusch
chastise (V.) züchtigen
chastising (N.) Züchtigung (F.)
chattel (N.) bewegliche Sache (F.), Fahrnis (F.), Mobilie (F.)
chattel mortgage (N.) Sicherungsübereignung (F.)
chattel paper (N.) Sicherungsurkunde (F.) (Sicherungsurkunde im angloamerikanischen Recht)
chattels (N.Pl.) Fahrhabe (F.)
cheap-meat department (N.) Freibank (F.)
cheat (N.) Betrug (M.)
cheat (V.) betrügen
check (N.) Hemmung (F.), Inspektion (F.), Kontrolle (F.), Prüfung (F.)
check (N.) (am.) Scheck (M.), Zeche (F.) (Verzehr bzw. Rechnung in einer Gaststätte)
check (V.) hemmen, inspizieren, kontrollieren
check book money (N.) (am.) Giralgeld (N.)
check card (N.) (am.) Scheckkarte (F.)
chemicals (N.Pl.) Chemikalien (F.)
chemical weapons agreement (N.) Chemiewaffenübereinkommen (N.)
chemist (F.) Apothekerin (F.)
chemist (M. bw. F.) Apotheker (M.)
chemist's shop (N.) Apotheke (F.)
cheque (N.) (brit.) Scheck (M.)
cheque account (N.) Girokonto (N.)
cheque card (N.) (brit.) Scheckkarte (F.)
chicanery (N.) Schikane (F.)
chide (V.) schelten
chiding (N.) Schelte (F.)
chief (Adj.) hauptsächlich
chief (F.) Leiterin (F.), Vorsteherin (F.)
chief (F.) of a section Dezernentin (F.)
chief (M. bzw. F.) Leiter (M.), Vorsteher (M.)
chief (M. bzw. F.) of a section Dezernent (M.)
chief administrative officer (F.) of a rural district Oberkreisdirektorin (F.)
chief administrative officer (M. bzw. F.) of a rural district Oberkreisdirektor (M.)
chief claim (N.) Hauptforderung (F.)
chief communal officer (F.) Gemeindedirektorin (F.)
chief communal officer (M. bzw. F.) Gemeindedirektor (M.)
chief executive (F.) of a county Landrätin (F.)
chief executive (M. bzw. F.) of a county Landrat (M.)
chief justice (F.) Oberrichterin (F.) (Oberrichterin in den Vereinigten Staaten von Amerika)
Chief Justice (M. bzw. F.) Vorsitzender Richter (M.) (Vorsitzender Richter am Supreme Court der Vereinigten Staaten von Amerika)
Chief Justice (M. bzw. F.) (am.) Oberrichter (M.) (Oberrichter in den Vereinigten Staaten von Amerika)
chief officer (F.) of a county Bezirkshauptfrau (F.) (Bezirkshauptfrau in Österreich)
chief officer (M. bzw. F.) of a county Bezirkshauptmann (M.)
chief official (F.) in a district Regierungspräsidentin (F.)
chief official (M. bzw. F.) in a district Regierungspräsident (M.)
chief prosecutor's right (N.) to take over the proceedings Devolutionsrecht (N.)
chief public attorney (F.) Oberbundesanwältin (F.)

chief public attorney (M. bzw. F.) Oberbundesanwalt (M.)
chief witness (F.) Kronzeugin (F.)
chief witness (M. bzw. F.) Kronzeuge (M.)
child (N.) Kind (N.)
child (N.) en ventre sa mère nasciturus (M.) (lat.)
child abduction (N.) Kindesentziehung (F.)
child benefit (N.) Kindergeld (N.)
child kidnapping (N.) Kindesraub (M.)
child murder (N.) Kindestötung (F.)
Children and Young Persons Act (N.) Jugendschutzgesetz (N.)
children welfare (N.) Kinderhilfe (F.)
child stealing (N.) Kindesraub (M.)
child support (N.) Kindesunterhalt (M.)
chimney (N.) Schornstein (M.)
chimney sweep (F.) Schornsteinfegerin (F.)
chimney sweep (M. bzw. F.) Schornsteinfeger (M.)
chit (N.) Bon (M.)
choice (N.) Wahl (F.) (Auswahl)
choice (N.) of career Berufswahl (F.)
choice (N.) of law Rechtswahl (F.)
choice (N.) of law (am.) internationales Privatrecht (N.)
choke (N.) strangulieren
choose (V.) wählen (auswählen)
choose (V.) by lot auslosen
chose (N.) in action Forderungsrecht (N.)
christian (Adj.) christlich
christian name (N.) Vorname (M.)
church (Adj.) kirchlich
church (N.) Kirche (F.)
church administration (N.) Kirchenverwaltung (F.)
church agreement (N.) Kirchenvertrag (M.)
church tax (N.) Kirchensteuer (F.)
cif (N.) cif
circuit (N.) Bezirk (M.)
circularizing (N.) Umlaufverfahren (N.)
circulation (N.) Umlauf (M.)
circulation (N.) of capital Kapitalverkehr (M.)
circulation (N.) of goods Warenverkehr (M.)
circulation economy law (N.) Kreislaufwirtschaftsrecht (N.)
circumstance (N.) Tatumstand (M.), Umstand (M.)
circumstantial evidence (N.) Indizienbeweis (M.)
circumvent (V.) umgehen
circumvention (N.) Umgehung (F.)
CISG (N.) (Convention on contracts for the international sale of goods) CISG (N.) (Übereinkommen über den internationalen Warenkauf)
citation (N.) Ladung (F.) (Herbestellung), Vorladung (F.), Zitat (N.)
citation (N.) by edict Ediktalzitation (F.)
cite (V.) laden (V.) (2) (herbestellen), vorladen, zitieren
citizen (F.) Bürgerin (F.), Staatsbürgerin (F.)
citizen (M. bzw. F.) Bürger (M.), Staatsbürger (M.)
citizens' action group (N.) Bürgerinitiative (F.)
citizenship (N.) Indigenat (N.), Staatsangehörigkeit (F.)
citizenship (N.) (am.) Staatsbürgerschaft (F.)
city (N.) Stadt (F.)
city council (N.) Stadtrat (M.) (Stadtparlament)
city councillor (F.) Stadträtin (F.)
city councillor (M. bzw. F.) Stadtrat (M.) (Stadtabgeordneter)
city hall (N.) Rathaus (N.)
city manager (F.) (am.) Stadtdirektorin (F.)
city manager (M. bzw. F.) (am.) Stadtdirektor (M.)
city planning (N.) (am.) Stadtplanung (F.)
city state (N.) Stadtstaat (M.)
civil (Adj.) bürgerlich, zivil
civil action (N.) Zivilklage (F.), Zivilprozess (M.)
civil bail (N.) Sicherheitsleistung (F.)
civil case (N.) Zivilsache (F.)
civil chamber (N.) Zivilkammer (F.)
Civil Code (N.) Bürgerliches Gesetzbuch (N.), Code (M.) civil (franz.)
civil court (N.) Zivilgericht (N.)
civil death (N.) bürgerlicher Tod (M.)
civil defence (N.) (br.) Zivilschutz (M.)
civil defense (N.) (am.) Zivilschutz (M.)
civil division (N.) Zivilkammer (F.), Zivilsenat (M.)
civil fine (N.) Bußgeld (N.)
civilian service (N.) Zivildienst (M.)
civil law (N.) bürgerliches Recht (N.), kontinentaleuropäisches Recht (N.) (kontinen-

taleuropäisches Recht im angloamerikanischen Recht), Zivilrecht (N.)
civil law legacy (N.) Damnationslegat (N.)
civil-law partnership (N.) Gesellschaft (F.) des bürgerlichen Rechts
civil magistrate (F.) (am.) Standesbeamtin (F.)
civil magistrate (M. bzw. F.) (am.) Standesbeamter (M.)
civil marriage (N.) Zivilehe (F.)
civil procedure (N.) Zivilprozess (M.)
civil procedure (N.) based on the system of party prosecution Parteiprozess (M.)
civil procedure law (N.) Zivilverfahrensrecht (N.)
civil proceedings (N.Pl.) Zivilprozess (M.)
civil right (N.) Grundrecht (N.)
civil servant (F.) Beamtin (F.), Bundesbeamtin (F.)
civil servant (M. bzw. F.) Beamter (M.), Bundesbeamter (M.)
civil service (N.) (brit.) Staatsdienst (M.)
civil service law (N.) Beamtenrecht (N.)
civil status (N.) Personenstand (M.)
civil trial (N.) Zivilprozess (M.)
claim (N.) Anrecht (N.), Anspruch (M.), Behauptung (F.), Forderung (F.) (Verlangen), Klagebegehren (N.), Klageschrift (F.)
claim (N.) for compensation Schadensersatzanspruch (M.)
claim (N.) for possession based on ownership Eigentumsherausgabeanspruch (M.)
claim (N.) for reimbursement Erstattungsanspruch (M.)
claim (N.) for restitution Herausgabeanspruch (M.), Rückgewähranspruch (M.)
claim (N.) for the recovery of pecuniary advantage obtained by performance without legal cause Leistungskondiktion (F.)
claim (N.) of refusal Weigerungsklage (F.)
claim (N.) of restitution Erstattungsanspruch (M.)
claim (N.) on account of unjust enrichment Bereicherungsanspruch (M.)
claim (N.) on account of unjust enrichment because of interference with private property Eingriffskondiktion (F.)
claim (N.) to an inheritance Erbrecht (N.) (Erbrechtsanspruch), Erbschaftsanspruch (M.)
claim (N.) to a residuary compulsory portion Pflichtteilsrestanspruch (M.)
claim (N.) to be entitled to discovery Auskunftsklage (F.)
claim (N.) to nullify consequences Folgenbeseitungungsanspruch (M.)
claim (N.) to remedial action Folgenbeseitungungsanspruch (M.)
claim (N.) to social security benefits Sozialleistungsanspruch (M.)
claim (N.) to the compliance with a project-plan Plangewährleistungsanspruch (M.)
claim (N.) under a property petitorischer Anspruch (M.)
claim (V.) beanspruchen, behaupten, fordern, postulieren
claim (V.) back rückfordern, zurückfordern
claim (V.) recovery of possession herausverlangen
claim (V.) to oneself berühmen
claimable legacy (N.) Vindikationslegat (N.)
claimant (F.) Antragstellerin (F.), Klägerin (F.), Prätendentin (F.)
claimant (M. bzw. F.) Antragsteller (M.), Kläger (M.), Prätendent (M.)
clan (N.) Geschlecht (N.) (Familie), Sippe (F.)
clandestine (Adj.) heimlich
clarification (N.) Aufklärung (F.)
clarify (V.) aufklären, klären
clash (N.) of interests Interessenkollision (F.)
clash (N.) of responsibilities Pflichtenkollision (F.)
class (N.) Güte (F.) (Qualität), Klasse (F.)
class (V.) klassifizieren
class action (N.) Gruppenklage (F.) (Gruppenklage im amerikanischen Recht)
classification (N.) Qualifikation (F.) (Einordnung)
classify (V.) klassifizieren
class justice (N.) Klassenjustiz (F.)
class struggle (N.) Klassenkampf (M.)
clause (N.) Klausel (F.), Paragraph (M.)
clause (N.) contracting out of tariff agreements Tarifausschlussklausel (F.)
clause (N.) securing the value of money Geldwertsicherungsklausel (F.)
claw (V.) back zurückfordern
clawback (N.) Rückforderung (F.)
clear (Adj.) klar

clear (V.) entlasten
clear (V.) away räumen
clear (V.) through the customs verzollen
clear (V.) up aufklären, bereinigen, klären
clearance (N.) Räumung (F.)
clearance certificate (N.) Negativattest (M.)
clearance sale (N.) Ausverkauf (M.), Räumungsverkauf (M.)
clearing (N.) Abrechnung (F.), Clearing (N.), Räumung (F.)
clearing house (N.) Abrechungsstelle (F.)
clearing up (N.) Bereinigung (F.)
clearing-up (N.) Aufklärung (F.)
clear profit (N.) Reingewinn (M.)
clemency (N.) Begnadigung (F.), Gnade (F.)
clergy (N.) Klerus (M.)
clergyman (M.) Geistlicher (M.), Kleriker (M.)
clergywoman (F.) Geistliche (F.), Klerikerin (F.)
cleric (M.) Geistlicher (M.)
clerical (Adj.) geistlich (kirchlich), klerikal
clerical (F.) Klerikerin (F.)
clerical (M.) Kleriker (M.)
clerk (F.) Anwaltsgehilfin (F.), Sachbearbeiterin (F.)
clerk (F.) in a law office Rechtsanwaltsgehilfin (F.)
clerk (F.) of the court Gerichtsschreiberin (F.), Protokollantin (F.), Rechtspflegerin (F.)
clerk (M. bzw. F.) Anwaltsgehilfe (M.), Sachbearbeiter (M.)
clerk (M. bzw. F.) in a law office Rechtsanwaltsgehilfe (M.)
clerk (M. bzw. F.) of the court Gerichtsschreiber (M.), Protokollant (M.) (Protokollführer bei Gerichtsverhandlungen), Rechtspfleger (M.)
client (F.) Klientin (F.), Kundin (F.), Mandantin (F.)
client (M. bzw. F.) Klient (M.), Kunde (M.) (Geschäftspartner), Mandant (M.)
client account (N.) Anderkonto (N.)
clientele (N.) Klientel (F.)
clinic (N.) Klinik (F.)
cloister (N.) Kloster (N.)
close (V.) schließen (zumachen)
close (V.) down auflassen (eine Anlage schließen)
close company (N.) Personalgesellschaft (F.), Personengesellschaft (F.)
closed (Adj.) abgeschlossen, nichtöffentlich
closed mortgage (N.) Höchstbetragshypothek (F.)
closed-shop clause (N.) Organisationsklausel (F.)
close season (N.) Schonzeit (F.)
closing (Adj.) abschließend
closing (N.) Schließung (F.), Sperrung (F.)
closing (N.) of title Auflassung (F.)
closing hour (N.) Polizeistunde (F.), Sperrstunde (F.)
closing time (N.) Ladenschluss (M.), Polizeistunde (F.)
closure (N.) Schluss (M.) (Beendigung)
closure (N.) (brit.) Schließung (F.)
cloture (N.) (am.) Schließung (F.)
cloud (N.) on title Rechtsmangel (M.)
club (N.) Verein (M.)
club law (N.) Faustrecht (N.)
clue (N.) Anhalt (M.), Hinweis (M.)
cluster (N.) Gruppe (F.)
coach (M. bzw. F.) Betreuer (M.), Repetitor (M.)
coadjutor (M.) Koadjutor (M.)
Coal and Steel Community (N.) Montanunion (F.)
coalition (N.) Koalition (F.)
coarse (Adj.) grob
coast (N.) Küste (F.)
coastal waters (N.Pl.) Küstengewässer (N.Pl.)
coat (N.) of arms Wappen (N.)
cocaine (N.) Kokain (N.)
C.O.D. (N.) (cash on delivery) Nachnahme (F.)
code (N.) codex (M.) (lat.), Gesetzbuch (N.), Kodex (M.)
code (N.) of civil procedure Zivilprozessordnung (F.)
code (N.) of criminal procedure Strafprozessordnung (F.)
code (N.) of procedure Prozessordnung (F.)
co-debtor (M. bzw. F.) Gesamtschuldner (M.)
co-debtrix (F.) Gesamtschuldnerin (F.)
codetermination (N.) Mitbestimmung (F.)
codex (N.) Kodex (M.)
codicil (N.) Kodizill (N.)
codification (N.) Kodifikation (F.)
codify (V.) kodifizieren

coeducational school (N.) Gemeinschaftsschule (F.)
co-equal (Adj.) gleichrangig, gleichwertig
coerce (V.) nötigen, zwingen
coercion (N.) Nötigung (F.), Zwang (M.)
coercive detention (N.) Erzwingungshaft (F.)
coercive enforcement penalty (N.) Zwangsgeld (N.)
coercive mean (N.) Zwangsmittel (N.)
coercive measure (N.) Beugemittel (N.Pl.)
coercive penalty (N.) Beugestrafe (F.)
cogent law (N.) zwingendes Recht (N.)
cognate (F.) Kognatin (F.)
cognate (M. bzw. F.) Kognat (M.)
cognition (N.) Kunde (F.) (Kenntnis)
cognizance (N.) Kompetenz (F.)
cognizant (Adj.) kompetent (fachwissend)
cognovit (N.) (in court) Anerkenntnis (N.)
co-guarantor (F.) Mitbürgin (F.)
co-guarantor (M. bzw. F.) Mitbürge (M.)
co-guardian (M. bzw. F.) Gegenvormund (M.)
cohabit (V.) beischlafen, beiwohnen
cohabitation (N.) Beiwohnung (F.)
co-heir (M. bzw. F.) Miterbe (M.)
coheiress (F.) Miterbin (F.)
coherence (N.) Konnexität (F.), Zusammenhang (M.)
coin (N.) Geldstück (N.), Münze (F.)
coinage offence (N.) Münzdelikt (N.)
coitus (N.) Koitus (M.)
co-legate (N.) Mitvermächtnis (N.)
collaborateur (F.) Mitarbeiterin (F.)
collaborateur (M. bzw. F.) Mitarbeiter (M.)
collaboration (N.) Mitarbeit (F.)
collateral (N.) Lombard (M.)
collateral act (N.) Begleittat (F.)
collateral advance (N.) Lombard (M.)
collateral line (N.) Seitenlinie (F.)
collateral loan (N.) Lombard (M.)
collateral obligation (N.) Nebenpflicht (F.)
collateral security (N.) Kreditsicherung (F.), Nachbürgschaft (F.)
collateral surety (F.) Nachbürgin (F.)
collateral surety (M. bzw. F.) Nachbürge (M.)
collation (N.) Kollation (F.), Vergleich (M.) (Inbeziehungsetzung zweier Dinge)
colleague (F.) Kollegin (F.), Mitarbeiterin (F.)
colleague (M. bzw. F.) Kollege (M.), Mitarbeiter (M.)
collect (V.) abholen, beitreiben, einnehmen, eintreiben, einziehen (einkassieren), kassieren (Geld einnehmen), sammeln
collection (N.) Einziehung (F.) (Einsammlung), Sammlung (F.)
collection multiplier (N.) Hebesatz (M.)
collection procedure (N.) Einziehungsverfahren (N.)
collective (Adj.) gemeinsam, kollektiv
collective (N.) Kollektiv (N.)
collective agreement (N.) Tarifvertrag (M.)
collective bargaining (N.) Tarifverhandlung (F.)
collective bargaining agreement (N.) Kollektivvertrag (M.)
collective bargaining agreement (N.) for a factory Werkstarifvertrag (M.)
collective bargaining autonomy (N.) Tarifautonomie (F.)
collective bargaining capacity (N.) Tariffähigkeit (F.)
collective bargaining contract (N.) for a business undertaking Unternehmenstarifvertrag (M.)
collective bargaining contract (N.) for federal white collar workers Bundesangestelltentarifvertrag (M.) (BAT)
collective bargaining contract (N.) of an employers' association Verbandstarifvertrag (M.)
collective bargaining law (N.) Tarifrecht (N.)
collective consignment (N.) Sammelladung (F.)
collective defamation (N.) Kollektivbeleidigung (F.)
collective guarantee (N.) Mitbürgschaft (F.)
collective guilt (N.) Kollektivschuld (F.)
collective labour law (N.) Kollektivarbeitsrecht (N.)
collective libel (N.) Kollektivbeleidigung (F.)
collective mortgage (N.) Gesamthypothek (F.)
collective ownership (N.) Gesamthand (F.), Kollektiveigentum (N.)
collective wage agreement (N.) Tarifvertrag (M.)
collector's value (N.) Liebhaberwert (M.)

college (N.) Hochschule (F.), Universitiät (F.)
college degree (N.) Hochschulgrad (M.)
collegial (Adj.) kollegial
collegial organ (N.) Kollegialorgan (N.)
collision (N.) Kollision (F.)
collision insurance (N.) Kasko (F.), Kaskoversicherung (F.)
collusion (N.) Kollusion (F.)
colonel (M.) Oberst (M.)
colony (N.) Kolonie (F.)
color (N.) of law (am.) Rechtsschein (M.)
color (N.) of title (am.). colour (N.) of law (N.) (brit.) Rechtsschein (M.)
colour (N.) of title (brit.) Rechtsschein (M.)
combat (N.) Kampf (M.)
combat (V.) kämpfen
combination (N.) Verbindung (F.), Vereinigung (F.) (Verschmelzung)
combine (N.) Kartell (N.), Konzern (M.), Verbund (M.)
combine (V.) verbinden, vereinen, vereinigen
combined revenue collection (N.) Steuerverbund (M.)
come (V.) stammen
come (V.) to a decision entschließen (sich entschließen)
come (V.) to an agreement einigen
come (V.) to an end erlöschen
coming (Adj.) künftig
command (N.) Befehl (M.), Gebot (N.) (Anordnung)
command (V.) befehlen, gebieten, heißen (anordnen), kommandieren
commander (F.) Kommandeurin (F.)
commander (M. bzw. F.) Kommandeur (M.)
commanding (Adj.) peremptorisch
Command paper (N.) Regierungsvorlage (F.)
commencement (N.) of action Klageerhebung (F.)
commensurability (N.) Verhältnismäßigkeit (F.)
comment (N.) Anmerkung (F.), Kommentar (M.)
comment (V.) äußern, erläutern, kommentieren
commentary (N.) Kommentar (M.)
commentator (F.) Kommentatorin (F.)
commentator (M. bzw. F.) Kommentator (M.)
commerce (N.) Handel (M.), Handelsverkehr (M.)
commercial (Adj.) geschäftlich, gewerblich, gewerbsmäßig, kaufmännisch, kommerziell
commercial affair (N.) Handelssache (F.)
commercial agent (F.) Handelsvertreterin (F.)
commercial agent (M. bzw. F.) Handelsvertreter (M.)
commercial assistant (F.) Handlungsgehilfin (F.)
commercial assistant (M. bzw. F.) Handlungsgehilfe (M.)
commercial code (N.) Code (M.) de commerce (franz.), Handelsgesetzbuch (N.)
commercial company (N.) Handelsgesellschaft (F.)
commercial court (N.) Handelsgericht (N.), Kaufmannsgericht (N.)
commercial credit (N.) Akkreditiv (N.)
commercial enterprise (N.) Handelsgeschäft (N.) (Unternehmen)
commercialize (V.) kommerzialisieren
commercial judge (F.) Handelsrichterin (F.)
commercial judge (M. bzw. F.) Handelsrichter (M.)
commercial law (N.) Handelsrecht (N.), Wirtschaftsrecht (N.)
commercial letter (N.) of confirmation kaufmännisches Bestätigungsschreiben (N.)
commercial lien (N.) kaufmännisches Zurückbehaltungsrecht (N.)
commercial matter (N.) Handelssache (F.)
commercial name (N.) Firma (F.) (Name des Kaufmanns)
commercial nature (N.) Gewerbsmäßigkeit (F.)
commercial paper (N.) Wertpapier (N.)
commercial power (N.) Handlungsvollmacht (F.)
commercial premises (N.Pl.) Gewerberaum (M.)
commercial register (N.) Handelsregister (N.)
commercial transaction (N.) Handelsgeschäft (N.) (Rechtsgeschäft im Handelsbereich)

commercial treaty (N.) Handelsvertrag (M.)
commercial undertaking (N.) Firma (F.) (Unternehmen)
commercial usage (N.) Handelsbrauch (M.), Usance (F.)
comminglement (N.) Vermengung (F.)
commissariat (N.) Kommissariat (N.)
commissary (F.) Kommissarin (F.)
commissary (M. bzw. F.) Kommissar (M.)
commission (N.) Auftrag (M.), Ausschuss (M.), Begehung (F.), Kommission (F.), Provision (F.), Tun (N.)
commission (N.) for sale Verkaufskommission (F.)
commission (N.) of inquiry Enquêtekommission (F.)
Commission (N.) of the European Union Kommission (F.) der Europäischen Union
commission (N.) of the offence Täterschaft (F.)
commission (V.) beauftragen
commission agent (M. bzw. F.) Kommissionär (M.) (Kommissionär im Handelsrecht)
commission business (N.) Auftragsgeschäft (N.)
commissioned judge (F.) beauftragte Richterin (F.)
commissioned judge (M. bzw. F.) beauftragter Richter (M.)
commissioner (F.) Beauftragte (F.), Kommissarin (F.), Wehrbeauftragte (F.)
commissioner (F.) for data protection Datenschutzbeauftragte (F.)
commissioner (M.) Kommandeur (M.)
commissioner (M. bzw. F.) Beauftragter (M.), Kommissar (M.), Wehrbeauftragter (M.)
commissioner (M. bzw. F.) for data protection Datenschutzbeauftragter (M.)
commissioner (M. bzw. F.) of patents (am.) Patentamt (N.)
commissioner's office (N.) Kommissariat (N.)
commit (N.) einliefern
commit (V.) begehen, binden, einweisen, verpflichten, verüben
commit (V.) a crime freveln
commit (V.) adultery ehebrechen
commit (V.) an indecent assault vergehen (sich vergehen)
commit (V.) burglary einbrechen
commit (V.) larceny stehlen
commit (V.) murder morden
commit (V.) oneself verpflichten (sich verpflichten)
commit (V.) robbery rauben
commital (N.) Inhaftierung (F.)
commit fraud (V.) betrügen
commitment (N.) Bindung (F.), Einweisung (F.), Verpflichtung (F.)
commitment effect (N.) Bindungswirkung
commitments (N.Pl.) Kontingent (N.)
committal (N.) Begehung (F.)
committal (N.) for trial Eröffnungsbeschluss (M.)
committal proceedings (N.Pl.) Eröffnungsverfahren (N.)
committee (N.) Ausschuss (M.), Gremium (N.), Komitee (N.)
committee (N.) of inquiry Untersuchungsausschuss (M.)
committee (N.) of spokesmen Sprecherausschuss (M.)
committee (N.) on public petitions Petitionsausschuss (M.)
Committee of the Whole House (N.) Plenarausschuss (M.)
committing magistrate (F.) Ermittlungsrichterin (F.), Untersuchungsrichterin (F.)
committing magistrate (M. bzw. F.) Ermittlungsrichter (M.), Untersuchungsrichter (M.)
commodity (N.) Gut (N.), Ware (F.)
common (Adj.) allgemein, durchschnittlich, gemein (allgemein), gemeinsam, gemeinschaftlich, gewöhnlich, ordinär
common danger (N.) gemeine Gefahr (F.)
common debtor (M. bzw. F.) Gemeinschuldner (M.)
common debtrix (F.) Gemeinschuldnerin (F.)
common error (N.) Revisionsgrund (M.)
common informer (M. bzw. F.) Spitzel (M.)
common law (N.) angloamerikanisches Recht (N.), gemeines Recht (N.), gemeinsames Recht (N.), strenges Recht (N.) (strenges Recht im angloamerikanischen Recht)
common lodging house (N.) Obdachlosenasyl (N.)
common nuisance (N.) grober Unfug (M.)

common ownership (N.) Miteigentum (N.)
common property (N.) Gemeineigentum (N.), Gemeingut (N.), Gesamtgut (N.)
commons (N.Pl.) Allmende (F.)
common stock (N.) (am.) Stammaktie (F.)
common usage (N.) Verkehrssitte (F.)
common use (N.) Gemeingebrauch (M.)
common weal (N.) Allgemeinwohl (N.), Gemeinwohl (N.)
common welfare (N.) öffentliches Wohl (N.)
common will (N.) gemeinschaftliches Testament (N.)
commoriente (F.) Kommorientin (F.)
commoriente (M. bzw. F.) Kommorient (M.)
commune (N.) Kommune (F.) (Gemeinschaft)
communicate (V.) aussprechen
communication (N.) Kommunikation (F.)
communism (N.) Kommunismus (M.)
communist (Adj.) kommunistisch
communist (F.) Kommunistin (F.)
communist (M. bzw. F.) Kommunist (M.)
Communist Manifesto (N.) Kommunistisches Manifest (N.)
community (N.) Gemeinde (F.), Gemeinschaft (F.)
community (N.) of accrued gain Zugewinngemeinschaft (F.)
community (N.) of goods Gütergemeinschaft (F.)
community (N.) of heirs Erbengemeinschaft (F.), Miterbengemeinschaft (F.)
community (N.) of joint creditors Gesamtgläubigerschaft (F.)
community (N.) of joint owners Gesamthandsgemeinschaft (F.)
community (N.) of movables Fahrnisgemeinschaft (F.)
community (N.) of part-owners Bruchteilsgemeinschaft (F.)
community law (N.) Gemeinschaftsrecht (N.)
community property (N.) Gemeinschaftsgut (N.) (Gemeinschaftsgut im Eherecht)
community trade mark (N.) Gemeinschaftsmarke (F.)
commutation (N.) Strafherabsetzung (F.), Strafumwandlung (F.), Umwandlung (F.)
commute (V.) herabsetzen, umwandeln
companies register (N.) Gesellschaftsregister (N.) (Gesellschaftsregister in Großbritannien)
company (N.) Betrieb (M.), Gesellschaft (F.), Kapitalgesellschaft (F.), Unternehmen (N.) (Geschäft)
company (N.) prior to registration Vorgesellschaft (F.)
Company Act (N.) (brit.) Aktiengesetz (N.)
company assets (N.) Gesellschaftsvermögen (N.)
company deal (N.) Dienstvereinbarung (F.)
company law (N.) (brit.) Aktienrecht (N.)
company meeting (N.) Gesellschafterversammlung (F.)
comparative jurisprudence (N.) Rechtsvergleichung (F.)
comparative law (N.) Rechtsvergleichung (F.)
comparative negligence (N.) Mitverschulden (N.)
compare (V.) vergleichen (zwei Dinge in Beziehung setzen)
comparison (N.) Kollation (F.), Vergleich (M.) (Inbeziehungsetzung zweier Dinge)
compatible (Adj.) with the constitution verfassungskonform
compel (V.) erzwingen, nötigen, zwingen
compelling (N.) the public prosecutor to prefer charges Anklageerzwingung (F.)
compendium (N.) Kompendium (N.)
compendium (N.) of laws Gesetzessammlung (F.)
compensate (V.) ausgleichen (einen Schaden ersetzen), entgelten, entschädigen, ersetzen (einen Verlust ausgleichen), kompensieren, wiedergutmachen
compensation (N.) Ausgleich (M.) (Ersatz eines Schadens), Entgelt (N.), Entschädigung (F.), Ersatz (M.) (Ersatz eines Schadens), Kompensation (F.), Wiedergutmachung (F.)
compensation (N.) (am.) Gehalt (N.), Lohn (M.), Vergütung (F.)
compensation (N.) for damage Schadensersatz (M.)
compensation (N.) for damage in kind Naturalherstellung (F.), Naturalrestitution (F.)
compensation (N.) for pain and suffering Schmerzensgeld (N.)

compensation (N.) for restraint of competition Karenzentschädigung (F.)
compensation (N.) for use Nutzungsentschädigung (F.)
compensation claim (N.) Ausgleichsanspruch (M.)
compensation insurance (N.) Schadensversicherung (F.)
compensation payment (N.) Abfertigung (F.) (geldlicher Ausgleich im Arbeitsrecht)
compensatory charge (N.) Ausgleichsabgabe (F.)
compensatory damages (N.Pl.) Schadensersatz (M.)
compensatory tax (N.) Ausgleichsabgabe (F.)
compete (V.) konkurrieren (im Wettbewerb sein)
competence (N.) Befugnis (F.), Kompetenz (F.), Zuständigkeit (F.)
competence (N.) for jurisdictional allocation Kompetenzkompetenz (F.)
competence (N.) of an association Verbandskompetenz (F.)
competence (N.) of annex schedule Annexkompetenz (F.)
competence (N.) to issue framework legislation Rahmenkompetenz (F.)
competent (Adj.) kompetent (fachwissend), kompetent (zuständig), sachverständig, zuständig
competing (Adj.) konkurrierend
competition (N.) Konkurrenz (F.) (Wettbewerb), Wettbewerb (M.)
competition (N.) in performance Leistungswettbewerb (M.)
competition (N.) of restraints Behinderungswettbewerb (M.)
competitive production (N.) Leistungswettbewerb (M.)
competitor (F.) Bewerberin (F.)
competitor (M. bzw. F.) Bewerber (M.), Konkurrent (M.)
compilation (N.) Kompilation (F.), Sammelwerk (N.), Sammlung (F.)
compile (V.) aufstellen, kompilieren
complain (V.) beanstanden, beschweren (beklagen)
complainant (F.) Beschwerdeführerin (F.), Klägerin (F.)
complainant (M. bzw. F.) Beschwerdeführer (M.), Kläger (M.)
complaint (Adj.) gefügig
complaint (N.) Beschwerde (F.), Klageschrift (F.)
complaint (N.) about defects Mängelrüge (F.)
complaint (N.) of an offence Strafanzeige (F.)
complaints procedure (N.) Beschwerdeverfahren (N.)
complaisance (N.) Gefälligkeit (F.)
complaisant (Adj.) gefällig
complete (Adj.) vollständig
complete (V.) absolvieren, ausfüllen, beenden, beendigen, fertigstellen, vollenden
completion (N.) Beendigung (F.), Fertigstellung (F.), Vollendung (F.)
complex (Adj.) komplex
complex (N.) Komplex (M.)
compliance (N.) Einhaltung (F.)
complicity (N.) Mittäterschaft (F.), Teilnahme (F.)
comply (V.) befolgen, einhalten
component (N.) Bestandteil (M.)
composition (N.) Komposition (F.), Satz (M.) (Satz in der Drucktechnik)
composition code (N.) Vergleichsordnung (F.)
composition proceedings (N.Pl.) Vergleichsverfahren (N.)
compound (N.) Verbund (M.)
compound interest (N.) Zinseszins (M.)
compound sentence (N.) Gesamtstrafe (F.)
comprehension (N.) Erkenntnis (F.) (Einsicht)
comprehensive clause (N.) Generalklausel (F.)
comprehensive intent (N.) Gesamtvorsatz (M.)
comprehensive jurisdiction (N.) Allzuständigkeit (F.)
comprehensive mortgage (N.) Gesamthypothek (F.)
comprehensive school (N.) Gesamtschule (F.)
comprehensive university (N.) Gesamthochschule (F.)
compromise (N.) Kompromiss (M.), Vergleich (M.) (Vergleich im Privatrecht)
compromise (N.) in court Prozessvergleich (M.)

comptroller (M. bzw. F.) Rechnungsprüfer (M.)
compulsion (N.) Erzwingung (F.), Zwang (M.)
compulsion (N.) of types Typenzwang (M.)
compulsory (Adj.) obligatorisch, verbindlich, zwingend
compulsory auction (N.) Subhastation (F.), Zwangsversteigerung (F.)
compulsory education (N.) Schulpflicht (F.), Schulzwang (M.)
compulsory insurance (N.) Pflichtversicherung (F.), Versicherungspflicht (F.), Versicherungszwang (M.)
compulsory joinder (N.) notwendige Streitgenossenschaft (F.)
compulsory legal representation (N.) notwendige Verteidigung (F.)
compulsory licence (N.) (brit.) Zwangslizenz (F.)
compulsory license (N.) (am.) Zwangslizenz (F.)
compulsory measure (N.) of care Erziehungsmaßregel (F.)
compulsory military service (N.) Wehrpflicht (F.)
compulsory participation (N.) Anschlusszwang (M.)
compulsory partition (N.) by public auction Teilungsversteigerung (F.)
compulsory portion (N.) Pflichtteil (M.)
compulsory registration (N.) Meldepflicht (F.) (Meldepflicht bei der Polizei)
compulsory representation (N.) Vertretungszwang (M.)
compulsory right (N.) of inheritance Noterbrecht (N.)
compulsory usage (N.) Benutzungszwang (M.)
compulsory use (N.) Benutzungszwang (M.)
compulsory vaccination (N.) Impfzwang (M.)
compulsory voting (N.) Wahlpflicht (F.)
computation date (N.) Stichtag (M.)
computer (N.) Computer (M.)
computer fraud (N.) Computerbetrug (M.)
computer sabotage (N.) Computersabotage (F.)
computer science (N.) in the field of law Rechtsinformatik (F.)
comrade (F.) Genossin (F.)
comrade (M. bzw. F.) Genosse (M.) (Parteigenosse)
conceal (V.) verschweigen (nicht kundgeben)
concealment (N.) Verschweigung (F.) (Verschweigung von Informationen)
concentrate (V.) konzentrieren
concentration (N.) Konzentration (F.)
concentration camp (N.) Konzentrationslager (N.)
conception (N.) Empfängnis (F.)
concern (N.) Angelegenheit (F.), Bedenken (N.), Belang (M.), Besorgnis (F.), Interesse (N.), Sorge (F.) (Fürsorge)
concerned (Adj.) beschäftigt
concerning publishing law (N.) verlagsrechtlich
concerted action (N.) Verabredung (F.)
concert party (N.) Konsortium (N.)
concession (N.) Konzession (F.)
concessionaire (F.) Konzessionärin (F.)
concessionaire (M. bzw. F.) Konzessionär (M.)
conciliate (V.) schlichten (einen Streit friedlich beenden)
conciliation (N.) Schlichtung (F.), Vermittlung (F.)
conciliatory hearing (N.) Güteverhandlung (F.)
conciliatory proceedings (N.Pl.) Güteverfahren (N.)
conclave (N.) Konklave (F.)
conclude (V.) abschließen (beenden), abschließen (vereinbaren), schließen (vereinbaren)
conclusion (N.) Abschluss (M.), Konklusion (F.), Schluss (M.) (Folgerung)
conclusion (N.) by analogy Analogieschluss (M.)
conclusion (N.) of treaty Vertragsschluss (M.)
conclusive (Adj.) schlüssig
conclusive action (N.) schlüssiges Handeln (N.)
conclusiveness (N.) Beweiskraft (F.), Schlüssigkeit (F.)
concordat (N.) Konkordat (M. bzw. N.)
concrete (Adj.) dinglich, konkret
concretization (N.) Konkretisierung (F.) (Bestimmtheitsvermehrung)
concubinage (N.) Konkubinat (N.)

concubine (F.) Konkubine (F.)
concurrence (N.) Konkurrenz (F.) (Zusammentreffen von Gesetzen)
concurrence (N.) of offences Idealkonkurrenz (F.)
concurrence (N.) of offences of the same kind in one act gleichartige Tateinheit (F.)
concurrent (Adj.) konkurrierend
concurrent efficient (Adj.) kumulativ
concurrent federal legislation (N.) konkurrierende Bundesgesetzgebung (F.)
concurrent sentence (N.) Gesamtstrafe (F.)
concurring claims (N.Pl.) Anspruchskonkurrenz (F.)
condamnation (N.) Verurteilung (F.)
condemn (V.) richten, verurteilen
condemnation (N.) by administrative authorities Administrativenteignung (F.)
condemned cell (N.) Todeszelle (F.) (Todeszelle in den Vereinigten Staaten von Amerika)
condiction (N.) of non-performance Nichtleistungskondiktion (F.)
condition (N.) Auflage (F.), Bedingung (F.), Bestimmung (F.), Kondition (F.), Konstitution (F.), Zustand (M.)
condition (N.) of probation Bewährungsauflage (F.)
condition (N.) precedent Vorbedingung (F.)
condition (N.) sine qua non (lat.) condicio (F.) sine qua non (lat.)
condition (N.) subsequent auflösende Bedingung (F.)
condition (V.) bedingen (verlangen)
conditional (Adj.) bedingt
conditional judgement (N.) Vorbehaltsurteil (N.)
condition precedent (N.) Suspensivbedingung (F.)
condominium (N.) Kondominat (N.), Kondominium (N.)
condominium (N.) (am.) Wohnungseigentum (N.)
condominium apartment (N.) (am.) Eigentumswohnung (F.)
condonation (N.) Verzeihung (F.)
condone (V.) dulden, entschuldigen, verzeihen
conduct (N.) Führung (F.) (Benehmen), Gebaren (N.), Geleit (N.), Verhalten (N.)
conduct (N.) of a case Prozessführung (F.)
conduct (N.) of business Geschäftsbetrieb (M.), Geschäftsführung (F.)
conduct (V.) führen, leiten, verhalten
conduct (V.) over überleiten
conductor (F.) Schaffnerin (F.)
conductor (M. bzw. F.) Schaffner (M.)
confederation (N.) Konföderation (F.), Staatenbund (M.)
confer (V.) verhandeln, verleihen (eine Auszeichnung geben)
confer (V.) one's family name upon an illegitimate child einbenennen
Conference (N.) on Security and Cooperation in Europe (CSCE) Konferenz (F.) für Sicherheit und Zusammenarbeit (KSZE)
conference committee (N.) (am.) Vermittlungsausschuss (M.)
conferment (N.) Verleihung (F.) (Austeilung)
conferring (N.) one's family name upon an illegitimate child Einbenennung (F.)
confess (V.) bekennen, gestehen
confessing (Adj.) geständig
confession (N.) Bekenntnis (N.), Geständnis (N.) (Geständnis im Strafprozess)
confidence (N.) Vertrauen (N.)
confidence vote (N.) Vertrauensvotum (N.)
confidential (Adj.) geheim, vertraulich
confidential agent (M. bzw. F.) V-Mann (M.)
configuration (N.) Gestaltung (F.)
confine (V.) einsperren
confinement (N.) Arrest (M.), Einschließung (F.) (Personeneinschließung), Einsperren (N.), Gefangenschaft (F.), Haft (F.)
confirm (V.) bestätigen, sanktionieren
confirmation (N.) Bestätigung (F.)
confirmation (N.) of an order Auftragsbestätigung (F.)
confirmation note (N.) Bestätigungsschreiben (N.)
confirming house (N.) Vertretungsunternehmen (N.) (Vertretungsunternehmen im Außenhandel in Großbritannien)
confiscate (V.) einziehen (einkassieren), konfiszieren
confiscation (N.) Beschlagnahme (F.), Einziehung (F.) (Einsammlung), Konfiskation (F.)
conflagration (N.) Brand (M.)
conflict (N.) Konflikt (M.), Konkurrenz

(F.) (Zusammentreffen von Gesetzen)
conflict (N.) of duties Pflichtenkollision (F.)
conflict (N.) of interests Interessenkollision (F.)
conflict (N.) of laws internationales Privatrecht (N.), Normenkollision (F.), Statutenkollision (F.)
conflicting (Adj.) widersprüchlich
conflict of laws rule (N.) Kollisionsnorm (F.)
conforming (Adj.) konform
confrontation (N.) Gegenüberstellung (F.)
confusion (N.) Konfusion (F.)
congestion (N.) (am.) Stau (M.) (Verkehrsstau)
congregation (N.) Kirchengemeinde (F.), Kongregation (F.)
congress (N.) Kongress (M.)
Congressional Act (N.) (am.) Bundesgesetz (N.)
congressman (M.) (am.) Kongressabgeordneter (M.) (Kongressabgeordneter in den Vereinigten Staaten von Amerika)
Congressman (M.) (am.) Abgeordneter (M.)
congresswoman (F.) Kongresbgeordnete (F.) (Kongressabgeordnete in den Vereinigten Staaten von Amerika)
conjugal (Adj.) ehelich
conjugal life (N.) eheliche Lebensgemeinschaft (F.)
connect (V.) anschließen, verbinden
connection (N.) Anschluss (M.), Beziehung (F.), Verbindung (F.), Verwandtschaft (F.) (Verwandtsein), Zusammenhang (M.)
connivance (N.) Konnivenz (F.)
connive (V.) billigen
connotation (N.) Konnotation (F.)
consanguinuty (N.) Blutsverwandtschaft (F.)
conscience (N.) Gewissen (N.)
conscientious objection (N.) Kriegsdienstverweigerung (F.)
conscientious objector (M.) Wehrdienstverweigerer (M.)
conscious (Adj.) bewusst
conscious negligence (N.) bewusste Fahrlässigkeit (F.)
consciousness (N.) Bewusstsein (N.)
consensual (Adj.) konsensual
consensual contract (N.) Konsensualvertrag (M.)
consensus (N.) Konsens (M.)
consent (N.) Einverständnis (N.), Einwilligung (F.), Konsens (M.), Zustimmung (F.)
consent (V.) einwilligen
consequence (N.) Folge (F.)
consequential damage (N.) Folgeschaden (M.), mittelbarer Schaden (M.)
consequential harm (N.) caused by a defect Mangelfolgeschaden (M.)
consequential loss (N.) Folgeschaden (M.)
conservative (Adj.) konservativ
conserve (V.) konservieren
consider (V.) befassen, beraten (V.) (überlegen), betrachten, erwägen
consideration (N.) Entgelt (N.), Erwägung (F.), Gegenleistung (F.), Gegenversprechen (N.) (Gegenversprechen im angloamerikanischen Recht), Rücksicht (F.)
consideration (N.) of evidence Beweiswürdigung (F.)
consign (V.) schicken, übertragen (eine Aufgabe übertragen), verladen
consignee (F.) Auftragnehmerin (F.)
consignee (M. bzw. F.) Auftragnehmer (M.)
consignment (N.) Konsignation (F.), Lieferung (F.), Verkaufskommission (F.)
consignment (N.) for inspection Ansichtssendung (F.)
consignment (N.) on approval Ansichtssendung (F.)
consignment note (N.) Frachtbrief (M.)
consignor (F.) Kommittentin (F.), Versenderin (F.)
consignor (M. bzw. F.) Absender (M.) (Frachtabsender), Kommittent (M.), Versender (M.)
consistory (N.) Konsistorium (N.)
consolidate (V.) konsolidieren, vereinfachen
consolidated shipment (N.) Sammelladung (F.)
consolidated single penalty (N.) Einheitsstrafe (F.)
consolidation (N.) Konsolidation (F.)
consortium (N.) Konsortium (N.), Syndikat (N.)
conspiracy (N.) Fronde (F.), Kollusion (F.), Komplott (N.), Konspiration (F.), Verabredung (F.), Verschwörung (F.)

conspirator (F.) Verschwörerin (F.)
conspirator (M. bzw. F.) Verschwörer (M.)
conspire (V.) konspirieren, verabreden, verschwören (sich verschwören)
constituency (N.) Wahlkreis (M.)
constituency seat (N.) Direktmandat (N.)
constituent (Adj.) verfassunggebend
constituent fact (N.) Tatbestandsmerkmal (N.)
constituent state (N.) Teilstaat (M.)
constitute (V.) statuieren
constituting (Adj.) a public danger gemeingefährlich
constitution (N.) Grundgesetz (N.), Konstitution (F.), Verfassung (F.)
constitution (N.) of a local authority Gemeindeverfassung (F.)
constitution (N.) of a local government Magistratsverfassung (F.)
constitution (N.) of local authorities Kommunalverfassung (F.)
constitution (N.) of magistrate Magistratsverfassung (F.)
constitution (N.) of the courts Gerichtsverfassung (F.)
Constitution (N.) of the German Reich Reichsverfassung (F.)
constitutional (Adj.) konstitutionell, satzungsgemäß, verfassungsgemäß, verfassungskonform, verfassungsmäßig
constitutional agent (F.) verfassungsmäßige Vertreterin (F.)
constitutional agent (M. bzw. F.) verfassungsmäßiger Vertreter (M.)
constitutional amendment (N.) Verfassungsänderung (F.)
constitutional authority (N.) verfassunggebende Gewalt (F.)
constitutional charter (N.) Verfassungsurkunde (F.)
constitutional complaint (N.) Verfassungsbeschwerde (F.)
constitutional court (N.) Staatsgerichtshof (M.), Verfassungsgericht (N.)
constitutional history (N.) Verfassungsgeschichte (F.)
constitutionalism (N.) Konstitutionalismus (M.)
constitutional law (N.) Verfassungsrecht (N.)
constitutional order (N.) Grundordnung (F.), verfassungsmäßige Ordnung (F.)
constitutional organ (N.) Verfassungsorgan (N.)
constitutional principle (N.) Verfassungsgrundsatz (M.), Verfassungsprinzip (N.)
constitutional reservation (N.) Verfassungsvorbehalt (M.)
constitutional revision (N.) Verfassungsänderung (F.)
constitutional right (N.) Grundrecht (N.)
constitutional state (N.) Rechtsstaat (M.)
constitutive (Adj.) konstitutiv
construct (V.) konstruieren
construction (N.) Auslegung (F.), Bau (M.), Bauwerk (N.)
construction (N.) of the terms of a contract Vertragsauslegung (F.)
construction defect (N.) Konstruktionsfehler (M.)
construction permit (N.) Bauschein (M.)
construction plan (N.) Bauplan (M.)
constructive (Adj.) konstruktiv, symbolisch
constructive false certification (N.) mittelbare Falschbeurkundung (F.)
constructive possession (N.) mittelbarer Besitz (M.)
constructive possession (N.) of chattels based on agreement Besitzkonstitut (N.), Besitzmittelungsverhältnis (N.)
constructive trust (N.) Trust (M.) von Rechts wegen (Trust von Rechts wegen im angloamerikanischen Recht)
constructive vote (N.) of no confidence konstruktives Misstrauensvotum (N.)
construe (V.) auslegen
consul (F.) Konsulin (F.)
consul (M. bzw. F.) Konsul (M.)
consulate (N.) Konsulat (N.)
consultant (F.) Gutachterin (F.), Konsulentin (F.)
consultant (M. bzw. F.) Gutachter (M.), Konsulent (M.)
consultation (N.) Benehmen (N.) (Benehmen im Verwaltungsrecht), Beratung (F.) (Beratung durch einen Anwalt), Konsultation (F.)
consultation room (N.) Beratungszimmer (N.) (Beratungszimmer des Anwalts)
consumable (Adj.) verbrauchbar
consumable (N.) verbrauchbare Sache (F.)

consumable thing (N.) verbrauchbare Sache (F.)
consume (V.) konsumieren, verbrauchen
consumer (F.) Abnehmerin (F.), Konsumentin (F.)
consumer (M. bzw. F.) Abnehmer (M.), Konsument (M.), Verbraucher (M.)
consumer co-operative society (N.) Konsumgenossenschaft (F.)
consumer credit (N.) Abzahlungskredit (M.), Verbraucherkredit (M.)
consumer goods sale (N.) Verbrauchsgüterkauf (M.)
consumer protection (N.) Verbraucherschutz (M.)
consumption (N.) Genuss (M.), Konsum (M.), Konsumtion (F.), Verbrauch (M.)
consumption tax (N.) Verbrauchsteuer (F.)
contact (N.) Kontakt (M.), Verbindung (F.)
contact ban (N.) Kontaktsperre (F.)
contain (V.) fassen
contempt (N.) of court Ungebühr (F.) vor Gericht
contend (V.) kämpfen
content (N.) Inhalt (M.)
content (N.) of the obligation to be performed Leistungsinhalt (M.)
contentious (Adj.) strittig
contentious jurisdiction (N.) streitige Gerichtsbarkeit (F.)
contentious proceedings (N.Pl.) Erkenntnisverfahren (N.)
contest (N.) Wettbewerb (M.)
contest (V.) abstreiten (bestreiten), anfechten (eine Willenserklärung anfechten), bestreiten
contestability (N.) Anfechtbarkeit (F.) (Willenserklärungsanfechtbarkeit)
contestation (N.) Anfechtung (F.) (Anfechtung einer Willenserklärung)
contestation (N.) of legitimacy Ehelichkeitsanfechtung (F.)
context (N.) Zusammenhang (M.)
contingency motion (N.) Eventualmaxime (F.)
contingent (Adj.) eventual
contingent (N.) Kontingent (N.)
contingent fee (N.) Erfolgshonorar (N.)
contingent intent (N.) bedingter Vorsatz (M.), dolus (M.) eventualis (lat.), Eventualvorsatz (M.)
contingent right (N.) Anwartschaftsrecht (N.)
continous obligation (N.) Dauerschuldverhältnis (N.)
continous wrong (N.) Dauerdelikt (N.)
continuance (N.) Vertagung (F.)
continuation (N.) Fortführung (F.), Fortsetzung (F.)
continuation (N.) of offence Fortsetzungszusammenhang (M.)
continuation (N.) of wage payments Entgeltfortzahlung (F.)
continuation of wage payments during sickness Act (N.) Entgeltfortzahlungsgesetz (N.)
continue (V.) fortführen, fortsetzen
continued (Adj.) fortgesetzt
continued act (N.) fortgesetzte Handlung (F.)
continued community (N.) of property fortgesetzte Gütergemeinschaft (F.)
continued jurisdiction (N.) perpetuatio (F.) fori (lat.)
continued payment (N.) of wages Lohnfortzahlung (F.)
continuing (Adj.) fortgesetzt
continuing offence (N.) Dauerdelikt (N.)
contraband goods (N.Pl.) Konterbande (F.)
contraception (N.) Empfängnisverhütung (F.)
contraceptive (N.) Verhütungsmittel (N.)
contract (N.) Kontrakt (M.), Vereinbarung (F.), Vertrag (M.)
contract (N.) for services Werkvertrag (M.)
contract (N.) for the procurement of service Dienstverschaffungsvertrag (M.)
contract (N.) for work and materials Werklieferungsvertrag (M.)
contract (N.) governed by public law öffentlichrechtlicher Vertrag (M.)
contract (N.) imposing a burden on a third party Vertrag (M.) zu Lasten Dritter
contract (N.) in which elements of several types of contracts are connected with each other Typenverschmelzungsvertrag (M.)
contract (N.) of agency Geschäftsbesorgungsvertrag (M.)
contract (N.) of carriage Beförderungs-

vertrag (M.) (Beförderungsvertrag von Sachen), Frachtvertrag (M.)
contract (N.) of employment Arbeitsvertrag (M.), Dienstvertrag (M.)
contract (N.) of guarantee Garantievertrag (M.)
contract (N.) of inheritance Erbvertrag (M.)
contract (N.) of manufacture Werkvertrag (M.)
contract (N.) of purchase Kaufvertrag (M.)
contract (N.) of sale Kaufvertrag (M.)
contract (N.) of service Dienstvertrag (M.)
contract (N.) of tenancy Mietvertrag (M.) (Mietvertrag über eine unbewegliche Sache)
contract (N.) of tourism Reisevertrag (M.)
contract (N.) on arranging credit facilities Kreditvermittlungsvertrag (M.)
contract (N.) on second-hand goods Trödelvertrag (M.)
contract (N.) under public law Verwaltungsvertrag (M.)
contract (V.) kontrahieren
contract (V.) out freizeichnen (sich freizeichnen)
contract card (N.) Vertragskarte (F.)
contracting (N.) Vergabe (F.)
contracting (N.) out Freizeichnung (F.)
contracting law (N.) Vergaberecht (N.)
contracting party (F.) Vertragspartnerin (F.)
contracting party (M. bzw. F.) Vertragspartner (M.)
contract law (N.) Vertragsrecht (N.)
contractor (F.) Auftragnehmerin (F.), Unternehmerin (F.)
contractor (M. bzw. F.) Auftragnehmer (M.), Unternehmer (M.), vertragsschließende Partei (F.)
contractor's labor and materials (N.) Werklieferung (F.)
contractual (Adj.) vertraglich
contractual act (N.) rechtsgeschäftsähnliche Handlung (F.)
contractual capacity (N.) Geschäftsfähigkeit (F.)
contractual commitment (N.) Vertragspflicht (F.)
contractual document (N.) Vertragsurkunde (F.)
contractual loan (N.) Vereinbarungsdarlehen (N.)
contractual penalty (N.) Vertragsstrafe (F.)
contractual relationship (N.) Vertragsverhältnis (N.)
contractual stipulation (N.) Parteivereinbarung (F.)
contradiction (N.) Widerspruch (M.)
contradictory (Adj.) widersprüchlich
contrary (Adj.) to the law gesetzwidrig
contrast (N.) Gegensatz (M.)
contravene (V.) verstoßen (verletzen)
contribute (V.) einbringen (Kapital einbringen), spenden
contribution (N.) Beitrag (M.), Einbringung (F.) (Kapitaleinbringung), Kontribution (F.), Spende (F.), Umlage (F.) (Umlage im Versicherungsrecht), Zuschuss
contribution (N.) to building costs Baukostenzuschuss (M.)
contributor (F.) Spenderin (F.)
contributor (M.) Spender (M.)
contributory negligence (N.) Mitverschulden (N.)
contributory sickness benefit (N.) Krankengeld (N.)
control (N.) Aufsicht (F.), Beherrschung (F.), Kontrolle (F.), Leitung (F.), Überwachung (F.)
control (N.) of constitutionality Verfassungskontrolle (F.)
control (N.) of prices Preisbindung (F.)
control (V.) beaufsichtigen, beherrschen, herrschen, kontrollieren, lenken
Control Council (N.) Kontrollrat (M.)
controlled tenancies act (N.) Wohnungsbindungsgesetz (N.)
control register (N.) of traffic violations Verkehrszentralregister (N.)
controversy (N.) Disput (M.), Streit (M.)
contumacious (Adj.) kontumazial
convalescence (N.) Konvaleszenz (F.)
convene (V.) einberufen
convenient (Adj.) genehm
convent (N.) Stift (N.)
convention (N.) Abkommen (N.), Brauch (M.), Kongress (M.), Konvention (F.), Konvent (M.), Sitte (F.), Tagung (F.)
Convention (N.) on contracts for the international sale of goods (CISG) Übereinkommen (N.) über den internationalen Warenkauf (CISG)
Convention (N.) on the Protection of

Human Rights Konvention (F.) zum Schutz der Menschenrechte
conventional (Adj hergebracht
conventional (Adj.) konventional
conventional fine (N.) Konventionalstrafe (F.)
conventional penalty (N.) Vertragsstrafe (F.)
conversion (N.) Konversion (F.), Umwandlung (F.)
conversion (N.) of goods Verfügung (F.) eines Nichtberechtigten über fremdes Gut (Verfügung eines Nichtberechtigten über fremdes Gut im angloamerikanischen Recht)
convert (V.) umwandeln
convertibility (N.) Konvertibilität (F.)
convertible (N.) Wandelschuldverschreibung (F.)
convertible bond (N.) Wandelschuldverschreibung (F.)
convertible loan stock (N.) Wandelanleihe (F.)
convey (V.) auflassen (über den Eigentumsübergang an einem Grundstück einig werden), transportieren, übertragen (ein Recht weitergeben)
conveyance (N.) Transport (M.), Übertragung (F.) (Übertragung eines Rechtes)
conveyance (N.) (brit.) Verkehrsmittel (N.)
conveyance (N.) of land Auflassung (F.)
conveyance (N.) of property Eigentumsübertragung (F.)
conveyor (F.) Frachtführerin (F.)
conveyor (M. bzw. F.) Frachtführer (M.)
convict (F.) Strafgefangene (F.)
convict (M. bzw. F.) Strafgefangener (M.), Sträfling (M.)
convict (V.) verurteilen
conviction (N.) Schuldspruch (M.), Überzeugung (F.), Verurteilung (F.)
conviction (N.) and sentence (N.) Strafurteil (N.)
convince (V.) überzeugen
convincing (Adj.) schlüssig
convinnance (N.) Begünstigung (F.)
convoke (V.) einberufen
co-op (N.) Konsumgenossenschaft (F.)
coop (N.) Konsumgenossenschaft (F.)
co-operate (V.) kooperieren
cooperation (N.) Mitwirken (N.), Zusammenarbeit (F.)
cooperative (Adj.) kollegial
cooperative (Adj.) (am.) genossenschaftlich
co-operative (Adj.) (brit.) genossenschaftlich
co-operative association (N.) Konsumgenossenschaft (F.)
cooperative society (N.) (am.) Genossenschaft (F.)
co-operative society (N.) (brit.) Genossenschaft (F.)
co-opt (V.) kooptieren
co-ownership (N.) Bruchteilseigentum (N.), Gemeinschaftseigentum (N.) (Gemeinschaftseigentum im angloamerikanischen Recht), Miteigentum (N.)
coparcener (F.) Miteigentümerin (F.)
coparcener (M. bzw. F.) Miteigentümer (M.)
co-partner (F.) Mitunternehmerin (F.)
copartner (F.) Teilhaberin (F.)
co-partner (M. bzw. F.) Mitunternehmer (M.)
copartner (M. bzw. F.) Teilhaber (M.)
co-partnership (N.) Teilhaberschaft (F.)
copy (N.) Kopie (F.)
copy (V.) kopieren
copyright (Adj.) urheberrechtlich
copyright (N.) Copyright (N.), Urheberrecht (N.)
copyright protection (N.) of titles Titelschutz (M.)
cordon (V.) off absperren
coronation (N.) Krönung (F.)
coroner's inquest (N.) Leichenschau (F.)
corporal (Adj.) körperlich
corporal punishment (N.) Leibesstrafe (F.), Prügelstrafe (F.)
corporate (Adj.) körperschaftlich
corporate body (N.) Körperschaft (F.), Korporation (F.)
corporate domicile (N.) Sitz (M.) (Standort)
corporate identity (N.) Unternehmenspersönlichkeit (F.)
corporation (N.) Gilde (F.), Innung (F.), Körperschaft (F.), Korporation (F.)
corporation (N.) (am.) Aktiengesellschaft (F.)
corporation (N.) of an association Verbandskörperschaft (F.)

Corporation Act (N.) (am.) Aktiengesetz (N.)
corporation law (N.) (am.) Aktienrecht (N.)
corporation tax (N.) Körperschaftsteuer (F.)
corporative (Adj.) körperschaftlich
corporeal (Adj.) körperlich
corporeal punishment (N.) Züchtigung (F.)
corpse (N.) Leiche (F.), Leichnam (M.)
corpus (N.) delicti (lat.) corpus (N.) delicti (lat.)
correct (Adj.) korrekt, richtig
correct (V.) bereinigen, berichtigen, korrigieren, verbessern
correction (N.) Bereinigung (F.), Berichtigung (F.), Verbesserung (F.)
correctional institution (N.) Strafvollzugsanstalt (F.)
corrective education (N.) Fürsorgeerziehung (F.)
correspective (Adj.) korrespektiv
correspondance act (N.) Fernunterricht (M.)
correspondence (N.) Korrespondenz (F.)
corrupt (Adj.) bestechlich, korrupt
corrupt (V.) bestechen, korrumpieren
corrupt electoral practices (N.Pl.) Wählerbestechung (F.)
corruptibility (N.) Bestechlichkeit (F.)
corruptible (Adj.) bestechlich
corruption (N.) Bestechung (F.), Korruption (F.)
co-sponsor (F.) Mitbürgin (F.)
co-sponsor (M. bzw. F.) Mitbürge (M.)
cost (N.) Preis (M.) (Kaufpreis)
cost (V.) kosten
cost accounting (N.) Kostenrechnung (F.) (Kostenrechnung im Rechnungswesen)
cost coverage (N.) Kostendeckung (F.)
costing (N.) Kostenrechnung (F.) (Kostenrechnung im Rechnungswesen)
cost recovery (N.) Kostendeckung (F.)
costs (N.Pl.) Kosten (F.Pl.), Prozesskosten (F.Pl.), Unkosten (F.Pl.)
costs (N.Pl.) of bankruptcy Massekosten (F.Pl.)
costs (N.Pl.) of litigation Prozesskosten (F.Pl.)
costumary (Adj.) gewöhnlich
costumary (Adj.) in the locality ortsüblich
costumer (F.) Kundin (F.)
costumer (M. bzw. F.) Kunde (M.) (Geschäftspartner)
co-surety (F.) Mitbürgin (F.)
co-surety (M. bzw. F.) Mitbürge (M.)
co-suretyship (N.) Mitbürgschaft (F.)
councel (F.) Anwältin (F.)
councel (M. bzw. F.) Anwalt (M.)
council (N.) Behörde (F.), Kollegium (N.), Rat (M.) (Beratergremium), Rat (M.) (Ratschlag)
Council (N.) of Elders Ältestenrat (M.)
Council (N.) of Europe Europarat (M.)
Council (N.) of Ministers Ministerrat (M.)
council home (N.) Sozialwohnung (F.)
council houses (N.Pl.) sozialer Wohnungsbau (M.)
counsel (F.) Konsulentin (F.), Prozessbevollmächtigte (F.)
counsel (F.) of one's own choice Wahlverteidigerin (F.)
counsel (M. bzw. F.) Konsulent (M.), Prozessbevollmächtigter (M.), Rat (M.) (Berater)
counsel (M. bzw. F.) of one's own choice Wahlverteidiger (M.)
counsellor (F.) Beraterin (F.)
counsellor (F.) (am.) Rechtsberaterin (F.)
counsellor (M. bzw. F.) Beirat (M.), Berater (M.)
counsellor (M. bzw. F.) (am.) Rechtsberater (M.)
counsel's advice (N.) Rechtsgutachten (N.)
counsel's opinion (N.) Rechtsgutachten (N.)
count (M.) Graf (M.)
count (V.) rechnen
counter (N.) Schalter (M.) (Ort an dem Publikum bedient wird)
counter-appeal (N.) Anschlussberufung (F.), Anschlussrevision (F.)
counter-checking (N.) of data Datenabgleich (M.)
counter-claim (N.) Gegenanspruch (M.)
counterclaim (N.) Gegenforderung (F.), Widerklage (F.)
counter-evidence (N.) Gegenbeweis (M.)
counterfeiter (F.) Falschmünzerin (F.)
counterfeiter (M. bzw. F.) Falschmünzer (M.)
counterfeiting (N.) Geldfälschung (F.)
counterfeit merchandise (N.) Produktpiraterie (F.)
counterfeit money (N.) Falschgeld (N.)

counter-guarantor (F.) Rückbürgin (F.)
counter-guarantor (M. bzw. F.) Rückbürge (M.)
counter-offer (N.) Gegenangebot (N.) (Gegenangebot im angloamerikanischen Recht)
counterpart (N.) Duplikat (N.), Kopie (F.)
counter-performance (N.) Gegenleistung (F.)
counterrevolution (N.) Konterrevolution (F.)
counter-signature (N.) Gegenzeichnung (F.)
counterstatement (N.) Gegendarstellung (F.)
counter-surety (F.) Rückbürgin (F.)
counter-surety (M. bzw. F.) Rückbürge (M.)
counter-surety (N.) Rückbürgschaft (F.)
countervailing levy (N.) Ausgleichsabgabe (F.)
countess (F.) Gräfin (F.)
country (N.) Staat (M.)
countryside (N.) Landschaft (F.)
county (N.) Bezirk (M.), Kreis (M.) (staatliche Verwaltungseinheit), Landkreis (M.)
county assembly (N.) Kreistag (M.)
county constitution (N.) Kreisordnung (F.), Kreisverfassung (F.)
county council (N.) Kreistag (M.)
county court (N.) Kreisgericht (N.)
County Court (N.) Gemeindegericht (N.)
county court (N.) (brit.) Amtsgericht (N.)
county office (N.) Landratsamt (N.)
county road (N.) Landstraße (F.)
coup (N.) de grâce (franz.) Gnadenstoß (M.)
coup (N.) d'état (franz.) Putsch (M.)
coupon (N.) Coupon (M.), Gutschein (M.), Kupon (M.)
courier (F.) Botin (F.), Kurierin (F.)
courier (M. bzw. F.) Bote (M.), Kurier (M.)
course (N.) Linie (F.), Richtung (F.)
course (N.) of business Geschäftsbetrieb (M.)
course (N.) of dealing Geschäftsgebrauch (M.) (Geschäftsgebrauch im angloamerikanischen Recht)
course (N.) of law Rechtsweg (M.)
court (N.) Gericht (N.), Gerichtshof (M.), Hof (M.) (Herrenhof)
court (N.) competent for enforcement matters Vollstreckungsgericht (N.)
court (N.) of administration Verwaltungsgerichtshof (M.) (Verwaltungsgerichtshof in Österreich)
court (N.) of appeal Appellationsgericht (N.), Revisionsgericht (N.)
Court (N.) of Appeal Revisionsgericht (N.)
court (N.) of arbitration Schiedsgericht (N.)
court (N.) of first instance of the European Communities Gericht (N.) erster Instanz der Europäischen Gemeinschaften
court (N.) of justice Gerichtshof (M.)
court (N.) of law Gerichtshof (M.)
court-appointed counsel (F.) notwendige Verteidigerin (F.), Pflichtverteidigerin (F.)
court - appointed counsel (M. bzw. F.) notwendiger Verteidiger (M.)
court-appointed counsel (M. bzw. F.) Pflichtverteidiger (M.)
court assistance (N.) Gerichtshilfe (F.)
court attendant (F.) Gerichtsdienerin (F.)
court attendant (M. bzw. F.) Gerichtsdiener (M.)
court case (N.) Prozess (M.)
court cashier (N.) Gerichtskasse (F.)
court contract (N.) Prozessvertrag (N.)
court costs (N.Pl.) Gerichtskosten (F.Pl.)
court counsellor (M. bzw. F.) Hofrat (M.) (einzelner Berater eines Fürsten)
court day (N.) Gerichtstag (M.)
court district (N.) Gerichtssprengel (M.)
courtesy (N.) Kurtoisie (F.)
courtesy relationship (N.) Gefälligkeitsverhältnis (N.)
court fee (N.) for a judgement Urteilsgebühr (F.)
court-fee collection ordinance (N.) Justizbeitreibungsordnung (F.)
court fees (N.Pl.) Gerichtskosten (F.Pl.)
court form (N.) Prozessformular (N.)
court hearing (N.) Tagsatzung (F.), Termin (M.) (Verhandlungszeitpunkt), Verhandlung (F.) (Verhandlung im Prozessrecht)
court-martial (N.) Standgericht (N.)
court office (N.) Hofamt (N.)
court order (N.) Beschluss (M.) (Gerichtsbeschluss)
court-order proceedings (N.Pl.) Beschlussverfahren (N.)

court proceedings (N.Pl.) Gerichtsverfahren (N.), Rechtsgang (M.)
courtroom (N.) Gerichtssaal (M.) (Gerichtssaal im angloamerikanischen Recht)
court rules (N.Pl.) Gerichtsordnung (F.), Prozessordnung (F.)
court sergeant (F.) Justizwachtmeisterin (F.)
court sergeant (M. bzw. F.) Justizwachtmeister (M.)
court settlement (N.) Prozessvergleich (M.)
court system (N.) Gerichtsverfassung (F.)
court training (N.) Justizausbildung (F.)
court usher (F.) Gerichtsdienerin (F.)
court usher (M. bzw. F.) Gerichtsdiener (M.)
courtyard (N.) Hof (M.) (Innenhof)
cousin (M.) Cousin (M.), Vetter (M.)
covenant (N.) Abrede (F.), Nebenvereinbarung (F.), Vertrag (M.)
covenant (N.) not to assign Abtretungsverbot (N.)
covenor (F.) Gewerkschaftlerin (F.)
covenor (M. bzw. F.) Gewerkschaftler (M.)
cover (N.) Deckung (F.) (Absicherung)
cover (V.) decken (Verlust bzw. Schulden bezahlen)
covering mortgage (N.) Zwangshypothek (F.)
cover note (N.) Deckungszusage (F.)
cover ratio (N.) Deckungsverhältnis (N.)
co-worker (f.) Mitarbeiterin (F.)
co-worker (M. bzw. F.) Mitarbeiter (M.)
craft (N.) Handwerk (N.), Kunst (F.)
craft guild (N.) Handwerksinnung (F.), Innung (F.)
craftsman (M.) Geselle (M.), Handwerker (M.)
craftsman (M.) working on someone else's goods Lohnhandwerker (M.)
craftswoman (F.) Gesellin (F.), Handwerkerin (F.)
craftswoman (F.) working on someone else's goods Lohnhandwerkerin (F.)
crafty (Adj.) listig
create (V.) erregen, erzeugen, schöpfen (erschaffen)
creating constitutional law verfassunggebend
creation (N.) Schöpfung (F.)
creation (N.) of laws Rechtsschöpfung (F.)
creature (N.) Wesen (N.)
credentials (N.Pl.) Beglaubigungsschreiben (N.)
credibility (N.) Glaubwürdigkeit (F.)
credible (Adj.) glaubhaft, glaubwürdig, kreditwürdig
credit (N.) Darlehen (N.), Haben (N.), Kredit (M.), Ruf (M.)
credit (N.) for leaseholders Pachtkredit (M.)
credit (N.) on real estate Realkredit (M.)
credit (N.) secured by land Bodenkredit (M.)
credit agreement (N.) Kreditvertrag (M.)
credit balance (N.) Geschäftsguthaben (N.), Guthaben (N.)
credit balance (N.) upon withdrawal Abfindungsguthaben (N.)
credit card (N.) Kreditkarte (F.)
credit contract (N.) Kreditvertrag (M.)
credit institute (N.) Kreditinstitut (N.)
creditor (F.) Gläubigerin (F.), Kreditgeberin (F.)
creditor (F.) in insolvency Insolvenzgläubigerin (F.)
creditor (F.) of a bankrupt's estate Konkursgläubigerin (F.)
creditor (F.) of bankrupt's estate Massegläubigerin (F.)
creditor (F.) of the estate Nachlaßgläubigerin (F.)
creditor (M. bzw. F.) Gläubiger (M.), Kreditgeber (M.)
creditor (M. bzw. F.) in insolvency Insolvenzgläubiger (M.)
creditor (M. bzw. F.) of a bankrupt's estate Konkursgläubiger (M.)
creditor (M. bzw. F.) of bankrupt's estate Massegläubiger (M.)
creditor (M. bzw. F.) of the estate Nachlassgläubiger (M.)
credit order (N.) Kreditauftrag (M.)
creditor's avoidance (N.) of debitor's transactions Gläubigeranfechtung (F.)
creditor's avoidance of transfers act (N.) Anfechtungsgesetz (N.)
creditor's delay (N.) Gläubigerverzug (M.)
creditors' meeting (N.) Gläubigerversammlung (F.)
credit sale (N.) Kreditkauf (M.)
credit system (N.) Kreditwesen (N.)

credit-worthy (Adj.) kreditfähig, kreditwürdig
credulous (Adj.) gutgläubig
crime (N.) Straftat (F.), Verbrechen (N.)
crime (N.) by omission Unterlassungsdelikt (N.)
crime (N.) committed under the influence of alcohol Alkoholdelikt (N.)
crime prognosis (N.) Kriminalprognose (F.)
crime victims compensation (N.) Opferentschädigung (F.)
criminal (Adj.) kriminal, kriminell, strafbar, strafrechtlich, verbrecherisch
criminal (F.) Verbrecherin (F.)
criminal (M. bzw. F.) Verbrecher (M.)
criminal act (N.) Straftat (F.)
criminal action (N.) Strafverfahren (N.)
criminal association (N.) kriminelle Vereinigung (F.)
criminal case (N.) Kriminalsache (F.), Strafsache (F.)
criminal code (N.) Code (M.) pénal (franz.), Strafgesetzbuch (N.)
criminal court (N.) Strafgericht (N.)
criminal court judge (F.) Strafrichterin (F.)
criminal court judge (M. bzw. F.) Strafrichter (M.)
criminal division (N.) Strafkammer (F.)
criminal incapacity (N.) due to young age Strafunmündigkeit (F.)
criminal investigation (N.) Ermittlung (F.)
Criminal Investigation Department (N.) (C.I.D.) (brit.) Kriminalpolizei (F.)
criminality (N.) Kriminalität (F.)
criminality (N.) concerning young people who are still developing Entwicklungskriminalität (F.)
criminalize (V.) kriminalisieren
criminal law (N.) Strafgesetz (N.), Strafrecht (N.)
criminal law (N.) connecting the sentence with the perilousness of the offender Täterschaftsrecht (N.)
criminal law (N.) connecting the sentence with the prohibited action of the offender Tatstrafrecht (N.)
criminal law restitution (N.) Strafrechtsentschädigung (F.)
criminal police (N.) Kriminalpolizei (F.)
criminal procedure (N.) Strafprozess (M.), Strafverfahren (N.)
criminal proceedings (N.Pl.) Kriminalprozess (M.), Strafprozess (M.)
criminal record (N.) Vorstrafe (F.)
criminal responsibility (N.) Deliktsfähigkeit (F.), Schuldfähigkeit (F.), Zurechnungsfähigkeit (F.)
criminal section (N.) Strafsenat (M.) (Strafsenat beim Bundesgerichtshof)
criminal statistics (N.Pl.) Kriminalstatistik (F.)
criminological (Adj.) kriminologisch
criminologist (F.) Kriminologin (F.)
criminologist (M. bzw. F.) Kriminologe (M.)
criminology (N.) Kriminalistik (F.), Kriminologie (F.)
crip (N.) (am.) Puff (M.)
critical point (N.) Gefahrengrenzwert (M.)
criticize (V.) beanstanden
Croatia (N.) Kroatien (N.)
cross (N.) Kreuz (N.)
cross (V.) kreuzen, überschreiten (eine Grenze überqueren)
cross-action (N.) Widerklage (F.)
cross appeal (N.) Anschlussberufung (F.)
cross-claim (N.) Gegenforderung (F.)
crossed check (N.) (am.) Verrechnungsscheck (M.)
crossed cheque (N.) (brit.) Verrechnungsscheck (M.)
cross-examination (N.) Kreuzverhör (N.)
crossing (N.) Übergang (M.) (Straßenübergang), Überschreitung (F.) (Überqueren einer Grenze)
cross-petition (N.) Widerklage (F.)
cross-reference (N.) Rückverweisung (F.)
crowd (N.) Masse (F.)
crown (N.) Krone (F.)
crown (V.) krönen
crown court (N.) Schwurgericht (N.)
crucifix (N.) Kreuz (N.)
crude (Adj.) grob
cruel (Adj.) grausam
cruelty (N.) Grausamkeit (F.)
CSCE (N.) (Conference on Security and Cooperation in Europe) KSZE (F.) (Konferenz für Sicherheit und Zusammenarbeit)
cubic measure (N.) Hohlmaß (N.)
culpability (N.) Schuldfähigkeit (F.), Strafbarkeit (F.)
culpable (Adj.) schuldhaft

culpable delay (N.) Verzug (M.)
culprit (F.) Schuldige (F.), Täterin (F.), Verbrecherin (F.)
culprit (M. bzw. F.) Schuldiger (M.), Täter (M.) (Straftäter), Verbrecher (M.)
culture (N.) Kultur (F.)
cumulation (N.) Kumulation (F.)
cumulative (Adj.) kumulativ
cumulative assumption (N.) of a debt kumulative Schuldübernahme (F.)
cumulative assumption (N.) of debts Schuldbeitritt (M.)
cumulative causality (N.) kumulative Kausalität (F.)
cumulative sentence (N.) Gesamtstrafe (F.)
cumulative system (N.) Kumulationsprinzip (N.)
cunning (Adj.) listig
cunning (N.) dolus (M.) malus (lat.), List (F.)
cupidity (N.) Habgier (F.)
curator (F.) Kuratorin (F.), Pflegerin (F.)
curator (M. bzw. F.) Kurator (M.), Pfleger (M.)
curatorship (N.) Pflegschaft (F.)
curatorship (N.) due to infirmity Gebrechlichkeitspflegschaft (F.)
curatorship (N.) for assets Vermögenspflegschaft (F.)
cure (N.) Heilung (F.)
cure (V.) heilen
curfew (N.) Sperrstunde (F.)
curia (N.) Kurie (F.) (Kurie im Kirchenrecht)
curing (N.) Heilung (F.)
currency (N.) Laufzeit (F.), Währung (F.)
currency reserve (N.) Währungsreserve (F.)
current (Adj.) gegenwärtig (derzeitig)
current account (N.) Girokonto (N.), Kontokorrent (N.)
current account reservation (N.) Kontokorrentvorbehalt (M.)
current assets (N.Pl.) Umlaufvermögen (N.)
Current Input Act (N.) Stromeinspeisungsgesetz (N.)
curtail (V.) herabsetzen, kürzen
custodial establishment (N.) Strafanstalt (F.)
custodial institution (N.) Strafanstalt (F.)
custodian (F.) Pflegerin (F.)
custodian (M. bzw. F.) Pfleger (M.)
custody (N.) Auslieferungshaft (F.), Gewahrsam (M.), Haft (F.), Obhut (F.) (Verwahrung), Untersuchungshaft (F.), Verwahrung (F.)
custody (N.) for an indefinite time Dauerarrest (M.)
custom (N.) Brauch (M.), Gepflogenheit (F.), Gewohnheit (F.), Gewohnheitsrecht (N.), Sitte (F.), Usance (F.)
customary (Adj.) gewohnheitsmäßig, obligat
customary law (N.) Gewohnheitsrecht (N.)
custom authority (N.) Zollbehörde (F.)
customer (F.) Auftraggeberin (F.), Verbraucherin (F.)
customer (M. bzw. F.) Auftraggeber (M.)
customer insolvency Verbraucherinsolvenz (F.)
customs (N.Pl) Zoll (M.)
customs (N.Pl.) Zollbehörde (F.)
customs duty (N.) Zoll (M.)
customs officer (F.) Zöllnerin (F.)
customs officer (M. bzw. F.) Zöllner (M.)
customs territory (N.) Zollgebiet (N.)
customs union (N.) Zollunion (F.)
cut (N.) Wunde (F.)
cut (V.) kürzen
cut (V.) off abstellen, sperren

d

dactylogram (N.) Fingerabdruck (M.)
daily (Adj.) täglich
daily allowance (N.) Tagegeld (N.)
daily rate (N.) Tagessatz (M.)
daily wage (N.) Tagelohn (M.)
damage (N.) Beschädigung (F.), Schaden (M.)
damage (N.) by hail Hagelschaden (M.)
damage (N.) by sea Haverei (F.)
damage (N.) caused by breach of trust Vertrauensschaden (N.)
damage (N.) caused by game Wildschaden (M.)
damage (N.) caused by non-performance Nichterfüllungsschaden (M.)
damage (N.) to property Sachbeschädigung (F.)

damage (V.) beschädigen, schädigen
damage claim (N.) Schadensersatzanspruch (M.)
damaging (Adj.) schädlich
damaging (N.) Beschädigung (F.)
damaging tendency (N.) schädliche Neigung (F.)
danger (N.) Gefahr (F.), Risiko (N.)
danger (N.) of collusion Verdunkelungsgefahr (F.)
danger (N.) of conspiracy Verabredungsgefahr (F.)
danger (N.) of escape Fluchtgefahr (F.)
danger (N.) of life Lebensgefahr (F.)
danger (N.) of recidivism Wiederholungsgefahr (F.)
danger (N.) of recurrence Wiederholungsgefahr (F.)
danger (N.) to the public Gemeingefährlichkeit (F.)
danger ahead (N.) Gefahr (F.) im Verzug
danger money (N.) Gefahrenzulage (F.)
dangerous (Adj.) gefährlich
dangerous (Adj.) to the public gemeingefährlich
dangerous bodily injury (N.) gefährliche Körperverletzung (F.)
dangerous driving (N.) Verkehrsgefährdung (F.)
danger pay (N.) Gefahrenzulage (F.)
dangle (V.) schweben
data (N.Pl.) Daten (N.Pl.)
data bank (N.) Datenbank (F.)
database (N.) Datenbank (F.)
data file (N.) Datei (F.)
data processing (N.) Datenverarbeitung (F.)
data protection (N.) Datenschutz (M.)
date (N.) Datum (N.), Tag (M.), Termin (M.)
dating (N.) Zeitbestimmung (F.)
daughter (F.) Tochter (F.)
daughter-in-law (F.) Schwiegertochter (F.)
day (N.) Tag (M.)
day (N.) of hearing Gerichtstag (M.), Tagsatzung (F.)
day labourer (F.) Tagelöhnerin (F.)
day labourer (M. bzw. F.) Tagelöhner (M.)
day-to-day money (N.) Tagesgeld (N.)
deacon (M.) Diakon (M.)
deaconess (F.) Diakonin (F.), Diakonisse (F.)
dead (Adj.) tot
dead body (N.) Leiche (F.), Leichnam (M.)
dead-end (N.) (am.) Sackgasse (F.)
deadline (N.) Frist (F.), Stichtag (M.)
deadline (N.) for using up Aufbrauchsfrist (F.)
deadlock (N.) Stillstand (M.)
dead pledge (N.) Faustpfand (N.)
deaf (Adj.) taub
deaf and dumb (Adj.) taubstumm
deal (N.) Abschluss (M.), Geschäft (N.) (Rechtsgeschäft)
deal (V.) befassen, behandeln
deal (V.) with besorgen (erledigen)
dealer (F.) Händlerin (F.), Kauffrau (F.), Vertragshändlerin (F.)
dealer (M.) Vertragshändler (M.)
dealer (M. bzw. F.) Händler (M.), Kaufmann (M.)
dealings (N.Pl.) Verkehr (M.) (Umgang)
deal with (V.) verkehren
dean (F.) Doyenin (F.)
dean (M. bzw. F.) Dekan (M.)
deanery (N.) Dekanat (N.)
deanship (N.) Dekanat (N.)
death (N.) Tod (M.)
death (N.) by dangerous driving Tötung (F.) im Straßenverkehr
death (N.) in law bürgerlicher Tod (M.)
death benefit (N.) Sterbegeld (N.)
death cell (N.) Todeszelle (F.) (Todeszelle in den Vereinigten Staaten von Amerika)
death certificate (N.) Sterbeurkunde (F.)
death cord (N.) Strang (M.) (Strang am Galgen)
death duty (N.) Erbschaftsteuer (F.)
death grant (N.) Sterbegeld (N.)
death penalty (N.) Todesstrafe (F.)
death rope (N.) Strang (M.) (Strang am Galgen)
death tay (N.) Erbschaftsteuer (F.)
debate (N.) Debatte (F.), Erörterung (F.)
debate (V.) erörtern
debenture (N.) Obligation (F.), Schuldschein (M.)
debenture bond (N.) Inhaberschuldverschreibung (F.), Schuldverschreibung (F.)
debenture holder (F.) Pfandbriefinhaberin (F.)
debenture holder (M. bzw. F.) Pfandbriefinhaber (M.)

debit (N.) Belastung (F.), Debet (N.), Soll (N.) (Schuld in der Buchhaltung)
debit (V.) abbuchen, belasten
debit advice (N.) Lastschrift (F.)
debit card (N.) Geldkarte (F.)
debit entry (N.) Lastschrift (F.)
debit note (N.) Lastschriftanzeige (F.)
debit side (N.) Soll (N.) (Schuld in der Buchhaltung)
debt (N.) Schuld (F.) (Verpflichtung im Privatrecht)
debt (N.) collectible by the creditor Holschuld (F.)
debt (N.) of a company Gesellschaftsschuld (F.)
debt (N.) of the estate Nachlassverbindlichkeit (F.)
debt (N.) payable to the creditor Bringschuld (F.)
debt (N.) provable in bankruptcy Konkursforderung (F.)
debt certificate (N.) Schuldverschreibung (F.)
debtor (F.) Debitorin (F.), Kreditnehmerin (F.)
debtor (M. bzw. F.) Debitor (M.), Kreditnehmer (M.), Schuldner (M.)
debtor's delay (N.) Schuldnerverzug (M.)
debt relationship (N.) Schuldverhältnis (N.)
debtrix (F.) Schuldnerin (F.)
decapitate (V.) enthaupten, köpfen
decapitation (N.) Enthauptung (F.)
decay (N.) Verfall (M.) (Verwahrlosung eines Gebäudes)
decay (V.) verfallen (V.) (verfallen eines Gebäudes)
decease (N.) Tod (M.)
decease (V.) sterben, versterben
deceased (Adj.) tot, verstorben
deceased's estate (N.) Nachlass (M.) (Hinterlassenschaft), Verlassenschaft (F.)
decedent (M. bzw. F.) Erblasser (M.)
deceit (N.) Betrug (M.), Hinterlist (F.), Täuschung (F.), Tücke (F.)
deceitful (Adj.) hinterlistig
deceitful plea (N.) Prozessbetrug (M.)
deceive (V.) betrügen, irreführen, täuschen
deceiver (F.) Betrügerin (F.)
deceiver (M. bzw. F.) Betrüger (M.)
decency (N.) Anstand (M.), Sittlichkeit (F.)
decentralisation (N.) Dezentralisation (F.)
decentralize (V.) dezentralisieren
deception (N.) Täuschung (F.)
deception (N.) of voters Wählertäuschung (F.)
deceptive (Adj.) betrügerisch
decide (V.) beschließen, entscheiden, entschließen (sich entschließen)
decipher (V.) lesen
decision (N.) Bescheid (M.), Beschluss (M.), Entscheid (M.), Entscheidung (F.), Entschluss (M.), Erkenntnis (N.) (Entscheidung), Urteil (N.)
decision (N.) as the case lies Entscheidung nach Lage der Akten (F.)
decision (N.) of the European Community Entscheidung (F.) der Europäischen Gemeinschaft
decision (N.) to act Tatentschluss (M.)
decision-making (N.) by vote Beschlussverfahren (N.)
decisive ballot (N.) Stichwahl (F.)
declaration (N.) Deklaration (F.), Erklärung (F.) (Zollerklärung), Feststellung (F.), Versicherung (F.) (Bestätigung)
declaration (N.) of assignment Abtretungserklärung (F.)
declaration (N.) of death Todeserklärung (F.)
declaration (N.) of intention Willenserklärung (F.)
declaration (N.) of legitimacy Ehelichkeitserklärung (F.)
declaration (N.) of right Feststellungsurteil (N.)
declaration (N.) of war Kriegserklärung (F.)
declarative (Adj.) deklaratorisch
declaratory (Adj.) deklaratorisch
declaratory action (N.) Feststellungsklage (F.)
declaratory judgement (N.) Feststellungsurteil (N.)
declaratory proceeding (N.) Feststellungsklage (F.)
declare (V.) deklarieren, erklären (darlegen), feststellen
declare (V.) forfeited kaduzieren
declare (V.) legally incapable entmündigen
declaring (N.) Deklaration (F.)
declaring void (N.) Kaduzierung (F.)

decline (V.) ablehnen, ausschlagen (sich nicht einverstanden erklären)
decolonization (N.) Entkolonialisierung (F.)
deconcentration (N.) Dekonzentration (F.)
decoration (N.) Orden (M.) (Ehrenzeichen)
decrease (N.) Verminderung (F.)
decrease (N.) in value Minderwert (M.)
decrease (V.) herabsetzen, mindern, nachlassen, vermindern
decreased (Adj.) vermindert
decree (N.) Bescheid (M.), Dekret (N.), Edikt (N.), Entscheid (M.), Erlass (M.) (Anordnung einer Verwaltungsbehörde), Rechtsverordnung (F.), Richterspruch (M.), Urteil (N.), Verordnung (F.)
decree (N.) by consent (in civil procedure) Anerkenntnisurteil (N.)
decree (V.) beschließen, verfügen (über etwas verfügen), verordnen
decry (V.) verunglimpfen
dedicate (V.) widmen
dedication (N.) Widmung (F.)
deduce (V.) herleiten
deduct (V.) absetzen (als Verlust anrechnen), abziehen
deduction (N.) Absetzung (F.) (Anrechnung als Verlust), Abzug (M.), Nachlass (M.) (Minderung)
deed (N.) Akt (M.), Tat (F.), Urkunde (F.)
deed (N.) of covenant Vertragsurkunde (F.)
deed (N.) of insurance Versicherungsurkunde (F.)
deepening (N.) of a real estate Vertiefung (F.) eines Grundstückes
de facto faktisch
de facto (lat.) de facto (lat.)
de facto contract (N.) faktischer Vertrag (M.)
de facto society (N.) faktische Gesellschaft (F.)
defalcate (V.) veruntreuen
defalcation (N.) Unterschlagung (F.), Veruntreuung (F.)
defamation (N.) Beleidigung (F.), Injurie (F.), Lästerung (F.), Verächtlichmachung (F.), Verleumdung (F.)
defamation (N.) of business reputation Kreditschädigung (F.)
defamatory remark (N.) üble Nachrede (F.)
defame (V.) diffamieren, lästern, verleumden
default (N.) Nichterfüllung (F.), Unterlassung (F.), Vertragsverletzung (F.)
default (N.) in acceptance Annahmeverzug (M.)
default (N.) in taking delivery Annahmeverzug (M.)
default (N.) of appearance Versäumnis (N.) (Fehlen)
default (N.) of payment Zahlungsverzug (M.)
default action (N.) Mahnverfahren (N.), Zahlungsklage (F.) (Zahlungsklage in Großbritannien (F.)
default court (N.) Mahngericht (N.)
defaulter (F.) Bankrotteurin (F.)
defaulter (M. bzw. F.) Bankrotteur (M.)
default judgement (N.) Versäumnisurteil (N.)
default summons (N.) Mahnbescheid (M.)
defect (N.) Fehler (M.), Mangel (M.) (Fehler)
defect (N.) in title Rechtsmangel (M.)
defect (N.) of construction work Baumangel (M.)
defect (N.) of quality Sachmangel (M.)
defective (Adj.) fehlerhaft, hinkend, ungültig
defence (n.) (br.) Verteidigerin (F.)
defence (N.) (brit.) Abwehr (F.), Einrede (F.), Einwand (M.), Einwendung (F.), Verteidiger (M.), Verteidigung (F.)
defence (N.) of property Besitzwehr (F.)
defence attorney (F.) (br.) Verteidigerin (F.)
defence attorney (M. bzw. F.) (brit.) Verteidiger (M.)
defence commissioner (F.) (br.) Wehrbeauftragte (F.)
defence counsel (F.) (br.) Strafverteidigerin (F.), Verteidigerin (F.)
defence counsel (M. bzw. F.) (brit.) Strafverteidiger (M.), Verteidiger (M.)
defenceless (Adj.) (brit.) wehrlos
defencelessness (N.) (brit.) Wehrlosigkeit (F.)
defend (V.) verteidigen
defend (V.) the charge einlassen
defendant (F.) Angeklagte (F.), Beklagte (F.), Beschuldigte (F.)
defendant (M. bzw. F.) Angeklagter (M.), Beklagter (M.), Beschuldigter (M.)

defendant (F.) in error Revisionsbeklagte (F.)
defendant (M. bzw. F.) in error Revisionsbeklagter (M.)
defense (N.) (am.) Abwehr (F.), Einrede (F.), Einwand (M.), Einwendung (F.), Verteidigerin (F.), Verteidiger (M.), Verteidigung (F.)
defense attorney (F.) (am.) Verteidigerin (F.)
defense attorney (M. bzw. F.) (am.) Verteidiger (M.)
defense commissioner (F.) (am.) Wehrbeauftragte (F.)
defense commissioner (M. bzw. F.) Wehrbeauftragter (M.)
defense counsel (F.) (am.) Strafverteidigerin (F.), Verteidigerin (F.)
defense counsel (M. bzw. F.) (am.) Strafverteidiger (M.), Verteidiger (M.)
defenseless (Adj.) (brit.) wehrlos
defenselessness (N.) (am.) Wehrlosigkeit (F.)
defensive (Adj.) defensiv
defer (V.) aufschieben, verschieben, vertagen
deferment (N.) Vertagung (F.)
deferred payment (N.) Ratenzahlung (F.)
deficiency (N.) Mangel (M.) (Fehler)
deficiency (N.) in title Rechtsmangel (M.)
deficiency (N.) of intention Willensmangel (M.)
deficiency claim (N.) Mängelrüge (F.)
deficit (N.) Defizit (N.)
define (V.) definieren, formulieren
definite (Adj.) expressis verbis (lat.), konkret
definiteness (N.) Bestimmtheit (F.)
definition (N.) Definition (F.), Formulierung (F.)
definitive decision (N.) Endurteil (N.)
defraud (V.) betrügen, hinterziehen (Steuern rechtswidrig behalten), unterschlagen
defraudation (N.) of the revenue Steuerhinterziehung (F.)
defrauder (F.) Betrügerin (F.)
defrauder (M. bzw. F.) Betrüger (M.)
defy (V.) verletzen (eine Vorschrift übertreten)
degrade (V.) degradieren
degrading punishment (N.) Ehrenstrafe (F.)
degree (N.) Grad (M.), Maß (N.)
degree (N.) of punishment Strafmaß (N.)
de jure (lat.) de iure (lat.)
delation (N.) Denunziation (F.)
delator (F.) Denunziantin (F.)
delator (M. bzw. F.) Denunziant (M.)
delay (N.) Säumnis (F.), Verzögerung (F.), Verzug (M.)
delay (N.) in performance Leistungsverzug (M.)
delay (N.) of receipt Zugangsverzögerung (F.)
delay (V.) verzögern
delay (V.) unduly verschleppen (in die Länge ziehen)
delcredere (N.) Delkredere (N.)
delcredere commission (N.) Delkredereprovision (F.)
delegacy (N.) Delegation (F.) (Personengruppe)
delegate (F.) Bevollmächtigte (F.), Delegierte (F.), Deputierte (F.)
delegate (M. bzw. F.) Abgeordneter (M.), Bevollmächtigter (M.), Delegierter (M.), Deputierter (M.)
delegate (V.) abordnen, bevollmächtigen, delegieren
delegated authority (N.) Untervollmacht (F.)
delegated function (N.) Auftragsangelegenheit (F.)
delegated power (N.) Ermächtigung (F.)
delegated sphere (N.) of functions übertragener Wirkungskreis (M.)
delegating (N.) Delegation (F.) (Beauftragung)
delegation (N.) Abordnung (F.), Delegation (F.) (Beauftragung), Delegation (F.) (Personengruppe), Deputation (F.)
delete (V.) löschen (tilgen), streichen (beseitigen)
deletion (N.) Löschung (F.) (Tilgung)
deliberate (Adj.) bewusst, vorsätzlich
deliberate (V.) beraten (V.) (überlegen)
deliberate overcharging (N.) Preistreiberei (F.)
deliberation (N.) Beratung (F.) (Beratung eines Gerichtes), Erwägung (F.)
delight (N.) Lust (F.)
delinquency (N.) Kriminalität (F.)
delinquent (Adj.) kriminell

delinquent (F.) Delinquentin (F.), Straftäterin (F.), Täterin (F.)
delinquent (M. bzw. F.) Delinquent (M.), Straftäter (M.), Täter (M.)
delirium (N.) Delirium (N.)
deliver (V.) abliefern, liefern, zustellen
deliver (V.) up überantworten (eine Sache übergeben), übergeben
deliverer (F.) Lieferantin (F.)
deliverer (M. bzw. F.) Lieferant (M.)
delivery (N.) Ablieferung (F.), Herausgabe (F.) (Besitzrückgabe einer Sache), Lieferung (F.), Übergabe (F.), Zustellung (F.)
delivery-date (N.) Lieferzeit (F.)
delivery free (Adj.) frei Haus
delivery note (N.) Lieferschein (M.)
delivery percentage (N.) Kontingent (N.)
delude (V.) täuschen, vorspiegeln
demagogue (F.) Demagogin (F.)
demagogue (M. bzw. F.) Demagoge (M.)
demand (N.) Anspruch (M.), Aufforderung (F.), Bedarf (M.), Begehren (N.), Forderung (F.) (Verlangen), Mahnung (F.)
demand (N.) for a penalty Strafantrag (M.)
demand (N.) for prosecution Strafantrag (M.)
demand (V.) erfordern, fordern, postulieren
demand bill (N.) Sichtwechsel (M.)
demarcation (N.) Abmarkung (F.)
demarche (N.) Demarche (F.)
demeanor (N.) (am.) Verhalten (N.)
demeanour (N.) (brit.) Verhalten (N.)
dementi (N.) Dementi (N.)
demise (N.) Tod (M.), Überlassung (F.) (Überlassung eines Grundstücks), Verpachtung (F.)
democracy (N.) Demokratie (F.)
democrat (F.) Demokratin (F.)
democrat (M. bzw. F.) Demokrat (M.)
democratic (Adj.) demokratisch
demolish (V.) zerstören
demolition (N.) Abbruch (M.) (Abriss eines Hauses), Zerstörung (F.)
demonstrate (V.) demonstrieren
demonstration (N.) Demonstration (F.)
demonstrative (Adj.) demonstrativ
demonstrative legacy (N.) Verschaffungsvermächtnis (N.)
demonstrator (F.) Demonstrantin (F.)
demonstrator (M. bzw. F.) Demonstrant (M.)
demur (N.) Einwand (M.)
demurrer (N.) rechtliche Einwendung (F.)
denationalization (N.) Privatisierung (F.), Reprivatisierung (F.)
denationalize (V.) ausbürgern, reprivatisieren
denaturalization (N.) Ausbürgerung (F.)
denazification (N.) Entnazifizierung (F.)
denazify (V.) entnazifiziern
denial (N.) Verweigerung (F.), Weigerung (F.)
denial (N.) of justice Rechtsverweigerung (F.)
denial (N.) of legitimacy Ehelichkeitsanfechtung (F.)
denial damage (N.) Aufopferungsanspruch (M.)
denominational school (N.) (brit.) Bekenntnisschule (F.)
denounce (V.) angeben, denunzieren
denouncer (F.) Denunziantin (F.)
denouncer (M. bzw. F.) Denunziant (M.)
dentist (F.) Zahnärztin (F.)
dentist (M. bzw. F.) Zahnarzt (M.)
denunciation (N.) Anzeige (F.) (Anzeige bei einer Behörde), Denunziation (F.), Strafanzeige (F.)
deny (V.) abstreiten (leugnen), bestreiten, dementieren, leugnen, verweigern, weigern (sich weigern)
denying (Adj.) negatorisch
department (N.) Departement (N.), Dezernat (N.), Referat (N.) (Abteilung), Ressort (N.)
department (N.) of justice (am.) Justizministerium (N.)
department (N.) of state Ministerium (N.)
department (of an authority) (N.) Abteilung (F.) (Abteilung einer Behörde) (F.)
departmental gazette (N.) Ministerialblatt (N.)
departmental head (F.) Dezernentin (F.)
departmental head (M. bzw. F.) Dezernent (M.)
depend (V.) on richten
dependence (N.) Gebundenheit (F.), Hörigkeit (F.)
dependent (Adj.) hörig
dependent condition (N.) Abhängigkeitsverhältnis (N.)
depending (Adj.) on abhängig

depletion (N.) Abschreibung (F.) (Anrechnung als Verlust)
deport (V.) abschieben, ausweisen (außer Landes verbringen), deportieren
deportation (N.) Abschiebung (F.), Ausweisung (F.), Deportation (F.)
deposit (N.) Anzahlung (F.), Einlage (F.) (Bankguthaben), Einzahlung (F.), Hinterlegung (F.)
deposit (V.) deponieren, einlegen, einzahlen, hinterlegen
deposit account (N.) Sparkonto (N.)
depositary (N.) (am.) Depot (N.)
deposit currency (N.) Buchgeld (N.)
deposited funds (N.Pl.) Depositen (N.Pl.)
deposition (N.) Hinterlegung (F.)
deposit money (N.) Giralgeld (N.)
depositor (F.) Einlegerin (F.)
depositor (M. bzw. F.) Einleger (M.)
deposits (N.Pl.) Depositen (N.Pl.)
depot (N.) Depot (N.)
deprecate (V.) missbilligen
depreciation (N.) Abschreibung (F.), Minderwert (M.)
deprival (N.) of citizenship Ausbürgerung (F.)
deprivation (N.) Aberkennung (F.), Entziehung (F.)
deprivation (N.) of legal capacity Entmündigung (F.)
deprivation (N.) of liberty Freiheitsberaubung (F.), Freiheitsentziehung (F.)
deprive (V.) aberkennen, entziehen
deprive (V.) of citizenship ausbürgern
deprived (Adj.) of rights rechtlos
deputation (N.) Deputation (F.)
deputy (F.) Abgeordnete (F.), Delegierte (F.), Deputierte (F.), Stellvertreterin (F.), Vertreterin (F.)
deputy (M. bzw. F.) Abgeordneter (M.), Delegierter (M.), Deputierter (M.), Stellvertreter (M.), Vertreter (M.)
deputy principal (F.) Konrektorin (F.)
deputy principal (M. bzw. F.) Konrektor (M.)
derange (V.) zerrütten
deregulate (V.) deregulieren
deregulation (N.) Deregulierung (F.), Freigabe (F.)
derelict (Adj.) herrenlos
dereliction (N.) Dereliktion (F.), Eigentumsaufgabe (F.)
dereliction (N.) of duty Pflichtverletzung (F.)
derision (N.) Hohn (M.)
derivative (Adj.) abgeleitet, derivativ
derivative (N.) Derivat (N.)
derivative title (N.) derivativer Eigentumserwerb (M.)
derive (V.) ableiten, herleiten
derogation (N.) Derogation (F.)
descend (V.) abstammen
descendant (F.) Deszendentin (F.)
descendant (M. bzw. F.) Abkömmling (M.), Deszendent (M.), Nachkomme (M.)
descendants (M.Pl. bzw. F.Pl.) Deszendenz (F.) (Abkömmlinge)
descent (N.) Abkunft (F.), Deszendenz (F.) (Abstammung), Gefälle (N.) (Geländeneigung), Herkunft (F.)
describe (V.) beschreiben
description (N.) Beschreibung (F.)
descriptive (Adj.) deskriptiv
descriptive constituent fact (N.) deskriptives Tatbestandsmerkmal (N.)
descriptive ingredient (N.) of an offence deskriptives Tatbestandsmerkmal (N.)
desert (V.) desertieren
deserter (F.) Deserteurin (F.)
deserter (M. bzw. F.) Deserteur (M.)
desertion (N.) Fahnenflucht (F.), Trennung (F.)
desertion (N.) from civil service Dienstflucht (F.)
deserts (N.Pl.) Verdienst (N.) (Leistung)
deserve (V.) verdienen
design (N.) Geschmacksmuster (N.), Plan (M.)
design (V.) konstruieren, planen
designate (V.) designieren, ernennen
designation (N.) Designation (F.)
design defect (N.) Konstruktionsfehler (M.)
design fault (N.) Konstruktionsfehler (M.)
design patent (N.) Geschmacksmuster (N.)
desire (V.) begehren
desist (V.) unterlassen
desk murderer (M. bzw. F.) Schreibtischtäter (M.)
desk murderess (F.) Schreibtischtäterin (F.)
despise (V.) missachten
despot (F.) Despotin (F.)
despot (M. bzw. F.) Despot (M.)

despotic (Adj.) despotisch
despotic rule (N.) Despotie (F.)
destitute (Adj.) hilflos
destroy (V.) zerstören
destruction (N.) Zerstörung (F.)
destruction (N.) of good health Gesundheitszerstörung (F.)
destructive leanings (N.Pl.) schädliche Neigung (F.)
detached (Adj.) detachiert
detached chamber (N.) detachierte Kammer (F.)
detailed (Adj.) detachiert
detain (V.) internieren, zurückbehalten
detainee (F.) Gefangene (F.), Inhaftierte (F.)
detainee (M. bzw. F.) Gefangener (M.), Inhaftierter (M.)
detainer (N.) Inhaftierung (F.)
detection (N.) Aufklärung (F.) (Wahrheitsfindung)
detection rate (N.) Aufklärungsquote (F.)
detective (F.) Detektivin (F.)
detective (M. bzw. F.) Detektiv (M.), Ermittler (M.)
detector (N.) Detektor (M.)
detention (N.) Freiheitsentziehung (F.), Gewahrsam (M.), Haft (F.), Inhaftierung (F.), Internierung (F.), Vorenthaltung (F.)
detention (N.) for debt Schuldhaft (F.)
detention (N.) pending trial (N.) Untersuchungshaft (F.)
detention camp (N.) Lager (N.)
detention cell (N.) Karzer (M.)
detention center (N.) (am.) zwischenstaatlich
detention centre (N.) (brit.) Jugendstrafanstalt (F.)
deter (V.) abschrecken
deteriorate (V.) nachlassen
determinate obligation (N.) Speziesschuld (F.), Stückschuld (F.)
determination (N.) Bemessung (F.), Bestimmtheit (F.), Entscheidung (F.), Festsetzung (F.), Feststellung (F.)
determination (N.) of profits Gewinnermittlung (F.)
determine (V.) begrenzen, bestimmen, festsetzen, feststellen
deterrence (N.) Abschreckung (F.)
deterrent effect (N.) on a particular offender Spezialprävention (F.)
detinue (N.) Vorenthaltung (F.)
detriment (N.) Nachteil (M.) (Mangel bzw. Schaden)
detriments (N.Pl.) due to anticipatory breach or fault in negotiating Vertrauensinteresse (N.)
devaluation (N.) Abwertung (F.)
devalue (V.) abwerten
devastate (V.) zerstören
devastation (N.) Zerstörung (F.)
develop (V.) entfalten, entwickeln, erschließen
developer (F.) Bauträgerin (F.)
developer (M. bzw. F.) Bauträger (M.)
development (N.) Entfaltung (F.), Entwicklung (F.), Erschließung (F.)
development plan (N.) Bebauungsplan (M.), Flächennutzungsplan (M.)
deviate (V.) abweichen
deviating (Adj.) abweichend
deviation (N.) for employee's benefit from collective bargaining agreement Günstigkeitsprinzip (N.)
device (N.) Gerät (N.)
devise (N.) Legat (N.) (Vermächtnis)
devise (V.) erfinden, nachlassen
devolution (N.) Anfall (M.), Devolution (F.), Übergang (M.) (Übergang eines Rechtes)
devolution (N.) of an inheritance Erbanfall (M.), Erbfall (M.)
devolution (N.) of title Rechtsübergang (M.)
devolutionary effect (N.) Devolutiveffekt (M.)
devote (V.) widmen
dialling code (N.) (brit.) Vorwahl (F.) (telefonische Vorwahl) (F.)
dichotomy (N.) Dichotomie (F.)
dictator (F.) Diktatorin (F.)
dictator (M. bzw. F.) Diktator (M.)
dictatorship (N.) Diktatur (F.)
dictionary (N.) Lexikon (N.)
dictum (N.) Maxime (F.)
die (V.) sterben
differ (V.) abweichen
difference (N.) Differenz (F.), Unterschied (M.)
differentiate (V.) differenzieren, unterscheiden
differentiation (N.) Differenzierung (F.), Unterscheidung (F.)

differentiation clause (N.) Differenzierungsklausel (F.)
differing (Adj.) abweichend
digest (N.) Gesetzessammlung (F.)
digest (V.) verarbeiten (Gedanken bzw. Nahrung verarbeiten)
digestion (N.) Verarbeitung (F.) (Verarbeitung von Gedanken bzw. Nahrung)
dignitary (F.) Würdenträgerin (F.)
dignitary (M. bzw. F.) Würdenträger (M.)
dignity (N.) Würde (F.)
dike (N.) Deich (M.)
dike law Deichrecht (N.)
dilapidated (Adj.) baufällig
dilapidation (N.) Verfall (M.) (Verwahrlosung eines Gebäudes), Verwahrlosung (F.) (Verfall von Häusern)
dilatoriness (N.) Säumnis (F.)
dilatory (Adj.) dilatorisch
dilatory methods (N.Pl.) Prozessverschleppung (F.)
dilatory objection (N.) dilatorische Einrede (F.)
dilatory plea (N.) dilatorische Einrede (F.)
dilatory procedural defence (N.) dilatorische Einrede (F.)
dilatory tactics (N.) Verschleppung (F.) (Verzögerung im Prozess)
diligence (N.) Sorgfalt (F.)
diminish (V.) mindern, vermindern
diminished responsibility (N.) verminderte Schuldfähigkeit (F.)
diminution (N.) Minderung (F.), Verminderung (F.)
diocese (N.) Bistum (N.), Diözese (F.)
diploma (N.) Diplom (N.)
diplomacy (N.) Diplomatie (F.)
diplomat (F.) Diplomatin (F.)
diplomat (M. bzw. F.) Diplomat (M.)
diplomatic (Adj.) diplomatisch
diplomatic relation (N.) diplomatische Beziehung (F.)
diplomatics (N.Pl.) Diplomatik (F.)
direct (Adj.) direkt, unmittelbar
direct (V.) anordnen, anweisen, leiten, lenken, richten, verfügen (anordnen), vorschreiben
direct acquisition (N.) Direkterwerb (M.)
direct agency (N.) unmittelbare Stellvertretung (F.)
direct compulsion (N.) unmittelbarer Zwang (M.)
direct control contract (N.) Beherrschungsvertrag (M.)
direct damage (N.) unmittelbarer Schaden (M.)
direct debit (N.) Abbuchung (F.)
direct debit authorization (N.) Einziehungsermächtigung (F.)
direct debiting (N.) Lastschriftverfahren (N.)
direct duty (N.) direkte Steuer (F.)
direct error (N.) as to the prohibited nature of an act direkter Verbotsirrtum (M.)
direct intent (N.) direkter Vorsatz (M.), dolus (M.) directus (lat.)
direction (N.) Anweisung (F.), Direktion (F.), Führung (F.) (Leitung), Instruktion (F.), Richtung (F.), Verfügung (F.) (Anordnung)
directions (N.Pl.) for use Gebrauchsanweisung (F.)
directive (Adj.) leitend (führend)
directive (N.) Anordnung (F.), Anweisung (F.), Direktive (F.), Richtlinie (F.), Vorschrift (F.), Weisung (F.)
direct liability (N.) of controlling shareholder Durchgriffshaftung (F.)
direct line (N.) gerade Linie (F.)
directly enforceable guarantee (N.) selbstschuldnerische Bürgschaft (F.)
directly liable (Adj.) selbstschuldnerisch
direct mail selling (N.) Versandhandel (M.)
directness (N.) Unmittelbarkeit (F.)
director (F.) Direktorin (F.), Geschäftsführerin (F.), Leiterin (F.)
director (M. bzw. F.) Direktor (M.), Geschäftsführer (M.), Leiter (M.)
directorate (N.) Aufsichtsrat (M.), Verwaltungsrat (M.)
directory provision (N.) Sollvorschrift (F.)
directory statute (N.) Sollvorschrift (F.)
direct possession (N.) unmittelbarer Besitz (M.)
direct representation (N.) direkte Stellvertretung (F.)
directress (F.) Direktorin (F.)
direct seat (N.) Direktmandat (N.)
direct tax (N.) direkte Steuer (F.)
direct voting (N.) unmittelbare Wahl (F.)
disability (N.) Erwerbsunfähigkeit (F.), Invalidität (F.)

disability (N.) for imprisonment Haftunfähigkeit (F.)
disability insurance (N.) Invalidenversicherung (F.)
disabled person (F.) Behinderte (F.), Invalidin (F.)
disabled person (M. bzw. F.) Behinderter (M.), Invalide (M.)
disadvantage (N.) Nachteil (M.)
disagio (N.) Disagio (N.)
disagreement (N.) Differenz (F.), Dissens (M.), Einigungsmangel (M.)
disallow (V.) aberkennen, zurückweisen
disallowance (N.) Aberkennung (F.)
disappearance (N.) Verschollenheit (F.) (Verschollenheit einer Person)
disapprobation (N.) Missbilligung (F.)
disapproval (N.) Missbilligung (F.)
disapprove (V.) of missbilligen
disaster (N.) Katastrophe (F.)
disburse (V.) auszahlen
disbursement (N.) Ausgabe (F.), Auslage (F.), Auszahlung (F.)
discharge (N.) Absetzung (F.) (Entlassung von einem Amt), Befreiung (F.), Entlassung (F.), Erlöschen (N.), Freisprechung (F.), Tilgung (F.)
discharge (V.) ausladen, entlassen, freisprechen, löschen (ausladen)
disciplinary (Adj.) disziplinarisch
disciplinary action (N.) Disziplinarmaßnahme (F.), Maßregel (F.)
disciplinary aid (N.) and supervision (N.) Erziehungshilfe (F.)
disciplinary committee (N.) Ehrengericht (N.)
disciplinary complaint (N.) Dienstaufsichtsbeschwerde (F.)
disciplinary court (N.) Ehrengericht (N.)
disciplinary fine (N.) Ordnungsgeld (N.)
disciplinary law (N.) Disziplinarrecht (N.)
disciplinary offence (N.) Dienstvergehen (N.)
disciplinary penalty (N.) Strafverfügung (F.)
disciplinary procedure (N.) Disziplinarverfahren (N.)
disciplinary proceedings (N.Pl.) Disziplinarverfahren (N.)
disciplinary tribunal (N.) Disziplinargericht (N.)
discipline (N.) Disziplin (F.)
disclaim ausschlagen (nicht annehmen)
disclaim (V.) bestreiten
disclaimer (N.) Ausschlagung (F.), Verzicht (M.), Verzichtserklärung (F.)
disclose (V.) aufdecken, ausweisen (zu erkennen geben), eröffnen, verraten (etwas verraten)
disclosure (N.) Auskunft (F.), Eröffnung (F.), Offenbarung (F.), Preisgabe (F.)
disconnect (V.) trennen, unterbrechen
disconnection (N.) Trennung (F.)
discontinuance (N.) Einstellung (F.) (Unterbrechung bzw. Beendigung)
discontinuation (N.) Unterbrechung (F.)
discontinue (V.) einstellen (unterbrechen bzw. beenden), unterbrechen
discount (N.) Abschlag (M.), damnum (N.) (lat.), Disagio (N.), Diskont (M.), Rabatt (M.)
discount (V.) diskontieren
discount rate (N.) Diskontsatz (M.)
discovery (N.) Ausforschungsbeweis (M.), Urkundenvorlegung (F.) (Urkundenvorlegung im Vorverfahren in Großbritannien)
discredit (N.) Kreditschädigung (F.)
discret (Adj.) verschwiegen
discretion (N.) Ermessen (N.), Verschwiegenheit (F.)
discretionary clause (N.) Kannvorschrift (F.)
discriminate (V.) diskriminieren
discrimination (N.) Diskriminierung (F.), Distinktion (F.)
discuss (V.) erörtern
discussion (N.) Erörterung (F.)
disease (N.) Krankheit (F.)
disengage (V.) entlasten
disentangle (V.) ordnen
disgrace (N.) Schande (F.)
disgraceful (Adj.) unwürdig
disguise (V.) verschleiern
dishonest (Adj.) unlauter, unredlich
dishonour (V.) zurückweisen
disinherit (V.) enterben
disinheritance (N.) Enterbung (F.)
disintegration (N.) Zerrüttung (F.)
disinter (V.) exhumieren
disinterment (N.) Exhumierung (F.)
disloyal (Adj.) treubrüchig
disloyalty (N.) Treubruch (M.), Untreue (F.)

dismantling (N.) Abbruch (M.) (Abriss eines Hauses)
dismiss (V.) abweisen, entlassen, verwerfen, zurückweisen
dismissal (N.) Absetzung (F.) (Entlassung von einem Amt), Abweisung (F.), Entfernung (F.) (Entlassung) aus dem Dienst, Entlassung (F.), Laufpass (M.), Verwerfung (F.), Zurückweisung (F.)
disobedience (N.) Widerstand (M.)
disobedient (Adj.) ungehorsam
disorder (N.) Ruhestörung (F.)
disorderly (Adj.) ordnungswidrig
disorderly conduct (N.) Unfug (M.)
disparage (V.) verächtlichmachen, verunglimpfen
disparagement (N.) Verächtlichmachung (F.)
dispatch (N.) Versendung (F.)
dispatch (N.) of records Aktenversendung (F.)
dispatch (V.) absenden (eine Fracht absenden), schicken, versenden
dispatching (N.) Abfertigung (F.) (Fertigmachen für Versendung)
dispensation (N.) Befreiung (F.), Dispens (M.), Rechtsprechung (F.)
dispense (V.) dispensieren
dispense (V.) from erlassen (befreien)
dispense justice (V.) judizieren
dispersal (N.) Dekonzentration (F.)
displaced person (F.) Heimatvertriebene (F.), Vertriebene (F.)
displaced person (M. bzw. F.) Heimatvertriebener (M.), Vertriebener (M.)
disposal (N.) Disposition (F.), Erledigung (F.), Veräußerung (F.), Verfügung (F.) (Willenserklärung), Verkauf (M.)
disposal site (N.) Deponie (F.)
dispose (V.) of disponieren, veräußern, verfügen (über etwas verfügen), umsetzen
disposition (N.) Disposition (F.), Veranlagung (F.) (Eigenschaft), Verfügung (F.) (Willenserklärung), Verfügungsgeschäft (N.)
disposition (N.) mortis causa Verfügung von Todes wegen (F.)
disposition (N.) of property Vermögensverfügung (F.)
dispositive (Adj.) dispositiv
dispossession (N.) Besitzentziehung (F.)
disprove (V.) widerlegen
disputation (N.) Disputation (F.)
dispute (N.) Disput (M.), Streitigkeit (F.), Streit (M.)
dispute (V.) abstreiten (bestreiten), streiten
disqualification (N.) from succession Erbunwürdigkeit (F.)
disregard (V.) missachten
disrupt (V.) zerrütten
disruption (N.) Zerrüttung (F.)
dissemble (V.) heucheln
dissemination (N.) Verteilung (F.), Weitergabe (F.)
dissent (N.) Dissens (M.)
dissenter (F.) Dissidentin (F.)
dissenter (M. bzw. F.) Dissident (M.)
dissenting opinion (N.) abweichende Meinung (F.) (eines Richters), Sondervotum (N.) (Sondervotum in einem Gerichtssenat)
dissenting vote (N.) Sondervotum (N.) (Sondervotum in einem Gremium)
dissertation (N.) Dissertation (F.)
dissident (F.) Dissidentin (F.)
dissident (M. bzw. F.) Dissident (M.)
dissolution (N.) Auflösung (F.)
dissolution (N.) of marriage Eheaufhebung (F.)
dissolve (V.) auflösen, lösen
dissolving condition (N.) Resolutivbedingung (F.)
distance (N.) Abstand (M.), Entfernung (F.) (Ortsunterschied)
distinction (N.) Distinktion (F.), Unterscheidung (F.), Unterschied (M.)
distinctive feature (N.) Merkmal (N.)
distinguish (V.) distinguieren (im Verfahrensrecht bezüglich einer älteren Entscheidung unterscheiden), unterscheiden
distrain (V.) pfänden
distrained (Adj.) gepfändet
distraint (N.) Beschlagnahme (F.), Pfändung (F.)
distress (N.) Inbesitznahme (F.), Not (F.), Notlage (F.), Pfändung (F.)
distress sale (N.) Pfandverkauf (M.)
distress warrant (N.) Pfändungsbeschluss (M.)
distribute (V.) ausgeben, umlegen, verteilen
distribution (N.) Auseinandersetzung (F.), Verteilung (F.), Vertrieb (M.)
distribution (N.) of business Geschäftsverteilung (F.)

distributor (F.) Eigenhändlerin (F.), Großhändlerin (F.)
distributor (M. bzw. F.) Eigenhändler (M.), Großhändler
district (N.) Bezirk (M.), Distrikt (M.), Gau (M.), Gebiet (N.), Kreis (M.) (staatliche Verwaltungseinheit), Landkreis (M.), Sprengel (M.)
district attorney (F.) (am.) Staatsanwältin (F.)
district attorney (M. bzw. F.) (am.) Staatsanwalt (M.)
district board (N.) Gemeindeverband (M.)
district commissioner (F.) Bezirkshauptfrau (F.) (Bezirkshauptfrau in Österreich)
district commissioner (M. bzw. F.) Bezirkshauptmann (M.)
district committee (N.) Kreisausschuss (M.)
district court (N.) Bezirksgericht (N.), Kreisgericht (N.)
district court (N.) (am.) Amtsgericht (N.), Bundesgericht (N.)
district notary (F.) Bezirksnotarin (F.)
district notary (M. bzw. F.) Bezirksnotar (M.)
district registry (N.) Standesamt (N.)
distrust (N.) Argwohn (M.), Misstrauen (N.)
distrust (V.) misstrauen
disturb (V.) stören
disturbance (N.) Ruhestörung (F.), Störung (F.)
disturbance (N.) of marriage Ehestörung (F.)
disturbance (N.) of possession Besitzstörung (F.)
disturber (F.) Störerin (F.)
disturber (F.) by action Handlungsstörerin (F.)
disturber (F.) by condition Zustandsstörerin (F.)
disturber (F.) by state Zustandsstörerin (F.)
disturber (M. bzw. F.) Störer (M.)
disturber (M. bzw. F.) by action Handlungsstörer (M.)
disturber (M. bzw. F.) by condition Zustandsstörer (M.)
disturber (M. bzw. F.) by state Zustandsstörer (M.)
divergent (Adj.) abweichend
divergent behavior (N.) (am.) abweichendes Verhalten (N.)
divergent behaviour (N.) (brit.) abweichendes Verhalten (N.)
diverse (Adj.) verschieden (Adj.)
diversion (N.) Diversion (F.)
diversity (N.) of opinion Meinungsverschiedenheit (F.)
divert (V.) umlegen
divest (V.) berauben, entziehen
divestment (N.) Besitzentziehung (F.), Entziehung (F.)
divestment (N.) of energy Energieentziehung (F.)
divide (V.) auseinandersetzen (teilen), teilen, trennen
divide (V.) into lots parzellieren
divide (V.) up aufteilen
dividend (N.) Dividende (F.)
dividend warrant (N.) Coupon (M.), Kupon (M.)
dividing-up (N.) of matrimonial household effects Hausratsteilung (F.)
divisible (Adj.) teilbar
divisible performance (N.) teilbare Leistung (F.)
division (N.) Auseinandersetzung (F.), Division (F.), Teilung (F.), Tochtergesellschaft (F.), Trennung (F.)
division (of an administration) (N.) Abteilung (F.) (Abteilung einer Verwaltung) (F.)
divisional coin (N.) Scheidemünze (F.)
divisional court (N.) Kollegialgericht (N.)
divorce (N.) Ehescheidung (F.), Scheidung (F.)
divorce (N.) by consent Konventionalscheidung (F.)
divorce (V.) scheiden
divulge (V.) verraten (etwas verraten)
DNA-analysis (N.) DNA-Analyse (F.), genetischer Fingerabdruck (M.)
do (V.) vornehmen
do (V.) business handeln (Handel treiben)
do (V.) damage schaden
docent (F.) Dozentin (F.)
docent (M. bzw. F.) Dozent (M.)
dock (N.) Anklagebank (F.), Verzeichnis (N.)
doctor (F.) Ärztin (F.), Doktorin (F.)
doctor (F.) honoris causa (lat.) Ehrendoktorin (F.)

doctor (M. bzw. F.) Arzt (M.), Doktor (M.)
doctor (M. bzw. F.) honoris causa (lat.) Ehrendoktor (M.)
doctoral viva Rigorosum (N.)
doctor's degree (N.) Doktorgrad (M.)
doctrine (N.) Doktrin (F.), Prinzip (N.)
doctrine (N.) of criminal liability for intended wrongdoings only finale Handlungslehre (F.)
doctrine (N.) of criminal responsibility Handlungslehre (F.)
doctrine (N.) of declaratory effect of an act Erklärungstheorie (F.)
doctrine (N.) of privity of contract Privatautonomie (F.)
doctrine (N.) of real intention Willenstheorie (F.)
doctrine (N.) of the causality of criminal responsibility kausale Handlungslehre (F.)
doctrine (N.) of ultra vires ultra-vires-Lehre (F.)
doctrine of the three elements of a state Drei-Elemente-Lehre (F.)
document (N.) Dokument (N.), Papier (N.), Urkunde (F.)
documentary (Adj.) urkundlich
documentary evidence (N.) Urkundenbeweis (M.)
documentary letter (N.) of credit Dokumentenakkreditiv (N.)
dogma (N.) Dogma (N.)
dogmatics (N.) of law Rechtsdogmatik (F.)
dogmatics (N.Pl.) Dogmatik (F.)
doing (N.) Verrichtung (F.)
dolos (Adj.) dolos
domain (N.) Bereich (M.), Gebiet (N.), Herrschaftsrecht (N.)
domaine (N.) Domäne (F.)
domestic (Adj.) einheimisch, häuslich, inländisch
domestic (F.) Dienerin (F.)
domestic help (F.) Dienstbotin (F.)
domestic help (M. bzw. F.) Dienstbote (M.)
domestic matket (N.) Binnenmarkt (M.)
domestic servant (F.) Hausgehilfin (F.)
domestic servant (M. bzw. F.) Hausgehilfe (M.)
domestic trade (N.) Binnenhandel (M.)
domicile (N.) Sitz (M.) (Standort), Wohnsitz (M.)
domicile theory (N.) Sitztheorie (F.)
domiciliary right (N.) Hausrecht (N.)
domiciliary visit (N.) Hausdurchsuchung (F.), Haussuchung (F.)
dominant estate (N.) herrschendes Grundstück (N.)
dominate (V.) beherrschen
domination (N.) Beherrschung (F.), Herrschaft (F.)
donate (V.) schenken, spenden, stiften (spenden)
donation (N.) Gabe (F.) (Geldgabe), Schenkung (F.), Spende (F.), Stiftung (F.)
donatrix (F.) Schenkerin (F.)
donee (F.) Schenkungsempfängerin (F.)
donee (M. bzw. F.) Schenkungsempfänger (M.)
donkey (N.) Esel (M.)
donor (F.) Spenderin (F.)
donor (M.) Schenker (M.), Spender (M.)
donor (M. bzw. F.) Stifter (M.) (Spender)
door-to-door selling (N.) Haustürgeschäft (N.)
doping (N.) Doping (N.)
dormant partnership (N.) stille Gesellschaft (F.)
dossier (N.) Dossier (N.)
double - crossing (N.) of a client by a lawyer Parteiverrat (M.)
double name (N.) Doppelname (M.)
double taxation (N.) Doppelbesteuerung (F.)
double-tracked (Adj.) zweispurig
double-tracking (N.) Zweispurigkeit (F.)
doubt (N.) Bedenken (N.), Zweifel (M.)
doubtful (Adj.) zweifelhaft
dower (N.) Nießbrauch (M.), Pflichtteil (M.)
down payment (N.) Anzahlung (F.)
dowry (N.) Aussteuer (F.), Mitgift (F.)
doyen (M. bzw. F.) Doyen (M.) (franz.)
draconian (Adj.) drakonisch
draconic (Adj.) drakonisch
draft (N.) Fassung (F.), Tratte (F.), Wechsel (M.) (Wertpapier)
draft (N.) of a contract Punktation (F.)
draft (V.) verfassen
draft (V.) (am.) einberufen
draft agreement (N.) Entwurf (M.)
draft bill (N.) Gesetzentwurf (M.)
drafter (F.) Verfasserin (F.)
drafter (M. bzw. F.) Verfasser (M.)

draft law (N.) Gesetzentwurf (M.), Gesetzesvorlage (F.)
draftsman (M.) Verfasser (M.)
draftswoman (F.) Verfasserin (F.)
drag-net technique (N.) Schleppnetzfahndung (N.)
drain (V.) erschöpfen
drastic action (N.) Durchgriff (M.)
draw (V.) abheben, entnehmen, zeichnen (abbilden)
draw (V.) by lot auslosen
draw (V.) lots losen
draw (V.) up ausstellen, verfassen
drawback (N.) Nachteil (M.) (Mangel bzw. Schaden)
drawee (F.) Bezogene (F.), Trassatin (F.)
drawee (M. bzw. F.) Bezogener (M.), Trassat (M.)
drawer (F.) Ausstellerin (F.), Trassantin (F.)
drawer (F.) of a bill Ausstellerin (F.)
drawer (M. bzw. F.) Aussteller (M.) (Aussteller eines Wechsels), Trassant (M.)
drawer (M. bzw. F.) of a bill Aussteller (M.)
drawing (N.) Ausstellung (F.), Entnahme (F.)
drawing (N.) of lots Auslosung (F.)
dredge (V.) räumen
drink (V.) trinken
drive (N.) Drang (M.)
drive (V.) fahren, lenken (ein Fahrzeug lenken)
drive (V.) out vertreiben (austreiben)
driver's license (N.) (am.) Fahrerlaubnis (F.), Führerschein (M.)
driving (N.) while drunk Trunkenheit am Steuer (F.)
driving (N.) while intoxicated (dwi) Fahren (N.) unter Alkoholeinfluß
driving (N.) while under the influence of alcohol Trunkenheit (F.) im Straßenverkehr
driving ban (N.) Fahrverbot (N.)
driving force (N.) Trieb (M.)
driving instructor (F.) Fahrlehrerin (F.)
driving instructor (M. bzw. F.) Fahrlehrer (M.)
driving licence (N.) (brit.) Fahrerlaubnis (F.), Führerschein (M.)
drop (N.) Baisse (F.)
drop (V.) nachlassen
drug (N.) Betäubungsmittel (N.), Droge (F.), Rauschgift (N.)
druggist (F.) Apothekerin (F.)
druggist (M. bzw. F.) (am.) Apotheker (M.)
drugs act (N.) Betäubungsmittelgesetz (N.)
drugstore (N.) (am.) Apotheke (F.)
drumhead trial (N.) Standgericht (N.)
drunk (Adj.) betrunken
drunken (Adj.) betrunken
drunken driving (N.) Trunkenheit am Steuer (F.), Trunkenheit (F.) im Straßenverkehr
drunkenness (N.) Trunkenheit (F.)
drunkenness (N.) at the wheel Trunkenheit am Steuer (F.)
dual citizenship (N.) Doppelstaatsangehörigkeit (F.)
dualism (N.) Dualismus (M.)
dualistic (Adj.) dualistisch
dual nationality (N.) Doppelstaatsangehörigkeit (F.)
dubious (Adj.) unlauter, zweifelhaft
duchess (F.) Herzogin (F.)
duchy (N.) Herzogtum (N.)
due (Adj.) fällig
due care (N.) Sorgfalt (F.)
due date (N.) Fälligkeit (F.)
duel (N.) Duell (N.)
due process (N.) of law rechtliches Gehör (N.)
duke (M.) Herzog (M.)
duly (Adj.) vorschriftsmäßig
dumb (Adj.) stumm
dump (N.) Deponie (F.), Halde (F.)
dumping (N.) Dumping (N.)
dun (V.) mahnen
dungeon (N.) Kerker (M.)
dunning (N.) Mahnung (F.)
dunning court (N.) Mahngericht (N.)
dunning proceedings (N.Pl.) Mahnverfahren (N.)
duplicate (N.) Duplikat (N.), Kopie (F.)
duplicate (V.) kopieren, vervielfältigen
duplicatio (N.) Duplik (F.)
duplication (N.) Vervielfältigung (F.)
duration (N.) Dauer (F.)
duress (N.) Nötigung (F.), Zwang (M.)
duty (N.) Abgabe (F.), Aufgabe (F.), Dienst (M.), Gebühr (F.), Obliegenheit (F.), Pflicht (F.), Steuer (F.)
duty (N.) in respect of care and supervision Fürsorgepflicht (F.)

duty (N.) of care Sorgfaltspflicht (F.)
duty (N.) of care toward third parties Verkehrspflicht (F.)
duty (N.) of fidelity Treuepflicht (F.)
duty (N.) of loyalty Treuepflicht (F.)
duty (N.) to act Handlungspflicht (F.)
duty (N.) to construct and maintain roads Straßenbaulast (F.)
duty (N.) to cooperate Mitwirkungspflicht (F.)
duty (N.) to disclose Aufklärungspflicht (F.)
duty (N.) to exercise proper care Obhutspflicht (F.)
duty (N.) to give evidence Aussagepflicht (F.)
duty (N.) to give information Auskunftspflicht (F.)
duty (N.) to maintain safety Verkehrspflicht (F.)
duty (N.) to obey Gehorsamspflicht (F.)
duty (N.) to prevent the effect Erfolgsabwendungspflicht (F.)
duty (N.) to produce a document Editionspflicht (F.)
duty (N.) to protect Schutzpflicht (F.)
duty (N.) to provide clarification Aufklärungspflicht (F.)
duty (N.) to report Meldepflicht (F.)
duty (N.) to take care Sorgfaltspflicht (F.)
duty (N.) to warn Hinweispflicht (F.)
duty copy (N.) Pflichtexemplar (N.)
duty-free (Adj.) zollfrei
dwelling (N.) Obdach (N.), Wohnung (F.)
dyke (N.) Deich (M.)
dynamic (Adj.) dynamisch
dynasty (N.) Dynastie (F.)

e

earl (M.) (brit.) Graf (M.)
early (Adj.) vorzeitig
earn (V.) verdienen
earned income (N.) Arbeitseinkommen (N.)
earned income relief (N.) Arbeitnehmerfreibetrag (M.)
earnest (N.) arrha (F.) (lat.), Draufgabe (F.)
earnest money (N.) arrha (F.) (lat.), Draufgabe (F.)
earning (N.) Einnahme (F.)
earnings (N.Pl.) Einkommen (N.), Einkunft (F.), Verdienst (M.) (Einkommen)
ease (V.) entlasten
ease (V.) off nachlassen
easement (N.) Dienstbarkeit (F.), Grunddienstbarkeit (F.), Servitut (F.)
easing (N.) Entlastung (F.)
Eastern territory (N.) Ostgebiet (N.)
Eastern Zone (N.) Ostzone (F.)
EC (N.) (European Community) EG (F.) (Europäische Gemeinschaft)
ecclesiastic (F.) Geistliche (F.)
ecclesiastic (M.) Geistlicher (M.)
ecclesiastical (Adj.) geistlich (kirchlich), kirchlich
ecclesiastical administration (N.) Kirchenverwaltung (F.)
ecclesiastical authority (N.) to teach missio (F.) canonica (lat.)
ecclesiastical law (N.) Kanon (M.), Kirchenrecht (N.)
ecology (N.) Ökologie (F.)
economic (Adj.) volkswirtschaftlich, wirtschaftlich (die Wirtschaft betreffend)
economic administration (N.) Wirtschaftsverwaltung (F.)
economical (Adj.) wirtschaftlich (gemäß dem ökonomischen Prinzip)
economic freedom (N.) Gewerbefreiheit (F.)
economics (N.) Ökonomie (F.)
economic subsidy fraud (N.) Subventionsbetrug (M.)
economic system (N.) Wirtschaftsverfassung (F.)
economic union (N.) Wirtschaftsunion (F.)
economize (V.) sparen
economy (N.) Wirtschaft (F.), Wirtschaftlichkeit (F.)
ECTS (N.) (European Credit Transfer System) europäisches Prüfungsnotenanrechnungssystem (N.)
ECU (N.) (European Currency Unit) ECU (M.) (European Currency Unit)
edict (N.) Edikt (N.)
edifice (N.) Bau (M.), Bauwerk (N.), Gebäude (N.)
editing (N.) Edition (F.), Herausgabe (F.) (Veröffentlichung)
edition (N.) Druck (M.) (Veröffentlichung durch Vervielfältigung), Edition (F.)
editor (M.) Herausgeber (M.)

editress (F.) Herausgeberin (F.)
educate (V.) ausbilden, erziehen
education Tendenzbetrieb (M.)
education (N.) Bildung (F.), Erziehung (F.)
education (N.) in approved school Fürsorgeerziehung (F.)
educational allowance (N.) Erziehungsgeld (N.)
educational autonomy (N.) Kulturhoheit (F.)
educational supervisor (F.) Erziehungsbeiständin (F.)
educational supervisor (M. bzw. F.) Erziehungsbeistand (M.)
effect (N.) Auswirkung (F.), Effekt (M.), Folge (F.), Wirkung (F.)
effect (N.) on third party Drittwirkung (F.)
effect (V.) abschließen (vereinbaren), bedingen (bewirken), verrichten (bewirken)
effective (Adj.) effektiv, wirksam
effectiveness (N.) Gültigkeit (F.)
efficiency check (N.) Leistungskontrolle (F.)
efficiency verification (N.) Leistungskontrolle (F.)
efficient (Adj.) wirksam
ejection (N.) Zwangsräumung (F.)
ejectment (N.) Zwangsräumung (F.)
ejectment (N.) (am.) Räumung (F.)
elax (V.) nachlassen
elect (V.) wählen (einen Vertreter durch Stimmabgabe bestimmen)
elected official (F.) Wahlbeamtin (F.)
elected official (M. bzw. F.) Wahlbeamter (M.)
election (N.) Wahl (F.) (politische Entscheidung)
election (N.) by classes Gruppenwahl (F.)
election (N.) by groups Gruppenwahl (F.)
election (N.) to the European Parliament Europawahl (F.)
election fraud (N.) Wahlfälschung (F.)
elective venue (N.) Wahlgerichtsstand (M.)
elector (F.) Wählerin (F.)
elector (M. bzw. F.) Wähler (M.)
electoral capacity (N.) Wahlberechtigung (F.)
electoral district (N.) Wahlkreis (M.)
electoral duty (N.) Wahlpflicht (F.)
electoral franchise (N.) aktives Wahlrecht (N.), Wahlrecht (N.) (subjektives Wahlrecht)
electoral period (N.) Wahlperiode (F.)
electoral scrutiny (N.) Wahlprüfung (F.)
electricity (N.) Elektrizität (F.), Strom (M.) (elektrischer Strom)
electric power (N.) Strom (M.) (elektrischer Strom)
electronic data processing (N.) EDV (F.) (elektronische Datenverarbeitung), elektronische Datenverarbeitung (F.) (EDV)
element (N.) of an offence Tatbestandsmerkmal (N.)
element (N.) of guilt Schuldmerkmal (N.)
element (N.) of injustice Unrechtselement (N.)
element (N.) of justification Rechtfertigungselement (N.)
elementary school (N.) Volksschule (F.)
elements (N.Pl.) of abuse Missbrauchstatbestand (M.)
elements (N.Pl.) of an offence Tatbestand (M.) (im Strafrecht)
eligibility (N.) Fähigkeit (F.), passives Wahlrecht (N.)
eligibility (N.) for registration Eintragungsfähigkeit (F.)
eligible (Adj.) fähig, wählbar
eliminate (V.) beseitigen, streichen (beseitigen)
elimination (N.) Beseitigung (F.)
elusion (N.) Umgehung (F.)
e-mail (N.) E-Mail (N.)
emancipate (V.) emanzipieren
emancipation (N.) Emanzipation (F.)
emancipation (N.) of the peasantry Bauernbefreiung (F.)
embargo (N.) Embargo (N.)
embargo (N.) on trade Handelsembargo (N.)
embassy (N.) Botschaft (F.) (Vertretung)
embassy minister (F.) Gesandte (F.)
embassy minister (M. bzw. F.) Gesandter (M.)
embezzle (V.) unterschlagen, veruntreuen
embezzlement (N.) Unterschlagung (F.), Veruntreuung (F.)
embodiment (N.) Inbegriff (M.)
embryo (N.) Embryo (M.), Leibesfrucht (F.)
emergency (N.) Notfall (M.), Notlage (F.), Notstand (M.)
emergency (N.) of coercion Nötigungsnotstand (M.)

emergency constitution (N.) Notstandsverfassung (F.)
emergency decree (N.) Notverordnung (F.)
emergency legislation (N.) Notstandsgesetzgebung (F.)
emergency relief (N.) Nothilfe (F.)
emergency route (N.) Notweg (M.)
emergency sale (N.) Selbsthilfeverkauf (M.)
emergency situation (N.) Notstand (M.)
emergency will (N.) Nottestament (N.)
emigrant (F.) Emigrantin (F.)
emigrant (M. bzw. F.) Emigrant (M.)
emigrate (V.) auswandern, emigrieren
emigration (N.) Auswanderung (F.), Emigration (F.)
eminent domain (N.) Obereigentum (N.)
emission (N.) Emission (F.), Emission (F.) (Wertpapieremission)
emit (V.) ausgeben
emnity (N.) Hader (M.)
emotional impulse (N.) Affekt (M.)
emperor (M.) Kaiser (M.)
emphyteusis (N.) Erbpacht (F.)
empire (N.) Imperium (N.), Kaiserreich (N.), Reich (N.)
employ (V.) anstellen, beschäftigen, einstellen (beschäftigen)
employed (Adj.) angestellt
employee (F.) Angestellte (F.), Arbeitnehmerin (F.), Bedienstete (F.)
employee (F.) in charge Sachbearbeiterin (F.)
employee (M. bzw. F.) Angestellter (M.), Arbeitnehmer (M.), Bediensteter (M.)
employee (M. bzw. F.) in charge Sachbearbeiter (M.)
employee exempted amount (N.) Arbeitnehmerfreibetrag (M.)
employee invention (N.) Arbeitnehmererfindung (F.), Diensterfindung (F.)
employees (Pl.) Personal (N.)
Employee Sending Act (N.) Arbeitnehmerentsendegesetz (N.)
Employees' Representation Act (N.) Betriebsverfassungsgesetz (N.)
employer (F.) Arbeitgeberin (F.), Dienstherrin (F.), Prinzipalin (F.)
employer (M. bzw. F.) Arbeitgeber (M.), Dienstherr (M.), Prinzipal (M.)
employers (Pl.) and employees (Pl.) Sozialpartner (M.)
employer's association (N.) Arbeitgeberverband (M.)
employer's contribution (N.) Arbeitgeberanteil (M.)
employer's share (N.) Arbeitgeberanteil (M.)
employment (N.) Anstellung (F.), Arbeit (F.), Arbeitsverhältnis (N.), Beschäftigung (F.), Dienstverhältnis (N.), Einstellung (F.) (Beschäftigung)
employment (N.) of capital Kapitalanlage (F.)
employment (N.) of privileged prisoners outside of prison Freigang (M.)
employment agency (N.) Stellenvermittlung (F.)
employment appeal tribunal (N.) Landesarbeitsgericht (N.)
employment authorities (N.Pl.) Arbeitsverwaltung (F.)
employment bureau (N.) Stellenvermittlung (F.)
employment contract (N.) Arbeitsvertrag (M.)
employment exchange (N.) (brit.) Arbeitsamt (N.)
employment fraud (N.) Anstellungsbetrug (M.)
employment law (N.) Arbeitsrecht (N.)
employment office (N.) Stellenvermittlung (F.)
employment office (N.) (am.) Arbeitsamt (N.)
employment placement service (N.) Arbeitsvermittlung (F.)
employment promotion (N.) Arbeitsförderung (F.)
employment relationship (N.) Arbeitsverhältnis (N.)
employment services (N.Pl.) Arbeitsverwaltung (F.)
employment tax (N.) Lohnsteuer (F.)
empower (V.) beauftragen, berechtigen, bevollmächtigen, ermächtigen
empress (F.) Kaiserin (F.)
emptor (F.) Käuferin (F.)
emptor (M. bzw. F.) Käufer (M.)
enable (V.) befähigen
enabling act (N.) Ermächtigungsgesetz (N.)
enabling statute (N.) Blankettvorschrift (F.), Ermächtigungsgesetz (N.)

enacted law (N.) Gesetzesrecht (N.)
enactment (N.) Bestimmung (F.)
encashment order (N.) Inkassomandat (N.)
enclave (N.) Enklave (F.)
enclose (V.) beifügen, beilegen
enclosed (Adj.) befriedet
enclosure (N.) Annex (M.), Einlage (F.) (Briefeinlage), Klausur (F.) (örtlicher Abschluss)
encourage (V.) fördern (unterstützen)
encroachment (N.) Eingriff (M.)
encroachment (N.) on Beeinträchtigung (F.)
encumberance (N.) dingliche Belastung (F.)
encyclical (N.) Enzyklika (F.)
encyclopedia (N.) Enzyklopädie (F.), Lexikon (N.)
end (N.) Zweck (M.)
end (V.) abschließen (beenden), beenden, beendigen
endanger (V.) gefährden
endangered (Adj.) gefährdet
endangerment (N.) Gefährdung (F.)
endeavor (V.) (am.) trachten
endeavour (V.) (brit.) trachten
endorsee (F.) Indossatarin (F.), Indossatin (F.)
endorsee (M. bzw. F.) Indossatar (M.), Indossat (M.)
endorsement (N.) Giro (N.), Indossament (N.), Sichtvermerk (M.), Vermerk (M.)
endorsement (N.) in blank Blankoindossament (N.)
endorser (F.) Indossantin (F.)
endorser (M. bzw. F.) Indossant (M.)
endow (V.) schenken, stiften (spenden)
endowed institution (N.) Stiftung (F.)
endowed school (N.) (am.) Privatschule (F.)
endowment (N.) Dotation (F.), Stiftung (F.)
endure (V.) dauern
enemy (F.) Feindin (F.)
enemy (F.) of the democratic constitutional order Verfassungsfeindin (F.)
enemy (M. bzw. F.) Feind (M.)
enemy (M. bzw. F.) of the democratic constitutional order Verfassungsfeind (M.)
energy (N.) Energie (F.)
energy laws (N.Pl.) Energierecht (N.)
energy supply company (N.) Energieversorgungsunternehmen (N.)
enforce (V.) eintreiben, erzwingen, vollstrecken, vollziehen
enforce (V.) the payment of beitreiben
enforceability (N.) Vollstreckbarkeit (F.)
enforceable (Adj.) erzwingbar, vollstreckbar
enforceable instrument (N.) vollstreckbare Urkunde (F.)
enforced collection (N.) Beitreibung (F.) (Beitreibung im Verwaltungsrecht)
enforced settlement (N.) Zwangsvergleich (M.)
enforcement (N.) Erzwingung (F.), Vollstreckung (F.), Vollziehung (F.), Vollzug (M.), Zwangsvollstreckung (F.)
enforcement (N.) of payment Beitreibung (F.) (Beitreibung im Privatrecht)
enforcement (N.) of public prosecution proceedings Klageerzwingungsverfahren (N.)
enforcement agency (N.) Vollzugsbehörde (F.)
enforcement officer's service (N.) Vollzugsdienst (M.)
engage (V.) anstellen, befassen, einstellen (beschäftigen), nehmen, verpflichten
engaged (Adj.) beschäftigt, tätig
engagement (N.) Anstellung (F.), Beschäftigung (F.), Obligo (N.), Verlöbnis (N.), Verlobung (F.), Verpflichtung (F.)
engineer (F.) Ingenieurin (F.)
engineer (M. bzw. F.) Ingenieur (M.)
England (F.) England (N.)
engross (V.) ausfertigen
engrossment (N.) Ausfertigung (F.)
enjoin (V.) auferlegen
enjoyment (N.) Genuss (M.)
enjoyment (N.) of fruits and benefits Fruchtgenuss (M.)
enlightenment (N.) Aufklärung (F.) (Zeit der Aufklärung)
enlist (V.) werben (Arbeitskräfte anwerben)
ennoble (V.) adeln
enrich (V.) bereichern
enrichment (N.) Bereicherung (F.)
enroll (V.) immatrikulieren
enrollment (N.) Immatrikulation (F.)
ensure (V.) gewährleisten
ensuring (N.) Sicherung (F.)

entail (N.) Fideikommiss (M.)
entailed estate (N.) Fideikommiss (M.)
entangle (V.) verstricken
entanglement (N.) Verstrickung (F.)
enter (V.) betreten (V.), eintragen, eintreten (hineingehen)
enter (V.) a country einreisen
enter (V.) an appearance einlassen
enter (V.) by force eindringen
enter (V.) in someone's account verrechnen (in Rechnung stellen)
enter (V.) in the books buchen
enter (V.) into abschließen (vereinbaren), eingehen
entering (N.) in the books Buchung (F.) (Buchhaltung)
enterprise (N.) Betrieb (M.), Unternehmen (N.) (Geschäft)
enterprise (N.) in the field of politics Tendenzbetrieb (M.)
entertain (V.) erwägen
entice (V.) verführen, verleiten
entice (V.) away abwerben
enticement (N.) Abwerbung (F.), Verführung (F.)
entire (Adj.) gesamt, vollständig
entirety (N.) Gesamtheit (F.)
entirety (N.) of things Sachinbegriff (M.)
entitle (V.) berechtigen
entitled (Adj.) befugt
entitled (Adj.) to act handlungsfähig
entitlement (N.) Anspruch (M.), Berechtigung (F.), subjektives Recht (N.)
entitlement (N.) to a cause of action Sachbefugnis (F.)
entitlement (N.) to inheritance of surviving spouse Ehegattenerbrecht (N.)
entitlement (N.) to social security benefits Sozialleistungsanspruch (M.)
entity (N.) Einheit (F.), Rechtssubjekt (N.)
entrain (V.) verladen
entrance (N.) Eintritt (M.) (Eingang)
entrapping person (M. bzw. F.) agent (M.) provocateur (franz.)
entrepreneur (F.) Unternehmerin (F.)
entrepreneur (M. bzw. F.) Unternehmer (M.)
entrust (V.) beauftragen
entry (N.) Eintrag (M.) (Registereintrag), Eintragung (F.), Eintritt (M.) (Eingang), Vermerk (M.)
entry (N.) in the land register Bucheintragung (F.)
entry (N.) into force Inkrafttreten (N.)
entry (N.) into possession Besitznahme (F.)
enumeration (N.) Enumeration (F.)
enumerative (Adj.) enumerativ
environment (N.) Umwelt (F.) (Umwelt als Schutzgegenstand)
environmental audit (N.) Umweltaudit (N.)
environmental impact assessment (N.) Umweltverträglichkeitsprüfung (F.)
Environmental Information Regulations (N.Pl.) Umweltinformationsgesetz (N.)
environmental law (N.) Umweltrecht (N.)
Environmental Liability Law (N.) Umwelthaftungsgesetz (N.)
environmental protection (N.) Umweltschutz (M.)
environment audit (N.) Umweltaudit (N.)
epidemic (N.) Seuche (F.)
equality (N.) Gleichberechtigung (F.), Gleichheit (F.)
equality (N.) in kind Gleichartigkeit (F.)
equality (N.) of birth Ebenbürtigkeit (F.)
equality (N.) of rank Ebenbürtigkeit (F.)
equality (N.) of rights Gleichberechtigung (F.)
equalization (N.) Ausgleich (M.)
equalization (N.) of accrued gains Zugewinnausgleich (M.)
equalization (N.) of burdens Lastenausgleich (M.)
equalization claim (N.) Ausgleichsanspruch (M.)
equalization levy (N.) Ausgleichsabgabe (F.)
equalize (V.) ausgleichen
equally entitled (Adj.) gleichberechtigt
equal opportunities (N.Pl.) Chancengleichheit (F.)
equal suffrage (N.) gleiche Wahl (F.)
equip (V.) ausstatten
equipment (N.) Ausstattung (F.)
Equipment-Safety Law (N.) Gerätesicherheitsgesetz (N.)
equitable (Adj.) billig, gerecht, equitimäßig (equitymäßig im angloamerikanischen Recht)
equitableness (N.) Billigkeit (F.)
equitable title (N.) Recht (N.) nach equity (Recht nach equity im angloamerikanischen Recht)
equity (N.) Billigkeit (F.)

equity (N.) and justice (N.) in the individual case Fallgerechtigkeit (F.)
equity capital (N.) Eigenkapital (N.)
equity interest (N.) Beteiligung (F.) (Beteiligung im Handelsrecht)
equivalence (N.) Äquivalenz (F.)
equivalent (Adj.) äquivalent, gleichwertig
erase (V.) löschen (tilgen)
errand (N.) Besorgung (F.) (Beschaffung)
erroneous (Adj.) unrichtig
erroneousness (N.) Unrichtigkeit (F.)
error (N.) Fehler (M.), Irrtum (M.), Revisionsgrund (M.), Berufungsgrund (M.)
error (N.) as to the content of the declaration Inhaltsirrtum (M.)
error (N.) as to the prohibited nature of an act Verbotsirrtum (M.)
error (N.) concerning permissibility Erlaubnisirrtum (M.)
error (N.) in law Rechtsirrtum (M.)
error (N.) in one's calculation Kalkulationsirrtum (M.)
error (N.) of fact Tatsachenirrtum (M.)
error (N.) of subsumption Subsumtionsirrtum (M.)
errror (N.) in motivation Motivirrtum (M.)
escalator clause (N.) Gleitklausel (F.), Indexklausel (F.)
escape (N.) Ausbruch (M.), Flucht (F.)
escape (V.) ausbrechen, fliehen
escape clause (N.) Rücktrittsklausel (F.)
escheat (N.) Heimfall (M.)
escort (N.) Geleit (N.)
escrow account (N.) Treuhandkonto (N.)
espionage (N.) Spionage (F.)
essence (N.) Inbegriff (M.), Inhalt (M.)
essential facility (N.) wesentliche Einrichtung (F.)
essential part (N.) wesentlicher Bestandteil (M.)
establish (V.) einrichten, gründen, niederlassen (Geschäft eröffnen), statuieren, stiften (gründen)
established (Adj.) hergebracht, wohlerworben
established church (N.) (brit.) Staatskirche (F.)
established civil servant (F.) Berufsbeamtin (F.)
established civil servant (M. bzw. F.) Berufsbeamter (M.)
established post (N.) Planstelle (F.)
establishment (N.) Anstalt (F.), Betrieb (M.), Einrichtung (F.), Firma (F.) (Unternehmen), Gründung (F.)
establisment (N.) Niederlassung (F.) (Geschäftseröffnung)
estate (N.) Besitztum (N.), Domäne (F.), Herrschaftsrecht (N.) (Herrschaftsrecht an einem Grundstück in Großbritannien)
estate (N.) in fee tail Fideikommiss (M.)
estate (N.) in tail Majorat (N.)
esteem (N.) Hochachtung (F.)
estimate (N.) Kalkulation (F.), Kostenvoranschlag (M.), Schätzung (F.)
estimate (N.) of expenditure Voranschlag (M.)
estimate (V.) ermessen, kalkulieren, rechnen, schätzen, taxieren
estimates (N.Pl.) Budget (N.), Etat (M.), Haushaltsplan (M.)
estimation (N.) of evidence Beweiswürdigung (F.)
Estonia (N.) Estland (N.)
estoppel (N.) Estoppel (N.), Rechtsverwirkung (F.), Unzulässigkeit (F.) der Rechtsausübung, Verwirkung (F.)
ethical (Adj.) sittlich
ethics (N.Pl.) Ethik (F.)
ethnic (Adj.) ethnisch
ethnical (Adj.) ethnisch
ethos (N.) Ethos (M.)
EU (N.) (European Union) EU (F.) (Europäische Union)
eucumene (N.) Ökumene (F.)
eucumenical (Adj.) ökumenisch
Eur-Lex (N.) Eur-Lex (N.) (Rechtsdatenbank der Europäischen Union)
eurocheque (N.) Eurocheque (M.)
Europe (F.) Europa (N.)
european (Adj.) europäisch
European Assembly (N.) Versammlung (F.) der Europäischen Union
European Atomic Energy Community (N.) Europäische Atomgemeinschaft (F.)
European Central Bank (N.) Europäische Zentralbank (F.)
European Coal and Steel Community (N.) Europäische Gemeinschaft (F.) für Kohle und Stahl
European Communities (N.Pl.) Europäische Gemeinschaften (F.Pl.)

European Community (N.) (EC) Europäische Gemeinschaft (F.) (EG)
European community law (N.) Europäisches Gemeinschaftsrecht (N.)
European Convention (N.) on Human Rights Europäische Konvention (F.) zum Schutz der Menschenrechte und Grundfreiheiheiten
European Council (N.) Europäischer Rat (M.)
European Court (N.) of Human Rights Europäischer Gerichtshof (M.) für Menschenrechte
European Court (N.) of Justice (ECJ) Europäischer Gerichtshof (M.) (EuGH)
European Credit Transfer System (N.) (ECTS) europäisches Prüfungsnotenanrechnungssystem (N.)
European Curency Unit (N.) (ECU) European Currency Unit (N.) (ECU)
European Economic and Currency Union (N.) Europäische Wirtschafts- und Währungsunion (F.)
European Economic Community (N.) (ECC) Europäische Wirtschaftsgemeinschaft (F.) (EWG)
European economic interest grouping (N.) Europäische Wirtschaftliche Interessenvereinigung (F.)
European federation (N.) of notaries Europäischer Verband (M.) der Notare (CNUE) (F.)
European law (N.) Europäisches Recht (N.), Europarecht (N.)
European Lawyers Union (N.) DACH Europäische Anwaltsvereinigung (F.)
European market (N.) Europäischer Wirtschaftsraum (M.)
European Monetary System (N.) Europäisches Währungssystem (N.)
European Parliament (N.) Europäisches Parlament (N.)
European Social Charter (N.) Europäische Sozialcharta (F.)
European Union (N.) (EU) Europäische Union (F.)
European University (N.) Europäische Universität (F.)
Europol (N.) Europol (F.)
euthanasia (N.) Euthanasie (F.), Sterbehilfe (F.)
evacuate (V.) evakuieren, räumen
evacuation (N.) Evakuierung (F.)
evade (V.) ausweichen, hinterziehen (Steuern rechtswidrig behalten)
evaluate (V.) bewerten, evaluieren, festsetzen, werten
evaluation (N.) Evaluation (F.), Festsetzung (F.)
evaluation basis (N.) Bemessungsgrundlage (F.)
evasion (N.) Umgehung (F.)
evasion (N.) of tax Steuerflucht (F.), Steuerhinterziehung (F.)
evasion (N.) of the law Gesetzesumgehung (F.)
event (N.) Ereignis (N.), Vorfall (M.)
event (N.) insured against Versicherungsfall (M.)
events (N.Pl.) Geschehen (N.)
eviction (N.) Entwerung (F.), Eviktion (F.), Zwangsräumung (F.)
eviction (N.) (brit.) Räumung (F.)
evidence (N.) Aussage (F.), Beweis (M.), Evidenz (F.), Nachweis (M.), Zeugenaussage (F.)
evidence (N.) in rebuttal Gegenbeweis (M.)
evidence (V.) beweisen
evident (Adj.) evident, offenbar
evidential procedure (N.) Beweisverfahren (N.)
evil (Adj.) übel
evolution (N.) Entfaltung (F.)
evolve (V.) entfalten
exaction (N.) Beitreibung (F.) (Beitreibung im Verwaltungsrecht)
exam (N.) Examen (N.)
examination (N.) Einsicht (F.), Examen (N.), Musterung (F.), Prüfung (F.), Untersuchung (F.), Verhör (N.), Vernehmung (F.)
examination (N.) for the master's certificate Meisterprüfung (F.)
examination (N.) of witnesses Zeugenvernehmung (F.)
examination (N.) to take a doctor's degree Doktorprüfung (F.)
examination regulations (N.Pl.) Prüfungsordnung (F.)
examine (V.) befragen, betrachten, einsehen (Einsicht nehmen), erwägen, mustern, prüfen, untersuchen
examinee (M. bzw. F.) Prüfling (M.)

examining magistrate (F.) Untersuchungsrichterin (F.)
examining magistrate (M. bzw. F.) Untersuchungsrichter (M.)
example (N.) Muster (N.)
exceed (V.) überschreiten (eine Grenze verletzen)
exceeding (N.) of one's discretionary powers Ermessensüberschreitung (F.)
except (Konj.) außer
exception (N.) Ausnahme (F.), Einrede (F.), Einwendung (F.), exceptio (F.) (lat.)
exceptional (Adj.) außergewöhnlich
excess (N.) Exzess (M.), Selbstbehalt (M.), Übermaß (N.), Überschreitung (F.) (Verletzung eines Verbotes)
excess (N.) of a person who possesses on behalf of someone else Fremdbesitzerexzess (M.)
excess charge (N.) Zuschlag (M.) (Aufpreis)
excessive amount (N.) Übermaß (N.)
excessive collateral (N.) Übersicherung (F.)
excessive indebtness (N.) Überschuldung (F.)
excessive mandate (N.) Überhangmandat (N.)
excessive rates (N.Pl.) Abgabenüberhebung (F.), Gebührenüberhebung (F.)
excessive self-defence (N.) (brit.) Notwehrexzess (M.), Notwehrüberschreitung (F.)
excessive self-defense (N.) (am.) Notwehrexzess (M.), Notwehrüberschreitung (F.)
excess value (N.) Mehrwert (M.)
exchange (N.) Austausch (M.), Börse (F.), Tausch (M.), Wechsel (M.) (Änderung)
exchange (V.) austauschen, tauschen
exchangeable (Adj.) vertretbar (austauschbar)
exchange rate (N.) Kurs (M.) (Wertverhältnis)
excise (N.) Akzise (F.)
excise tax (N.) Verbrauchsteuer (F.)
excite (V.) erregen
exclave (N.) Exklave (F.)
exclude (V.) ausschließen
exclusion (N.) Ausschließung (F.), Ausschluss (M.)
exclusion (N.) of liability Haftungsausschluss (M.)
exclusionary rule (N.) Beweisverwertungsverbot (N.)
exclusion clause (N.) Freizeichnungsklausel (F.)
exclusion zone (N.) Sperrgebiet (N.)
exclusive (Adj.) ausschließlich, exklusiv
exclusive dealing agreement (N.) Alleinbezugsvertrag (M.) (Alleinbezugsvertrag im angloamerikanischen Recht)
exclusive heir (M. bzw. F.) to a farm Anerbe (M.)
exclusive heiress (F.) to a farm Anerbin (F.)
exclusive legislation (N.) ausschließliche Gesetzgebung (F.)
exclusive possession (N.) Eigenbesitz (M.)
exclusive possessor (F.) Eigenbesitzerin (F.)
exclusive possessor (M. bzw. F.) Eigenbesitzer (M.)
exclusive sales agreement (N.) Alleinvertriebsvereinbarung (F.)
exclusive time limit (N.) Ausschlussfrist (F.)
excommunicate (V.) exkommunizieren
excommunication (N.) Bann (M.) (Kirchenbann), Exkommunikation (F.)
exculpation (N.) Entlastung (F.) (Beschuldigtenentlastung), Entschuldigungsgrund (M.), Exkulpation (F.)
exculpatory evidence (N.) Entlastungsbeweis (M.)
excuse (N.) Entschuldigung (F.), Entschuldigungsgrund (M.)
excuse (V.) befreien, entschuldigen
excusing emergency (N.) entschuldigender Notstand (M.)
execute (V.) ausführen (ein Gesetz ausführen), durchführen (verwirklichen), erfüllen, exekutieren, hinrichten, vollstrecken, vollziehen
executed gift (N.) Handschenkung (F.)
executed treaty (N.) Realkontrakt (M.), Realvertrag (M.)
executer (F.) Vollstreckerin (F.)
executer (M. bzw. F.) Vollstrecker (M.)
execution (N.) Ausführung (F.) (Ausführung eines Gesetzes), Ausstellung (F.), Exekution (F.), Hinrichtung (F.), Verrichtung (F.), Vollstreckung (F.), Vollziehung (F.), Vollzug (M.), Vornahme (F.), Zwangsvollstreckung (F.)
execution (N.) of a sentence Strafvollstreckung (F.), Strafvollzug (M.)

execution (N.) of judgement Urteilsvollstreckung (F.)
execution (N.) of sentence Urteilsvollstreckung (F.)
execution (N.) upon real estate Immobiliarzwangsvollstreckung (F.)
execution creditor (F.) Vollstreckungsgläubigerin (F.)
execution creditor (M. bzw. F.) Vollstreckungsgläubiger (M.)
execution debtor (M. bzw. F.) Vollstreckungsschuldner (M.)
execution debtrix (F.) Vollstreckungsschuldnerin (F.)
executioner (M.) Henker (M.), Scharfrichter (M.)
execution lien (N.) Pfändungspfandrecht (N.), Zwangshypothek (F.)
execution sale (N.) Zwangsversteigerung (F.)
execution sale (N.) by public auction Subhastation (F.)
executive (Adj.) exekutiv
executive (F.) Geschäftsführerin (F.)
executive (M. bzw. F.) Geschäftsführer (M.)
executive (N.) Exekutive (F.)
executive administration (N.) Eingriffsverwaltung (F.)
executive board (N.) Präsidium (N.), Vorstand (M.)
executive body (N.) Verwaltungsträger (M.)
executive decree (N.) Durchführungsverordnung (F.)
executive employee (F.) leitende Angestellte (F.)
executive employee (M. bzw. F.) leitender Angestellter (M.)
executive power (N.) Exekutive (F.)
executor (F.) Testamentsvollstreckerin (F.)
executor (M. bzw. F.) Testamentsvollstrecker (M.)
executorship (N.) Testamentvollstreckung (F.)
executory (Adj.) erfüllungsbedürftig (erfüllungsbedürftig im angloamerikanischen Recht)
executory agreement (N.) Verpflichtungsgeschäft (N.)
executory officer (F.) Vollstreckungsbeamtin (F.)
executory officer (M. bzw. F.) Vollstreckungsbeamter (M.)
executrix (F.) Testamentsvollstreckerin (F.)
exemplify (V.) ausfertigen
exempt (V.) from freistellen (befreien)
exemption (N.) Befreiung (F.), Dispens (M.), Freistellung (F.)
exemption (N.) from criminal responsibility Indemnität (F.)
exemption (N.) from distraint Pfändungsschutz (M.)
exemption (N.) from execution Pfändungsschutz (M.)
exemption (N.) from judicial execution Vollstreckungsschutz (M.)
exemption (N.) from liability Haftungsausschluss (M.)
exemption (N.) from seizure Unpfändbarkeit (F.)
exemption (N.) from tax Steuerbefreiung (F.)
exemption (N.) from transfer Unversetzbarkeit (F.)
exemption clause (N.) Freizeichnungsklausel (F.)
exequatur (N.) Exequatur (N.)
exercise (N.) Ausübung (F.)
exercise (N.) of a right Rechtsausübung (F.)
exercise (N.) of one's profession Berufsausübung (F.)
exercise (V.) ausüben
exhaust (V.) erschöpfen
exhaust emission examination (N.) Abgasuntersuchung (F.)
exheredate (V.) enterben
exheredation (N.) Enterbung (F.)
exhibit (N.) Beweisstück (N.)
exhibitionist (Adj.) exhibitionistisch
exhibitionist (M.) Exhibitionist (M.)
exhibitionist act (N.) exhibitionistische Handlung (F.)
exhumation (N.) Exhumierung (F.)
exhume (V.) exhumieren
exile (N.) Exil (N.), Verbannung (F.)
exile (V.) verbannen
existence (N.) Dasein (N.), Existenz (F.)
ex officio (lat.) ex officio (lat.), von Amts wegen
ex officio curatorship (N.) Amtspflegschaft (F.)

ex officio guardianship (N.) Amtsvormundschaft (F.)
ex officio proceedings (N.Pl.) Amtsbetrieb (M.)
exonerate (V.) entlasten, freisprechen
exonerating evidence (N.) Entlastungsbeweis (M.)
exoneration (N.) Entlastung (F.) (Beschuldigtenentlastung), Freisprechung (F.)
exorbitant rent (N.) Mietwucher (M.)
expatriate (Adj.) heimatlos
expatriate (V.) ausbürgern
expatriation (N.) Ausbürgerung (F.), Vertreibung (F.)
expect (V.) rechnen
expectancy (N.) Anwartschaft (F.), Anwartschaftsrecht (N.)
expectant (Adj.) zukünftig
expectant right (N.) Anwartschaftsrecht (N.)
expedience (N.) Opportunität (F.), Zweckmäßigkeit (F.)
expedient (Adj.) opportun, zweckmäßig
expedited procedure (N.) beschleunigtes Verfahren (N.)
expel (V.) ausweisen (außer Landes verbringen), verstoßen (zurückweisen), vertreiben (austreiben)
expellee (F.) Vertriebene (F.)
expellee (M. bzw. F.) Vertriebener (M.)
expend (V.) aufwenden
expenditure (N.) Aufwand (M.), Aufwendung (F.), Ausgabe (F.)
expense (N.) Aufwand (M.), Aufwendung (F.), Ausgabe (F.), Auslage (F.), Spese (F.)
expense allowance (N.) Aufwandsentschädigung (F.)
expenses (N.Pl.) Kosten (F.Pl.), Unkosten (F.Pl.)
experience (N.) Erfahrung (F.)
experience (V.) erfahren (V.)
expert (Adj.) sachverständig
expert (F.) Expertin (F.), Fachfrau (F.), Gutachterin (F.), Sachverständige (F.)
expert (M. bzw. F.) Experte (M.), Fachmann (M.), Gutachter (M.), Sachverständiger (M.)
expertise (N.) Gutachten (N.)
expert knowledge (N.) Sachkunde (F.)
expert opinion (N.) Gutachten (N.)
expert opinion (N.) on hereditary factors erbbiologisches Gutachten (N.)
expert system (N.) Expertensystem (N.)
expert witness (F.) Sachverständige (F.)
expert witness (M. bzw. F.) Sachverständiger (M.)
expiate (V.) büßen
expiation (N.) Buße (F.), Sühne (F.)
expiration (N.) Verfall (M.) (Gültigkeitsverlust einer Forderung)
expiration (N.) (am.) Ablauf (M.)
expire (V.) erlöschen, verfallen (V.) (ablaufen)
expiry (N.) Verfall (M.) (Gültigkeitsverlust einer Forderung)
expiry (N.) (brit.) Ablauf (M.)
expiry clause (N.) Verfallsklausel (F.)
explain (V.) erläutern
explicit (Adj.) ausdrücklich, expressis verbis (lat.), klar
explode (V.) explodieren
exploratory soundings (N.Pl.) Ausforschung (F.)
explore (V.) ausforschen
explosion (N.) Explosion (F.)
explosive (N.) Sprengstoff (M.)
exponent (M. bzw. F.) Repräsentant (M.)
export (N.) Ausfuhr (F.), Export (M.)
export (V.) exportieren
exportation (N.) Export (M.)
export licence (N.) Ausfuhrerlaubnis (F.)
export license (N.) (am.) Ausfuhrerlaubnis (F.)
export permit (N.) Ausfuhrerlaubnis (F.)
expose (V.) aussetzen (in eine hilflose Lage verbringen)
ex post facto (lat.) rückwirkend
exposure (N.) Aussetzung (F.) (Verbringung in eine hilflose Lage)
express (Adj.) ausdrücklich
expropriate (V.) enteignen
expropriation (N.) Enteignung (F.)
expropriation (N.) by administrative authorities Administrativenteignung (F.)
expulsion (N.) Ausschließung (F.), Ausschluss (M.), Ausweisung (F.), Relegation (F.), Vertreibung (F.), Verweisung (F.) (Ausweisung einer Person)
expunge (V.) löschen (tilgen)
expurgate (V.) zensieren
extend (V.) prolongieren, verlängern
extended reservation (N.) of proprietary rights verlängerter Eigentumsvorbehalt (M.)

extended sentence (N.) of imprisonment Sicherungsverwahrung (F.)
extension (N.) Prolongation (F.), Verlängerung (F.)
extension (N.) of a contract Vertragsverlängerung (F.)
extension (N.) of time Fristverlängerung (F.), Nachfrist (F.)
extensive (Adj.) extensiv
extent (N.) Maß (N.)
extent (N.) of protection Schutzbereich (M.)
extenuate (V.) mildern
extenuating reason (N.) Milderungsgrund (M.)
extenuation (N.) Strafmilderung (F.)
exterior (Adj.) auswärtig
external law (N.) of taxation Außensteuerrecht (N.)
external power (N.) of agency Außenvollmacht (F.)
external relationship (N.) Außenverhältnis (N.)
external sphere (N.) Außenbereich (M.)
external undeveloped land (N.) Außenbereich (M.)
exterritorial (Adj.) exterritorial
extinction (N.) of previous convictions Straftilgung (F.)
extinctive prescription (N.) Versitzung (F.)
extinguish (V.) löschen (tilgen)
extinguishment (N.) Erlöschen (N.), Löschung (F.) (Tilgung)
extort (V.) erpressen
extortion (N.) Erpressung (F.), Erzwingung (F.)
extortion (N.) of statements Aussageerpressung (F.)
extortionary robbery (N.) räuberische Erpressung (F.)
extortionate (Adj.) erpresserisch
extortionate kidnapping (N.) erpresserischer Menschenraub (M.)
extortionist (F.) Erpresserin (F.)
extortionist (M. bzw. F.) Erpresser (M.)
extortion racket (N.) Schutzgelderpressung (F.)
extract (N.) Auszug (M.)
extract (V.) fördern (abbauen)
extraction (N.) Abkunft (F.), Förderung (F.) (Abbau)
extradite (V.) ausliefern (an ausländische Behörden ausliefern)
extradition (N.) Auslieferung (F.) (Auslieferung an ausländische Behörden)
extradition treaty (N.) Auslieferungsvertrag (M.)
extra dividend (N.) Bonus (M.)
extrajudicial (Adj.) außergerichtlich
extra-marital cohabitation (N.) nichteheliche Lebensgemeinschaft (F.)
extraordinary (Adj.) außergewöhnlich, außerordentlich
extraordinary termination (N.) außerordentliche Kündigung (F.)
extra payment (N.) Nachzahlung (F.)
extra-statuatory necessity (N.) übergesetzlicher Notstand (M.)
extraterritorial (Adj.) exterritorial
extraterritoriality (N.) Exterritorialität (F.)
extremism (N.) Extremismus (M.)
extremist (F.) Extremistin (F.), Verfassungsfeindin (F.)
extremist (M. bzw. F.) Extremist (M.), Verfassungsfeind (M.)
eyewitness (F.) Augenzeugin (F.)
eyewitness (M. bzw. F.) Augenzeuge (M.)

f

fabricant (F.) Fabrikantin (F.)
fabricant (M. bzw. F.) Fabrikant (M.)
fabricated document (N.) unechte Urkunde (F.)
fabrication (N.) Fälschung (F.)
face value (N.) Nennbetrag (M.)
facilities (N.Pl.) Anlage (F.) (Einrichtung)
facility (N.) Einrichtung (F.)
facsimile (N.) Faksimile (N.)
fact (N.) Faktum (N.), Tatsache (F.)
factor (M. bzw. F.) Abschlussvertreter (M.)
factor (N.) Faktor (M.), Umstand (M.)
factorage (N.) Provision (F.)
factoring (N.) Factoring (N.)
factory (N.) Fabrik (F.), Manufaktur (F.) (Fabrik), Werk (N.) (Fabrik)
factory agreement (N.) Betriebsvereinbarung (F.)
factory committee (N.) Betriebsrat (M.)
factory inspection (N.) Gewerbepolizei (F.)

factory inspectorate (N.) Gewerbeaufsichtsamt (N.)
factory meeting (N.) Betriebsversammlung (F.)
facts (N.Pl.) constituting an offence Straftatbestand (M.)
facts (N.Pl.) of the case Sachverhalt (M.), Tatbestand (M.) (im Verfahrensrecht)
facts (N.Pl.) to be proved Beweisthema (N.)
factual (Adj.) sachlich
factual connection (N.) Sachzusammenhang (M.)
factual error (N.) Tatsachenirrtum (M.)
factual mistake (N.) Tatbestandsirrtum (M.)
facultative (Adj.) fakultativ
faculty (N.) Fachbereich (M.) (Fachbereich an Universitäten), Fakultät (F.), Vollmacht (F.)
fail (V.) nachlassen, scheitern
fail (V.) to appear ausbleiben, versäumen
fail (V.) to attend versäumen
fail (V.) to do unterlassen
failure (N.) Konkurs (M.), Pleite (F.), Unterlassung (F.)
failure (N.) of marriage Scheitern (N.) der Ehe
failure (N.) to act Unterlassen (N.)
failure (N.) to appear Ausbleiben (N.)
failure (N.) to observe Versäumung (F.)
failure (N.) to perform Nichterfüllung (F.), Nichtleistung (F.), Versäumnis (N.) (Unterlassung)
failure (N.) to render aid unterlassene Hilfeleistung (F.)
failure (N.) to warn Aufklärungspflichtverletzung (F.) (Aufklärungspflichtverletzung im angloamerikanischen Recht)
fair (Adj.) billig, fair, gerecht, richtig
fair (N.) Messe (F.)
fairness (N.) Billigkeit (F.), Fairness (F.), Gerechtigkeit (F.), Kulanz (F.)
fair price (N.) gerechter Preis (M.)
fair trading office (N.) (brit.) Kartellbehörde (F.)
faith (N.) Glaube (M.), Konfession (F.), Treue (F.)
faith (N.) and credit (N.) Anerkennung (F.)
faithful (Adj.) treu, zuverlässig
faithfulness (N.) Zuverlässigkeit (F.)
faithless (Adj.) treubrüchig
fake (N.) Fälschung (F.)
fake (V.) fälschen, fingieren, vortäuschen
faker (F.) Fälscherin (F.)
faker (M. bzw. F.) Fälscher (M.)
fall (N.) Baisse (F.)
fall (N.) of the hammer Zuschlag (M.) (Zuteilung bei der Versteigerung)
fall (V.) into decay verfallen (V.) (verfallen eines Gebäudes)
fall (V.) to obliegen
fall (V.) under the statute of limitations verjähren
falling (N.) short of discretion Ermessensunterschreitung (F.)
false (Adj.) falsch, künstlich, unecht, unrichtig, unwahr
false arrest (N.) Freiheitsberaubung (F.)
false assumption (N.) of authority Amtsanmaßung (F.)
false certification (N.) Falschbeurkundung (F.)
falsehood (N.) Falschheit (F.), Unwahrheit (F.)
false imprisonment (N.) Freiheitsberaubung (F.)
false money (N.) Falschgeld (N.)
false oath (N.) Falscheid (M.), Meineid (M.)
false retroactivity unechte Rückwirkung (F.)
false swearing (N.) Falscheid (M.)
false testimony (N.) Falschaussage
falsification (N.) Fälschung (F.)
falsifier (F.) Fälscherin (F.)
falsifier (M. bzw. F.) Fälscher (M.)
falsify (V.) fälschen
falsity (N.) Unrichtigkeit (F.)
fame (N.) Ruf (M.)
familiy register (N.) Familienbuch (N.)
family (N.) Familie (F.)
family allowance (N.) Familienhilfe (F.)
family company (N.) Familiengesellschaft (F.)
family court (N.) Familiengericht (N.)
family law (N.) Familienrecht (N.), Hausgesetz (N.)
family name (N.) Familienname (N.), Zuname (M.)
family record (N.) Familienbuch (N.)
family status (N.) Personenstand (M.)
family support (N.) Familienhilfe (F.)
farm (N.) Hof (M.) (Bauernhof)

farmer (F.) Bäuerin (F.), Landwirtin (F.)
farmer (M. bzw. F.) Bauer (M.), Landwirt (M.)
farmer's wife (F.) Bäuerin (F.), Landwirtin (F.)
farming (N.) Landwirtschaft (F.)
farm law (N.) Landwirtschaftsrecht (N.)
farm tenancy (N.) Landpacht (F.)
fascism (N.) Faschismus (M.)
fatal (Adj.) tödlich
fate (N.) Schicksal (N.)
father (M.) Vater (M.)
Father (M.) of the House Alterspräsident (M.)
fatherhood (N.) Vaterschaft (F.)
father-in-law (M.) Schwiegervater (M.)
fatherland (N.) Vaterland (N.)
fault (N.) Fehler (M.), Mangel (M.) (Fehler), Sachmangel (M.), Schuld (F.) (Verschulden im Strafrecht), Verschulden (N.)
fault (N.) in the construction Konstruktionsfehler (M.)
faultiness (N.) Fehlerhaftigkeit
faulty (Adj.) fehlerhaft
favor (N.) (am.) Gunst (F.)
favor (V.) begünstigen
favorable (Adj.) (am.) günstig
favour (N.) Gefälligkeit (F.)
favour (N.) (brit.) Gunst (F.)
favourable (Adj.) vorteilhaft
favourable (Adj.) (brit.) günstig
fear (N.) Furcht (F.)
feature (N.) Seite (F.)
federal (Adj.) bundesstaatlich, föderalistisch
Federal Act (N.) on the preservation of forests Bundeswaldgesetz (N.)
federal administration (N.) Bundesanstalt (F.), Bundesverwaltung (F.)
Federal Administrative Court (N.) Bundesverwaltungsgericht (N.)
Federal Armed Forces (N.Pl.) Bundeswehr (F.)
Federal Armed Forces Administration (N.) Bundeswehrverwaltung (F.)
Federal Army (N.) Bundesheer (N.)
federal assembly (N.) Bundesversammlung (F.)
Federal Association (N.) of Notaries Bundesnotarkammer (F.)
Federal Attorney Fees Act (N.) Bundesrechtsanwaltsgebührenordnung (F.)
federal attorney general (F.) Generalbundesanwältin (F.)
federal attorney general (M. bzw. F.) Generalbundesanwalt (M.)
Federal Audit Office (N.) Bundesrechnungshof (M.)
federal authority (N.) Bundesbehörde (F.)
federal autobahn (N.) Bundesautobahn (F.)
Federal Bank (N.) Bundesbank (F.)
Federal Border Police (N.) Bundesgrenzschutz (M.)
federal budget (N.) Bundeshaushalt (M.)
Federal Building Law (N.) Bundesbaugesetz (N.)
Federal Bureau (N.) of Investigation (am.) Kriminalpolizei (F.)
Federal Bureau (N.) of Investigation (F.B.I.) (am.) Bundeskriminalamt (N.)
Federal Cabinet (N.) Bundeskabinett (N.)
Federal Cartel Office (N.) Bundeskartellamt (N.)
Federal Central Register (N.) Bundeszentralregister (N.)
Federal Chancellery (N.) Bundeskanzleramt (N.)
federal chancellor (F.) Bundeskanzlerin (F.)
Federal Chancellor (M. bzw. F.) Bundeskanzler (M.)
federal commissioner (F.) Bundesbeauftragte (F.)
federal commissioner (M. bzw. F.) Bundesbeauftragter (M.)
federal compulsory action (N.) Bundeszwang (M.)
federal constitution (N.) Bundesverfassung (F.)
Federal Constitutional Court (N.) Bundesverfassungsgericht (N.)
federal convention (N.) Bundesversammlung (F.)
federal corporation (N.) Bundesanstalt (F.)
Federal Council (N.) Bundesrat (M.)
federal court (N.) Bundesgericht (N.)
federal data protection act (N.) Bundesdatenschutzgesetz (N.)
federal department (N.) Bundesbehörde (F.)
federal disciplinary rules (N.Pl.) Bundesdisziplinarordnung (F.)

Federal Fiscal Court (N.) Bundesfinanzhof (M.)
federal flag (N.) Bundesflagge (F.)
Federal Frontier Guards (M.Pl.) Bundesgrenzschutz (M.)
Federal Gazette (N.) Bundesanzeiger (M.)
federal government (N.) Bundesregierung (F.)
Federal Health Office (N.) Bundesgesundheitsamt (F.)
Federal High Court (N.) of Justice Bundesgerichtshof (M.)
federal highway (N.) Bundesfernstraße (F.)
federal institution (N.) Bundesanstalt (F.)
Federal Insurance Authority (N.) Bundesversicherungsamt (N.)
Federal Insurance Control Authority (N.) Bundesversicherungsaufsichtsamt (N.)
Federal Insurance Institution (N.) for Salaried Employees Bundesversicherungsanstalt (F.) für Angestellte
Federal Intelligence Service (N.) Bundesnachrichtendienst (M.)
federalism (N.) Bundesstaatlichkeit (F.), Föderalismus (M.)
federalistic (Adj.) föderalistisch
federal judge (F.) Bundesrichterin (F.)
federal judge (M. bzw. F.) Bundesrichter (M.)
Federal Labour Court (N.) Bundesarbeitsgericht (N.)
federal law (N.) Bundesgesetz (N.), Bundesrecht (N.)
federal law (N.) concerning prevention of epidemics Bundesseuchengesetz (N.)
Federal Law Gazette (N.) Bundesgesetzblatt (N.)
federal legislation (N.) Bundesgesetzgebung (F.)
federal matter (N.) Bundesangelegenheit (F.)
Federal Miners' Insurance (N.) Bundesknappschaft (F.)
federal minister (M. bzw. F.) Bundesminister (M.)
federal ministry (N.) of justice Bundesjustizministerium (N.)
Federal Nature Protection Act (N.) Bundesnaturschutzgesetz (N.)
federal office (N.) Bundesamt (N.)
Federal Office (N.) for Motor Traffic Kraftfahrtbundesamt (N.)
federal officer (F.) Bundesbeamtin (F.)
federal officer (M. bzw. F.) Bundesbeamter (M.)
Federal Patent Tribunal (N.) Bundespatentgericht (N.)
federal police (N.) Bundespolizei (F.)
Federal Pollution Control Act (N.) Bundesimmissionsschutzgesetz (N.)
Federal Post Administration (N.) Bundespost (F.)
federal president (F.) Bundespräsidentin (F.)
Federal President (M. bzw. F.) Bundespräsident (M.)
federal prosecutor (F.) Bundesanwältin (F.)
federal prosecutor (M. bzw. F.) Bundesanwalt (M.)
Federal Prosecutor's Department (N.) Bundesanwaltschaft (F.)
federal public assistance (N.) for poor persons Bundessozialhilfegesetz (N.)
Federal Railroad (N.) Bundesbahn (F.)
Federal Railways (N.Pl.) Bundesbahn (F.)
federal republic (N.) Bundesrepublik (F.)
Federal Social Court (N.) Bundessozialgericht (N.)
Federal Soil Protection Act (N.) Bundesbodenschutzgesetz (N.)
federal state (N.) Bundesstaat (M.)
Federal Student Aid Act (N.) Bundesausbildungsförderungsgesetz (N.)
federal superior authority (N.) Bundesoberbehörde (F.)
federal supervision (N.) Bundesaufsicht (F.)
Federal Supervisory Office (N.) Bundesaufsichtsamt (N.)
federal territory (N.) Bundesgebiet (N.)
Federal Trade Commission (N.) Bundeshandelskommission (F.)
Federal Vacations Act (N.) Bundesurlaubsgesetz (N.)
federation (N.) Föderation (F.), Verband (M.), Vereinigung (F.) (Institution)
Federation (N.) of German Trade Union Deutscher Gewerkschaftsbund (M.) (DGB)
fee (N.) Gebühr (F.), Honorar (N.), Taxe (F.)
fee (N.) for the use of Benutzungsgebühr (F.)

feeble-mindedness (N.) Geistesschwäche (F.)
feeding stuff (N.) Futtermittel (N.)
fee tail (N.) Fideikommissbesitz (M.)
feign (V.) fingieren, heucheln, vorspiegeln, vortäuschen
feigning (N.) commission of a crime Vortäuschen (N.) einer Straftat
fellow (F.) Kollegin (F.)
fellow (M. bzw. F.) Kollege (M.)
fellow heir (M. bzw. F.) Miterbe (M.)
fellow heiress (F.) Miterbin (F.)
fellow-member (F.) Partnerin (F.)
fellow-member (M. bzw. F.) Partner (M.)
felon (F.) Verbrecherin (F.)
felon (M. bzw. F.) Verbrecher (M.)
felonious (Adj.) verbrecherisch
felonious wounding (N.) gefährliche Körperverletzung (F.)
felony (N.) Kapitalverbrechen (N.), Verbrechen (N.)
female (F.) Frau (F.)
fence (F.) Hehlerin (F.)
fence (M. bzw. F.) Hehler (M.)
fence (N.) Zaun (M.)
fence (V.) hehlen
fenced (Adj.) in befriedet
fencing (N.) Hehlerei (F.)
ferry (V.) überführen (übergeben)
feticide (N.) Abtreibung (F.)
fetter (N.) Fessel (F.) (1)
fetus (N.) Fötus (M.)
feud (N.) Fehde (F.), Lehen (N.)
feudal (Adj.) feudal
feudalism (N.) Feudalismus (M.)
feudal tenure (N.) Lehen (N.)
fiancé (M.) Bräutigam (M.), Verlobter (M.)
fiancée (F.) Braut (F.), Verlobte (F.)
fiat (N.) of execution Vollstreckungsklausel (F.)
fiction (N.) Fiktion (F.)
fictitious bargain (N.) Scheingeschäft (N.)
fictitious element (N.) Scheinbestandteil (M.)
fictitious judgement (N.) Scheinurteil (N.)
fictitious marriage (N.) Scheinehe (F.)
fidelity (N.) Treue (F.)
fidelity clause (N.) Vertrauensschutz (M.)
fiduciary (Adj.) fiduziarisch, treuhänderisch
fiduciary (F.) Treuhänderin (F.)
fiduciary (M. bzw. F.) Treuhänder (M.)
fiduciary loan (N.) Personalkredit (M.)
field (N.) auditing Außenprüfung (F.)
field (N.) of application Geltungsbereich (M.)
fight (N.) Kampf (M.), Schlägerei (F.)
fight (V.) kämpfen, raufen
figurative (Adj.) uneigentlich
figurative contract (N.) for work done and materials supplied uneigentlicher Werklieferungsvertrag (M.)
figure (N.) Summe (F.), Zahl (F.), Ziffer (F.)
figurehead (F.) Strohfrau (F.)
figurehead (M. bzw. F.) Strohmann (M.)
filch (V.) entwenden
file (N.) Akte (F.), Dossier (N.)
file (V.) einbringen (eine Petition einbringen), einlegen, einreichen, ordnen
file (V.) an action klagen
file lecture (N.) Aktenvortrag (M.)
file number (N.) Aktenzeichen (N.)
file report (N.) Aktenvortrag (M.)
filiation (N.) Kindschaft (F.)
filing (N.) of action Klageerhebung (F.)
filing department (N.) Registratur (F.)
fill (V.) in ausfüllen
film rights (N.Pl.) Filmrecht (N.)
final (Adj.) final
final decision (N.) Endurteil (N.)
final decree (N.) Endurteil (N.) (Eherechtsendurteil)
final examination (N.) Abitur (N.), Matura (F.)
finalistic (Adj.) teleologisch
finality (N.) Teleologie (F.)
final judgement (N.) Endurteil (N.)
finance (N.) Finanzen (F.Pl.), Finanz (F.)
finance (V.) finanzieren
finance bill (N.) Haushaltsvorlage (F.)
finance office (N.) Finanzamt (N.)
financial (Adj.) finanziell
financial assets (N.Pl.) Finanzvermögen (N.)
financial backing (N.) Finanzierung (F.)
financial equalization (N.) Finanzausgleich (M.)
financial institution (N.) Kreditinstitut (N.)
financial law (N.) Finanzrecht (N.)
financial reliability (N.) Bonität (F.)
financial standing (N.) Bonität (F.)

financial statement (N.) Bilanz (F.)
financial system (N.) Finanzverfassung (F.)
financial year (N.) Geschäftsjahr (N.), Rechnungsjahr (N.)
financing (N.) Finanzierung (F.)
financing (N.) of political parties Parteienfinanzierung (F.)
find (V.) finden
finder (F.) Finderin (F.)
finder (M. bzw. F.) Finder (M.)
finder's reward (N.) Finderlohn (M.)
finding (N.) Fund (M.), Richterspruch (M.)
findings (N.Pl.) Verdikt (N.)
fine (N.) Geldstrafe (F.)
fine (N.) levied on property Vermögensstrafe (F.)
finger print (N.) Fingerabdruck (M.)
finish (V.) abschließen (beenden), beenden, beendigen, erledigen, fertigstellen
finished attempt (N.) beendeter Versuch (M.)
finishing stroke (N.) Gnadenstoß (M.)
fire (N.) Brand (M.), Feuer (N.)
fire (V.) schießen
fire-arm (N.) Schusswaffe (F.)
firearms certificate (N.) Waffenschein (M.)
fire-brigade (N.) Feuerwehr (F.)
fire insurance (N.) Feuerversicherung (F.)
fire-raiser (F.) Brandstifterin (F.)
fire-raiser (M. bzw. F.) Brandstifter (M.)
fire-raising (N.) Brandstiftung (F.)
fire safety (N.) Brandschutz (M.)
fire service (N.) Feuerwehr (F.)
fire wall (N.) Brandmauer (F.)
firm (Adj.) fest, stabil
firm (N.) Betrieb (M.), Firma (F.) (Unternehmen)
firm name (N.) Firma (F.) (Name des Kaufmanns)
firm price (N.) Festpreis (M.)
first (Adj.) anfänglich
first name (N.) Vorname (M.)
fisc (N.) öffentliche Hand (F.)
fiscal (Adj.) fiskalisch, steuerlich
fiscal adjustment (N.) Finanzausgleich (M.)
fiscal administration (N.) Finanzverwaltung (F.)
fiscal balance sheet (N.) Steuerbilanz (F.)
fiscal charge (N.) Abgabe (F.)
fiscal court (N.) Finanzgericht (N.)
fiscal court jurisdiction (N.) Finanzgerichtsbarkeit (F.)
fiscal fraud (N.) Steuerhinterziehung (F.)
fiscal investigation (N.) Steuerfahndung (F.)
fiscal law (N.) Steuerrecht (N.)
fiscal tax audit (N.) Betriebsprüfung (F.)
fiscal year (N.) Geschäftsjahr (N.), Rechnungsjahr (N.)
fish (V.) fischen
fisher (F.) Fischerin (F.)
fisher (M. bzw. F.) Fischer (M.)
fisherman (M.) Fischer (M.)
fishery (N.) Fischerei (F.)
fishing right (N.) Fischereirecht (N.)
fish poaching (N.) Fischwilderei (F.)
fit (Adj.) gesund, tauglich (dienstfähig)
fit (Adj.) to plead prozessfähig
fit (V.) eignen
fit (V.) out ausstatten
fitness (N.) Tauglichkeit (F.)
fitness (N.) to marry Ehefähigkeit (F.)
fitter (F.) Installateurin (F.)
fitter (M. bzw. F.) Installateur (M.)
fix (V.) ansetzen, beschließen, festsetzen, instandsetzen
fix (V.) a date anberaumen, terminieren (zeitlich festlegen)
fixed (Adj.) fest, gebunden
fixed assets (N.Pl.) Anlagevermögen (N.)
fixed capital (N.) Anlagevermögen (N.)
fixed costs (N.Pl.) Gemeinkosten (F.Pl.)
fixed date (N.) Stichtag (M.)
fixed deposit (N.) Festgeld (N.)
fixed period (N.) Frist (F.)
fixed price (N.) Festpreis (M.)
fixed time (N.) Termin (M.)
fixing (N.) Festsetzung (F.)
fixing (N.) of a time-limit Fristsetzung (F.)
fixture (N.) Grundstückszubehör (N.)
flag (N.) Flagge (F.)
flagrant (Adj.) offenkundig
flat (N.) (brit.) Wohnung (F.)
flat rate (N.) Pauschale (F.)
flaw (N.) Fabrikationsfehler (M.)
flee (V.) fliehen
fleece (V.) neppen
fleet (N.) Flotte (F.)
flexible (Adj.) flexibel
flexible law (N.) dispositives Recht (N.), nachgiebiges Recht (N.)

flight (N.) Flucht (F.), Flug (M.)
floating (N.) Freigabe (F.)
floating charge (N.) Verpfändung (F.) von Vermögenswerten eines Unternehmens (Verpfändung von Vermögenswerten eines Unternehmens in Großbritannien)
flog (V.) prügeln, züchtigen
floor (N.) Stockwerk (N.)
flotation (N.) Emission (F.) (Wertpapieremission)
flotsam (N.) and jetsam (N.) Strandgut (N.)
flout (V.) missachten
flyer (N.) (am.) Flugblatt (N.)
flying squad (N.) Bereitschaftspolizei (F.)
flysheet (N.) Flugblatt (N.)
fob (free on board) (Adj.) fob (free on board)
foe (F.) Feindin (F.)
foe (M. bzw. F.) Feind (M.)
foetus (N.) Fötus (M.), Leibesfrucht (F.)
foisting (N.) a child upon another Unterschieben (N.) eines Kindes
folkland (N.) Allmende (F.)
follow (V.) folgen (nachfolgen), richten
follower (F.) Nachfolgerin (F.)
follower (M. bzw. F.) Nachfolger (M.)
follow up bankruptcy (N.) Anschlusskonkurs (M.)
fomenter (F.) Aufrührerin (F.)
fomenter (M. bzw. F.) Aufrührer (M.)
food (N.) Lebensmittel (N.Pl.)
fool (M.) Blödmann (M.)
foot (N.) Fuß (M.)
forbear (V.) unterlassen
forbearance (N.) Stundung (F.), Unterlassung (F.)
forbid (V.) untersagen, verbieten
forbidden (Adj.) verboten
force (N.) Gewalt (F.) (Kraft), Gewalt (F.) (Kraftanwendung)
force (N.) majeure (franz.) höhere Gewalt (F.)
force (N.) of law Gesetzeskraft (F.)
force (V.) zwingen
forced administration (N.) Zwangsverwaltung (F.)
forced heirship (N.) Noterbrecht (N.)
forcible entry (N.) Hausfriedensbruch (M.)
forcing-up (N.) of prices Preistreiberei (F.)
for consideration entgeltlich
foreclosure (N.) Präklusion (F.), Zwangsvollstreckung (F.)
foregoing action (N.) vorangegangenes Tun (N.)
foreign (Adj.) ausländisch, auswärtig, fremd
foreign affair (N.) auswärtige Angelegenheit (F.)
foreign countries (N.Pl.) Ausland (N.)
foreign currency (N.) Devisen (F.Pl.), Valuta (F.) (Währung)
foreigner (F.) Ausländerin (F.), Fremde (F.) (2)
foreigner (M. bzw. F.) Ausländer (M.), Fremder (M.)
foreign exchange (N.) Devisen (F.Pl.)
foreign exchange market (N.) Devisenmarkt (M.)
foreign exchange reserve (N.) Devisenreserve (F.)
foreign minister (F.) Außenministerin (F.)
foreign minister (M. bzw. F.) Außenminister (M.)
foreign ministry (N.) Außenministerium (N.)
foreign notes (N.Pl.) Valuta (F.) (Währung)
Foreign Office (N.) (brit.) Außenministerium (N.)
Foreign Secretary (F.) (br.) Außenministerin (F.)
Foreign Secretary (M. bzw. F.) (brit.) Außenminister (M.)
foreign service (N.) auswärtiger Dienst (M.)
foreign trade (N.) Außenwirtschaft (F.)
forelady (F.) Meisterin (F.)
foreman (M.) Obmann (M.)
forensic (Adj.) forensisch
forensic science (N.) Kriminalistik (F.)
foresee (V.) vorhersehen
foreseeability (N.) Voraussehbarkeit (F.), Vorhersehbarkeit (F.)
foreseeable (Adj.) voraussehbar, vorhersehbar
forest (N.) Forst (M.), Wald (M.)
forestall (V.) vorbeugen
forester (F.) Försterin (F.)
forester (M. bzw. F.) Förster (M.)
forest officer (F.) Försterin (F.)
forest officer (M. bzw. F.) Förster (M.)
forest official (F.) Försterin (F.)
forest official (M. bzw. F.) Förster (M.)

forestry district (N.) Revier (N.) (Forstrevier)
forethought (N.) Vorbedacht (M.)
forewoman (F.) Obfrau (F.)
for example (lat. e.g. exempli gratia) beispielsweise
forfeit (N.) Verwirkung (F.)
forfeit (V.) konfiszieren, verwirken
forfeit clause (N.) Verwirkungsklausel (F.)
forfeiture (N.) Kaduzierung (F.), Konfiskation (F.), Verwirkung (F.)
forfeiture clause (N.) Verwirkungsklausel (F.)
forfeiture pledge (N.) Verfallspfand (N.)
forge (V.) fälschen
forger (F.) Fälscherin (F.), Falschmünzerin (F.)
forger (M. bzw. F.) Fälscher (M.), Falschmünzer (M.)
forgery (N.) Fälschung (F.)
forgery (N.) of a document Urkundenfälschung (F.)
forgery (N.) of postal stamps Wertzeichenfälschung (F.)
for life lebenslang, lebenslänglich
form (N.) Form (F.), Formular (N.), Fragebogen (M.)
form (N.) of action Klageart (F.)
form (N.) of government Staatsform (F.)
form (N.) of words Formulierung (F.)
form (V.) gründen
form (V.) a coalition koalieren
formal (Adj.) formal, formell
formal constitution (N.) formelle Verfassung (F.)
formalism (N.) Formalismus (M.)
formalities (N.Pl.) Form (F.)
formality (N.) Formalie (F.), Formalität (F.)
formal protest (N.) Remonstration (F.)
formal reception (N.) Audienz (F.)
formal validity (N.) formelle Rechtskraft (F.)
formation (N.) Gestaltung (F.), Gründung (F.)
formation (N.) of treaty Vertragsschluss (M.)
formation (N.) of wealth Vermögensbildung (F.)
formation of wealth law (N.) Vermögensbildungsgesetz (N.)
formative act (N.) Gestaltungsakt (M.)
former (Adj. Komp.) frühere
formula (N.) Formel (F.)
formulate (V.) formulieren
formulation (N.) Formulierung (F.)
for nothing kostenlos, umsonst
for reasons of honor (am.) honoris causa (lat.)
for reasons of honour (brit.) honoris causa (lat.)
forthwith (Adv.) umgehend
fortification (N.) Festung (F.)
fortress (N.) Festung (F.)
fortune (N.) Glück (N.), Vermögen (N.)
forum (lat.) forum (N.) (lat.)
forum (N.) Gerichtsstand (M.)
forum (N.) of choice Wahlgerichtsstand (M.)
forum shopping (N.) Gerichtsstandssuche (F.)
forward (V.) verladen
forward business (N.) Termingeschäft (N.)
forwarder (F.) Spediteurin (F.)
forwarder (M. bzw. F.) Spediteur (M.)
forwarding (N.) Spedition (F.)
forwarding (N.) of records Aktenversendung (F.)
forwarding agent (F.) Spediteurin (F.)
forwarding agent (M. bzw. F.) Spediteur (M.)
forwarding trade (N.) Spedition (F.)
foster child (N.) Pflegekind (N.)
foster-father (M.) Pflegevater (M.)
foster-mother (F.) Pflegemutter (F.)
foster-parents (Pl.) Pflegeeltern (Pl.)
foul (Adj.) übel
foul assassin (F.) Meuchelmörderin (F.)
foul assassin (M. bzw. F.) Meuchelmörder (M.)
foul assassination (N.) Meuchelmord (M.)
found (V.) gründen, stiften (gründen)
foundation (N.) Anstalt (F.), Grundlage (F.), Gründung (F.), Stift (N.), Stiftung (F.)
foundation (N.) of claim Anspruchsgrundlage (F.)
founder (F.) Gründerin (F.), Stifterin (F.)
founder (M. bzw. F.) Gründer (M.), Stifter (M.) (Gründer)
foundling (M. bzw. F.) Findelkind (N.)
found object (N.) Fund (M.)
fraction (N.) Bruchteil (M.), Fraktion (F.)
fractional part (N.) Bruchteil (M.)

fractional tract (N.) of land Parzelle (F.)
framework (N.) Rahmen (M.)
framework collective agreement (N.) Manteltarif (M.), Manteltarifvertrag (M.)
framework legislation (N.) Rahmengesetzgebung (F.)
franc (N.) Franken (M.) (Schweizer Geldeinheit)
France (F.) Frankreich (N.)
franchise (N.) Konzession (F.), Lizenz (F.), Stimmrecht (N.)
franchisee (F.) Franchisenehmerin (F.)
franchisee (M. bzw. F.) Franchisenehmer (M.)
franchiser (F.) Franchisegeberin (F.)
franchiser (M. bzw. F.) Franchisegeber (M.)
franchise system (N.) Konzessionssystem (N.)
franchising (N.) Franchisevertrag (M.), Franchising (N.)
franchising agreement (N.) Franchisevertrag (M.)
franco (Adj.) franko
frank (V.) frankieren
fraud (N.) Betrug (M.)
fraud (N.) in the performance Erfüllungsbetrug (M.)
fraud (N.) in treaty Eingehungsbetrug (M.)
fraudulent (Adj.) betrügerisch, vorsätzlich
fraudulent alteration (N.) of civil status Personenstandsfälschung (F.)
fraudulent conveyance (N.) Verschleuderung (F.) (Verschleuderung im Insolvenzrecht)
fraudulent enticement (N.) to emigrate Auswanderungsbetrug (M.)
fraudulent misinterpretation (N.) arglistige Täuschung (F.)
fraudulent use (N.) of documents signed in blank Blankettmissbrauch (M.)
free (Adj.) freiheitlich, gratis, kostenlos, unbenommen, unentgeltlich
free (Adj.) from debt schuldenfrei
free (Adj.) from duty zollfrei
free (Adj.) house frei Haus
free (Adj.) of acts gesetzesfrei
free (Adj.) of charge franko, gebührenfrei, gratis, unentgeltlich
free (Adj.) to move freizügig
free (Adj.) to the door frei Haus
free (Adv.) of charge umsonst
free (V.) befreien, freilassen
free (V.) from fault exkulpieren
free allowance (N.) Freibetrag (M.)
freebooter (F.) Freibeuterin (F.)
freebooter (M. bzw. F.) Freibeuter (M.)
free church (N.) Freikirche (F.)
free copy (N.) Freiexemplar (N.)
free delivered (Adj.) frei Haus
free democratic constitutional structure (N.) freiheitlich-demokratische Grundordnung (F.)
freedom (N.) Freiheit (F.)
freedom (N.) of action Handlungsfreiheit (F.)
freedom (N.) of art Kunstfreiheit (F.)
freedom (N.) of association Koalitionsfreiheit (F.), Vereinsfreiheit (F.)
freedom (N.) of broadcasting Rundfunkfreiheit (F.)
freedom (N.) of cabotage Kabotagefreiheit (F.)
freedom (N.) of conscience Gewissensfreiheit (F.)
freedom (N.) of contents Inhaltsfreiheit (F.)
freedom (N.) of contract Vertragsfreiheit (F.)
freedom (N.) of expression Meinungsfreiheit (F.)
freedom (N.) of faith Bekenntnisfreiheit (F.), Glaubensfreiheit (F.)
freedom (N.) of information Informationsfreiheit (F.)
freedom (N.) of meeting Versammlungsfreiheit (F.), Versammlungsrecht (N.)
freedom (N.) of movement Freizügigkeit (F.)
freedom (N.) of opinion Meinungsfreiheit (F.)
freedom (N.) of press Pressefreiheit (F.)
freedom (N.) of religion Bekenntnisfreiheit (F.), Glaubensfreiheit (F.)
freedom (N.) of science Wissenschaftsfreiheit (F.)
freedom (N.) of teaching Lehrfreiheit (F.)
freedom (N.) of testamentary disposition Testierfreiheit (F.)
freedom (N.) of thought Gedankenfreiheit (F.)
freedom (N.) of trade Gewerbefreiheit (F.)

freedom (N.) of will Willensfreiheit (F.)
freedom (N.) to build on property Baufreiheit (F.)
freedom (N.) to choose a profession Berufsfreiheit (F.)
freedom (N.) to contract Abschlussfreiheit (F.)
freedom (N.) to form associations Gründungsfreiheit (F.), Vereinigungsfreiheit (F.)
freedom (N.) to provide services Dienstleistungsfreiheit (F.)
freedom (N.) to strike Streikrecht (N.)
free domicile frei Haus
free enterprise (N.) Marktwirtschaft (F.)
freehold (N.) Eigentum (N.) an einem Grundstück (Eigentum an einem Grundstück im angloamerikanischen Recht)
freeholder (F.) Grundeigentümerin (F.)
freeholder (M. bzw. F.) Grundeigentümer (M.)
freehold flat (N.) (brit.) Eigentumswohnung (F.)
freeing (N.) Befreiung (F.)
freeing (N.) prisoners Gefangenenbefreiung (F.)
free-lance (Adj.) freiberuflich (Journalist bzw. Schriftsteller)
free-lance profession (N.) freier Beruf (M.)
free mark (N.) Freizeichen (N.) (Freizeichen im Handelsrecht)
free market economy (N.) Verkehrswirtschaft (F.)
free mason (F.) Freimaurerin (F.)
free mason (M.) Freimaurer (M.)
free movement (N.) of capital Kapitalverkehrsfreiheit (F.)
free movement (N.) of goods Warenverkehrsfreiheit (F.)
free on board (fob) (Adj.) free on board (fob)
free passage (N.) within goal liberties Freigang (M.)
free port (N.) Freihafen (M.)
free state (N.) Freistaat (M.)
free trade (N.) Freihandel (M.)
freeze (V.) sperren
freight (N.) Fracht (F.), Ladung (F.) (Aufladung von Gütern)
freight contract (N.) Frachtvertrag (M.)
freighter (F.) (am.) Verfrachterin (F.)
freighter (M. bzw. F.) (am.) Verfrachter (M.)
frequent (Adj.) häufig
fresh call (N.) Nachzahlung (F.)
fresh pursuit (N.) sofortige Verfolgung (F.)
fright (N.) Furcht (F.)
frighten (V.) schrecken
from now on ex nunc (lat.)
fronde (N.) Fronde (F.)
frontier (N.) Grenze (F.) (Staatsgrenze)
fruit (N.) Frucht (F.) (Frucht im rechtlichen Sinn)
fruit of the poisonous tree doctrine (N.) Beweisverwertungsverbot (N.)
frustrate (V.) vereiteln
frustrating (N.) execution Vollstreckungsvereitelung (F.)
frustration (N.) of contract Wegfall (M.) der Geschäftsgrundlage
frustration (N.) of purpose Zweckfortfall (M.), Zweckstörung (F.)
frustration (N.) of receipt Zugangsvereitelung (F.)
fudder (N.) Futtermittel (N.)
fugitive (M. bzw. F.) Flüchtling (M.)
fulfill (V.) erfüllen
fulfillability (N.) Erfüllbarkeit (F.)
fulfillment (N.) Erfüllung (F.)
full age (N.) Mündigkeit (F.)
full commercial power (N.) of representation Prokura (F.)
full partner (F.) Komplementärin (F.)
full partner (M. bzw. F.) Komplementär (M.)
full power (N.) Generalvollmacht (F.)
full-time notary (F.) Nurnotarin (F.)
full-time notary (M. bzw. F.) Nurnotar (M.)
full trader (M. bzw. F.) Vollkaufmann (M.)
full trial (N.) Hauptverfahren (N.)
fully authorized officer (F.) Prokuristin (F.)
fully authorized officer (M. bzw. F.) Prokurist (M.)
fully trained lawyer (F.) Volljuristin (F.)
fully trained lawyer (M. bzw. F.) Volljurist (M.)
fume (N.) Rauch (M.)
fume (V.) rauchen
function (N.) Amt (N.), Aufgabe (F.), Funktion (F.)
function (V.) fungieren

functional (Adj.) funktionell
functional reciprocity (N.) funktionelles Synallagma (N.)
functionary (F.) Amtsträgerin (F.), Funktionärin (F.)
functionary (M. bzw. F.) Amtsträger (M.), Funktionär (M.)
fund (N.) Fond (M.), Fonds (M.)
fund (V.) konsolidieren
fundamental error (N.) absoluter Revisionsgrund (M.)
fundamental - principle right (N.) Rahmenrecht (N.)
fundamentals (N.Pl.) Grundlage (F.)
funding (N.) Konsolidation (F.)
funds (N.Pl.) Mittel (N.)
funeral (N.) Beerdigung (F.)
funeral expenses (N.Pl.) Beerdigungskosten (N.Pl.)
fungible (Adj.) fungibel, vertretbar (austauschbar)
fungible (N.) vertretbare Sache (F.)
furnishings (N.Pl.) Mobiliar (N.)
furniture (N.) Möbel (N.), Mobiliar (N.)
further appeal (N.) on bill of exceptions weitere Beschwerde (F.)
further education (N.) Fortbildung (F.)
furthering (N.) of the gifted Begabtenförderung (F.)
further margin (N.) Nachschuss (M.)
fuse (V.) fusionieren, verschmelzen
fusion (N.) Fusion (F.), Verschmelzung (F.)
futile (Adj.) nutzlos, vergeblich
future (Adj.) künftig, zukünftig
future disputes clause (N.) Schiedsklausel (F.)
future estate (N.) Anwartschaft (F.)
future interest (N.) Anwartschaft (F.)
futures contract (N.) Termingeschäft (N.)

g

gag (N.) Knebel (M.)
gag (V.) knebeln
gagging (N.) Knebelung (F.)
gain (N.) Bereicherung (F.), Gewinn (M.), Verdienst (M.) (Einkommen)
gain (V.) gewinnen
gainful employment (N.) Erwerbstätigkeit (F.)
gallon (N.) Gallone (F.)
gallows (N.) Galgen (M.)
gamble (V.) spielen
gambling (N.) Glücksspiel (N.), Spiel (N.)
gambling (N.) in futures Differenzgeschäft (N.)
game (N.) Spiel (N.), Wild (N.)
game (N.) of chance Glücksspiel (N.)
game (N.) of hazard Glücksspiel (N.)
game law (N.) Jagdrecht (N.) (Jagdrechtsordnung)
game licence (N.) Jagdschein (M.)
gang (N.) Bande (F.), Rotte (F.) (Gruppe von Menschen)
gangster (F.) Banditin (F.)
gangster (M.) Bandit (M.)
gang up (V.) zusammenrotten (sich zusammenrotten)
gap (N.) Abstand (M.), Gesetzeslücke (F.), Lücke (F.)
garage (N.) Garage (F.)
garbage (N.) (am.) Müll (M.)
garbage collection (N.) (am.) Müllabfuhr (F.)
garble (V.) verstümmeln
garden (N.) Garten (M.)
garnishee (F.) Drittschuldnerin (F.)
garnishee (M. bzw. F.) Drittschuldner (M.)
garnishee order (N.) Pfändungsbeschluss (M.)
garnishment (N.) Forderungspfändung (F.)
garnishment (N.) of salary claims Gehaltsexekution (F.)
garnishment (N.) of wages Lohnpfändung (F.)
garnishor (F.) Gläubigerin (F.)
garnishor (M. bzw. F.) Gläubiger (M.)
gas (N.) Benzin (N.), Gas (N.)
gas chamber (N.) (am.) Gaskammer (F.) (Gaskammer in den Vereinigten Staaten von Amerika)
gastronomy (N.) Gastronomie (F.)
gate (N.) Schranke (F.)
gather (V.) sammeln
GATS (N.) (General Agreement on Trade in Services) Allgemeines Abkommen über den Handel mit Dienstleistungen (GATS), GATS (N.) (Allgemeines Abkommen über den Handel mit Dienstleistungen)
gem (N.) Kleinod (N.)
gender (N.) Geschlecht (N.) (natürliches

Geschlecht)
gene law (N.) Genrecht (N.)
general (Adj.) allgemein, generell, vorbehaltlos
general (F.) Generalin (F.)
general (M.) General (M.)
General Accounting Office (N.) (am.) Rechnungshof (M.)
general act (N.) allgemeines Gesetz (N.), Gesamtakt (M.)
general act (N.) governing the public service Beamtenrechtsrahmengesetz (N.)
General Agreement (N.) on Trade in Services (GATS) Allgemeines Abkommen über den Handel mit Dienstleistungen (GATS)
general amnesty (N.) Generalamnestie (F.)
general assembly (N.) Generalversammlung (F.), Plenum (N.)
general assignment (N.) Globalzession (F.)
general authority (N.) Generalvollmacht (F.)
general commercial business (N.) Grundhandelsgewerbe (N.)
general community (N.) of goods allgemeine Gütergemeinschaft (F.) (allgemeine Gütergemeinschaft unter Ehegatten)
general consent (N.) Generaleinwilligung (F.), Generalkonsens (M.)
general control (N.) Gesamtsteuerung (F.)
general crime prevention (N.) Generalprävention (F.)
general damage (N.) allgemeiner Schaden (N.) (allgemeiner Schaden im angloamerikanischen Recht)
general disposition (N.) Allgemeinverfügung (F.)
general election (N.) allgemeine Wahl (F.)
general endorsement (N.) Blankoindossament (N.)
general expenses (N.Pl.) Gemeinkosten (F.Pl.)
general fee (N.) for court proceedings Prozessgebühr (F.)
general freedom (N.) of action allgemeine Handlungsfreiheit (F.)
general intent (N.) dolus (M.) generalis (lat.)
generalize (V.) generalisieren
general law (N.) allgemeines Gesetz (N.)
general legacy (N.) Gattungsvermächtnis (N.)
generally known (Adj.) publik
general management (N.) Gesamtsteuerung (F.)
general meeting (N.) Hauptversammlung (F.)
general pardon (N.) Abolition (F.), Amnestie (F.)
general part (N.) allgemeiner Teil (M.)
general partner (F.) Komplementärin (F.)
general partner (M. bzw. F.) Komplementär (M.)
general partnership (N.) offene Handelsgesellschaft (F.)
general political science (N.) allgemeine Staatslehre (F.)
general power (N.) Generalvollmacht (F.)
general principle (N.) of law allgemeiner Rechtsgrundsatz (M.)
general public (N.) Öffentlichkeit (F.)
general public interest (N.) Gemeinwohl (N.)
general regulation (N.) Rahmenvorschrift (F.)
general relationship (N.) of subordination allgemeines Gewaltverhältnis (N.)
general right (N.) Rahmenrecht (N.)
general strike (N.) Generalstreik (M.)
general term and condition (N.) of business allgemeine Geschäftsbedingung (F.)
general term and condition (N.) of trade allgemeine Geschäftsbedingung (F.)
general verdict (N.) Endurteil (N.)
generation (N.) Zeugung (F.)
generosity (N.) Kulanz (F.)
genetic (Adj.) genetisch
genetic dactylogram (N.) genetischer Fingerabdruck (M.)
genetic reciprocity (N.) genetisches Synallagma (N.)
genetic technology (N.) Gentechnik (F.)
Geneva Convention (N.) Genfer Konvention (F.)
genocide (N.) Genozid (M.), Völkermord (M.)
genuine (Adj.) authentisch, echt
genuine crime (N.) by omission echtes Unterlassungsdelikt (N.)
genuineness (N.) Echtheit (F.)
genus (N.) Gattung (F.), Genus (N.)
German (M. bzw. F.) Deutscher (M.)
German Democratic Republic (F.) Deutsche Demokratische Republik (F.) (DDR)

German Diet (N.) Reichstag (M.)
German Reich (F.) Deutsches Reich (N.)
German Society (N.) for Musical Performance and Mechanical Reproduction Rights GEMA (F.) (Gesellschaft für musikalische Aufführungsrechte und mechanische Vervielfältigungsrechte)
German Trade Union (N.) DGB (M.) (Deutscher Gewerkschaftsbund)
German Treaty (N.) Deutschlandvertrag (M.)
German Wave (N.) Deutsche Welle (F.)
Germany (F.) Deutschland (N.)
gesture (N.) Gebärde (F.)
get (V.) erhalten (V.)
get (V.) drunk betrinken (sich betrinken)
get (V.) engaged verloben (sich verloben)
get (V.) into debt verschulden (sich verschulden)
get (V.) lost abhandenkommen
get (V.) ready rüsten
ghetto (N.) Getto (N.)
ghost driver (M. bzw. F.) Geisterfahrer (M.)
gibbet (N.) Galgen (M.)
gift (N.) Geschenk (N.), Schenkung (F.)
gift (N.) causa mortis Schenkung (F.) von Todes wegen
gift tax (N.) Schenkungsteuer (F.)
gilt-edged (Adj.) mündelsicher
gipsy (F.) Zigeunerin (F.)
gipsy (M. bzw. F.) Zigeuner (M.)
giro checking account (N.) Girokonto (N.)
giro contract (N.) Girovertrag (M.)
giro transfer account (N.) Girokonto (N.)
give (V.) ausgeben, geben
give (V.) a different interpretation umdeuten
give (V.) advice beraten (V.) (einen Rat geben)
give (V.) an audience anhören
give (V.) an emeritus status emeritieren
give (V.) an opinion beurteilen
give (V.) approval genehmigen
give (V.) a receipt quittieren
give (V.) as a prize ausspielen
give (V.) away verschenken
give (V.) back zurückgeben
give (V.) birth gebären
give (V.) employment beschäftigen
give (V.) evidence aussagen
give (V.) instructions anweisen
give (V.) leave beurlauben
give (V.) lectures lesen
give (V.) notice anzeigen
give (V.) notice to quit kündigen
give (V.) one's assent genehmigen
give (V.) power of an attorney bevollmächtigen
give (V.) reasons begründen
give (V.) shelter beherbergen
give (V.) the cause of verschulden (herbeiführen)
give (V.) the opportunity to be heard anhören
give (V.) up preisgeben
give-away (N.) Preisgabe (F.)
giver (F.) Schenkerin (F.), Spenderin (F.)
giver (M.) Schenker (M.), Spender (M.)
giving (N.) of advice Raterteilung (F.)
giving the accused the benefit of the doubt in dubio pro reo (lat.)
global (Adj.) global
global amount (N.) Pauschale (F.)
glorification (N.) Verherrlichung (F.)
glorify (V.) verherrlichen
go (V.) for a ride reiten
go (V.) on horseback reiten
go (V.) to court klagen
go (V.) to ruin verfallen (V.) (verfallen eines Gebäudes)
God (M.) Gott (M.)
godfather (M.) Pate (M.)
godmother (F.) Pate (M.), Patin (F.)
godparenthood (N.) Patenschaft (F.)
good (N.) Gut (N.)
good faith (N.) bona fides (F.) (lat.), guter Glaube (M.), Redlichkeit (F.), Treu (F.) und Glauben (M.)
good management (N.) Wirtschaftlichkeit (F.)
good manner (N.) gute Sitte (F.)
good nature (N.) Güte (F.) (Gütigkeit)
goods (N.Pl.) Ware (F.)
goods (N.Pl.) and chattels Mobiliar (N.)
goods (N.Pl.) for transport Frachtgut (N.)
goodwill (N.) Geschäftswert (M.), Goodwill (M.)
GOPs (Pl.) Republikaner (M.Pl.) (politische Partei in den Vereinigten Staaten von Amerika)
govern (V.) regieren
governing board (N.) Verwaltungsrat (M.)

government (N.) Obrigkeit (F.), Regierung (F.)
government agency (N.) Behörde (F.)
governmental (Adj.) staatlich
governmental supervision (N.) Staatsaufsicht (F.)
Government bill (N.) Regierungsvorlage (F.)
government department (N.) Ministerium (N.)
government liability (N.) Staatshaftung (F.)
governor (F.) Gouverneurin (F.), Landeshauptfrau (F.) (Landeshauptfrau in Österreich), Statthalterin (F.)
governor (M. bzw. F.) Gouverneur (M.), Landeshauptmann (M.), Statthalter (M.)
gown (N.) Robe (F.), Talar (M.)
grab (V.) greifen (transitiv)
grace (N.) of God Gottes Gnade
grace period (N.) Gnadenfrist (F.)
grade (N.) Grad (M.), Güte (F.) (Qualität), Handelsklasse (F.)
grade (N.) (am.) Dienstgrad (M.)
gradient (N.) Gefälle (N.) (Geländeneigung)
gradual (Adj.) gradual, sukzessiv
gradual payment (N.) Abzahlung (F.)
gradual system (N.) Gradualsystem (N.)
graduate (M. bzw. F.) Graduierter (M.)
graduate (V.) graduieren
graduate (V.) from absolvieren
graduate business lawyer (F.) Diplom-Wirtschaftsjuristin (F.)
graduate business lawyer (M. bzw. F.) Diplom-Wirtschaftsjurist (M.)
graduation (N.) (am.) Abschlussprüfung (F.)
graft (N.) Transplantation (F.) (Gewebetransplantation)
graft (N.) (am.) Bestechung (F.), Korruption (F.)
graft (V.) transplantieren
grain (N.) Getreide (N.)
grammar school (N.) (brit.) Gymnasium (N.)
grandchild (N.) Enkel (M.), Kindeskind (N.)
grandschild (N.) Enkelin (F.)
grant (N.) Beihilfe (F.) (Unterstützungsleistung), Bewilligung (F.), Dotation (F.), Verleihung (F.) (Austeilung), Zuschuss, Zuwendung (F.)
grant (N.) of delay Stundung (F.)
grant (N.) of probate Erbschein (M.)
grant (V.) bewilligen, geben, gewähren
grant (V.) a hearing anhören
grant (V.) a loan on beleihen
grant (V.) a pardon begnadigen
grant (V.) a privilege privilegieren
grant (V.) a respite in payment stunden
granted contractor (F.) Beliehene (F.)
granted contractor (M. bzw. F.) Beliehener (M.)
grantee (F.) Begünstigte (F.), Bevollmächtigte (F.)
grantee (M. bzw. F.) Begünstigter (M.), Begünstigter (M.) (Begünstigter eines Trusts), Bevollmächtigter (M.)
granting (N.) of a leave Beurlaubung (F.)
granting (N.) of an undue advantage Vorteilsgewährung (F.)
granting (N.) of pardon Begnadigung (F.)
grasp (V.) greifen (transitiv), nehmen
gratification (N.) Gabe (F.) (Geldgabe)
gratis (Adj.) gratis
gratis (Adv.) umsonst
gratuitous (Adj.) gratis, kostenlos, unentgeltlich
gratuitousness (N.) Unentgeltlichkeit (F.)
gratuitous undertaking (N.) Auftragsverhältnis (N.) (Auftragsverhältnis im angloamerikanischen Recht)
gratuity (N.) Gratifikation (F.), Trinkgeld (N.), Unentgeltlichkeit (F.)
gravamen (N.) Beschwer (F.)
graveyard (N.) Friedhof (M.)
gravity (N.) Schwere (F.)
grease money (N.) Schmiergeld (N.)
great (Adj.) groß
Great Britain (F.) Großbritannien (N.)
greed (N.) Gier (F.), Habgier (F.)
greediness (N.) Gier (F.)
green card (N.) Versicherungskarte (F.)
green card (N.) (am.) Arbeitsbewilligung (F.)
green form scheme (N.) Beratungshilfe (F.), Prozesskostenhilfe (F.)
grenade (N.) Granate (F.)
grievance (N.) Beschwer (F.)
grievance procedure (N.) Beschwerdeverfahren (N.)
grievous bodily harm (N.) schwere Körperverletzung (F.)

grip (V.) greifen (intransitiv)
gross (Adj.) brutto, grob
gross fault (N.) grobe Fahrlässigkeit (F.)
gross injudiciousness (N.) grober Unverstand (M.)
gross insult (N.) Verbalinjurie (F.)
gross negligence (N.) grobe Fahrlässigkeit (F.)
ground (N.) Grund (M.) (Land), Grundstück (N.), Platz (M.)
ground (N.) for a judgement Urteilsgrund (M.)
ground (N.) for bankruptcy proceedings Konkursgrund (M.)
ground (N.) for mitigation Strafmilderungsgrund (M.)
ground (N.) of judgement Entscheidungsgrund (M.)
ground (N.) of justification Rechtfertigungsgrund (M.)
ground landlady (F.) Grundeigentümerin (F.)
ground landlord (M. bzw. F.) Grundeigentümer (M.)
ground rent (N.) Erbbauzins (M.), Grundrente (F.) (Bodenrente)
grounds (N.Pl.) Begründung (F.)
group (N.) Gruppe (F.), Konzern (M.), Sektion (F.) (Abteilung im Verwaltungsrecht)
group (N.) of a hundred Hundertschaft (F.)
grumble (V.) querulieren, schimpfen
guarantee (F.) Garantin (F.)
guarantee (M. bzw. F.) Garant (M.)
guarantee (N.) Bürgschaft (F.), Delkredere (N.), Garantie (F.), Gewähr (F.), Gewährleistung (F.)
guarantee (N.) of access to the courts Rechtsweggarantie (F.)
guarantee (V.) bürgen, einstehen, garantieren, gewährleisten, verbürgen
guarantee agreement (N.) Garantievertrag (M.)
guarantee period (N.) Garantiefrist (F.)
guarantee transaction (N.) Garantiegeschäft (N.)
guarantor (F.) Bürgin (F.), Garantin (F.)
guarantor (M. bzw. F.) Bürge (M.), Garant (M.)
guarantor's obligation (N.) Garantenpflicht (F.)
guaranty (N.) Gewähr (F.), Gewährleistung (F.)
guaranty (N.) (am.) Bürgschaft (F.)
guard (F.) Wächterin (F.), Wärterin (F.)
guard (M. bzw. F.) Wächter (M.), Wärter (M.)
guard (N.) Garde (F.), Wache (F.)
guardian (F.) Hüterin (F.), Pflegerin (F.), Vormundin (F.), Wächterin (F.)
guardian (M. bzw. F.) Hüter (M.), Pfleger (M.), Vormund (M.), Wächter (M.)
guardianship (N.) Kuratel (F.), Vormundschaft (F.)
guardianship (N.) of absentees Abwesenheitspflegschaft (F.)
guardianship court (N.) Vormundschaftsgericht (N.)
guerilla (F.) Guerillakämpferin (F.)
guerilla (M.bzw. F.) Guerillakämpfer (M.)
guerilla fighter (F.) Guerillera (F.)
guerrilla fighter (M. bzw. F.) Guerillero (M.)
guess (V.) mutmaßen
guest (M. bzw. F.) Gast (M.)
guest-house (N.) (brit.) Gasthaus (N.)
guidance (N.) Einweisung (F.), Führung (F.) (Leitung), Leitung (F.), Richtlinie (F.)
guide (V.) leiten, lenken
guiding principle (N.) Leitsatz (M.)
guiding rule (N.) Regel (F.)
guild (N.) Gilde (F.), Zunft (F.)
guillotine (N.) Guillotine (F.)
guilt (N.) Schuld (F.) (Verschulden im Strafrecht), Strafbarkeit (F.)
guilty (Adj.) schuldig (schuldbehaftet im Strafrecht), strafbar
guilty knowledge (N.) Unrechtsbewusstsein (N.)
guilty party (F.) Schuldige (F.)
guilty party (M. bzw. F.) Schuldiger (M.)
gun (N.) Gewehr (N.), Pistole (F.), Schusswaffe (F.)
gun control law (N.) Waffenkontrollgesetz (N.)

h

habeas corpus (N.) (lat.) richterliche Haftprüfung (F.)
habilitate (V.) habilitieren
habilitation (N.) Habilitation (F.)

habit (N.) Gepflogenheit (F.), Gewohnheit (F.)
habitual (Adj.) gewohnheitsmäßig
habitual criminal (F.) Gewohnheitsverbrecherin (F.)
habitual criminal (M. bzw. F.) Gewohnheitsverbrecher (M.)
habitual drunkenness (N.) Trunksucht (F.)
habitualness (N.) Gewohnheitsmäßigkeit (F.)
haggle (V.) over feilschen
Hague Convention (N.) Relating to a Uniform Law on the International Sale of Goods Haager Kaufrechtsübereinkommen (N.)
Hague Land Warfare Convention (N.) Haager Landkriegsordnung (F.)
hail (N.) Hagel (M.)
hail insurance (N.) Hagelversicherung (F.)
hail storm insurance (N.) Hagelversicherung (F.)
half (N.) Hälfte (F.)
half-orphan (M. bzw. F.) Halbwaise (M. bzw. F.)
half proof (N.) Anscheinsbeweis (M.)
halt (N.) Halten (N.) (Stehenbleiben)
halt (V.) lagern
halter (N.) Strang (M.) (Strang am Galgen)
Hamburg (F.) Hamburg (N.)
hamper (V.) hemmen, hindern
hand (N.) Hand (F.)
hand (V.) in insinuieren
hand (V.) over überantworten (eine Sache übergeben), übergeben
handcuff (N.) Handschelle (F.)
handicapped person (F.) Behinderte (F.)
handicapped person (M. bzw. F.) Behinderter (M.)
handicraft (N.) Handwerk (N.)
handicrafts code (N.) Handwerksordnung (F.)
handle (V.) bearbeiten, besorgen (erledigen), führen
handling (N.) Abwicklung (F.), Bearbeitung (F.), Besorgung (F.) (Erledigung)
handsale (N.) Handkauf (M.)
handwriting (N.) Handschrift (F.)
hand-written (Adj.) holographisch
hang (V.) hängen
hangman (M.) Henker (M.)
hanseatic town (N.) Hansestadt (F.)
happen (V.) ereignen (sich ereignen), geschehen
happening (N.) Ereignis (N.)
happenings (N.Pl.) Geschehen (N.)
harass (V.) belästigen, schikanieren
harassment (N.) Belästigung (F.), Schikane (F.)
harbor (N.) (am.) Hafen (M.) (1)
harbour (N.) (brit.) Hafen (M.) (1)
hard (Adj.) fest, streng
hardship (N.) Notlage (F.)
hardship case (N.) Härtefall (M.)
hardware (N.) Hardware (F.)
harm (N.) Schaden (M.)
harm (N.) caused by defect Mangelschaden (M.)
harm (V.) schaden, schädigen
harmful (Adj.) schädlich
harmful (Adj.) for adolescents jugendgefährdend
harmfulness (N.) for society Sozialschädlichkeit (F.)
harmless (Adj.) unerheblich
harsh (Adj.) drakonisch
hashish (N.) Haschisch (N.)
hate (N.) Hass (M.)
hatred (N.) Hass (M.)
haulage (N.) Beförderung (F.) (Beförderung im Verkehr)
haulage contractor (F.) Frachtführerin (F.)
haulage contractor (M. bzw. F.) Frachtführer (M.)
hauling (N.) Transport (M.)
have (V.) at disposal verfügen (über etwas verfügen)
have (V.) effect wirken (Auswirkung haben)
have (V.) intercourse with verkehren
have (V.) priority vorgehen
have (V.) relations with verkehren
having (Adj.) capacity to sue prozessfähig
having a criminal record vorbestraft
having equal rights (Adj.) gleichberechtigt
having legal capacity (Adj.) rechtsfähig
having no jurisdiction over unzuständig
hawk (V.) hausieren
hazard (N.) Gefahr (F.), Risiko (N.)
hazard bonus (N.) (am.) Gefahrenzulage (F.)
hazardous (Adj.) gefährlich

hazardous employment (N.) gefahrengeneigte Tätigkeit (F.)
head (F.) Leiterin (F.), Vorsteherin (F.)
head (F.) of a business Prinzipalin (F.)
head (F.) of section Referentin (F.) (Referatsleiterin)
head (M. bzw. F.) Leiter (M.), Vorsteher (M.)
head (M. bzw. F.) of a business Prinzipal (M.)
head (M. bzw. F.) of section Referent (M.) (Referatsleiter)
head (M. bzw. F.) of state Staatsoberhaupt (M.)
head (N.) Kopf (M.)
heading (N.) Kopf (M.), Überschrift (F.)
headmaster (F.) Rektorin (F.) (Rektorin einer Volksschule)
headmaster (M.) Rektor (M.) (Rektor einer Volksschule)
headmaster's room (N.) Rektorat (N.) (Rektorat einer Volksschule)
head note (N.) Leitsatz (M.)
head office (N.) Direktion (F.)
headquarters (N.) Direktion (F.)
heal (V.) heilen
healing (N.) Heilung (F.)
health (N.) Gesundheit (F.)
health insurance (N.) Krankenversicherung (F.)
health insurance institution (N.) Krankenkasse (F.)
health service cheque (N.) Krankenschein (M.)
healthy (Adj.) gesund
heap (N.) Halde (F.)
heaping (N.) Häufung (F.)
hear (V.) hören
hearing (N.) Anhörung (F.), Gehör (N.), Sitzung (F.)
hearing (N.) evidence Beweisaufnahme (F.), Beweiserhebung (F.)
hearing (N.) of evidence Zeugenvernehmung (F.)
hearing date (N.) Termin (M.) (Verhandlungszeitpunkt)
hearing fee (N.) Verhandlungsgebühr (F.)
hearsay (N.) Hörensagen (N.)
heart (N.) Herz (N.)
heavy (Adj.) schwer
hectare (N.) Hektar (M.)
heed (V.) hören
heedless (Adj.) fahrlässig
heedlessness (N.) Fahrlässigkeit (F.)
hegemony (N.) Hegemonie (F.)
heir (M.) Erbe (M.)
heiress (F.) Erbin (F.)
heirloom (N.) Erbstück (N.)
heirship (N.) Erbfolge (F.)
hell (N.) Hölle (F.)
help (N.) Beihilfe (F.) (Gehilfenschaft), Hilfe (F.)
help (N.) in need Nothilfe (F.)
help (V.) helfen, hilfeleisten
helpless (Adj.) hilflos
helplessness (N.) Hilflosigkeit (F.)
herald (M.) Herold (M.)
herd (N.) Herde (F.)
herd (V.) hüten
hereditable building right (N.) Erbbaurecht (N.)
hereditary (Adj.) erblich
hereditary lease (N.) Erbpacht (F.)
hereditary portion (N.) Erbteil (M.)
hereditary right (N.) Erbrecht (N.) (Erbrechtsanspruch), Erbschaftsanspruch (M.)
heresy (N.) Häresie (F.), Ketzerei (F.)
heretic (F.) Ketzerin (F.)
heretic (M. bzw. F.) Ketzer (M.)
heritage (N.) Erbe (N.), Nachlass (M.) (Hinterlassenschaft), Verlassenschaft (F.)
hermeneutics (N.Pl.) Hermeneutik (F.)
heroin (N.) Heroin (N.)
Hessen (F.) Hessen (N.)
hidden (Adj.) heimlich
hide (V.) one's face vermummen
hierarchy (N.) Hierarchie (F.)
higher administrative court (N.) Oberverwaltungsgericht (N.), Verwaltungsgerichtshof (M.)
highest bid (N.) Höchstgebot (N.), Meistgebot (N.)
high German (Adj.) hochdeutsch
highness (M. bzw. F.) Hoheit (F.) (Fürst)
high treason (N.) Hochverrat (M.), Majestätsverbrechen (N.)
high treasoner (F.) Hochverräterin (F.)
high treasoner (M. bzw. F.) Hochverräter (M.)
highway (N.) Landstraße (F.)
highway (N.) (am.) Fernstraße (F.)
highway authority (N.) (brit.) Straßen-

baubehörde (F.)
highway code (N.) (brit.) Straßenverkehrsordnung (F.)
highway robbery (N.) Straßenraub (M.)
hijack (V.) entführen (ein Fahrzeug entführen)
hijacker (F.) Entführerin (F.)
hijacker (M. bzw. F.) Entführer (M.)
hijacking (N.) Entführung (F.) (Fahrzeugentführung)
hinder (V.) behindern, hemmen, hindern, verhindern
hindrance (N.) Behinderung (F.), Hemmung (F.), Hindernis (N.)
hint (N.) Hinweis (M.)
hire (N.) Miete (F.), Mietzins (M.) (Mietzins bei einer beweglichen Sache), Verdingung (F.)
hire (V.) chartern, einstellen (beschäftigen), mieten (eine bewegliche Sache mieten)
hire (V.) out verleihen (ausleihen)
hire car (N.) Mietwagen (M.)
hired car (N.) Mietwagen (M.)
hire purchase (N.) Ratenkauf (M.)
hire-purchase (N.) Mietkauf (M.), Ratengeschäft (N.)
hirer (F.) Mieterin (F.)
hirer (M. bzw. F.) Mieter (M.)
hiring (N.) Einstellung (F.) (Beschäftigung)
hiring (N.) out Verdingung (F.)
hiring agreement (N.) Mietvertrag (M.) (Mietvertrag über eine bewegliche Sache)
hiring contract (N.) Mietvertrag (M.) (Mietvertrag über eine bewegliche Sache)
historic (Adj.) historisch
historical (Adj.) geschichtlich, historisch
history (N.) Geschichte (F.)
history (N.) of law Rechtsgeschichte (F.)
hit (V.) schlagen, umlegen
hit-and-run driving (N.) Verkehrsunfallflucht (F.)
hit-and-run offence (N.) Fahrerflucht (F.)
hoard (V.) hamstern
Hofrat (M. bzw. F.) Hofrat (M.) (einzelner Berater eines Fürsten)
hold (V.) beschließen, besitzen, entscheiden, fassen, halten, innehaben
hold (V.) a meeting tagen
hold (V.) back vorenthalten
hold (V.) in contempt missachten
hold (V.) in custody verwahren
hold (V.) up überfallen
holder (F.) Besitzerin (F.), Halterin (F.), Inhaberin (F.), Trägerin (F.)
holder (F.) by tort Deliktsbesitzerin (F.)
holder (F.) of an office (F.) Amtswalterin (F.)
holder (F.) of power Gewalthaberin (F.)
holder (M. bzw. F.) Besitzer (M.), Halter (M.), Inhaber (M.), Träger (M.)
holder (M. bzw. F.) by tort Deliktsbesitzer (M.)
holder (M. bzw. F.) in due course formell legitimierter Wertpapierinhaber (M.)
holder (M. bzw. F.) of an office Amtswalter (M.)
holder (M. bzw. F.) of power Gewalthaber (M.)
holder (M. bzw. F.) of rights Rechtssubjekt (N.)
holding (N.) Besitz (M.), Beteiligung (F.) (Beteiligung im Handelsrecht), Halten (N.) (Besitzen), Holding (F.), Innehabung (F.)
holding back (N.) Retention (F.)
holding company (N.) Dachgesellschaft (F.), Holdinggesellschaft (F.)
holdings (N.Pl.) Bestand (M.)
holiday (N.) Feiertag (M.)
holiday (N.) (brit.) Urlaub (M.)
holiday pay (N.) (brit.) Urlaubsgeld (N.)
holographic (Adj.) eigenhändig (eigenhändig geschrieben und unterschrieben), holographisch
holograph will (N.) holographisches Testament (N.)
holy (Adj.) heilig
Holy See (N.) Heiliger Stuhl (M.)
homage (N.) Huldigung (F.)
home (N.) Heimat (F.), Wohnung (F.)
home (N.) for women Frauenhaus (N.)
home country (N.) Inland (N.)
home help (F.) Hausgehilfin (F.)
home help (M. bzw. F.) Hausgehilfe (M.)
homeless (Adj.) heimatlos, obdachlos
homelessness (N.) Obdachlosigkeit (F.)
home market (N.) Binnenmarkt (M.)
home rule (N.) Autonomie (F.), Selbstverwaltung (F.)
homestead (N.) Heimstätte (F.)
home trade (N.) Binnenhandel (M.)
homework (N.) Heimarbeit (F.)

homeworker (F.) Heimarbeiterin (F.)
homeworker (M. bzw. F.) Heimarbeiter (M.)
homicide (F.) Totschlägerin (F.)
homicide (M. bzw. F.) Totschläger (M.)
homicide (N.) Totschlag (M.), Tötung (F.)
homicide (N.) (am.) Mord (M.)
homogeneous (Adj.) gleichartig
homogenity (N.) Gleichartigkeit (F.)
homosexual (Adj.) homosexuell
homosexuality (N.) Homosexualität (F.)
honest (Adj.) redlich
honor (N.) (am.) Ehre (F.)
honor (V.) (am.) honorieren
honorary (Adj.) ehrenamtlich
honorary consul (F.) Wahlkonsulin (F.)
honorary consul (M. bzw. F.) Wahlkonsul (M.)
honorary office (N.) Ehrenamt (N.)
honorary officer (F.) Ehrenbeamtin (F.)
honorary officer (M. bzw. F.) Ehrenbeamter (M.)
honorary position (N.) Ehrenamt (N.)
honorary post (N.) Ehrenamt (N.)
honorary professor (F.) Honorarprofessorin (M.)
honorary professor (M. bzw. F.) Honorarprofessor (M.)
honorary right (N.) Ehrenrecht (N.)
honour (N.) (brit.) Ehre (F.)
honour (V.) (brit.) honorieren
horde (N.) Rotte (F.) (Gruppe von Menschen)
horizon (N.) Horizont (M.)
horizon (N.) of recipient Empfängerhorizont (M.)
horizontal (Adj.) horizontal
horizontal fiscal adjustment (N.) horizontaler Finanzausgleich (M.)
hospital (N.) Heilanstalt (F.), Hospital (N.), Klinik (F.), Krankenhaus (N.), Spital (N.)
hospital care (N.) Krankenpflege (F.)
hostage (M. bzw. F.) Geisel (F.)
hostage-taking (N.) Geiselnahme (F.)
hostel (N.) Herberge (F.)
hostile (Adj.) feindlich
hot pursuit (N.) Nacheile (F.)
hour (N.) Stunde (F.)
house (N.) Haus (N.)
House (N.) of Commons (brit.) Unterhaus (N.)
House (N.) of Lords (brit.) Oberhaus (N.)
house (N.) of pleasure Freudenhaus (N.)
House (N.) of Representatives (am.) Repräsentantenhaus (N.)
house arrest (N.) Hausarrest (M.)
housebreaker (F.) Einbrecherin (F.)
housebreaker (M. bzw. F.) Einbrecher (M.)
house-breaking (N.) Einbruch (M.)
house-building (N.) Wohnungsbau (M.)
house community (N.) Hausgemeinschaft (F.)
house contents insurance (N.) Hausratversicherung (F.)
household (N.) Haushalt (M.) (Einzelhaushalt)
household effects (N.Pl.) Hausrat (M.)
household effects insurance (N.) Hausratversicherung (F.)
household equipment (N.) Hausrat (M.)
house search (N.) Hausdurchsuchung (F.), Haussuchung (F.)
house-superintendent (F.) Hausmeisterin (F.)
house-superintendent (M. bzw. F.) Hausmeister (M.)
housing (N.) Beherbergung (F.)
housing accommodation (N.) Wohnraum (M.)
housing agency (N.) Wohnungsvermittlung (F.)
housing allowance (N.) Wohngeld (N.)
human (Adj.) menschlich
human dignity (N.) Menschenwürde (F.)
humane (Adj.) menschlich
human right (N.) Menschenrecht (N.)
hung jury (N.) entscheidungsunfähige Geschworene (M.Pl. bzw. F.Pl.)
hunt (N.) Jagd (F.)
hunt (V.) hetzen, jagen
hunter (F.) Jägerin (F.)
hunter (M. bzw. F.) Jäger (M.)
hunting (N.) Jagdausübung (F.), Jagd (F.)
hunting district (N.) Jagdbezirk (M.)
hunting lease (N.) Jagdpacht (F.)
hunting licence (N.) (brit.) Jagdschein (M.)
hunting license (N.) (am.) Jagdschein (M.)
hunting right (N.) Jagdrecht (N.) (Jagdrechtsberechtigung)
hunting rights (N. Pl) Jagdausübungsrecht (N.)

huntsman (M.) Jäger (M.)
huntswoman (F.) Jägerin (F.)
hurt (N.) Verletzung (F.) (Beschädigen einer Person)
hurt (V.) lädieren, schaden, verletzen (beschädigen)
husband (M.) Ehemann (M.), Gatte (M.), Gemahl (M.)
husband (M.) of the sister-in-law Schwippschwager (M.) (Ehemann der Schwägerin)
hygiene (N.) Hygiene (F.)
hymn (N.) Hymne (F.)
hypothecate (V.) lombardieren, verpfänden
hypothecation (N.) Verpfändung (F.)
hypothesis (N.) Hypothese (F.)

i

IBRD (N.) (World Bank) Weltbank (F.)
ICAO (International Civil Aviation Organization) ICAO (International Civic Aviation Organization)
idea (N.) Gedanke (M.), Idee (F.)
ideal (Adj.) ideal
ideal (N.) Ideal (N.)
ideational (Adj.) ideell
identical (Adj.) gleich, identisch
identification document (N.) Ausweis (M.)
identification parade (N.) Gegenüberstellung (F.)
identify (V.) ausweisen (zu erkennen geben), erkennen, identifizieren
identity (N.) Identität (F.)
identity card (N.) Ausweis (M.), Personalausweis (M.)
ideology (N.) Ideologie (F.)
idiocy (N.) Idiotie (F.)
idiot (F.) Idiotin (F.)
idiot (M.) Blödmann (M.)
idiot (M. bzw. F.) Idiot (M.)
idle (Adj.) erwerbslos, untätig
idleness (N.) Untätigkeit (F.)
ignorance (N.) Unkenntnis (F.), Unwissenheit (F.)
ignorant (Adj.) unwissend
ignore (V.) missachten
ill (Adj.) krank
illegal (Adj.) gesetzwidrig, illegal, rechtswidrig, unerlaubt, ungesetzlich, verboten
illegality (N.) Gesetzwidrigkeit (F.), Illegalität (F.), Rechtswidrigkeit (F.)
illegal leaving (N.) the scene of an accident unerlaubtes Entfernen (N.) vom Unfallort
illegitimacy (N.) Nichtehelichkeit (F.), Unehelichkeit (F.)
illegitimate (Adj.) illegitim, nichtehelich (nicht in der Ehe gezeugt), unehelich
illicit (Adj.) unerlaubt, ungesetzlich, unzulässig (rechtswidrig), verboten
illicit act (N.) unerlaubte Handlung (F.)
illicit cohabitation (N.) Konkubinat (N.)
illicit purchase (N.) Schwarzkauf (M.)
illicit trade (N.) Schwarzhandel (M.)
illicit use (N.) Gebrauchsanmaßung (F.)
illicit work (N.) Schwarzarbeit (F.)
illness (N.) Krankheit (F.)
ill-treat (V.) misshandeln
ill-treatment (N.) Misshandlung (F.)
illustrate (V.) erläutern
ILO (International Labour Organization) IAO (Internationale Arbeitsorganisation)
imaginary (Adj.) ideell
imaginary necessity (N.) Putativnotstand (M.)
imaginary self-defence (N.) Putativnotwehr (F.)
imaginary value (N.) Affektionswert (M.)
imbecility (N.) Geistesschwäche (F.)
IMF (N.) (International Monetary Fund) IWF (M.) (Internationaler Währungsfonds)
immanent (Adj.) immanent
immaterial (Adj.) gegenstandslos, immateriell, unwesentlich
immediacy (N.) Unmittelbarkeit (F.)
immediate (Adj.) aktuell, direkt, sofort, sofortig, umgehend, unmittelbar, unverzüglich
immediate appeal (N.) sofortige Beschwerde (F.)
immediately (Adv.) gleich
immediate possession (N.) unmittelbarer Besitz (M.)
immemorial (Adj.) unvordenklich
immemorial prescription (N.) unvordenkliche Verjährung (F.)
immigrant (F.) Einwandererin (F.)
immigrant (M. bzw. F.) Einwanderer (M.)
immigrate (V.) einwandern
immigration (N.) Einwanderung (F.)

imminent (Adj.) unmittelbar bevorstehend
immission (N.) Immission (F.)
immobile (Adj.) immobil
immoral (Adj.) sittenwidrig
immorality (N.) Sittenwidrigkeit (F.)
immovable (Adj.) unbeweglich
immovable (N.) Immobilie (F.), unbewegliche Sache (F.)
immune (Adj.) immun, sicher
immunity (N.) Immunität (F.)
impairment (N.) Beeinträchtigung (F.)
impairment (N.) of performance Leistungsstörung (F.)
impartial (Adj.) unparteiisch, unparteilich, unvoreingenommen
impartiality (N.) Unparteilichkeit (F.), Unvoreingenommenheit (F.)
impeach (V.) anfechten (einen Zeugen angreifen), anklagen
impeachability (N.) Anfechtbarkeit (F.) (Angreifbarkeit)
impeachment (N.) of Anfechtung (F.) (Anfechtung eines Zeugen)
impede (V.) behindern, hindern
impediment (N.) Behinderung (F.)
impediment (N.) to an action Prozesshindernis (N.)
impediment (N.) to marriage Ehehindernis (N.)
impending (Adj.) drohend
imperative (Adj.) imperativ, zwingend
imperative mandate (N.) imperatives Mandat (N.)
imperfect (Adj.) fehlerhaft
imperfection (N.) Mangel (M.) (Fehler)
imperfect obligation (N.) unvollkommene Verbindlichkeit (F.)
imperial (Adj.) kaiserlich
imperialism (N.) Imperialismus (M.)
Imperial Law Gazette (N.) Reichsgesetzblatt (N.) (Reichsgesetzblatt in Österreich)
Imperial Parliament (N.) Reichsrat (M.) (Reichsrat in Österreich)
Imperial Senate (N.) Reichsrat (M.)
imperil (V.) gefährden
imperilment (N.) Gefährdung (F.)
impersonal entity (N.) Sachgesamtheit (F.)
implement (N.) Gerät (N.), Instrument (N.), Werkzeug (N.)
implement (V.) ausführen (ein Gesetz ausführen), durchführen (verwirklichen)
implementation (N.) Ausführung (F.) (Ausführung eines Gesetzes), Durchführung (F.), Vollzug (M.)
implementation law (N.) Ausführungsgesetz (N.)
implementing order (N.) Durchführungsverordnung (F.)
implementing ordinance (N.) Ausführungsverordnung (F.)
implied (Adj.) inbegriffen, konkludent, mutmaßlich, schlüssig, stillschweigend
implied (Adj.) in fact konkludent, schlüssig
implied (Adj.) in law mutmaßlich
implied conduct (N.) konkludentes Handeln (N.)
import (N.) Einfuhr (F.), Import (M.)
import (V.) einführen (Waren einführen), importieren
importance (N.) Bedeutung (F.)
important (Adj.) wichtig
important reason (N.) wichtiger Grund (M.)
importation (N.) Einfuhr (F.), Import (M.)
import dealer (F.) Importeurin (F.)
import dealer (M. bzw. F.) Importeur (M.)
importer (F.) Importeurin (F.)
importer (M. bzw. F.) Importeur (M.)
impose (V.) auferlegen, belegen (V.), erheben (verlangen), gebieten, verhängen
imposition (N.) Auflage (F.), Erhebung (F.) (Auferlegung), Verhängung (F.)
imposition (N.) and enforcement (N.) of compliance with the law Ingerenz (F.)
impossibility (N.) Unmöglichkeit (F.)
impossible (Adj.) unmöglich
impostor (F.) Hochstaplerin (F.)
impostor (M. bzw. F.) Hochstapler (M.)
impound (V.) beschlagnahmen
impressed seal (N.) Prägestempel (M.) (Prägestempel im angloamerikanischen Recht)
imprint (N.) Impressum (N.), Stempel (M.)
imprison (V.) einsperren, inhaftieren
imprisoned (Adj.) gefangen
imprisonment (N.) Einsperren (N.), Gefängnis (N.), Gefängnisstrafe (F.), Haft (F.), Haftstrafe (F.), Inhaftierung (F.), Strafarrest (M.)
imprisonment (N.) in default of payment Ersatzfreiheitsstrafe (F.)

imprisonment (N.) on remand Untersuchungshaft (F.)
improper (Adj.) uneigentlich, unrichtig
improper use (N.) Missbrauch (M.)
improve (V.) erschließen
improve (V.) subsequently nachbessern
improvement (N.) Besserung (F.), Erschließung (F.), Verbesserung (F.)
impulse (N.) Drang (M.), Trieb (M.)
imputable (Adj.) zurechenbar
imputation (N.) Bezichtigung (F.), Zurechnung (F.)
impute (V.) bezichtigen, zuschreiben
imputes negligence (N.) zugerechnetes Drittverschulden (N.) (zugerechnetes Drittverschulden im angloamerikanischen Recht)
in (Präp.) binnen
inability (N.) Unfähigkeit (F.), Unvermögen (N.)
inability (N.) to work Arbeitsunfähigkeit (F.)
in accordance with instructions vorschriftsmäßig
in accordance with the law gesetzmäßig
inactive (Adj.) untätig
inactivity (N.) Untätigkeit (F.)
inadequate (Adj.) dürftig (kümmerlich)
inadmissibility (N.) Unzulässigkeit (F.) (Nichtzulassbarkeit)
inadmissible (Adj.) unstatthaft, unzulässig (nicht zuzulassen)
in advance vorab
in agreement with einig
inalienability (N.) Unabdingbarkeit (F.) (Unabdingbarkeit eines Rechts)
inalienable (Adj.) unveräußerlich
in attendance gegenwärtig (anwesend)
inauguration (N.) Inauguration (F.)
in a way quasi (Partik.)
in bad faith bösgläubig
in blank blanko
incapability (N.) Unfähigkeit (F.)
incapable (Adj.) unfähig, untauglich (dienstunfähig)
incapable (Adj.) of being guilty schuldunfähig
incapable (Adj.) of criminal intention unzurechnungsfähig
incapacity (N.) Unfähigkeit (F.), Unvermögen (N.)
incapacity (N.) of forming intent Unzurechnungsfähigkeit (F.)
incapacity (N.) to contract Geschäftsunfähigkeit (F.)
incapax doli (lat.) strafunmündig
incarceration (N.) Freiheitsentziehung (F.)
incendiarism (N.) Brandstiftung (F.)
incentive (N.) Motiv (N.)
incest (N.) Blutschande (F.), Inzest (F.)
in charge leitend (führend)
incident (N.) Ereignis (N.), Vorfall (M.)
incidental (Adj.) akzessorisch
incidental consequence (N.) Nebenfolge (F.)
incidental expenses (N.Pl.) Nebenkosten (F.Pl.)
incidental income (N.) Nebenverdienst (M.)
incidental provision (N.) Nebenbestimmung (F.)
incite (V.) anstiften, aufhetzen, aufwiegeln, verleiten
incitement (N.) Anstiftung (F.), Aufhetzung (F.), Verleitung (F.)
incitement (N.) of the people Volksverhetzung (F.)
inciter (F.) Anstifterin (F.)
inciter (M. bzw. F.) Anstifter (M.)
inclination (N.) Neigung (F.), Veranlagung (F.) (Eigenschaft)
include (V.) einbeziehen, einschließen
included (Adj.) inbegriffen
including (Adj.) inklusive
inclusion (N.) Einbeziehung (F.), Einschließung (F.), Einverleibung (F.)
inclusive (Adv.) inklusive
inclusive charge (N.) Pauschale (F.)
inclusive sum (N.) Pauschale (F.)
incognito (Adv.) inkognito
income (N.) Einkommen (N.), Einkunft (F.)
income (N.) from capital Kapitalertrag (M.)
income limit (N.) up to which contributions are chargeable Beitragsbemessungsgrenze (F.)
income tax (N.) Einkommensteuer (F.)
in common gemeinschaftlich
incommunicado confinement (N.) Kontaktsperre (F.)
incompatibility (N.) Inkompatibilität (F.), Unvereinbarkeit (F.)
incompatible (Adj.) inkompatibel, unvereinbar

incompetence (N.) Unzuständigkeit (F.)
incompetent (Adj.) geschäftsunfähig, inkompetent, unfähig, unzuständig
in conclusion (Adj.) abschließend
in confidence vertraulich
in conformity with konform
inconsiderate (Adj.) rücksichtslos
inconsistency (N.) Unvereinbarkeit (F.)
inconsistent (Adj.) unvereinbar, widersprüchlich
inconvenient (Adj.) lästig
incorporable (Adj.) immateriell
incorporate (V.) einbeziehen, inkorporieren
incorporated society (N.) rechtsfähiger Verein (M.)
incorporation (N.) Einbeziehung (F.), Einverleibung (F.), Inkorporation (F.)
incorporeal (Adj.) immateriell, unkörperlich
incorporeal good (N.) Immaterialgut (N.)
incorrect (Adj.) fehlerhaft
incorrectness (N.) Fehlerhaftigkeit, Unrichtigkeit (F.)
increase (N.) Anstieg (M.), Erhöhung (F.)
increase (V.) ansteigen, anwachsen, erhöhen, steigern
increase of capital (N.) Kapitalerhöhung (F.)
incremental costs (N.Pl.) Grenzkosten (F.Pl.) (Grenzkosten im angloamerikanischen Recht)
incriminate (V.) beschuldigen, bezichtigen
inculpate (V.) verstricken
inculpation (N.) Verstrickung (F.)
incur (V.) a liability haften
indebted (Adj.) verschuldet
indecency (N.) Unzucht (F.)
indecent (Adj.) unzüchtig
indefeasible (Adj.) rechtskräftig
indefensible (Adj.) unvertretbar (nicht vertretbar)
indefinite (Adj.) unbestimmt
indefinite legal term (N.) unbestimmter Rechtsbegriff (M.)
indemnification (N.) Entschädigung (F.), Ersatz (M.) (Ersatz eines Schadens), Schadensersatz (M.), Schadloshaltung (F.)
indemnify (V.) entschädigen
indemnity (N.) Garantie (F.), Indemnität (F.)
indemnity (N.) for defloration Kranzgeld (N.)
indemnity case (N.) Haftpflichtprozess (M.)
indemnity insurance (N.) Schadensversicherung (F.)
indemnity transaction (N.) Garantiegeschäft (N.)
indenture (N.) Vertragsurkunde (F.)
independence (N.) Unabhängigkeit (F.)
independent (Adj.) selbstständig, unabhängig
independent audit (N.) Außenprüfung (F.)
independent perpetrator (F.) Nebentäterin (F.)
independent perpetrator (M. bzw. F.) Nebentäter (M.)
independent person (F.) Selbstständige (F.)
independent person (M. bzw. F.) Selbstständiger (M.)
independent school (N.) (brit.) Privatschule (F.)
indeterminate (Adj.) unbestimmt
indeterminate obligation (N.) Gattungsschuld (F.)
index (N.) Index (M.), Register (N.), Verzeichnis (N.)
index (V.) indizieren
index-linked pension (N.) dynamische Rente (F.)
India (N.) Indien (N.)
indicate (V.) indizieren
indication (N.) Anzeichen (N.), Indikation (F.), Indiz (N.), Merkmal (N.), Zeichen (N.) (Anzeichen)
indicium (N.) Indiz (N.)
indict (V.) anklagen
indictable offence (N.) (brit.) Verbrechen (N.)
indicted person (F.) Angeschuldigte (F.)
indicted person (M. bzw. F.) Angeschuldigter (M.)
indictment (N.) Anklage (F.), Anklageschrift (F.)
indictor (F.) Anklägerin (F.)
indictor (M. bzw. F.) Ankläger (M.)
indigence (N.) Bedürftigkeit (F.), Dürftigkeit (F.)
indigent (Adj.) bedürftig, dürftig (bedürftig)
indirect (Adj.) indirekt, mittelbar
indirect agency (N.) indirekte Stellvertretung (F.), mittelbare Stellvertretung (F.)

indirect compulsion (N.) mittelbarer Zwang (M.)
indirect costs (N.Pl.) Gemeinkosten (F.Pl.)
indirect damage (N.) mittelbarer Schaden (M.)
indirect duty (N.) indirekte Steuer (F.)
indirect error (N.) as to the prohibited nature of an act indirekter Verbotsirrtum (M.)
indirect evidence (N.) Indizienbeweis (M.)
indirect intent (N.) dolus (M.) indirectus (lat.), indirekter Vorsatz (M.)
indirect perpetrator (F.) mittelbare Täterin (F.)
indirect perpetrator (M. bzw. F.) mittelbarer Täter (M.)
indirect possession (N.) mittelbarer Besitz (M.)
indirect public administration (N.) mittelbare Staatsverwaltung (F.)
indirect tax (N.) indirekte Steuer (F.)
indispensibility (N.) Unabdingbarkeit (F.) (Unabdingbarkeit einer Forderung)
in dispute streitig
individual (Adj.) individuell
individual (M. bzw. F.) Individuum (N.)
individual legal asset (N.) Individualrechtsgut (N.)
individual person (M. bzw. F.) Individuum (N.)
individual share certificate (N.) Stückaktie (F.)
indorsee (F.) Indossatarin (F.), Indossatin (F.)
indorsee (M. bzw. F.) Indossatar (M.), Indossat (M.)
indorsement (N.) Giro (N.), Indossament (N.), Vermerk (M.)
indorser (F.) Indossantin (F.)
indorser (M. bzw. F.) Indossant (M.)
in doubt im Zweifel
induced abortion (N.) Schwangerschaftsunterbrechung (F.)
inducement (N.) Beweggrund (M.)
in due form vorschriftsmäßig
indulgence (N.) Ablass (M.)
indulgent (Adj.) nachgiebig
industrial (Adj.) gewerblich, industriell
industrial code (N.) Gewerbeordnung (F.)
industrial control (N.) Gewerbeaufsicht (F.)
industrial court (N.) Gewerbegericht (N.)
industrial court (N.) of appeal Landesarbeitsgericht (N.)
industrial credit cooperative (N.) Volksbank (F.)
industrial dispute (N.) Arbeitskampf (M.)
industrial enterprise (N.) Gewerbebetrieb (M.)
industrial enterprise (N.) in exercise ausgeübter Gewerbebetrieb (M.)
industrial estate (N.) Gewerbegebiet (N.), Industriegebiet (N.)
industrial inspection board (N.) Gewerbeaufsichtsamt (N.)
industrialist (F.) Unternehmerin (F.)
industrialist (M. bzw. F.) Unternehmer (M.)
industrial law (N.) Arbeitsrecht (N.)
industrial premises (N.Pl.) Gewerberaum (M.)
industrial relations (N.Pl.) Betriebsverfassung (F.)
industrial safety (N.) Arbeitsschutz (M.), Betriebsschutz (M.)
industrial tribunal (N.) Arbeitsgericht (N.)
industry (N.) Gewerbe (N.), Industrie (F.)
inebriation (N.) Trunkenheit (F.)
inebriety (N.) Rausch (M.)
ineffectiveness (N.) Unwirksamkeit (F.)
in equal numbers paritätisch
inequity (N.) Unbilligkeit (F.)
inevitability (N.) Unvermeidbarkeit (F.)
inevitable (Adj.) unvermeidbar, unvermeidlich
in fact de facto (lat.)
infallibility (N.) Infallibilität (F.)
infamous (Adj.) infam
infamy (N.) Infamie (F.)
infancy (N.) Minderjährigkeit (F.), Minorennität (F.)
infant (Adj.) minderjährig
infant (N.) Kind (N.)
infanticide (N.) Kindestötung (F.)
infantry (N.) Infanterie (F.)
inferior court (N.) Untergericht (N.) (Untergericht in Großbritannien)
infertile (Adj.) steril (unfruchtbar)
infirm (Adj.) gebrechlich (altersgebrechlich)
infirmity (N.) Gebrechlichkeit (F.)
inflation (N.) Inflation (F.)
inflict (V.) belegen (V.), verhängen

inflicting (N.) Zumessung (F.)
influence (N.) Auswirkung (F.), Beeinflussung (F.) (Beeinflussung im angloamerikanischen Recht), Einwirkung (F.)
influence (V.) beeinflussen, einwirken
in force gültig
in force (Adv.) geltend
inform (V.) belehren, informieren, unterrichten
inform (V.) against denunzieren
informal (Adj.) informell, inoffiziell
informal evidence (N.) Freibeweis (M.)
informality (N.) Formfreiheit (F.)
informant (F.) Informantin (F.)
informant (M. bzw. F.) Informant (M.)
information (N.) Auskunft (F.), Information (F.), Nachricht (F.), Strafanzeige (F.)
Information and Communication Service Act (N.) Informations- und Kommunikationsdienstegesetz (N.)
information system (N.) Informationssystem (N.)
informer (F.) Denunziantin (F.), Informantin (F.)
informer (M. bzw. F.) Denunziant (M.), Informant (M.), Spitzel (M.)
infraction (N.) Übertretung (F.)
infrastructure (N.) Infrastruktur (F.)
infrequent offender (F.) Gelegenheitstäterin (F.)
infrequent offender (M. bzw. F.) Gelegenheitstäter (M.)
infringe (V.) beeinträchtigen, übertreten, verletzen (eine Vorschrift übertreten), verstoßen (verletzen)
infringement (N.) Bruch (M.), Übertretung (F.), Verletzung (F.) (Übertretung einer Vorschrift), Verstoß (M.)
infringement (N.) of duty Dienstvergehen (N.)
infringement (N.) of patent Patentverletzung (F.)
infringement (N.) of property rights Eigentumsstörung (F.)
infringement (N.) of rights Rechtsverletzung (F.)
infringement (N.) of the bankruptcy laws Krida (F.) (österr.)
in good faith gutgläubig, redlich
inhabitant (F.) Einwohnerin (F.)
inhabitant (M. bzw. F.) Einwohner (M.)
inherent (Adj.) immanent
inherent limitation (N.) of civil rights immanente Grundrechtsschranke (F.)
inherit (V.) erben
inheritable (Adj.) erblich
inheritance (N.) Erbanfall (M.), Erbe (N.), Erbfolge (F.), Erbschaft (F.)
inheritance tax (N.) Erbschaftsteuer (F.)
inheritor (M. bzw. F.) Erbe (M.)
inheritress (F.) Erbin (F.)
inheritrix (F.) Erbin (F.)
inhibit (V.) untersagen
inhibition (N.) Untersagung (F.)
in.-house-lawyer (F.) Syndika (F.)
in-house lawyer (M. bzw. F.) Syndikusanwalt (M.)
initial (Adj.) anfänglich, originär, ursprünglich
initial (N.) Initiale (F.)
initial (V.) abzeichnen, paraphieren
initial impossibility (N.) anfängliche Unmöglichkeit (F.), ursprüngliche Unmöglichkeit (F.)
initialling (N.) of treaty Paraphierung (F.)
initials (N.Pl.) Paraphe (F.)
initial share (N.) Einlage (F.) (Gesellschaftseinlage)
initiate (V.) einführen (eine Person bzw. ein Thema einführen)
initiation (N.) Einführung (F.)
initiative (N.) Initiative (F.)
injunction (N.) Anordnung (F.), einstweilige Verfügung (F.), gerichtliche Verfügung (F.)
injure (V.) beschädigen, lädieren, verletzen (beschädigen)
injured party (F.) Geschädigte (F.), Verletzte (F.)
injured party (M. bzw. F.) Verletzter (M.)
injured party (N.) Geschädigter (M.)
injured person (F.) Geschädigte (F.), Verletzte (F.)
injured person (M. bzw. F.) Geschädigter (M.), Verletzter (M.)
injurious (Adj.) schädlich
injury (N.) Beschädigung (F.), Verletzung (F.) (Beschädigen einer Person), Wunde (F.)
injury (N.) to health Gesundheitsverletzung (F.)
injury (N.) to property Sachbeschädigung (F.)

injustice (N.) Ungerechtigkeit (F.), Unrecht (N.)
inland (N.) Inland (N.)
inland navigation (N.) Binnenschifffahrt (F.)
Inland Revenue (N.) (brit.) Finanzverwaltung (F.), Fiskus (F.)
Inland Revenue Office (N.) (brit.) Finanzamt (N.)
inland waterway transportation (N.) Binnenschifffahrt (F.)
in law gesetzmäßig
in lieu of an oath eidesstattlich
in lieu of payment an Zahlungs Statt
inmate (F.) Insassin (F.)
inmate (M. bzw. F.) Insasse (M.) (Anstaltsinsasse)
inmovable (Adj.) immobil
inn (N.) Gasthaus (N.), Gasthof (M.), Herberge (F.), Wirtshaus (N.)
Inn (N.) of Court (brit.) Anwaltskammer (F.)
innkeeper (F.) Gastwirtin (F.), Wirtin (F.)
innkeeper (M. bzw. F.) Gastwirt (M.), Wirt (M.)
innocence (N.) Unschuld (F.)
innocent (Adj.) schuldlos, unschuldig, unverschuldet
inoculate (V.) impfen
inoculation (N.) Impfung (F.)
in official capacity dienstlich
in person persönlich
in principal prinzipiell
in private practice freiberuflich (Rechtsanwalt bzw. Arzt)
input tax (N.) Vorsteuer (F.)
inquest (N.) Leichenschau (F.), Untersuchung (F.)
inquire (V.) anfragen, erkundigen, fragen, inquirieren
inquiry (N.) Anfrage (F.), Ausforschungsbeweis (M.), Erkundigung (F.), Ermittlung (F.), Untersuchung (F.)
inquisition (N.) Inquisition (F.)
inquisitorial proceedings (N.Pl.) Inquisitionsprozess (M.)
inquisitorial system (N.) Untersuchungsgrundsatz (M.)
inquisitorial trial (N.) Inquisitionsprozess (M.)
inquorate (Adj.) beschlussunfähig
in rem dinglich
in rem jurisdiction (N.) Sachgerichtsbarkeit (F.)
in rem proceedings (N.Pl.) objektives Verfahren (N.)
insane (Adj.) geisteskrank, wahnsinnig
insane (F.) Irre (F.)
insane (M. bzw. F.) Irrer (M.)
insane asylum (N.) Irrenanstalt (F.)
insanity (N.) Geisteskrankheit (F.), Wahnsinn (M.)
in season jagdbar
insemination (N.) Insemination (F.)
insert (V.) einsetzen (ein Wort einsetzen)
insertion (N.) Einsetzung (F.), Inserat (N.)
insider (F.) Insiderin (F.)
insider (M. bzw. F.) Insider (M.)
insider dealing (N.) Insiderhandel (M.)
insider trading (N.) Insiderhandel (M.)
insidious (Adj.) heimtückisch, hinterlistig
insidiousness (N.) Hinterlist (F.)
insight (N.) Einsicht (F.) (Verständnis)
insignia (N.Pl.) Insignien (F.Pl.)
insinuate (V.) insinuieren
insinuation (N.) Insinuation (F.) (Einhändigung)
insolvency (N.) Bankrott (M.), Insolvenz (F.), Konkurs (M.), Zahlungsunfähigkeit (F.)
insolvency act (N.) Insolvenzgesetz (N.)
Insolvency Act (N.) Insolvenzordnung (F.)
insolvency court (N.) Insolvenzgericht (N.)
insolvency law (N.) Insolvenzrecht (N.)
insolvency plan (N.) Insolvenzplan (M.)
insolvency proceedings (N.Pl.) Insolvenzverfahren (N.)
insolvency rescission (N.) Insolvenzanfechtung (F.)
insolvency's estate (N.) Insolvenzmasse (F.)
insolvent (Adj.) insolvent, zahlungsunfähig
inspect (V.) einsehen (Einsicht nehmen), inspizieren, kontrollieren, mustern, prüfen, untersuchen
inspection (N.) Augenschein (M.), Einsicht (F.), Inspektion (F.), Kontrolle (F.), Musterung (F.), Prüfung (F.)
inspection (N.) of files Akteneinsicht (F.)
inspector (F.) Inspekteurin (F.), Kontrolleurin (F.), Prüferin (F.)
inspector (M. bzw. F.) Inspekteur (M.), Kontrolleur (M.), Prüfer (M.)
install (V.) bestallen

installation (N.) Anlage (F.) (Einrichtung), Einrichtung (F.), Einweisung (F.)
installment (N.) Rate (F.), Teilzahlung (F.)
installment clause (N.) (am.) Teilzahlungsabrede (F.)
installment credit (N.) Abzahlungskredit (M.)
installment plan (N.) (am.) Ratenzahlung (F.)
installment trading (N.) Ratengeschäft (N.)
instalment clause (N.) (brit.) Teilzahlungsabrede (F.)
instance (N.) Instanz (F.), Rechtszug (M.)
instant (Adj.) vorliegend
instantaneous (Adj.) sofort
instantly (Adv.) fristlos
instigate (V.) anstiften
instigation (N.) Anstiftung (F.)
instigator (F.) Anstifterin (F.)
instigator (M. bzw. F.) Anstifter (M.)
institute (N.) Institut (N.)
institute (V.) einrichten
institution (N.) Anstalt (F.), Einsetzung (F.), Institution (F.), Organ (N.)
institutional (Adj.) institutionell
institutional guarantee (N.) institutionelle Garantie (F.)
instruct (V.) anweisen (Geld anweisen), beauftragen, belehren, lehren, unterrichten
instruction (N.) Anweisung (F.), Belehrung (F.), Direktive (F.), Hinweis (M.), Instruktion (F.), Lehre (F.) (Lehren), Vorschrift (F.), Weisung (F.)
instruction (N.) about a person's right to appeal Rechtsmittelbelehrung (F.)
instruction (N.) about legal remedies available Rechtsbehelfsbelehrung (F.)
instruction (N.) to apportion the estate Teilungsanordnung (F.)
instructions (N.Pl.) for use Gebrauchsanweisung (F.)
instructor (F.) Lehrerin (F.)
instructor (M. bzw. F.) Lehrer (M.)
instrument (N.) Instrument (N.), Mittel (N.), Urkunde (F.), Wert (M.)
instrument (N.) of payment Zahlungsmittel (N.)
instrument (N.) to order Orderpapier (N.)
insubordination (N.) Insubordination (F.), Unbotmäßigkeit (F.)
insufficient (Adj.) dürftig (kümmerlich)
insuffiecent performance (N.) Schlechtleistung (F.)
insult (N.) Affront (M.), Beleidigung (F.), Injurie (F.)
insult (N.) by physical act Realinjurie (F.)
insult (V.) beleidigen
insurance (N.) Assekuranz (F.), Versicherung (F.) (Absicherung von Werten)
insurance (N.) against fire risks Feuerversicherung (F.)
insurance (N.) for legal costs Rechtsschutzversicherung (F.)
insurance agreement (N.) Versicherungsvertrag (M.)
insurance association (N.) Versicherungsverein (M.)
insurance balance (N.) Versicherungsbilanz (F.)
insurance company (N.) Versicherungsgesellschaft (F.)
insurance condition (N.) Versicherungsbedingung (F.)
insurance consultant (F.) Versicherungsberaterin (F.)
insurance consultant (M. bzw. F.) Versicherungsberater (M.)
insurance contract (N.) Versicherungsvertrag (M.)
insurance control (N.) Versicherungsaufsicht (F.)
insurance fraud (N.) Versicherungsbetrug (M.)
insurance institution (N.) Versicherungsträger (M.)
insurance law (N.) Versicherungsrecht (N.)
insurance policy (N.) Police (F.), Versicherungspolice (F.), Versicherungsschein (M.)
insurance premium (N.) Versicherungsprämie (F.)
insurance shortfall (N.) Ausfallzeit (F.)
insurance tax (N.) Versicherungsteuer (F.)
insurant (F.) Versicherungsnehmerin (F.)
insurant (M. bzw. F.) Versicherungsnehmer (M.)
insure (V.) versichern (eine Versicherung abschließen)
insured (Adj.) versichert
insured person (F.) Versicherungsnehmerin (F.)

insured person (M. bzw. F.) Versicherungsnehmer (M.)
insurer (F.) Versichererin (F.), Versicherungsträgerin (F.)
insurer (M. bzw. F.) Versicherer (M.), Versicherungsträger (M.)
insurgent (F.) Rebellin (F.)
insurgent (M. bzw. F.) Rebell (M.)
insurrection (N.) Aufruhr (M.), Aufstand (M.)
in suspense schwebend
intact (Adj.) heil
intangible (Adj.) immateriell
intangible damage (N.) immaterieller Schaden (M.)
intangible value (N.) Goodwill (M.)
integral part (N.) wesentlicher Bestandteil (M.)
integrate (V.) integrieren
integrated inter-company relation (N.) Organschaft (F.)
integration (N.) Integration (F.), Konzentration (F.)
integrity (N.) Integrität (F.), Redlichkeit (F.)
intellectual (Adj.) geistig
intellectual property (N.) geistiges Eigentum (N.)
intelligence service (N.) Geheimdienst (M.)
intend (V.) beabsichtigen
intended recipient (F.) Destinatärin (F.)
intended recipient (M. bzw. F.) Destinatär (M.)
intensify (V.) verschärfen
intent (N.) Absicht (F.), dolus (M.) (lat.), Vorsatz (M.), Wille (M.)
intent (N.) to enrich oneself Bereicherungsabsicht (F.)
intention (N.) Absicht (F.), Vorsatz (M.), Zweck (M.)
intention (N.) of acquiring Zueignungsabsicht (F.)
intention (N.) of appropriating something Zueignungsabsicht (F.)
intention (N.) of stating something of legal consequence Erklärungswille (M.)
intention (N.) to act Handlungswille (M.)
intention (N.) to act on behalf of another Vertretungswille (M.)
intention (N.) to get an undue advantage Vorteilsverschaffungsabsicht (F.)
intention (N.) underlying a transaction Geschäftswille (M.)
intentional (Adj.) vorsätzlich
intentional fire (N.) Brandstiftung (F.)
intentionally (Adv.) absichtlich
intentional provocation (N.) Absichtsprovokation (F.)
interaction (N.) Interaktion (F.)
intercede (V.) intervenieren
intercept (V.) abhören
interception (N.) of documents Urkundenunterdrückung (F.)
intercession (N.) Fürsprache (F.), Interzession (F.)
intercessor (F.) Fürsprecherin (F.)
intercessor (M. bzw. F.) Fürsprecher (M.)
interchange (N.) Austausch (M.)
interchange (V.) austauschen
intercourse (N.) Verkehr (M.) (Umgang)
interdict (N.) Verbot (N.)
interdict (V.) untersagen
interdiction (N.) Untersagung (F.), Verbot (N.)
interdiction (N.) of taking evidence Beweiserhebungsverbot (N.)
interest (N.) Anspruch (M.), Anteil (M.), Interesse (N.), Kapitalertrag (M.), Recht (N.) (Rechtsanspruch), Zins (M.)
interest (N.) due to reliance on trustworthiness negatives Interesse (N.)
interest (N.) in the complete satisfaction of an obligation Erfüllungsinteresse (N.)
interest (N.) in the performance of the contract positives Interesse (N.)
interest (N.) on arreas Verzugszinsen (M. Pl.)
interest (N.) on debts Schuldzinsen (M.Pl.)
interest coupon (N.) Zinsschein (M.)
interest debt (N.) Zinsschuld (F.)
interest rate (N.) Zinssatz (M.)
interest warrant (N.) Zinsschein (M.)
interfere (V.) eingreifen, einmischen, einschreiten, intervenieren
interference (N.) Eingriff (M.), Einmischung (F.), Einschreiten (N.), Intervention (F.), Störung (F.)
interference (N.) with Beeinträchtigung (F.)
interference (N.) with attachment Verstrickungsbruch (M.)
interference (N.) with possession Besitzstörung (F.)

intergovernmental (Adj.) zwischenstaatlich
interim (Adj.) einstweilig, vorläufig
interim (N.) Interim (N.)
interim action (N.) Vorbescheid (M.) (Vorbescheid im Patentrecht)
interim certificate (N.) Interimsschein (M.)
interim check (N.) Zwischenprüfung (F.)
interim examination (N.) Zwischenprüfung (F.)
interim notice (N.) Zwischenbescheid (M.)
interim order (N.) einstweilige Anordnung (F.), Zwischenverfügung (F.)
interim protection (N.) of law vorläufiger Rechtsschutz (M.)
interior (Adj.) innere
interior (N.) Inland (N.)
interior administration (N.) innere Verwaltung (F.)
interior decorative repair (N.) Schönheitsreparatur (F.)
interlocking system (N.) Verbund (M.)
interlocutory (Adj.) einstweilig, interlokutorisch
interlocutory decision (N.) of evidence Beweisinterlokut (N.)
interlocutory decision procedure (N.) Vorabentscheidungsverfahren (N.)
interlocutory decree (N.) Beiurteil (N.)
interlocutory injunction (N.) einstweilige Verfügung (F.), vorläufiger Rechtsschutz (M.)
interlocutory judgement (N.) Zwischenurteil (N.)
interlocutory proceedings (N.Pl.) Zwischenverfahren (N.)
interlocutory revision (N.) Abhilfe (F.)
intermediary (F.) Vermittlerin (F.)
intermediary (M. bzw. F.) Vermittler (M.)
intermediate order (N.) Beschluss (M.) (Gerichtsbeschluss)
intermingling (N.) Vermischung (F.)
intermission (N.) (am.) Pause (F.)
intern (F.) (am.) Praktikantin (F.)
intern (M. bzw. F.) (am.) Praktikant (M.)
intern (V.) internieren
internal power (N.) of agency Innenvollmacht (F.)
internal relationship (N.) Innenverhältnis (N.)
internal revenue code (N.) Abgabenordnung (F.)
internal sphere (N.) Innenbereich (M.)
international (Adj.) international, zwischenstaatlich
International Accounting Standards (N.Pl.) (IAS) IAS (F.)
international agreement (N.) Staatsvertrag (M.)
International Air Transport Association (N.) (IATA) IATA (F.)
international arbitration (N.) internationale Schiedsgerichtsbarkeit (F.)
International Chamber (N.) of Commerce (ICC) ICC (F.) (internationale Handelskammer), internationale Handelskammer (F.) (ICC)
International Court (N.) of Justice Internationaler Gerichtshof (M.)
International Criminal Court (N.) Internationaler Strafgerichtshof (M.)
International institute (N.) for unification of private law Internationales Institut (N.) zur Vereinheitlichung des Privatrechts (in Rom) (Unidroit)
international jurisdiction (N.) internationale Zuständigkeit (F.)
international law (N.) internationales Recht (N.), Völkerrecht (N.)
International Monetary Fund (N.) (IMF) internationaler Währungsfonds (M.) (IWF)
international organisation (N.) internationale Organisation (F.)
international private law (N.) internationales Privatrecht (N.)
internment (N.) Internierung (F.)
interpellation (N.) Anfrage (F.), Interpellation (F.)
interpleader (N.) Drittwiderspruchsklage (F.)
interpleader (N.) by a third party on seizure Widerspruchsklage (F.)
interpleader (N.) challenging execution Vollstreckungsgegenklage (F.)
interpleader issue (N.) Prätendentenstreit (M.)
interpleader summons (N.) Hauptintervention (F.)
Interpol (N.) Interpol (F.)
interpolation (N.) Interpolation (F.)
interposition (N.) Fürsprache (F.)
interpret (V.) auslegen, dolmetschen, interpretieren

interpretation (N.) Auslegung (F.), Interpretation (F.)
interpretation (N.) compatible with the constitution verfassungskonforme Auslegung (F.)
interpretation (N.) of a constitution Verfassungsauslegung (F.)
interpretation (N.) of a contract Vertragsauslegung (F.)
interpreter (F.) Dolmetscherin (F.)
interpreter (M. bzw. F.) Dolmetscher (M.)
interregnum (N.) Interregnum (N.)
interrogate (V.) befragen, verhören, vernehmen
interrogation (N.) Verhör (N.), Vernehmung (F.)
interrogation (N.) of a party Parteivernehmung (F.)
interrogatory (N.) Parteivernehmung (F.)
interrupt (V.) unterbrechen
interruption (N.) Unterbrechung (F.)
interruption (N.) of pregnancy Schwangerschaftsabbruch (M.)
inter se proceedings (N.Pl.) Insichprozess (M.)
interstate (Adj.) zwischenstaatlich
interval (N.) Abstand (M.), Pause (F.)
intervene (V.) eingreifen, einmischen, einschreiten, intervenieren
intervener (F.) Intervenientin (F.), Nebenintervenientin (F.), Nebenklägerin (F.)
intervener (M. bzw. F.) Intervenient (M.), Nebenintervenient (M.), Nebenkläger (M.)
intervening (Adj.) unterbrechend (kausalitätsunterbrechend)
intervening party (F.) Intervenientin (F.)
intervening party (M. bzw. F.) Intervenient (M.)
intervention (N.) Eingriff (M.), Einmischung (F.), Einschreiten (N.), Intervention (F.), Nebenintervention (F.)
interview (V.) befragen
intestacy (N.) gesetzliche Erbfolge (F.)
intestate (Adj.) intestiert (ohne Testament)
intestate succession (N.) gesetzliche Erbfolge (F.), Intestatserbfolge (F.)
in the file aktenkundig
in the open market freihändig
in the very act in flagranti (lat.)
intimacy (N.) Intimität (F.)
intimate (Adj.) intim
intoxication (N.) Rausch (M.), Trunkenheit (F.)
intrigue (N.) Machenschaft (F.)
introduce (V.) einführen (eine Person bzw. ein Thema einführen)
introduction (N.) Einführung (F.)
introductory act (N.) Einführungsgesetz (N.)
introductory law (N.) Einführungsgesetz (N.)
intromission (N.) Immission (F.)
intruder (F.) Störerin (F.)
intruder (M. bzw. F.) Störer (M.)
intrusion (N.) Eingriff (M.)
in two minds im Zweifel
invalid (Adj.) gegenstandslos, kraftlos, nichtig, rechtsunwirksam, ungültig, ungültig (Adj.)
invalid (F.) Invalidin (F.), Schwerbehinderte (F.)
invalid (M. bzw. F.) Invalide (M.), Schwerbehinderter (M.)
invalidation (N.) Kraftloserklärung (F.)
invalidity (N.) Erwerbsunfähigkeit (F.), Gegenstandslosigkeit (F.), Invalidität (F.), Ungültigkeit (F.), Unwirksamkeit (F.)
invalidity insurance (N.) Invalidenversicherung (F.)
invalidity suit (N.) Nichtigkeitsklage (F.)
invective (N.) Beschimpfung (F.)
inveigle (V.) verleiten
invent (V.) erfinden
invention (N.) Erfindung (F.)
inventor (F.) Erfinderin (F.)
inventor (M. bzw. F.) Erfinder (M.)
inventory (N.) Bestand (M.), Inventar (N.), Nachweis (M.)
inventory (N.) of property Vermögensverzeichnis (N.)
inventory-taking (N.) Inventur (F.)
inverse condemnation (N.) enteignungsgleicher Eingriff (M.)
invest (V.) anlegen (einsetzen), investieren
invested assets (N.Pl.) Anlagevermögen (N.)
investigate (V.) erheben (feststellen), ermitteln, prüfen, untersuchen
investigating committee (N.) Untersuchungsausschuss (M.)
investigating magistrate (F.) Untersuchungsrichterin (F.)

investigating magistrate (M. bzw. F.) Untersuchungsrichter (M.)
investigating officer (F.) Ermittlungsbeamtin (F.)
investigating officer (M. bzw. F.) Ermittlungsbeamter
investigation (N.) Untersuchung (F.)
investigation (N.) of tax offences Steuerfahndung (F.)
investing (N.) Investition (F.)
investiture (N.) Bestallung (F.), Investitur (F.)
investment (N.) Anlage (F.) (Vermögenseinsatz), Investition (F.), Investment (N.), Kapitalanlage (F.)
investment (N.) in kind Sacheinlage (F.)
investment certificate (N.) made out to bearer Inhaberanteilsschein (M.)
investment company (N.) Investmentgesellschaft (F.), Kapitalanlagegesellschaft (F.)
investment fraud (N.) Kapitalanlagebetrug (M.)
investment fund (N.) Investmentfonds (M.)
investment trust (N.) Kapitalanlagegesellschaft (F.)
investor (F.) Einlegerin (F.), Kapitalanlegerin (F.)
investor (M. bzw. F.) Einleger (M.), Kapitalanleger (M.)
invitation (N.) Einladung (F.)
invitation (N.) to make an offer invitatio (F.) ad offerendum (lat.)
invite (V.) einladen
invoice (N.) Faktura (F.), Rechnung (F.)
invoice (V.) abrechnen
involuntary (Adj.) unfreiwillig
involuntary servitude (N.) Zwangsarbeit (F.) (Zwangsarbeit im angloamerikanischen Recht)
involvement (N.) Verstrickung (F.)
ipso facto (lat.) automatisch
ipso jure ipso iure (lat.)
irrebuttable (Adj.) unwiderlegbar, unwiderleglich
irreconcilable (Adj.) unvereinbar
irregular (Adj.) ordnungswidrig, unregelmäßig, unstatthaft, vorschriftswidrig
irregular deposit (N.) depositum (N.) irregulare (lat.), unregelmäßige Verwahrung (F.)
irregularity (N.) Nachlässigkeit (F.)
irrelevant (Adj.) gegenstandslos, unwesentlich
irremovability (N.) Unversetzbarkeit (F.)
irremovable (Adj.) unversetzbar
irretrievable breakdown (N.) of marriage Scheitern (N.) der Ehe
irrevocable (Adj.) unwiderruflich
irritate (V.) erregen
ISBN ISBN
ISDN ISDN
Islam (N.) Islam (M.)
issue (N.) Ausgabe (F.), Ausstellung (F.), Emission (F.) (Wertpapieremission), Erscheinen (N.) (Veröffentlichung), Nachkommen (Pl.)
issue (V.) ausgeben, ausstellen, emittieren, erlassen (ausgeben), herausgeben
Italy (F.) Italien (N.)
item (N.) Eintrag (M.) (Registereintrag), Objekt (N.), Stück (N.)
itemization (N.) (am.) Aufstellung (F.)
itinerant occupation (N.) Reisegewerbe (N.)
itinerant trade (N.) Reisegewerbe (N.)

j

jactitation (N.) (brit.) Vortäuschung (F.)
jail (N.) Gefängnis (N.), Justizvollzugsanstalt (F.), Kerker (M.)
jailbreak (N.) (am.) Ausbruch (M.)
jail sentence (N.) Freiheitsstrafe (F.), Gefängnisstrafe (F.)
jealous (Adj.) eifersüchtig
jealousy (N.) Eifersucht (F.)
jeopardize (V.) gefährden
jeopardizing (N.) Gefährdung (F.)
jeopardy (N.) Gefahr (F.)
jest (N.) Scherz (M.)
Jew (F.) Jüdin (F.)
Jew (M. bzw. F.) Jude (M.)
jewel (N.) Kleinod (N.)
Jewess (F.) Jüdin (F.)
job (N.) Arbeit (F.)
job centre (N.) Arbeitsamt (N.)
Job Centre (N.) Stellenvermittlung (F.)
jobholder (F.) Arbeitnehmerin (F.)
jobholder (M. bzw. F.) Arbeitnehmer (M.)
jobless (Adj.) arbeitslos, erwerbslos
job rate pay (N.) Akkordlohn (M.)

job seniority (N.) Dienstalter (N.)
join (V.) beitreten, verbinden
joinder (N.) Anschluss (M.)
joinder (N.) of actions Klagenhäufung (F.)
joinder (N.) of offences Tatmehrheit (F.)
joinder (N.) of parties Nebenintervention (F.), Streitgenossenschaft (F.)
joining (N.) Beitritt (M.)
joining (N.) of issue Einlassung (F.)
joint (Adj.) gemeinsam, gemeinschaftlich, kollektiv
joint (Adj.) and several gesamtschuldnerisch
joint adventure (N.) (am.) Gemeinschaftsunternehmen (N.)
joint agency (N.) Gesamtvertretung (F.)
joint and mutual will (N.) korrespektives Testament (N.), wechselbezügliches Testament (N.)
joint and several (Adj.) solidarisch
joint and several liability (N.) Solidarhaftung (F.)
joint assault (N.) Raufhandel (M.)
joint commission (N.) of crime Mittäterschaft (F.)
joint contractor (F.) Mitunternehmerin (F.)
joint contractor (M. bzw. F.) Mitunternehmer (M.)
joint creditor (F.) Gesamtgläubigerin (F.)
joint creditor (M. bzw. F.) Gesamtgläubiger (M.)
joint debt (N.) Gesamtschuld (F.)
joint debtor (M. bzw. F.) Gesamtschuldner (M.)
joint debtrix (F.) Gesamtschuldnerin (F.)
joint guilt (N.) Mitverschulden (N.)
joint heir (M. bzw. F.) Miterbe (M.)
joint heiress (F.) Miterbin (F.)
joint heirs (Pl.) Erbengemeinschaft (F.), Miterbengemeinschaft (F.)
joint holder (F.) Mitbesitzerin (F.)
joint holder (M. bzw. F.) Mitbesitzer (M.)
joint legate (N.) Mitvermächtnis (N.)
joint liability (N.) gesamtschuldnerische Haftung (F.)
joint liability (N.) of family members Sippenhaft (F.)
joint litigant (F.) Streitgenossin (F.)
joint litigant (M. bzw. F.) Streitgenosse (M.)
joint management (N.) Mitbestimmung (F.)
joint marital property (N.) Gesamtgut (N.), Gütergemeinschaft (F.)
joint obligation (N.) Gesamtschuld (F.)
joint offender (F.) Komplizin (F.), Mittäterin (F.)
joint offender (M. bzw. F.) Komplize (M.), Mittäter (M.)
joint ownership (N.) Kollektiveigentum (N.), Miteigentum (N.)
joint ownership (N.) of acquired property Errungenschaftsgemeinschaft (F.)
joint perpetrator (F.) Mittäterin (F.)
joint perpetrator (M. bzw. F.) Mittäter (M.)
joint plaintiff (F.) Streitgenossin (F.)
joint plaintiff (M. bzw. F.) Streitgenosse (M.)
joint possession (N.) Mitbesitz (M.)
joint possessor (F.) Mitbesitzerin (F.)
joint possessor (M. bzw. F.) Mitbesitzer (M.)
joint power (N.) of Prokura Gesamtprokura (F.)
joint property (N.) Miteigentum (N.)
joint proprietor (F.) Teilhaberin (F.)
joint proprietor (M. bzw. F.) Teilhaber (M.)
joint representation (N.) Gesamtvertretung (F.)
joint senate (N.) gemeinsamer Senat (M.)
joint-stock company (N.) (brit.) Aktiengesellschaft (F.), Kapitalgesellschaft (F.)
joint-stock corporation (N.) (am.) Aktiengesellschaft (F.), Kapitalgesellschaft (F.)
joint task (N.) Gemeinschaftsaufgabe (F.)
joint tenancy (N.) Gesamthandseigentum (N.), Mitbesitz (M.)
joint title (N.) Gesamthand (F.)
joint tortfeaser (M. bzw. F.) Mittäter (M.)
joint tortfeasor (F.) Mittäterin (F.)
joint value (N.) Gemeinschaftswert (M.)
joint venture (N.) Gemeinschaftsunternehmen (N.), Joint venture (N.) (engl.)
joint will (N.) gemeinschaftliches Testament (N.)
joke (N.) Scherz (M.)
jot (V.) down notieren
journal (N.) Zeitschrift (F.)
journey (N.) Fahrt (F.), Reise (F.)
joy (N.) Lust (F.)
judge (F.) Richterin (F.)

judge (F.) for civil cases Zivilrichterin (F.)
judge (F.) of a commercial court Handelsrichterin (F.)
judge (M. bzw. F.) Richter (M.)
judge (M. bzw. F.) for civil cases Zivilrichter (M.)
judge (M. bzw. F.) of a commercial court Handelsrichter (M.)
judge (M. bzw. F.) sitting alone Einzelrichter (M.)
judge (V.) beurteilen, entscheiden, richten, urteilen
judge-made law (N.) Richterrecht (N.)
judgement (N.) Beurteilung (F.), Erkenntnis (N.) (Entscheidung), Judikat (N.), Richterspruch (M.), Spruch (M.), Urteil (N.)
judgement (N.) altering a legal relationship Gestaltungsurteil (N.)
judgement (N.) by confession Anerkenntnisurteil (N.)
judgement (N.) by default Versäumnisurteil (N.)
judgement (N.) granting affirmative relief Leistungsurteil (N.)
judgement (N.) of acquittal Freispruch (M.)
judgement (N.) on procedural grounds Prozessurteil (N.)
judgement (N.) on the basis of the cause of action Grundurteil (N.)
judgement (N.) on the merits Sachurteil (N.)
judgement enforcement (N.) Vollstreckung (F.)
judgement execution (N.) Vollstreckung (F.)
judgeship (N.) Richteramt (N.)
judical process (N.) Rechtsweg (M.)
judication (N.) Judikation (F.)
judicature (N.) Judikatur (F.), Rechtspflege (F.)
judicial (Adj.) gerichtlich, richterlich
Judicial Committee of the Privy Council (N.) (brit.) Kronrat (M.) (Kronrat in Großbritannien)
judicial custom (N.) Gerichtsgebrauch (M.)
judicial day (N.) Gerichtstag (M.)
judicial decision (N.) Richterspruch (M.)
judicial error (N.) Rechtsirrtum (M.)
judicial evidence (N.) Beweismittel (N.)
judicial hearing (N.) Gerichtsverhandlung (F.)
judicial murder (N.) Justizmord (M.)
judicial officer (F.) Rechtspflegerin (F.)
judicial officer (M. bzw. F.) Rechtspfleger (M.)
judicial precedent (N.) Präjudiz (N.), Präzedenzfall (M.)
judicial proceedings (N.Pl.) on the constitutionality of laws Normenkontrollverfahren (N.)
judicial remedy (N.) Rechtsbehelf (M.)
judicial review (N.) of the constitutionality of laws Normenkontrolle (F.)
judicial sale (N.) Zwangsversteigerung (F.)
judicial sequestration (N.) Zwangsverwaltung (F.)
judicial trainee (F.) Gerichtsreferendarin (F.)
judicial trainee (M. bzw. F.) Gerichtsreferendar (M.)
judicial view (N.) Augenschein (M.)
judiciary (Adj.) richterlich
judiciary (N.) Judikative (F.), Justiz (F.), Richterschaft (F.)
Judiciary Communication Act (N.) Justizmitteilungsgesetz (N.)
junior judge (F.) Assessorin (F.)
junior judge (M. bzw. F.) Assessor (M.)
junior judicial officer (F.) Gerichtsassessorin (F.)
junior judicial officer (M. bzw. F.) Gerichtsassessor (M.)
junkerism (N.) Junkertum (N.)
junta (N.) Junta (F.)
jural (Adj.) rechtlich
juridical (Adj.) juridisch, juristisch, rechtlich
jurisdiction (N.) Gerichtsbarkeit (F.), Jurisdiktion (F.), Rechtsprechung (F.), Zuständigkeit (F.)
jurisdiction (N.) over the subject sachliche Zuständigkeit (F.)
jurisdictional conflict (N.) Kompetenzkonflikt (M.)
jurisprudence (N.) Jura (N.), Jurisprudenz (F.), Juristerei (F.), Rechtswissenschaft (F.)
jurisprudence (N.) of interests Interessenjurisprudenz (F.)
jurisprudent (F.) Juristin (F.)
jurisprudent (M. bzw. F.) Jurist (M.)

jurist (F.) Juristin (F.)
jurist (M. bzw. F.) Jurist (M.)
juristic (Adj.) juristisch
juristic act (N.) Rechtsgeschäft (N.)
juristic assistance (N.) Rechtshilfe (F.)
juristic person (N.) juristische Person (F.)
juristic personality (N.) Rechtsfähigkeit (F.)
juror (F.) Geschworene (F.), Schöffin (F.)
juror (M. bzw. F.) Geschworener (M.), Schöffe (M.)
jury (N.) Jury (F.)
jury box (N.) (am.) Geschworenenbank (F.), Schöffenbank (F.) (Schöffenbank im angloamerikanischen Recht)
juryman (M.) Schöffe (M.)
jury room (N.) Beratungszimmer (N.) (Beratungszimmer der Geschworenen)
jury trial (N.) Geschworenenprozess (M.)
jurywoman (F.) Schöffe (M.), Schöffin (F.)
jus dispositivum (N.) nachgiebiges Recht (N.)
just (Adj.) gerecht, richtig
justice (F.) Richterin (F.)
justice (M. bzw. F.) Richter (M.)
justice (N.) Gerechtigkeit (F.)
justice of the peace (F.) Friedensrichterin (F.) (Friedensrichterin in den Vereinigten Staaten von Amerika)
justice of the peace (M. bzw. F.) Friedensrichter (M.) (Friedensrichter in den Vereinigten Staaten von Amerika)
justiceship (N.) Richteramt (N.)
justiciable (Adj.) justiziabel
justiciary (F.) Justitiarin (F.)
justiciary (M. bzw. F.) Justitiar (M.)
justiciary (N.) Richterschaft (F.)
justifiable (Adj.) gerechtfertigt, vertretbar (begründbar)
justification (N.) Begründung (F.), Rechtfertigung (F.)
justified (Adj.) begründet, gerechtfertigt
justify (V.) begründen, rechtfertigen
justness (N.) Gerechtigkeit (F.)
just war (N.) gerechter Krieg (M.)
juvenile (Adj.) jugendlich
juvenile (F.) Jugendliche (F.)
juvenile (M. bzw. F.) Jugendlicher (M.)
juvenile care (N.) Jugendarbeit (F.)
juvenile court (N.) Jugendgericht (N.)
juvenile court assistance (N.) Jugendgerichtshilfe (F.)
juvenile-court judge (F.) Jugendrichterin (F.)
juvenile-court judge (M. bzw. F.) Jugendrichter (M.)
juvenile courts act (N.) Jugendgerichtsgesetz (N.)
juvenile delinquency (N.) Jugendkriminalität (F.)
juvenile detention (N.) Jugendarrest (M.)
juvenile law (N.) Jugendrecht (N.)
juvenile penal law (N.) Jugendstrafrecht (N.)

k

kangaroo court (N.) Scheingericht (N.)
keep (V.) aufbewahren, einhalten, führen, halten
keep (V.) back zurückbehalten
keep (V.) in custody verwahren
keep (V.) in good order instandhalten
keep (V.) silence schweigen
keep (V.) under surveillance überwachen
keeper (F.) Halterin (F.), Hüterin (F.), Inhaberin (F.), Wärterin (F.)
keeper (F.) of an animal Tierhalterin (F.)
keeper (F.) of the minutes Protokollantin (F.)
keeper (M. bzw. F.) Halter (M.), Hüter (M.), Inhaber (M.), Wärter (M.)
keeper (M. bzw. F.) of an animal Tierhalter (M.)
keeper (M. bzw. F.) of the minutes Protokollant (M.) (Protokollführer bei Sitzungen)
keeping (N.) Halten (N.) (Besitzen)
keeping accounts (N.) Buchführung (F.), Buchhaltung (F.)
key (N.) Schlüssel (M.)
key date (N.) Stichtag (M.)
kidnap (V.) entführen, kidnappen, verschleppen (örtlich fortbewegen)
kidnapper (F.) Entführerin (F.), Kidnapperin (F.)
kidnapper (M. bzw. F.) Entführer (M.), Kidnapper (M.)
kidnapping (N.) Entführung (F.), Menschenraub (M.), Verschleppung (F.) (örtliche Veränderung einer Person)
kill (V.) morden, töten, umbringen
killer (F.) Killerin (F.)

killer (M. bzw. F.) Killer (M.)
killing (N.) Tötung (F.)
kin (M.Pl. bzw. F.Pl.) Verwandtschaft (F.) (Gesamtheit der Verwandten)
kin (N.) Sippe (F.)
kind (Adj.) gefällig
kind (N.) Art (F.) (Gattung), Gattung (F.), Genus (N.), Sorte (F.), Typ (M.)
kindness (N.) Güte (F.) (Gütigkeit)
kindred (Adj.) gleichartig
kindred (M.Pl. bzw. F.Pl.) Verwandtschaft (F.) (Gesamtheit der Verwandten)
king (M.) König (M.)
kingly (Adj.) königlich
king's evidence (F.) (br.) Kronzeugin (F.)
king's evidence (M. bzw. F.) (brit.) Kronzeuge (M.)
King's Speech (N.) Thronrede (F.) (Thronrede in Großbritannien)
kinship (N.) Angehörigkeit (F.)
kiosk (N.) Kiosk (M.)
kiosque (N.) (am.) Kiosk (M.)
kiteflying (N.) Wechselreiterei (F.)
kleptomania (N.) Kleptomanie (F.)
kleptomaniac (F.) Kleptomanin (F.)
kleptomaniac (M. bzw. F.) Kleptomane (M.)
knight (M.) Ritter (M.)
knock (N.) Schlag (M.)
knock (V.) anschlagen
know (V.) kennen, wissen
knowhow (N.) Knowhow (N.) (engl.)
knowing (Adj.) kundig
knowingly (Adv.) wissentlich
knowledge (N.) Kenntnis (F.), Kunde (F.) (Kenntnis), Wissen (N.)
knowledge (N.) of life Lebenserfahrung (F.)
known (Adj.) notorisch
kolkhoz (N.) Kolchose (F.)

l

labor (N.) (am.) Arbeit (F.)
labor contract (N.) (am.) Arbeitsvertrag (M.)
labor court (N.) (am.) Arbeitsgericht (N.)
laborer (F.) (am.) Arbeiterin (F.)
laborer (M. bzw. F.) (am.) Arbeiter (M.)
labor law (N.) (am.) Arbeitsrecht (N.)
labor office (N.) (am.) Arbeitsamt (N.)
labor-relations director (F.) (am.) Arbeitsdirektorin (F.)
labor-relations director (M. bzw. F.) (am.) Arbeitsdirektor (M.)
labor struggle (N.) (am.) Arbeitskampf (M.)
labor union (N.) (am.) Gewerkschaft (F.)
labour (N.) (brit.) Arbeit (F.)
labour contract (N.) (brit.) Arbeitsvertrag (M.)
labour court (N.) (brit.) Arbeitsgericht (N.)
labour director (F.) (br.) Arbeitsdirektorin (F.)
labour director (M. bzw. F.) (brit.) Arbeitsdirektor (M.)
labourer (F.) (brit.) Arbeiterin (F.)
labourer (M. bzw. F.) (brit.) Arbeiter (M.)
labour exchange (N.) (brit.) Arbeitsamt (N.)
labour law (N.) (brit.) Arbeitsrecht (N.)
labour struggle (N.) (brit.) Arbeitskampf (M.)
labour union (N.) (brit.) Gewerkschaft (F.)
laches (N.) Verwirkung (F.)
lack (N.) Mangel (M.) (Knappheit)
lack (N.) of agreement Einigungsmangel (M.)
lack (N.) of completion Fehlen (N.) der Vollendung
lack (N.) of confidence Misstrauen (N.)
lack (N.) of criminal capacity Schuldunfähigkeit (F.)
lack (N.) of dignity Unwürdigkeit (F.)
lack (N.) of discretion Ermessensmangel (M.)
lack (N.) of jurisdiction Unzuständigkeit (F.)
lack (N.) of organization Organisationsmangel (M.)
lack (N.) of the basis of a transaction Fehlen (N.) der Geschäftsgrundlage
lack (N.) of will-power Willensmangel (M.)
lady (F.) Herrin (F.)
lady (F.) of pleasure Freudenmädchen (F.)
Lady Chancellor (F.) Lordkanzlerin (F.) (Lordkanzlerin in Großbritannien)
Lady Chief Justice (F.) Lordoberrichterin (F.) (Lordoberrichterin in Großbritannien)
lake (N.) See (M.)
lame (Adj.) hinkend

land (N.) Boden (M.), Bundesland (N.), Grund (M.) (Land), Land (N.) (Boden bzw. Gebiet)
Land (N.) Land (N.) (Bundesland)
land (N.) not subject to local authorities' jurisdiction gemeindefreies Gebiet (N.)
land (V.) löschen (ausladen)
Land administration (N.) Landesverwaltung (F.)
Land authority (N.) Landesbehörde (F.)
Land central bank (N.) Landeszentralbank (F.)
land certificate (N.) Grundbuchauszug (M.)
land charge (N.) Grundschuld (F.), Reallast (F.)
land charge certificate (N.) Grundschuldbrief (M.)
land consolidation (N.) Flurbereinigung (F.)
Land constitution (N.) Landesverfassung (F.)
land credit (N.) Bodenkredit (M.)
landed property (N.) Grundbesitz (M.), Grundeigentum (N.)
landed servitude (N.) Grunddienstbarkeit (F.)
Land government (N.) Landesregierung (F.)
land holder (F.) Grundbesitzerin (F.)
land holder (M. bzw. F.) Grundbesitzer (M.)
landholding (N.) Grundbesitz (M.)
landing (N.) Löschung (F.) (Ausladung)
landlady (F.) Grundherrin (F.), Gutsherrin (F.), Vermieterin (F.), Wirtin (F.)
land law (N.) Bodenrecht (N.), Grundstücksrecht (N.)
Land law (N.) Landesrecht (N.)
Land legislation (N.) Landesgesetzgebung (F.)
land loan (N.) Bodenkredit (M.)
landlord (M.) Grundherr (M.), Gutsherr (M.), Vermieter (M.) (Vermieter von Wohnungen), Wirt (M.)
land mortgage (N.) Grundpfand (N.)
land owner (F.) Grundbesitzerin (F.)
land owner (M. bzw. F.) Grundbesitzer (M.)
Land parliament (N.) Landtag (M.)
land purchase (N.) Grundstückskauf (M.)
land reform (N.) Bodenreform (F.)
land register (N.) Grundbuch (N.), Grundstücksregister (N.) (Grundstücksregister in Großbritannien)
land register folio (N.) Realfolium (N.)
Land Register Regulations (N.Pl.) Grundbuchverfügung (F.)
land registration (N.) Grundbucheintragung (F.)
land registry (N.) Grundbuchamt (N.), Katasteramt (N.)
land registry act (N.) Grundbuchordnung (F.)
landscape (N.) Landschaft (F.)
land survey office (N.) Katasteramt (N.)
land tax (N.) Grundsteuer (F.)
land tenure (N.) Pachtverhältnis (N.)
land title register (N.) Grundbuch (N.)
land transactions (N.Pl.) Bodenverkehr (M.)
land transfer duty (N.) Grunderwerbsteuer (F.)
lane (N.) Spur (F.) (Fahrspur auf der Straße)
language (N.) Sprache (F.)
language (N.) of the court Gerichtssprache (F.)
lapse (N.) Erlöschen (N.), Verfall (M.) (Verwahrlosung eines Gebäudes), Wegfall (M.)
lapse (N.) of time Zeitablauf (M.)
lapse (N.) of unjust enrichment Wegfall (M.) der Bereicherung (F.)
lapse (V.) erlöschen, verfallen (V.) (verfallen eines Gebäudes)
larceny (N.) Diebstahl (M.), Entwendung (F.)
larceny (N.) for temporary use furtum (N.) usus (lat.), Gebrauchsentwendung (F.)
large (Adj.) groß
large city (N.) Großstadt (F.)
large division (N.) großer Senat (M.)
large entailed estate (N.) held by a family Familienfideikommiss (M.)
large senate (N.) großer Senat (M.)
last (V.) dauern, währen
last meal (N.) Henkersmahlzeit (F.)
last name (N.) Nachname (M.)
last will (N.) letzter Wille (M.), letztwillige Verfügung (F.), Testament (N.)
last word (N.) letztes Wort (N.)
latent defect (N.) verborgener Mangel (M.)
later (Adj.) nachträglich

later submission (N.) Nachschieben (N.)
laundering (N.) Geldwäsche (F.)
law (N.) Gesetz (N.), ius (N.) (lat.), Jura (N.), Jus (N.), nomos (M.) (griech.), Recht (N.) (Rechtsordnung)
law (N.) concerning aliens Fremdenrecht (N.)
law (N.) concerning architects Architektenrecht (N.)
law (N.) concerning foreign nationals Ausländerrecht (N.)
law (N.) concerning medical doctors Arztrecht (N.)
law (N.) concerning passenger transportation Personenbeförderungsrecht (N.)
law (N.) concerning persons Personenrecht (N.)
law (N.) concerning the promotion of urban construction Städtebauförderungsrecht (N.)
law (N.) concerning the protection of children and young persons Jugendschutzrecht (N.)
law (N.) concerning water Wasserrecht (N.)
law (N.) governing social security authorities Sozialverwaltungsrecht (N.)
law (N.) governing telecommunications Fernmelderecht (N.)
law (N.) governing the registration of aliens Fremdenrecht (N.)
law (N.) imposed by the occupying power Besatzungsrecht (N.)
law (N.) in force de lege lata (lat.)
law (N.) of administration concerning arts Kunstverwaltungsrecht (N.)
law (N.) of administration concerning cultural affairs Kulturverwaltungsrecht (N.)
law (N.) of a Land Landesgesetz (N.)
law (N.) of associations Gesellschaftsrecht (N.)
law (N.) of asylum Asylrecht (N.) (Asylrechtsordnung)
law (N.) of conflict of laws Kollisionsrecht (N.)
law (N.) of contract Vertragsrecht (N.)
law (N.) of delict Deliktsrecht (N.)
law (N.) of domestic relations Familienrecht (N.)
law (N.) of entailed succession of agricultural estates Höferecht (N.)
law (N.) of foreign trade Außenwirtschaftsrecht (N.)
law (N.) of hospitality Gastrecht (N.)
law (N.) of industrial property and copyright protection Leistungsschutz (M.), Leistungsschutzrecht (N.)
law (N.) of intestate succession gesetzliches Erbrecht (N.)
law (N.) of laundering Geldwäschegesetz (N.)
law (N.) of nature Naturrecht (N.)
law (N.) of obligations Schuldrecht (N.)
law (N.) of persons Personenrecht (N.)
law (N.) of photography Fotorecht (N.)
law (N.) of preceding tenancy Vormietrecht (N.)
law (N.) of procedure Prozessrecht (N.), Verfahrensrecht (N.)
law (N.) of property Grundstücksrecht (N.), Güterrecht (N.), Sachenrecht (N.)
law (N.) of public finance Finanzrecht (N.)
law (N.) of public streets and roads Straßenrecht (N.)
law (N.) of reason Vernunftrecht (N.)
law (N.) of retired farmers' portion Altenteilsrecht (N.)
law (N.) of succession Erbrecht (N.) (Erbrechtsordnung)
law (N.) of tenancy Mietrecht (N.), Wohnungsrecht (N.) (objektiv)
law (N.) of the sea Seerecht (N.)
law (N.) of things Sachenrecht (N.)
law (N.) of torts Deliktsrecht (N.)
law (N.) of trademarks Markenrecht (N.) (Markenrechtsordnung)
law (N.) of war Kriegsrecht (N.) (zwischen Kriegsparteien gültiges Recht)
law (N.) on administrative procedure Verwaltungsprozessrecht (N.)
law (N.) on balance sheets Bilanzrecht (N.)
law (N.) on bills of exchange Wechselrecht (N.)
law (N.) on building and designing buildings Baugestaltungsrecht (N.)
law (N.) on company-provided pensions Betriebsrentengesetz (N.)
law (N.) on competition Wettbewerbsrecht (N.)
Law (N.) on Consumer Credits Verbraucherkreditgesetz (N.)

law (N.) on criminal prosecution for tax offences Steuerstrafrecht (N.)
law (N.) on inheritance of agricultural estates Höfegesetz (N.), Höfeordnung (F.)
law (N.) on legal liability for accidents Unfallhaftpflichtrecht (N.)
law (N.) on national debts Staatsschuldenrecht (N.)
law (N.) on occupational pension schemes Betriebsrentengesetz (N.)
law (N.) on planning for building projects Bauplanungsrecht (N.)
law (N.) on sales Kaufrecht (N.) (Kaufrechtsordnung)
law (N.) on supplementary penalties Nebenstrafrecht (N.)
law (N.) on the administrative law conderning trade and industry Wirtschaftsverwaltungsrecht (N.)
law (N.) on the disposal of dead animals Tierkörperbeseitigungsrecht (N.)
law (N.) on the economic system Wirtschaftsverfassungsrecht (N.)
law (N.) on the individual employer-employee relationship Individualarbeitsrecht (N.)
law (N.) on the tenancy of industrial or commercial premises Gewerberaummietrecht (N.)
law (N.) on travelling Reiserecht (N.)
law (N.) regulating public meetings Versammlungsgesetz (N.)
law (N.) relating to administrative jurisdiction Verwaltungsgerichtsgesetz (N.)
law (N.) relating to food production and distribution Lebensmittelrecht (N.)
law (N.) relating to securities Wertpapierrecht (N.)
law (N.) relating to social security pensions Rentenrecht (N.)
law (N.) to be enacted de lege ferenda (lat.)
law agent (F.) Prozessagentin (F.)
law agent (M. bzw. F.) Prozessagent (M.)
law and order (N.) öffentliche Sicherheit und Ordnung (F.)
law code (N.) codex (M.) (lat.), Gesetzbuch (N.)
Law Commission (N.) (brit.) Rechtsausschuss (M.)
law congress (N.) Juristentag (M.)
law costs (N.Pl.) Prozesskosten (F.Pl.)
law court (N.) Gerichtshof (M.)
law enforcement officer (F.) Vollstreckungsbeamtin (F.)
law enforcement officer (M. bzw. F.) Vollstreckungsbeamter (M.)
law enforcement officers' service (N.) Polizeivollzugsdienst (M.)
lawful (Adj.) gesetzlich, gesetzmäßig, legal, rechtmäßig
lawful act (N.) Rechtshandlung (F.)
lawful excuse (N.) Schuldausschließungsgrund (M.)
lawfulness (N.) Gesetzmäßigkeit (F.), Legalität (F.), Rechtmäßigkeit (F.)
lawmaking (N.) Gesetzgebung (F.), Rechtsschöpfung (F.)
lawman (M.) (am.) Polizist (M.)
law merchant (N.) Handelsrecht (N.)
law office (N.) Kanzlei (F.) (Büro von Rechtsanwälten)
law of maintenance Unterhaltsrecht (N.)
law reports (N.Pl.) Entscheidungssammlung (F.)
law society (N.) Anwaltskammer (F.)
lawsuit (N.) Klage (F.), Prozess (M.), Rechtsstreit (M.)
lawwoman (F.) (am.) Polizistin (F.)
lawyer (F.) Advokatin (F.), Anwältin (F.), Juristin (F.), Rechtsanwältin (F.)
lawyer (M. bzw. F.) Advokat (M.), Anwalt (M.), Jurist (M.), Rechtsanwalt (M.)
lawyer's secretary (F.) Anwaltsgehilfe (M.), Anwaltsgehilfin (F.)
lawyer's tactics (N.Pl.) during the legal proceedings Prozesstaktik (F.)
lay (V.) down aufstellen, bestimmen, festsetzen
lay assessor (F.) Schöffin (F.)
lay assessor (M. bzw. F.) Schöffe (M.)
layer (N.) Schicht (F.) (Lage)
layer-on (F.) Einlegerin (F.)
layer-on (M. bzw. F.) Einleger (M.)
lay judge (F.) Laienrichterin (F.)
lay judge (M. bzw. F.) Laienrichter (M.)
lay magistrate (F.) Laienrichterin (F.)
lay magistrate (M. bzw. F.) Laienrichter (M.)
layman (M.) Laie (M.)
laywoman (F.) Laiin (F.)
lead (V.) führen, leiten, plombieren

lead (V.) through durchführen (hindurchleiten)
leader (F.) Führerin (F.)
Leader (F.) of the House Führerin (F.) des Unterhauses
leader (M. bzw. F.) Führer (M.)
leader (M. bzw. F.) of a gang Rädelsführer (M.)
Leader (M. bzw. F.) of the House Führer (M.) des Unterhauses
leader of a gang (F.) Rädelsführerin (F.)
leading (Adj.) leitend (führend)
leading (N.) someone in the court room Vorführung (F.) (Vorführung vor Gericht bzw. Behörde)
leading authority (M. bzw. F.) Kapazität (F.)
leading decision (N.) Präzedenzfall (M.)
leading nation (N.) Staatsvolk (N.)
lead seal (N.) Plombe (F.) (Verschlusssicherung)
lead time (N.) Lieferzeit (F.)
leaflet (N.) Flugblatt (N.), Flugschrift (F.)
league (N.) Bund (M.), Liga (F.)
League (N.) of Nations Völkerbund (M.)
leap-frog appeal (N.) Sprungrevision (F.)
leap frogging (N.) Sprungrevision (F.)
leap frog procedure (N.) Sprungrevision (F.)
learn (V.) lernen
lease (N.) Mietvertrag (M.) (Mietvertrag über eine unbewegliche Sache), Pacht (F.) (Pachtverhältnis), Pachtvertrag (M.)
lease (N.) of a hunting ground Jagdpacht (F.)
lease (V.) leasen, mieten (eine unbewegliche Sache mieten), pachten, vermieten, verpachten
leased object (N.) Mietsache (F.)
leasee (F.) Pächterin (F.)
leasee (M. bzw. F.) Pächter (M.)
leasehold (N.) Erbbaurecht (N.), Pacht (F.) (Pachtbesitz)
leaseholder (F.) Pächterin (F.)
leaseholder (M. bzw. F.) Pächter (M.)
leasehold rent (N.) Pachtzins (M.)
leasing (N.) Leasing (N.)
leave (N.) Urlaub (M.)
leave (N.) granted to a non-working parent of a small child Erziehungsurlaub (M.)
leave (V.) aufgeben, entfernen (sich entfernen), kündigen, räumen, überlassen, vererben
leave pay (N.) (am.) Urlaubsgeld (N.)
lector (F.) Lektorin (F.)
lector (M. bzw. F.) Lektor (M.) (Universitätslektor)
lecturer (F.) Lehrbeauftragte (F.), Lektorin (F.)
lecturer (M. bzw. F.) Lehrbeauftragter (M.), Lektor (M.) (Universitätslektor)
ledger (N.) Buch (N.), Handelsbuch (N.)
left (Adj.) over restlich
legacy (N.) Legat (N.) (Vermächtnis), Vermächtnis (N.)
legacy hunter (F.) Erbschleicherin (F.)
legacy hunter (M. bzw. F.) Erbschleicher (M.)
legal (Adj.) gerichtlich, gesetzlich, gesetzmäßig, juristisch, legal, rechtlich, rechtmäßig
legal act (N.) Rechtshandlung (F.)
legal action (N.) Klage (F.)
legal action (N.) against a neighbour Nachbarklage (F.)
legal action (N.) by a competitor Konkurrentenklage (F.)
legal action (N.) instituted by an association Verbandsklage (F.)
legal administrative body (N.) Justizverwaltung (F.)
legal advice (N.) Rechtsberatung (F.)
legal adviser (F.) Justitiarin (F.), Rechtsberaterin (F.), Syndika (F.)
legal adviser (M. bzw. F.) Justitiar (M.), Rechtsberater (M.), Syndikus (M.)
legal age (N.) (am.) Volljährigkeit (F.)
legal age (N.) to take an oath Eidesmündigkeit (F.)
legal agent (F.) gesetzliche Vertreterin (F.)
legal agent (M. bzw. F.) gesetzlicher Vertreter (M.)
legal aid (N.) Armenrecht (N.), Prozesskostenhilfe (F.), Rechtsberatung (F.), Rechtshilfe (F.)
legal assistance (N.) Rechtsbeistand (M.)
legal basis (N.) Rechtsgrund (M.)
legal benefit (N.) Rechtswohltat (F.)
legal capacity (N.) Deliktsfähigkeit (F.), Geschäftsfähigkeit (F.), Rechtsfähigkeit (F.)
legal charges (N.Pl.) Prozesskosten (F.Pl.)

legal claim (N.) Rechtsanspruch (M.)
legal clerk (F.) Gerichtsschreiberin (F.)
legal clerk (M. bzw. F.) Gerichtsschreiber (M.)
legal compulsory purchase (N.) Legalenteignung (F.)
legal conception (N.) Rechtsbegriff (M.)
legal consequence (N.) Rechtsfolge (F.)
legal counsel (F.) Rechtsbeiständin (F.)
legal counsel (M. bzw. F.) Rechtsbeistand (M.)
legal decision (N.) Rechtsentscheid (M.)
legal defect (N.) Gesetzeslücke (F.)
legal definition (N.) Legaldefinition (F.)
legal detriment (N.) Rechtsnachteil (M.)
legal disadvantage (N.) Rechtsnachteil (M.)
legal dispute (N.) Rechtsstreitigkeit (F.)
legal domicile (N.) Wohnort (M.)
legal duty (N.) Rechtspflicht (F.)
legal duty (N.) to maintain safety Verkehrssicherungspflicht (F.)
legal education (N.) juristische Ausbildung (F.)
legal entity (N.) juristische Person (F.), Subjekt (N.)
legal fee (N.) Anwaltsgebühr (F.)
legal fiction (N.) gesetzliche Vermutung (F.)
legal force (N.) Gesetzeskraft (F.), Gültigkeit (F.), Rechtskraft (F.)
legal gazette (N.) Gesetzblatt (N.), Verkündungsblatt (N.)
legal history (N.) Rechtsgeschichte (F.)
legal impediment (N.) Hindernis (N.)
legal incapacitation (N.) Entmündigung (F.)
legal incapacity (N.) Geschäftsunfähigkeit (F.)
legal incapacity (N.) to inherit Erbunfähigkeit (F.)
legal institution (N.) Rechtsinstitut (N.)
legal interest (N.) in a declaratory judgement Feststellungsinteresse (N.)
legality (N.) Gesetzmäßigkeit (F.), Legalität (F.), Rechtmäßigkeit (F.)
legalization (N.) Legalisation (F.), Legalisierung (F.)
legalize (V.) legalisieren
legal justification (N.) Rechtfertigungsgrund (M.)
legal language (N.) Rechtssprache (F.)
legal liability (N.) Haftpflicht (F.)
legal liability (N.) for accidents Unfallhaftpflicht (F.)
legally capable (Adj.) geschäftsfähig
legally capacitated (Adj.) deliktsfähig
legally competent judge (F.) gesetzliche Richterin (F.)
legally competent judge (M. bzw. F.) gesetzlicher Richter (M.)
legally incapacitated (Adj.) geschäftsunfähig
legally ineffective (Adj.) rechtsunwirksam
legally relevant act (N.) Rechtsakt (M.)
legally relevant act (N.) of the European Community Rechtsakte (F.) der Europäischen Gemeinschaften
legally relevant conduct (N.) Rechtsakt (M.)
legal majority (N.) for marriage Ehemündigkeit (F.)
legal maxim (N.) Rechtsgrundsatz (M.)
legal measure (N.) to maintain public order Ordnungsmittel (N.)
legal minimum bid (N.) geringstes Gebot (N.)
legal norm (N.) Rechtsnorm (F.)
legal object (N.) Rechtsobjekt (N.)
legal obligation (N.) Rechtspflicht (F.)
legal opinion (N.) Rechtsgutachten (N.)
legal personality (N.) Rechtspersönlichkeit (F.)
legal philosophy (N.) Rechtsphilosophie (F.)
legal policy (N.) Rechtspolitik (F.)
legal position (N.) Rechtslage (F.)
legal positivism (N.) Rechtspositivismus (M.)
legal possession (N.) Rechtsbesitz (M.)
legal practice (N.) (brit.) Rechtspraxis (F.)
legal practise (N.) (am.) Rechtspraxis (F.)
legal proceedings (N.Pl.) Gerichtsverfahren (N.), Prozess (M.)
legal process (N.) Rechtsweg (M.)
legal protection (N.) Rechtsschutz (M.)
legal protection (N.) for bona fide acts Vertrauensschutz (M.)
legal protection (N.) of industrial property gewerblicher Rechtsschutz (M.)
legal protection (N.) of tenants Mieterschutz (M.)
legal proverb (N.) Rechtssprichwort (N.)
legal provision (N.) Rechtssatz (M.)
legal proviso (N.) Gesetzesvorbehalt (M.)

legal redress (N.) Rechtsbehelf (M.)
legal regime (N.) Rechtsordnung (F.)
legal relations (N.Pl.) Rechtsverhältnis (N.), Rechtsverkehr (M.)
legal relationship (N.) Rechtsverhältnis (N.)
legal remedy (N.) Rechtsbehelf (M.), Rechtsmittel (N.)
legal representative (F.) gesetzliche Vertreterin (F.)
legal representative (M. bzw. F.) gesetzlicher Vertreter (M.)
legal reservation (N.) Gesetzesvorbehalt (M.)
legal residence (N.) Wohnsitz (M.)
legal rule (N.) Rechtssatz (M.)
legal security (N.) Rechtssicherheit (F.)
legal staff lawyer (F.) Justitiarin (F.)
legal staff lawyer (M. bzw. F.) Justitiar (M.)
legal standing (N.) Legitimität (F.)
legal status (N.) Rechtsfähigkeit (F.), Rechtslage (F.), Rechtspersönlichkeit (F.)
legal subject (M. bzw. F.) Rechtssubjekt (N.)
legal succession (N.) gesetzliche Erbfolge (F.)
legal successor (F.) Rechtsnachfolgerin (F.)
legal successor (M. bzw. F.) Rechtsnachfolger (M.)
legal supervision (N.) Rechtsaufsicht (F.)
legal system (N.) Rechtsordnung (F.), Rechtssystem (N.)
legal tender (N.) gesetzliches Zahlungsmittel (N.)
legal title (N.) Recht (N.) nach common law (Recht nach common law im angloamerikanischen Recht)
legal training (N.) juristische Ausbildung (F.)
legal transaction (N.) Rechtsgeschäft (N.)
legal uncertainty (N.) Rechtsunsicherheit (F.)
legal uniformity (N.) Rechtseinheit (F.)
legal validity (N.) Rechtskraft (F.)
legal venue (N.) Gerichtsstand (M.)
legate (F.) Legatin (F.)
legate (M.) Legat (M.) (Gesandter)
legatee (F.) Vermächtnisnehmerin (F.)
legatee (M. bzw. F.) Vermächtnisnehmer (M.)
legation (N.) Legation (F.)
legation councillor (F.) Legationsrätin (F.)
legation councillor (M. bzw. F.) Legationsrat (M.)
legislation (N.) Gesetzgebung (F.), Rechtsetzung (F.)
legislative (Adj.) gesetzgebend, legislativ
legislative (N.) Legislative (F.)
legislative competence (N.) Gesetzgebungszuständigkeit (F.)
legislative initiative (N.) Gesetzesinitiative (F.)
legislative period (N.) Legislaturperiode (F.)
legislative power (N.) gesetzgebende Gewalt (F.)
legislative procedure (N.) Gesetzgebungsverfahren (N.)
legislative state (N.) of emergency Gesetzgebungsnotstand (M.)
legislator (F.) Gesetzgeberin (F.)
legislator (M.) Gesetzgeber (M.)
legislature (N.) Gesetzgeberin (F.), Gesetzgeber (M.), Legislative (F.)
legitimacy (N.) Ehelichkeit (F.), Legitimität (F.), Rechtmäßigkeit (F.)
legitimacy (N.) as the proper party Sachlegitimation (F.)
legitimate (Adj.) begründet, ehelich (in der Ehe gezeugt), legitim, rechtmäßig
legitimate (V.) legitimieren
legitimate claimant (F.) Berechtigte (F.)
legitimate claimant (M. bzw. F.) Berechtigter (M.)
legitimate heir (M. bzw. F.) Noterbe (M.)
legitimate heiress (F.) Noterbin (F.)
legitimate interest (N.) to take legal action Rechtsschutzbedürfnis (N.)
legitimation (N.) Ehelicherklärung (F.), Ehelichkeitserklärung (F.), Legalisierung (F.), Legitimation (F.), Legitimierung (F.)
legitimization (N.) Legalisierung (F.)
leisure time (N.) Freizeit (F.)
lend (V.) ausleihen, darleihen, leihen (etwas einem anderen leihen), verleihen (ausleihen)
lend (V.) on security beleihen
lender (F.) Gläubigerin (F.), Kreditgeberin (F.)
lender (M. bzw. F.) Gläubiger (M.), Kreditgeber (M.)
lending (N.) Leihe (F.)

lending business (N.) Kreditwesen (N.)
lending transaction (N.) Darlehensgeschäft (N.)
length (N.) of service Dienstalter (N.)
length (N.) of time Dauer (F.)
lesbian (Adj.) lesbisch
lesbian (F.) Lesbierin (F.)
lèse-majesty (N.) Majestätsbeleidigung (F.)
lessee (F.) Mieterin (F.)
lessee (M. bzw. F.) Mieter (M.)
lessen (V.) mindern, vermindern
lesson (N.) (brit.) Stunde (F.)
lessor (F.) Vermieterin (F.), Verpächterin (F.)
lessor (M. bzw. F.) Vermieter (M.), Verpächter (M.)
let (V.) vermieten
let (V.) on hire vermieten
let (V.) on lease verpachten
lethal (Adj.) tödlich
letter (N.) Brief (M.)
letter (N.) of acknowledgement Bestätigungsschreiben (N.)
letter (N.) of appointment Ernennungsurkunde (F.)
letter (N.) of confirmation Bestätigungsschreiben (N.)
letter (N.) of credit Akkreditiv (N.), Kreditbrief (M.)
letter (N.) of demand Mahnschreiben (N.)
letter (N.) of intent Absichtserklärung (F.)
letter (N.) of remunication Abtretungsformular (N.)
letter of protection insurance (N.) Schutzbriefversicherung (F.)
letting (N.) Vermietung (F.)
lettor (F.) Vermieterin (F.)
lettor (M. bzw. F.) Vermieter (M.)
level (N.) Ebene (F.)
level (V.) at richten
levy (N.) Abgabe (F.), Steuer (F.), Umlage (F.)
levy (N.) of execution Pfändung (F.)
levy (N.) of execution in exchange Austauschpfändung (F.)
levy (N.) of execution on movable goods Mobiliarzwangsvollstreckung (F.)
levy (V.) erheben (verlangen), pfänden
levy (V.) taxes besteuern
lewd (Adj.) unzüchtig
lewdness (N.) Unzucht (F.)
lexicon (N.) Lexikon (N.)
liabilities (N.Pl.) Passiva (N.Pl.)
liability (N.) Haftung (F.), Obligo (N.), Schuld (F.) (Verpflichtung im Privatrecht), Verbindlichkeit (F.)
liability (N.) based on fault Verschuldenshaftung (F.)
liability (N.) based on principles of reliance Vertrauenshaftung (F.)
liability (N.) by state Zustandshaftung (F.)
liability (N.) for acts done Handlungshaftung (F.)
liability (N.) for a public disturbance Verhaltenshaftung (F.)
liability (N.) for a public officer Amtshaftung (F.)
liability (N.) in tort Verschuldenshaftung (F.)
liability (N.) of a club Vereinshaftung (F.)
liability (N.) of employees Arbeitnehmerhaftung (F.)
liability (N.) of the estate Nachlassverbindlichkeit (F.)
liability (N.) on the grounds of equitable principles Billigkeitshaftung (F.)
liability (N.) to account Rechenschaftslegungspflicht (F.)
liability (N.) to insure Versicherungszwang (M.)
liability (N.) to support Unterhaltspflicht (F.)
liability (N.) without fault Erfolgshaftung (F.)
liability case (N.) Haftpflichtprozess (M.)
liability insurance (N.) Haftpflichtversicherung (F.)
liability law (N.) Haftungsrecht (N.)
liable (Adj.) haftbar, verantwortlich
liable (Adj.) to a charge gebührenpflichtig
liable (Adj.) to a fee gebührenpflichtig
liable (Adj.) to be foreclosed kündbar
liable (Adj.) to taxation steuerpflichtig
liable (V.) to unterliegen
liablity (N.) by condition Zustandshaftung (F.)
liar (F.) Lügnerin (F.)
liar (M. bzw. F.) Lügner (M.)
libel (N.) Beleidigung (F.), Ehrverletzung (F.) (Ehrverletzung im angloamerikanischen Recht), Injurie (F.), Verleumdung (F.)
libel (V.) verleumden

libeller (F.) Verleumderin (F.)
libeller (M. bzw. F.) Verleumder (M.)
liberal (Adj.) freiheitlich, freizügig, liberal
liberal (F.) Liberale (F.)
liberal (M. bzw. F.) Liberaler (M.)
liberalism (N.) Liberalismus (M.)
liberalness (N.) Freizügigkeit (F.)
liberate (V.) befreien, freilassen
liberation (N.) Befreiung (F.), Freilassung (F.)
liberty (N.) Freiheit (F.)
liberty (N.) of action Handlungsfreiheit (F.)
library (N.) Bibliothek (F.)
licence (N.) (brit.) Erlaubnis (F.), Genehmigung (F.), Gestattung (F.), Lizenz (F.), Zulassung (F.)
licence (N.) for sale of alcoholic drinks (brit.) Schankkonzession (F.)
licence (N.) to practice (brit.) Approbation (F.)
licence (N.) to sell liquor Schankkonzession (F.)
licence (N.) to trade (brit.) Konzession (F.)
licence-fee (N.) Lizenzgebühr (F.)
licence tax (N.) Konzessionsabgabe (F.)
license (N.) (am.) Erlaubnis (F.), Gestattung (F.), Lizenz (F.), Zulassung (F.)
license (N.) for sale of alcoholic drinks (am.) Schankkonzession (F.)
license (N.) to practice (am.) Approbation (F.)
license (N.) to trade (am.) Konzession (F.)
license (V.) approbieren, lizensieren
licensee (F.) Lizenznehmerin (F.)
licensee (M. bzw. F.) Lizenznehmer (M.)
licenser (F.) (br.) Lizenzgeberin (F.)
licenser (M. bzw. F.) (brit.) Lizenzgeber (M.)
licensor (F.) (am.) Lizenzgeberin (F.)
licensor (M. bzw. F.) (am.) Lizenzgeber (M.)
licentiate (F.) Lizentiatin (F.)
licentiate (M. bzw. F.) Lizentiat (M.)
lie (V.) liegen (sich befinden), lügen
lie (V.) on obliegen
Liechtenstein (N.) Liechtenstein (N.)
lie detector (N.) Lügendetektor (M.), Polygraph (M.)
lien (N.) Pfandrecht (N.), Zurückbehaltungsrecht (N.)
lien (N.) by attachment Pfändungspfandrecht (N.)
lien (N.) of lessor Vermieterpfandrecht (N.)
lien (N.) on real property Grundpfandrecht (N.)
lienholder (F.) Pfandgläubigerin (F.)
lienholder (M. bzw. F.) Pfandgläubiger (M.)
lieutenant (F.) Leutnantin (F.)
lieutenant (M.) Leutnant (M.)
life (N.) Laufzeit (F.), Leben (N.)
life annuity (N.) Leibrente (F.)
life contingency (N.) Lebensrisiko (N.)
life endowment (N.) Leibgedinge (N.), Leibzucht (F.)
life experience (N.) Lebenserfahrung (F.)
life insurance (N.) Lebensversicherung (F.)
lifelong (Adj.) lebenslang, lebenslänglich
life-preserver (M. bzw. F.) (brit.) Totschläger (M.)
lift (V.) aufheben, erhöhen, heben
likelihood (N.) Wahrscheinlichkeit (F.)
likely (Adj.) wahrscheinlich
limit (N.) Grenze (F.) (Grenzlinie)
limit (V.) befristen, begrenzen, beschränken, einschränken, limitieren
limitation (N.) Befristung (F.), Beschränkung (F.), Einschränkung (F.)
limitation (N.) of actions Verjährung (F.)
limitation (N.) of civil rights Grundrechtsschranke (F.)
limitation (N.) of liability Haftungsbeschränkung (F.)
limitation (N.) of prosecution Verfolgungsverjährung (F.)
limited (Adj.) limitiert
limited accessoriness (N.) limitierte Akzessorität (F.)
limited liability (N.) beschränkte Haftung (F.)
limited partner (F.) Kommanditistin (F.)
limited partner (M. bzw. F.) Kommanditist (M.)
limited partnership (N.) Kommanditgesellschaft (F.)
limping bearer instrument (N.) hinkendes Inhaberpapier (N.)
line (N.) Linie (F.)
lineage (N.) Geschlecht (N.) (Familie)
lineal (Adj.) direkt
lineup (N.) Gegenüberstellung (F.) (Gegenüberstellung zur Identifizierung)

link (N.) Verbindung (F.)
liquid (Adj.) liquide
liquidate (V.) abwickeln (ein Unternehmen bzw. einen Nachlass abwickeln), liquidieren
liquidation (N.) Abwicklung (F.), Auflösung (F.), Liquidation (F.)
liquidation (N.) of debts Schuldentilgung (F.)
liquidator (F.) Konkursverwalterin (F.), Liquidatorin (F.)
liquidator (M. bzw. F.) Konkursverwalter (M.), Liquidator (M.)
liquidity (N.) Liquidität (F.)
liquor licence (N.) Schankkonzession (F.)
list (N.) Liste (F.), Nachweis (M.), Verzeichnis (N.)
list (N.) of insolvent debtors Schuldnerverzeichnis (N.)
list (V.) erfassen, verzeichnen
listen (V.) hören
listing (N.) Erfassung (F.)
list price (N.) Listenpreis (M.)
list voting (N.) Listenwahl (F.)
literary composition (N.) Schriftwerk (N.)
literary piracy (N.) Plagiat (N.)
literary property (N.) geistiges Eigentum (N.)
literary work (N.) Schriftwerk (N.)
litigant (Adj.) streitig
litigant (M. bzw. F.) Prozesspartei (F.) (Prozesspartei im angloamerikanischen Recht)
litigate (V.) prozessieren
litigation (N.) Rechtsstreitigkeit (F.), Rechtsstreit (M.)
litigation (N.) between two public bodies Organstreit (M.)
litigation (N.) in constitutional matters Verfassungsstreitigkeit (F.)
litigation (N.) with necessary representation by lawyers Anwaltsprozess (M.)
litispendence (N.) Rechtshängigkeit (F.)
live (V.) leben, wohnen
livery (N.) of seisin Besitzeinweisung (F.)
livestock (N.) Vieh (N.)
living (N.) Existenz (F.)
living (N.) apart Getrenntleben (N.)
living (N.) separated Getrenntleben (N.)
load (N.) Fracht (F.), Ladung (F.) (Aufladung von Gütern), Last (F.) (Ladung)
load (V.) laden (V.) (1) (aufladen), verladen
loan (N.) Anleihe (F.), Darlehen (N.), Kredit (M.)
loan (N.) coupled with a share in the profits partiarisches Darlehen (N.)
loan (N.) for purposes of participation Beteiligungsdarlehen (N.)
loan (N.) for use Leihe (F.)
loan (N.) of organ Organleihe (F.)
loan (N.) on securities Lombardkredit (M.)
loan (V.) ausleihen, leihen (sich etwas von jemandem anderen leihen), verleihen (ausleihen)
loan (V.) (am.) darleihen
loan agreement (N.) Darlehensvertrag (M.)
loan business (N.) Darlehensgeschäft (N.)
loan capital (N.) Fremdkapital (N.)
loan fraud (N.) Kreditbetrug (M.)
loan-office (N.) (brit.) Leihhaus (N.)
loan stock right (N.) Wertrecht (N.)
lobby (N.) Lobby (F.)
lobbyist (F.) Lobbyistin (F.)
lobbyist (M. bzw. F.) Lobbyist (M.)
local (Adj.) lokal, örtlich
local advisory board (N.) Ortsbeirat (M.)
local authority (N.) Gemeinde (F.)
local authority enterprise (N.) Gemeindebetrieb (M.)
local branch (N.) of national health insurance Ortskrankenkasse (F.)
local cost-of-living allowance (N.) Ortszuschlag (M.)
local council (N.) Gemeinderat (M.)
local court (N.) Amtsgericht (N.), Bezirksgericht (N.), Ortsgericht (N.)
local government (N.) Kommunalverwaltung (F.)
local government body (N.) Kommune (F.) (Gemeinde)
local government code (N.) Gemeindeordnung (F.)
local government election (N.) Kommunalwahl (F.)
local government law (N.) Gemeinderecht (N.), Kommunalrecht (N.)
local government official (F.) Gemeindebeamtin (F.)
local government official (M. bzw. F.) Gemeindebeamter (M.)
locality (N.) Platz (M.), Stelle (F.) (Ort)

local jurisdiction (N.) örtliche Zuständigkeit (F.)
local political party (N.) Rathauspartei (F.)
local strike (N.) Teilstreik (M.) (örtlicher Teilstreik)
local subdistrict (N.) Gemarkung (F.)
local tax (N.) Gemeindesteuer (F.)
local transaction (N.) Platzgeschäft (N.)
located (Adj.) belegen (Adj.), gelegen (befindlich)
location (N.) Ort (M.), Stätte (F.)
lock (V.) anschließen
lock (V.) out aussperren
lock (V.) up einsperren
locking (N.) in Einschließung (F.) (Personeneinschließung)
locking (N.) up Einsperren (N.)
lockout (N.) Aussperrung (F.)
lockup (N.) Karzer (M.)
locus (N.) rei sitae (N.) Belegenheit (F.)
lodge (V.) deponieren, hinterlegen, wohnen
lodgement (N.) Hinterlegung (F.)
lodger (F.) Mieterin (F.)
lodger (F.) (br.) Untermieterin (F.)
lodger (M. bzw. F.) Mieter (M.)
lodger (M. bzw. F.) (brit.) Untermieter (M.)
lodging (N.) Obdach (N.)
lodging (N.) of security Sicherheitsleistung (F.)
lodgings (N.Pl.) Mietwohnung (F.)
logbook (N.) Fahrtenbuch (N.)
logic (N.) Logik (F.)
logical (Adj.) logisch, schlüssig
logical reason (N.) ratio (F.) (lat.)
lombard loan (N.) Lombardkredit (M.)
London Agreement (N.) on German External Debts Londoner Schuldenabkommen (N.)
long-arm statute (N.) zuständigkeitsüberschreitendes Gesetz (N.) (zuständigkeitsüberschreitendes Gesetz im angloamerikanischen Recht)
long-distance transport (N.) Güterfernverkehr (M.)
long haul trucking (N.) (am.) Güterfernverkehr (M.)
look (V.) after betreuen, hegen, hüten
look (V.) for suchen
look (V.) into einsehen (Einsicht nehmen)
look after (V.) pflegen
looking (N.) after Betreuung (F.)
loophole (N.) in the law Gesetzeslücke (F.)
loosen (V.) lösen
loot (N.) Beute (F.)
loot (V.) plündern
looter (F.) Plündererin (F.)
looter (M. bzw. F.) Plünderer (M.)
looting (N.) Plünderung (F.)
Lord (M.) Lord (M.)
Lord Chancellor (M.) Lordkanzler (M.) (Lordkanzler in Großbritannien)
Lord Chief Justice (M.) Lordoberrichter (M.) (Lordoberrichter in Großbritannien)
lord mayor (F.) Oberbürgermeisterin (F.)
lord mayor (M. bzw. F.) Oberbürgermeister (M.)
lose (V.) verlieren
loss (N.) Ausfall (M.), damnum (N.) (lat.), Schaden (M.), Verlust (M.)
loss (N.) by sea Haverei (F.)
loss (N.) in value upon resale merkantiler Minderwert (M.)
loss (N.) of earnings entgangener Gewinn (M.)
loss (N.) of ownership Eigentumsverlust (M.)
loss (N.) of property Eigentumsverlust (M.)
loss (N.) of use Nutzungsausfall (M.)
lost period of time (N.) Ausfallzeit (F.)
lost profits (N.Pl.) entgangener Gewinn (M.)
lot (N.) Flurstück (N.), Los (N.), Parzelle (F.)
lot (N.) (am.) Bauplatz (M.)
lottery (N.) Lotterie (F.), Lotto (N.)
lottery contract (N.) Ausspielvertrag (M.)
lover (F.) Liebhaberin (F.)
lover (M. bzw. F.) Liebhaber (M.)
lower (V.) ermäßigen
Lower House (N.) of the Federal Parliament Bundestag (M.)
lowering (N.) Ermäßigung (F.)
Lower Saxony (F.) Niedersachsen (N.)
lowest bid (N.) Mindestgebot (N.)
low-rent housing (N.) sozialer Wohnungsbau (M.)
loyal (Adj.) loyal, treu
loyalty (N.) Treue (F.)
loyalty (N.) and good faith (N.) Treu (F.) und Glauben (M.)
luck (N.) Glück (N.)

lucrative (Adj.) entgeltlich
Lugano convention (N.) on forum and execution Luganer Gerichtsstands- und Vollstreckungsübereinkommen (N.)
lunacy (N.) Geisteskrankheit (F.), Wahnsinn (M.)
lunatic (Adj.) geisteskrank, wahnsinnig
lunatic (F.) Irre (F.)
lunatic (M. bzw. F.) Irrer (M.)
lunatic asylum (N.) Irrenanstalt (F.)
luxury (N.) Luxus (M.)
lyceum (N.) Lyzeum (N.)
lynch (V.) lynchen
lynch-law (N.) Lynchjustiz (F.)

m

Maastricht treaty (N.) Maastrichter Vertrag (M.)
machination (N.) Machenschaft (F.)
machine (N.) Maschine (F.)
mad (Adj.) wahnsinnig
madness (N.) Wahnsinn (M.)
Mafia (N.) Mafia (F.)
magazine (N.) Magazin (N.) (Lager), Magazin (N.) (Zeitschrift bzw. Geschossbehälter), Zeitschrift (F.)
magistrates' court (N.) Amtsgericht (N.), Schöffengericht (N.)
magnificence (M. bzw. F.) Magnifizenz (F.)
maiden speech (N.) Jungfernrede (F.)
mail (N.) (am.) Post (F.)
mail ballot (N.) Briefwahl (F.)
mail office (N.) (am.) Postamt (N.)
mail-order business (N.) Versandhandel (M.), Versandhaus (N.)
mail-order firm (N.) Versandhaus (N.)
mail-order house (N.) Versandhaus (N.)
mail order sale (N.) Versendungskauf (M.)
maim (V.) verstümmeln
main (Adj.) hauptsächlich
main charter (N.) Hauptsatzung (F.)
main demand (N.) Hauptforderung (F.)
main factual position (N.) Hauptsachlage (F.)
main fault (N.) Hauptmangel (M.)
main hearing (N.) Hapttermin (M.)
main issue (N.) Hauptsache (F.)
main petition (N.) Hauptantrag (M.)
main point (N.) Hauptsache (F.)
main proceedings (N.Pl.) Hauptverfahren (N.)
main request (N.) Hauptantrag (M.)
main sentence (N.) Hauptstrafe (F.)
maintain (V.) erhalten (V.), halten, instandhalten, unterhalten (unterstützen), versorgen
maintenance (N.) Alimentation (F.), Pflege (F.), Unterhalt (M.)
maintenance claim (N.) Unterhaltsanspruch (M.)
maintenance payments (N.Pl.) Alimente (N.Pl.)
main trial (N.) Hauptverhandlung (F.)
majesty (M. bzw. F.) Majestät (F.)
major (Adj.) mündig, volljährig
major (F.) Majorin (F.)
major (M.) Major (M.)
majority (N.) Gros (N.), Majorität (F.), Mehrheit (F.), Mündigkeit (F.), Volljährigkeit (F.)
majority (N.) of votes Stimmenmehrheit (F.)
majority decision (N.) Mehrheitsbeschluss (M.)
majority interest (N.) Mehrheitsbeteiligung (F.)
majority shareholding (N.) Mehrheitsbeteiligung (F.)
majority vote (N.) Mehrheitsbeschluss (M.), Mehrheitswahl (F.)
majority vote system (N.) Mehrheitswahlrecht (N.)
major part (N.) Gros (N.)
major shareholder (F.) Hauptaktionärin (F.)
major shareholder (M. bzw. F.) Hauptaktionär (M.)
make (V.) herstellen
make (V.) a bid bieten
make (V.) a distinction unterscheiden
make (V.) a down payment anzahlen
make (V.) a first install anzahlen
make (V.) a gift schenken
make (V.) a memorandum of notieren
make (V.) an appointment verabreden
make (V.) an authentic copy ausfertigen
make (V.) an entry eintragen
make (V.) a note of notieren
make (V.) a reservation (am.) vorbestellen
make (V.) a row randalieren
make (V.) arrangements disponieren

make (V.) a will testieren (ein Testament anfertigen)
make (V.) evident beweisen
make (V.) into verarbeiten (Material verarbeiten)
make (V.) known bekanntmachen
make (V.) protest verklaren
make (V.) provision vorsorgen
make (V.) rich bereichern
make (V.) sterile sterilisieren
make (V.) up for kompensieren
make (V.) use of nützen (benützen)
maker (F.) Ausstellerin (F.), Herstellerin (F.)
maker (M. bzw. F.) Aussteller (M.) (Aussteller eines Wechsels), Hersteller (M.)
makeshift (N.) Behelf (M.)
making (N.) Herstellung (F.)
making (N.) credible Glaubhaftmachung (F.)
making (N.) out Ausstellung (F.)
making (N.) something appear to be harmless Verharmlosung (F.)
making over (N.) Übereignung (F.)
mala fide bösgläubig
mala fides (N.) (lat.) böser Glaube (M.), Bösgläubigkeit (F.), mala fides (F.) (lat.)
malefactor (F.) Übeltäterin (F.)
malefactor (M. bzw. F.) Übeltäter (M.)
male nurse (M.) Pfleger (M.) (Krankenpfleger)
malevolence (N.) Arglist (F.)
malevolent (Adj.) arglistig
malfeasance (N.) in office Amtsdelikt (N.), Amtsvergehen (N.)
malice (N.) Arglist (F.), dolus (M.) malus (lat.), Tücke (F.)
malicious (Adj.) arglistig, böswillig, mutwillig
malicious use (N.) of process Prozessbetrug (M.)
malperformance (N.) Schlechterfüllung (F.)
malpractice (N.) Kunstfehler (M.), Sorgfaltspflichtverletzung (F.)
malpractice (N.) in office Amtsdelikt (N.)
maltreat (V.) misshandeln, schinden
maltreatment (N.) Misshandlung (F.)
man (M.) of straw Strohmann (M.)
manage (V.) führen, verwalten
management (N.) Besorgung (F.) (Erledigung), Direktion (F.), Führung (F.) (Leitung), Geschäftsführung (F.), Leitung (F.), Verwaltung (F.)
management (N.) and labour (N.) Sozialpartner (M.)
management (N.) of business transaction for one's account Eigengeschäftsführung (F.)
management (N.) without mandate Geschäftsführung (F.) ohne Auftrag
management board (N.) Vorstand (M.)
manager (F.) Geschäftsführerin (F.), Managerin (F.)
manager (M. bzw. F.) Direktor (M.), Geschäftsführer (M.), Manager (M.)
manageress (F.) Direktorin (F.)
managerial (Adj.) leitend (führend)
managership (N.) Geschäftsführung (F.)
managing agent (F.) Handlungsbevollmächtigte (F.)
managing agent (M. bzw. F.) Handlungsbevollmächtigter (M.)
managing clerk (F.) Vollzugsbeamtin (F.)
managing clerk (M. bzw. F.) Vollzugsbeamter (M.)
mandatary (F.) Beauftragte (F.), Mandatarin (F.)
mandatary (M. bzw. F.) Beauftragter (M.), Mandatar (M.)
mandate (N.) Auftrag (M.), Mandat (N.) (Vollmacht für Anwalt)
mandator (F.) Auftraggeberin (F.), Mandantin (F.)
mandator (M. bzw. F.) Auftraggeber (M.), Mandant (M.)
mandatory (Adj.) gerichtlich, obligatorisch
mandatory (F.) Mandatarin (F.)
mandatory (M. bzw. F.) Mandatar (M.)
mandatory merchant (M. bzw. F.) Musskaufmann (M.)
mandatory representation (N.) by lawyers Anwaltszwang (M.)
manhandle (V.) (am.) misshandeln
mania (N.) Manie (F.), Sucht (F.)
manifest (N.) Manifest (N.) (Manifest im Seeverkehrsrecht)
manifest (V.) offenbaren
manifestation (N.) Demonstration (F.)
manifesto (N.) Manifest (N.) (politischer Aufruf)
manor (N.) Rittergut (N.)

manorial domain (N.) Grundherrschaft (F.), Gutsherrschaft (F.)
manorial estate (N.) Grundherrschaft (F.), Gutsherrschaft (F.)
manpower (N.) Arbeitskraft (F.)
manslaughter (N.) Totschlag (M.)
manslayer (F.) Totschlägerin (F.)
manslayer (M. bzw. F.) Totschläger (M.)
manual (N.) Kompendium (N.)
manual delivery (N.) Übergabe (F.)
manual gift (N.) Handschenkung (F.)
manufacture (N.) Herstellung (F.), Manufaktur (F.) (Handarbeitserzeugnis)
manufacture (V.) herstellen, produzieren
manufacturer (F.) Fabrikantin (F.), Herstellerin (F.), Produzentin (F.)
manufacturer (M. bzw. F.) Fabrikant (M.), Hersteller (M.), Produzent (M.)
manufacturing (Adj.) gewerbetreibend
manufacturing defect (N.) Fabrikationsfehler (M.)
manu propria (Adj.) eigenhändig
many-sided (Adj.) komplex
maraud (V.) plündern
marginal trading (N.) Differenzgeschäft (N.)
margin business (N.) Differenzgeschäft (N.)
marital (Adj.) ehelich
marital partner (F.) Ehegattin (F.)
marital partner (M. bzw. F.) Ehegatte (M.)
maritime law (N.) Seerecht (N.)
maritime lien (N.) Schiffspfandrecht (N.)
mark (N.) Marke (F.), Note (F.) (Leistungsbeurteilung)
mark (V.) stempeln
mark (V.) down abschreiben (als Verlust anrechnen), ermäßigen
mark act (N.) Markengesetz (N.)
market (N.) Markt (M.)
market economy (N.) Marktwirtschaft (F.)
market law (N.) Marktrecht (N.)
market leader (F.) Marktführerin (F.)
market leader (M. bzw. F. bzw. N.) Marktführer (M.)
market organization (N.) Marktordnung (F.)
market price (N.) Marktpreis (M.)
market regulations (N.Pl.) Marktordnung (F.)
Market Restraint Act (N.) Gesetz (N.) gegen Wettbewerbsbeschränkungen
market-share (N.) Marktanteil (M.)
marriage (N.) Ehe (F.), Eheschließung (F.), Heirat (F.), Hochzeit (F.), Vermählung (F.)
marriage (N.) of convenience Scheinehe (F.)
marriageable age (N.) Ehemündigkeit (F.)
marriage act (N.) Ehegesetz (N.)
marriage broker (F.) Ehevermittlerin (F.)
marriage broker (M. bzw. F.) Ehevermittler (M.)
marriage brokerage (N.) Heiratsvermittlung (F.)
marriage-broking (N.) Ehevermittlung (F.)
marriage ceremony (N.) Trauung (F.)
marriage certificate (N.) Heiratsurkunde (F.)
marriage contract (N.) Ehevertrag (M.)
marriage law (N.) Ehegesetz (N.), Eherecht (N.)
marriage licence (N.) (brit.) Heiratserlaubnis (F.)
marriage license (N.) (am.) Heiratserlaubnis (F.)
marriage prohibition (N.) Eheverbot (N.)
marriage property law (N.) Ehegüterrecht (N.)
marriage property register (N.) Güterrechtsregister (N.)
married name (N.) Ehename (M.)
marry (V.) ehelichen, heiraten, vermählen (sich vermählen)
marshal (M. bzw. F.) (am.) Polizeichef (M.)
marshall (F.) Marschallin (F.)
marshall (F.) (am.) Polizeichefin (F.)
marshall (M.) Marschall (M.)
martial (Adj.) militärisch
martial law (N.) Kriegsrecht (N.) (innerstaatliches Notstandsrecht), Standrecht (N.)
mask (V.) vermummen, verschleiern
masochism (N.) Masochismus (M.)
mason (F.) Freimaurerin (F.)
mason (M.) Freimaurer (M.)
mass (N.) Masse (F.)
massacre (N.) Massaker (N.)
master (F.) Rechtspflegerin (F.)
master (M. bzw. F.) Dienstherr (M.), Herr (M.), Meister (M.), Rechtspfleger (M.)
Master (M. bzw. F.) Magister (M.)
master builder (M. bzw. F.) Baumeister (M.)

master craftsman (M.) Ausbildender (M.), Meister (M.), Ausbilder (M.), beruflicher Ausbilder (M.)
master craftswoman (F.) Ausbildende (F.), Meisterin (F.)
masterpiece (N.) Meisterstück (N.)
master-servant-relation (N.) Arbeitsverhältnis (N.), Dienstverhältnis (N.)
material (Adj.) körperlich, materiell, real (dinglich), sachlich, wesentlich
material (N.) Material (N.), Stoff (M.)
material constitution (N.) materielle Verfassung (F.)
material evidence (N.) corpus (N.) delicti (lat.)
materialism (N.) Materialismus (M.)
material proof (N.) corpus (N.) delicti (lat.)
material witness (F.) Hauptzeugin (F.)
material witness (M. bzw. F.) Hauptzeuge (M.)
maternity (N.) Mutterschaft (F.)
maternity grant (N.) Mutterschaftsgeld (N.)
maternity leave (N.) Mutterschaftsurlaub (M.)
matriarchate (N.) Matriarchat (N.)
matriarchy (N.) Matriarchat (N.), Mutterrecht (N.)
matriculate (V.) immatrikulieren
matriculation (N.) Immatrikulation (F.)
matrimonial (Adj.) ehelich
matrimonial cause (N.) Eheprozess (M.)
matrimonial law (N.) Eherecht (N.)
matrimonial offence (N.) Eheverfehlung (F.)
matrimonial property agreement (N.) Ehevertrag (M.)
matrimonial regime (N.) Güterstand (M.)
matrimony (N.) Ehe (F.), Heirat (F.)
matter (N.) Angelegenheit (F.), Sache (F.) (Angelegenheit)
matter (N.) handled upon request Auftragsangelegenheit (F.)
matter (N.) of fact Tatfrage (F.)
matter (N.) of form Formalie (F.)
matter (N.) of public concern öffentlicher Belang (M.)
matters (N.Pl.) arising Tagesordnungspunkt (M.)
matureness (N.) Reife (F.)
maturity (N.) Fälligkeit (F.), Reife (F.), Verfall (M.) (Verfall eines Wechsels)
maul (V.) misshandeln
maxim (N.) Grundsatz (M.), Maxime (F.)
maximum price (N.) Höchstpreis (M.)
maximum-sum mortgage (N.) Höchstbetragshypothek (F.)
mayor (F.) Bürgermeisterin (F.)
mayor (M. bzw. F.) Bürgermeister (M.)
mean (N.) endangering the public gemeingefährliches Mittel (N.)
mean (N.) of coercion Zwangsmittel (N.)
mean (N.) of correction Zuchtmittel (N.)
mean (N.) of payment Zahlungsmittel (N.)
mean (V.) bedeuten
meaning (N.) Bedeutung (F.)
means (N.) of transportation (am.) Verkehrsmittel (N.)
means (N.Pl.) Mittel (N.)
means (N.Pl.) of coercion Beugemittel (N.Pl.)
means (N.Pl.) of proof Beweismittel (N.)
measure (N.) Maß (N.), Maßnahme (F.)
measure (N.) of capacity Hohlmaß (N.)
measure (N.) of penalty Strafmaß (N.)
measure (V.) messen, vermessen (V.)
measurement (N.) Beurteilung (F.)
measuring (N.) Vermessung (F.)
mechanic's lien (N.) Unternehmerpfandrecht (N.)
Mecklenburg-Western Pomerania (F.) Mecklenburg-Vorpommern (N.)
medal (N.) Orden (M.) (Ehrenzeichen), Plakette (F.)
media (N.Pl.) Medien (N.Pl.)
media law (N.) Medienrecht (N.)
mediate (Adj.) mittelbar
mediate (V.) vermitteln (als Mittler auftreten)
mediation (N.) Schlichtung (F.), Vermittlung (F.)
mediation agency (N.) Schlichtungsstelle (F.)
mediation committee (N.) Vermittlungsausschuss (M.)
mediatization (N.) Mediatisierung (F.)
mediatize (V.) mediatisieren
medical (Adj.) ärztlich, medizinisch
medical examiner (F.) Vertrauensärztin (F.)
medical examiner (F.) (am.) Amtsärztin (F.)

medical examiner (M. bzw. F.) Vertrauensarzt (M.)
medical examiner (M. bzw. F.) (am.) Amtsarzt (M.)
medical insurance (N.) Krankenversicherung (F.)
medical law (N.) Medizinrecht (N.)
medical officer (F.) of health (br.) Amtsärztin (F.)
medical officer (M. bzw. F.) of health (brit.) Amtsarzt (M.)
medical practitioner (F.) Ärztin (F.)
medical practitioner (M. bzw. F.) Arzt (M.)
medical preparation (N.) Arzneimittel (N.)
Medical Preparations Act (N.) Arzneimittelgesetz (N.)
medical report (N.) on paternity Vaterschaftsgutachten (N.)
medical science (N.) Heilkunde (F.), Medizin (F.)
medicinal (Adj.) medizinisch
medicine (N.) Arznei (F.), Arzneimittel (N.), Droge (F.), Medizin (F.)
Medicine Advertisement Act (N.) Heilmittelwerbegesetz (N.)
medicine law (N.) Medizinrecht (N.)
Medicine Product Act (N.) Medizinproduktegesetz (N.)
medium (N.) Medium (N.), Mittel (N.)
meet (V.) einhalten, erfüllen (verwirklichen), versammeln (sich versammeln)
meeting (N.) Sitzung (F.), Tagung (F.), Versammlung (F.)
meeting (N.) of creditors Gläubigerversammlung (F.)
meeting (N.) of minds Einigung (F.), Willenseinigung (F.) (Willenseinigung im angloamerikanischen Recht)
meeting (N.) of shareholders Hauptversammlung (F.)
meeting (N.) of stockholders Hauptversammlung (F.)
member (F.) of a co-operative society Genossin (F.)
member (F.) of a jury Geschworene (F.)
member (F.) of a mining company Gewerkin (F.)
member (M. bzw. F.) Mitglied (N.)
member (M. bzw. F.) of a co-operative society Genosse (M.)
member (M. bzw. F.) of a jury Geschworener (M.)
member (M. bzw. F.) of a mining company Gewerke (M.)
Member (M. bzw. F.) of Parliament (brit.) Abgeordneter (M.)
membership (N.) Mitgliedschaft (F.)
memorandum (N.) Aufzeichnung (F.), Memorandum (N.), Niederschrift (F.)
memorandum (N.) of association Gesellschaftsvertrag (M.), Gründungsvertrag (M.), Satzung (F.)
memorandum (N.) of debt Schuldschein (M.)
memorandum sale (N.) Kauf (M.) auf Probe
memorial (N.) Denkmal (N.)
memory (N.) Erinnerung (F.) (Rückbesinnung)
menace (N.) Bedrohung (F.), Drohung (F.)
menace (V.) bedrohen
ménage (N.) à trois (franz.) Dreiecksverhältnis (N.)
mend (V.) instandsetzen, nachbessern
mendicancy (N.) Bettelei (F.)
mendicant (F.) Bettlerin (F.)
mendicant (M. bzw. F.) Bettler (M.)
mental (Adj.) geistig
mental anguish (N.) seelischer Schmerz (M.)
mental disease (N.) Geisteskrankheit (F.)
mental disturbance (N.) Bewusstseinsstörung (F.)
mental element (N.) subjektiver Tatbestand (M.)
mental element (N.) of an offence subjektives Tatbestandsmerkmal (N.), subjektives Unrechtselement (N.)
mental home (N.) Irrenanstalt (F.)
mental incapacity (N.) Unzurechnungsfähigkeit (F.)
mentally ill (Adj.) geisteskrank
mental reservation (N.) geheimer Vorbehalt (M.), Mentalreservation (F.)
mercantile (Adj.) kaufmännisch
mercantile affair (N.) Handelssache (F.)
mercantile agency (N.) Handlungsvollmacht (F.)
mercantile broker (M. bzw. F.) Handelsmakler (M.)
mercantile custom (N.) Handelsbrauch (M.)

mercantile law (N.) Handelsrecht (N.)
mercantile lien (N.) kaufmännisches Zurückbehaltungsrecht (N.)
mercantile partnership (N.) offene Handelsgesellschaft (F.)
mercantile sale (N.) Handelskauf (M.)
mercantile transaction (N.) Handelsgeschäft (N.) (Rechtsgeschäft im Handelsbereich)
mercantilism (N.) Merkantilismus (M.)
mercenary (M.) Söldner (M.)
merchandise (N.) Ware (F.)
merchandising (N.) Merchandising (N.)
merchant (F.) Kauffrau (F.)
merchant (F.) by appearance Scheinkauffrau (F.)
merchant (F.) by legal form Formkauffrau (F.)
merchant (M. bzw. F.) Kaufmann (M.)
merchant (M. bzw. F.) by appearance Scheinkaufmann (M.)
merchant (M. bzw. F.) by legal form Formkaufmann (M.)
mercy (N.) Gnade (F.)
mercy killing (N.) Euthanasie (F.)
merge (V.) fusionieren, verschmelzen
merger (N.) Fusion (F.), Verschmelzung (F.), Zusammenschluss (M.)
merit (N.) Leistung (F.), Verdienst (N.) (Leistung)
mesne process (N.) Zwischenverfahren (N.)
message (N.) Botschaft (F.) (Mitteilung), Nachricht (F.)
messenger (F.) Botin (F.), Kurierin (F.)
messenger (M. bzw. F.) Bote (M.), Kurier (M.)
messy fellow (M.) Schmierer (M.)
method (N.) Methode (F.)
method (N.) of collection Einziehungsverfahren (N.)
methodic (Adj.) methodisch
methodology (N.) Methodenlehre (F.), Methodik (F.), Methodologie (F.)
metropolis (N.) Großstadt (F.)
middleman (M.) Vermittler (M.)
midwife (F.) Hebamme (F.)
milieu (N.) Milieu (N.)
military (Adj.) militärisch
military (N.) Militär (N.)
military funds (N.Pl.) Wehrmittel (N.Pl.)
military law (N.) Wehrrecht (N.)
military penal law (N.) Wehrstrafrecht (N.)
military resources (N.Pl.) Wehrmittel (N. Pl.)
military service (N.) Wehrdienst (M.)
military tribunal (N.) Kriegsgericht (N.)
military weapon (N.) Kriegswaffe (F.)
militia (N.) Miliz (F.)
mind (N.) Gehirn (N.), Psyche (F.)
minder (F.) Tierhalterin (F.)
minder (M. bzw. F.) Tierhalter (M.)
mine (N.) Grube (F.) (Mine)
mine pit (N.) Bergwerk (N.)
miner (F.) Bergarbeiterin (F.), Knappin (F.)
miner (M.) Bergarbeiter (M.), Knappe (M.)
mineral resource (N.) Bodenschatz (M.)
miners' guild (N.) Knappschaft (F.)
mine worker (F.) Knappin (F.)
mine worker (M.) Bergarbeiter (M.), Knappe (M.)
mingle (V.) mischen, vermengen, vermischen
minimize (V.) herabsetzen, verharmlosen
minimum age (N.) for employment Arbeitsmündigkeit (F.)
minimum capital (N.) Mindestkapital (N.)
minimum penalty (N.) Mindeststrafe (F.)
minimum reserve (N.) Mindestreserve (F.)
minimum sentence (N.) Mindeststrafe (F.)
minimum spacing (N.) of buildings Bauwich (M.)
minimum wage (N.) Mindestlohn (M.)
mining (N.) Bergbau (M.)
mining company (N.) Zeche (F.) (Grube im Bergbau)
mining industry (N.) Bergbau (M.)
mining privilege (N.) Bergrecht (N.)
mining share (N.) (brit.) Kux (M.)
mining stock (N.) (am.) Kux (M.)
minister (F.) Ministerin (F.), Pastorin (F.)
minister (F.) of finance Finanzministerin (F.)
minister (F.) of justice Justizministerin (F.)
minister (M. bzw. F.) Minister (M.), Pastor (M.)
minister (M. bzw. F.) of finance Finanzminister (M.)
Minister (M. bzw. F.) of Interior Innenminister (M.)
minister (M. bzw. F.) of justice Justizminister (M.)
ministerial (Adj.) ministeriell

minister of interior (F.) Innenministerin (F.)
ministry (N.) Ministerium (N.)
ministry (N.) of justice Justizministerium (N.)
minor (Adj.) geringfügig, minderjährig
minority (N.) Minderheit (F.), Minderjährigkeit (F.), Minorennität (F.), Minorität (F.), Unmündigkeit (F.)
minority interest (N.) Minderheitsbeteiligung (F.)
minority shareholding (N.) Minderheitsbeteiligung (F.)
minor offence (N.) Bagatelldelikt (N.)
minute (V.) protokollieren
minutes (N.Pl.) Niederschrift (F.), Protokoll (N.) (Niederschrift einer Sitzung)
misadventure (N.) Unglücksfall (M.)
misapply (V.) missbrauchen
misappropriate (V.) unterschlagen, veruntreuen
misappropriation (N.) Unterschlagung (F.), Veruntreuung (F.)
miscalculation (N.) Kalkulationsirrtum (M.)
miscarriage (N.) Fehlgeburt (F.)
miscarriage (N.) of criminal act aberratio (F.) ictus (lat.)
miscarriage (N.) of justice Rechtsbeugung (F.)
miscellaneous (Adj.) sonstig
miscellaneous (N.) Verschiedenes (N.)
mischief (N.) Unfug (M.)
mischievous (Adj.) mutwillig
misconstrue (V.) missverstehen
misdeed (N.) Missetat (F.)
misdemeanor (N.) (am.) Vergehen (N.)
misdemeanour (N.) (brit.) Vergehen (N.)
misdoing (N.) Missetat (F.)
miserable (Adj.) dürftig (kümmerlich)
miserableness (N.) Dürftigkeit (F.)
misfeasance (N.) Pflichtverletzung (F.)
misfortune (N.) Unglück (N.), Unglücksfall (M.)
mislead (V.) irreführen
misperformance (N.) Schlechterfüllung (F.)
misread (V.) missverstehen
misrepresentation (F.) Täuschung (F.)
misrepresentation (N.) Falschdarstellung (F.) (Falschdarstellung im angloamerikanischen Recht), Irreführung (F.) (Irreführung im angloamerikanischen Recht), Verletzung (F.) einer Vertragspflicht (Verletzung einer Vertragspflicht im angloamerikanischen Recht)
miss (V.) versäumen
missing (Adj.) verschollen
mistake (N.) Fehler (M.), Irrtum (M.)
mistake (N.) as to a guarantor's obligation Gebotsirrtum (M.)
mistake (N.) as to the facts and cirumstances of an offence Tatumstandsirrtum (M.)
mistake (N.) as to the legal consequences Rechtsfolgenirrtum (M.)
mistake (N.) in the instructions Instruktionsfehler (M.)
mistake (N.) in the utterance Erklärungsirrtum (M.)
mistake (V.) missverstehen
mistaken (Adj.) irrtümlich
mistaken delivery (N.) Falschlieferung (F.)
mistress (F.) Herrin (F.)
mistrial (N.) Fehlprozess (M.)
misunderstand (V.) missverstehen
misunderstanding (N.) Missverständnis (N.)
misuse (N.) Missbrauch (M.), Zweckentfremdung (F.)
misuse (N.) of automatic machines Automatenmissbrauch (M.)
misuse (N.) of identification papers Ausweismissbrauch (M.)
misuse (N.) of slot machines Automatenmissbrauch (M.)
misuse (V.) missbrauchen
mitigate (V.) mildern
mitigation (N.) Herabsetzung (F.)
mitigation (N.) of sentence Strafmilderung (F.)
mitigation cause (N.) Milderungsgrund (M.)
mix (V.) mischen, vermengen, vermischen
mixed contract (N.) gemischter Vertrag (M.)
mixed donation (N.) gemischte Schenkung (F.)
mixed marriage (N.) Mischehe (F.)
mixing (N.) Vermischung (F.)
mixing (N.) together Vermengung (F.)
mob (N.) Rotte (F.) (Gruppe von Menschen)

mobile (Adj.) ambulant, mobil
mobile police (N.) Bereitschaftspolizei (F.)
mob-law (N.) Lynchjustiz (F.)
mockery (N.) Hohn (M.)
mock marriage (N.) Scheinehe (F.)
mode (N.) Art (F.) (Methode), Methode (F.), modus (M.) (lat.)
model (N.) Ideal (N.), Muster (N.)
moderate (Adj.) billig
modification (N.) Abänderung (F.), Änderung (F.), Veränderung (F.)
modification (N.) of data Datenveränderung (F.)
modify (V.) abändern, ändern, verändern
moiety (N.) Hälfte (F.)
molest (V.) belästigen, nötigen
molestation (N.) Belästigung (F.)
Monaco (N.) Monaco (N.)
monarch (F.) Herrscherin (F.), Monarchin (F.)
monarch (M. bzw. F.) Herrscher (M.), Monarch (M.)
monarchic (Adj.) monarchisch
monarchic principle (N.) monarchisches Prinzip (N.)
monarchism (N.) Monarchismus (M.)
monarchy (N.) Monarchie (F.)
monastery (N.) Kloster (N.) (Kloster für Mönche)
monetary compensation (N.) Geldersatz (M.)
monetary union (N.) Währungsunion (F.)
monetary value (N.) Geldwert (M.)
money (N.) Geld (N.)
money (N.) in account Giralgeld (N.)
money (N.) on call Tagesgeld (N.)
money claim (N.) Geldforderung (F.)
money compensation (N.) in lieu of future inheritance Erbausgleich (M.)
money damages (N:Pl.) Geldschadensersatz (M.) (Geldschadensersatz im angloamerikanischen Recht)
money debt (N.) Geldschuld (F.)
money due (N.) Geldforderung (F.)
moneyless economy (N.) Naturalwirtschaft (F.)
money loan (N.) Darlehen (N.)
money order (N.) (brit.) Postanweisung (F.)
money transfers (N.Pl.) Zahlungsverkehr (M.)
monism (N.) Monismus (M.) (Monismus im Völkerrecht)
monitor (V.) abhören
monitoring (N.) Abhören (N.)
monk (M.) Mönch (M.)
monocratic (Adj.) monokratisch
monogamy (N.) Monogamie (F.)
monopolize (V.) monopolisieren
monopoly (N.) Monopol (N.)
monstrosity (N.) Missgeburt (F.)
month (N.) Monat (M.)
monthly (Adj.) monatlich
monument (N.) Denkmal (N.)
moonlighter (F.) Schwarzarbeiterin (F.)
moonlighter (M. bzw. F.) Schwarzarbeiter (M.)
moonlighting (N.) Schwarzarbeit (F.)
mora (N.) accipiendi (lat.) Annahmeverzug (M.)
mora (N.) debitoris (lat.) Schuldnerverzug (M.)
moral (Adj.) moralisch, sittlich
moral code (N.) Moral (F.)
morale (N.) Moral (F.)
moral evidence (N.) Freibeweis (M.)
morality (N.) Sitte (F.), Sittlichkeit (F.)
moral law (N.) Sittengesetz (N.)
morals (N.Pl.) Moral (F.), Sittlichkeit (F.)
moratorium (N.) Moratorium (N.)
morganatic (Adj.) morganatisch
morphia (N.) Morphium (N.)
morphine (N.) Morphium (N.)
mortal (Adj.) tödlich
mortal danger (N.) Lebensgefahr (F.)
mortgage (N.) Hypothek (F.)
mortgage (V.) verpfänden
mortgage bank (N.) Hypothekenbank (F.)
mortgage-bank bond (N.) Pfandbrief (M.)
mortgage bond (N.) Hypothekenpfandbrief (M.), Pfandbrief (M.)
mortgage certificate (N.) Hypothekenbrief (M.)
mortgage charge (N.) Hypothek (F.)
mortgage debenture (N.) Hypothekenpfandbrief (M.)
mortgagee (F.) Pfandnehmerin (F.)
mortgagee (M. bzw. F.) Pfandnehmer (M.)
mortgaging (N.) Verpfändung (F.)
mortmain (N.) tote Hand (F.)
Moslem (F.) Moslemin (F.)
Moslem (M. bzw. F.) Moslem (M.)

most-favoured-nation clause (N.) Meistbegünstigungsklausel
mother (F.) Mutter (F.)
Mother (F.) of the House Alterspräsidentin (F.)
mother country (N.) Heimat (F.), Vaterland (N.)
motherhood (N.) Mutterschaft (F.)
mother-in-law (F.) Schwiegermutter (F.)
motion (N.) Antrag (M.)
motion (N.) for alternative relief Hilfsantrag (M.)
motion (N.) for judgement Klageantrag (M.)
motion (N.) submitted by a party Parteiantrag (M.)
motion (N.) to take evidence Beweisantrag (M.)
motivation (N.) Beweggrund (M.)
motive (N.) Anlass (M.), Beweggrund (M.), Grund (M.) (Anlass), Motiv (N.)
motor car insurance (N.) Kraftfahrzeugversicherung (F.)
motor vehicle (N.) Kraftfahrzeug (N.)
motor vehicle registration certificate (N.) Kraftfahrzeugschein (M.)
motor vehicle tax (N.) Kraftfahrzeugsteuer (F.)
motorway (N.) (brit.) Autobahn (F.)
motto (N.) Devise (F.)
mouth (N.) Mund (M.)
movable (Adj.) beweglich, mobil
movable (N.) bewegliche Sache (F.), Mobilie (F.)
movable good (N.) bewegliche Sache (F.)
movable proberty (N.) Mobilie (F.)
movables (N.Pl.) Fahrhabe (F.), Fahrnis (F.)
movement (N.) of goods Warenverkehr (M.)
mugging (N.) Straßenraub (M.)
multilateral (Adj.) multilateral
multimedia (N.Pl.) Multimedia (N.Pl.)
multinational (Adj.) multinational
multi-perpetration (N.) Mehrtäterschaft (F.)
multiple delivery contract (N.) Sukzessivlieferungsvertrag (M.)
multiple national (F.) Mehrstaaterin (F.)
multiple national (M. bzw. F.) Mehrstaater (M.)
multiple reservation (N.) Konzernvorbehalt (M.)
multistage (Adj.) mehrstufig
multistage administrative act (N.) mehrstufiger Verwaltungsakt (M.)
Munich Agreement (N.) Münchener Abkommen (N.)
municipal (Adj.) kommunal
municipal authority (N.) Magistrat (N.)
municipal board (N.) Magistrat (N.)
municipal compensation (N.) Konzessionsabgabe (F.)
municipal council (N.) Gemeinderat (M.), Stadtrat (M.) (Stadtparlament)
municipal councillor (F.) Stadträtin (F.)
municipal councillor (M. bzw. F.) Stadtrat (M.) (Stadtabgeordneter)
municipal election (N.) Kommunalwahl (F.)
municipal enterprise (N.) Gemeindebetrieb (M.)
municipality (N.) Gemeinde (F.), Kommune (F.) (Gemeinde)
municipal law (N.) Gemeinderecht (N.), Kommunalrecht (N.)
municipal officer (F.) Gemeindebeamtin (F.)
municipal officer (M. bzw. F.) Gemeindebeamter (M.)
municipal regulations (N.Pl.) Gemeindeordnung (F.)
municipal right (N.) Stadtrecht (M.)
municipal tax (N.) Gemeindesteuer (F.)
municpal (Adj.) städtisch
murder (N.) Mord (M.)
murder (N.) and robbery (N.) Raubmord (M.)
murder (V.) morden
murderer (M. bzw. F.) Mörder (M.)
murderous lust (N.) Mordlust (F.)
museum (N.) Museum (N.)
Muslim (F.) Moslemin (F.)
Muslim (M. bzw. F.) Moslem (M.)
must (V.) be acquainted with kennen müssen
must (V.) know kennen müssen
mute (Adj.) stumm
mutilate (V.) verstümmeln
mutilation (N.) Verstümmelung (F.)
mutinee (V.) meutern
mutineer (F.) Meutererin (F.)
mutineer (M. bzw. F.) Meuterer (M.)

mutiny (N.) Meuterei (F.)
mutiny (N.) by prisoners Gefangenenmeuterei (F.)
mutiny (N.) of soldiers Soldatenmeuterei (F.)
mutiny (V.) meutern, rebellieren
mutual (Adj.) gegenseitig, gemeinsam, korrespektiv
mutual condition (N.) Junktim (N.)
mutual consent (N.) Einigung (F.)
mutual indemnity association (N.) Berufsgenossenschaft (F.)
mutuality (N.) Gegenseitigkeit (F.), Reziprozität (F.)
mutual savings bank (N.) Sparkasse (F.)
mutual testament (N.) gegenseitiges Testament (N.)
mutual will (N.) gegenseitiges Testament (N.), reziprokes Testament (N.)

n

naked possession (N.) Rechtsbesitz (M.)
name (N.) Name (M.), Ruf (M.)
name (N.) at birth Geburtsname (M.)
name (V.) ernennen, nennen
naming (N.) Namenserteilung (F.)
narcotic (N.) Betäubungsmittel (N.), Rauschgift (N.)
narcotic drug (N.) Betäubungsmittel (N.), Rauschgift (N.)
narcotics act (N.) Betäubungsmittelgesetz (N.)
narcotization (N.) Betäubung (F.)
narcotize (V.) betäuben
nation (N.) Nation (F.)
national (Adj.) inländisch, national, staatlich
national (F.) Staatsangehörige (F.), Staatsbürgerin (F.)
national (M. bzw. F.) Staatsangehöriger (M.), Staatsbürger (M.)
national anthem (N.) Hymne (F.), Nationalhymne (F.)
national assembly (N.) Nationalversammlung (F.)
national church (N.) Staatskirche (F.)
national color (N.) (am.) Nationalfarbe (F.)
national colour (N.) (brit.) Nationalfarbe (F.)
national consciousness (N.) Nationalbewusstsein (N.)
national convention (N.) Nationalkonvent (M.)
National Council (N.) Nationalrat (M.)
national economy (N.) Volkswirtschaft (F.)
national emblem (N.) Hoheitszeichen (N.), Staatssymbol (N.)
national emergency (N.) for the defence of the country defensiver Notstand (M.), Verteidigungsnotstand (M.)
national feeling (N.) Nationalgefühl (N.)
national insurance (N.) (brit.) Sozialversicherung (F.)
national insurance contribution (N.) (brit.) Sozialversicherungsbeitrag (M.)
nationalism (N.) Nationalismus (M.)
nationalist (Adj.) nationalistisch
nationalistic (Adj.) nationalistisch
nationality (N.) Nationalität (F.), Staatsangehörigkeit (F.)
nationality (N.) (brit.) Staatsbürgerschaft (F.)
nationalization (N.) Sozialisierung (F.), Verstaatlichung (F.)
nationalize (V.) sozialisieren, verstaatlichen
national jurisdiction (N.) Hoheitsgewalt (F.)
national rules (N.Pl.) and regulations (N. Pl.) for notaries Bundesnotarordnung (F.)
national socialism (N.) Nationalsozialismus (M.)
national socialist (Adj.) nationalsozialistisch
national sovereignty (N.) Volkssouveränität (F.)
national symbol Nationalsymbol (N.)
national territory (N.) Staatsgebiet (N.)
nation state (N.) Nationalstaat (M.)
nationwide (Adj.) national
native (Adj.) inländisch
native country (N.) Vaterland (N.)
NATO (N.) (North Atlantic Treaty Organization) NATO (F.) (North Atlantic Treaty Organization)
natural (Adj.) natürlich, nichtehelich (nicht in der Ehe zeugend)
naturalization (N.) Einbürgerung (F.), Naturalisation (F.)
naturalize (V.) einbürgern, naturalisieren

natural justice (N.) Naturrecht (N.)
natural law (N.) Naturrecht (N.)
natural obligation (N.) Naturalobligation (F.)
natural person (M. bzw. F.) natürliche Person (F.)
natural resource (N.) Bodenschatz (M.)
natural right (N.) Grundrecht (N.)
nature (N.) Natur (F.)
nature preservation (N.) Naturschutz (M.)
nature protection (N.) Naturschutz (M.)
naval court (N.) Schifffahrtsgericht (N.)
naval prize (N.) Prise (F.)
naval supremacy (N.) Seeherrschaft (F.)
navigation (N.) Schifffahrt (F.)
navigation court (N.) Schifffahrtsgericht (N.)
navy (N.) Marine (F.)
nazi (Adj.) nationalsozialistisch
necessary (Adj.) erforderlich, nötig, notwendig
necessary (N.) Notwendigkeit (F.)
necessary outlay (N.) notwendige Verwendung (F.)
necessitate (V.) erfordern
necessitiy (N.) Notwendigkeit (F.)
necessity (N.) Erforderlichkeit (F.), Erfordernis (N.)
necessity (N.) of clarity and definiteness Bestimmtheitserfordernis (N.)
necropsy (N.) Autopsie (F.)
need (N.) Bedarf (M.), Bedürfnis (N.), Bedürftigkeit (F.), Not (F.)
need (V.) brauchen
needful (Adj.) nötig, notwendig
neediness (N.) Dürftigkeit (F.)
needy (Adj.) bedürftig, dürftig (bedürftig)
negating (Adj.) negatorisch
negating right (N.) negatorischer Anspruch (M.)
negative (Adj.) negativ
negative public disclosure (N.) negative Publizität (F.)
negative side (N.) of the right of coalition negative Koalitionsfreiheit (F.)
negative testament (N.) Negativtestament (N.)
neglect (N.) Nachlässigkeit (F.), Verwahrlosung (F.)
neglect (V.) missachten, vernachlässigen, versäumen
neglectful (Adj.) nachlässig
neglecting (N.) Vernachlässigung (F.)
negligence (N.) Fahrlässigkeit (F.), Leichtfertigkeit (F.), Nachlässigkeit (F.)
negligence (N.) in the course of contracting culpa (F.) in contrahendo (lat.)
negligent (Adj.) fahrlässig, leichtfertig, nachlässig
negligent offence (N.) Fahrlässigkeitsdelikt (N.)
negligible (Adj.) unwesentlich
negotiable document (N.) of title Traditionspapier (N.)
negotiable instrument (N.) begebbares Wertpapier (N.), Wertpapier (N.)
negotiable note (N.) Solawechsel (M.)
negotiable promissory note (N.) Solawechsel (M.)
negotiate (V.) verhandeln
negotiation (N.) Verhandlung (F.) (Verhandlung im Völkerrecht)
neighbour (F.) Nachbarin (F.)
neighbour (M. bzw. F.) Nachbar (M.)
neighbour law (N.) Nachbarrecht (N.)
Neo-Hegelianism (N.) Neuhegelianismus (M.)
Neo-Kantianism (N.) Neukantianismus (M.)
nepotism (N.) Vetternwirtschaft (F.)
net (Adj.) netto
net cash (N.) netto Kasse
netmoney (N.) Netzgeld (N.)
net profit (N.) Reingewinn (M.)
network (N.) Netzwerk (N.)
net worth (N.) eigenes Kapital, Eigenkapital (N.), Reinvermögen (N.)
neutral (Adj.) neutral
neutrality (N.) Neutralität (F.)
neutral zone (N.) Bannmeile (F.), Sperrgebiet (N.)
new election (N.) Neuwahl (F.)
newly settled farmer (F.) Aussiedlerin (F.)
newly settled farmer (M. bzw. F.) Aussiedler (M.)
news (N.) Nachricht (F.)
newspaper (N.) Zeitung (F.)
newspapers (N.Pl.) Presse (F.) (Gesamtheit der Druckerzeugnisse)
nicotine (N.) Nikotin (N.)
niece (F.) Nichte (F.)
night shelter (N.) Obdachlosenasyl (N.)
nobility (N.) Adel (M.), Adelsstand (M.)

noble (Adj.) edel
nobleman's estate (N.) Rittergut (N.)
no-claims bonus (N.) Schadensfreiheitsrabatt (M.)
no crime (N.) without law nullum crimen (N.) sine lege (lat.)
noise (N.) Lärm (M.)
no-man-company (N.) Keinmanngesellschaft (F.)
nomen (N.) juris Rechtsbegriff (M.)
nominal (Adj.) nominal, nominell
nominal amount (N.) Nennbetrag (M.)
nominal capital (N.) Gesellschaftskapital (N.), Grundkapital (N.), Nennkapital (N.)
nominal coincidence (N.) Idealkonkurrenz (F.)
nominal damage (N.) nominaler Schaden (M.) (nominaler Schaden im angloamerikanischen Recht)
nominal marriage (N.) Namensehe (F.)
nominal value (N.) Nennwert (M.) (Wertpapiernennwert)
nominate (V.) aufstellen, ernennen, nominieren
nomination (N.) Aufstellung (F.), Ernennung (F.), Nominierung (F.)
nominee (F.) Kandidatin (F.)
nominee (M. bzw. F.) Kandidat (M.)
nominee acount (N.) Anderkonto (N.)
non-acceptance (N.) Ausschlagung (F.)
non-act (N.) Unterlassung (F.)
non-admission (N.) Nichtzulassung (F.)
non-appearance (N.) Ausbleiben (N.)
non-attendance (N.) Versäumnis (N.) (Fehlen)
non-business day (N.) Feiertag (M.)
non-commercial partnership Gesellschaft (F.) des bürgerlichen Rechts
non-compliance (N.) Nichterfüllung (F.)
non compos mentis (Adj.) unzurechnungsfähig
non-conformist (F.) Dissidentin (F.)
non-conformist (M. bzw. F.) Dissident (M.)
non-contentious jurisdiction (N.) freiwillige Gerichtsbarkeit (F.)
nondenominational school (N.) Gemeinschaftsschule (F.)
non - disclosure (N.) of an intended crime Nichtanzeige (F.) einer geplanten Straftat
non-entitled (Adj.) nichtberechtigt
non-entitled party (F.) Nichtberechtigte (F.)
non-entitled party (M. bzw. F.) Nichtberechtigter (M.)
non-existent marriage (N.) Nichtehe (F.)
nonfeasance (N.) Unterlassen (N.)
non-fungible thing (N.) unvertretbare Sache (F.)
non-incorporated society (N.) nichtrechtsfähiger Verein (M.)
non-leviable (Adj.) unpfändbar
non-life insurance (N.) Sachversicherung (F.)
non-material damage (N.) immaterieller Schaden (M.)
non-military service (N.) Ersatzdienst (M.), Zivildienst (M.)
non-negotiable document (N.) of entitlement Legitimationspapier (N.) (Legitimationspapier im Schuldrecht)
non-negotiable instrument (N.) Rektapapier (N.)
non-performance (N.) Nichterfüllung (F.), Nichtleistung (F.)
non-professional judge (F.) Laienrichterin (F.)
non-professional judge (M. bzw. F.) Laienrichter (M.)
non-profit (Adj.) gemeinnützig
non-profit association (N.) Idealverein (M.)
non-profit making character (N.) Gemeinnützigkeit (F.)
non-property damage (N.) Nichtvermögensschaden (M.)
non-resident (Adj.) auswärtig
nonreversible (Adj.) (am.) irreversibel
non-reversible (Adj.) (brit.) irreversibel
non-term (N.) Gerichtsferien (Pl.)
non-trading society (N.) Idealverein (M.)
non-use (N.) of discretion Ermessensnichtgebrauch (M.)
non-working day (N.) Feiertag (M.)
norm (N.) Norm (F.)
normal (Adj.) normal, ortsüblich
normal penalty (N.) Regelstrafe (F.)
normal requirement (N.) Regelbedarf (M.)
normative (Adj.) normativ
normative element (N.) of an offence (brit.) normatives Tatbestandsmerkmal (N.)
normative operative fact (N.) (am.) normatives Tatbestandsmerkmal (N.)

North Atlantic Treaty Organization (N.) (NATO) North Atlantic Treaty Organization (N.) (NATO)
North Rhine-Westphalia (F.) Nordrhein-Westfalen (N.)
North-South-Dialogue (N.) Nord-Süd-Dialog (M.)
not allowed unstatthaft
notarial (Adj.) notariell
notarial recording (N.) Beurkundung (F.)
notarial will (N.) öffentliches Testament (N.)
notariate (N.) Notariat (N.)
notary (F.) Notarin (F.)
notary (F.) public Notarin (F.)
notary (M. bzw. F.) Notar (M.)
notary (M. bzw. F.) public Notar (M.)
notary-advocate (M. bzw. F.) Anwaltsnotar (M.)
notary's office (N.) Notariat (N.)
not belonging to a district kreisfrei
not binding (Adj.) freibleibend
note (N.) Banknote (F.), Bescheid (M.), Note (F.) (Urkunde im Völkerrecht bzw. Geldwesen), Vermerk (M.)
note (N.) of costs Rechnung (F.)
note (V.) notieren, vermerken, vormerken
not freely transferable registered share (N.) vinkulierte Namensaktie (F.)
not fully subject to the Betriebsverfassungsgesetz Tendenzbetrieb (M.)
not genuine failure (N.) to act unechtes Unterlassungsdelikt (N.)
not genuine joint obligation (N.) unechte Gesamtschuld (F.)
not genuine special offence (N.) unechtes Sonderdelikt (N.)
notice (N.) Anzeige (F.), Beachtung (F.), Bescheid (M.), Hinweis (M.), Kenntnis (F.), Kunde (F.) (Kenntnis), Nachricht (F.)
notice (N.) of an intended marriage Aufgebot (N.) (Aufgebot im Eherecht)
notice (N.) of defects Mängelrüge (F.)
notice (N.) of termination pending a change of contract Änderungskündigung (F.)
notice (N.) to pay Mahnbescheid (M.)
notice (N.) to quit Kündigung (F.)
notice (N.) to terminate Kündigung (F.), ordentliche Kündigung (F.)
notifiable (Adj.) anzeigepflichtig, meldepflichtig
notification (N.) Anzeige (F.), Notifikation (F.), Zustellung (F.)
notify (V.) notifizieren
notify (V.) a defect rügen
not in a strict sense uneigentlich
noting (N.) Notierung (F.)
notion (N.) Idee (F.)
not mandatory (Adj.) abdingbar
notorious (Adj.) notorisch
not permitted (Adj.) unerlaubt
not permitting (N.) of a condition Bedingungsfeindlichkeit (F.)
not permitting a condition bedingungsfeindlich
novation (N.) Novation (F.), Schuldumschaffung (F.)
novice (F.) Novizin (F.)
novice (M.) Novize (M.)
noxious (Adj.) giftig, schädlich
nubility (N.) Ehefähigkeit (F.), Ehemündigkeit (F.)
nudum pactum (N.) (lat.) gegenleistungsloser unverbindlicher Vertrag (M.) (gegenleistungsloser unverbindlicher Vertrag im angloamerikanischen Recht)
nuisance (N.) Beeinträchtigung (F.), Störung (F.), Unfug (M.)
null (Adj.) ungültig
null (Adj.) and void (Adj.) nichtig
null and void (Adj.) kraftlos
nullity (N.) Nichtigkeit (F.), Ungültigkeit (F.)
nullity (N.) of marriage Ehenichtigkeit (F.)
nullity appeal (N.) Nichtigkeitsbeschwerde (F.)
nullity suit (N.) Nichtigkeitsklage (F.)
number (N.) Nummer (F.), Zahl (F.)
numbers game (N.) Lotto (N.)
numeral (N.) Ziffer (F.)
numerical (Adj.) numerisch
numerous (Adj.) häufig
numerus (M.) clausus (lat.) numerus (M.) clausus (lat.)
nun (F.) Nonne (F.)
nuncio (M.) Nuntius (M.)
nunnery (N.) Kloster (N.) (Kloster für Nonnen)
nurse (F.) Pflegerin (F.)
nurse (V.) pflegen
nursing (N.) Pflege (F.)

nursing and care insurance (N.) Pflegeversicherung (F.)
nursing law (N.) Pflegerecht (N.)

O

oath (N.) Eid (M.), Schwur (M.)
oath (N.) after statement Nacheid (M.)
oath (N.) in office Diensteid (M.)
oath (N.) of disclosure Offenbarungseid (M.)
oath (N.) sworn after testimony Nacheid (M.)
oath-taking ceremony (N.) Vereidigung (F.)
obedience (N.) Gehorsam (M.)
obedient (Adj.) gehorsam
obey (V.) befolgen, gehorchen
obfuscate (V.) verdunkeln (von Sachverhalten)
obfuscation (N.) Verdunkelung (F.)
obiter dicta (N.) (lat.) Nebenbemerkung (F.) (Nebenbemerkung in einem Urteil)
object (N.) Ding (N.) (Sache), Gegenstand (M.), Objekt (N.), Zweck (M.)
object (N.) at issue Streitgegenstand (M.)
object (N.) of action Handlungsobjekt (N.)
object (N.) of a right Rechtsobjekt (N.)
object (N.) of legal protection Rechtsgut (N.)
object (N.) of punishment Strafzweck (M.)
object (N.) of value Wertgegenstand (M.)
object (V.) ablehnen, einwenden, protestieren
object (V.) to beanstanden
objection (N.) Bedenken (N.), Einrede (F.), Einspruch (M.), Einwand (M.), Einwendung (F.), Erinnerung (F.) (Verwaltungsrechtserinnerung), Widerspruch (M.)
objection (N.) to Anfechtung (F.) (Anfechtung eines Zeugen)
objective (Adj.) objektiv, sachlich
objective condition (N.) of criminality objektive Bedingung (F.) der Strafbarkeit
objective crime (N.) Erfolgsdelikt (N.)
objective firm name (N.) Sachfirma (F.)
objective law (N.) objektives Recht (N.)
obligate (V.) verpflichten
obligate (V.) oneself verpflichten (sich verpflichten)
obligation (N.) Obligation (F.), Pflicht (F.), Schuld (F.) (Verpflichtung im Privatrecht), Schuldverhältnis (N.), Verbindlichkeit (F.), Verpflichtung (F.)
obligation (N.) in kind Gattungsschuld (F.)
obligation (N.) of an insolvency's estate Masseverbindlichkeit (F.)
obligation (N.) of restitution Rückgewährschuldverhältnis (N.)
obligation (N.) of secrecy Verschwiegenheitspflicht (F.)
obligation (N.) to arbitrate Schiedsklausel (F.)
obligation (N.) to be performed at the debtor's place of business Schickschuld (F.)
obligation (N.) to be truthful Wahrheitspflicht (F.)
obligation (N.) to carry a passport Passpflicht (F.)
obligation (N.) to carry identification papers Ausweispflicht (F.)
obligation (N.) to caution Belehrungspflicht (F.)
obligation (N.) to conclude a contract Abschlusszwang (M.), Kontrahierungszwang (M.)
obligation (N.) to construct and maintain Baulast (F.)
obligation (N.) to continue the actual employment Beschäftigungspflicht (F.)
obligation (N.) to contract Abschlusszwang (M.), Kontrahierungszwang (M.)
obligation (N.) to disclose Auskunftspflicht (F.)
obligation (N.) to keep the peace Friedenspflicht (F.)
obligation (N.) to know Wissenmüssen (N.)
obligation (N.) to notify Anzeigepflicht (F.)
obligation (N.) to pay in advance Vorleistungspflicht (F.)
obligation (N.) to previous work Vorleistungspflicht (F.)
obligation (N.) to provide maintenance Unterhaltspflicht (F.)
obligation (N.) to report to the police Anzeigepflicht (F.)
obligation (N.) to represent Vertretenmüssen (N.)
obligation (N.) to the party line Fraktionszwang (M.)

obligation (N.) under a contract Vertragspflicht (F.)
obligatorily registrable trader (M. bzw. F.) Sollkaufmann (M.)
obligatory (Adj.) bindend, obligat, obligatorisch, zwingend
obligatory employee's insurance (N.) Angestelltenversicherung (F.)
obligatory insurance (N.) Pflichtversicherung (F.)
obligee (F.) Gläubigerin (F.)
obligee (M. bzw. F.) Gläubiger (M.)
obligee's delay (N.) Gläubigerverzug (M.)
obligor (F.) Schuldnerin (F.), Verpflichtete (F.)
obligor (M. bzw. F.) Schuldner (M.), Verpflichteter (M.)
oblique (Adj.) indirekt
obliteration (N.) Löschung (F.) (Tilgung)
obscene (Adj.) unzüchtig
obscuration (N.) Verdunkelung (F.)
obscure (V.) verdunkeln (von Sachverhalten)
observance (N.) Einhaltung (F.), Observanz (F.)
observe (V.) beachten, befolgen, beobachten, einhalten
obstacle (N.) Hindernis (N.)
obstruct (V.) behindern, sperren
obstruction (N.) Behinderung (F.)
obstruction (N.) of criminal execution Strafvereitelung (F.)
obstruction (N.) of polling Wahlbehinderung (F.)
obtain (V.) beschaffen, beziehen, erwerben, verschaffen
obtain (V.) a doctorate promovieren
obtaining (N.) Sichverschaffen (N.)
obtaining (N.) credit by false pretences Kreditbetrug (M.)
obtaining (N.) supplies oneself Selbstbelieferung (F.)
obtaining supplies oneself clause (N.) Selbstbelieferungsklausel (F.)
occasion (N.) Anlass (M.), Gelegenheit (F.), Möglichkeit (F.) (Gelegenheit)
occasional (Adj.) gelegentlich
occupancy (N.) Besitzergreifung (F.), Besitz (M.), Innehabung (F.)
occupant (F.) Innehaberin (F.)
occupant (M. bzw. F.) Innehaber (M.)
occupation (N.) Beruf (M.), Besatzung (F.), Beschäftigung (F.), Besetzung (F.) (Besetzung eines Territoriums), Besitzergreifung (F.), Okkupation (F.), Tätigkeit (F.)
occupational (Adj.) beruflich
occupational accident (N.) Arbeitsunfall (M.)
occupational choice (N.) Berufswahl (F.)
occupational disability insurance (N.) Berufsunfähigkeitsversicherung (F.)
occupational disease (N.) Berufskrankheit (F.)
occupational liberty (N.) Berufsfreiheit (F.)
occupational pension (N.) Betriebsrente (F.)
occupation forces (N.Pl.) Besatzung (F.)
Occupation Statute (N.) Besatzungsstatut (N.)
occupied territory (N.) Besatzungsgebiet (N.)
occupied zone (N.) Besatzungszone (F.)
occupier (F.) Inhaberin (F.)
occupier (M. bzw. F.) Inhaber (M.)
occupy (V.) beschäftigen, besetzen, einnehmen, okkupieren
occupying authority (N.) Besatzungsgewalt (F.)
occupying power (N.) Besatzungsmacht (F.)
occur (V.) eintreten (sich ereignen), ereignen (sich ereignen), geschehen
occurrence (N.) Eintritt (M.) (Geschehen), Ereignis (N.), Vorfall (M.)
ocean (N.) Meer (N.)
ochlocracy (N.) Ochlokratie (F.)
octroi (N.) Oktroi (N.)
Oder-Neisse-Line (N.) Oder-Neiße-Linie (F.)
odious (Adj.) verrucht
OECD (Organization for European Economic Cooperation) OECD (F.) (Organization for European Economic Cooperation)
of age mündig, volljährig
of criminally responsible age strafmündig
of equal birth ebenbürtig
offence (N.) Beleidigung (F.)
offence (N.) (brit.) Delikt (N.), Straftat (F.), Tat (F.), Vergehen (N.), Verstoß (M.)
offence (N.) against morality Sittlichkeitsdelikt (N.)

offence (N.) against property Vermögensdelikt (N.)
offence (N.) by commission Begehungsdelikt (N.)
offence (N.) by commission (brit.) Tätigkeitsdelikt (N.)
offence (N.) by press publication Pressedelikt (N.)
offence (N.) commited in a foreign country Auslandsdelikt (N.)
offence (N.) committed by negligence Fahrlässigkeitsdelikt (N.)
offence (N.) committed in the state of intoxication Rauschtat (F.)
offence (N.) of causing an injury Verletzungsdelikt (N.)
offence (N.) on documents Urkundendelikt (N.)
offence (N.) requiring an application for prosecution Antragsdelikt (N.)
offences (N.Pl.) involving environmental damage Umweltkriminalität (F.)
offend (V.) beleidigen, verstoßen (verletzen)
offender (F.) Delinquentin (F.), Straftäterin (F.), Täterin (F.)
offender (F.) due to conviction Überzeugungstäterin (F.)
offender (M. bzw. F.) Delinquent (M.), Straftäter (M.), Täter (M.), Täter (M.) (Straftäter)
offender (M. bzw. F.) due to conviction Überzeugungstäter (M.)
offending (Adj.) against good morals sittenwidrig
offense (N.) (am.) Delikt (N.), Straftat (F.), Tat (F.), Vergehen (N.), Verstoß (M.)
offense (N.) by commission (am.) Tätigkeitsdelikt (N.)
offensive war (N.) Angriffskrieg (M.)
offer (N.) Angebot (N.), Gebot (N.) (Angebot), Offerte (F.)
offer (N.) of evidence Beweisantritt (M.)
offer (V.) anbieten, bieten, offerieren
offer (V.) as a reward ausloben
offer (V.) for sale feilbieten
offeree (F.) Adressatin (F.)
offeree (M. bzw. F.) Adressat (M.) (Angebotsempfänger)
offeror (F.) Anbieterin (F.)
offeror (M. bzw. F.) Anbieter (M.)
office (N.) Amt (N.), Büro (N.), Dienststelle (F.), Geschäftsstelle (F.), Sitz (M.) (Standort)
office (N.) for fighting fraud office de lutte antifraud (M.) (franz.) (OLAF), OLAF (N.) (office de lutte antifraud) (franz.)
office (N.) for the protection of the constitution Verfassungsschutz (M.) (Verfassungsschutzamt)
Office (N.) of the Federal President Bundespräsidialamt (N.)
office-bearer (F.) Amtsträgerin (F.), Amtswalterin (F.)
office bearer (M. bzw. F.) Amtswalter (M.)
office-bearer (M. bzw. F.) (brit.) Amtsträger (M.)
office-holder (F.) Amtsträgerin (F.)
office-holder (M. bzw. F.) Amtsträger (M.)
office hours (N.Pl.) Dienstzeit (F.)
Office of the Federal Chancellor (N.) Kanzleramt (N.)
officer (F.) Beamtin (F.), leitende Angestellte (F.), Offizierin (F.)
officer (F.) of the court Gerichtsvollzieherin (F.)
officer (M. bzw. F.) Beamter (M.), leitender Angestellter (M.), Offizier (M.)
officer (M. bzw. F.) of the court Gerichtsvollzieher (M.)
official (Adj.) amtlich, dienstlich, offiziell
official (F.) Beamtin (F.), Bedienstete (F.) (Bedienstete des öffentlichen Dienstes)
official (M.) Offizial (M.) (Offizial im Kirchenrecht)
official (M. bzw. F.) Beamter (M.), Bediensteter (M.) (Bediensteter des öffentlichen Dienstes)
official agency (N.) Dienststelle (F.)
official association (N.) of proprietors of hunting rights Jagdgenossenschaft (F.)
official attestation (N.) öffentliche Beglaubigung (F.)
official authority (N.) Behörde (F.), Hoheitsrecht (N.)
official certificate (N.) Testat (N.)
official channels (N.PL.) Dienstweg (M.)
official copy (N.) Ausfertigung (F.)
official defence counsel (F.) notwendige Verteidigerin (F.)

official-defence counsel (F.) Pflichtverteidigerin (F.)
official defence counsel (M. bzw. F.) notwendiger Verteidiger (M.)
official-defence counsel (M. bzw. F.) Pflichtverteidiger (M.)
official defense (N.) Offizialverteidigung (F.)
official denial (N.) Dementi (N.)
official document (N.) öffentliche Urkunde (F.)
official duty (N.) Amtspflicht (F.)
official emolument (N.) Dienstbezug (M.)
official fee (N.) Verwaltungsgebühr (F.)
official gazette (N.) Amtsblatt (N.), Gesetzblatt (N.)
official income (N.) Dienstbezug (M.)
official inquiry (N.) Enquête (F.)
officiality (N.) Offizialat (N.)
official journal (N.) Amtsblatt (N.)
official language (N.) Gerichtssprache (F.)
officially (Adv.) von Amts wegen
official mediator (F.) Schlichterin (F.)
official mediator (M. bzw. F.) Schlichter (M.)
official oath (N.) Diensteid (M.)
official organ (N.) for enforcement by execution Vollstreckungsorgan (N.)
official physician (F.) Amtsärztin (F.)
official physician (M. bzw. F.) Amtsarzt (M.)
official receivership (N.) Sequestration (F.)
official referee (F.) Schiedsfrau (F.)
official referee (M. bzw. F.) Schiedsmann (M.)
official seal (N.) Dienstsiegel (N.)
official secrecy (N.) Amtsverschwiegenheit (F.)
official secret (N.) Dienstgeheimnis (N.), Staatsgeheimnis (N.)
official solicitor (F.) Amtsanwältin (F.)
official solicitor (M. bzw. F.) Amtsanwalt (M.)
official stamp (N.) amtliches Wertzeichen (N.)
offset (N.) Kompensation (F.)
offset (V.) kompensieren
offset (V.) (am.) aufrechnen
offsetting (N.) losses by advantages Vorteilsausgleichung (F.)
offsetting (N.) losses by advantages due to the damaging event compensatio (F.) lucri cum damno (lat.)
offspring (N.) Abkömmlinge (M.Pl. bzw. F.Pl.)
offspring (Pl.) Nachkommen (Pl.)
off the record inoffiziell
of immediate interest aktuell
of no legal force rechtsunwirksam
of one's own eigen
of sound mind zurechnungsfähig
of the same value gleichwertig
of use nützlich
oil tax (N.) Mineralölsteuer (F.)
old age benefits (N.Pl.) Altershilfe (F.)
old age part-time (N.) Altersteilzeit (F.)
oligarchy (N.) Oligarchie (F.)
oligocraty (N.) Oligokratie (F.)
oligopoly (N.) Oligopol (N.)
ombudsman (M.) Ombudsmann (M.)
ombudswoman (F.) Ombudsfrau (F.)
omission (N.) Lücke (F.), Unterlassen (N.), Unterlassung (F.)
omit (V.) unterlassen
on a month-by-month basis monatlich
on business geschäftlich
one-man company (N.) Einmanngesellschaft (F.)
on equal terms paritätisch
onerous (Adj.) lästig, schwer
one-sided (Adj.) einseitig, einseitig verpflichtend, parteiisch
one-way street (N.) Einbahnstraße (F.)
onomasiology (N.) Onomasiologie (F.)
on purpose absichtlich
on-the-job safety (N.) Arbeitssicherheit (F.)
on the record aktenkundig
onus (N.) Last (F.) (Belastung)
onus (N.) of proof Beweislast (F.)
onus (N.) probandi (lat.) Beweislast (F.)
open (Adj.) to bribery bestechlich
open (V.) eröffnen, lösen
open (V.) up erschließen
open account (N.) Kontokorrent (N.)
open cheque (N.) (brit.) Barscheck (M.)
open corporation (N.) Publikumsgesellschaft (F.)
open credit (N.) Kontokorrentkredit (M.)
opening (N.) Eröffnung (F.), Mund (M.)
opening balance (N.) Eröffnungsbilanz (F.)
opening hours (N.Pl.) Geschäftszeit (F.)

open-market sale (N.) freihändiger Verkauf (M.)
open sea (N.) Meer (N.)
operate (V.) bedienen, betreiben, operieren, spekulieren
operating condition (N.) Betriebsverhältnis (N.)
operating expenditure (N.) Betriebsausgabe (F.)
operating receipt (N.) Betriebseinnahme (F.)
operating revenue (N.) Betriebseinnahme (F.)
operating trouble (N.) Betriebsstörung (F.)
operation (N.) Aktion (F.), Arbeitsprozess (M.), Operation (F.), Unternehmen (N.) (Tätigkeit)
operation (N.) (am.) Leitung (F.)
operational hazard (N.) Betriebsgefahr (F.)
operational risk (N.) Betriebsgefahr (F.)
operative (Adj.) wirksam
operative part (N.) Tenor (M.)
operative part (N.) of a judgement Urteilsformel (F.), Urteilstenor (M.)
opinion (N.) Ansicht (F.), Gedanke (M.), Gutachten (N.), Meinung (F.)
opinion (N.) of the court Urteilsgrund (M.)
opponent (F.) Gegnerin (F.)
opponent (M. bzw. F.) Gegenseite (F.), Gegner (M.)
opportune (Adj.) opportun
opportunist (M. bzw. F.) Opportunist (M.)
opportunity (N.) Chance (F.), Gelegenheit (F.), Möglichkeit (F.) (Gelegenheit), Opportunität (F.)
oppose (V.) einwenden, opponieren
opposition (N.) Einspruch (M.), Erinnerung (F.) (Verwaltungsrechtserinnerung), Gegenstimme (F.), Opposition (F.), Oppositionspartei (F.), Widerspruch (M.)
opposition (N.) to Anfechtung (F.) (Anfechtung einer Willenserklärung)
oppositional (Adj.) oppositionell
opposition party (N.) Oppositionspartei (F.)
oppress (V.) unterdrücken
oppressive (Adj.) lästig, schwer
oppressive agreement (N.) Knebelungsvertrag (M.)
oppressor (M. bzw. F.) Schinder (M.)
option (N.) Option (F.), Wahl (F.) (Auswahl)
optional (Adj.) dispositiv, fakultativ
optionally registrable trader (M. bzw. F.) Kannkaufmann (M.)
optionally registrable tradeswoman (F.) Kannkauffrau (F.)
optional right (N.) of performance facultas (F.) alternativa (lat.)
optional rules (N.Pl.) dispositives Recht (N.)
option contract (N.) Optionsvertrag (M.) (Optionsvertrag im angloamerikanischen Recht)
oral (Adj.) mündlich
oral hearing (N.) mündliche Verhandlung (F.)
orality (N.) Mündlichkeit (F.)
oral proceedings (N.Pl.) Mündlichkeit (F.)
ordain (V.) verordnen
order (N.) Anordnung (F.), Anweisung (F.), Auftrag (M.), Befehl (M.), Bescheid (M.), Beschluss (M.) (Gerichtsbeschluss), Bestellung (F.), Dekret (N.), Entschließung (F.), Erlass (M.) (Anordnung einer Verwaltungsbehörde), Gebot (N.) (Anordnung), Geschäftsordnung (F.), Orden (M.) (Vereinigung im Kirchenrecht), Order (F.), Ordnung (F.), Rechtsverordnung (F.), Verfügung (F.) (Anordnung), Weisung (F.)
order (N.) as to costs Kostenentscheidung (F.), Kostenfestsetzungsbeschluss (M.)
order (N.) for collection Inkassomandat (N.)
order (N.) for execution Vollstreckungsbefehl (M.)
order (N.) of appointment Bestallung (F.)
order (N.) of arrest Haftbefehl (M.)
order (N.) of attachment Forderungspfändung (F.)
order (N.) of discharge Freispruch (M.)
order (N.) of execution Vollstreckungsbescheid (M.)
order (N.) of priorities Rangordnung (F.)
order (N.) of rank Rangordnung (F.)
order (N.) of suspensive effect Anordnung (F.) der aufschiebenden Wirkung
order (N.) of the day Tagesordnung (F.)
order (N.) to bring someone before the judge Vorführungsbefehl (M.)
order (N.) to dismiss a case Einstellungsbeschluss (M.)
order (N.) to pay Mahnauftrag (M.), Zahlungsanweisung (F.)

order (N.) to pay costs Kostenentscheidung (F.)
order (N.) to stay proceedings Einstellungsbeschluss (M.)
order (V.) anordnen, anweisen, befehlen, bestellen, bestellen (Waren bestellen), gebieten, heißen (anordnen), ordern, ordnen, verfügen (anordnen)
order (V.) in advance vorbestellen
order clause (N.) Orderklausel (F.)
orderly (Adj.) ordentlich, ordnungsgemäß
order paper (N.) Orderpapier (N.)
ordinance (N.) Dekret (N.)
ordinance (N.) (am.) Gemeindesatzung (F.), Verordnung (F.)
ordinance (N.) on armed forces Militärverordnung (F.)
ordinance (N.) on dividing-up the matrimonial household effects Hausratsverordnung (F.)
ordinance (N.) on heating expenses Heizkostenverordnung (F.)
ordinance (N.) on perilous substances Gefahrstoffverordnung (F.)
ordinance (N.) on the police Polizeiordnung (F.)
ordinance (N.) on use of buildings Baunutzungsverordnung (F.)
ordinary (Adj.) gemein (allgemein), normal, ordentlich
ordinary jurisdiction (N.) ordentliche Gerichtsbarkeit (F.)
ordinary mortgage (N.) Verkehrshypothek (F.)
ordinary share (N.) (brit.) Stammaktie (F.)
ordination (N.) Weihe (F.) (Priesterweihe)
organ (N.) Organ (N.)
organism (N.) Organismus (M.)
organization (N.) Einrichtung (F.), Organisation (F.), Planung (F.), Vereinigung (F.) (Institution)
organize (V.) einrichten, ordnen, organisieren
organized strike (N.) organisierter Streik (M.)
orifice (N.) Mund (M.)
origin (N.) Abkunft (F.), Abstammung (F.), Herkommen (N.), Herkunft (F.), Quelle (F.)
original (Adj.) original, originär, ursprünglich
original (N.) Original (N.)
original capital (N.) Stammkapital (N.)
original capital contribution (N.) Stammeinlage (F.)
original capital share (N.) Stammeinlage (F.)
original competence (N.) eigener Wirkungskreis (M.)
original insurance (N.) Direktversicherung (F.)
original occupancy (N.) Aneignung (F.)
original share (N.) Stammaktie (F.)
originator (F.) Stifterin (F.), Urheberin (F.)
originator (M. bzw. F.) Stifter (M.) (Gründer), Urheber (M.)
orphan (M. bzw. F.) Waise (M. bzw. F.)
orthodox (Adj.) orthodox
OSCE (N.) (Organization on Security and Cooperation in Europe) OSZE (F.) (Organisation über Sicherheit und Zusammenarbeit in Europa)
ostensible agency (N.) Scheinvollmacht (F.)
ostensible authority (N.) Anscheinsvollmacht (F.)
other (Adj.) sonstig
other right (N.) sonstiges Recht (N.)
other side (N.) Gegenseite (F.)
otherwise known as alias
oust (V.) absetzen (entlassen), entfernen, entlassen, vertreiben (austreiben)
ouster (N.) Entfernung (F.) (Wegnahme), Zwangsräumung (F.)
outcome (N.) Effekt (M.), Folge (F.)
outer space (N.) Weltraum (M.)
outer space law (N.) Weltraumrecht (N.)
outgoings (N.Pl.) Nebenkosten (F.Pl.)
outlawed (Adj.) vogelfrei
outlawry (N.) Acht (F.)
outlay (N.) Aufwendung (F.), Ausgabe (F.), Auslage (F.), Kosten (F.Pl.), Unkosten (F.Pl.), Vorlage (F.) (Auslage)
outline permission (N.) Vorbescheid (M.) (Vorbescheid im Baurecht)
out of court (Adj.) außergerichtlich
out of hand unverzüglich
out-of-pocket-expense (N.) Spese (F.)
out of work (Adj.) arbeitslos
outplay (V.) ausspielen
output target (N.) Soll (N.) (Plansoll)
outrage (N.) Frevel (M.), Gewalttätigkeit (F.)
outrage (V.) freveln

outrageous (Adj.) gewalttätig
outrager (F.) Frevlerin (F.)
outrager (M. bzw. F.) Frevler (M.)
outside capital (N.) Fremdkapital (N.)
outsider (F.) Außenseiterin (F.)
outsider (M. bzw. F.) Außenseiter (M.)
outsorcing (N.) Outsorcing (N.)
outstanding (Adj.) ausstehend
outstanding debt (N.) Aktivschuld (F.), Forderung (F.) (Anspruch)
outvote (V.) überstimmen
outwork (N.) Heimarbeit (F.)
outworker (F.) Heimarbeiterin (F.)
outworker (M. bzw. F.) Heimarbeiter (M.)
overall intent (N.) Gesamtvorsatz (M.)
overall representation (N.) Gesamtvertretung (F.)
overcharging (N.) Abgabenüberhebung (F.), Gebührenüberhebung (F.)
overdraft (N.) Überziehung (F.)
overdraft facility (N.) Überziehungskredit (M.)
overdraw (V.) überziehen
overdrawing (N.) Überziehung (F.)
overdue interest (N.) Verzugszinsen (M. Pl.)
overhang (N.) Überhang (M.)
overhaul (V.) überholen (überprüfen)
overhead costs (N.Pl.) Gemeinkosten (F. Pl.)
over-indebtedness (N.) Überschuldung (F.)
overlapping (N.) of laws Gesetzeskonkurrenz (F.)
overplus (N.) Überschuss (M.) (Warenüberschuss)
overrule (V.) aufheben, außer Kraft setzen, verwerfen
overseer (F.) Aufseherin (F.)
overseer (M. bzw. F.) Aufseher (M.)
oversight (N.) Versehen (N.)
overtake (V.) überholen (vorbeifahren)
overtaking causality (N.) überholende Kausalität (F.)
overtime (N.) Überstunde (F.)
overwork (N.) Überstunde (F.)
owe (V.) schulden
owing (Adj.) fällig, schuldig (verpflichtet im Privatrecht)
own (Adj.) eigen
own (V.) besitzen
owner (F.) Eigentümerin (F.), Halterin (F.)
owner (F.) of a share Anteilseignerin (F.)
owner (M. bzw. F.) Eigentümer (M.), Halter (M.)
owner (M. bzw. F.) of a share Anteilseigner (M.)
ownerless (Adj.) herrenlos
owner-occupied house (N.) Eigenheim (N.)
owner-operated enterprise (N.) Eigenbetrieb (M.)
owner's charge (N.) Eigentümergrundschuld (F.)
ownership (N.) Eigentum (N.)
ownership (N.) by way of a chattel mortgage Sicherungseigentum (N.)
owner's hunting district (N.) Eigenjagdbezirk (M.)
owner's land charge (N.) Eigentümergrundschuld (F.)
owner's mortgage (N.) Eigentümerhypothek (F.)
own requirements (N.Pl.) Eigenbedarf (M.)
own vehicle insurance (N.) Kasko (F.), Kaskoversicherung (F.)

p

pacifism (N.) Pazifismus (M.)
package (N.) (am.) Paket (N.)
package deal (N.) Junktim (N.)
package deal clause (N.) Junktimklausel (F.)
packing regulation (N.) Verpackungsverordnung (F.)
pact (N.) Pakt (M.)
pain (N.) Schmerz (M.)
pairing (N.) Pairing (N.) (parlamentarische Stimmrechtsbeschränkungsvereinbarung)
palace (N.) Palast (M.)
palais (N.) Palast (M.)
palimony (N.) Unterhalt (M.) für den Lebensgefährten
palm oil (N.) Schmiergeld (N.)
pamphlet (N.) Flugblatt (N.), Flugschrift (F.), Schrift (F.)
pandects (N.Pl.) Pandekten (F.Pl.)
pander (M.) Kuppler (M.)
pander (V.) kuppeln
panderess (F.) Kupplerin (F.)

pandering (N.) Kuppelei (F.), Zuhälterei (F.)
panel (N.) Gremium (N.), Jury (F.)
panel (N.) of judges Kollegialgericht (N.), Spruchkörper (M.)
panel doctor (F.) Kassenärztin (F.)
panel doctor (M. bzw. F.) Kassenarzt (M.)
Pan-German (Adj.) großdeutsch
Papal State (N.) Kirchenstaat (M.)
paper (N.) Papier (N.), Zeitung (F.)
paper currency (N.) Papiergeld (N.)
paper money (N.) Papiergeld (N.)
par (N.) Nennwert (M.) (Wertpapiernennwert)
paragraph (N.) Absatz (M.) (Teil eines Gesetzes), Abschnitt (M.), Paragraph (M.)
paraph (N.) Paraphe (F.)
paraph (V.) paraphieren
parcel (N.) Parzelle (F.)
parcel (N.) (brit.) Paket (N.)
parcel (V.) out parzellieren
pardon (N.) Begnadigung (F.), Gnade (F.)
pardon (V.) begnadigen, entschuldigen
parentage (N.) Abstammung (F.)
parental (Adj.) elterlich, väterlich
parental care (N.) and custody (N.) elterliche Sorge (F.)
parental power (N.) elterliche Gewalt (F.)
parent and child case (N.) Kindschaftssache (F.)
parent and child relation (N.) Kindschaft (F.)
parent company (N.) Dachgesellschaft (F.), Muttergesellschaft (F.)
parentela (N.) Parentel (F.), Stamm (M.)
parents (Pl.) Eltern (Pl.)
parents-in-law (Pl.) Schwiegereltern (Pl.)
parish (N.) Kirchengemeinde (F.), Kirchspiel (N.), Pfarre (F.), Sprengel (M.)
parish register (N.) Kirchenbuch (N.)
parity (N.) Gleichheit (F.), Parität (F.)
parity (N.) of reasoning Analogieschluss (M.)
park (V.) abstellen, parken
parking (N.) Parken (N.)
parking lot (N.) Parkplatz (M.)
parlamentarian (F.) Parlamentarierin (F.)
parlamentarian (M. bzw. F.) Parlamentarier (M.)
parliament (N.) Parlament (N.), Volksvertretung (F.)
parliamentarism (N.) Parlamentarismus (M.)
parliamentary (Adj.) parlamentarisch
parliamentary allowance (N.) Diäten (F. Pl.)
parliamentary commissioner (F.) for the armed forces Wehrbeauftragte (F.)
parliamentary commissioner (M. bzw. F.) for the armed forces Wehrbeauftragter (M.)
Parliamentary Council (N.) Parlamentarischer Rat (M.)
parliamentary enquiry privilege (N.) Enquêterecht (N.)
parliamentary group (N.) Fraktion (F.)
parliamentary term (N.) Legislaturperiode (F.)
Parliament Building (N.) Parlamentsgebäude (N.)
parochial school (N.) (am.) Bekenntnisschule (F.)
parole (N.) Hafturlaub (M.)
parole officer (F.) (am.) Bewährungshelferin (F.)
parole officer (M. bzw. F.) (am.) Bewährungshelfer (M.)
part (N.) Abschnitt (M.), Anteil (M.), Bestandteil (M.), Teil (M.)
part (N.) of the debt Teilschuld (F.)
part (V.) teilen
part-creditor (F.) Teilgläubigerin (F.)
part-creditor (M. bzw. F.) Teilgläubiger (M.)
part-creditorship (N.) Teilgläubigerschaft (F.)
part-debtor (M. bzw. F.) Teilschuldner (M.)
part-debtrix (F.) Teilschuldnerin (F.)
partial (Adj.) parteiisch, parteilich, partiell, teilweise, voreingenommen
partial impossibility (N.) Teilunmöglichkeit (F.)
partiality (N.) Befangenheit (F.), Parteilichkeit (F.), Voreingenommenheit (F.)
partial nullity (N.) Teilnichtigkeit (F.)
participant (F.) Beteiligte (F.), Teilnehmerin (F.)
participant (M. bzw. F.) Beteiligter (M.), Teilnehmer (M.)
participate (V.) beteiligen
participating certificate (N.) Genussschein (M.)

participation (N.) Beteiligung (F.), Geschäftsanteil (M.), Mitarbeit (F.), Mitwirken (N.), Teilnahme (F.)
participation right (N.) Genussrecht (N.)
particular (Adj.) besondere
particular law (N.) Partikularrecht (N.)
particulars (N.Pl.) Spezifizierung (F.) (Spezifizierung eines gerichtlichen Vorbringens)
part-indebtedness (N.) Teilschuldnerschaft (F.)
partition (N.) Auseinandersetzung (F.), Teilung (F.)
partition (V.) auseinandersetzen (teilen)
part-judgement (N.) Teilurteil (N.)
partly (Adv.) teilweise
partner (F.) Gesellschafterin (F.), Partnerin (F.), Sozia (F.), Teilhaberin (F.)
partner (M. bzw. F.) Gesellschafter (M.), Partner (M.), Sozius (M.), Teilhaber (M.)
partnership (N.) Handelsgesellschaft (F.), Partnerschaft (F.), Partnerschaftsgesellschaft (F.), Personalgesellschaft (F.), Personengesellschaft (F.), Sozietät (F.), Teilhaberschaft (F.)
partnership (N.) for life Lebensgemeinschaft (F.)
partnership agreement (N.) Gesellschaftsvertrag (M.)
partnership book (N.) Partnerschaftsbuch (N.)
partnership debt (N.) Gesellschaftsschuld (F.)
partnership property (N.) Gesellschaftsvermögen (N.)
partnership register (N.) Partnerschaftsregister (N.)
partners' meeting Gesellschafterversammlung (F.)
part-ownership (N.) Teileigentum (N.)
part payment (N.) Teilzahlung (F.)
part-payment (N.) Rate (F.)
part payment clause (N.) Teilzahlungsabrede (F.)
part performance (N.) Teilleistung (F.)
part possession (N.) Teilbesitz (M.)
part time (N.) Teilzeit (F.)
part-time work (N.) Teilzeitarbeit (F.)
party (F.) at fault Schuldige (F.)
party (F.) interested Beteiligte (F.)
party (F.) liable Verpflichtete (F.)
party (F.) to a contract Vertragspartnerin (F.)
party (F.) to the proceedings Verfahrensbeteiligte (F.)
party (M. bzw. F.) at fault Schuldiger (M.)
party (M. bzw. F.) interested Beteiligter (M.)
party (M. bzw. F.) liable Verpflichteter (M.)
party (M. bzw. F.) to a collective wage agreement Tarifpartner (M.)
party (M. bzw. F.) to a contract Vertragspartner (M.)
party (M. bzw. F.) to the proceedings Verfahrensbeteiligter (M.)
party (N.) Partei (F.), Person (F.)
party (N.) liable to construct and maintain roads Straßenbaulastträger (M.)
party-loyalty obligation (N.) Fraktionszwang (M.)
party member (F.) Parteigenossin (F.)
party member (M. bzw. F.) Parteigenosse (M.)
party rule (N.) Parteiherrschaft (F.)
party-state (N.) Parteienstaat (M.)
pass (N.) Ausweis (M.), Passierschein (M.)
pass (V.) erlassen (ein Gesetz oder Urteil schaffen), verabschieden
pass (V.) over überleiten
pass (V.) sentence on richten
pass (V.) title übereignen
passage (N.) Weg (M.)
passage (N.) of time Zeitablauf (M.)
passage contract (N.) Beförderungsvertrag (M.) (Beförderungsvertrag von Personen)
pass-book (N.) Sparbuch (N.)
passenger (F.) Insassin (F.)
passenger (M. bzw. F.) Insasse (M.) (Verkehrsmittelbenutzer)
passenger transportation (N.) Personenbeförderung (F.)
passing (Adj.) vorübergehend
passing (N.) Erlass (M.) (Schaffung eines Gesetzes oder Urteils)
passing (N.) of title Übereignung (F.)
passing-on (N.) Weitergabe (F.)
passive (Adj.) passiv
passive representation (N.) Passivvertretung (F.)
passport (N.) Pass (M.), Reisepass (M.)

passports law (N.) Passrecht (N.)
past (Adj.) vergangen
past consideration (N.) verfrühte Gegenleistung (F.) (verfrühte Gegenleistung im angloamerikanischen Recht)
pastor (F.) Pastorin (F.)
pastor (M. bzw. F.) Pastor (M.)
pastoral letter (N.) Hirtenbrief (M.)
patent (Adj.) offenkundig
patent (N.) Patent (N.)
patent (V.) patentieren
patent agent (F.) (br.) Patentanwältin (F.)
patent agent (M. bzw. F.) (brit.) Patentanwalt (M.)
patent attorney (F.) (am.) Patentanwältin (F.)
patent attorney (M. bzw. F.) (am.) Patentanwalt (M.)
patent court (N.) Patentgericht (N.)
patent defect (N.) offenkundiger Mangel (M.)
patentee (F.) Patentinhaberin (F.)
patentee (M. bzw. F.) Patentinhaber (M.)
patent holder (F.) Patentinhaberin (F.)
patent holder (M. bzw. F.) Patentinhaber (M.)
patent infringement (N.) Patentverletzung (F.)
patent office (N.) Patentamt (N.)
patent right (N.) Patentrecht (N.)
patents law (N.) Patentrecht (N.)
paternal power (N.) väterliche Gewalt (F.)
paternity (N.) Vaterschaft (F.)
patient (F.) Patientin (F.)
patient (M. bzw. F.) Patient (M.)
patrimonial court (N.) Patrimonialgericht (N.)
patrimonial jurisdiction (N.) Patrimonialgerichtsbarkeit (F.)
patrimony (N.) Patrimonium (N.)
patristics (N.) Patristik (F.)
patrol (N.) Streife (F.)
patrol car (N.) Streifenwagen (M.)
patron (F.) Patronin (F.), Schirmherrin (F.)
patron (M. bzw. F.) Patron (M.), Schirmherr (M.)
patronage (N.) Patronat (N.)
patronize (V.) protegieren
pattern (N.) Muster (N.), Raster (N.)
pauperism (N.) Pauperismus (M.)
pause (N.) Pause (F.)
pavement (N.) Gehweg (M.)
pavement (N.) (am.) Fahrbahn (F.)
pawn (N.) Faustpfand (N.), Pfand (N.), Verpfändung (F.)
pawn (V.) verpfänden, versetzen (verpfänden)
pawnbroker (F.) Pfandleiherin (F.)
pawnbroker (M. bzw. F.) Pfandleiher (M.)
pawnee (F.) Pfandgläubigerin (F.), Pfandnehmerin (F.)
pawnee (M. bzw. F.) Pfandgläubiger (M.), Pfandnehmer (M.)
pawning (N.) Verpfändung (F.)
pawnshop (N.) (brit.) Leihhaus (N.)
pay (N.) Arbeitslohn (M.), Besoldung (F.), Bezahlung (F.), Entgelt (N.), Gehalt (N.), Lohn (M.)
pay (N.) for sailors Heuer (F.)
pay (V.) bezahlen, zahlen
pay (V.) a salary besolden
pay (V.) back zurückzahlen
pay (V.) by installments abzahlen
pay (V.) duty on verzollen
pay (V.) for bezahlen, entgelten
pay (V.) homage to huldigen
pay (V.) in einzahlen
pay (V.) off abfinden, abzahlen, auszahlen, zurückzahlen
pay (V.) off a debt tilgen
payability (N.) Fälligkeit (F.)
payable (Adj.) fällig, schuldig (verpflichtet im Privatrecht), zahlbar
payable check (N.) (am.) Barscheck (M.)
payback (N.) Rückzahlung (F.)
payee (F.) Begünstigte (F.), Nehmerin (F.)
payee (F.) of a bill of exchange Remittentin (F.)
payee (M. bzw. F.) Begünstigter (M.), Nehmer (M.)
payee (M. bzw. F.) of a bill of exchange Remittent (M.)
PAYE-tax (N.) (brit.) Lohnsteuer (F.)
paying (N.) in Einzahlung (F.)
paying (N.) off Abzahlung (F.), Tilgung (F.)
payment (N.) Bezahlung (F.), Einzahlung (F.), Zahlung (F.)
payment basis (N.) Entgeltlichkeit (F.)
payment contract (N.) Zahlungsvertrag (M.)
payment (N.) by installments Ratenzahlung (F.)

payment (N.) in advance Vorauszahlung (F.), Vorschussleistung (F.)
payment (N.) in cash Barzahlung (F.)
payment (N.) on account Abschlagszahlung (F.), Anzahlung (F.)
payment (N.) on delivery Nachnahme (F.)
pay seniority (N.) Besoldungsdienstalter (N.)
pay to order clause (N.) Orderklausel (F.)
peace (N.) Friede (M.)
peace treaty (N.) Friedensvertrag (M.)
peak price (N.) Höchstpreis (M.)
peasant (M.) Bauer (M.)
peasant's war (N.) Bauernkrieg (M.)
peculation (N.) Unterschlagung (F.) öffentlicher Gelder, Veruntreuung (F.)
pecuniary (Adj.) finanziell
pecuniary claim (N.) Geldforderung (F.)
pecuniary debt (N.) Geldschuld (F.)
pecuniary loss (N.) Vermögensschaden (N.)
pecuniary penalty (N.) Geldbuße (F.), Geldstrafe (F.)
pecuniary profit (N.) Vermögensvorteil (M.)
peddle (V.) hausieren
peddler (F.) (am.) Hausiererin (F.)
peddler (M. bzw. F.) (am.) Hausierer (M.)
pedestrian (F.) Fußgängerin (F.)
pedestrian (M. bzw. F.) Fußgänger (M.)
pedestrian precinct (N.) Fußgängerzone (F.)
pedlar (F.) (br.) Hausiererin (F.)
pedlar (M. bzw. F.) (brit.) Hausierer (M.)
peer (M.) Pair (M.)
peerage (N.) Adelsstand (M.)
penal (Adj.) strafrechtlich
penal code (N.) Code (M.) pénal (franz.), Strafgesetzbuch (N.)
penal institution (N.) Strafvollzugsanstalt (F.)
penal institution (N.) (brit.) Strafanstalt (F.)
penalize (V.) bestrafen
penal judgement (N.) Strafurteil (N.)
penal law (N.) Strafgesetz (N.), Strafrecht (N.)
penal law (N.) concerning business offences Wirtschaftsstrafrecht (N.)
penal order (N.) Strafverfügung (F.)
penal proceedings (N.Pl.) Strafverfahren (N.)
penal provision (N.) Strafbestimmung (F.)
penal provisions (N.Pl.) Strafvorschrift (F.)
penal responsibility (N.) Zurechenbarkeit (F.)
penal traffic law (N.) Verkehrsstrafrecht (N.)
penalty (N.) Bußgeld (N.), Geldstrafe (F.), Strafe (F.), Vertragsstrafe (F.)
penalty (N.) for contempt of court Ordnungsstrafe (F.)
penalty notice (N.) Bußgeldbescheid (M.)
pendency (N.) Anhängigkeit (F.), Rechtshängigkeit (F.)
pendent (Adj.) anhängig
pendente lite (lat.) rechtshängig
pending (Adj.) anhängig, schwebend
pending (Adj.) in court rechtshängig
pending extradition (N.) Auslieferungshaft (F.)
penetrate (V.) eindringen
penitentiary (N.) Zuchthaus (N.)
penitentiary (N.) (am.) Gefängnis (N.), Strafanstalt (F.)
penny (N.) Heller (M.)
pension (N.) Pension (F.) (Rente), Rente (F.), Ruhegehalt (N.)
pension entitlement (N.) Rentenanspruch (M.)
pensioner (F.) Rentnerin (F.)
pensioner (M. bzw. F.) Rentner (M.)
pension insurance fund (N.) Rentenversicherung (F.)
pension off (V.) pensionieren
pension scheme (N.) Rentenversicherung (F.)
people (N.) Volk (N.)
people's democracy (N.) Volksdemokratie (F.)
per cent (N.) Prozent (N.)
percentage (N.) of profits Gewinnanteil (M.)
percentage (N.) of undetected crime Dunkelfeld (N.)
perception (N.) Erkenntnis (F.) (Einsicht), Wahrnehmung (F.) (Wahrnehmung eines Reizes)
per curiam (Adj.) gerichtlich
per diem allowance (N.) Tagessatz (M.)
peremptory (Adj.) peremptorisch
peremptory plea (N.) peremptorische Einrede (F.)

peremptory term (N.) Notfrist (F.)
perfect (Adj.) ideal
perfidious (Adj.) heimtückisch, treubrüchig
perfidy (N.) Heimtücke (F.), Treubruch (M.)
perform (V.) erfüllen, leisten, spielen, verrichten (tun)
performance (N.) Erfüllung (F.), Leistung (F.), Werk (N.) (Tätigkeit bzw. Ergebnis)
performance risk (N.) Leistungsgefahr (F.)
performer (F.) Künstlerin (F.)
performer (M. bzw. F.) Künstler (M.)
performing rights society (N.) Verwertungsgesellschaft (F.)
peril (N.) Gefahr (F.), Risiko (N.)
period (N.) Periode (F.)
period (N.) (am.) Stunde (F.)
period (N.) for filing a defence Einlassungsfrist (F.)
period (N.) of conception Empfängniszeit (F.)
period (N.) of grace Nachfrist (F.)
period (N.) of guarantee Garantiefrist (F.)
period (N.) of notice Kündigungsfrist (F.)
period (N.) of restraint Karenzzeit (F.)
period (N.) of service Dienstzeit (F.)
period (N.) of time Frist (F.)
periodic (Adj.) periodisch
periodical (Adj.) periodisch
periodical (N.) Magazin (N.) (Zeitschrift bzw. Geschossbehälter), Zeitschrift (F.)
periodical payments (N.) Geldrente (F.)
periodic payment (N.) according to normal requirement Regelunterhalt (M.)
perjured (Adj.) meineidig
perjury (N.) Meineid (M.)
permanent (Adj.) fest, ständig
permanent civil servant (F.) Berufsbeamtin (F.)
permanent civil servant (M. bzw. F.) Berufsbeamter (M.)
permanent injunction (N.) Unterlassungsurteil (N.) (Unterlassungsurteil im angloamerikanischen Recht)
permanent staff (N.) Stamm (M.)
permissibility (N.) Statthaftigkeit (F.), Zulässigkeit (F.)
permissible (Adj.) statthaft
permissible abortion (N.) for social reasons soziale Indikation (F.)
permission (N.) Bewilligung (F.), Erlaubnis (F.), Genehmigung (F.), Gestattung (F.), Zulassung (F.)
permission (N.) to give evidence Aussagegenehmigung (F.)
permission (N.) to marry Heiratserlaubnis (F.)
permission (N.) to transfer land Bodenverkehrsgenehmigung (F.)
permissive provision (N.) Kannvorschrift (F.)
permit (N.) Genehmigung (F.), Lizenz (F.), Passierschein (M.), Zulassung (F.)
permit (V.) erlauben, genehmigen, gestatten, lizensieren
per my et per tout gesamthänderisch
pernicious (Adj.) verrucht
perpetrate (V.) begehen, verüben
perpetration (N.) Begehung (F.), Täterschaft (F.), Vornahme (F.)
perpetrator (F.) Täterin (F.)
perpetrator (M. bzw. F.) Täter (M.)
perpetual injunction (N.) Unterlassungsurteil (N.) (Unterlassungsurteil im angloamerikanischen Recht)
perpetuating evidence (N.) Beweissicherung (F.)
persecute (V.) verfolgen
persecution (N.) Verfolgung (F.)
persistent offender (F.) Gewohnheitsverbrecherin (F.)
persistent offender (M. bzw. F.) Gewohnheitsverbrecher (M.)
person (F.) charged Angeschuldigte (F.), Beschuldigte (F.)
person (F.) detained for trial Untersuchungsgefangene (F.)
person (F.) dying together with someone Kommorientin (F.)
person (F.) involved Beteiligte (F.)
person (F.) involved in an accident Unfallbeteiligte (F.)
person (M. bzw. F.) Person (F.)
person (M. bzw. F.) charged Angeschuldigter (M.), Beschuldigter (M.)
person (M. bzw. F.) detained for trial Untersuchungsgefangener (M.)
person (M. bzw. F.) dying together with someone Kommorient (M.)
person (M. bzw. F.) entitled to a compulsory portion Pflichtteilsberechtigter (M.)
person (M. bzw. F.) involved Beteiligter (M.)

person (M. bzw. F.) involved in an accident Unfallbeteiligter (M.)
person (M. bzw. F.) liable to military service Wehrpflichtiger (M.)
person (M. bzw. F.) subject to curatorship Pflegling (M.)
person (M. bzw. F.) who attends to a person Betreuer (M.)
persona (M. bzw. F.) non grata (lat.) persona (F.) ingrata (lat.), persona (F.) non grata (lat.)
personal (Adj.) eigenhändig, persönlich, privat
personal accident insurance (N.) Unfallversicherung (F.)
personal appearance (N.) persönliches Erscheinen (N.)
personal computer (N.) Personal Computer (M.)
personal credit (N.) Personalkredit (M.)
personal datum (N.) Personalie (F.)
personal dossier (N.) Personalakte (F.)
personal file (N.) Personalakte (F.)
personal information system (N.) Personalinformationssystem (N.)
personal injury (N.) Gesundheitsschädigung (F.), Personenschaden (M.)
personal insurance (N.) Personenversicherung (F.)
personality (M. bzw. F.) Personalität (F.)
personality (N.) Persönlichkeit (F.), Wesen (N.)
personal jurisdiction (N.) Personalgerichtsbarkeit (F.)
personal legal reason in personam for exemption from punishment persönlicher Strafausschließungsgrund (M.)
personal liability (N.) persönliche Haftung (F.)
personal liability (N.) of the heir Erbenhaftung (F.)
personal loan (N.) Personalkredit (M.)
personally liable partner (F.) Komplementärin (F.)
personally liable partner (M. bzw. F.) Komplementär (M.)
personal-name firm (N.) Personalfirma (F.)
personal property (N.) Eigentum (N.) an beweglichen Sachen (Eigentum an beweglichen Sachen im angloamerikanischen Recht), Fahrnis (F.), Mobilie (F.)
personal property (N.Pl.) Fahrhabe (F.)
personal requirements (N.Pl.) Eigenbedarf (M.)
personal share (N.) Namensaktie (F.)
personal status (N.) Personenstand (M.)
personal statutes (N.Pl.) Personalstatut (N.) (Personalstatut im internationalen Privatrecht)
personalty (N.) Fahrhabe (F.)
personal union (N.) Personalunion (F.)
person entitled to a compulsory portion Pflichtteilsberechtigte (F.)
personnel (N.) Personal (N.)
personnel committee (N.) Personalvertretung (F.)
personnel leasing (N.) Arbeitnehmerüberlassung (F.)
persuant (Adj.) to the tariff tariflich
pertain (V.) to angehören
pertinent (Adj.) einschlägig, relevant
perverse (Adj.) pervers
perversion (N.) of justice Rechtsbeugung (F.)
perversion (N.) of law Rechtsbeugung (F.)
petition (N.) Antrag (M.), Begehren (N.), Eingabe (F.), Gesuch (N.), Klageantrag (M.), Klagebegehren (N.), Petition (F.)
petition (N.) in bankruptcy Konkursantrag (M.)
petition (N.) to modify a judgement Abänderungsklage (F.)
petitioner (F.) Klägerin (F.)
petitioner (M. bzw. F.) Kläger (M.)
petrol (N.) Benzin (N.)
petty (Adj.) geringfügig
petty case (N.) Bagatellsache (F.)
petty expense (N.) Spese (F.)
petty larceny (N.) of food Mundraub (M.)
petty matter (N.) Bagatelle (F.)
petty offence (N.) Bagatelldelikt (N.)
pharmacist (M. bzw. F.) Apotheker (M.)
pharmacy (N.) (am.) Apotheke (F.)
phase (N.) Stufe (F.)
philosophy (N.) Philosophie (F.)
philosophy (N.) of law Rechtsphilosophie (F.)
physical (Adj.) körperlich, physisch
physical abuse (N.) körperliche Misshandlung (F.)
physical act (N.) Realakt (M.)

physical damage (N.) materieller Schaden (M.), Personenschaden (M.)
physical impossibility (N.) objektive Unmöglichkeit (F.)
physical injury (N.) Körperverletzung (F.)
physical object (N.) Sache (F.) (Ding)
physician (F.) Ärztin (F.)
physician (M. bzw. F.) Arzt (M.)
picker (F.) Taschendiebin (F.)
picker (M. bzw. F.) Taschendieb (M.)
picklock (N.) Dietrich (M.)
pickpocket (F.) Taschendiebin (F.)
pickpocket (M. bzw. F.) Taschendieb (M.)
picture-screen text (N.) Bildschirmtext
piece (N.) Stück (N.)
piece (N.) of equipment Gerät (N.)
piece (N.) of evidence Beweisstück (N.)
piece (N.) of furniture Möbel (N.)
piece (N.) of land Grundstück (N.)
piece wage (N.) Akkordlohn (M.)
piecework (N.) Akkord (M.)
piecework pay (N.) Akkordlohn (M.)
pilfer (V.) entwenden
pilferage (N.) Plünderung (F.)
pilfering (N.) Entwendung (F.)
pilfery (N.) Entwendung (F.)
pillage (V.) plündern
pillager (F.) Plündererin (F.)
pillager (M. bzw. F.) Plünderer (M.)
pillory (N.) Pranger (M.)
pimp (M.) Zuhälter (M.)
piracy (N.) Piraterie (F.)
pirate (F.) Freibeuterin (F.), Piratin (F.), Plagiatorin (F.), Seeräuberin (F.)
pirate (M. bzw. F.) Freibeuter (M.), Pirat (M.), Plagiator (M.), Seeräuber (M.)
pirate (V.) plagiieren
pirate radio (N.) Piratensender (M.)
pistol (N.) Pistole (F.)
pit (N.) Grube (F.) (Mine)
pitman (M.) Bergarbeiter (M.), Knappe (M.)
pitwoman (F.) Bergarbeiterin (F.), Knappin (F.)
place (N.) Ort (M.), Platz (M.), Standort (M.), Stelle (F.) (Ort)
place (N.) of a crime Tatort (M.)
place (N.) of business Niederlassung (F.) (Unternehmensteil)
place (N.) of conference Tagungsort (M.)
place (N.) of effect Erfolgsort (M.)
place (N.) of jurisdiction Gerichtsstand (M.)
place (N.) of performance Erfüllungsort (M.), Handlungsort (M.), Leistungsort (M.)
place (N.) of residence Aufenthaltsort (M.), Wohnort (M.)
place (N.) of work Arbeitsstätte (F.)
place (V.) anlegen (einsetzen), unterbringen
place (V.) an order bestellen (Waren bestellen)
place (V.) on record beurkunden
place (V.) under the control of a guardian entmündigen
placement (N.) Anlage (F.) (Vermögenseinsatz), Stellenvermittlung (F.), Unterbringung (F.)
placing (N.) to the account Verrechnung (F.) (Inrechnungstellung)
plagiarism (N.) Plagiat (N.)
plagiarist (M. bzw. F.) Plagiator (M.)
plagiarize (V.) plagiieren
plain (Adj.) offenbar
plaint (N.) Beschwerde (F.)
plaintiff (F.) Klägerin (F.)
plaintiff (F.) in error Revisionsklägerin (F.)
plaintiff (M. bzw. F.) Kläger (M.)
plaintiff (M. bzw. F.) in error Revisionskläger (M.)
plaintiff's claim (N.) Klagebegehren (N.)
plaintiff's statement (N.) of the grounds of claim Klagebegründung (F.)
plaint note (N.) Klageschrift (F.)
plan (N.) Plan (M.)
plan (V.) beabsichtigen, planen
plane (N.) Flugzeug (N.)
planned economy (N.) Planwirtschaft (F.)
planning (N.) Erschließung (F.), Planung (F.)
planning department (N.) Bauordnungsamt (N.)
planning permission (N.) Baugenehmigung (F.)
plant (N.) Anlage (F.) (Einrichtung), Betriebsanlage (F.), Werk (N.) (Fabrik)
plant protection (N.) Pflanzenschutz (M.)
plant varieties patent (N.) Sortenschutz (M.)
plausible (Adj.) plausibel
play (N.) Spiel (N.)
play (V.) ausspielen, spielen
play (V.) the hypocrite heucheln
playful (Adj.) mutwillig

plea (N.) Beweisgrund (M.), Einrede (F.), Einwendung (F.), Fürsprache (F.)
plea (N.) in bar peremptorische Einrede (F.)
plea (N.) of fraud exceptio (F.) doli (lat.)
plea (N.) of insufficient assets in an estate Dürftigkeitseinrede (F.)
plea bargaining (N.) Absprache (F.) über Schuldigerklärung (zwischen Verteidiger und Staatsanwalt)
plead (V.) einwenden, plädieren, sprechen, vorbringen
pleading (Adj.) guilty geständig
pleading (N.) Plädoyer (N.), Schriftsatz (M.), Vorbringen (N.)
pleading (N.) to the charge Einlassung (F.)
pleasant (Adj.) gefällig
pleasure (N.) Lust (F.)
plebiscitary (Adj.) plebiszitär
plebiscitary democracy (N.) plebiszitäre Demokratie (F.)
plebiscite (N.) Plebiszit (N.), Volksabstimmung (F.), Volksentscheid (M.)
pledge (N.) Faustpfand (N.), Gelöbnis (N.), Gelübde (N.), Pfand (N.), Pfandrecht (N.)
pledge (N.) of secrecy Schweigepflicht (F.)
pledge (V.) geloben, verpfänden, versetzen (verpfänden)
pledgee (F.) Pfandgläubigerin (F.), Pfandnehmerin (F.)
pledgee (M. bzw. F.) Pfandgläubiger (M.), Pfandnehmer (M.)
pledging (N.) Verpfändung (F.)
plenary session (N.) Plenum (N.)
plenum (N.) Plenum (N.)
plight (N.) Notlage (F.)
plot (N.) Flurstück (N.), Komplott (N.), Konspiration (F.), Parzelle (F.), Verschwörung (F.)
plot (V.) konspirieren, verschwören (sich verschwören)
plotter (F.) Verschwörerin (F.)
plotter (M. bzw. F.) Verschwörer (M.)
plumber (F.) Installateurin (F.), Klempnerin (F.)
plumber (M. bzw. F.) Installateur (M.), Klempner (M.)
plunder (V.) plündern
plunderer (F.) Plündererin (F.)
plunderer (M. bzw. F.) Plünderer (M.)
plundering (N.) Plünderung (F.)
plundering (N.) the dead Leichenfledderei (F.)
pluralism (N.) Pluralismus (M.)
plurality (N.) relative Mehrheit (F.)
plurality (N.) of acts Tatmehrheit (F.)
plutocracy (N.) Plutokratie (F.)
poach (V.) wildern
poacher (F.) Wilddiebin (F.), Wildererin (F.)
poacher (M. bzw. F.) Wilddieb (M.), Wilderer (M.)
poaching (N.) Jagdwilderei (F.), Wilderei (F.)
pocket money (N.) Taschengeld (N.)
pocket money rule (N.) for minors Taschengeldparagraph (M.)
pogrom (N.) Pogrom (N.)
point (N.) Platz (M.)
point (N.) of fact Tatfrage (F.)
point (N.) of view Gesichtspunkt (M.)
point at issue strittig
poison (N.) Gift (N.)
poison (V.) vergiften
poisoning (N.) Vergiftung (F.)
poisonous (Adj.) giftig
police (Adj.) polizeilich
police (N.) Polizei (F.), Vollzugspolizei (F.)
police administration (N.) Polizeiverwaltung (F.)
police administration act (N.) Polizeiverwaltungsgesetz (N.)
police car (N.) (brit.) Streifenwagen (M.)
police clearance (N.) Führungszeugnis (N.)
police district (N.) Revier (N.) (Polizeirevier)
police force (N.) Polizei (F.)
police law (N.) Polizeirecht (N.)
police line-up (N.) Gegenüberstellung (F.)
policeman (M.) Polizist (M.), Schutzmann (M.)
police officer (F.) Polizistin (F.)
police officer (M. bzw. F.) Polizist (M.)
police order (N.) Polizeiverfügung (F.)
police ordinance (N.) Polizeiverordnung (F.)
police power (N.) in court Sitzungspolizei (F.)
police raid (N.) Razzia (F.)
police state (N.) Polizeistaat (M.)
police station (N.) Wache (F.) (Polizeiwache)
police ticket (N.) Verwarnungsgeld (N.)

policewoman (F.) Polizistin (F.), Schutzfrau (F.)
policy (N.) Politik (F.) (spezielle Vorgangsweise)
policy consideration (N.) Gemeinwohlüberlegung (F.) (Gemeinwohlüberlegung im angloamerikanischen Recht)
political (Adj.) politisch
political liberty (N.) Bürgerrecht (N.)
political science (N.) Politikwissenschaft (F.), Staatslehre (F.)
political suspicion (N.) politische Verdächtigung (F.)
politics (N.) Politik (F.) (Politik im allgemeinen)
poll (N.) Abstimmung (F.), Wahl (F.) (politische Entscheidung)
polling (N.) Stimmabgabe (F.)
poll tax (N.) Kopfsteuer (F.)
polygamous (Adj.) polygam
polygamy (N.) Polygamie (F.), Vielweiberei (F.)
polygraph Polygraph (M.)
polygraph (N.) Lügendetektor (M.)
Pontifical State (N.) Kirchenstaat (M.)
pontificate (N.) Pontifikat (N.)
pool (N.) Konsortium (N.)
poor (Adj.) bedürftig, dürftig (bedürftig)
poor workmanship (N.) Schlechtleistung (F.)
Pope (M.) Papst (M.)
popular assembly (N.) Volksversammlung (F.)
popular bank (N.) Volksbank (F.)
popular initiative (N.) Volksbegehren (N.)
population research (N.) Demoskopie (F.)
pornographic (Adj.) pornographisch
pornography (N.) Pornographie (F.)
port (N.) Hafen (M.) (1)
porter (F.) Trägerin (F.)
porter (M. bzw. F.) Träger (M.)
portfolio (N.) Ressort (N.)
portion (N.) Anteil (M.), Teil (M.)
position (N.) Amt (N.), Platz (M.), Stand (M.), Standort (M.), Stellung (F.)
position (N.) of being a guarantor Garantenstellung (F.)
position (N.) of trust Vertrauensstellung (F.)
positive (Adj.) konstruktiv, positiv
positive interest (N.) Erfüllungsinteresse (N.)
positive law (N.) positives Recht (N.)
positivism (N.) Positivismus (M.)
possess (V.) besitzen
possession (N.) Besitz (M.), Innehabung (F.), Sachherrschaft (F.)
possession (N.) as a bailee Fremdbesitz (M.)
possession (N.) for another Fremdbesitz (M.)
possessions (N.Pl.) Besitztum (N.), Habe (F.)
possessor (F.) Besitzerin (F.)
possessor (F.) as bailee Fremdbesitzerin (F.)
possessor (F.) of the estate Erbschaftsbesitzerin (F.)
possessor (M. bzw. F.) Besitzer (M.)
possessor (M. bzw. F.) as bailee Fremdbesitzer (M.)
possessor (M. bzw. F.) of the estate Erbschaftsbesitzer (M.)
possessor's agent (F.) Besitzdienerin (F.)
possessor's agent (M. bzw. F.) Besitzdiener (M.)
possessor's servant (F.) Besitzdienerin (F.)
possessor's servant (M. bzw. F.) Besitzdiener (M.)
possessory (Adj.) besitzrechtlich, possessorisch
possessory action (N.) possessorische Klage (F.)
possessory claim (N.) possessorischer Anspruch (M.)
possessory right (N.) Besitzrecht (N.)
possibility (N.) Möglichkeit (F.) (Wahrscheinlichkeit)
possible (Adj.) eventual, potentiell
post (N.) Amt (N.), Stelle (F.) (Ort)
post (N.) (brit.) Post (F.)
Post Act (N.) Postgesetz (N.)
postage (N.) Porto (N.)
postage-free (Adj.) franko
postal ballot (N.) Briefwahl (F.)
postal check (N.) (am.) Postscheck (M.)
postal cheque (N.) (brit.) Postscheck (M.)
postal money order (N.) Postanweisung (F.)
postal remittance (N.) Postanweisung (F.)
postal secrecy (N.) (brit.) Postgeheimnis (N.)
postal stamp (N.) Briefmarke (F.), Wertzeichen (N.)

postal vote (N.) Briefwahl (F.)
post card (N.) Postkarte (F.)
post code (N.) (brit.) Postleitzahl (F.)
post-graduate civil service trainee (F.) Referendarin (F.)
post-graduate civil service trainee (M. bzw. F.) Referendar (M.)
posthumous (Adj.) postum
post-mortem examination (N.) Autopsie (F.), Leichenöffnung (F.), Leichenschau (F.), Obduktion (F.), Sektion (F.) (Leichenöffnung in der Medizin)
post office (N.) (brit.) Postamt (N.)
postpaid (Adj.) franko
postpone (V.) aufschieben, verschieben, vertagen
postponement (N.) Vertagung (F.)
post restante (Adj.) postlagernd
postulate (V.) postulieren
potent (Adj.) potent
potential (Adj.) potentiell
potential guilty knowlegde (N.) potentielles Unrechtsbewusstsein (N.)
Potsdam Agreement (N.) Potsdamer Abkommen (N.)
pound (N.) Pfund (N.)
poverty law (N.) Armenrecht (N.)
power (N.) Befugnis (F.), Energie (F.), Ermächtigung (F.), Gewalt (F.) (Kraft), Macht (F.)
power (N.) of agency Vertretungsmacht (F.), Vollmacht (F.)
power (N.) of attorney for legal proceedings Prozessvollmacht (F.)
power (N.) of disposal Verfügungsbefugnis (F.), Verfügungsermächtigung (F.)
power (N.) of disposition Verfügungsbefugnis (F.), Verfügungsermächtigung (F.)
power (N.) of representation by estoppel Duldungsvollmacht (F.)
power (N.) of revocation Widerrufsrecht (N.)
power (N.) to act Handlungsfähigkeit (F.)
power (N.) to close deal Abschlussvollmacht (F.)
power (N.) to exercise a right Ausübungsermächtigung (F.)
practicability (N.) Möglichkeit (F.) (Wahrscheinlichkeit)
practical experience (N.) Praxis (N.)
practice (N.) Berufsausübung (F.), Gepflogenheit (F.), Gewohnheit (F.), Handeln (N.)
practice (N.) (brit.) Brauch (M.), Machenschaft (F.), Praktik (F.), Praxis (N.), Übung (F.)
practice (N.) of the court Rechtsgang (M.)
practice (N.) of the courts (brit.) Judikatur (F.), Rechtspraxis (F.)
practice (V.) (brit.) üben
practise (N.) (am.) Brauch (M.), Machenschaft (F.), Praktik (F.), Praxis (N.), Übung (F.)
practise (N.) of the courts (am.) Judikatur (F.), Rechtspraxis (F.)
practise (V.) ausüben
practise (V.) (am.) üben
prayer (N.) Klageantrag (M.)
prayer (N.) for relief Klagebegehren (N.)
preamble (N.) Präambel (F.), Vorspruch (M.)
precaution (N.) Vorsorge (F.)
precautionary (Adj.) vorbeugend
precautionary argument (N.) in support of the claim Hilfsbegründung (F.)
precautionary authority (N.) Vorsorgevollmacht (F.)
precautionary measure (N.) Schutzmaßnahme (F.)
precedence (N.) Präzedenz (F.), Priorität (F.), Vorrang (M.)
precedent (N.) Fall (M.), Präjudiz (N.)
preceding tenancy (N.) Vormiete (F.)
precept (N.) Anordnung (F.), Gebot (N.) (Anordnung)
precinct (N.) Bezirk (M.)
precincts (N.Pl.) Bannkreis (M.), Bannmeile (F.)
precious (Adj.) kostbar
precious thing (N.) Kostbarkeit (F.)
preclude (V.) ausschließen, vorbeugen
preclusion (N.) Ausschließung (F.), Ausschluss (M.), Präklusion (F.)
preclusive period (N.) Ausschlussfrist (F.)
precondition (N.) Vorbedingung (F.)
preconditions (N.Pl.) of the pleadings Prozesshandlungsvoraussetzung (F.)
predatory (Adj.) räuberisch
predatory dealing (N.) Sachwucher (M.)
predecessor (F.) Vorgängerin (F.)
predecessor (F.) in title Rechtsvorgängerin (M.)
predecessor (M. bzw. F.) Vorgänger (M.)

predecessor (M. bzw. F.) in title Rechtsvorgänger (M.)
predicament (N.) Notlage (F.)
prediction (N.) Prognose (F.)
pre-emption (N.) Vorkauf (M.)
preemption (N.) (am.) ausschließliche Gesetzgebungskompetenz (F.) (des Kongresses der Vereinigten Staaten von Amerika)
prefect (F.) Präfektin (F.), Statthalterin (F.)
prefect (M. bzw. F.) Präfekt (M.), Statthalter (M.)
prefer (V.) vorbringen
preference (N.) Vorzug (M.)
preference share (N.) Vorzugsaktie (F.)
preferential (Adj.) bevorrechtigt
preferential legacy (N.) Prälegat (N.), Vorausvermächtnis (N.)
preferential quota (N.) of damages Quotenvorrecht (N.)
preferential right (N.) Absonderungsrecht (N.), Voraus (M.)
preferential treatment (N.) Begünstigung (F.)
preferential treatment (N.) for secured creditor Absonderung (F.)
preferred share (N.) Vorzugsaktie (F.)
preferreed stock (N.) (am.) Vorzugsaktie (F.)
pregnancy (N.) Schwangerschaft (F.)
pregnant (Adj.) schwanger
pre-incorporation business association (N.) Gründungsgesellschaft (F.)
prejudication (N.) Präjudiz (N.)
prejudice (N.) Befangenheit (F.), Voreingenommenheit (F.), Vorurteil (N.)
prejudice (V.) beeinflussen, beeinträchtigen, schädigen
prejudiced (Adj.) befangen, voreingenommen
prejudicial error (N.) Revisionsgrund (M.)
prelate (M.) Prälat (M.)
preliminary agreement (N.) Vorvertrag (M.)
preliminary association (N.) not capable of possessing legal personality Vorverein (M.)
preliminary contract (N.) Vorvertrag (M.)
preliminary election (N.) (brit.) Vorwahl (F.) (politische Vorwahl) (F.)
preliminary examination (N.) Vorprüfung (F.), Voruntersuchung (F.)
preliminary examination proceeding (N.) Vorprüfungsverfahren (N.)
preliminary hearing (N.) Voruntersuchung (F.)
preliminary inquiry (N.) Voranfrage (F.)
preliminary investigation (N.) Ermittlungsverfahren (N.)
preliminary proceedings (N.Pl.) Vorverfahren (N.)
preliminary proof (N.) Glaubhaftmachung (F.)
preliminary ruling (N.) Vorabentscheidung (F.), Vorbescheid (M.)
preliminary ruling process (N.) Vorabentscheidungsverfahren (N.)
premature (Adj.) vorzeitig
premature birth (N.) Frühgeburt (F.)
premature delivery (N.) Frühgeburt (F.)
premature redemption (N.) of bonds Auslosung (F.)
premediated (Adj.) vorsätzlich
premeditation (N.) Vorbedacht (M.)
premier (F.) Ministerpräsidentin (F.), Premierministerin (F.)
premier (M. bzw. F.) Ministerpräsident (M.), Premierminister (M.)
premise (N.) for evidence Beweisthema (N.)
premises (N.Pl.) Anwesen (N.), Grundstück (N.)
premium (N.) Agio (N.), Aufgeld (N.), Beitrag (M.) (Sozialversicherungsbeitrag), Bonus (M.), Prämie (F.), Zugabe (F.), Zuschlag (M.) (Aufpreis)
preparation (N.) Aufstellung (F.), Vorbereitung (F.)
preparatory service (N.) Vorbereitungsdienst (M.)
prepare (V.) aufstellen, rüsten, verfassen, vorbereiten
prepared (Adj.) bereit
preparedness (N.) Bereitschaft (F.)
prepayment (N.) Vorauszahlung (F.)
prepay postage (V.) frankieren
prepossessed (Adj.) befangen
prerequisite (N.) Vorbedingung (F.)
prerogative (N.) Prärogative (F.), Vorrang (M.) des Gesetzes, Vorrecht (N.)
prescribe (V.) ersitzen, vorschreiben
prescribed (Adj.) vorschriftsmäßig
prescription (N.) Ersitzung (F.), Verfolgungsverjährung (F.), Vorschrift (F.)

presence (N.) Anwesenheit (F.), Gegenwart (F.)
presence (N.) of a quorum Beschlussfähigkeit (F.)
present (Adj.) anwesend, gegenwärtig (anwesend), gegenwärtig (derzeitig)
present (N.) Geschenk (N.), Schenkung (F.)
present (V.) übergeben, vorlegen
presentation (N.) Eingabe (F.), Vorlage (F.) (Vorlegen), Vorlegung (F.)
presentation copy (N.) Freiexemplar (N.)
presentment (N.) Vorlegung (F.)
preservation (N.) of evidence Beweissicherung (F.)
preservation (N.) of privileged interests Wahrnehmung (F.) berechtigter Interessen
preserve (V.) hegen, konservieren
presidency (N.) Vorsitz (M.)
president (F.) Obfrau (F.), Präsidentin (F.), Staatspräsidentin (F.), Vorsitzende (F.), Vorsitzerin (F.)
president (M. bzw. F.) Obmann (M.), Präsident (M.), Staatspräsident (M.), Vorsitzender (M.)
president (M. bzw. F.) (am.) Rektor (M.) (Rektor einer Universität)
presidential council (N.) Präsidialrat (M.)
presidential democracy (N.) Präsidialdemokratie (F.)
presiding committee (N.) Präsidium (N.)
presidium (N.) Präsidium (N.)
press (N.) Presse (F.) (Gesamtheit der Druckerzeugnisse)
Press Council (N.) Presserat (M.)
pressing (Adj.) dringend, dringlich
press law (N.) Presserecht (N.)
pressure (N.) Drang (M.)
presumable (Adj.) mutmaßlich, vermutlich
presumable consent (N.) mutmaßliche Einwilligung (F.)
presume (V.) mutmaßen, vermuten
presumption (N.) Schluss (M.) (Folgerung), Vermutung (F.)
presumption (N.) of commorientes Kommorientenvermutung (F.)
presumption (N.) of death Todesvermutung (F.)
presumption (N.) of fault Verschuldensvermutung (F.)
presumption (N.) of innocence Unschuldsvermutung (F.)
presumption (N.) of ownership Eigentumsvermutung (F.)
presumption (N.) of paternity Vaterschaftsvermutung (F.)
presumption (N.) of title Eigentumsvermutung (F.)
presumptive evidence (N.) Indizienbeweis (M.)
presumptive heir (M. bzw. F.) Scheinerbe (M.)
presumptive heiress (F.) Scheinerbin (F.)
presumtion (N.) Präsumption (F.)
presumtion (N.) of law Rechtsvermutung (F.)
pretence (N.) Vorspiegelung (F.), Vortäuschung (F.)
pretend (V.) fingieren, vorspiegeln, vortäuschen
pretender (F.) Prätendentin (F.)
pretender (M. bzw. F.) Prätendent (M.)
pretending (N.) Vorspiegelung (F.)
pre-trial confinement (N.) Untersuchungshaft (F.)
pre-trial discovery (N.) Vorverfahren (N.)
pre-trial procedure (N.) Voruntersuchung (F.)
pre-trial proceedings (N.Pl.) Vorverfahren (N.)
pre-trial process (N.) Vorverfahren (N.)
pre-trial review (N.) Vorverfahren (N.)
prevail (V.) gelten
prevailing doctrine (N.) herrschende Lehre (F.)
prevailing opinion (N.) herrschende Meinung (F.)
prevaricatio (N.) Parteiverrat (M.)
prevarication (N.) Prävarikation (F.)
prevent (V.) vereiteln, verhindern, verhüten, vorbeugen
prevention (N.) Prävention (F.), Verhinderung (F.), Verhütung (F.)
prevention (N.) of accidents Unfallverhütung (F.)
prevention (N.) of water pollution Gewässerschutz (M.)
preventive (Adj.) präventiv, vorbeugend
preventive detention (N.) Sicherheitsverwahrung (F.), Sicherungsverfahren (N.), Sicherungsverwahrung (F.), Vorbeugehaft (F.)
preventive interdiction (N.) präventives Verbot (N.)

preview (N.) Prognose (F.)
previous action (N.) Vorausklage (F.)
previous conviction (N.) Vorstrafe (F.)
previously convicted (Adj.) vorbestraft
price (N.) Preis (M.) (Kaufpreis)
price (N.) of acquisition Kaufpreis (M.)
price-adjustment levy (N.) Abschöpfung (F.)
price clause regulation (N.) Preisklauselverordnung (F.)
price control (N.) Preisbindung (F.)
price fixing (N.) Preisbindung (F.)
price recommendation (N.) Preisempfehlung (F.)
priest (F.) Pfarrerin (F.)
priest (M.) Pfarrer (M.), Priester (M.)
primacy (N.) Primat (M.)
prima facie entitlement (N.) Rechtsschein (M.)
prima facie evidence (N.) Anscheinsbeweis (M.), prima-facie-Beweis (M.)
primary (Adj.) hauptsächlich, originär
primary acquisition (N.) of title originärer Eigentumserwerb (M.)
primary election (N.) (am.) Vorwahl (F.) (politische Vorwahl) (F.)
primary liability (N.) Haupthaftung (F.) (Haftung des Hauptschuldners im angloamerikanischen Recht)
primary obligation (N.) Hauptpflicht (F.)
primary production (N.) Urproduktion (F.)
primary school (N.) Volksschule (F.)
prime cost (N.) Gestehungskosten (F.Pl.)
prime minister (F.) Ministerpräsidentin (F.), Premierministerin (F.)
prime minister (M. bzw. F.) Ministerpräsident (M.), Premierminister (M.)
prime rate (N.) Leitzins (M.), Prime Rate (N.) (engl.)
primogeniture (N.) Majorat (N.), Primogenitur (F.)
prince (M.) Fürst (M.), Prinz (M.)
prince elector (M.) Kurfürst (M.)
princess (F.) Fürstin (F.), Prinzessin (F.)
principal (Adj.) hauptsächlich
principal (F.) Arbeitgeberin (F.), Auftraggeberin (F.), Dienstherrin (F.), Geschäftsherrin (F.), Haupttäterin (F.), Kommittentin (F.), Leiterin (F.), Prinzipalin (F.), Vorgesetzte (F.)
principal (M. bzw. F.) Arbeitgeber (M.), Auftraggeber (M.), Geschäftsherr (M.), Haupttäter (M.), Kommittent (M.), Leiter (M.), Prinzipal (M.), Vorgesetzter (M.)
principal claim (N.) Hauptforderung (F.)
principal debtor (M. bzw. F.) Selbstschuldner (M.)
principal debtrix (F.) Selbstschuldnerin (F.)
principal defect (N.) Hauptmangel (M.)
principal heir (M. bzw. F.) Anerbe (M.)
principal heiress (F.) Anerbin (F.)
principality (N.) Fürstentum (N.)
principal matter (N.) Hauptsache (F.)
principal obligation (N.) Hauptpflicht (F.)
principal offender (F.) Haupttäterin (F.)
principal offender (M. bzw. F.) Haupttäter (M.)
principal shareholder (F.) Hauptaktionärin (F.)
principal shareholder (M. bzw. F.) Hauptaktionär (M.)
principal stockholder (F.) Hauptaktionärin (F.)
principal stockholder (M. bzw. F.) (am.) Hauptaktionär (M.)
principal witness (F.) Hauptzeugin (F.)
principal witness (M. bzw. F.) Hauptzeuge (M.)
principle (N.) Grundsatz (M.), Prinzip (N.)
principle (N.) of asperity Asperationsprinzip (N.)
principle (N.) of clarity and definiteness Bestimmtheitsgrundsatz (M.)
principle (N.) of democracy Demokratieprinzip (N.)
principle (N.) of discretionary prosecution Opportunitätsprinzip (N.)
principle (N.) of due course of law Rechtsstaatsprinzip (N.)
principle (N.) of entitlement to divorce in case of irretrievable breakdown of marriage Zerrüttungsprinzip (N.)
principle (N.) of equality Gleichheitsgrundsatz (M.)
principle (N.) of equal treatment Gleichbehandlungsgrundsatz (M.)
principle (N.) of equivalence Äquivalenzprinzip (N.)
principle (N.) of ex officio judicial investigation Inquisitionsmaxime (F.)
principle (N.) of ex officio proceedings Offizialmaxime (F.)

principle (N.) of law Rechtsgrundsatz (M.)
principle (N.) of locus rei sitae Belegenheitsgrundsatz (M.)
principle (N.) of mandatory prosecution Legalitätsprinzip (N.)
principle (N.) of mutual reliance on reasonably safe driving of other road users Vertrauensgrundsatz (M.)
principle (N.) of official investigation Amtsermittlungsgrundsatz (M.)
principle (N.) of oral proceedings Mündlichkeitsgrundsatz (M.)
principle (N.) of party disposition Dispositionsmaxime (F.), Verfügungsgrundsatz (M.)
principle (N.) of party presentation Beibringungsgrundsatz (M.), Verhandlungsgrundsatz (M.)
principle (N.) of party prosecution Parteibetrieb (M.)
principle (N.) of personality Personalitätsprinzip (N.)
principle (N.) of priority Prioritätsprinzip (N.)
principle (N.) of public disclosure Publizitätsprinzip (N.)
principle (N.) of representation Repräsentationsprinzip (N.)
principle (N.) of social justice and the welfare state Sozialstaatsprinzip (N.)
principle (N.) of territoriality Territorialitätsprinzip (N.)
principle (N.) of the abstract nature of rights in rem Abstraktionsprinzip (N.)
principle (N.) of trial Verfahrensgrundsatz (M.)
print (N.) Druck (M.) (Veröffentlichung durch Vervielfältigung)
print (V.) drucken, verlegen (V.)
printed document (N.) Druckschrift (F.) (Druckwerk)
printed form (N.) Formular (N.)
printed matter (N.) Drucksache (F.)
printed publication (N.) Druckwerk (N.)
printed work (N.) Druckwerk (N.)
prior (M.) Prior (M.)
prior attachment (N.) Vorpfändung (F.)
prior conviction (N.) Vorstrafe (F.)
priority (Adj.) vorrangig
priority (N.) Priorität (F.), Rangverhältnis (N.), Vorrang (M.), Vorzug (M.)
priority (N.) of law Vorrang (M.) des Gesetzes
priority caution (N.) Vormerkung (F.) (vorläufige Eintragung im Grundbuchrecht)
priority debt (N.) Masseschuld (F.)
priority notice (N.) Vormerkung (F.) (vorläufige Eintragung im Grundbuchrecht)
priority notice (N.) of conveyance Auflassungsvormerkung (F.)
prior offence (N.) (brit.) Vortat (F.)
prior offense (N.) (am.) Vortat (F.)
prior turnover tax (N.) Vorsteuer (F.)
prison (N.) Gefängnis (N.), Justizvollzugsanstalt (F.), Strafanstalt (F.), Strafvollzugsanstalt (F.)
prisoner (F.) Gefangene (F.), Strafgefangene (F.)
prisoner (F.) of war Kriegsgefangene (F.)
prisoner (F.) on remand Untersuchungsgefangene (F.)
prisoner (M.) of war Kriegsgefangener (M.)
prisoner (M. bzw. F.) Gefangener (M.), Strafgefangener (M.), Sträfling (M.)
prisoner (M. bzw. F.) on remand Untersuchungsgefangener (M.)
prison officer (F.) Strafvollzugsbeamtin (F.)
prison officer (M. bzw. F.) Strafvollzugsbeamter (M.)
prison sentence (N.) Freiheitsstrafe (F.), Gefängnisstrafe (F.)
privacy (N.) Hausfriede (M.), Intimsphäre (F.)
privacy (N.) of correspondance Briefgeheimnis (N.)
privacy (N.) of correspondence Korrespondenzgeheimnis (N.)
privacy (N.) of data Datenschutz (M.)
privacy act (N.) (am.) Bundesdatenschutzgesetz (N.)
private (Adj.) nichtöffentlich, persönlich, privat
private attorney (F.) Sachwalterin (F.)
private attorney (M. bzw. F.) Sachwalter (M.)
private document (N.) Privaturkunde (F.)
privateering (N.) Kaperei (F.)
private insurance law (N.) Privatversicherungsrecht (N.)
private law (N.) Privatrecht (N.), Zivilrecht (N.)
private lecturer (F.) Privatdozentin (F.)

private lecturer (M. bzw. F.) Privatdozent (M.)
private liability (N.) persönliche Haftung (F.)
private limited company (N.) Gesellschaft (F.) mit beschränkter Haftung, GmbH (F.) (Gesellschaft mit beschränkter Haftung)
privately owned residence (N.) Eigenheim (N.)
private nuisance (N.) Eigentumsstörung (F.)
private ownership (N.) Privateigentum (N.)
private property (N.) Privateigentum (N.)
private prosecution (N.) Privatklage (F.)
private prosecutor (F.) Privatklägerin (F.)
private prosecutor (M. bzw. F.) Privatkläger (M.)
private road (N.) Privatstraße (F.)
private sale (N.) freihändiger Verkauf (M.)
privative (Adj.) privativ
privatization (N.) Entwidmung (F.)
privatize (V.) entwidmen, privatisieren
privilege (N.) Berechtigung (F.), Privileg (N.), Rechtfertigungsgrund (M.), Sonderrecht (N.) (besonderes Vorrecht), Vorrecht (N.)
privilege (N.) as to one's own image Recht (N.) am eigenen Bild
privilege (N.) of non-disclosure Auskunftsverweigerungsrecht (N.)
privilege (N.) to refuse to give evidence Aussageverweigerungsrecht (N.)
privilege (V.) privilegieren
privileged (Adj.) bevorrechtigt, privilegiert
privileged occasion (N.) Wahrnehmung (F.) berechtigter Interessen
privileged offence (N.) privilegierte Straftat (F.)
privileged property (N.) Vorbehaltsgut (N.)
privileged will (N.) Nottestament (N.)
privilege of judges Richterprivileg (N.)
privity (N.) Rechtsverhältnis (N.)
Privy Council (N.) (brit.) Hofrat (M.) (Beratergruppe eines Fürsten), Kronrat (M.) (Kronrat in Großbritannien)
prize (N.) Preis (M.) (Belohnung), Prise (F.)
prize (N.) of war Prise (F.)
prize competition (N.) Preisausschreiben (N.)
prize contest (N.) Preisausschreiben (N.)
probability (N.) Wahrscheinlichkeit (F.)
probable (Adj.) wahrscheinlich
probably (Adv.) vermutlich
probate court (N.) (brit.) Nachlassgericht (N.)
probate law (N.) Nachlassrecht (N.)
probation (N.) Bewährung (F.)
probation officer (F.) Bewährungshelferin (F.)
probation officer (M. bzw. F.) Bewährungshelfer (M.)
probative value (N.) Beweiskraft (F.)
probitary force (N.) Beweiskraft (F.)
procedural (Adj.) prozessual, verfahrensrechtlich
procedural law (N.) formelles Recht (N.), Prozessrecht (N.), Verfahrensrecht (N.)
procedural requirement (N.) Prozessvoraussetzung (F.)
procedure (N.) Prozedur (F.), Prozess (M.), Verfahren (N.), Vorgehen (N.)
procedure (N.) in awarding a doctorate Promotionsverfahren (N.)
procedure (N.) in insolvency administration of an insolvent estate Nachlassinsolvenzverfahren (N.)
procedure (N.) in which the accused is liable to public prosecution Offizialverfahren (N.)
procedure (N.) of bankruptcy Konkursverfahren (N.)
procedure (N.) on appeal Berufungsverfahren (N.)
procedure (N.) on the personal status of a child Statusprozess (M.)
proceed (N.) Einnahme (F.), Frucht (F.) (Frucht im rechtlichen Sinn)
proceed (V.) verfahren (V.), vorgehen
proceed (V.) against verklagen
proceeding (N.) against absentee Abwesenheitsverfahren (N.)
proceedings (N.Pl.) Verfahren (N.)
proceedings (N.Pl.) before an administrative court Verwaltungsprozess (M.)
proceedings (N.Pl.) by default Kontumazialverfahren (N.)
proceedings (N.Pl.) for restitution Restitutionsklage (F.)
proceedings (N.Pl.) in the absence of the defendant Kontumazialverfahren (N.)
proceedings (N.Pl.) on a bill of exchange Wechselprozess (M.)

proceedings (N.Pl.) on a constitutional dispute Verfassungsprozess (M.)
proceeds (N.Pl.) Ertrag (M.)
process (N.) Prozedur (F.), Verfahren (N.)
process (N.) of legislation Gesetzgebungsverfahren (N.)
process (V.) bearbeiten, verarbeiten (Material verarbeiten)
process agent (F.) Zustellungsbevollmächtigte (F.)
process agent (M. bzw. F.) Zustellungsbevollmächtigter (M.)
process contract (N.) Prozessvertrag (N.)
process form (N.) Prozessformular (N.)
processing (N.) Verarbeitung (F.) (Verarbeitung von Material)
process server (M.) Zustellungsbetreiber (M.)
proclaim (V.) verkünden
proclamation (N.) Bekanntmachung (F.), Verkündung (F.)
proclivity (N.) schädliche Neigung (F.)
procreation (N.) Zeugung (F.)
proctor (F.) Prokuratorin (F.)
proctor (M. bzw. F.) Prokurator (M.)
procurator (F.) Prokuratorin (F.)
procurator (M. bzw. F.) Prokurator (M.)
procure (V.) beschaffen, besorgen (beschaffen), kuppeln, verschaffen
procurement (N.) Beschaffung (F.), Besorgung (F.) (Beschaffung), Verschaffen (N.), Verschaffung (F.), Zuhälterei (F.)
procurement (N.) of marriage Ehevermittlung (F.), Heiratsvermittlung (F.)
procurement (N.) of work Arbeitsvermittlung (F.)
procurement debt (N.) Beschaffungsschuld (F.)
procurement division (N.) Beschaffungsverwaltung (F.)
procurer (F.) Vermittlerin (F.)
procurer (M.) Kuppler (M.), Zuhälter (M.)
procurer (M. bzw. F.) Vermittler (M.)
procuress (F.) Kupplerin (F.)
procuring (N.) Kuppelei (F.), Zuhälterei (F.)
produce (V.) beibringen, erzeugen, fördern (abbauen), herstellen, produzieren, vorbringen
producer (F.) Herstellerin (F.), Produzentin (F.)
producer (M. bzw. F.) Hersteller (M.), Produzent (M.)
producer's leasing (N.) Produzentenleasing (N.)
product (N.) Erzeugnis (N.), Produkt (N.)
product defect (N.) Produktfehler (M.)
production (N.) Beibringung (F.), Erzeugnis (N.), Förderung (F.) (Abbau), Herstellung (F.), Vorlage (F.) (Vorlegen)
production (N.) of evidence Beweisführung (F.)
production facilities (N.Pl.) Betriebsanlage (F.)
production process (N.) Arbeitsprozess (M.)
product liability (N.) Produkthaftung (F.), Produzentenhaftung (F.)
Product Safety Act (N.) Produktsicherheitsgesetz (N.)
profess (V.) bekennen
profession (N.) Bekenntnis (N.), Beruf (M.)
professional (Adj.) beruflich, gewerbsmäßig
professional (F.) Fachfrau (F.)
professional (M. bzw. F.) Fachmann (M.)
professional association (N.) Berufsgenossenschaft (F.), Berufsverband (M.)
professional charge (N.) Honorar (N.)
professional discretion (N.) Schweigepflicht (F.)
professional error (N.) Kunstfehler (M.)
professional fee (N.) Honorar (N.)
professional judge (F.) Berufsrichterin (F.)
professional judge (M. bzw. F.) Berufsrichter (M.)
professional partnership (N.) Sozietät (F.)
professional tax (N.) Gewerbesteuer (F.)
professional training (N.) Ausbildung (F.)
professor (F.) Professorin (F.)
professor (M. bzw. F.) Professor (M.)
professorial chair (N.) Lehrstuhl (M.)
professor-in-ordinary (F.) Ordinaria (F.)
professor-in-ordinary (M. bzw. F.) Ordinarius (M.)
professorship (N.) Lehrstuhl (M.), Professur (F.)
proffer (N.) Angebot (N.)
profit (N.) Einkunft (F.), Erlös (M.), Frucht (F.) (Frucht im rechtlichen Sinn), gewinnen, Gewinn (M.), Nutzen (M.), Überschuss (M.) (Gewinn)
profitability (N.) Wirtschaftlichkeit (F.)
profitable (Adj.) vorteilhaft

profit and loss account (N.) Gewinnrechnung und Verlustrechnung (F.)
profiteering (N.) Preistreiberei (F.)
profiteer (F.) Wuchererin (F.)
profiteer (M. bzw. F.) Wucherer (M.)
profit share (N.) Gewinnanteil (M.)
profit tax (N.) Ertragsteuer (F.)
progenitor (M.) Ahn (M.)
progeny (N.) Abkömmlinge (M.Pl. bzw. F.Pl.)
prognosis (N.) Prognose (F.)
program (N.) Programm (N.)
programme (N.) (brit.) Programm (N.)
progression (N.) Progression (F.)
progressive (Adj.) progressiv
progressive scale (N.) Progression (F.)
prohibit (V.) verbieten
prohibited (Adj.) verboten
prohibited area (N.) Sperrgebiet (N.)
prohibition (N.) Untersagung (F.), Verbot (N.)
prohibition (N.) against double jeopardy ne bis in idem (lat.)
prohibition (N.) of analogy Analogieverbot (N.)
prohibition (N.) of assembly Versammlungsverbot (N.)
prohibition (N.) of chicanery Schikaneverbot (N.)
prohibition (N.) of competition Wettbewerbsverbot (N.)
prohibition (N.) of entering the house Hausverbot (N.)
prohibition (N.) of excessiveness Übermaßverbot (N.)
prohibition (N.) of extraditing someone Auslieferungsverbot (N.)
prohibition (N.) of further trade activity Gewerbeuntersagung (F.)
prohibition (N.) on retroactive legislation Rückwirkungsverbot (N.)
prohibition (N.) to acquire Erwerbsverbot (N.)
prohibition (N.) to practise one's profession Berufsverbot (N.)
prohibitory action (N.) Unterlassungsklage (F.)
project (N.) Plan (M.)
project approval (N.) Planfeststellung (F.)
project-determination ruling (N.) Planfeststellungsbeschluss (M.)
projectile (N.) Geschoss (N.) (Geschoss aus einer Waffe)
proletarian (F.) Proletarierin (F.)
proletarian (M. bzw. F.) Proletarier (M.)
prolong (V.) prolongieren, verlängern
prolongation (N.) Prolongation (F.), Verlängerung (F.)
promise (N.) Versprechen (N.), Zusage (F.)
promise (N.) to pay Schuldversprechen (N.)
promise (V.) versprechen
promise (V.) solemnly geloben
promisee (F.) Versprechensempfängerin (F.)
promisee (M. bzw. F.) Versprechensempfänger (M.)
promisor (F.) Versprechensgeberin (F.) (Versprechensgeberin im angloamerikanischen Recht)
promisor (M. bzw. F.) Versprechensgeber (M.) (Versprechensgeber im angloamerikanischen Recht)
promissory estoppel (N.) Verwirkung (F.)
promissory note (N.) Schuldschein (M.), Wechsel (M.) (Wertpapier)
promissory oath (N.) Voreid (M.)
promote (V.) fördern (unterstützen)
promoter (F.) Gründerin (F.)
promoter (M. bzw. F.) Gründer (M.)
promotion (N.) Beförderung (F.) (Beförderung im Beruf), Förderung (F.) (Unterstützung)
promotion (N.) of job creation Arbeitsförderung (F.)
promotion (N.) of vocational training Ausbildungsförderung (F.)
promotions agreement (N.) Gründungsvertrag (M.)
prompt (Adj.) unverzüglich
promulgate (V.) bekanntgeben, verkünden (ein Gesetz veröffentlichen)
promulgation (N.) Bekanntgabe (F.), Promulgation (F.), Verkündung (F.) (Veröffentlichung eines Gesetzes)
pronounce (V.) verkünden (ein Urteil bekanntgeben)
pronounce (V.) sentence on richten
pronouncement (N.) Erlass (M.) (Schaffung eines Gesetzes oder Urteils), Verkündung (F.) (Bekanntgabe eines Urteils)
pronouncing (N.) of judgement Urteilsverkündung (F.)

proof (N.) Beleg (M.), Beweisgrund (M.), Beweis (M.), Beweismittel (N.), Nachweis (M.)
proof (N.) of identity Ausweis (M.), Legitimierung (F.)
proper (Adj.) angemessen, rechtmäßig, richtig, zulässig
proper bookkeeping (N.) ordnungsgemäße Buchführung (F.)
proper care (N.) and attention (N.) culpa (F.) in abstracto (lat.)
proper law (N.) of the agreement Vertragsstatut (N.)
proper name (N.) Eigenname (M.)
property (N.) Besitztum (N.), Eigenschaft (F.), Eigentum (N.), Gut (N.), Liegenschaft (F.), Vermögen (N.), Vermögensrecht (N.) (Vermögensrechtsordnung)
property (N.) in a freehold flat (brit.) Wohnungseigentum (N.)
property increment (N.) Zugewinn (M.)
property insurance (N.) Sachversicherung (F.)
property law (N.) Güterrecht (N.), Vermögensrecht (N.) (Vermögensrechtsordnung)
property left (N.) Nachlass (M.) (Hinterlassenschaft), Verlassenschaft (F.)
property loss (N.) Vermögensschaden (N.)
property management (N.) Vermögensverwaltung (F.)
property tax (N.) Besitzsteuer (F.), Vermögensteuer (F.)
propinquity (N.) (brit.) Verwandtschaft (F.) (Verwandtsein)
proportion (N.) Anteil (M.), Proportion (F.), Verhältnis (N.)
proportional (Adj.) proportional, verhältnismäßig
proportional representation (N.) Proporz (M.), Verhältniswahl (F.)
proportional share (N.) Quote (F.)
proportional voting system (N.) Verhältniswahlrecht (N.)
proportionate (Adj.) anteilig, proportional
proposal (N.) Angebot (N.)
proposition (N.) Antrag (M.)
proprietary article (N.) Markenartikel (M.), Markenware (F.)
proprietary capital (N.) Eigenkapital (N.)
proprietary mining rights (N.Pl.) Bergwerkseigentum (N.)
proprietary possession (N.) Eigenbesitz (M.)
proprietary possessor (F.) Eigenbesitzerin (F.)
proprietary possessor (M. bzw. F.) Eigenbesitzer (M.)
proprietary right (N.) Vermögensrecht (N.) (Vermögensberechtigung)
proprietor (M.) Eigentümer (M.)
proprietorship (N.) Eigentum (N.)
proprietorship register (N.) Personalfolium (N.)
proprietress (F.) Eigentümerin (F.)
propriety (N.) Anstand (M.), Zulässigkeit (F.)
pro rata (Adj.) anteilig
pro-rector (F.) Prorektorin (F.)
pro-rector (M. bzw. F.) Prorektor (M.)
prorogation (N.) of jurisdiction Prorogation (F.)
prorogue (V.) vertagen
proscription (N.) Acht (F.)
prosecute (V.) einschreiten, verfolgen
prosecution (N.) Rechtsverfolgung (F.), Staatsanwaltschaft (F.), Strafverfolgung (F.), Verfolgung (F.)
prosecution counsel (F.) (br.) Staatsanwältin (F.)
prosecution counsel (M. bzw. F.) (brit.) Staatsanwalt (M.)
prosecution witness (M. bzw. F.) Belastungszeuge (M.)
prosecutor (F.) Anklägerin (F.), Staatsanwältin (F.)
prosecutor (M. bzw. F.) Ankläger (M.), Staatsanwalt (M.)
prospect (N.) Chance (F.)
prospect (V.) schürfen
prostitute (F.) Dirne (F.), Freudenmädchen (F.), Hure (F.), Prostituierte (F.)
prostitution (N.) Prostitution (F.)
protect (V.) schützen
protected zone (N.) Bannkreis (M.)
protection (N.) Schutz (M.)
protection (N.) against intromission Immissionsschutz (M.)
protection (N.) from unwarranted termination Kündigungsschutz (M.)
protection (N.) of animals Tierschutz (M.)
protection (N.) of crime victims Opferschutz (M.)

protection (N.) of endangered species Artenschutz (M.)
protection (N.) of law Rechtsschutz (M.)
protection (N.) of minors in employment Jugendarbeitsschutz (M.)
protection (N.) of monuments Denkmalschutz (M.)
protection (N.) of possession Besitzschutz (M.)
protection (N.) of the constitution Verfassungsschutz (M.)
protection (N.) of the working mother Mutterschutz (M.)
protection (N.) of third party Drittschutz (M.)
protection (N.) of vested rights Bestandsschutz (M.)
protection (N.) of young people Jugendschutz (M.)
protective duty (N.) Schutzzoll (M.)
protective law (N.) Schutzgesetz (N.)
protective measure (N.) Schutzmaßnahme (F.)
protective purpose (N.) Schutzzweck (M.)
protector (F.) Patronin (F.), Reichsverweserin (F.)
protector (M. bzw. F.) Patron (M.), Reichsverweser (M.)
protectorate (N.) Protektorat (N.)
pro tempore (lat.) vorübergehend
protest (N.) Einspruch (M.), Protest (M.), Widerspruch (M.)
protest (N.) of a bill Wechselprotest (M.)
protest (V.) protestieren
protestant (Adj.) evangelisch
protestant church (N.) of a Land Landeskirche (F.)
protester (F.) Demonstrantin (F.)
protester (M. bzw. F.) Demonstrant (M.)
protocol (N.) Protokoll (N.) (übliche Verfahrensweise im Völkerrecht)
protract (V.) verschleppen (in die Länge ziehen)
protracting (N.) of a lawsuit Prozessverschleppung (F.)
protraction (N.) Verschleppung (F.) (Verzögerung im Prozess)
protraction (N.) of a lawsuit Verfahrensverschleppung (F.)
provable claim (N.) Konkursforderung (F.)
prove (V.) ausweisen (zu erkennen geben), belegen (V.), bewähren, beweisen
prove (V.) one's guilt überführen (erweisen)
prove (V.) one's identity legitimieren (sich legitimieren)
provide (V.) ausstatten, besorgen (beschaffen), bestimmen, liefern, versorgen, vorsorgen
provide (V.) cover for decken (Verlust bzw. Schulden bezahlen)
provide (V.) for sorgen (für)
provide (V.) further education fortbilden
provide (V.) security sichern
provide (V.) security for absichern
province (N.) Bundesland (N.) (Bundesland in Österreich), Land (N.) (Bundesland im österreichischen Verfassungsrecht), Provinz (F.)
province law (N.) Landesrecht (N.) (Landesrecht in Österreich)
province legislation (N.) Landesgesetzgebung (F.) (Landesgesetzgebung in Österreich)
provincial administration (N.) Landesverwaltung (F.) (Landesverwaltung in Österreich)
provincial authority (N.) Landesbehörde (F.) (Landesbehörde in Österreich)
provincial constitution (N.) Landesverfassung (F.) (Landesverfassung in Österreich)
provincial government (N.) Landesregierung (F.) (Landesregierung in Österreich)
provincial law (N.) Landesgesetz (N.) (Landesgesetz in Österreich)
provincial parliament (N.) Landtag (M.) (Landtag in Österreich)
proving (N.) the truth Wahrheitsbeweis (M.)
provision (N.) Bedingung (F.), Besorgung (F.) (Beschaffung), Bestimmung (F.), Klausel (F.), Lieferung (F.), Rücklage (F.), Rückstellung (F.), Versorgung (F.), Vorschrift (F.), Vorsorge (F.)
provision (N.) for elementary requirements Daseinsvorsorge (F.)
provision (N.) of security Sicherstellung (F.)
provisional (Adj.) einstweilig, kommissarisch, vorläufig
provisional administration (N.) of an estate Nachlasspflegschaft (F.)
provisional administrator (F.) Nachlasspflegerin (F.)

provisional administrator (M. bzw. F.) Nachlasspfleger (M.)
provisional apprehension (N.) vorläufige Festnahme (F.)
provisional enforceability (N.) vorläufige Vollstreckbarkeit (F.)
provisional garnishment (N.) Vorpfändung (F.)
provisional heir (M. bzw. F.) Vorerbe (M.)
provisional heiress (F.) Vorerbin (F.)
provisional invalidity (N.) schwebende Unwirksamkeit (F.)
provisional judgement (N.) Vorbehaltsurteil (N.)
provisional order (N.) einstweilige Anordnung (F.)
provisional retirement (N.) einstweiliger Ruhestand (M.)
provisional stay (N.) of the proceedings vorläufige Einstellung (F.)
provisional succession (N.) Vorerbschaft (F.)
provisional testimonial (N.) Zwischenzeugnis (N.)
proviso (N.) Vorbehalt (M.)
proviso (N.) of cancellation Widerrufsvorbehalt (M.)
provocation (N.) Provokation (F.)
provocation (N.) of self-defence Notwehrprovokation (F.)
provocation (N.) on purpose Absichtsprovokation (F.)
provoke (V.) erregen, provozieren
provost (M.) Propst (M.)
prowl car (N.) Streifenwagen (M.)
proximate cause (N.) Hauptursache (F.)
proximity (N.) Naheverhältnis (N.)
proxy (N.) Stellvertretung (F.), Vertretung (F.), Vollmachtsurkunde (F.)
proxy (N.) in blank Blankovollmacht (F.)
Prussia (F.) Preußen (N.)
pseudonym (N.) Pseudonym (N.)
psyche (N.) Psyche (F.)
psychiatry (N.) Psychiatrie (F.)
psychic (Adj.) psychisch
psychical (Adj.) psychisch
psychology (N.) Psychologie (F.)
psychopath (F.) Irre (F.), Psychopathin (F.)
psychopath (M. bzw. F.) Irrer (M.), Psychopath (M.)
psychopathic (Adj.) psychopathisch
psychopathology (N.) Psychotherapie (F.)
psychopathy (N.) Psychopathie (F.)
psychosis (N.) Psychose (F.)
Psychotherapist Act (N.) Psychotherapeutengesetz (N.)
pub (N.) Wirtshaus (N.)
public (Adj.) öffentlich, publik, staatlich
public (N.) Öffentlichkeit (F.), Publikum (N.)
public action (N.) öffentliche Klage (F.)
public administration (N.) Staatsverwaltung (F.)
public-assistance dwelling (N.) Sozialwohnung (F.)
publication (N.) Bekanntgabe (F.), Bekanntmachung (F.), Druckschrift (F.) (Druckwerk), Erscheinen (N.) (Veröffentlichung), Herausgabe (F.) (Veröffentlichung), Schrift (F.), Veröffentlichung (F.)
publication (N.) morally harmful for adolescents jugendgefährdende Schrift (F.)
public auction (N.) öffentliche Versteigerung (F.)
public authorities (N.Pl.) öffentliche Hand (F.)
public authority (N.) Behörde (F.), Obrigkeit (F.), Verwaltungsbehörde (F.)
public authority (N.) deciding on a protest Widerspruchsbehörde (F.)
public benefit (N.) öffentliches Interesse (N.)
public certification (N.) öffentliche Beglaubigung (F.)
public charge (N.) öffentliche Last (F.)
public citation (N.) Aufgebotsverfahren (N.)
public company (N.) (brit.) Aktiengesellschaft (F.)
public decency (N.) Sittlichkeit (F.)
public disclosure (N.) Publizität (F.)
public document (N.) öffentliche Urkunde (F.)
public domain (N.) Gemeingut (N.)
public easement (N.) öffentliche Dienstbarkeit (F.)
public employee (F.) Bedienstete (F.) (Bedienstete des öffentlichen Dienstes)
public employee (M. bzw. F.) Bediensteter (M.) (Bediensteter des öffentlichen Dienstes)
public faith (N.) öffentlicher Glaube (M.)
public function (N.) öffentliche Aufgabe (F.)

public health department (N.) Gesundheitsamt (N.)
public house (N.) Gasthaus (N.)
public interest (N.) öffentliches Interesse (N.)
public-interest group (N.) Bürgerinitiative (F.)
public invitation (N.) to assert claims Aufgebot (N.) (Aufgebot einer Behörde)
publicity (N.) Publizität (F.)
publicity costs (N.Pl.) Werbungskosten (F. Pl.)
public law (N.) öffentliches Recht (N.), Staatsrecht (N.)
public law (N.) concerning religious bodies Staatskirchenrecht (N.)
public-law corporation (N.) whose membership depends on personal facts Personalkörperschaft (F.)
public-law deposit (N.) öffentlichrechtliche Verwahrung (F.)
public-law dispute (N.) öffentlichrechtliche Streitigkeit (F.)
public liability (N.) Amtshaftung (F.), Beamtenhaftung (F.), Haftpflicht (F.)
public liability act (N.) Haftpflichtgesetz (N.)
public meat (N.) Freibank (F.)
public meeting (N.) Volksversammlung (F.)
public mischief (N.) grober Unfug (M.)
public moral (N.) gute Sitte (F.)
public need test (N.) Bedürfnisprüfung (F.)
publicness (N.) Öffentlichkeit (F.) (Öffentlichkeit von Sitzungen)
public notification (N.) öffentliche Zustellung (F.)
public nuisance (N.) grober Unfug (M.)
public offer (N.) of reward Auslobung (F.)
public officer (F.) Beamtin (F.)
public officer (M. bzw. F.) Beamter (M.)
public officer's duty to remonstrate Remonstrationspflicht (F.)
public official (F.) Beamtin (F.)
public official (M. bzw. F.) Beamter (M.)
public opinion (N.) öffentliche Meinung (F.)
public opinion research (N.) Demoskopie (F.)
public ownership (N.) Gemeineigentum (N.)
public peace (N.) Landfriede (M.)
public policy (N.) Gemeinwohl (N.), ordre (M.) public (franz.)
public promise (N.) Auslobung (F.)
public property (N.) öffentliche Sache (F.), öffentliches Gut (N.)
public prosecutor (F.) Amtsanwältin (F.)
public prosecutor (M. bzw. F.) Amtsanwalt (M.)
public right (N.) subjektives öffentliches Recht (N.)
public safety (N.) öffentliche Sicherheit und Ordnung (F.)
public sale (N.) Auktion (F.), Versteigerung (F.)
public servant (F.) Bedienstete (F.) (Bedienstete des öffentlichen Dienstes)
public servant (M. bzw. F.) Bediensteter (M.) (Bediensteter des öffentlichen Dienstes)
public service (N.) öffentlicher Dienst (M.)
public service (N.) (am.) Staatsdienst (M.)
public summons (N.) Aufgebotsverfahren (N.)
public treasury (N.) Staatskasse (F.)
public undertaking (N.) Regiebetrieb (M.)
public use (N.) Gemeingebrauch (M.)
public violence (N.) Landfriedensbruch (M.)
public weal (N.) öffentliches Wohl (N.)
public welfare (N.) Sozialhilfe (F.), Wohlfahrt (F.)
publish (V.) bekanntmachen, herausgeben, verlegen (V.), veröffentlichen
publisher (F.) Herausgeberin (F.), Verlegerin (F.)
publisher (M. bzw. F.) Herausgeber (M.), Verlag (M.), Verleger (M.)
publishing contract (N.) Verlagsvertrag (M.)
publishing firm (N.) Verlag (M.)
publishing house (N.) Verlag (M.)
publishing law (N.) Verlagsrecht (N.)
publishing rights (N.Pl.) Verlagsrecht (N.)
puffing (N.) Preistreiberei (F.)
puisne (Adj.) untergeordnet
puisne judge (F.) Beisitzerin (F.)
puisne judge (M. bzw. F.) Beisitzer (M.)
punctation (N.) Punktation (F.)
punish (V.) ahnden, bestrafen, strafen
punishability (N.) Strafbarkeit (F.)
punishable (Adj.) strafbar
punishable deed (N.) Straftat (F.)
punishable subsequent lesser offence (N.) mitbestrafte Nachtat (F.)

punishment (N.) Bestrafung (F.), Strafe (F.), Züchtigung (F.)
punitive damage (N.) Strafschadensersatz (M.)
pupil (F.) Schülerin (F.)
pupil (M. bzw. F.) Schüler (M.)
purchasable (Adj.) korrupt
purchase (N.) Einkauf (M.), Erwerb (M.), Kauf (M.)
purchase (N.) by installments Abzahlungskauf (M.)
purchase (N.) for cash Barkauf (M.)
purchase (N.) of fungible goods Gattungskauf (M.)
purchase (N.) of real estate Grundstückskauf (M.)
purchase (N.) of the total inheritance Erbschaftskauf (M.)
purchase (N.) on credit Kreditkauf (M.)
purchase (V.) einkaufen, erwerben, kaufen
purchase money (N.) Kaufpreis (M.)
purchase-money mortgage (N.) Restkaufpreishypothek (F.)
purchase price (N.) Kaufpreis (M.)
purchaser (F.) Abnehmerin (F.), Erwerberin (F.), Käuferin (F.), Nehmerin (F.)
purchaser (F.) of an inheritance as a whole Erbschaftserwerberin (F.)
purchaser (M. bzw. F.) Abnehmer (M.), Erwerber (M.), Käufer (M.), Nehmer (M.)
purchaser (M. bzw. F.) of an inheritance as a whole Erbschaftserwerber (M.)
pure (Adj.) keusch
purgative oath (N.) Reinigungseid (M.)
purification plant (N.) Kläranlage (F.)
purloin (V.) stehlen
purloining (N.) automats Automatenmissbrauch (M.)
purpose (N.) Absicht (F.), Zweck (M.)
purpose (N.) of a state Staatszweck (M.)
purpose (N.) of punishment Strafzweck (M.)
pursuant (Adv.) gemäß
pursue (V.) betreiben, fahnden, nachstellen, verfolgen
pursuit (N.) Verfolgung (F.)
purveyance (N.) Lieferung (F.)
purveyor (F.) Lieferantin (F.)
purveyor (M. bzw. F.) Lieferant (M.)
purview (N.) Ressort (N.), Wirkungskreis (M.)
purview (N.) (of a law) Geltungsbereich (M.) (Geltungsbereich eines Gesetzes)
put (V.) down eintragen, niederschreiben, notieren
put (V.) in jail inhaftieren
put (V.) in order richten
put (V.) off aufschieben, verschieben
put (V.) to death hinrichten, töten, umbringen
put (V.) under arrest festnehmen
put (V.) under seal versiegeln
putative (Adj.) mutmaßlich
putative danger (N.) Putativgefahr (F.)
putsch (N.) Putsch (M.)
put up (V.) for sale feilbieten
pyramid (N.) of power Machtpyramide (F.)

q

qualification (N.) Befähigung (F.), Eignung (F.), Qualifikation (F.) (Ausbildung), Qualifikation (F.) (Einordnung), Tauglichkeit (F.)
qualification (N.) to exercise the function of a judge Richteramtsbefähigung (F.)
qualified (Adj.) bedingt, fähig, kompetent (fachwissend), qualifiziert (bestimmt), qualifiziert (gut ausgebildet)
qualified attempt (N.) qualifizierter Versuch (M.)
qualified criminal capacity (N.) bedingte Schuldfähigkeit (F.)
qualified elector (F.) Wahlberechtigte (F.)
qualified elector (M. bzw. F.) Wahlberechtigter (M.)
qualified merchant (M. bzw. F.) Vollkaufmann (M.)
qualified offence (N.) qualifizierte Straftat (F.)
qualified voter (F.) Wahlberechtigte (F.)
qualified voter (M. bzw. F.) Wahlberechtigter (M.)
qualify (V.) befähigen, einschränken
qualifying period (N.) Karenz (F.)
quality (N.) Eigenschaft (F.), Güte (F.) (Qualität)
quantity (N.) Menge (F.)
quareller (F.) Querulantin (F.)
quareller (M. bzw. F.) Querulant (M.)
quarrel (N.) Hader (M.), Händel (M.Pl.), Streitigkeit (F.)

quarrel (V.) streiten
quarter (N.) Quartal (N.)
quarter (N.) of a year Vierteljahr (N.)
quarterly (Adj.) vierteljährlich
quash (V.) kassieren (aufheben), verwerfen
quashing (Adj.) kassatorisch
quashing (N.) Kassation (F.), Verwerfung (F.)
quasi (Partik.) quasi (Partik.)
quasi-contract (N.) Quasikontrakt (M.)
quasi-contractual (Adj.) quasivertraglich
quasi-employee (Adj.) arbeitnehmerähnlich
quasi in rem jurisdiction (N.) Quasisachgerichtsbarkeit (F.)
quasi-negating quasinegatorisch
quasi-tax (N.) Quasisteuer (F.)
quasi-tort (N.) Quasidelikt (N.)
queen (F.) Königin (F.)
Queen's Speech (N.) Thronrede (F.) (Thronrede in Großbritannien)
query (V.) beanstanden
question (N.) Anfrage (F.)
question (N.) of confidence Vertrauensfrage (F.)
question (N.) of fact Tatfrage (F.)
question (V.) befragen, fragen, verhören, vernehmen
questionable (Adj.) zweifelhaft
questioning (N.) Verhör (N.), Vernehmung (F.)
questionnaire (N.) Fragebogen (M.)
question time (N.) Fragestunde (F.)
quid (N.) pro quo (lat.) Gegenleistung (F.) (Gegenleistung im angloamerikanischen Recht)
quintessence (N.) Inbegriff (M.)
quit (V.) aufgeben, kündigen
quitting (N.) Räumung (F.)
quorate (Adj.) beschlussfähig
quorum (N.) Quorum (N.)
quota (N.) Anteil (M.), Kontingent (N.), Quote (F.)
quota (N.) of the profit Gewinnanteil (M.)
quotation (N.) Kostenvoranschlag (M.), Kurs (M.) (Wertverhältnis), Notierung (F.), Quotierung (F.), Zitat (N.)
quote (V.) quotieren, zitieren
quote (V.) at notieren

r

race (N.) Rasse (F.)
race defilement (N.) Rassenschande (F.)
racial (Adj.) rassisch
racial discrimination (N.) Rassendiskriminierung (F.)
racial group (N.) Rasse (F.)
racism (N.) Rassismus (M.)
racist (Adj.) rassistisch
rack (V.) martern
racketeer (F.) Erpresserin (F.)
racketeer (M. bzw. F.) Erpresser (M.)
racketeering (N.) Schutzgelderpressung (F.)
rack rent (N.) Jahresmiete (F.)
radical (Adj.) radikal
radicalism (N.) Radikalismus (M.)
radio (N.) Funk (M.), Rundfunk (M.)
radio (V.) funken
raid (N.) Razzia (F.), Überfall (M.) (Überfall im Strafrecht)
raid (V.) überfallen
railroad (N.) (am.) Eisenbahn (F.)
railway (N.) Bahn (F.), Eisenbahn (F.)
railway police (N.) Bahnpolizei (F.)
raise (N.) Erhöhung (F.)
raise (V.) anheben, beschaffen, erhöhen, heben
raise (V.) to nobility adeln
raising (N.) rent Mieterhöhung (F.)
raison (N.) d'état (franz.) Staatsräson (F.)
rampage (V.) randalieren
range (N.) of punishment Strafrahmen (M.)
rank (N.) Dienstgrad (M.), Rang (M.), Rangverhältnis (N.)
ranking (N.) Rangordnung (F.)
ransom (N.) Lösegeld (N.)
ransom money (N.) Lösegeld (N.)
rapacious (Adj.) räuberisch
rape (N.) Notzucht (F.), Schändung (F.), Vergewaltigung (F.)
rape (V.) vergewaltigen
rapporteur (F.) Berichterstatterin (F.)
rapporteur (M. bzw. F.) Berichterstatter (M.), Referentin (F.) (Vortragende), Referent (M.) (Vortragender)

rate (N.) Gebühr (F.), Kurs (M.) (Wertverhältnis), Maß (N.), Preis (M.) (Kaufpreis), Rate (F.), Satz (M.) (Tarif), Tarif (M.), Taxe (F.), Umlage (F.)
rate (N.) of interest Zinssatz (M.)
rate (V.) besteuern, werten
rateable value (N.) Einheitswert (M.)
rates (N.Pl.) and taxes (N.Pl.) öffentliche Last (F.)
ratification (N.) Ratifikation (F.)
ratify (V.) ratifizieren
ratio (N.) decidendi (lat.) Entscheidungsgrund (M.) (Urteilsentscheidungsgrund)
rational (Adj.) vernünftig
rationale (N.) ratio (F.) (lat.)
ravish (V.) vergewaltigen
ravishment (N.) Schändung (F.), Vergewaltigung (F.)
reach (V.) a compromise vergleichen (sich vergleichen)
reach (V.) an agreement übereinkommen
reaction (N.) Reaktion (F.) (Gegenhandlung), Reaktion (F.) (Nichtfortschrittlichkeit)
reactionary (Adj.) reaktionär
reactionary (F.) Reaktionärin (F.)
reactionary (M. bzw. F.) Reaktionär (M.)
reactionary movement (N.) Reaktion (F.) (Nichtfortschrittlichkeit)
reaction time (N.) Reaktionszeit (F.)
read (V.) korrigieren, lesen
reader (F.) Lektorin (F.)
reader (M. bzw. F.) Lektor (M.) (Verlagslektor)
readiness (N.) Bereitschaft (F.)
reading (N.) Lesung (F.), Verlesung (F.)
read out (V.) verkünden
ready cash (N.) Bargeld (N.), Barzahlung (F.)
ready money (N.) Bargeld (N.)
real (Adj.) dinglich, echt, konkret, real (wirklich), tatsächlich
real estate (N.) Anwesen (N.), Grundbesitz (M.), Grundeigentum (N.), Grund (M.) (Land), Grundstück (N.), Immobilie (F.), Liegenschaft (F.)
real estate acquisition tax (N.) Grunderwerbsteuer (F.)
real-estate encumbrance (N.) Realrecht (N.)
real-estate loan (N.) Realkredit (M.)
real estate mortgage (N.) Grundpfand (N.)
real-estate recording office (N.) (am.) Grundbuchamt (N.)
real-estate register (N.) Grundbuch (N.)
real-estate right (N.) Realrecht (N.)
real-estate tax (N.) Grundsteuer (F.)
real-estate transactions (N.Pl.) Grundstücksverkehr (M.)
realization (N.) Erkenntnis (F.) (Einsicht), Liquidation (F.), Verwertung (F.), Verwirklichung (F.)
realization (N.) of third party damage Drittschadensliquidation (F.)
realize (V.) erlösen, liquidieren, verwerten, verwirklichen, umsetzen
real law (N.) Sachenrecht (N.)
re-allocation (N.) of land Flurbereinigung (F.)
realm (N.) Reich (N.)
real property (N.) Grundeigentum (N.), Grundstückseigentum (N.) (Grundstückseigentum in Großbritannien), Liegenschaft (F.), unbewegliche Sache (F.)
real right (N.) dingliches Recht (N.)
real servitude (N.) Grunddienstbarkeit (F.)
real strict-liability tort (N.) konkretes Gefährdungsdelikt (N.)
realty (N.) Grundbesitz (M.), Grundstückseigentum (N.) (Grundstückseigentum in Großbritannien), Immobilie (F.)
real union (N.) Realunion (F.)
reapportionment (N.) (am.) Anpassung (F.) der Wahlbezirke
rear (N.) Rückseite (F.)
reason (N.) Begründung (F.), Grund (M.) (Anlass), Motiv (N.), Räson (F.), Vernunft (F.)
reason (N.) excluding punishability Schuldausschließungsgrund (M.)
reason (N.) for arrest Haftgrund (M.)
reason (N.) for not exacting punishment Strafausschließungsgrund (M.)
reason (N.) for the decision Entscheidungsgrund (M.)
reason (N.) for withdrawing punishment Strafaufhebungsgrund (M.)
reason (N.) in personam for withdrawing punishment persönlicher Strafaufhebungsgrund (M.)
reason (N.) of state Staatsräson (F.)
reason (V.) argumentieren
reasonable (Adj.) angemessen, vernünftig, vertretbar (begründbar)

reasonable care (N.) culpa (F.) in abstracto (lat.)
reasonable justification (N.) Begründetheit (F.)
reasonable man (M.) Durchschnittsmensch (M.)
reasonableness (N.) Verhältnismäßigkeit (F.)
reasonable person standard (N.) verkehrserforderlicher Sorgfaltsmaßstab (F.) (verkehrserforderlicher Sorgfaltsmaßstab im angloamerikanischen Recht)
reasoning (N.) Argument (N.), Beweisführung (F.), Logik (F.)
reassurance (N.) Zusicherung (F.)
reassure (V.) zusichern
rebate (N.) Abschlag (M.), Diskont (M.), Rabatt (M.)
rebel (V.) rebellieren
rebell (F.) Rebellin (F.)
rebell (M. bzw. F.) Rebell (M.)
rebellion Erhebung (F.) (Aufstand)
rebellion (N.) Aufruhr (M.), Aufstand (M.), Rebellion (F.)
rebuke (N.) Rüge (F.), Vorwurf (M.)
rebuke (V.) rügen
rebus sic stantibus clause (N.) clausula (F.) rebus sic stantibus (lat.)
rebute (V.) widerlegen
rebuttable (Adj.) widerlegbar, widerleglich
rebuttal (N.) Zurückweisung (F.)
rebutting evidence (N.) Gegenbeweis (M.)
recalcitrance (N.) Unbotmäßigkeit (F.)
recalcitrant (Adj.) unbotmäßig
recall (N.) Abberufung (F.) (Abberufung eines Botschafters)
recall (V.) abberufen (einen Botschafter zurückrufen), abrufen
receipt (N.) Beleg (M.), Einnahme (F.), Empfang (M.), Erhalt (M.), Übernahme (F.) (Übernahme einer Schuld), Zugang (M.) (Erhalt)
receipt (V.) quittieren
receivable (Adj.) ausstehend
receive (V.) einnehmen, empfangen, erhalten (V.), übernehmen
receiver (F.) Empfängerin (F.), Sequesterin (F.), Zwangsverwalterin (F.)
receiver (F.) of stolen goods Hehlerin (F.)
receiver (M. bzw. F.) Empfänger (M.), Sequester (M.), Zwangsverwalter (M.)
receiver (M. bzw. F.) of stolen goods Hehler (M.)
receivership (N.) Geschäftsaufsicht (F.), Zwangsverwaltung (F.)
receive stolen goods (V.) hehlen
receiving (N.) Empfang (M.)
receiving (N.) property obtained by tax evasion Steuerhehlerei (F.)
receiving (N.) stolen goods Hehlerei (F.)
reception (N.) Rezeption (F.)
recess (N.) Gerichtsferien (Pl.)
recidivism (N.) Rückfall (M.)
recidivist (F.) Rückfalltäterin (F.)
recidivist (M. bzw. F.) Rückfalltäter (M.)
recidivous (Adj.) rückfällig
recipient (F.) Empfängerin (F.)
recipient (M. bzw. F.) Empfänger (M.)
reciprocal (Adj.) gegenseitig, korrespektiv, reziprok, wechselbezüglich
reciprocal agreement (N.) gegenseitiger Vertrag (M.)
reciprocal clause (N.) Junktimklausel (F.)
reciprocal will (N.) gegenseitiges Testament (N.), korrespektives Testament (N.), reziprokes Testament (N.), wechselbezügliches Testament (N.)
reciprocity (N.) Gegenseitigkeit (F.), Reziprozität (F.), Synallagma (N.)
recitals (N.Pl.) Rubrum (N.)
reckless (Adj.) gleichgültig, leichtfertig, rücksichtslos
recklessly ignoring (N.) the law Rechtsblindheit (F.)
recklessness (N.) bewusste Fahrlässigkeit (F.), Gleichgültigkeit (F.) (Gleichgültigkeit im angloamerikanischen Recht), Leichtfertigkeit (F.)
reckon (V.) kalkulieren
reclaim (V.) herausverlangen, rückfordern, zurückfordern
reclamation (N.) Rückforderung (F.)
recognition (N.) Anerkennung (F.) (Anerkennung im Völkerrecht)
recognition (N.) of liability Schuldversprechen (N.)
recognition (N.) of paternity Vaterschaftsanerkennung (F.)
recognize (V.) erkennen
recommend (V.) empfehlen
recommendation (N.) Befürwortung (F.), Empfehlung (F.)

recommit (V.) zurückverweisen
recommitment (N.) Zurückverweisung (F.)
reconsideration (N.) Überprüfung (F.)
reconstruct (V.) sanieren
reconstruction (N.) Sanierung (F.)
record (N.) Aufzeichnung (F.), Nachweis (M.), Niederschrift (F.), Protokoll (N.) (Niederschrift einer Gerichtsverhandlung), Verzeichnis (N.)
record (N.) as it stands Aktenlage (F.)
record (N.) of proceedings Protokoll (N.) (Niederschrift einer Gerichtsverhandlung)
record (V.) aufzeichnen (mitschreiben), beurkunden, erfassen, niederschreiben, protokollieren, registrieren, verzeichnen
recorded letter (N.) (brit.) Einschreiben (N.)
recording (N.) Aufzeichnung (F.), Eintragung (F.), Erfassung (F.)
recording official (F.) Urkundsbeamtin (F.)
recording official (M. bzw. F.) Urkundsbeamter (M.)
recoupment (N.) Aufrechnung (F.), Zurückbehaltungsrecht (N.)
recourse (N.) Regress (M.), Rekurs (M.), Rückgriff (M.)
recourse to legal process (N.) Rechtszug (M.)
recover (V.) beitreiben, wiederbeschaffen
recovery (N.) Beitreibung (F.) (Beitreibung im Privatrecht), Wiederbeschaffung (F.)
recreation (N.) Ruhe (F.)
recruit (F.) Rekrutin (F.)
recruit (M. bzw. F.) Rekrut (M.)
recruit (V.) werben (Arbeitskräfte anwerben)
rectification (N.) Berichtigung (F.)
rectification (N.) of the land register Grundbuchberichtigung (F.)
rectify (V.) berichtigen
rector (M. bzw. F.) Rektor (M.) (Rektor einer Universität)
rector's office (N.) Rektorat (N.) (Rektorat einer Universität)
recurrent obligation (N.) Wiederkehrschuldverhältnis (N.)
redeem (V.) ablösen (tilgen), abzahlen, einziehen (einkassieren), tilgen, zurückzahlen
redeemable (Adj.) kündbar
redemption (N.) Ablösung (F.) (Tilgung), Amortisation (F.), Einziehung (F.) (Einsammlung), Rückzahlung (F.), Tilgung (F.)
red-handed (Adj.) in flagranti (lat.)
redhibition (N.) Wandlung (F.)
redhibitory defect (N.) Sachmangel (M.)
rediscounting (N.) Rediskontierung (F.)
redress (N.) Abhilfe (F.), Genugtuung (F.), Regress (M.)
redress (V.) abhelfen
reduce (V.) ermäßigen, herabsetzen, kürzen, mindern, vermindern
reduced (Adj.) vermindert
reduction (N.) Ermäßigung (F.), Herabsetzung (F.), Minderung (F.), Rabatt (M.), Reduktion (F.), Verminderung (F.)
reduction (N.) of capital Kapitalherabsetzung (F.)
refer (V.) to verweisen
referee (F.) Schiedsrichterin (F.)
referee (M. bzw. F.) Schiedsrichter (M.) (Schiedsrichter im Sport)
reference (N.) Aktenzeichen (N.), Hinweis (M.), Verweis (M.) (Hinweis)
reference number (N.) Aktenzeichen (N.)
referendum (N.) Referendum (N.), Volksabstimmung (F.), Volksentscheid (M.)
referring back (N.) Rückverweisung (F.)
reform (N.) Reform (F.)
reform (V.) reformieren, verbessern
reformation (N.) Berichtigung (F.), Besserung (F.)
Reformation (N.) Reformation (F.)
Reformed Act (N.) on trademarks Markenrechtsreformgesetz (N.)
refresher course (N.) Repetitorium (N.)
refuge (N.) Asyl (N.)
refuge (N.) for women Frauenhaus (N.)
refugee (M. bzw. F.) Flüchtling (M.)
refund (N.) Erstattung (F.), Rückerstattung (F.), Vergütung (F.)
refund (V.) erstatten (ersetzen), rückerstatten, vergüten, zurückzahlen
refusal (N.) Ablehnung (F.), Absage (F.), Verweigerung (F.), Weigerung (F.), Zurückweisung (F.)
refusal (N.) of justice Rechtsverweigerung (F.)
refusal (N.) to give evidence Zeugnisverweigerung (F.)
refusal (N.) to perform Leistungsverweigerung (F.)

refusal (N.) to serve in the armed forces Wehrdienstverweigerung (F.)
refuse (V.) ablehnen, verweigern, weigern (sich weigern), zurückweisen
refuse collection (N.) Müllabfuhr (F.)
refute (V.) widerlegen
regard (N.) Rücksicht (F.)
regarding information informationell
regency (N.) Herrschaft (F.)
regent (F.) Regentin (F.), Reichsverweserin (F.)
regent (M. bzw. F.) Regent (M.), Reichsverweser (M.)
regime (N.) Regime (N.)
regiment (N.) Regiment (N.)
region (N.) Bezirk (M.), Gau (M.), Gebiet (N.), Land (N.) (Boden bzw. Gebiet), Raum (M.) (Gegend), Region (F.)
regional (Adj.) regional
regional appeal court (N.) Oberlandesgericht (N.)
regional authority (N.) Mittelbehörde (F.)
regional court (N.) Landgericht (N.)
regional planning (N.) Landesplanung (F.), Raumordnung (F.), Raumplanung (F.)
regional social insurance appeals tribunal (N.) Landessozialgericht (N.)
register (N.) Liste (F.), Matrikel (F.), Register (N.), Verzeichnis (N.)
register (N.) of associations Vereinsregister (N.)
register (N.) of births Geburtenbuch (N.)
register (N.) of births deaths and marriages (brit.) Personenstandsbuch (N.)
register (N.) of births marriages and burials (am.) Personenstandsbuch (N.)
register (N.) of conviction Strafregister (N.)
register (N.) of craftmen Handwerksrolle (F.)
register (N.) of deaths Sterbebuch (N.)
register (N.) of marriages Heiratsbuch (N.)
register (N.) of obligations to construct and maintain Baulastenverzeichnis (N.)
register (N.) of places Ortsverzeichnis (N.)
register (N.) of shareholders (brit.) Aktienbuch (N.)
register (N.) of societies Vereinsregister (N.)
register (V.) anmelden, eintragen, erfassen, melden, registrieren, verzeichnen, vormerken
registered association (N.) eingetragener Verein (M.), e.V. (M.) (eingetragener Verein)
registered capital (N.) Grundkapital (N.), Stammkapital (N.)
registered club (N.) eingetragener Verein (M.)
registered letter (N.) Einschreiben (N.)
registered mail (N.) Einschreiben (N.)
registered mortgage (N.) Buchhypothek (F.)
registered paper (N.) Namenspapier (N.)
registered seat (N.) Sitz (M.) (Standort)
registered security (N.) Namenspapier (N.)
registered share (N.) Namensaktie (F.)
registered society (N.) eingetragene Genossenschaft (F.)
registered user (F.) of a motor vehicle Fahrzeughalterin (F.), Kraftfahrzeughalterin (F.)
registered user (M. bzw. F.) of a motor vehicle Fahrzeughalter (M.), Kraftfahrzeughalter (M.)
registrability (N.) Eintragungsfähigkeit (F.)
registrar (F.) (br.) Standesbeamtin (F.)
registrar (M. bzw. F.) (brit.) Standesbeamter (M.)
registrar's office (N.) (brit.) Standesamt (N.)
registration (N.) Anmeldung (F.), Eintragung (F.), Erfassung (F.)
registration matters (N.Pl.) Meldewesen (N.)
registration number (N.) Kraftfahrzeugkennzeichen (N.)
registry (N.) Register (N.), Registratur (F.)
registry office (N.) Standesamt (N.)
regrouping (N.) Umlegung (F.)
regular (Adj.) normal, ordentlich, ordnungsgemäß
regulate (V.) ordnen, regeln, regulieren
regulation (N.) Maßregel (F.), Regelung (F.), Regulation (F.), Regulierung (F.), Statut (N.)
regulation (N.) for the use of something Benutzungsordnung (F.)
regulation (N.) of business Wirtschaftslenkung (F.)
regulations (N.Pl.) concerning agricultural land Bodenordnung (F.)
regulations (N.Pl.) governing administrative courts Verwaltungsgerichtsordnung (F.)

regulations (N.Pl.) on exparte costs Kostenordnung (F.)
regulatory authority (N.) Ordnungsbehörde (F.)
regulatory law (N.) Ordnungsrecht (N.)
regulatory offence (N.) Ordnungswidrigkeit (F.)
regulatory order (N.) Verwaltungsvorschrift (F.)
regulatory statute (N.) Ausführungsgesetz (N.)
rehabilitate (V.) rehabilitieren, resozialisieren, sanieren
rehabilitation (N.) Rehabilitation (F.), Resozialisierung (F.)
Reich (N.) Reich (N.) (Deutsches Reich 1871-1945)
Reich Chancellor (M.) Reichskanzler (M.)
Reich Government (N.) Reichsregierung (F.)
Reich Insurance Code (N.) Reichsversicherungsordnung (F.)
Reich law (N.) Reichsgesetz (N.)
Reich Law Gazette (N.) Reichsgesetzblatt (N.)
Reich President (M.) Reichspräsident (M.)
reign (N.) Herrschaft (F.)
reign (V.) herrschen
reimburse (V.) entschädigen, ersetzen (einen Verlust ausgleichen), erstatten (ersetzen), rückerstatten, vergüten
reimbursement (N.) Entschädigung (F.), Erstattung (F.), Rückerstattung (F.), Vergütung (F.)
reimbursement (N.) of expenses Aufwendungserstattung (F.)
reinstate (V.) wiedereinsetzen
reinstatement (N.) Wiedereinsetzung (F.) in den vorigen Stand
re-insurance (N.) Nachversicherung (F.)
reinsurance (N.) Rückversicherung (F.)
reinterpret (V.) umdeuten
reinterpretation (N.) Umdeutung (F.)
reiterate (V.) wiederholen (mehrmals wiederholen)
reiteration (N.) Wiederholung (F.)
reject (V.) ablehnen, abweisen, verwerfen, zurückweisen
rejection (N.) Ablehnung (F.), Abweisung (F.), Missbilligung (F.), Verwerfung (F.), Zurückweisung (F.)
rejoinder (N.) Duplik (F.), Erwiderung (F.)
relapse (N.) Rückfall (M.)
relapsing (Adj.) rückfällig
related (Adj.) verwandt
related (Adj.) by marriage verschwägert
related (Adj.) to angehörig
relation (N.) Beziehung (F.), Relation (F.), Verhältnis (N.), Zusammenhang (M.)
relation (N.) to third parties Außenverhältnis (N.)
relational (Adj.) verwandtschaftlich
relationship (N.) Angehörigkeit (F.), Beziehung (F.), Relation (F.), Verbindung (F.), Verhältnis (N.), Verwandtschaft (F.) (Verwandtsein)
relationship (N.) by marriage Schwägerschaft (F.)
relationship (N.) of legal duties Pflichtenverhältnis (N.)
relationship (N.) of retirement Ruhestandsverhältnis (N.)
relationship (N.) of subordination Gewaltverhältnis (N.)
relationship (N.) of utilization Benutzungsverhältnis (N.)
relationship (N.) with a share in the profits partiarisches Verhältnis (N.)
relative (Adj.) relativ, verhältnismäßig
relative (F.) Angehörige (F.), Verwandte (F.)
relative (M. bzw. F.) Angehöriger (M.), Verwandter (M.)
relative impossibility (N.) subjektive Unmöglichkeit (F.)
relative majority (N.) relative Mehrheit (F.)
relative right (N.) relatives Recht (N.)
relatives (M.Pl. bzw. F.Pl.) Verwandtschaft (F.) (Gesamtheit der Verwandten)
relator action (N.) Popularklage (F.)
release (N.) Befreiung (F.), Erlass (M.) (Befreiung), Freigabe (F.), Freilassung (F.), Freistellung (F.), Verzicht (M.)
release (V.) befreien, freilassen, lösen
release (V.) from erlassen (befreien), freistellen (befreien)
relevance (N.) Belang (M.), Relevanz (F.)
relevancy (N.) Relevanz (F.)
relevant (Adj.) einschlägig, erheblich, relevant
reliability (N.) Zuverlässigkeit (F.)
reliable (Adj.) glaubhaft, zuverlässig
reliance (N.) Vertrauen (N.)

relief (N.) Entlastung (F.), Fürsorge (F.), Hilfe (F.), Klagebegehren (N.), Nachlass (M.) (Minderung), Rechtsmittel (N.)
relieve (V.) entlasten
religion (N.) Religion (F.)
religious belief (N.) Konfession (F.)
religious education (N.) Religionsunterricht (M.)
religious freedom (N.) Religionsfreiheit (F.)
religious liberty (N.) Bekenntnisfreiheit (F.), Religionsfreiheit (F.)
religious society (N.) Religionsgesellschaft (F.)
relinquish (V.) abtreten (ein Recht abtreten), preisgeben
relinquishment (N.) Abandon (M.)
relocate (V.) versetzen (eine Person versetzen)
rely (V.) on vertrauen
remainder (N.) Anwartschaft (F.) (Anwartschaft im Erbrecht), Rest (M.)
remaining (Adj.) restlich
remains (N.Pl.) Leiche (F.), Leichnam (M.)
remand (N.) Untersuchungshaft (F.), Zurückverweisung (F.)
remand (V.) verweisen, zurückverweisen
remand home (N.) zwischenstaatlich
remand prisoner (F.) Untersuchungsgefangene (F.)
remand prisoner (M. bzw. F.) Untersuchungsgefangener (M.)
remark (N.) Äußerung (F.)
remarriage (N.) Wiederverheiratung (F.)
remarriage clause (N.) Wiederverheiratungsklausel (F.)
remedial statute (N.) Schutzgesetz (N.)
remedy (N.) Abhilfe (F.), Arznei (F.), Mittel (N.), Rechtsmittel (N.)
remedy (V.) abhelfen
remedy (V.) a defect nachbessern
remedying (N.) a defect Nachbesserung (F.)
remind (V.) erinnern, mahnen
reminder (N.) Mahnung (F.)
remission (N.) Nachlass (M.) (Minderung), Verweisung (F.) (Übermittlung einer Rechtssache)
remit (V.) anweisen (Geld anweisen), überweisen, verweisen
remittal (N.) Verweisung (F.) (Übermittlung einer Rechtssache)
remittance (N.) Anweisung (F.), Überweisung (F.)
remonstrance (N.) Beschwerde (F.), Remonstration (F.)
remonstrances (N.Pl.) Gegenvorstellung (F.)
remonstrant (F.) Beschwerdeführerin (F.)
remonstrant (M. bzw. F.) Beschwerdeführer (M.)
remonstrate (V.) einwenden, protestieren
remonstration (N.) Einwendung (F.), Gegenvorstellung (F.)
remorse (N.) Reue (F.)
removal (N.) Beseitigung (F.), Entfernung (F.) (Wegnahme), Räumung (F.), Verweisung (F.) (Ausweisung einer Person), Wegnahme (F.)
removal (N.) from office Entfernung (F.) (Entlassung) aus dem Dienst, Entlassung (F.)
removal (N.) of one's name from the university register Exmatrikulation (F.)
remove (V.) absetzen (entlassen), beseitigen, entfernen, räumen, wegnehmen
remove (V.) someone's name exmatrikulieren
remunerate (V.) besolden, dotieren (vergüten), entgelten, honorieren, vergüten
remuneration (N.) Besoldung (F.), Entgelt (N.), Gage (F.), Honorar (N.), Lohn (M.), Vergütung (F.)
remuneration (N.) in kind Deputat (N.), Naturallohn (M.)
remuneration seniority (N.) Besoldungsdienstalter (N.)
remunerative (Adj.) remuneratorisch
remunerative gift (N.) remuneratorische Schenkung (F.)
remunerativeness (N.) Entgeltlichkeit (F.)
render (V.) erlassen (ein Gesetz oder Urteil schaffen), leisten
render (V.) an account abrechnen
rendering (N.) account Rechnungslegung (F.)
rendering (N.) an account Abrechnung (F.)
rendering (N.) of account Rechenschaft (F.)
rendition (N.) Erlass (M.) (Schaffung eines Gesetzes oder Urteils)
renew (V.) verlängern
renewal (N.) Verlängerung (F.)
renewal certificate (N.) Talon (M.)
renounce (V.) verzichten

renounce (V.) the throne abdanken
renouncement (N.) of succession Ausschlagung (F.)
renown (N.) Ruf (M.)
rent (N.) Miete (F.), Mietzins (M.), Pacht (F.) (Pachtgeld), Pachtzins (M.)
rent (N.) for business premises Geschäftsraummiete (F.)
rent (V.) leihen (sich etwas von jemandem anderen leihen), mieten (eine bewegliche Sache mieten), mieten (eine unbewegliche Sache mieten), pachten, vermieten, verpachten
rental (N.) Mietzins (M.) (Mietzins bei einer beweglichen Sache)
rent controls (N.Pl.) Mietpreisbindung (F.)
rent court (N.) Mietgericht (N.)
rented flat (N.) Mietwohnung (F.)
rent matter (N.) Mietsache (F.)
renunciation (N.) Rücktritt (M.) vom Versuch, Verzicht (M.)
renunciation (N.) of inheritance Erbverzicht (M.)
renvoi (N.) Renvoi (M.), Rückverweisung (F.)
reopening (N.) Wiederaufnahme (F.)
reorganization (N.) Sanierung (F.)
reorganization tax (N.) Umwandlungssteuer (F.)
Reorganization Tax Act (N.) Umwandlungsteuergesetz (N.)
repair (N.) Reparatur (F.), Wiederherstellung (F.)
repair (V.) instandsetzen, reparieren, richten, wiedergutmachen
repairing (N.) Reparatur (F.)
repair work (N.) Reparatur (F.)
reparation (N.) Genugtuung (F.), Reparation (F.), Wiedergutmachung (F.)
repatriate (F.) Aussiedlerin (F.)
repatriate (M. bzw. F.) Aussiedler (M.)
repay (V.) erstatten (ersetzen), rückerstatten, tilgen, zurückzahlen
repay (V.) gradually amortisieren
repayment (N.) Rückerstattung (F.), Rückzahlung (F.), Tilgung (F.)
repeal (N.) Aufhebung (F.)
repeal (V.) aufheben, derogieren
repealing (N.) obsolete statutes Rechtsbereinigung (F.)
repeat (V.) repetieren, wiederholen
repeated order (N.) wiederholte Verfügung (F.)
repentance (N.) Reue (F.)
repetition (N.) Wiederholung (F.)
replace (V.) ersetzen
replacement (N.) Ersatz (M.), Ersetzung (F.), Surrogation (F.)
replevin (N.) Vindikation (F.)
replication (N.) Replik (F.)
reply (N.) Antwort (F.), Erwiderung (F.), Gegendarstellung (F.), Replik (F.)
reply (V.) antworten, erwidern
reply comment (N.) Replik (F.)
report (N.) Anzeige (F.) (Anzeige bei der Polizei), Bericht (M.), Nachricht (F.), Rapport (M.), Referat (N.) (Vortrag)
report (V.) anzeigen, berichten, melden, referieren
reportable (Adj.) anzeigepflichtig
reporter (F.) Referentin (F.) (Vortragende)
reporter (M. bzw. F.) Referent (M.) (Vortragender)
reprehension (N.) Rüge (F.)
represent (V.) repräsentieren, vertreten
representation (N.) Angabe (F.), Nebenabrede (F.), Remonstration (F.), Repräsentation (F.), Stellvertretung (F.), Vertretung (F.)
representation (N.) of the people Volksvertretung (F.)
representation (N.) of young juveniles Jugendvertretung (F.)
representation allowance (N.) Aufwandsentschädigung (F.)
representative (Adj.) repräsentativ
representative (F.) Stellvertreterin (F.), Vertreterin (F.)
representative (F.) of the people Volksvertreterin (F.)
representative (M. bzw. F.) Repräsentant (M.), Stellvertreter (M.), Vertreter (M.)
representative (M. bzw. F.) (am.) Abgeordneter (M.)
representative (M. bzw. F.) of the people Volksvertreter (M.)
representative action (N.) Prozessstandschaft (F.)
representative authority (N.) Vertretungsmacht (F.)
representative democracy (N.) repräsentative Demokratie (F.)

representative list (N.) of rents Mietspiegel (M.)
represention (N.) Zusicherung (F.)
representional (Adj.) repräsentativ
repress (V.) unterdrücken
repression (N.) Repression (F.)
repressive (Adj.) repressiv
repressive interdiction (N.) repressives Verbot (N.)
reprieve (V.) begnadigen
reprimand (N.) Rüge (F.), Verwarnung (F.), Verweis (M.) (Tadel)
reprimand (V.) rügen, verwarnen
reprisal (N.) Repressalie (F.), Vergeltung (F.)
reproach (N.) Vorwurf (M.)
reproduce (V.) vervielfältigen
reproduction (N.) Vervielfältigung (F.)
republic (N.) Republik (F.)
republic (N.) governed by commissars Räterepublik (F.)
republican (Adj.) republikanisch
republican (F.) Republikanerin (F.)
republican (M. bzw. F.) Republikaner (M.)
Republicans (Pl.) Republikaner (M.Pl.) (politische Partei in den Vereinigten Staaten von Amerika)
repudiate (V.) abweisen, leugnen, verstoßen (zurückweisen), zurückweisen
repudiation (N.) Ablehnung (F.), Erfüllungsverweigerung (F.)
repudiation (N.) of contract Vertragsbruch (M.)
repurchase (N.) Wiederkauf (M.)
reputation (N.) Leumund (M.), Ruf (M.)
repute (N.) Leumund (M.), Ruf (M.)
request (N.) Anforderung (F.), Antrag (M.), Aufforderung (F.), Begehren (N.), Bitte (F.), Ersuchen (N.), Gesuch (N.)
request (N.) for funds Abruf (M.)
request (N.) for relief Beschwerde (F.)
request (N.) for the delivery of Abruf (M.)
request (V.) anfordern, auffordern, begehren, bitten, ersuchen
requested judge (F.) ersuchte Richterin (F.)
requested judge (M. bzw. F.) ersuchter Richter (M.)
require (V.) brauchen, erfordern, fordern
required (Adj.) erforderlich
required reserve (N.) Mindestreserve (F.)
requirement (N.) Bedürfnis (N.), Erforderlichkeit (F.), Erfordernis (N.)
requirement (N.) in respect of publication Ausweispflicht (F.)
requirement (N.) of clarity and definiteness Bestimmtheitsgebot (N.)
requirement (N.) of explicit expression Ausdrücklichkeitsgebot (N.)
requirement (N.) of receipt Empfangsbedürftigkeit (F.)
requirement (N.) to notify a defect Rügepflicht (F.)
requirements (N.Pl.) Bedarf (M.)
requiring participation mitwirkungsbedürftig
requisite (Adj.) erforderlich
requisite (N.) Erfordernis (N.)
requisition (N.) Aufforderung (F.)
requisitioning (N.) Requisition (F.)
requisition order (N.) Leistungsbescheid (M.)
res (N.) judicata materielle Rechtskraft (F.)
rescind (V.) aufheben, außer Kraft setzen, lösen
rescission (N.) Annullierung (F.), Nichtigerklärung (F.), Vertragsauflösung (F.) (Vertragsauflösung im angloamerikanischen Recht)
rescission (N.) by the trustee in bankruptcy Konkursanfechtung (F.)
rescue (N.) Hilfeleistung (F.)
rescue (N.) of prisoners Gefangenenbefreiung (F.)
rescue (V.) bergen
reservation (N.) Buchung (F.) (Vertragsabschluss einer Reise), Einschränkung (F.), Reservation (F.), Vorbehalt (M.), Zweifel (M.)
reservation (N.) of dispensation Befreiungsvorbehalt (M.)
reservation (N.) of priority Rangvorbehalt (M.)
reservation (N.) of title Eigentumsvorbehalt (M.)
reservation (N.) on the granting of permission Erlaubnisvorbehalt (M.)
reserve (N.) Reserve (F.), Rücklage (F.)
reserve (V.) reservieren, vorbehalten (V.), zurückbehalten
reserve (V.) (am.) bestellen
reserved price (N.) Mindestgebot (N.)
reserve fund (N.) Rücklage (F.)

reservist (F.) Reservistin (F.)
reservist (M.) Reservist (M.)
reside (V.) wohnen
residence (N.) Aufenthalt (M.), Residenz (F.), Wohnort (M.), Wohnsitz (M.)
residence permit (N.) Aufenthaltserlaubnis (F.), Aufenthaltsgenehmigung (F.)
residence requirement (N.) Residenzpflicht (F.)
resident (Adj.) ansässig
resident (F.) Einwohnerin (F.)
resident (M. bzw. F.) Einwohner (M.)
residential construction (N.) Wohnungsbau (M.)
residential space (N.) Wohnraum (M.)
residual (Adj.) restlich
residual debt (N.) Restschuld (F.)
residual debt release (N.) Restschuldbefreiung (F.)
residuary (Adj.) restlich
residue (N.) Rest (M.)
resign (V.) abdanken, kündigen, zurücktreten
resign (V.) from membership austreten
resignation (N.) Demission (F.), Rücktritt (M.)
resignation (N.) of membership Austritt (M.)
resist (V.) wehren (sich wehren)
resistance (N.) Widerstand (M.)
resistance (N.) to state authority Widerstand (M.) gegen die Staatsgewalt
resolution (N.) Beschluss (M.), Entschließung (F.), Resolution (F.)
resolution (N.) adopted by the partners Gesellschafterbeschluss (M.)
resolutory (Adj.) resolutiv
resolutory condition (N.) Resolutivbedingung (F.)
resolve (V.) auflösen, beschließen, entschließen (sich entschließen)
resort (N.) to the general courts of law ordentlicher Rechtsweg (M.)
respect (N.) Rücksicht (F.)
respect (V.) berücksichtigen
respite (N.) Stundung (F.)
respite (N.) in punishment Strafaufschub (M.)
respondeat superior (M.) (lat.) Arbeitgeberhaftung (F.) (Arbeitgeberhaftung im angloamerikanischen Recht)
respondent (F.) Beklagte (F.)
respondent (M. bzw. F.) Beklagter (M.)
response (N.) Reaktion (F.) (Gegenhandlung)
responsibility (N.) Obliegenheit (F.), Verantwortlichkeit (F.), Verpflichtung (F.)
responsibility (N.) for executive organs Organhaftung (F.)
responsible (Adj.) kompetent (zuständig), verantwortlich, zuständig
responsible (Adj.) in law deliktsfähig
responsible capacity (N.) Zurechnungsfähigkeit (F.)
rest (N.) Rest (M.), Ruhe (F.)
rest (V.) ruhen
rest (V.) one's case (N.) Beweisführungsabschluss (M.) erklären (Beweisführungsabschluss erklären im angloamerikanischen Recht)
restatement (N.) (am.) Neuformulierung (F.) (Neuformulierung von Rechtssätzen)
restaurant (N.) Gasthaus (N.), Gaststätte (F.)
restaurant owner (F.) Gastwirtin (F.)
restaurant owner (M. bzw. F.) Gastwirt (M.)
restitute (V.) wiedereinsetzen
restitution (N.) Entschädigung (F.), Ersatz (M.) (Ersatz eines Schadens), Herausgabe (F.) (Besitzrückgabe einer Sache), Restitution (F.), Rückerstattung (F.), Rückgewähr (F.), Schadensersatz (M.)
restitution (N.) in kind Naturalherstellung (F.), Naturalrestitution (F.)
restitution (N.) to the previous condition Wiedereinsetzung (F.) in den vorigen Stand
restoration (N.) Herausgabe (F.) (Besitzrückgabe einer Sache), Rückerstattung (F.), Wiederherstellung (F.)
restoration (N.) of property Restitution (F.)
restoration (N.) to private ownership Reprivatisierung (F.)
restoration (N.) to the previous condition restitutio (F.) in integrum (lat.)
restore (V.) rückerstatten, wiedereinsetzen, wiederherstellen
restrain (V.) beschränken
restraint (N.) Beschränkung (F.), Einschränkung (F.), Gebundenheit (F.), Hemmung (F.)
restraint (N.) of competition Wettbewerbsbeschränkung (F.)
restraint (N.) of marriage Eheverbot (N.)

restraint (N.) on alienation Veräußerungsverbot (N.)
restraint (N.) on disposition Verfügungsverbot (N.)
restrict (N.) Beschränkung (F.)
restrict (V.) befristen, begrenzen, beschränken, einschränken, limitieren
restrict (V.) the transferability vinkulieren
restricted admission (N.) numerus (M.) clausus (lat.)
restricted area (N.) Schutzbereich (M.)
restricted easement (N.) beschränkte persönliche Dienstbarkeit (F.)
restricted right (N.) in rem beschränktes dingliches Recht (N.)
restriction (N.) Einschränkung (F.), Gebundenheit (F.)
restriction (N.) of discretion Ermessensreduzierung (F.)
restriction (N.) on individual property for the benefit of society Sozialbindung (F.)
restrictive (Adj.) restriktiv
resubmission (N.) Wiedervorlage (F.)
result (N.) Effekt (M.)
result (V.) folgen (eine Folge sein)
resume (V.) fortführen, wiederaufnehmen
resumption (N.) Fortführung (F.), Wiederaufnahme (F.)
retail (N.) Einzelhandel
retailer (F.) Einzelhändlerin (F.)
retailer (M. bzw. F.) Einzelhändler (M.)
retail trade (N.) Einzelhandel
retain (V.) nehmen, zurückbehalten
retainer (N.) Mandat (N.) (Vollmacht für Anwalt), Prozessvollmacht (F.)
retaliate (V.) vergelten
retaliation (N.) Repressalie (F.), Retorsion (F.), Vergeltung (F.)
retalisation (N.) Rache (F.)
retard (V.) hemmen, verzögern
retardation (N.) Verzögerung (F.)
retention (N.) Eigentumsvorbehalt (M.), Festhalten (N.) (Zurückhalten), Retention (F.), Zurückbehaltung (F.)
retention (N.) of title Eigentumsvorbehalt (M.)
retire (V.) abdanken, zurücktreten
retire (V.) from an academic chair emeritieren
retired farmer's portion (N.) Altenteil (M.)
retired pay (N.) Pension (F.) (Rente), Ruhegehalt (N.)
retirement (N.) Ruhestand (M.)
retirement (N.) from an academic chair Emeritierung (F.)
retirement age (N.) Altersgrenze (F.)
retirement benefits (N.Pl.) Altersruhegeld (N.), Altersversorgung (F.)
retirement income (N.) Altersruhegeld (N.), Altersversorgung (F.)
retirement pension (N.) Altersruhegeld (N.), Altersversorgung (F.), Ruhegehalt (N.)
retorsion (N.) Retorsion (F.)
retort (V.) vergelten
retract (V.) widerrufen, zurückziehen
retraction (N.) Rücknahme (F.), Widerruf (M.)
retribution (N.) Vergeltung (F.)
retroactive (Adj.) rückwirkend
retroactive force (N.) Rückwirkung (F.)
retroactivity (N.) Rückwirkung (F.)
retrospective (Adj.) rückwirkend
return (N.) Ertrag (M.), Gewinn (M.), Rendite (F.), Rückerstattung (F.), Rückgewähr (F.)
return (V.) herausgeben, melden, rückerstatten, umkehren, zurückgeben
returning officer (F.) Wahlleiterin (F.)
returning officer (M. bzw. F.) Wahlleiter (M.)
reunification (N.) Wiedervereinigung (F.)
revaluate (V.) aufwerten
revaluation (N.) Aufwertung (F.)
revalue (V.) aufwerten
reveal (V.) aufdecken, offenbaren
revenge (N.) Rache (F.)
revenge (V.) rächen
revenue (N.) Einkommen (N.), Einkunft (F.), Einnahme (F.), Ertrag (M.)
revenue (N.) from capital Kapitalertrag (M.)
revenue authorities (N.Pl.) Steuerbehörde (F.)
revenue court (N.) Finanzgericht (N.)
revenue investigation (N.) Betriebsprüfung (F.)
revenue law (N.) Steuerrecht (N.)
revenue office (N.) Finanzamt (N.)
revenue-producing assets (N.Pl.) Finanzvermögen (N.)
revenue-producing monopoly (N.) Finanzmonopol (N.)

reversal (N.) Aufhebung (F.), Kassation (F.), Umkehr (F.)
reverse (N.) Rückseite (F.)
reverse (V.) aufheben
reversible (Adj.) on error revisibel
reversion (N.) Heimfall (M.), Rückfall (M.)
reversionary heir (M. bzw. F.) Nacherbe (M.)
reversionary inheritance (N.) Nacherbschaft (F.)
reversionary legacy (N.) Nachvermächtnis (N.)
review (N.) Musterung (F.), Überprüfung (F.), Zeitschrift (F.)
review (N.) of remand in custody Haftprüfung (F.)
review (V.) mustern, prüfen
revile (N.) beschimpfen
revilement (N.) Beschimpfung (F.)
revise (V.) abändern
revision (N.) Abänderung (F.)
revisionary heir (M. bzw. F.) Ersatzerbe (M.)
revisionary heiress (F.) Ersatzerbin (F.), Nacherbin (F.)
revocable (Adj.) widerruflich
revocation (N.) Widerruf (M.)
revoke (V.) stornieren, widerrufen
revolt (N.) Aufruhr (M.), Rebellion (F.)
revolution (N.) Revolution (F.)
revolving assets (N.Pl.) Umlaufvermögen (N.)
rhetoric (N.) Rhetorik (F.)
Rhineland-Palatinate (F.) Rheinland-Pfalz (N.)
ride (V.) reiten
rider (N.) Allonge (F.), Anhang (M.)
rifle (N.) Gewehr (N.)
rifleman (M.) Schütze (M.)
riflewoman (F.) Schützin (F.)
right (Adj.) richtig
right (N.) Anrecht (N.), Anspruch (M.), Berechtigung (F.), Recht (N.) (Rechtsanspruch), subjektives Recht (N.)
right (N.) in rem dingliches Recht (N.)
right (N.) of access Umgangsrecht (N.), Verkehrsrecht (N.) (Besuchsberechtigung)
right (N.) of action Aktivlegitimation (F.), Klagebefugnis (F.)
right (N.) of assembly Versammlungsfreiheit (F.), Versammlungsrecht (N.)
right (N.) of audience Postulationsfähigkeit (F.)
right (N.) of avoidance Anfechtungsrecht (N.) (Anfechtungsrecht im angloamerikanischen Recht)
right (N.) of cancellation Rücktrittsrecht (N.)
right (N.) of chastisement Züchtigungsrecht (N.)
right (N.) of choice Option (F.)
right (N.) of coalition Koalitionsfreiheit (F.)
right (N.) of contribution Ausgleichsanspruch (M.)
right (N.) of domination Herrschaftsrecht (N.)
right (N.) of entry Eintrittsrecht (N.)
right (N.) of escheat Heimfallsrecht (N.)
right (N.) of exemption Befreiungsanspruch (M.)
right (N.) of expulsion Verweisungsrecht (N.)
right (N.) of habitation Wohnrecht (N.)
right (N.) of indemnity Befreiungsanspruch (M.), Freistellungsanspruch (M.)
right (N.) of initiative Initiativrecht (N.)
right (N.) of interpellation Interpellationsrecht (N.)
right (N.) of lien Pfandrecht (N.)
right (N.) of maintenance Unterhaltsanspruch (M.)
right (N.) of passage Wegerecht (N.) (Wegerechtsberechtigung)
right (N.) of personality Persönlichkeitsrecht (N.)
right (N.) of petition Petitionsrecht (N.)
right (N.) of possession Besitzrecht (N.)
right (N.) of preemption Eintrittsrecht (N.), Vorkaufsrecht (N.)
right (N.) of private warfare Faustrecht (N.)
right (N.) of purchase Kaufrecht (N.) (Kaufrechtsanspruch)
right (N.) of recourse Freistellungsanspruch (M.)
right (N.) of redemption Ablösungsrecht (N.), Herausgabeanspruch (M.)
right (N.) of residence Wohnrecht (N.)
right (N.) of retention Retentionsrecht (N.), Zurückbehaltungsrecht (N.)
right (N.) of reversion Heimfallsrecht (N.)
right (N.) of sale Vertriebsrecht (N.)

right (N.) of sanctuary Asylrecht (N.) (Asylrechtsanspruch)
right (N.) of self-determination Selbstbestimmungsrecht (N.)
right (N.) of self-redress Selbsthilferecht (N.)
right (N.) of settlement Niederlassungsfreiheit (F.)
right (N.) of stoppage in transitu Folgerecht (N.)
right (N.) of succession Erbrecht (N.) (Erbrechtsanspruch), Erbschaftsanspruch (M.)
right (N.) of the key Hausrecht (N.)
right (N.) of user Nutzungsrecht (N.)
right (N.) of usufruct Nutzungsrecht (N.)
right (N.) of way Vorfahrt (F.), Wegerecht (N.) (Wegerechtsberechtigung)
right (N.) of withdrawal from a contract Rücktrittsrecht (N.)
right (N.) to alter a legal relationship Gestaltungsrecht (N.)
right (N.) to an inheritance Erbrecht (N.) (Erbrechtsanspruch), Erbschaftsanspruch (M.)
right (N.) to augmentation of compulsory portion Pflichtteilergänzungsanspruch (M.)
right (N.) to be elected passives Wahlrecht (N.)
right (N.) to build Baurecht (N.) (Anspruch auf Ausführung eines Bauvorhabens)
right (N.) to claim Forderungsrecht (N.)
right (N.) to decide on the budget Budgetrecht (N.)
right (N.) to follow Folgerecht (N.)
right (N.) to follow the asset Folgerecht (N.)
right (N.) to forbearance Unterlassungsanspruch (M.)
right (N.) to give instructions Direktionsrecht (N.), Weisungsrecht (N.)
right (N.) to have justice administered Justizgewährungsanspruch (M.)
right (N.) to have something removed Beseitigungsanspruch (M.)
right (N.) to issue a writ of certiorari Evokationsrecht (N.)
right (N.) to notice Hinweisrecht (N.) (Hinweisrecht im angloamerikanischen Recht)
right (N.) to one's business establishment Recht (N.) am eingerichteten und ausgeübten Gewerbebetrieb
right (N.) to possession Besitzrecht (N.)
right (N.) to publish Verlagsrecht (N.)
right (N.) to refrain someone from acting Unterlassungsanspruch (M.)
right (N.) to refuse to give evidence Zeugnisverweigerungsrecht (N.)
right (N.) to refuse to give information Auskunftsverweigerungsrecht (N.)
right (N.) to remain silent Aussageverweigerungsrecht (N.)
right (N.) to repossess Wegnahmerecht (N.)
right (N.) to resist Widerstandsrecht (N.)
right (N.) to social security benefits Sozialversicherungsanspruch (M.)
right (N.) to strike Streikrecht (N.)
right (N.) to sue Aktivlegitimation (F.)
right (N.) to take away Wegnahmerecht (N.)
right (N.) to the abatment of a nuisance Beseitigungsanspruch (M.)
right (N.) to the custody Sorgerecht (N.)
right (N.) to the use of a name Namensrecht (N.)
right (N.) to vote aktives Wahlrecht (N.), Stimmrecht (N.)
right (N.) to wind up voluntarily Selbstauflösungsrecht (N.)
right (N.) to withhold performance Leistungsverweigerungsrecht (N.)
rightless (Adj.) rechtlos
rightlessness (N.) Rechtlosigkeit (F.)
rigorous (Adj.) streng
ringleader (F.) Rädelsführerin (F.)
ringleader (M. bzw. F.) Rädelsführer (M.)
riot (N.) Auflauf (M.), Aufruhr (M.), Zusammenrottung (F.)
riot (V.) zusammenrotten (sich zusammenrotten)
riotous assembly (N.) Zusammenrottung (F.)
riot police (N.) Bereitschaftspolizei (F.)
rise (N.) Anstieg (M.)
rise (N.) (am.) Erhöhung (F.)
rise (V.) ansteigen
risk (N.) Gefahr (F.), Risiko (N.)
risk (N.) of absconding Fluchtgefahr (F.)
risk (N.) of flight Fluchtgefahr (F.)
risk (N.) of life Lebensrisiko (N.)
risk (N.) of remuneration Vergütungsgefahr (F.)

ritual (N.) Agende (F.)
rival (Adj.) konkurrierend
rival (M. bzw. F.) Konkurrent (M.)
rival (V.) konkurrieren (im Wettbewerb sein)
rivalry (N.) Konkurrenz (F.) (Wettbewerb)
river (N.) Strom (M.) (Wasserstrom)
road (N.) Straße (F.) (Landstraße)
road accident (N.) Verkehrsunfall (M.) (Verkehrsunfall auf einer Überlandstraße)
roadborne traffic (N.) Kraftverkehr (M.)
road construction (N.) Straßenbau (M.) (Bau einer Landstraße)
road construction office (N.) Straßenbaubehörde (F.)
road haulage (N.) Güterkraftverkehr (M.)
roads (N.Pl.) Reede (F.)
road sign (N.) Verkehrszeichen (N.)
roadsteed (N.) Reede (F.)
road traffic (N.) Straßenverkehr (M.)
road traffic authority (N.) Straßenverkehrsbehörde (F.)
road traffic law (N.) Straßenverkehrsrecht (N.), Verkehrsrecht (N.) (Rechtsordnung des Straßenverkehrs)
road traffic ordinance (N.) Kraftverkehrsordnung (F.)
road traffic regulations (N.Pl.) Straßenverkehrsordnung (F.)
road transport (N.) Kraftverkehr (M.)
roadway (N.) Fahrbahn (F.)
rob (V.) berauben, rauben, wegnehmen
robber (F.) Räuberin (F.)
robber (M. bzw. F.) Räuber (M.)
robbery (N.) Raub (M.)
robe (N.) Robe (F.), Talar (M.)
rocket (N.) Rakete (F.)
rogatory letters (N.Pl.) Amtshilfeersuchen (N.)
roll (N.) Rolle (F.)
Roman (Adj.) römisch
Roman law (N.) römisches Recht (N.)
room (N.) Platz (M.), Raum (M.) (Platz)
roomer (F.) (am.) Untermieterin (F.)
roomer (M. bzw. F.) (am.) Untermieter (M.)
roots (N.Pl.) of titles Dokumentenkette (F.) (Dokumentenkette in Großbritannien)
rotation (N.) Rotation (F.), Turnus (M.)
rough (Adj.) grob
rough (V.) up (am.) misshandeln
rough copy (N.) Entwurf (M.)
rough estimate (N.) of cost Voranschlag (M.)
round (V.) off arrondieren
roundup (N.) Razzia (F.)
row (N.) Schlägerei (F.)
royal (Adj.) königlich
royalty (N.) Königtum (N.), Lizenzgebühr (F.), Tantieme (F.)
rubbish (N.) Müll (M.)
rubble (N.) Schutt (M.)
ruffian (F.) Schlägerin (F.)
ruffian (M. bzw. F.) Schläger (M.) (Mensch als Schläger)
ruin (V.) zerrütten
rule (N.) Beherrschung (F.), Herrschaft (F.), Maßregel (F.), Norm (F.), Regel (F.), Richtlinie (F.), Verwaltungsvorschrift (F.), Vorschrift (F.)
rule (N.) of ethics Sittengesetz (N.)
rule (N.) of evidence Beweisregel (F.)
rule (N.) of law Rechtsnorm (F.), Rechtsstaatsprinzip (N.)
rule (N.) of precedent Präzedenzregel (F.) (Präzedenzregel im angloamerikanischen Recht
rule (N.) of procedure Verfahrensvorschrift (F.)
rule (N.) of reasonableness Übermaßverbot (N.)
rule (V.) beherrschen, bestimmen, gelten, herrschen
rule (V.) on entscheiden
rule (V.) out ausschließen
ruler (F.) Herrin (F.), Herrscherin (F.), Landesherrin (F.), Regentin (F.)
ruler (M. bzw. F.) Herr (M.), Herrscher (M.), Landesherr (M.), Regent (M.)
Rules (N.Pl.) and Regulations (N.Pl.) for the bar Bundesrechtsanwaltsordnung (F.)
rules (N.Pl.) for private-law transactions of public bodies Verwaltungsprivatrecht (N.)
rules (N.Pl.) of procedure Geschäftsordnung (F.) (Gerichtsgeschäftsordnung)
rules (N.Pl.) of study Studienordnung (F.)
rules (N.Pl.) of the court Gerichtsordnung (F.)
rules and regulations (N.Pl.) Geschäftsordnung (F.)
ruling (Adj.) geltend
ruling (N.) Bescheid (M.), Entscheid (M.), Entscheidung (F.), Richterspruch (M.)

ruling (N.) on an objection Widerspruchsbescheid (M.)
Rumania (N.) Rumänien (N.)
run (N.) Laufzeit (F.)
run (V.) betreiben, brechen, führen, leiten
run (V.) for kandidieren
run (V.) for (am.) aufstellen
run (V.) round umlaufen
run (V.) up to belaufen
runaway (F.) Deserteurin (F.)
runaway (M. bzw. F.) Deserteur (M.)
running account (N.) Kontokorrent (N.)
running amok (N.) Amoklauf (M.)
running period (N.) Laufzeit (F.)
run-off vote (N.) Stichwahl (F.)
rupture (N.) Abbruch (M.) (Beendigung von Verhandlungen)
ruthless (Adj.) rücksichtslos

S

Saarland (F.) Saarland (N.)
sabotage (N.) Sabotage (F.)
sabotage (V.) sabotieren
sacrament (N.) Sakrament (N.)
Sacred Roman Rota (N.) Rota (F.) Romana (lat.)
sacrifice (N.) Aufopferung (F.), Opfer (N.) (Einbuße)
sacrifice (V.) aufopfern, opfern
sacrilege (N.) Frevel (M.), Sakrileg (N.)
sacrilegist (F.) Frevlerin (F.)
sacrilegist (M. bzw. F.) Frevler (M.)
sadism (N.) Sadismus (M.)
safe (Adj.) sicher
safe-custody business (N.) Depotgeschäft (N.)
safe deposit (N.) Depot (N.)
safe-deposit contract (N.) Verwahrungsvertrag (M.)
safeguard (V.) schützen
safeguarding (N.) Sicherstellung (F.), Sicherung (F.)
safeguarding proceedings (N.Pl.) Sicherungsverfahren (N.)
safekeeping (N.) Gewahrsam (M.), Verwahrung (F.)
safety (N.) Sicherheit (F.)
safety measure (N.) Schutzmaßnahme (F.)
safety regulations (N.Pl.) Sicherheitsvorschrift (F.)
safety rule (N.) Sicherheitsvorschrift (F.)
sailor (F.) Matrosin (F.)
sailor (M.) Matrose (M.), Seemann (M.)
saint (Adj.) heilig
salaried judge (F.) Berufsrichterin (F.)
salaried judge (M. bzw. F.) Berufsrichter (M.)
salary (N.) Besoldung (F.), Gage (F.), Gehalt (N.)
salary (V.) besolden
salary earner (F.) Angestellte (F.)
salary earner (M. bzw. F.) Angestellter (M.)
salary scheme (N.) Besoldungsordnung (F.)
sale (N.) Absatz (M.) (Verkauf), Ausverkauf (M.), Veräußerung (F.), Verkauf (M.)
sale (N.) by description Kauf (M.) nach Beschreibung (Kauf nach Beschreibung im angloamerikanischen Recht)
sale (N.) by sample Kauf (M.) nach Muster (Kauf nach Muster im angloamerikanischen Recht), Kauf (M.) nach Probe
sale (N.) of goods Warenkauf (M.) (Warenkauf im angloamerikanischen Recht)
sale (N.) of land Grundstückskauf (M.)
sale (N.) of livestock Viehkauf (M.)
sale (N.) of unascertained goods Gattungskauf (M.), Genuskauf (M.)
sale (N.) on approval Kauf (M.) auf Probe
sale (N.) on trial Kauf (M.) auf Probe
sale (N.) subject to buyer's specification Spezifikationskauf (M.)
sale (N.) without resort to legal process Selbsthilfeverkauf (M.)
sales (N.Pl.) Umsatz (M.), Vertrieb (M.)
sales act Kaufrecht (N.) (Kaufrechtsordnung)
sales bill (N.) Rechnung (F.)
sales contract (N.) Kaufvertrag (M.)
saleslady (F.) Verkäuferin (F.)
salesman (M.) Verkäufer (M.)
sales promotion (N.) Werbung (F.)
sales tax (N.) Umsatzsteuer (F.)
salvage (N.) Hilfeleistung (F.)
salvage (N.) (money) Bergelohn (M.)
salvage (V.) bergen
salvage-money (N.) Reugeld (N.)
sample (N.) Muster (N.), Probe (F.) (Muster)
sanatorium (N.) (brit.) Heilanstalt (F.)
sanction (N.) Genehmigung (F.), Sanktion (F.)

sanction (V.) genehmigen, sanktionieren
sanctuary (N.) Asyl (N.)
sane (Adj.) zurechnungsfähig
sanitarium (N.) (am.) Heilanstalt (F.)
sanitary board (N.) Gesundheitsamt (N.)
sanitate (V.) sanieren
sanitation (N.) Sanierung (F.)
satisfaction (N.) Befriedigung (F.), Buße (F.), Erfüllung (F.), Genugtuung (F.), Satisfaktion (F.)
satisfactory (Adj.) hinreichend
satisfy (V.) befriedigen, büßen, überzeugen
save (V.) sichern, sparen
saver (F.) Sparerin (F.)
saver (M. bzw. F.) Sparer (M.)
saving deposit (N.) Spareinlage (F.)
savings bank (N.) Sparkasse (F.)
savings-bank book (N.) Sparbuch (N.)
savings deposit (N.) Bankeinlage (F.)
Saxony (F.) Sachsen (N.)
Saxony-Anhalt (F.) Sachsen-Anhalt (N.)
scaffold (N.) Schafott (N.)
scale (N.) Tabelle (F.), Tarif (M.)
scale (N.) of charges Gebührenordnung (F.), Tarif (M.)
scale (V.) down herabsetzen
scare (V.) schrecken
scare (V.) away abschrecken
scene (N.) Tatort (M.)
schedule (N.) Liste (F.), Tabelle (F.), Verzeichnis (N.)
schedule (N.) of fees Gebührenordnung (F.)
schedule (N.) of penalties Bußgeldkatalog (M.)
schedule (V.) ansetzen
schedule (V.) (am.) festsetzen
scheme (N.) Plan (M.)
schism (N.) Schisma (N.)
schizophrenia (N.) Schizophrenie (F.)
Schleswig-Holstein (F.) Schleswig-Holstein (N.)
scholarship (N.) Stipendium (N.)
school (N.) Fakultät (F.), Schule (F.)
school (N.) of law Rechtsschule (F.)
school-leaving examination (N.) Abitur (N.), Abschlussprüfung (F.), Matura (F.), Reifeprüfung (F.)
school report (N.) Zeugnis (N.) (Schulzeugnis)
science (N.) Wissenschaft (F.)
science (N.) of administration Verwaltungslehre (F.)
scientific (Adj.) wissenschaftlich
scion (M. bzw. F.) Abkömmling (M.)
scode (V.) schelten
scold (V.) schimpfen
scolding (N.) Schelte (F.)
scope (N.) Bereich (M.), Geltungsbereich (M.), Rahmen (M.), Wirkungskreis (M.)
scope (N.) for judgement evaluation Beurteilungsspielraum (M.)
scorn (N.) Hohn (M.)
scrawler (M.) Schmierer (M.)
scribbler (M.) Schmierer (M.)
script (N.) Skript (N.), Skriptum (N.)
scroll (N.) Rolle (F.)
sea (N.) Meer (N.), See (F.) (Meer)
seal (N.) Petschaft (F.), Plombe (F.) (Verschlusssicherung), Siegel (N.), Verschluss (M.)
seal (V.) plombieren, siegeln, versiegeln
seal (V.) off absperren
sealing (N.) Versiegelung (F.)
seaman (M.) Matrose (M.), Seemann (M.)
seamen's agreement (N.) Heuervertrag (M.)
sea protest (N.) Verklarung (F.)
search (N.) Durchsuchung (F.), Fahndung (F.)
search (N.) for wanted persons by screening devices Rasterfahndung (F.)
search (V.) durchsuchen, suchen
search (V.) for fahnden
sea-route (N.) Seeweg (M.)
sea-shore (N.) Strand (M.)
seashore (N.) Ufer (N.) (Meeresufer)
seasonal sale (N.) Schlussverkauf (M.)
seat (N.) Mandat (N.) (Volksvertretungsrecht im Parlament), Platz (M.), Sitz (M.) (Sitz in einem Gremium), Sitz (M.) (Standort)
seat theory (N.) Sitztheorie (F.)
seawoman (F.) Matrosin (F.)
secession (N.) Sezession (F.)
secondary activity (N.) Nebentätigkeit (F.)
secondary attachment (N.) Anschlusspfändung (F.)
secondary liability (N.) Ausfallhaftung (F.) (Ausfallhaftung im angloamerikanischen Recht)
secondary office (N.) Nebenamt (N.)
secondary punishment (N.) Nebenstrafe (F.)

secondary right (N.) Nebenrecht (N.)
secondary school (N.) Gymnasium (N.)
second bail (F.) Nachbürgin (F.)
second bail (M. bzw. F.) Nachbürge (M.)
second-class mail (N.) (am.) Drucksache (F.)
second decision (N.) Zweitbescheid (M.)
second distress (N.) Anschlusspfändung (F.)
secrecy (N.) Geheimnis (N.), Verschwiegenheit (F.)
secrecy (N.) of elections Wahlgeheimnis (N.)
secrecy (N.) of letters Briefgeheimnis (N.)
secrecy (N.) of mail (am.) Postgeheimnis (N.)
secrecy (N.) of telecommunications Fernmeldegeheimnis (N.)
secret (Adj.) geheim, heimlich
secret (N.) Geheimnis (N.)
secretariat (N.) Sekretariat (N.)
secretary (F.) Schriftführerin (F.), Sekretärin (F.)
secretary (F.) (am.) Ministerin (F.)
secretary (F.) general Generalsekretärin (F.)
secretary (F.) of legation Legationssekretärin (F.)
secretary (F.) of state Staatssekretärin (F.)
Secretary (F.) of State (am.) Außenministerin (F.)
secretary (F.) of state for the Home Department (br.) Innenministerin (F.)
secretary (F.) of the Interior (F.) Innenministerin (F.)
secretary (F.) of the treasury (am.) Finanzministerin (F.)
secretary (M. bzw. F.) Schriftführer (M.), Sekretär (M.)
secretary (M. bzw. F.) (am.) Minister (M.)
secretary (M. bzw. F.) general Generalsekretär (M.)
secretary (M. bzw. F.) of legation Legationssekretär (M.)
secretary (M. bzw. F.) of state Staatssekretär (M.)
Secretary (M. bzw. F.) of State (am.) Außenminister (M.)
Secretary (M. bzw. F.) of State for the Home Department (brit.) Innenminister (M.)
Secretary (M. bzw. F.) of the Interior (am.) Innenminister (M.)
secretary (M. bzw. F.) of the treasury (am.) Finanzminister (M.)
secret ballot (N.) geheime Wahl (F.)
secret police (N.) Geheimpolizei (F.)
secret service (N.) Geheimdienst (M.)
secret society (N.) Geheimbund (M.)
secret voting (N.) geheime Wahl (F.)
sect (N.) Sekte (F.)
section (N.) Absatz (M.) (Teil eines Gesetzes), Abschnitt (M.), Dezernat (N.), Paragraph (M.), Sektion (F.) (Abteilung im Verwaltungsrecht)
sectional strike (N.) Teilstreik (M.) (Branchenstreik)
sector (N.) Sektor (M.)
secularization (N.) Säkularisation (F.)
secularize (V.) säkularisieren
secure (Adj.) sicher
secure (V.) decken (Verlust bzw. Schulden bezahlen), gewährleisten, sichern
secured transaction (N.) Sicherungsgeschäft (N.)
securing (N.) Sicherung (F.)
securities (N.Pl.) Effekten (M.Pl.)
securities deposit law (N.) Depotgesetz (N.)
security (N.) Bürgschaft (F.), Deckung (F.) (Absicherung), Gewähr (F.), Gewährleistung (F.), Papier (N.), Pfand (N.), Schutz (M.), Sicherheit (F.), Wertpapier (N.)
security (N.) of tenure Kündigungsschutz (M.)
security bond (N.) Kaution (F.)
Security Council (N.) Sicherheitsrat (M.)
security deposit (N.) Depot (N.), Sicherheitsleistung (F.)
security deposit business (N.) Depotgeschäft (N.)
security note (N.) of a bank Bankbürgschaft (F.)
security transaction (N.) Sicherungsgeschäft (N.)
sedition (N.) Hochverrat (M.)
seduce (V.) verführen
seduction (N.) Verführung (F.)
seeding (N.) Saat (F.) (Aussäen)
seeds (N.Pl.) Saat (F.) (Saatgut)
seek (V.) suchen, trachten
seek (V.) information erkundigen
segregate (V.) absondern, aussondern
segregation (N.) Aussonderung (F.)

seigniory (N.) Grundherrschaft (F.)
seisin (N.) Besitzstand (M.)
seize (V.) beschlagnahmen, einziehen (einkassieren), kapern, konfiszieren, pfänden
seizin (N.) Besitzergreifung (F.), Besitzstand (M.)
seizure (N.) Arrest (M.), Beschlag, Beschlagnahme (F.), Festnahme (F.), Konfiskation (F.), Pfändung (F.)
select (V.) auswählen, wählen (auswählen)
selection (N.) Auswahl (F.), Wahl (F.) (Auswahl)
self-accusation (N.) Selbstanzeige (F.)
self-administration (N.) Selbstverwaltung (F.)
self-contracting (N.) Insichgeschäft (N.)
self-dealing (N.) Insichgeschäft (N.), Selbstkontrahieren (N.)
self-defence (N.) (brit.) Notwehr (F.), Selbstverteidigung (F.)
self-defense (N.) (am.) Notwehr (F.), Selbstverteidigung (F.)
self-determination (N.) Selbstbestimmung (F.)
self-employed (Adj.) selbstständig
self-employed person (F.) Selbstständige (F.)
self-employed person (M. bzw. F.) Selbstständiger (M.)
self-engagement (N.) Selbstbindung (F.)
self-executing norm (N.) Vollzugsnorm (F.)
self-given authority (N.) Eigenmacht (F.)
self-governing body (N.) Selbstverwaltungskörperschaft (F.)
self-government (N.) Selbstverwaltung (F.)
self-help (N.) Selbsthilfe (F.)
self-integrated inter-company relation (N.) Selbstorganschaft (F.)
self-redress (N.) Selbsthilfe (F.)
sell (V.) veräußern, verkaufen
sell (V.) by public auction versteigern
sell (V.) off räumen
seller (M.) Verkäufer (M.)
seller's risk (N.) as to the loss of the purchase price Preisgefahr (F.)
selling (N.) Absatz (M.) (Verkauf)
selling (N.) short Blankogeschäft (N.)
selling off (N.) Ausverkauf (M.)
semblance (N.) Anschein (M.)
semester (N.) Semester (N.)
semi-luxury (N.) Genussmittel (N.)
seminar (N.) Seminar (N.) (Lehrveranstaltung in der Universität)
seminary (N.) Seminar (N.) (Priesterseminar)
semi-official (Adj.) offiziös
senate (N.) Senat (M.)
senator (F.) Senatorin (F.)
senator (M. bzw. F.) Senator (M.)
send (V.) absenden (einen Brief absenden), schicken
send (V.) off versenden
sender (M. bzw. F.) Absender (M.) (Briefabsender)
senior (F.) Vorsteherin (F.)
senior (F.) in rank Vorgesetzte (F.)
senior (M. bzw. F.) Vorsteher (M.)
senior (M. bzw. F.) in rank Vorgesetzter (M.)
senior city manager (F.) (am.) Oberstadtdirektorin (F.)
senior city manager (M. bzw. F.) (am.) Oberstadtdirektor (M.)
senior employee (F.) leitende Angestellte (F.)
senior employee (M. bzw. F.) leitender Angestellter (M.)
senior executive officer (F.) Regierungsrätin (F.) (Beamtentitel)
senior executive officer (M. bzw. F.) Regierungsrat (M.) (Beamtentitel)
seniority (N.) Vorrang (M.)
senior share (N.) Vorzugsaktie (F.)
senior town clerk (F.) (br.) Oberstadtdirektorin (F.)
senior town clerk (M. bzw. F.) (brit.) Oberstadtdirektor (M.)
sense (N.) ratio (F.) (lat.)
senselessness (N.) Unverstand (M.)
sentence (N.) Richterspruch (M.), Satz (M.) (in sich geschlossene Abfolge von Wörtern), Strafe (F.), Straferkenntnis (F.), Urteil (N.)
sentence (N.) for juveniles Jugendstrafe (F.)
sentence (N.) of imprisonment Freiheitsstrafe (F.)
sentence (V.) strafen, verurteilen
sentencer (F.) Strafrichterin (F.)
sentencer (M. bzw. F.) Strafrichter (M.)
sentimental interest (N.) Affektionsinteresse (N.)

sentimental value (N.) Affektionswert (M.), Liebhaberwert (M.)
separable (Adj.) teilbar
separate (Adj.) getrennt
separate (V.) absondern, teilen, trennen
separated (Adj.) getrennt
separate finding (N.) of guilt Schuldinterlokut (N.)
separate property (N.) Sondervermögen (N.)
separation (N.) Getrenntleben (N.), Trennung (F.)
separation (N.) of powers Gewaltenteilung (F.)
separation (N.) of property Gütertrennung (F.)
seperate use (N.) Sondernutzung (F.)
sequel (N.) Fortsetzung (F.)
sequence (N.) of authorities Instanzenweg (M.)
sequence (N.) of courts Instanzenzug (M.)
sequestrate (V.) beschlagnahmen, sequestrieren
sequestration (N.) Beschlagnahme (F.), Sequestration (F.)
sequestrator (F.) Sequesterin (F.)
sequestrator (M. bzw. F.) Sequester (M.)
sergeant (F.) Feldwebelin (F.)
sergeant (M.) Feldwebel (M.)
seriously disabled person (F.) Schwerbeschädigte (F.)
seriously disabled person (M. bzw. F.) Schwerbeschädigter (M.)
servant (F.) Bedienstete (F.) (Bedienstete des öffentlichen Dienstes), Dienerin (F.), Dienstbotin (F.)
servant (M.) Diener (M.)
servant (M. bzw. F.) Bediensteter (M.) (Bediensteter des öffentlichen Dienstes), Dienstbote (M.)
serve (V.) ausüben, bedienen, dienen, fungieren, verbüßen
serve (V.) a summons laden (V.) (2) (herbestellen), vorladen
service (N.) Dienstleistung (F.), Dienst (M.), Zustellung (F.)
service (N.) by publication öffentliche Zustellung (F.)
service (V.) instandhalten
serviceable (Adj.) tauglich (dienlich)
service charge (N.) Verwaltungsgebühr (F.)
service contract (N.) Arbeitsvertrag (M.)
service mark (N.) Dienstleistungsmarke (F.)
service regulations (N.Pl.) Dienstrecht (N.)
services (N.Pl.) rendered Dienstleistung (F.)
service status (N.) Dienstverhältnis (N.)
servient estate (N.) dienendes Grundstück (N.)
serving (Adj.) public purposes gemeinnützig
serving (N.) Insinuation (F.) (Zustellung)
servitude (N.) Dienstbarkeit (F.), Knechtschaft (F.), Servitut (F.)
servitude (N.) required by law Legalservitut (F.)
session (N.) Session (F.), Sitzung (F.), Sitzungsperiode (F.)
set (N.) Satz (M.) (zusammengehörige Gegenstände)
set (V.) a time limit befristen
set (V.) down anberaumen
set (V.) forth grounds begründen
set (V.) free befreien, freilassen
set (V.) off (brit.) aufrechnen
set (V.) one's hand unterschreiben
set (V.) right richten
set (V.) up aufstellen, niederlassen (Geschäft eröffnen)
set off (N.) Verrechnung (F.) (Aufrechnung)
setoff (N.) (am.) Aufrechnung (F.)
set-off (N.) (brit.) Aufrechnung (F.)
set off (V.) verrechnen (aufrechnen)
setting (N.) Rahmen (M.)
setting free (N.) Freilassung (F.)
setting-(N.) up Niederlassung (F.) (Geschäftseröffnung)
setting up (N.) Aufstellung (F.)
settle (V.) abdingen, abfinden, abmachen, begleichen, beilegen, bereinigen, bezahlen (tilgen), erledigen, lösen, ordnen, regeln, regulieren, saldieren, verrechnen (aufrechnen)
settle (V.) amicably schlichten (einen Streit friedlich beenden)
settle (V.) on vermachen
settle down (V.) niederlassen
settlement (N.) Abfindung (F.), Beilegung (F.), Bereinigung (F.), Bezahlung (F.) (Tilgung), Einigung (F.), Niederlassung (F.) (Ansiedelung), Regelung (F.), Regulierung (F.), Schlichtung (F.), Tilgung (F.), Über-

einkunft (F.), Verfügung (F.) (Willenserklärung), Vergleich (M.) (Vergleich im Privatrecht), Verrechnung (F.) (Aufrechnung)
settlement (N.) of accounts Abrechnung (F.)
settlement instruction (N.) Regelungsverfügung (F.)
settlor (F.) Begründerin (F.) (Begründerin eines trust in Großbritannien), Treugeberin (F.)
settlor (M. bzw. F.) Begründer (M.) (Begründer eines trust in Großbritannnien), Treugeber (M.)
sever (V.) lösen, trennen
severable (Adj.) teilbar
severance (N.) Trennung (F.)
severance (N.) of action Prozesstrennung (F.)
severe (Adj.) streng
severely handicapped person (F.) Schwerbehinderte (F.)
severely handicapped person (M. bzw. F.) Schwerbehinderter (M.)
severity (N.) of guilt Schwere (F.) der Schuld
sewage (N.) Abwasser (N.)
sewage plant (N.) Kläranlage (F.)
sex (N.) Geschlecht (N.) (natürliches Geschlecht), Sex (M.)
sex criminal (F.) Triebtäterin (F.)
sex criminal (M. bzw. F.) Triebtäter (M.)
sex murder (N.) Lustmord (M.)
sexual (Adj.) geschlechtlich, sexuell
sexual abuse (N.) sexueller Missbrauch (M.)
sexual act (N.) sexuelle Handlung (F.)
sexual desire (N.) Geschlechtstrieb (M.)
sexual impulse (N.) Geschlechtstrieb (M.)
sexual intercourse (N.) Beischlaf (M.), Beiwohnung (F.), Geschlechtsverkehr (M.), Koitus (M.), Sex (M.)
sexually motivated murder (N.) Lustmord (M.)
sexual offence (N.) Sexualdelikt (N.), Sittlichkeitsdelikt (N.)
sham (V.) heucheln
shame (N.) Schande (F.)
sham transaction (N.) Scheingeschäft (N.)
shape (N.) Gestaltung (F.)
share (N.) Anteil (M.), Beitrag (M.), Beteiligung (F.) (Beteiligung im Handelsrecht), Geschäftsanteil (M.), Kontingent (N.), Teil (M.)
share (N.) (brit.) Aktie (F.)
share (N.) of capital Kapitalanteil (M.)
share (N.) of the inheritance Erbteil (M.)
share (N.) without par value Quotenaktie
share (V.) aufteilen, verteilen
share and share alike gleich
share capital (N.) Gesellschaftskapital (N.)
share certificate (N.) Anteilsschein (M.)
shareholder (F.) Gesellschafterin (F.)
shareholder (F.) (br.) Aktieninhaberin (F.), Anteilseignerin (F.)
shareholder (M. bzw. F.) Gesellschafter (M.) (Gesellschafter bei Gesellschaft mit beschränkter Haftung)
shareholder (M. bzw. F.) (brit.) Aktieninhaber (M.), Aktionär (M.), Anteilseigner (M.)
shareholders' resolution (N.) Hauptversammlungsbeschluss (M.)
share register (N.) Aktienbuch (N.)
shell (N.) Granate (F.)
shelter (N.) Beherbergung (F.), Obdach (N.)
shelterless (Adj.) obdachlos
sheriff (M. bzw. F.) (am.) Sheriff (M.) (Sheriff im angloamerikanischen Recht)
sheriff's officer (F.) Gerichtsvollzieherin (F.)
sheriff's officer (M. bzw. F.) Gerichtsvollzieher (M.)
sheriff's sale (N.) Zwangsversteigerung (F.)
shield (V.) schützen
shift (N.) Schicht (F.) (Arbeitszeit)
shift (N.) of the burden of proof Beweislastumkehr (F.)
shift work (N.) Schichtarbeit (F.)
shilling (N.) Schilling (M.)
ship (N.) Schiff (N.)
ship (V.) absenden (eine Fracht absenden), verladen, verschiffen, versenden
shipment (N.) Ladung (F.) (Aufladung von Gütern), Versendung (F.)
shipowner (F.) Reederin (F.)
shipowner (M. bzw. F.) Reeder (M.)
shipper (F.) Verfrachterin (F.)
shipper (M. bzw. F.) Absender (M.) (Frachtabsender), Verfrachter (M.)
shipping (N.) Schifffahrt (F.)
shipping articles (N.Pl.) Heuervertrag (M.)
shipping bill (N.) Konnossement (N.), Ladeschein (M.), Manifest (N.) (Manifest im Seeverkehrsrecht)

shipping business (N.) Reederei (F.) (Schifffahrtswesen)
shipping company (N.) Reederei (F.) (Schifffahrtsunternehmen)
shipping note (N.) Frachtbrief (M.), Verladeschein (M.)
shipping trade (N.) Reederei (F.) (Schifffahrtswesen)
ship's protest (N.) Verklarung (F.)
shipwreck (N.) Schiffbruch (M.)
shock (N.) Schock (M.)
shoot (V.) schießen
shooter (F.) Schützin (F.)
shooter (M. bzw. F.) Schütze (M.)
shooting rights (N.Pl.) Jagdausübungsrecht (N.)
shop (N.) Geschäft (N.) (Unternehmen), Laden (M.)
shop agreement (N.) Betriebsvereinbarung (F.)
shop assistant (F.) Handlungsgehilfin (F.), Ladenangestellte (F.)
shop assistant (M. bzw. F.) Handlungsgehilfe (M.), Ladenangestellter (M.)
shop closing (N.) Ladenschluss (M.)
shop committee (N.) Betriebsrat (M.)
shop-lifter (F.) Ladendiebin (F.)
shop-lifter (M.bzw.F.) Ladendieb (M.)
shoplifting (N.) Ladendiebstahl (M.)
shopping precinct (N.) Fußgängerzone (F.)
shore (N.) Küste (F.), Ufer (N.) (Meeresufer), Ufer (N.) (Seeufer)
shortage (N.) Mangel (M.) (Knappheit)
shortcoming (N.) Mangel (M.) (Knappheit)
shorten (V.) kürzen
shortfall (N.) Ausfall (M.), Defizit (N.)
short hours (N.Pl.) Kurzarbeit (F.)
short report (N.) Kurzvortrag (M.)
short-term detention (N.) Kurzarrest (M.)
short-time work (N.) Kurzarbeit (F.)
shot (N.) Schuss (M.)
show (N.) Messe (F.)
show (V.) bewähren, offenbaren
shun (V.) meiden
shut (V.) schließen (zumachen)
shut-down (N.) Schließung (F.)
sick (Adj.) krank
sick certificate (N.) Krankenschein (M.)
side (N.) Seite (F.)
sidewalk (N.) Gehweg (M.)
sight (N.) Sicht (F.)
sight bill (N.) Sichtwechsel (M.)
sight draft (N.) Sichtwechsel (M.)
sign (N.) Zeichen (N.) (Anzeichen)
sign (V.) unterschreiben, unterzeichnen
signatory (F.) Unterzeichnerin (F.)
signatory (M. bzw. F.) Unterzeichner (M.)
signature (N.) Signatur (F.), Unterschrift (F.), Unterzeichnung (F.)
signature (N.) in blank Blankounterschrift
signet (N.) Petschaft (F.), Siegel (N.)
significance (N.) Belang (M.), Relevanz (F.)
significant (Adj.) relevant
silence (N.) Ruhe (F.), Schweigen (N.)
similar (Adj.) gleichartig
similarity (N.) Gleichartigkeit (F.)
simple (Adj.) alltäglich
simplify (V.) vereinfachen
simulate (V.) vorspiegeln, vortäuschen
simultaneous (Adj.) gleichzeitig, simultan
sin (N.) Sünde (F.)
sincerity (N.) Redlichkeit (F.)
sinecure (N.) Pfründe (F.)
single (Adj.) ledig
single (V.) out aussondern
Single European Act (N.) Europäische Akte (F.)
single judge (M. bzw. F.) Einzelrichter (M.)
Single Market (N.) Binnenmarkt (M.)
singular succession (N.) Einzelrechtsnachfolge (F.)
siphoning (V.) off Abschöpfung (F.)
sister (F.) Schwester (F.)
sister-in-law (F.) Schwägerin (F.)
site (N.) Ort (M.), Platz (M.), Standort (M.), Stätte (F.), Stelle (F.) (Ort)
site ordinance (N.) Baustellenverordnung (F.)
sitting fee (N.) Verhandlungsgebühr (F.)
situate (Adj.) belegen (Adj.)
situated (Adj.) gelegen (befindlich)
situs (N.) Belegenheit (F.), Ort (M.)
skeleton key (N.) Dietrich (M.)
skeleton wage agreement (N.) Manteltarif (M.), Manteltarifvertrag (M.)
skilful (Adj.) kundig
skill (N.) Können (N.)
skilled (Adj.) qualifiziert (gut ausgebildet)
skilled clerk (F.) in a law office Rechtsanwaltsfachangestellte (F.)
skilled clerk (M. bzw. F.) in a law office Rechtsanwaltsfachangestellter (M.)

skilled labour (F.) Facharbeiterin (F.)
skilled labour (M. bzw. F.) Facharbeiter (M.)
skilled worker (F.) Facharbeiterin (F.)
skilled worker (M. bzw. F.) Facharbeiter (M.)
skim (V.) off abschöpfen
slander (F.) Ehrverletzung (F.) (Ehrverletzung im angloamerikanischen Recht)
slander (N.) Lästerung (F.), üble Nachrede (F.), Verleumdung (F.)
slander (V.) diffamieren, lästern, verleumden
slanderer (F.) Verleumderin (F.)
slanderer (M. bzw. F.) Verleumder (M.)
slap (N.) Ohrfeige (F.)
slap (V.) ohrfeigen
slave (F.) Sklavin (F.)
slave (M. bzw. F.) Sklave (M.)
slave traffic (N.) Menschenhandel (M.)
slay (V.) morden
slight (Adj.) geringfügig
slip (N.) Beleg (M.), Bon (M.), Versehen (N.)
slogan (N.) Devise (F.)
sloppy (Adj.) nachlässig
slot machine (N.) Automat (M.) (Verkaufsautomat)
Slovakia (N.) Slowakei (F.)
slump (N.) Baisse (F.)
slush money (N.) (am.) Schmiergeld (N.)
small claim (N.) Bagatellsache (F.)
small matter (N.) Bagatelle (F.)
small state (N.) Kleinstaat (M.)
small trader (M. bzw. F.) Minderkaufmann (M.)
smart money (N.) Schmerzensgeld (N.)
smash (N.) (brit.) Pleite (F.)
smear (V.) verunglimpfen
smog (N.) Smog (M.)
smoke (N.) Rauch (M.)
smoke (V.) rauchen
smuggle (V.) schmuggeln
smuggled prison message (N.) Kassiber (M.)
smuggler (F.) Schmugglerin (F.)
smuggler (M. bzw. F.) Schmuggler (M.)
smuggling (N.) Schmuggel (M.)
social (Adj.) gesellschaftlich, sozial
social adjustment (N.) Resozialisierung (F.)
social court (N.) Sozialgericht (N.)
social crime (N.) Frevel (M.)
social ethics (N.Pl.) Sozialethik (F.)
social insurance (N.) Sozialversicherung (F.)
social insurance contribution (N.) Sozialversicherungsbeitrag (M.)
social insurance institution (N.) Sozialversicherungsträger (M.)
social insurance pension (N.) Rente (F.), Sozialrente (F.)
social insurance pensioner (F.) Rentnerin (F.)
social insurance pensioner (M. bzw. F.) Rentner (M.)
social insurance tribunal (N.) Sozialgericht (N.)
socialism (N.) Sozialismus (M.)
socialist (Adj.) sozialistisch
socialist (F.) Sozialistin (F.)
socialist (M. bzw. F.) Sozialist (M.)
socialization (N.) Sozialisierung (F.), Vergesellschaftung (F.), Verstaatlichung (F.)
socialize (V.) sozialisieren, verstaatlichen
social legislation (N.) Sozialgesetzgebung (F.)
socially harmful (Adj.) sozialschädlich
socially subsidized flat (N.) Sozialwohnung (F.)
social obligation (N.) Sozialpflichtigkeit (F.)
social pension insurance (N.) Rentenversicherung (F.)
social plan (N.) Sozialplan (M.)
social question (N.) soziale Frage (F.)
social security (N.) Sozialhilfe (F.)
social security (N.) (am.) Sozialversicherung (F.)
social security benefit (N.) Sozialleistung (F.)
social security benefits quota (N.) Sozialleistungsquote (F.)
social security code (N.) Sozialgesetzbuch (N.)
social security election (N.) Sozialversicherungswahl (F.)
social security pension (N.) Sozialrente (F.)
social security tax (N.) (am.) Sozialversicherungsbeitrag (M.)
social state (N.) Sozialstaat (M.)
social station (N.) Stand (M.)
social surroundings (N.Pl.) Milieu (N.)
social therapeutic institution (N.) sozialtherapeutische Anstalt (F.)

social welfare (N.) Wohlfahrt (F.)
social welfare law (N.) Sozialrecht (N.)
social welfare state (N.) Wohlfahrtsstaat (M.)
social worker (F.) Sozialarbeiterin (F.)
social worker (M. bzw. F.) Sozialarbeiter (M.)
society (N.) Gesellschaft (F.), Sozietät (F.), Verein (M.)
society (N.) of miners Knappschaft (F.)
society matter (N.) Vereinssache (F.)
sociology (N.) Soziologie (F.)
sociology (N.) of law Rechtssoziologie (F.)
sodomy (N.) Sodomie (F.)
soften (V.) mildern
soft law (N.) soft law (N.) (engl.)
soft ware (N.) Software (F.) (engl.)
soil (N.) Boden (M.), Grund (M.) (Land), Land (N.) (Boden bzw. Gebiet)
sojourn (N.) Aufenthalt (M.)
soldier (M.) Soldat (M.)
soldierly (Adj.) militärisch
soldier's pay (N.) Sold (M.)
sole authority (N.) Einzelvollmacht (F.)
sole heir (M. bzw. F.) Universalerbe (M.)
sole heiress (F.) Universalerbin (F.)
sole judge (M. bzw. F.) Einzelrichter (M.)
solemnization (N.) of marriage Eheschließung (F.)
solemn promise (N.) Gelöbnis (N.), Gelübde (N.)
sole ownership (N.) Alleineigentum (N.)
sole proprietorship (N.) Einmanngesellschaft (F.)
sole reign (N.) Monokratie (F.)
sole right (N.) of the state to institute criminal proceedings Anklagemonopol (N.)
sole trader (F.) Einzelkauffrau (F.)
sole trader (M. bzw. F.) Einzelkaufmann (M.)
solicit (V.) anwerben, bitten, werben (Kunden bzw. Abonnenten anwerben)
solicitation (N.) Anstiftung (F.)
soliciting agent (F.) Vermittlungsvertreterin (F.)
soliciting agent (M. bzw. F.) Vermittlungsvertreter (M.)
solicitor (F.) (br.) Anwältin (F.)
solicitor (F.) (brit.) Rechtsanwältin (F.)
solicitor (M. bzw. F.) (brit.) Anwalt (M.), Rechtsanwalt (M.)
solicitor's fee (N.) Anwaltsgebühr (F.)
solicitude (N.) Sorge (F.) (Fürsorge)
solid (Adj.) stabil
solidarity (N.) Solidarität (F.)
solidarity contribution (N.) Solidaritätsbeitrag (M.)
solidary (Adj.) solidarisch
solitary confinement (N.) Einzelhaft (F.)
solve (V.) lösen
solvency (N.) Liquidität (F.), Solvenz (F.), Zahlungsfähigkeit (F.)
solvent (Adj.) kreditfähig, kreditwürdig, liquide, solvent, zahlungsfähig
son (M.) Sohn (M.)
son-in-law (M.) Schwiegersohn (M.)
sorrow (N.) Sorge (F.) (Besorgnis)
sort (N.) Sorte (F.), Typ (M.)
sort (V.) ordnen
sort (V.) out aussondern
sound (Adj.) kreditfähig, kreditwürdig, vernünftig
sound (V.) out ausforschen
sounding (N.) out Ausforschung (F.)
soundness (N.) Bonität (F.)
source (N.) Quelle (F.)
source (N.) of law Rechtsquelle (F.)
souteneur (M.) Zuhälter (M.)
sovereign (Adj.) hoheitlich, souverän
sovereign (F.) Herrscherin (F.), Landesherrin (F.), Monarchin (F.), Regentin (F.)
sovereign (M. bzw. F.) Fürst (M.), Herrscher (M.), Landesherr (M.), Monarch (M.), Regent (M.), Souverän (M.)
sovereign act (N.) Hoheitsakt (M.)
sovereign emblem (N.) Hoheitszeichen (N.)
sovereign power (N.) Hoheitsgewalt (F.)
sovereign right (N.) Hoheitsrecht (N.)
sovereignty (N.) Hoheit (F.) (Hoheitsgewalt), Souveränität (F.)
sovereignty (N.) of the people Volkssouveränität (F.)
Soviet Union (F.) Sowjetunion (F.)
space (N.) Platz (M.), Raum (M.) (Platz), Weltraum (M.)
spare time (N.) Freizeit (F.)
speak (V.) sprechen
speaker (F.) Sprecherin (F.)
speaker (M. bzw. F.) Sprecher (M.)
special (Adj.) beschränkt, besondere, speziell

special administrative board (N.) Sonderbehörde (F.)
special administrative union (N.) Zweckverband (M.) (Zweckverband von Gemeinden)
special authority (N.) Einzelvollmacht (F.)
special commercial power (N.) Spezialhandlungsvollmacht (F.)
special contigency reserve (N.) Rückstellung (F.)
special deposit (N.) Mindestreserve (F.)
special dividend (N.) Bonus (M.)
special expenditure (N.) Sonderausgabe (F.)
special fund (N.) Sondervermögen (N.)
special indication (N.) of guilt spezielles Schuldmerkmal (N.)
specialist (F.) Fachfrau (F.), Sachverständige (F.), Spezialistin (F.)
specialist (M. bzw. F.) Fachmann (M.), Sachverständiger (M.), Spezialist (M.)
speciality (N.) Spezialität (F.)
specialized solicitor (F.) Fachanwältin (F.)
specialized solicitor (M. bzw. F.) Fachanwalt (M.)
special law (N.) Sonderrecht (N.) (Sonderrechtsordnung)
special legal relationship (N.) Sonderrechtsverhältnis (N.)
specially allowed tax reduction (N.) Sonderausgabe (F.)
special majority (N.) qualifizierte Mehrheit (F.)
special ordinance (N.) Sonderverordnung (F.)
special part (N.) besonderer Teil (M.)
special property (N.) Sondergut (N.)
special reason (N.) wichtiger Grund (M.)
special relationship (N.) Naheverhältnis (N.)
special relationship (N.) of subordination besonderes Gewaltverhältnis (N.)
special reserve (N.) Rückstellung (F.)
special right (N.) Privileg (N.), Sonderrecht (N.) (besonderes Vorrecht)
special sacrifice (N.) Sonderopfer (N.)
special statutory offence (N.) Sonderdelikt (N.)
special succession (N.) to property upon death Sondererbfolge (F.)
special tribunal (N.) Ausnahmegericht (N.), Sondergericht (N.)
specialty (N.) gesiegelter Vertrag (M.) (gesiegelter Vertrag im angloamerikanischen Recht)
special verdict (N.) Zwischenurteil (N.)
special waste (N.) Sonderabfall (M.)
species (N.) Gattung (F.), Spezies (F.)
specific (Adj.) bestimmt
specification (N.) Aufstellung (F.), Spezifikation (F.)
specific judicial review (N.) konkrete Normenkontrolle (F.)
specific obligation (N.) Speziesschuld (F.)
specific property item (N.) unvertretbare Sache (F.)
specified (Adj.) qualifiziert (bestimmt)
specified currency clause (N.) Effektivklausel (F.)
specify (V.) a date terminieren (zeitlich festlegen)
specimen (N.) Blankett (N.), Probe (F.) (Muster)
speculate (V.) spekulieren
speculation (N.) Spekulation (F.)
speculative dealer (F.) Spekulantin (F.)
speculative dealer (M. bzw. F.) Spekulant (M.)
speculator (F.) Spekulantin (F.)
speculator (M. bzw. F.) Spekulant (M.)
speed (N.) Geschwindigkeit (F.)
spend (V.) aufwenden, ausgeben
spendthrift trust (N.) Trustverwaltung (F.) zur Verschwendungsverhinderung
sphere (N.) Sphäre (F.)
sphere (N.) of functions Wirkungskreis (M.)
spite (N.) Tücke (F.)
spiteful (Adj.) schikanös
splitting (N.) Splitting (N.) (engl.)
spokesman (M.) Obmann (M.), Sprecher (M.)
spokeswoman (F.) Obfrau (F.), Sprecherin (F.)
sponsor (F.) Bürgin (F.), Patin (F.), Patronin (F.), Schirmherrin (F.), Sponsorin (F.)
sponsor (M. bzw. F.) Bürge (M.), Pate (M.), Patron (M.), Schirmherr (M.), Sponsor (M.) (engl.)
sponsor (V.) befürworten, bürgen, fördern (unterstützen), protegieren
sponsoring (N.) Sponsoring (N.) (engl.)
sponsorship (N.) Patenschaft (F.), Patronat (N.)

sport (N.) Sport (M.)
sports (N.Pl.) Sport (M.)
spot contract (N.) Platzgeschäft (N.)
spouse (F.) Ehegattin (F.), Gattin (F.), Gemahlin (F.)
spouse (M.) Gatte (M.), Gemahl (M.)
spouse (M. bzw. F.) Ehegatte (M.)
spring (V.) stammen
spy (F.) Spionin (F.)
spy (M. bzw. F.) Spion (M.)
spy (V.) spionieren
squad (N.) Dezernat (N.)
squadron (N.) Geschwader (N.)
squander (N.) Verschwendung (F.)
squander (V.) verschwenden
squire (F.) (am.) Friedensrichterin (F.) (Friedensrichterin in den Vereinigten Staaten von Amerika)
squire (M. bzw. F.) (am.) Friedensrichter (M.) (Friedensrichter in den Vereinigten Staaten von Amerika)
stabilize (V.) sanieren
stable (Adj.) stabil
stable value clause (N.) Wertsicherungsklausel (F.)
staff (N.) Personal (N.), Stab (M.)
staff bonus (N.) Gratifikation (F.)
staff committee (N.) Betriebsrat (M.)
staff council (N.) Personalrat (M.)
staff lawyer (F.) Syndika (F.)
staff lawyer (M. bzw. F.) Syndikusanwalt (M.), Syndikus (M.)
staff meeting (N.) Betriebsversammlung (F.), Personalversammlung (F.)
staff member (F.) Bedienstete (F.)
staff-member (F.) Mitarbeiterin (F.)
staff member (M. bzw. F.) Bediensteter (M.), Mitarbeiter (M.)
staff representation (N.) Personalvertretung (F.)
stage (N.) Stufe (F.)
stages (N.Pl.) of appeal Instanzenweg (M.), Instanzenzug (M.)
stake (V.) einsetzen (Geld bzw. Leben einsetzen)
stamp (N.) Briefmarke (F.), Stempel (M.)
stamp (V.) frankieren, stempeln
stamp duty (N.) Stempelgebühr (F.) (Stempelgebühr im angloamerikanischen Recht)
stand (V.) for bedeuten
stand (V.) for (brit.) aufstellen
standard (N.) Durchschnitt (M.), Maßstab (M.), Norm (F.), Standard (M.)
standard agreement (N.) Mustervertrag (M.)
standard building contract terms (N.Pl.) Verdingungsordnung (F.) für Bauleistungen (VOB)
standard contract (N.) Mustervertrag (M.)
standard form contract (N.) Mustervertrag (M.)
standard German (Adj.) hochdeutsch
standardize (V.) eichen
standardized (Adj.) einheitlich
standard official contracting terms (N. Pl.) concerning performances Verdingungsordnung für Leistungen (VOL), VOL (F.) Verdingungsordnung für Leistungen
standard provision (N.) Normativbestimmung (F.)
standard regulation (N.) Normativbestimmung (F.)
standard term (N.) of business allgemeine Geschäftsbedingung (F.)
standard trading condition (N.) (br.) allgemeine Geschäftsbedingung (F.)
standard value (N.) Einheitswert (M.)
standard wage (N.) Ecklohn (M.)
stander (N.) Beleidigung (F.)
standing (Adj.) ständig
standing (N.) Halten (N.) (Stehenbleiben), Ruf (M.), Status (M.), Stellung (F.)
standing (N.) to sue Prozessführungsbefugnis (F.)
standing (N.) to sue doctrine Prozessstandschaft (F.)
standing order (N.) Dauerauftrag (M.)
standing rules (N.Pl.) Geschäftsordnung (F.)
stand sponsor (F.) Patin (F.)
stand sponsor (M. bzw. F.) Pate (M.)
standstill (N.) Stillstand (M.)
stand surety (V.) bürgen
stare-decisis-rule (N.) Regel (F.) der Präjudizienbindung
star paartnership (N.) Sternsozietät (F.)
state (N.) Land (N.) (Bundesland), öffentliche Hand (F.), Staat (M.), Zustand (M.)
state (N.) of dependence Abhängigkeitsverhältnis (N.)
state (N.) of emergency Ausnahmezustand (M.)

state (N.) of facts Sachverhalt (M.), Tatbestand (M.) (im Verfahrensrecht)
state (V.) angeben, aufstellen, feststellen
state authority (N.) Staatsgewalt (F.)
state chancellery (N.) Staatskanzlei (F.)
state church (N.) Staatskirche (F.)
state commissioner (F.) Staatskommissarin (F.)
state commissioner (M. bzw. F.) Staatskommissar (M.)
State Department (N.) (am.) Außenministerium (N.)
state emergency (N.) Staatsnotstand (M.)
state examination (N.) Staatsprüfung (F.)
state government (N.) Landesregierung (F.)
state law (N.) Landesgesetz (N.), Landesrecht (N.)
state legislation (N.) Landesgesetzgebung (F.)
stateless (Adj.) staatenlos
stateless alien (F.) heimatlose Ausländerin (F.)
stateless alien (M. bzw. F.) heimatloser Ausländer (M.)
statelessness (N.) Staatenlosigkeit (F.)
state liability (N.) Staatshaftung (F.)
stateliness (N.) Würde (F.)
statement (N.) Angabe (F.), Aufstellung (F.), Feststellung (F.)
statement (N.) (am.) Gewinnrechnung und Verlustrechnung (F.)
statement (N.) of account Kontoauszug (M.)
statement (N.) of affairs Vermögensverzeichnis (N.)
statement (N.) of an account Faktura (F.)
statement (N.) of a witness Aussage (F.)
statement (N.) of claim Klagebegründung (F.), Klageschrift (F.)
statement (N.) of defence Klageerwiderung (F.)
statement (N.) of opinion Meinungsäußerung (F.)
state party (N.) Staatspartei (F.)
state penal law (N.) Landesstrafrecht (N.)
state power (N.) Staatsgewalt (F.)
state power (N.) over school-bodies and pupils Schulgewalt (F.)
state religion (N.) Staatsreligion (F.)
state secret (N.) Staatsgeheimnis (N.)
state security (N.) Staatsschutz (M.)
state's evidence (F.) (am.) Kronzeugin (F.)
state's evidence (M. bzw. F.) (am.) Kronzeuge (M.)
statesman (M.) Staatsmann (M.)
state treaty (N.) Staatsvertrag (M.)
state tribunal (N.) Staatsgerichtshof (M.)
station (N.) Station (F.)
stationery (N.) Papier (N.)
statistics (N.) Statistik (F.)
status (N.) Rang (M.), Stand (M.), Status (M.), Stellung (F.)
status (N.) of a public officer Beamtenverhältnis (N.)
status (N.) of legitimacy Ehelichkeit (F.)
status (N.) of the case Aktenlage (F.)
status (N.) quo (lat.) status (M.) quo (lat.)
statute (N.) Gesetz (N.), nomos (M.) (griech.), Statut (N.)
statute (N.) of limitations Verjährung (F.)
statute book (N.) codex (M.) (lat.)
statute book (N.) (brit.) Gesetzessammlung (F.)
statute law (N.) Gesetzesrecht (N.)
statutory (Adj.) gesetzlich, satzungsgemäß
statutory bar (N.) Hindernis (N.)
statutory copy (N.) Pflichtexemplar (N.)
statutory definition (N.) Legaldefinition (F.)
statutory definition (N.) of a breach of trust Treubruchstatbestand (M.)
statutory definition (N.) of a crime Straftatbestand (M.)
statutory duty (N.) of care for a minor's property Vermögenssorge (F.)
statutory heir (M. bzw. F.) Noterbe (M.)
statutory heiress (F.) Noterbin (F.)
statutory instrument (N.) Rechtsverordnung (F.)
statutory law (N.) Gesetzesrecht (N.), Satzungsrecht (N.)
statutory lien (N.) gesetzliches Pfandrecht (N.)
statutory obligation (N.) gesetzliches Schuldverhältnis (N.)
statutory order (N.) Rechtsverordnung (F.), Verordnung (F.), Verwaltungsverordnung (F.)
statutory pensions equalization (N.) Versorgungsausgleich (M.)
statutory portion (N.) Pflichtteil (M.)
statutory regime (N.) of matrimonial property gesetzlicher Güterstand (M.)

statutory requirement (N.) to submit Vorlegungspflicht (F.)
statutory reserve (N.) Mindestreserve (F.)
stay (N.) Aufenthalt (M.), Einstellung (F.) (Unterbrechung bzw. Beendigung)
stay (N.) of execution Aufschub der Strafvollstreckung (M.), Sistierung (F.)
stay (N.) of proceedings Sistierung (F.)
stay (V.) aussetzen (unterbrechen), einstellen (unterbrechen bzw. beenden), sistieren, suspendieren
steady (Adj.) stabil
steal (V.) entwenden, stehlen
stealing (N.) Diebstahl (M.), Entwendung (F.)
steam (N.) Rauch (M.)
steer (V.) lenken (ein Fahrzeug lenken)
step (N.) Maßnahme (F.), Stufe (F.)
step (N.) in the proceedings Prozesshandlung (F.)
step (V.) in eintreten (hineingehen)
step-brother (M.) Stiefbruder (M.)
step-child (M. bzw. F.) Stiefkind (N.)
step-daughter (F.) Stieftochter (F.)
step-father (M.) Stiefvater (M.)
step-mother (F.) Stiefmutter (F.)
step-sister (F.) Stiefschwester (F.)
step-son (M.) Stiefsohn (M.)
sterile (Adj.) steril (keimfrei), steril (unfruchtbar)
sterilization (N.) Sterilisation (F.)
sterilize (V.) sterilisieren
steward (F.) Obfrau (F.)
steward (M. bzw. F.) Obmann (M.)
stick-up (N.) Raubüberfall (M.)
stiffen (V.) verschärfen
stillbirth (N.) Totgeburt (F.)
stipendiary magistrate (F.) Berufsrichterin (F.)
stipendiary magistrate (M. bzw. F.) Berufsrichter (M.)
stipulate (V.) festsetzen, vereinbaren
stipulate (V.) exemption freizeichnen (sich freizeichnen)
stipulated penalty (N.) Konventionalstrafe (F.)
stipulation (N.) Bedingung (F.), Bestimmung (F.), Klausel (F.), Vereinbarung (F.)
stir (V.) up aufhetzen, aufwiegeln
stock (N.) Gesellschaftskapital (N.), Grundkapital (N.) (Grundkapital einer Aktiengesellschaft), Inventar (N.), Lager (N.) (Warenlager), Papier (N.), Stammkapital (N.) (Stammkapital einer Gesellschaft mit beschränkter Haftung), Stamm (M.), Vorrat (M.)
stock (N.) (am.) Aktie (F.)
stock (N.) (brit.) Anleihe (F.)
stock (N.) on hand Bestand (M.)
stock company (N.) Kapitalgesellschaft (F.)
stock exchange (N.) Börse (F.)
Stock Exchange Act (N.) Börsengesetz (N.)
Stock Exchange quotation (N.) Notierung (F.)
stockholder (F.) (am.) Aktieninhaberin (F.), Anteilseignerin (F.)
stockholder (M. bzw. F.) (am.) Aktieninhaber (M.), Aktionär (M.), Anteilseigner (M.)
stock market (N.) Börse (F.)
stock option (N.) Bezugsrecht (N.)
stock record book (N.) (am.) Aktienbuch (N.)
stocks and bonds (N.Pl.) Effekten (M.Pl.)
stocks and shares (N.Pl.) Effekten (M.Pl.)
stock-taking (N.) Inventur (F.)
stoma (N.) Mund (M.)
stool pigeon (M. bzw. F.) Spitzel (M.)
stop (N.) Halten (N.) (Stehenbleiben), Pause (F.)
stop (V.) sperren
stop order (N.) Sperrung (F.)
stoppage (N.) Stillstand (M.)
storage business (N.) Lagergeschäft (N.)
storage contract (N.) Lagervertrag (M.)
store (N.) Geschäft (N.) (Unternehmen), Laden (M.), Lager (N.) (Warenlager), Magazin (N.) (Lager), Vorrat (M.)
store-house (N.) Lagerhaus (N.)
storehouse (N.) Magazin (N.) (Lager)
store-room (N.) Lager (N.) (Warenlager)
storey (N.) (brit.) Stockwerk (N.)
story (N.) (am.) Stockwerk (N.)
straighten (V.) richten
straighten (V.) up ordnen
strain (V.) schinden
stranded goods (N.Pl.) Strandgut (N.)
strangle (V.) strangulieren
strangulation (N.) Strangulation (F.)
straw man (M.) Strohmann (M.)
straw woman (F.) Strohfrau (F.)
street (N.) Straße (F.) (Stadtstraße in bebautem Gebiet)

street accident (N.) Verkehrsunfall (M.) (Verkehrsunfall in der Stadt)
street prostitution (N.) Strich (M.) (Straßenstrich von Prostitutierten)
street works (N.Pl.) Straßenbau (M.) (Bau einer Stadtstraße)
strict (Adj.) peremptorisch
strict evidence (N.) Strengbeweis (M.)
strict law (N.) formelles Recht (N.)
strict liability (N.) Erfolgshaftung (F.), Gefährdungshaftung (F.)
strict-liability tort (N.) Gefährdungsdelikt (N.)
strict personal (Adj.) höchstpersönlich
strict private (Adj.) höchstpersönlich
strife (N.) Hader (M.)
strike (N.) Ausstand (M.), Streik (M.)
strike (V.) schlagen, streiken
strike ballot (N.) Urabstimmung (F.)
strike-breaker (F.) Streikbrecherin (F.)
strike-breaker (M. bzw. F.) Streikbrecher (M.)
strike vote (N.) Urabstimmung (F.)
stroke (N.) Schlag (M.)
structural defect (N.) Baumangel (M.), Konstruktionsfehler (M.)
structure (N.) Bau (M.), Bauwerk (N.), Gebäude (N.)
structure (N.) projecting over a boundary Überbau (M.)
struggle (N.) Kampf (M.)
struggle (V.) kämpfen
stub (N.) Talon (M.)
student (F.) Studentin (F.), Studierende (F.)
student (F.) (am.) Schülerin (F.)
student (M. bzw. F.) Student (M.), Studierender (M.)
student (M. bzw. F.) (am.) Schüler (M.)
student body (N.) Studentenschaft (F.)
students (Pl.) Studentenschaft (F.)
students' committee (N.) allgemeiner Studentenausschuss (M.)
students' representative council (N.) Studentenausschuss (M.)
students' union (N.) Studentenwerk (N.)
students' union (N.) of a department Fachschaft (F.)
student welfare organization (N.) Studentenwerk (N.)
studies (N.Pl.) Studium (N.)
study (N.) Studium (N.)
study (V.) lernen
stuff (N.) Stoff (M.)
stun (V.) betäuben
stunning (N.) Betäubung (F.)
stupefy (V.) betäuben
subaltern (Adj.) subaltern
sub-committee (N.) Unterausschuss (M.)
subcontractor (F.) Subunternehmerin (F.)
subcontractor (M. bzw. F.) Subunternehmer (M.)
subdemise (N.) Unterpacht (F.)
subject (Adj.) to abhängig
subject (Adj.) to be contracted away abdingbar
subject (Adj.) to notice kündbar
subject (Adj.) to registration meldepflichtig
subject (F.) Staatsangehörige (F.), Staatsbürgerin (F.)
subject (M. bzw. F.) Staatsangehöriger (M.), Staatsbürger (M.)
subject (N.) Subjekt (N.), Thema (N.)
subject (N.) of international law Völkerrechtssubjekt (N.)
subject (N.) of litigation Streitgegenstand (M.)
subject (N. bzw. M. bzw. F.) Sujet (N.) (franz.)
subjective (Adj.) subjektiv
subjective element (N.) of legal justification subjektives Rechtfertigungselement (N.)
subjectivity (N.) to tariffs Tarifgebundenheit (F.)
subject matter (N.) Gegenstand (M.), Inhalt (M.)
subject-matter (N.) Stoff (M.)
subject specialist (F.) Sachbearbeiterin (F.)
subject specialist (M. bzw. F.) Sachbearbeiter (M.)
subject to confirmation freibleibend
sub judice (Adj.) rechtshängig
sublease (N.) Untermiete (F.), Untermietvertrag (M.), Unterpacht (F.)
sublegacy (N.) Untervermächtnis (N.)
sublessee (F.) Untermieterin (F.), Unterpächterin (F.)
sublessee (M. bzw. F.) Untermieter (M.), Unterpächter (M.)
submission (N.) Antrag (M.), Vorbringen (N.), Vorlage (F.) (Vorlegen), Vorlegung (F.)

submission (N.) of accounts Rechnungslegung (F.)
submission (N.) of evidence Beweisantritt (M.)
submissive (Adj.) gefügig, hörig
submit (V.) beibringen, einreichen, vorlegen
subordinate (Adj.) hörig, subaltern, untergeordnet
subordination (N.) Hörigkeit (F.), Subordination (F.)
suborn (V.) verleiten
subornation (N.) Anstiftung (F.), Verleitung (F.)
suborner (F.) Anstifterin (F.)
suborner (M. bzw. F.) Anstifter (M.)
sub-participation (N.) Unterbeteiligung (F.)
subpartnership (N.) Innengesellschaft (F.), Unterbeteiligung (F.)
sub-property (N.) Untereigentum (N.)
subrogation (N.) Abtretung (F.), Rechtsübertragung (F.), Sonderrechtsnachfolge (F.), Zession (F.)
subscribe (V.) bestellen, beziehen, unterschreiben, zeichnen (unterschreiben)
subscription (N.) Abonnement (N.), Bestellung (F.), Bezug (M.) (Erwerb), Subskription (F.)
subscription (N.) in kind Sacheinlage (F.)
subscription right (N.) Bezugsrecht (N.)
subscription warrant (N.) Optionsschein (N.)
subsequent (Adj.) nachträglich
subsequent act (N.) Nachtat (F.)
subsequent delivery (N.) Nachlieferung (F.)
subsequent impossibility (N.) nachträgliche Unmöglichkeit (F.)
subsequent improvement (N.) Nachbesserung (F.)
subsequent insurance (N.) Nachversicherung (F.)
subsequent intent (N.) dolus (M.) subsequens (lat.)
subsequent offence (N.) Nachtat (F.)
subsequent payment (N.) Nachschuss (M.)
subsequent presentation (N.) Nachschieben (N.)
subservience (N.) Dienstbarkeit (F.)
subsidiarity (N.) Subsidiarität (F.)
subsidiary (Adj.) subsidiär
subsidiary coin (N.) Scheidemünze (F.)
subsidiary company (N.) Tochtergesellschaft (F.)
subsidiary right (N.) Nebenrecht (N.)
subsidize (V.) subventionieren
subsidy (N.) Subsidie (F.), Subvention (F.), Zuschuss
subsistance level (N.) Existenzminimum (N.)
subsistance minimum (N.) Existenzminimum (N.)
substance (N.) Körper (M.), Stoff (M.), Tenor (M.)
substantial (Adj.) erheblich, real (dinglich), wesentlich
substantiation (N.) Glaubhaftmachung (F.)
substantive (Adj.) materiell, real (dinglich)
substantive law (N.) materielles Recht (N.)
substitute (F.) Stellvertreterin (F.)
substitute (M. bzw. F.) Stellvertreter (M.)
substitute (N.) commodum (N.) (lat.), Ersatz (M.), Substitut (N.), Surrogat (N.)
substitute (V.) austauschen, ersetzen
substituted inheritance right (N.) Erbersatzanspruch (M.)
substituted qualifying period (N.) Ersatzzeit (F.)
substituted service (N.) Ersatzzustellung (F.)
substitute insolvency pay (N.) Konkursausfallgeld (N.)
substitute performance (N.) Ersatzvornahme (F.)
substitution (N.) Austausch (M.), Ersetzung (F.), Substitution (F.)
substitutional bequest (N.) Ersatzvermächtnis (N.)
substitutional coercive detention (N.) Ersatzzwangshaft (F.)
substitutional heir (M. bzw. F.) Ersatzerbe (M.)
substitutional heiress (F.) Ersatzerbin (F.)
substitutional legacy (N.) Ersatzvermächtnis (N.)
substitutional social health insurance institution (N.) Ersatzkasse (F.)
substitutional transaction (N.) Ersatzgeschäft (N.)
substitutionary (Adj.) stellvertretend
subsume (V.) subsumieren
subsumption (N.) Subsumtion (F.)
sub-suretyship (N.) Nachbürgschaft (F.)

subtenancy (N.) Untermiete (F.)
subtenant (F.) Untermieterin (F.), Unterpächterin (F.)
subtenant (M. bzw. F.) Untermieter (M.), Unterpächter (M.)
subversive (Adj.) subversiv
success (N.) Erfolg (M.)
succession (N.) Erbfall (M.), Erbfolge (F.), Nachfolge (F.), Rechtsnachfolge (F.), Sukzession (F.)
succession (N.) in governmental functions Funktionsnachfolge (F.)
succession (N.) in property rights Vermögensnachfolge (F.)
succession (N.) in title Rechtsnachfolge (F.)
succession (N.) of states Staatennachfolge (F.)
succession (N.) of title derivativer Eigentumserwerb (M.)
succession tax (N.) Erbschaftsteuer (F.)
successive (Adj.) sukzessiv
successive act (N.) fortgesetzte Handlung (F.)
successor (F.) Nachfolgerin (F.)
successor (F.) in interest Rechtsnachfolgerin (F.)
successor (M. bzw. F.) Erbe (M.), Nachfolger (M.)
successor (M. bzw. F.) in interest Rechtsnachfolger (M.)
sue (V.) einklagen, klagen, prozessieren, verklagen
suffer (V.) dulden
sufferance (N.) Duldung (F.)
sufficient (Adj.) ausreichend, genügend
suffragan (M.) Suffragan (M.)
suffrage (N.) Stimmrecht (N.), Wahlrecht (N.) (subjektives Wahlrecht)
suffragette (F.) Suffragette (F.)
suggest (V.) anregen, empfehlen
suggestion (N.) Anregung (F.), Empfehlung (F.)
suggestive (Adj.) suggestiv
suicide (F.) Selbstmörderin (F.)
suicide (M. bzw. F.) Selbstmörder (M.)
suicide (N.) Freitod (M.), Selbstmord (M.)
sui juris (lat.) geschäftsfähig
suit (N.) Klage (F.), Rechtsstreit (M.), Verfahren (N.)
suit (N.) for a declaration Feststellungsklage (F.)
suit (N.) for discontinuance Unterlassungsklage (F.)
suitable (Adj.) richtig, zweckmäßig
suit money (N.) Prozesskostenvorschuss (M.)
sum (N.) Betrag (M.), Geldbetrag (M.), Summe (F.)
sum (N.) in dispute Streitwert (M.)
sum (N.) insured Versicherungssumme (F.)
sum (V.) up plädieren
summary (Adj.) beschleunigt, summarisch
summary judge (F.) Ermittlungsrichterin (F.)
summary judge (M. bzw. F.) Ermittlungsrichter (M.)
summary notice (N.) to pay Zahlungsbefehl (M.)
summary offence (N.) Ordnungswidrigkeit (F.)
summary payment warrant (N.) Vollstreckungsbefehl (M.)
summary proceedings (N.Pl.) beschleunigtes Verfahren (N.)
summary proceedings (N.Pl.) concerning administrative penalties Bußgeldverfahren (N.)
summary return (N.) to native country Abschiebung (F.)
summary sentence (N.) Strafbefehl (M.)
summer (N.) Sommer (M.)
summer-time (N.) Sommerzeit (F.)
summing (N.) up Zusammenfassung (F.) (Zusammenfassung im angloamerikanischen Recht)
summing up (N.) Plädoyer (N.), Schlussvortrag (M.)
summon (V.) laden (V.) (2) (herbestellen), vorladen
summoned third party (F.) Beigeladene (F.)
summoned third party (N.) Beigeladener (M.)
summons (N.) Ladung (F.) (Herbestellung), Vorladung (F.)
sunday (N.) Sonntag (M.)
superhighway (N.) (am.) Autobahn (F.)
superintend (V.) überwachen
superintendence (N.) Überwachung (F.)
superintendent (F.) Superintendentin (F.), Inspekteurin (F.)

superintendent (M. bzw. F.) Superintendent (M.), Inspekteur (M.)
superior (Adj. Komp.) überlegen (Adj.)
superior (F.) Vorgesetzte (F.)
superior (M. bzw. F.) Vorgesetzter (M.)
superior court (N.) Obergericht (N.) (Obergericht in Großbritannien)
superior finance directorate (N.) Oberfinanzdirektion (F.)
superior force (N.) höhere Gewalt (F.)
superiority (N.) Überlegenheit (F.)
superior official (F.) Dienstvorgesetzte (F.)
superior official (M. bzw. F.) Dienstvorgesetzter (M.)
supersede (V.) ersetzen
superstructure (N.) Überbau (M.)
supervise (V.) beaufsichtigen, überwachen
supervising authority (N.) Fachaufsicht (F.)
supervising duty (N.) Aufsichtspflicht (F.)
supervision (N.) Aufsicht (F.), Dienstaufsicht (F.), Überwachung (F.)
supervision (N.) of conduct Führungsaufsicht (F.)
supervision (N.) of local authorities by the state Kommunalaufsicht (F.)
supervision (N.) of mergers Fusionskontrolle (F.)
supervisor (F.) Aufseherin (F.), Dienstvorgesetzte (F.), Inspekteurin (F.), Kontrolleurin (F.)
supervisor (M. bzw. F.) Aufseher (M.), Dienstvorgesetzter (M.), Inspekteur (M.), Kontrolleur (M.)
supervisory authority (N.) Aufsichtsbehörde (F.)
supervisory board (N.) Aufsichtsrat (M.) (einer Gesellschaft)
supervisory control (N.) Rechtsaufsicht (F.)
supervisory council (N.) Kuratorium (N.)
supervisory guardian (M. bzw. F.) Gegenvormund (M.)
supervisory power (N.) Fachaufsicht (F.)
supplement (N.) Ergänzung (F.), Nachtrag (M.), Zusatz (M.)
supplement (V.) ergänzen
supplementary (Adj.) zusätzlich
supplementary benefits (N.Pl.) Sozialhilfe (F.)
supplementary budget (N.) Nachtragshaushalt (M.)
supplementary charge (N.) Nachtragsanklage (F.)
supplementary curatorship (N.) Ergänzungspflegschaft (F.)
supplementary interpretation (N.) contract ergänzende Vertragsauslegung (F.)
supplementary law (N.) Novelle (F.)
supplementary penalty (N.) Nebenstrafe (F.)
supplementation (N.) Ergänzung (F.)
supplementing judgement (N.) Ergänzungsurteil (N.)
supplier (F.) Lieferantin (F.), Zuliefererin (F.)
supplier (M. bzw. F.) Lieferant (M.), Zulieferer (M.)
supply (N.) Bestand (M.), Lieferung (F.), Versorgung (F.), Vorrat (M.)
supply (V.) beibringen, beschaffen, besorgen (beschaffen), liefern
supply (V.) (with) versorgen
supply note (N.) Lieferschein (M.)
support (N.) Befürwortung (F.), Beistand (M.), Hilfe (F.), Unterhalt (M.)
support (V.) befürworten, unterhalten (unterstützen)
supporting fact (N.) Anhalt (M.)
supportive administration (N.) Förderungsverwaltung (F.)
suppose (V.) mutmaßen
supposed (Adj.) vermutlich
suppress (V.) unterdrücken, verschweigen (Material unterdrücken)
suppression (N.) Verschweigung (F.) (Unterdrückung von Material)
suppression (N.) (of a document) Unterdrücken (N.) (einer Urkunde)
suppression (N.) of documents Urkundenunterdrückung (F.)
supranational (Adj.) supranational
supremacy (N.) Herrschaft (F.)
supreme court (N.) Höchstgericht (N.)
Supreme Court (N.) (am.) Oberster Gerichtshof (M.) (Oberster Gerichtshof in den Vereinigten Staaten von Amerika), oberstes Bundesgericht (N.)
Supreme Court (N.) of the German Reich Reichsgericht (N.)
supreme power (N.) Hoheit (F.) (Hoheitsgewalt)

surcharge (N.) Aufgeld (N.), Zuschlag (M.) (Aufpreis)
surety (F.) Bürgin (F.), Garantin (F.)
surety (M. bzw. F.) Bürge (M.), Garant (M.)
surety (N.) Bürgschaft (F.), Garantie (F.), Kaution (F.), Sicherheit (F.)
suretyship (N.) Aval (M.)
surgery (N.) Sprechstunde (F.) (Sprechstunde im angloamerikanischen Recht)
surname (N.) Eigenname (M.), Familienname (N.), Nachname (M.), Zuname (M.)
surplus (N.) Überschuss (M.) (Warenüberschuss)
surplus value (N.) Mehrwert (M.)
surrender (N.) Herausgabe (F.) (Besitzrückgabe einer Sache), Kapitulation (F.), Preisgabe (F.)
surrender (N.) of land Grundabtretung (F.)
surrender (V.) herausgeben, kapitulieren, überantworten (der Polizei übergeben), übergeben, zurückgeben
surreptitious (Adj.) betrügerisch, heimlich
surrogate's court (N.) Nachlassgericht (N.)
surrogation (N.) Surrogation (F.)
surroundings (N.Pl.) Umwelt (F.) (Umgebung)
surveillance (N.) Überwachung (F.)
surveillance (N.) of drafting Wehrüberwachung (F.)
survey (N.) Vermessung (F.)
survey (V.) vermessen (V.)
survived (Adj.) hinterblieben
surviving dependant (F.) Hinterbliebene (F.)
surviving dependant (M. bzw. F.) Hinterbliebener (M.)
survivor (F.) Hinterbliebene (F.)
survivor (M. bzw. F.) Hinterbliebener (M.)
suspect (Adj.) verdächtig
suspect (F.) Verdächtige (F.)
suspect (M. bzw. F.) Verdächtiger (M.)
suspect (V.) verdächtigen
suspecting (N.) Verdächtigung (F.)
suspend (V.) aussetzen (unterbrechen), sistieren, suspendieren, unterbrechen
suspension (N.) Aussetzung (F.) (Unterbrechung), Entzug (M.), Suspendierung (F.), Suspension (F.)
suspension (N.) of payments Zahlungseinstellung (F.)
suspension (N.) of proceedings Ruhen (N.) des Verfahrens, Stillstand (M.) des Verfahrens
suspension (N.) of sentence Strafaufschub (M.), Strafaussetzung (F.)
suspensive (Adj.) suspensiv
suspensive condition (N.) aufschiebende Bedingung (F.), Suspensivbedingung (F.)
suspensive effect (N.) aufschiebende Wirkung (F.)
suspensory (Adj.) suspensiv
suspensory effect (N.) aufschiebende Wirkung (F.), Suspensiveffekt (M.)
suspicion (N.) Argwohn (M.), Tatverdacht (M.), Verdacht (M.), Zweifel (M.)
suspicious (Adj.) suspekt, verdächtig
sustenance (N.) Versorgung (F.)
suzeranity (N.) Suzeranität (F.)
swap (N.) Tausch (M.)
swear (V.) geloben, schwören
swear (V.) in vereidigen
swear (V.) to beeiden, beeidigen
swearing (N.) in Beeidigung (F.), Vereidigung (F.)
sweep (V.) räumen
swindle (N.) Betrug (M.)
swindle (V.) hochstapeln
swindler (F.) Betrügerin (F.), Hochstaplerin (F.)
swindler (M. bzw. F.) Betrüger (M.), Hochstapler (M.)
Switzerland (F.) Schweiz (F.)
syllabus (N.) Leitsatz (M.) (Leitsatz eines Urteils)
syllogism (N.) Syllogismus (M.)
symbol (N.) Symbol (N.)
symbol (N.) of law Rechtssymbol (N.)
syndicate (N.) Kartell (N.), Konsortium (N.), Konzern (M.), Syndikat (N.)
syndicate member (F.) Konsortin (F.)
syndicate member (M. bzw. F.) Konsorte (M.)
synod (N.) Konzil (N.), Synode (F.)
system (N.) Organismus (M.), System (N.)
system (N.) of administrative tribunals Verwaltungsgerichtsbarkeit (F.)
system (N.) of judicature Gerichtsverfassung (F.)
system (N.) of marital property Güterstand (M.)
system (N.) of remuneration Besoldungs-

ordnung (F.)
systematic (Adj.) methodisch, systematisch
systematic interpretation (N.) systematische Interpretation (F.)
systematics (N.Pl.) Systematik (F.)

t

table (N.) Liste (F.), Tabelle (F.)
table (N.) of fares Tarif (M.)
taboo (N.) Tabu (N.)
tabu (N.) Tabu (N.)
tabulation (N.) Tabelle (F.)
tacit (Adj.) stillschweigend
tacit hypothecation (N.) gesetzliches Pfandrecht (N.)
tack (N.) Pachtvertrag (M.)
tactics (N.Pl.) Taktik (F.)
take (N.) Einnahme (F.)
take (V.) brauchen, entnehmen, kapern, nehmen
take (V.) action vorgehen
take (V.) away entwenden, entziehen, nehmen, wegnehmen
take (V.) care betreuen
take (V.) care of pflegen, schonen, sorgen (für)
take (V.) delivery abnehmen (entgegennehmen beim Kaufvertrag)
take (V.) depreciation on abschreiben (als Verlust anrechnen)
take (V.) down the minutes protokollieren
take (V.) gradually over a foreign system of law rezipieren
take (V.) in einnehmen
take (V.) in execution pfänden
take (V.) into account berücksichtigen, erwägen
take (V.) into consideration berücksichtigen
take (V.) into custody arrestieren, einsperren, festnehmen, inhaftieren, verhaften
take (V.) legal action klagen
take (V.) legal proceedings verklagen
take (V.) notice of beachten
take (V.) on discount diskontieren
take (V.) on lease pachten
take (V.) over übernehmen
take (V.) part beteiligen
take (V.) place ereignen (sich ereignen)
take (V.) possession of besetzen, übernehmen
take (V.) priority vorgehen
take (V.) the oath schwören
take (V.) to court verklagen
take (V.) to law verklagen
take (V.) unfair advantage (N.) of missbrauchen
takeover (N.) Fusion (F.), Übernahme (F.) (Übernahme eines Betriebes)
take-over (N.) of capital Vermögensübernahme (F.)
taker (F.) Nehmerin (F.)
taker (M. bzw. F.) Nehmer (M.)
taking (N.) Einnahme (F.), Entnahme (F.), Wegnahme (F.)
taking (N.) a view Lokaltermin (M.)
taking (N.) delivery Abnahme (F.) (Entgegennahme beim Kaufvertrag)
taking (N.) evidence Beweisaufnahme (F.), Beweiserhebung (F.)
taking (N.) into custody Arrest (M.), Verhaftung (F.)
taking (N.) into possession Inbesitznahme (F.)
taking (N.) notice Kenntnisnahme (F.)
taking (N.) of hostages Geiselnahme (F.)
taking (N.) possession Besitzergreifung (F.), Besitznahme (F.)
taking back (N.) Rücknahme (F.)
taking delivery (N.) Annahme (F.)
taking-over (N.) Übernahme (F.) (Übernahme eines Betriebes)
taking-over (N.) of a contract Vertragsübernahme (F.)
taking-over (N.) of a mortgage Hypothekenübernahme (F.)
talion (N.) Talion (F.)
talk (V.) sprechen
talon (N.) Talon (M.)
tangible (Adj.) beweglich
tank (N.) Panzer (M.) (Panzerfahrzeug)
tare (N.) Tara (F.)
target (N.) Soll (N.) (Plansoll)
tariff (N.) Preis (M.) (Kaufpreis), Tarif (M.), Zoll (M.)
task (N.) Aufgabe (F.)
taskmaster (M.) Schinder (M.)
task wage (N.) Akkordlohn (M.)
tattoo (N.) Zapfenstreich (M.)
tax (N.) Abgabe (F.), Steuer (F.), Taxe (F.)

tax (N.) at source Quellensteuer (F.)
tax (N.) on donations Schenkungsteuer (F.)
tax (N.) on earned and unearned income Besitzsteuer (F.)
tax (N.) on earnings Ertragsteuer (F.)
tax (N.) on profits Ertragsteuer (F.)
tax (N.) on transactions Verkehrsteuer (F.)
tax (V.) besteuern
tax (V.) away abschöpfen
taxable (Adj.) steuerpflichtig
taxable person (F.) Steuerpflichtige (F.)
taxable person (M. bzw. F.) Steuerpflichtiger (M.)
taxable value (N.) Einheitswert (M.)
tax assessment (N.) Steuerbescheid (M.), Steuerveranlagung (F.), Veranlagung (F.) (Festsetzung einer Steuer)
taxation (N.) Besteuerung (F.), Veranlagung (F.) (Festsetzung einer Steuer)
taxation (N.) of costs Kostenfestsetzung (F.)
taxation procedure (N.) Besteuerungsverfahren (N.)
tax balance (N.) Steuerbilanz (F.)
tax code (N.) Abgabenordnung (F.)
tax concession (N.) Steuervergünstigung (F.)
tax consultant (F.) Steuerberaterin (F.)
tax consultant (M. bzw. F.) Steuerberater (M.)
tax court (N.) Finanzgericht (N.)
tax credit (N.) (am.) Steuerfreibetrag (M.)
tax declaration (N.) Steuererklärung (F.)
tax demand (N.) Steuerbescheid (M.)
tax evasion (N.) Steuerflucht (F.), Steuerhinterziehung (F.)
tax-exempt (Adj.) steuerfrei
tax exemption (N.) Steuerbefreiung (F.)
tax factor (N.) Hebesatz (M.)
tax-free (Adj.) steuerfrei
tax-free allowance (N.) Freibetrag (M.)
tax free allowance (N.) (brit.) Steuerfreibetrag (M.)
tax holiday (N.) Steuerbefreiung (F.)
taxi (N.) (brit.) Taxi (N.)
taxing (N.) Besteuerung (F.)
taxing power (N.) Steuerhoheit (F.)
tax law (N.) Steuerrecht (N.)
tax liability (N.) Steuerpflicht (F.)
tax payer (F.) Steuerpflichtige (F.)
tax payer (M. bzw. F.) Steuerpflichtiger (M.)
taxpayer's suit (N.) Popularklage (F.)
tax privilege (N.) Steuervergünstigung (F.)
tax representative (F.) Steuerbevollmächtigte (F.)
tax representative (M. bzw. F.) Steuerbevollmächtigter (M.)
tax return (N.) Steuererklärung (F.)
tax secrecy (N.) Steuergeheimnis (N.)
tax shelter company (N.) Abschreibungsgesellschaft (F.)
tax sovereignty (N.) Ertragshoheit (F.), Steuerhoheit (F.)
tax table (N.) Steuertabelle (F.)
teach (V.) lehren, unterrichten
teacher (F.) Lehrerin (F.)
teacher (M. bzw. F.) Lehrer (M.)
teaching (N.) Lehre (F.) (Lehren)
technic (N.) Technik (F.) (Vorgehensweise)
technical (Adj.) technisch
technical college (N.) Fachhochschule (F.)
technical competence (N.) Sachkunde (F.)
Technical Control Board (N.) Technischer Überwachungsverein (M.) (TÜV), TÜV (M.) (Technischer Überwachungsverein)
telecommunication (N.) Telekommunikation (F.)
Telecommunication Act (N.) Telekommunikationsgesetz (N.)
tele-communications (N.Pl.) Fernmeldewesen (N.)
telefax (N.) Telefax (N.)
telegramm (N.) Telegramm (N.)
teleologic (Adj.) teleologisch
teleologic interpretation (N.) teleologische Auslegung (F.)
teleologic reduction (N.) teleologische Reduktion (F.)
teleology (N.) Teleologie (F.)
telephone (N.) Fernsprecher (M.), Telefon (N.)
television law (N.) Fernsehrecht (N.)
temporary (Adj.) einstweilig, gelegentlich, kommissarisch, vorübergehend
temporary association (N.) Gelegenheitsgesellschaft (F.)
temporary ban (N.) on alterations Veränderungssperre (F.)
temporary board (N.) Notvorstand (M.)
temporary law (N.) Zeitgesetz (N.)
temporary order (N.) einstweilige Anordnung (F.)

tenancy (N.) Miete (F.), Mietverhältnis (N.)
tenancy (N.) in common Bruchteilsgemeinschaft (F.)
tenancy agreement (N.) Mietvertrag (M.) (Mietvertrag über eine unbewegliche Sache)
tenancy case (N.) Mietsache (F.)
tenancy matter (N.) Mietsache (F.)
tenant (F.) Besitzerin (F.), Mieterin (F.), Pächterin (F.)
tenant (M. bzw. F.) Besitzer (M.), Mieter (M.), Pächter (M.)
tend (V.) hüten
tendency (N.) Neigung (F.), Tendenz (F.)
tender (N.) Angebot (N.), Offerte (F.)
tender (V.) anbieten, offerieren
tenement (N.) Mietwohnung (F.)
tenement house (N.) Mietskaserne (F.)
tenenment (N.) Mietshaus (N.)
tenor (N.) Tenor (M.)
tenure (N.) Amtszeit (F.), Besitz (M.), Innehabung (F.)
tenure (N.) of land Landpacht (F.)
term (N.) Bedingung (F.), Begriff (M.), Dauer (F.), Laufzeit (F.), Quartal (N.), Semester (N.), Sitzungsperiode (F.)
term (N.) and condition (N.) of trade Geschäftsbedingung (F.)
term (N.) of guarantee Garantiefrist (F.)
term (N.) of imprisonment Freiheitsstrafe (F.)
term (N.) of office Amtszeit (F.)
term deposit (N.) Termineinlage (F.)
terminability (N.) Befristung (F.), Betagung (F.)
terminable (Adj.) kündbar
terminate (V.) beenden, beendigen, kündigen, lösen, zurücktreten
termination (N.) Beendigung (F.), Erledigung (F.), Kündigung (F.), Schluss (M.) (Beendigung)
termination (N.) of pregnancy Schwangerschaftsunterbrechung (F.)
terms control (N.) Inhaltskontrolle (F.)
territorial (Adj.) territorial
territorial army (N.) Landwehr (F.)
territorial authority (N.) Gebietskörperschaft (F.)
territorial entity (N.) Gebietskörperschaft (F.)
territorial force (N.) Landwehr (F.)
territorial jurisdiction (N.) Territorialgerichtsbarkeit (F.)
territorial sovereignty (N.) Gebietshoheit (F.), Hoheitsgewalt (F.)
territorial state (N.) Territorialstaat (M.)
territorial waters (N.Pl.) Hoheitsgewässer (N.)
territory (N.) Gebiet (N.), Territorium (N.)
territory (N.) of occupation Besatzungsgebiet (N.)
terror (N.) Terror (M.)
terrorism (N.) Terrorismus (M.)
terrorist (F.) Terroristin (F.)
terrorist (M. bzw. F.) Terrorist (M.)
test (N.) Probe (F.) (Prüfung), Prüfung (F.), Test (M.), Versuch (M.)
test (V.) prüfen
testament (N.) Testament (N.)
testamentary (Adj.) testamentarisch
testamentary capacity (N.) Testierfähigkeit (F.)
testamentary power (N.) Testierfähigkeit (F.)
testamentary succession (N.) gewillkürte Erbfolge (F.)
testate (V.) testieren (ein Testament anfertigen)
testator (F.) Testatorin (F.)
testator (M.) Erblasser (M.)
testator (M. bzw. F.) Testator (M.)
testatrix (F.) Erblasserin (F.)
test case (N.) Musterprozess (M.)
tester (F.) Prüferin (F.)
tester (M. bzw. F.) Prüfer (M.)
testify (V.) aussagen, bezeugen
testimonium clause (N.) Beglaubigungsvermerk (M.)
testimony (N.) Aussage (F.), Zeugnis (N.)
testimony (N.) of a witness Zeugenaussage (F.)
testimony (N.) under duress Aussagenotstand (M.)
that is to say (lat. i. e. id est) das heißt
the amenity (N.) and advantage (N.) of using Gebrauchsvorteil (M.)
theater law (N.) (am.) Theaterrecht (N.)
theatre law (N.) (br.) Theaterrecht (N.)
the bar (N.) Anwaltschaft (F.)
the Churches etc. Tendenzbetrieb (M.)
the Congress (N.) of the U.S.A. Kongress (M.)

theft (N.) Diebstahl (M.)
theft (N.) by breaking and entering Einbruchsdiebstahl (M.)
theft (N.) committed by a gang Bandendiebstahl (M.)
the naming (N.) of the author Urheberbenennung (F.)
theocracy (N.) Theokratie (F.)
theology (N.) Theologie (F.)
theory (N.) Theorie (F.)
theory (N.) of adequate causation Adäquanztheorie (F.)
theory (N.) of adequate remuneration of public officials Alimentationstheorie (F.)
theory (N.) of denial damage Aufopferungstheorie (F.)
theory (N.) of equivalent consideration Äquivalenztheorie (F.)
the press Tendenzbetrieb (M.)
therapy (N.) Therapie (F.)
the right (N.) to withdraw a matter from the cognizance of another court Evokationsrecht (N.)
thesis (N.) Dissertation (F.), These (F.)
the third (M. bzw. F.) Dritter (M.)
thief (F.) Diebin (F.)
thief (M. bzw. F.) Dieb (M.)
thing (N.) Ding (N.) (Sache), Gegenstand (M.), Sache (F.) (Ding)
thinking distance (N.) Reaktionszeit (F.)
third (Adj.) dritte
third-integrated inter-company relation (N.) Drittorganschaft (F.)
third party (F.) Dritte (F.)
third party (M. bzw. F.) Dritter (M.)
third party action (N.) against execution Drittwiderspruchsklage (F.)
third party complaint (N.) (am.) Streitverkündung (F.)
third party debtor (F.) Drittschuldnerin (F.)
third party debtor (M. bzw. F.) Drittschuldner (M.)
third party indemnity (N.) Haftpflicht (F.)
third party insurance (N.) Haftpflichtversicherung (F.)
third party notice (N.) Streitverkündung (F.)
third party opposition (N.) Drittwiderspruchsklage (F.)
thirty day's maintenance (N.) Dreißigster (M.)
thought (N.) Gedanke (M.)
thoughtless (Adj.) leichtfertig
thoughtlessness (N.) Leichtfertigkeit (F.), Unverstand (M.)
thraldom (N.) Knechtschaft (F.)
threat (N.) Androhung (F.), Bedrohung (F.), Drohung (F.)
threat (N.) of bankruptcy Pleitegeier (M.)
threaten (V.) androhen, bedrohen, drohen
threatened (Adj.) gefährdet
threatening (Adj.) drohend
threatening letter (N.) Drohbrief (M.)
three-class franchise (N.) Dreiklassenwahlrecht (N.)
three-cornered relationship (N.) Dreiecksverhältnis (N.)
three-course rotation (N.) Dreifelderwirtschaft (F.)
three field system (N.) Dreifelderwirtschaft (F.)
throne (N.) Thron (M.)
thug (F.) Schlägerin (F.)
thug (M. bzw. F.) Schläger (M.) (Mensch als Schläger)
Thuringia (F.) Thüringen (N.)
thwart (V.) vereiteln
ticket (N.) Bon (M.), Fahrkarte (F.), Fahrschein (M.)
ticket inspector (M. bzw. F.) Kontrolleur (M.)
tidings (N.) Nachricht (F.)
tidy (V.) ordnen
tie (N.) Verbindung (F.)
tie (V.) binden, vinkulieren
tied (Adj.) gebunden
time (N.) Zeit (F.)
time (N.) for appearance Einlassungsfrist (F.)
time (N.) of delivery Lieferzeit (F.)
time (N.) of performance Leistungszeit (F.)
time (N.) of preclusion Ausschlussfrist (F.)
time bargain (N.) Fixgeschäft (N.)
time deposit (N.) (am.) Festgeld (N.)
time limit (N.) Befristung (F.), Frist (F.)
time limitation (N.) Klagefrist (F.), Verjährung (F.)
time-sharing (N.) Teilzeitwohnrecht (N.)
time wages (N.Pl.) Zeitlohn (M.)
tinsmith (F.) Klempnerin (F.)
tinsmith (M. bzw. F.) Klempner (M.)
tip (N.) Trinkgeld (N.)
tipple (V.) trinken

tipstaff (F.) Justizwachtmeisterin (F.)
tipstaff (M. bzw. F.) Justizwachtmeister (M.)
title (N.) Anspruch (M.), Eigentum (N.), Recht (N.) (Rechtsanspruch), Rechtsanspruch (M.), Titel (M.)
title (N.) of execution Vollstreckungstitel (M.)
title (N.) to a trade mark Markenrecht (N.) (Markenrechtsanspruch)
title deed (N.) Urkunde (F.)
title paramount (N.) Obereigentum (N.)
title reference (N.) Rubrum (N.)
to a certain extent teilweise
token (N.) Zeichen (N.) (Zeichen eines Unternehmers)
tolerance (N.) Toleranz (F.)
toleration (N.) Duldung (F.)
toll (N.) Benutzungsgebühr (F.) (Straßenbenutzungsgebühr), Maut (F.)
toll bar (N.) Schlagbaum (M.)
to no purpose gegenstandslos
tool (N.) Instrument (N.), Werkzeug (N.)
top copy (N.) Original (N.)
topic (N.) Thema (N.)
torment (V.) foltern, martern
tort (N.) Delikt (N.), unerlaubte Handlung (F.)
tort (N.) by condition Zustandsdelikt (N.)
tort (N.) by state Zustandsdelikt (N.)
tortfeasor (F.) Schädigerin (F.) (Schädigerin im Privatrecht), Täterin (F.)
tortfeasor (M. bzw. F.) Schädiger (M.) (Schädiger im Privatrecht), Täter (M.) (Straftäter)
tortious (Adj.) unerlaubt
tortious act (N.) Delikt (N.), unerlaubte Handlung (F.)
tortious liability (N.) Deliktsfähigkeit (F.)
torture (N.) Folter (F.), Marter (F.), Tortur (F.)
torture (V.) foltern, martern
toss (V.) losen
total (Adj.) absolut, gesamt
total (N.) Gesamtheit (F.)
total incapacity (N.) Erwerbsunfähigkeit (F.)
total intoxication (N.) Vollrausch (M.), Volltrunkenheit (F.)
total strike (N.) Vollstreik (M.)
touch (N.) Kontakt (M.)
town (N.) Stadt (F.)
town clerk (F.) (br.) Stadtdirektorin (F.)
town clerk (M. bzw. F.) (brit.) Stadtdirektor (M.)
town council (N.) Stadtrat (M.) (Stadtparlament)
town hall (N.) Rathaus (N.)
town-meeting (N.) Bürgerversammlung (F.)
town planning (N.) (brit.) Stadtplanung (F.)
toxic Adj.) giftig
trace (N.) Spur (F.)
trace (V.) aufspüren, ermitteln, verfolgen
tracing (N.) Ermittlung (F.)
track (N.) Spur (F.)
trade (Attrib.) gewerblich
trade (N.) Gewerbe (N.), Handel (M.), Warenverkehr (M.)
trade (N.) in human beings Menschenhandel (M.)
trade (V.) handeln (Handel treiben)
trade agreement (N.) Handelsabkommen (N.), Handelsvertrag (M.)
trade and industry (N.) Wirtschaft (F.)
trade balance (N.) Handelsbilanz (F.)
trade business (N.) Handelsgewerbe (N.)
trade court (N.) Gewerbegericht (N.), Kaufmannsgericht (N.)
trade custom (N.) Handelsbrauch (M.)
trade exhibition (N.) Messe (F.)
trade expense (N.) Betriebsausgabe (F.)
trade fair (N.) Messe (F.)
trade inspection (N.) Gewerbeaufsicht (F.)
trade law (N.) Gewerbeordnung (F.)
trademark (N.) Marke (F.)
trademark (N.) (am.) Warenzeichen (N.), Zeichen (N.) (Zeichen eines Unternehmers)
trade mark (N.) (brit.) Warenzeichen (N.), Zeichen (N.) (Zeichen eines Unternehmers)
trade mark act (N.) Markengesetz (N.)
trade police (N.) Gewerbepolizei (F.)
trader (F.) Händlerin (F.), Kauffrau (F.)
trader (F.) on own account Properhändlerin (F.)
trader (M. bzw. F.) Händler (M.), Kaufmann (M.)
trader (M. bzw. F.) on own account Properhändler (M.)
trade representative (F.) Handelsvertreterin (F.)
trade representative (M. bzw. F.) Handelsvertreter (M.)

trade secret (N.) Geschäftsgeheimnis (N.)
tradesman (M.) Gewerbetreibender (M.), Händler (M.)
tradesman (M.) (am.) Handwerker (M.)
tradeswoman (F.) Gewerbetreibende (F.), Händlerin (F.)
tradeswoman (F.) (am.) Handwerkerin (F.)
trade tax (N.) Gewerbesteuer (F.)
trade union (N.) Gewerkschaft (F.)
trade-unionist (Adj.) gewerkschaftlich
trade-unionist (F.) Gewerkschaftlerin (F.)
trade-unionist (M. bzw. F.) Gewerkschaftler (M.)
trading (Adj.) gewerbetreibend, kaufmännisch
trading (N.) Handelsverkehr (M.)
trading association (N.) Handelsgesellschaft (F.)
trading certificate (N.) Gewerbebescheinigung (F.) (Gewerbebescheinigung in Großbritannien)
trading estate (N.) Gewerbegebiet (N.), Industriegebiet (N.)
trading firm (N.) Handelsgeschäft (N.) (Unternehmen)
trading year (N.) Geschäftsjahr (N.)
traditional (Adj.) hergebracht
traditional principle (N.) hergebrachter Grundsatz (M.)
traffic (N.) Verkehr (M.) (Straßenverkehr)
traffic (N.) in women Frauenhandel (M.)
traffic-free zone (N.) Fußgängerzone (F.)
traffic jam (N.) Stau (M.) (Verkehrsstau)
traffic offence (N.) (brit.) Verkehrsdelikt (N.)
traffic offense (N.) (am.) Verkehrsdelikt (N.)
traffic police (N.) Verkehrspolizei (F.)
traffic regulation (N.) Verkehrsvorschrift (F.)
traffic safeguarding (N.) Verkehrssicherung (F.)
traffic sign (N.) Verkehrszeichen (N.)
train (V.) ausbilden, lehren
trained worker (F.) Facharbeiterin (F.)
trained worker (M. bzw. F.) Facharbeiter (M.)
trainee (F.) Auszubildende (F.), Praktikantin (F.), Volontärin (F.)
trainee (F.) in the judicial service Rechtsreferendarin (F.)
trainee (M. bzw. F.) Auszubildender (M.), Praktikant (M.), Volontär (M.)
trainee (M. bzw. F.) in the judicial service Rechtsreferendar (M.)
trainee lawyer (F.) Rechtsreferendarin (F.)
trainee lawyer (M. bzw. F.) Rechtsreferendar (M.)
trainer (M. bzw. F.) Lehrer (M.)
training (N.) Ausbildung (F.), Lehre (F.) (Ausbildung)
trait (N.) Merkmal (N.)
traitor (F.) Hochverräterin (F.), Landesverräterin (F.)
traitor (M. bzw. F.) Hochverräter (M.), Landesverräter (M.), Verräter (M.)
traitoress (F.) Verräterin (F.)
traitorous (Adj.) verräterisch
traitress (F.) Verräterin (F.)
tramp (F.) Landstreicherin (F.)
tramp (M. bzw. F.) Landstreicher (M.)
transaction (N.) Geschäft (N.) (Rechtsgeschäft)
transaction (N.) at a fixed date Fixgeschäft (N.)
transaction (N.) by agency Vertretergeschäft (N.)
transaction (N.) for the purpose of evading a law Umgehungsgeschäft (N.)
transaction (N.) in accordance with ordinary trade usage Verkehrsgeschäft (N.)
transaction (N.) involving a consumer Verbrauchergeschäft (N.)
transaction (N.) subject to causation Kausalgeschäft (N.)
transactions (N.Pl.) Verkehr (M.) (Geschäftsverkehr)
transcript (N.) Abschrift (F.), Ausfertigung (F.)
transfer (N.) Transfer (M.), Übertragung (F.) (Übertragung eines Rechtes), Überweisung (F.), Versetzung (F.) (Versetzung einer Person), Zession (F.)
transfer (N.) by hand Übergabe (F.)
transfer (N.) of a firm Betriebsübergang (M.)
transfer (N.) of ownership Eigentumsübertragung (F.)
transfer (N.) of ownership by way of security Sicherungsübereignung (F.)
transfer (N.) of property Eigentumsübertragung (F.), Übereignung (F.)

transfer (N.) of title Rechtsübertragung (F.)
transfer (N.) of title by constructive delivery brevi manu traditio (F.) (lat.)
transfer (N.) to another post Versetzung (F.) (Versetzung einer Person)
transfer (N.) to private ownership Privatisierung (F.)
transfer (V.) transferieren, überführen (übergeben), übertragen (ein Recht weitergeben), überweisen, umlegen, umsetzen
transfer (V.) by will vererben
transfer (V.) ownership übereignen
transfer (V.) to another post versetzen (eine Person versetzen)
transfer (V.) to private ownership privatisieren
transferable (Adj.) übertragbar
transfer contract (N.) Überweisungsvertrag (M.)
transfer duty (N.) Verkehrsteuer (F.)
transferee (F.) Erwerberin (F.), Zessionarin (F.)
transferee (M. bzw. F.) Erwerber (M.), Zessionar (M.)
transference convention (N.) Überleitungsvertrag (M.)
transfer order (N.) Überweisungsbeschluss (M.)
transferred malice (N.) aberratio (F.) ictus (lat.)
transformation (N.) Transformation (F.), Umwandlung (F.)
transfusion (N.) Transfusion (F.)
transgress (V.) übertreten
transgression (N.) Überschreitung (F.) (Verletzung eines Verbotes), Übertretung (F.)
transit (N.) Transit (M.)
transition (N.) Übergang (M.) (Übergang eines Rechtes), Überleitung (F.)
transition agreement (N.) Überleitungsvertrag (M.)
translate (V.) into action verwirklichen
transmission (N.) Übergang (M.) (Übergang eines Rechtes), Weitergabe (F.)
transmission (N.) of claims Forderungsübergang (M.)
transmission (N.) of rights Rechtsübergang (M.)
transplant (V.) transplantieren
transplantation (N.) Transplantation (F.) (Organtransplantation)
transport (N.) Transport (M.), Verkehr (M.) (Straßenverkehr)
transport (V.) befördern, transportieren
transport (V.) through durchführen (hindurchleiten)
transportation (N.) Beförderung (F.) (Beförderung im Verkehr)
transportation contract (N.) Beförderungsvertrag (M.) (Beförderungsvertrag von Sachen)
travel (V.) reisen
travel contract (N.) Reisevertrag (M.)
travel expenses (N.Pl.) (am.) Reisekosten (Pl.)
travel expenses law (N.) (am.) Reisekostenrecht (N.)
travel insurance (N.) Reiseversicherung (F.)
traveller's check (N.) (am.) Reisescheck (M.), Travellerscheck (M.)
traveller's cheque (N.) (brit.) Reisescheck (M.), Travellerscheck (M.)
travelling (N.) without payment Schwarzfahren (N.)
travelling expenses (N.Pl.) (brit.) Reisekosten (Pl.)
travelling expenses law (N.) (brit.) Reisekostenrecht (N.)
treacherous (Adj.) heimtückisch, hinterlistig
treacherous murder (N.) Meuchelmord (M.)
treacherous murderer (M. bzw. F.) Meuchelmörder (M.)
treacherous murderess (F.) Meuchelmörderin (F.)
treachery (N.) Heimtücke (F.), Hinterlist (F.), Verrat (M.)
treason (N.) Landesverrat (M.), Verrat (M.)
treasonable (Adj.) landesverräterisch, verräterisch
treason felony (N.) Hochverrat (M.)
treasure (N.) Schatz (M.)
treasurer (F.) Kämmererin (F.)
treasurer (M. bzw. F.) Kämmerer (M.)
treasure-trove (N.) Schatzfund (M.)
treasury (N.) Fiskus (F.)
treasury bond (N.) Schuldverschreibung (F.)
treat (V.) bearbeiten, behandeln

treatment (N.) Bearbeitung (F.), Behandlung (F.)
treatment centre (N.) for alcoholics and drug addicts Entziehungsanstalt (F.)
treaty (N.) Abkommen (N.), Übereinkommen (N.), Vertrag (M.)
Treaty (N.) of Amsterdam Amsterdamer Vertrag (M.)
treaty (N.) of commerce Handelsvertrag (M.)
treaty (N.) of friendship Freundschaftsvertrag (M.)
treaty (N.) of Maastricht Maastrichter Vertrag (M.)
Treaty (N.) of Versailles Versailler Vertrag (M.)
treaty (N.) with an East bloc country Ostvertrag (M.)
trend (N.) Entwicklung (F.), Richtung (F.), Tendenz (F.)
trespass (N.) Besitzstörung (F.), Eigentumsstörung (F.), rechtswidrige Einwirkung (F.)
trespass (N.) to chattels Sachbesitzstörung (F.) (Sachbesitzstörung im angloamerikanischen Recht)
trespass (N.) to land Grundbesitzstörung (F.) (Grundbesitzstörung im angloamerikanischen Recht)
trespass (V.) betreten (V.), freveln
trial (N.) Gerichtsverhandlung (F.), Probe (F.) (Prüfung), Prozess (M.), Prüfung (F.), Versuch (M.)
trial (N.) by the record Urkundenprozess (M.)
trial (N.) of indictment Hauptverhandlung (F.)
trial conduct (N.) Prozessführung (F.)
trial court (N.) Prozessgericht (N.)
trial date (N.) Haupttermin (M.), Termin (M.) (Verhandlungszeitpunkt)
trial judge (F.) Spruchrichterin (F.)
trial judge (M. bzw. F.) Spruchrichter (M.)
tribunal (N.) Gericht (N.), Schiedsgericht (N.), Tribunal (N.)
tribute (N.) Tribut (M.)
trichotomy (N.) Trichotomie (F.)
trip (N.) Fahrt (F.), Reise (F.)
TRIPS (N.) (Agreement on Trade-related Aspects of Intellectual Property Rights) TRIPS (N.) (Übereinkommen über Aspekte des Handels mit Immaterialgüterrechten)
trouble-maker (F.) Querulantin (F.)
troublemaker (M. bzw. F.) Querulant (M.)
troublemaking (N.) Querulanz (F.)
trousseau (N.) Aussteuer (F.), Mitgift (F.)
truce (N.) Waffenstillstand (M.)
trucking (N.) Güterkraftverkehr (M.)
truck system (N.) Trucksystem (N.)
true (Adj.) echt, wahr
trunk road (N.) Fernstraße (F.)
trust (N.) Obhut (F.) (Verwahrung), Treuhand (F.), Treuhandschaft (F.), Treuhandverhältnis (N.), Trust (M.), Vermögensverwaltung (F.), Vertrauen (N.)
trust (N.) (am.) Kartell (N.), Konzern (M.), Syndikat (N.)
trust (V.) trauen, vertrauen, anvertrauen
trust account (N.) Anderkonto (N.)
trust company (N.) Treuhandgesellschaft (F.)
trustee (F.) Kuratorin (F.), Treuhänderin (F.), Treunehmerin (F.), Vermögensverwalterin (F.)
trustee (F.) in bankruptcy Konkursverwalterin (F.), Masseverwalterin (F.)
trustee (F.) in insolvency Insolvenzverwalterin (F.)
trustee (M. bzw. F.) Kurator (M.), Treuhänder (M.), Treunehmer (M.), Vermögensverwalter (M.)
trustee (M. bzw. F.) in bankruptcy Konkursverwalter (M.), Masseverwalter (M.)
trustee (M. bzw. F.) in insolvency Insolvenzverwalter (M.)
trusteeship (N.) Pflegschaft (F.), Treuhänderschaft (F.)
trust money (N.) Mündelgeld (N.)
trustor (F.) Treugeberin (F.)
trustor (M. bzw. F.) Treugeber (M.)
trustworthiness (N.) Zuverlässigkeit (F.)
trustworthy (Adj.) glaubwürdig, zuverlässig, kreditfähig, kreditwürdig
truth (N.) Wahrheit (F.)
truthful (Adj.) wahr
try (V.) trachten, versuchen
turn (N.) Turnus (M.)
turn (V.) back umkehren
turn (V.) down abweisen
turn (V.) over umsetzen
turning (N.) down Ausschlagung (F.)
turnover (N.) Umsatz (M.)
turnover tax (N.) Umsatzsteuer (F.)

turnpike (N.) (am.) Autobahn (F.)
tussle (V.) raufen
tutelage (N.) Kuratel (F.), Pflegschaft (F.), Vormundschaft (F.)
tutor (F.) Tutorin (F.), Vormundin (F.)
tutor (M. bzw. F.) Repetitor (M.), Tutor (M.), Vormund (M.)
twin (M. bzw. F.) Zwilling (M.)
two-sided (Adj.) zweiseitig
two-stage theory (N.) Zweistufentheorie (F.)
two-state theory (N.) Zweistaatentheorie (F.)
tying contract (N.) Knebelungsvertrag (M.)
type (N.) Art (F.) (Gattung), Genus (N.), Sorte (F.), Typ (M.)
type (N.) of guilt Schuldform (F.)
type approval (N.) Typengenehmigung (F.)
tyrannical (Adj.) despotisch
tyranny (N.) Despotie (F.)
tyrant (F.) Despotin (F.), Tyrannin (F.)
tyrant (M. bzw. F.) Despot (M.), Tyrann (M.)

u

ultimate jurisdiction (N.) for appointments Personalhoheit (F.)
ultimatum (N.) Ultimatum (N.)
ultra-vires-action (N.) Überschreitung (F.) der satzungsmäßigen Befugnisse
umpire (F.) Obfrau (F.)
umpire (M. bzw. F.) Obmann (M.)
unable (Adj.) to pay zahlungsunfähig
unacceptable (Adj.) unzumutbar
unacceptibility (N.) Unzumutbarkeit (F.)
unalterability (N.) Unabdingbarkeit (F.) (Unabdingbarkeit eines Rechts)
unappealable (Adj.) rechtskräftig
unascertained (Adj.) unbestimmt
unascertained debt (N.) Genusschuld (F.)
unauthorized (Adj.) nichtberechtigt, unbefugt
unauthorized party (F.) Nichtberechtigte (F.)
unauthorized party (M. bzw. F.) Nichtberechtigter (M.)
unauthorized use (N.) Gebrauchsanmaßung (F.)
unauthorized use (N.) of a motor vehicle Schwarzfahren (N.)
unavoidability (N.) Unvermeidbarkeit (F.)
unavoidable (Adj.) unvermeidbar, unvermeidlich
unavoidable event (N.) unabwendbares Ereignis (N.)
unawareness (N.) Unkenntnis (F.)
unbiased (Adj.) unparteiisch, unparteilich, unvoreingenommen
unblemished (Adj.) unbescholten
unborn (Adj.) ungeboren
unborn child (N.) Leibesfrucht (F.), nasciturus (M.) (lat.)
unburden (V.) entlasten
uncertainty (N.) Zweifel (M.)
uncertainty (N.) as to what the law is Rechtsunsicherheit (F.)
uncertified mortgage (N.) Buchhypothek (F.)
uncharged (Adj.) franko
uncle (M.) Onkel (M.)
uncollected (Adj.) nicht abgeholt
unconditional (Adj.) bedingungsfeindlich, unbedingt, vorbehaltlos
unconscionable (Adj.) sittenwidrig
unconscious (Adj.) bewusstlos, unbewusst
unconscious negligence (N.) unbewusste Fahrlässigkeit (F.)
unconsciousness (N.) Bewusstlosigkeit (F.)
unconstitutional (Adj.) verfassungswidrig
unconstitutionality (N.) Verfassungswidrigkeit (F.)
uncontrollable impulse (N.) Affekt (M.)
uncovered transaction (N.) Blankogeschäft (N.)
uncrossed cheque (N.) Barscheck (M.)
undefended (Adj.) nichtstreitig
under age (Adj.) minderjährig, unmündig
underhand (Adj.) unredlich
underlease (N.) Untermiete (F.), Untermietvertrag (M.), Unterpacht (F.)
underlie (V.) unterliegen
underlying debt relationship (N.) Zuwendungsverhältnis (N.)
underpossessor (F.) Besitzdienerin (F.)
underpossessor (M. bzw. F.) Besitzdiener (M.)
under seal formal, gesiegelt
understanding (N.) Abrede (F.), Einsicht (F.) (Verständnis), Übereinkunft (F.), Vereinbarung (F.)

undertake (V.) eingehen, übernehmen, verpflichten (sich verpflichten), vornehmen
undertaking (N.) Unternehmen (N.) (Geschäft), Vornahme (F.)
undertenancy (N.) Untermiete (F.)
undertenant (F.) Untermieterin (F.), Unterpächterin (F.)
undertenant (M. bzw. F.) Untermieter (M.), Unterpächter (M.)
under the Copyright Act urheberrechtlich
underwriter (F.) Versichererin (F.)
underwriter (M. bzw. F.) Versicherer (M.)
undisclosed (Adj.) verdeckt
undisclosed association (N.) Innengesellschaft (F.)
undisclosed participation (N.) stille Gesellschaft (F.)
undue (Adj.) unzulässig (rechtswidrig)
undue pressure (N.) on electors Wählernötigung (F.)
uneffectiveness (N.) as between the parties relative Unwirksamkeit (F.)
unemployed (Adj.) arbeitslos, erwerbslos
unemployed benefit (N.) Arbeitslosengeld (N.)
unemployment (N.) Arbeitslosigkeit (F.)
unemployment insurance (N.) Arbeitslosenversicherung (F.)
unemployment support (N.) Arbeitslosenhilfe (F.)
unencumbered (Adj.) lastenfrei (unbelastet)
unendorsable title (N.) Rektapapier (N.)
unenforceable claim (N.) Naturalobligation (F.)
unequitable (Adj.) unbillig
unessential (Adj.) unwesentlich
unevitable (Adj.) unabwendbar
unevitable event (N.) unabwendbares Ereignis (N.)
unfair (Adj.) parteiisch, ungerecht, unlauter, unrecht
unfair competition (N.) unlauterer Wettbewerb (M.)
unfairness (N.) Unbilligkeit (F.)
unfaithfulness (N.) Untreue (F.)
unfeeling (Adj.) rücksichtslos
unfit (Adj.) untauglich (dienstunfähig)
unfit (Adj.) for work arbeitsunfähig
unfit (Adj.) to plead prozessunfähig
unfitness (N.) to drive Fahruntüchtigkeit (F.)
unfitness (N.) to work Arbeitsunfähigkeit (F.)
unfolding (N.) Entfaltung (F.)
unicameral system (N.) Einkammersystem (N.)
Unidroit (N.) (International institute for unification of private law) Unidroit (N.) (Internationales Institut zur Vereinheitlichung des Privatrechts)
unification treaty (N.) Einigungsvertrag (M.)
uniform (Adj.) einheitlich
uniform (N.) Uniform (F.)
uniform law (N.) (am.) einheitliches Gesetz (N.) (einheitliches Gesetz in den Vereinigten Staaten von Amerika)
uniform law (N.) on the international sale of goods internationales Einheitskaufsrecht (N.)
uniform law (N.) on the sale of goods einheitliches Kaufrecht (N.)
uniform ticket election (N.) Blockwahl (F.)
unify (V.) vereinen, vereinigen
unilateral (Adj.) einseitig
unilateral engagement (N.) Selbstbindung (F.)
unilateral juristic act (N.) einseitiges Rechtsgeschäft (N.)
unilaterally obligating (Adj.) einseitig verpflichtend
unincorporated (Adj.) nicht eingegliedert (nicht eingegliedert im angloamerikanischen Recht)
uninjured (Adj.) heil
union (N.) Bund (M.), Staatenbund (M.), Union (F.), Verband (M.), Zusammenschluss (M.)
union agreement (N.) Tarifvertrag (M.)
unionist (Adj.) gewerkschaftlich
unit (N.) Einheit (F.)
unitary (Adj.) einheitlich
unite (V.) verbinden, vereinen, vereinigen
United Nations (N.Pl.) (U.N.) Vereinte Nationen (F.Pl.) (UNO)
United Nations Organization (N.) UNO (F.) (Vereinte Nationen)
United Protestant Lutheran Church (N.) of Germany VELKD (F.) (Vereinigte evangelisch-lutherische Kirche Deutschlands)

United States (N.Pl.) of America USA (F. bzw. N.Pl.) (Vereinigte Staaten von Amerika)
United States (N.Pl.) of America (USA) Vereinigte Staaten von Amerika (M.Pl.) (USA)
unity (N.) Einheit (F.)
unity (N.) of crime Tateinheit (F.)
unity (N.) of the law Gesetzeseinheit (F.)
universal (Adj.) universal
universal copyright convention (N.) Welturheberrechtsabkommen (N.)
Universal Criminal Court (N.) Weltstrafgerichtshof (M.)
universal heir (M. bzw. F.) Universalerbe (M.)
universal heiress (F.) Universalerbin (F.)
universality (N.) Universalität (F.)
universal object (N.) of legal protection Universalrechtsgut (N.)
universal partnership (N.) allgemeine Gütergemeinschaft (F.)
Universal Postal Union (N.) (UPU) Weltpostverein (M.)
universal succession (N.) Gesamtrechtsnachfolge (F.), Universalsukzession (F.)
universal validity (N.) Allgemeinverbindlichkeit (F.)
university (N.) Hochschule (F.), Universitiät (F.)
university degree (N.) akademischer Grad (M.)
university professor (F.) Hochschuldozentin (F.)
university professor (M. bzw. F.) Hochschuldozent (M.)
university teacher (F.) Dozentin (F.), Hochschuldozentin (F.)
university teacher (M. bzw. F.) Dozent (M.), Hochschuldozent (M.)
unjust (Adj.) ungerecht, unrecht
unjust enrichment (N.) ungerechtfertigte Bereicherung (F.)
unjustified (Adj.) ungerechtfertigt
unlawful (Adj.) gesetzwidrig, illegal, rechtswidrig, unerlaubt, ungesetzlich, unzulässig (rechtswidrig), widerrechtlich
unlawful assembly (N.) Auflauf (M.)
unlawful competition (N.) unlauterer Wettbewerb (M.)
unlawful compulsion (N.) Nötigung (F.)
unlawful detention (N.) Freiheitsberaubung (F.)
unlawful entry (N.) Hausfriedensbruch (M.)
unlawful interference (N.) with possession verbotene Eigenmacht (F.)
unlawfulness (N.) Gesetzwidrigkeit (F.), Illegalität (F.), Rechtswidrigkeit (F.), Unzulässigkeit (F.) (Rechtswidrigkeit), Widerrechtlichkeit (F.)
unlawfulness (N.) of arbitrary rule Willkürverbot (N.)
unlawful recovery (N.) of pledged goods Pfandkehr (F.)
unlimited capacity (N.) of a minor concerning all legal transactions linked to the management of a business undertaking Handelsmündigkeit (F.)
unlimited power (N.) Blankovollmacht (F.)
unload (V.) ausladen, löschen (ausladen)
unloading (N.) Löschung (F.) (Ausladung)
unmarried (Adj.) ledig
unofficial (Adj.) inoffiziell
unpaid magistrate (F.) Schöffin (F.)
unpaid magistrate (M. bzw. F.) Schöffe (M.)
unprejudiced (Adj.) unvoreingenommen
unprotected mark (N.) Freizeichen (N.) (Freizeichen im Handelsrecht)
unreasonable (Adj.) unzumutbar
unreasonableness (N.) Unzumutbarkeit (F.)
unreliable (Adj.) unzuverlässig
unreserved (Adj.) vorbehaltlos
unrestrained (Adj.) unbenommen
unrestricted (Adj.) freizügig, unbeschränkt
unrestricted mobility (N.) Freizügigkeit (F.)
unseizable (Adj.) unpfändbar
unship (V.) ausladen
unskilful treatment (N.) Kunstfehler (M.)
unsocial (Adj.) asozial
unspecified legacy (N.) Gattungsvermächtnis (N.)
unsuitable (Adj.) untauglich (nicht dienlich)
unsuspecting (Adj.) arglos
untenable (Adj.) unvertretbar (nicht vertretbar)
untraceable (Adj.) verschollen
untrue (Adj.) unwahr

untrustworthiness (N.) Unzuverlässigkeit (F.)
untrustworthy (Adj.) unzuverlässig
untruth (N.) Unwahrheit (F.)
unveil (V.) offenbaren
unwitting (Adj.) unbewusst
unworthiness (N.) Unwürdigkeit (F.)
unworthiness (N.) of inheritance Erbunwürdigkeit (F.)
unworthy (Adj.) unwürdig
upbringing (N.) Erziehung (F.), Kindererziehung (F.)
updating (N.) of the law Rechtsfortbildung (F.)
uprightness (N.) Redlichkeit (F.)
uprising (N.) Aufstand (M.)
up-to-date aktuell
UPU (N.) (Universal Postal Union) Weltpostverein (M.)
upward tendency (N.) Hausse (F.)
urban (Adj.) städtisch
urge (N.) Drang (M.), Trieb (M.)
urgent (Adj.) aktuell, dringend, dringlich
urgent necessity (N.) Notstand (M.)
urn (N.) Urne (F.) (Totenurne)
ursurp (V.) aneignen
ursurpation (N.) of office Amtsanmaßung (F.)
usage (N.) Anwendung (F.), Benutzung (F.), Gebrauch (M.), Sitte (F.), Übung (F.), Usance (F.)
use (N.) Anwendung (F.), Benutzung (F.), Gebrauch (M.), Genuss (M.), Nießbrauch (M.), Nutznießung (F.), Nutzung (F.), Verwendung (F.)
use (N.) and enjoyment (N.) Gebrauchsvorteil (M.)
use (V.) anwenden, aufwenden, benutzen, gebrauchen, nützen (benützen), verwenden, verwerten
use (V.) chicanery schikanieren
use (V.) up verbrauchen
useful (Adj.) nützlich
usefulness (N.) Tauglichkeit (F.)
useful outlay (N.) nützliche Verwendung (F.)
use order (N.) Baunutzungsverordnung (F.)
user (F.) Anwenderin (F.)
user (M.) Anwender (M.)
usual (Adj.) gemein (allgemein), gewöhnlich, normal
usucapt (V.) ersitzen
usucaption (N.) Ersitzung (F.)
usufruct (N.) Nießbrauch (M.), Nutznießung (F.)
usufructuary enjoyment (N.) Nießbrauch (M.)
usurer (F.) Wuchererin (F.)
usurer (M. bzw. F.) Wucherer (M.)
usurious enrichment (N.) Sachwucher (M.)
usurious rent (N.) Mietwucher (M.)
usurp (V.) usurpieren
usurpation (N.) Usurpation (F.)
usury (N.) Kreditwucher (M.), Wucher (M.)
utensil (N.) Gerät (N.)
utilitarism (N.) Utilitarismus (M.)
utility (N.) Nutzen (M.)
utility article (N.) Gebrauchsgegenstand (M.)
utility model (N.) Gebrauchsmuster (N.)
utility patent (N.) Gebrauchsmuster (N.)
utilization (N.) Anwendung (F.), Benutzung (F.), Nutzung (F.), Verwendung (F.), Verwertung (F.)
utilize (V.) anwenden, benutzen, nützen (benützen), verwenden, verwerten
utter (V.) äußern

v

vacancy (N.) Lücke (F.), Vakanz (F.)
vacate (V.) räumen
vacation (N.) (am.) Urlaub (M.)
vacation (N.) of the court Gerichtsferien (Pl.)
vacation business (N.) Feriensache (F.)
vaccinate (V.) impfen
vaccination (N.) Impfung (F.)
vaccination certificate (N.) Impfschein (M.)
vaccine damage (N.) Impfschaden (M.)
vagabond (F.) Landstreicherin (F.)
vagabond (M. bzw. F.) Landstreicher (M.)
vagrant (Adj.) obdachlos
vagrant (F.) Landstreicherin (F.)
vagrant (M. bzw. F.) Landstreicher (M.)
valid (Adj.) gültig
validate (V.) bestätigen
validation (N.) Bestätigung (F.)
validity (N.) Geltung (F.), Gültigkeit (F.)
valuable (Adj.) kostbar
valuable (N.) Kostbarkeit (F.)

valuable consideration (N.) Gegenleistung (F.)
valuable property (N.) Wertgegenstand (M.), Wertsache (F.)
valuables (N.Pl.) Wertgegenstand (M.), Wertsache (F.)
valuation (N.) Bewertung (F.)
value (N.) Valuta (F.) (Währungswert), Wert (M.)
value (N.) in dispute Streitwert (M.)
value (N.) of a transaction Geschäftswert (M.)
value (N.) of money Geldwert (M.)
value (N.) of the subject matter Gegenstandswert (M.)
value (N.) of token Wertzeichen (N.)
value (V.) taxieren
value added tax (N.) (VAT) Mehrwertsteuer (F.), Umsatzsteuer (F.)
value guarantee (N.) Wertsicherung (F.)
value judgement (N.) Werturteil (N.)
valueless (Adj.) wertlos
value system (N.) Wertesystem (N.)
vapour (N.) Rauch (M.)
variation (N.) Veränderung (F.)
variety (N.) Sorte (F.)
vary (V.) abändern, verändern
vassal (M.) Vasall (M.)
VAT (N.) (value added tax) Mehrwertsteuer (F.), Umsatzsteuer (F.)
Vatican (N.) Vatikan (M.)
Vatican Council (N.) Vatikanisches Konzil (N.)
vehicle (N.) Fahrzeug (N.)
vehicle log (N.) Fahrtenbuch (N.)
veil (N.) of corporation Haftungsbeschränkung (F.)
venality (N.) Bestechlichkeit (F.)
vend (V.) verkaufen
vendee (F.) Erwerberin (F.)
vendee (M. bzw. F.) Erwerber (M.)
vending (N.) Verkauf (M.)
vendor (F.) Verkäuferin (F.)
vendor (M. bzw. F.) Verkäufer (M.)
vengeance (N.) Rache (F.)
venture (N.) Spekulation (F.)
venue (N.) Gerichtsstand (M.), örtliche Zuständigkeit (F.), Tagungsort (M.)
verbal (Adj.) mündlich
verbal insult (N.) Formalbeleidigung (F.)
verdict (N.) Richterspruch (M.), Spruch (M.), Urteil (N.), Verdikt (N.)
verdict (N.) of guilty Schuldspruch (M.)
verdict (N.) of not-guilty Freispruch (M.)
verification (N.) Beglaubigung (F.)
verify (V.) beglaubigen, bestätigen, bewähren, prüfen
verity (N.) Wahrheit (F.)
version (N.) Fassung (F.)
versus the law contra legem (lat.)
vertical (Adj.) vertikal
vertical fiscal adjustment (N.) vertikaler Finanzausgleich (M.)
vessel (N.) Schiff (N.)
vest (V.) bestallen, einweisen
vest (V.) with authority ermächtigen
vested (Adj.) wohlerworben
veteran (M.) Veteran (M.) (Veteran im angloamerikanischen Recht)
veto (N.) Einspruch (M.), Veto (N.)
veto (V.) verbieten
vex (V.) schikanieren
vexation (N.) Schikane (F.)
vexatious (Adj.) lästig, schikanös
vexatious litigation (N.) schikanöse Prozessführung (F.)
vicarious (Adj.) stellvertretend
vicarious agent (F.) Erfüllungsgehilfin (F.), Verrichtungsgehilfin (F.)
vicarious agent (M. bzw. F.) Erfüllungsgehilfe (M.), Verrichtungsgehilfe (M.)
vicarious liability (N.) Haftung (F.) für Verhalten Dritter (Haftung für Verhalten Dritter im angloamerikanischen Recht)
vicarious liability (N.) in tort Geschäftsherrnpflichtverletzung (F.)
vicarious performance (N.) Erfüllungsübernahme (F.)
vicarious substitute (N.) stellvertretendes commodum (N.)
vice (N.) Laster (N.), Mangel (M.) (Fehler)
vice-chancellor (F.) Vizekanzlerin (F.)
vice-chancellor (M. bzw. F.) Vizekanzler (M.)
vice-chancellor (M. bzw. F.) (brit.) Rektor (M.) (Rektor einer Universität)
vice-chancellor's office (N.) (brit.) Rektorat (N.) (Rektorat einer Universität)
vice-king (M.) Vizekönig (M.)
vice-president (F.) Vizepräsidentin (F.)
vice-president (M. bzw. F.) Vizepräsident (M.)

vice-queen (F.) Vizekönigin (F.)
vice-regent (F.) Verweserin (F.)
vice-regent (M. bzw. F.) Verweser (M.)
vicereine (F.) Vizekönigin (F.)
viceroy (M.) Vizekönig (M.)
vicious (Adj.) fehlerhaft
victim (F.) Geschädigte (F.)
victim (M. bzw. F.) Geschädigter (M.), Opfer (N.) (Verletzter)
victory (N.) Sieg (M.)
videotext (N.) Bildschirmtext
view (N.) Ansicht (F.), Sicht (F.)
viewing (N.) the scene Lokaltermin (M.)
views (N.Pl.) Richtung (F.)
village community (N.) with common property Realgemeinde (F.)
violate (V.) brechen, übertreten, verletzen (eine Vorschrift übertreten), verstoßen (verletzen)
violation (N.) Bruch (M.), Übertretung (F.), Verletzung (F.) (Übertretung einer Vorschrift), Verstoß (M.)
violation (N.) of contract Vertragsverletzung (F.)
violation (N.) of law Rechtsverletzung (F.)
violation (N.) of moral principles Sittenwidrigkeit (F.)
violation (N.) of official duty Amtspflichtverletzung (F.)
violation (N.) of the peace Friedensbruch (M.)
violence (N.) Gewalt (F.) (Kraftanwendung), Gewalttätigkeit (F.), Tätlichkeit (F.)
violent (Adj.) gewaltsam, gewalttätig, tätlich
violent act (N.) Gewalttat (F.)
violent larceny (N.) räuberischer Diebstahl (M.)
virgin (F.) Jungfrau (F.)
virtually (Adv.) so gut wie
vis (N.) maior (lat.) höhere Gewalt (F.)
visa (N.) Sichtvermerk (M.), Visum (N.)
visé (N.) Sichtvermerk (M.)
visit (V.) besuchen
visitation right (N.) Umgangsrecht (N.)
visiting right (N.) Verkehrsrecht (N.) (Besuchsberechtigung)
visitor (M. bzw. F.) Gast (M.)
vituperate (V.) beschimpfen
vituperation (N.) Beschimpfung (F.)
vivisection (N.) Vivisektion (F.)
vocation (N.) Beruf (M.)
vocational association (N.) Berufsverband (M.)
vocational college (N.) Fachhochschule (F.)
vocational disability (N.) Berufsunfähigkeit (F.)
vocational education (N.) Berufsbildung (F.)
vocational guidance office (N.) Berufsberatung (F.)
vocational instructor (F.) Ausbildende (F.)
vocational instructor (M. bzw. F.) Ausbildender (M.)
vocational practice (N.) Berufsausübung (F.)
vocational school (N.) Berufsschule (F.)
vocational training (N.) Ausbildung (F.)
void (Adj.) nichtig, ungültig, ungültig (Adj.), unwirksam
voidability (N.) Anfechtbarkeit (F.) (Willenserklärungsanfechtbarkeit)
voidable anfechtbar
voidableness (N.) Anfechtbarkeit (F.) (Urteilsanfechtbarkeit)
voidness (N.) Nichtigkeit (F.)
volition (N.) Wollen (N.)
volume (N.) Buch (N.)
voluntary (Adj.) freiwillig, gewillkürt, unentgeltlich
voluntary insurance (N.) freiwillige Versicherung (F.)
voluntary jurisdiction (N.) freiwillige Gerichtsbarkeit (F.)
voluntary nonsuit (N.) Klagerücknahme (F.)
voluntary winding up (N.) Selbstauflösung (F.)
vote (N.) Abstimmung (F.), Stimme (F.) (Wählerstimme), Votum (N.), Wahl (F.) (politische Entscheidung)
vote (N.) by division Hammelsprung (M.)
vote (N.) of confidence Vertrauensvotum (N.)
vote (N.) of no confidence Misstrauensvotum (N.)
vote (V.) abstimmen, wählen (einen Vertreter durch Stimmabgabe bestimmen)
vote (V.) down überstimmen
voter (F.) Wählerin (F.)
voter (M. bzw. F.) Wähler (M.)

voting (N.) Abstimmung (F.), Stimmabgabe (F.)
voting box (N.) Wahlurne (F.)
voting offence (N.) (brit.) Wahldelikt (N.)
voting offense (N.) (am.) Wahldelikt (N.)
voting paper (N.) Stimmzettel (M.), Wahlzettel (M.)
voting right (N.) Stimmrecht (N.), Wahlrecht (N.) (subjektives Wahlrecht)
Voting Rights Act (N.) (am.) Wahlrechtsgesetz (N.)
vouch (V.) bürgen, verbürgen
voucher (F.) Bürgin (F.)
voucher (M. bzw. F.) Bürge (M.)
voucher (N.) Beleg (M.), Gutschein (M.)
vow (N.) Gelöbnis (N.), Gelübde (N.), Schwur (M.)
vow (V.) geloben
voyage (N.) Fahrt (F.)
voyage insurance (N.) Reiseversicherung (F.)
vulgar (Adj.) ordinär, vulgär

W

wage (N.) Arbeitslohn (M.), Lohn (M.)
wage (N.) in kind Naturallohn (M.)
wager (N.) Wette (F.)
wager (V.) wetten
wages (N.Pl.) Heuer (F.)
wage tax (N.) Lohnsteuer (F.)
waggon (N.) Wagen (M.) (Eisenbahnwagen)
waiting allowance (N.) Karenzentschädigung (F.)
waiting period (N.) Karenz (F.), Karenzzeit (F.)
waive (V.) verzichten
waiver (N.) Verzicht (M.), Verzichtserklärung (F.)
waiver (N.) of hereditary titles Erbverzicht (M.)
waiver (N.) of right to appeal Rechtsmittelverzicht (M.)
walkout (N.) Ausstand (M.), wilder Streik (M.)
wane (V.) nachlassen
want (N.) Not (F.)
wanted circular (N.) Steckbrief (M.)
"wanted" notice (N.) Fahndungsschreiben (N.)
wanton (Adj.) mutwillig, willkürlich
war (N.) Krieg (M.)
war captivity (N.) Kriegsgefangenschaft (F.)
ward (M. bzw. F.) Mündel (N.), Pflegling (M.)
ward (N.) Station (F.)
ward (V.) off abwehren
warden (F.) Direktorin (F.)
warden (M. bzw. F.) Direktor (M.)
warder (F.) Aufseherin (F.), Vollzugsbeamtin (F.), Wärterin (F.)
warder (M. bzw. F.) Aufseher (M.), Vollzugsbeamter (M.), Wärter (M.)
warding (N.) off Abwehr (F.)
ward money (N.) Mündelgeld (N.)
wardship (N.) Vormundschaft (F.)
ware-house (N.) Lagerhaus (N.)
warehouse (V.) lagern
warehouse keeper (F.) Lagerhalterin (F.)
warehouse keeper (M. bzw. F.) Lagerhalter (M.)
warehouse keeper's warrant (N.) Lagerschein (M.)
warehouse receipt (N.) (am.) Lagerschein (M.)
warehousing (N.) Lagergeschäft (N.)
warehousing contract (N.) Lagervertrag (M.)
warn (V.) abmahnen, androhen, ermahnen, mahnen, verwarnen, warnen
warning (N.) Abmahnung (F.), Alarm (M.), Androhung (F.), Ermahnung (F.), Mahnung (F.), Verwarnung (F.), Warnung (F.)
warning charge (N.) Verwarnungsgeld (N.)
warning notice (N.) Abmahnungsschreiben (N.)
warrant (N.) Vollmacht (F.)
warrant (N.) of apprehension Steckbrief (M.)
warrant (N.) of arrest Haftbefehl (M.)
warrant (N.) of attorney Mandat (N.) (Vollmacht für Anwalt)
warrant (V.) garantieren, gewährleisten, rechtfertigen, verbürgen, zusichern
warrant issue (N.) Optionsschein (N.)
warrantor (F.) Garantin (F.)
warrantor (M. bzw. F.) Garant (M.)
warranty (N.) Garantie (F.), Gewähr (F.),

Gewährleistung (F.), Rechtfertigung (F.), Zusicherung (F.)
warranty (N.) of quality Zusicherung (F.) einer Eigenschaft
warrent (N.) Befugnis (F.)
war service (N.) Kriegsdienst (M.)
wastage (N.) Verschwendung (F.)
waste (N.) Abfall (M.), Verschwendung (F.)
waste (N.) dust (N.) (brit.) Müll (M.)
waste (V.) verschwenden
waste disposal (N.) Abfallbeseitigung (F.)
waste management (N.) Abfallentsorgung (F.)
waste water (N.) Abwasser (N.)
watch (N.) Wache (F.)
water board (N.) Wasserverband (M.)
water regulations (N.Pl.) (brit.) Wasserrecht (N.)
water resources (N.Pl.) Wasserhaushalt (M.)
water resources act (N.) Wasserhaushaltsgesetz (N.)
waters (N.Pl.) Gewässer (N.)
water supply (N.) Wasserhaushalt (M.)
way (N.) Weg (M.)
way (N.) of looking at Betrachtungsweise (F.)
way (N.) of necessity Notweg (M.)
way bill (N.) Frachtbrief (M.)
weaken (V.) nachlassen
weakness (N.) of mind Geistesschwäche (F.)
weal (N.) Wohl (N.)
wealth (N.) Vermögen (N.)
wealth tax (N.) Vermögensteuer (F.)
weapon (N.) Waffe (F.)
weapon (N.) of war Kriegswaffe (F.)
wear (N.) and tear (N.) Abnutzung (F.)
wearing off (N.) Abnutzung (F.)
wed (V.) ehelichen, heiraten, vermählen (sich vermählen)
wedding (N.) Hochzeit (F.), Vermählung (F.)
wedding ceremony (N.) Trauung (F.)
wedlock (N.) Ehe (F.)
week (N.) Woche (F.)
week-by-week wöchentlich
weekend arrest (N.) Freizeitarrest (M.)
weekly (Adj.) wöchentlich
weight (N.) Gewicht (N.)
weighting allowance (N.) Ortszuschlag (M.)
welfare (N.) Fürsorge (F.), Wohl (N.)
welfare officer (F.) Fürsorgerin (F.)
welfare officer (M. bzw. F.) Fürsorger (M.)
welfare state (N.) Sozialstaat (M.), Wohlfahrtsstaat (M.)
welfare work (N.) Wohlfahrtspflege (F.)
well-founded (Adj.) begründet
Welsh mortgage (N.) Antichrese (F.), Nutzungspfand (N.)
Western European Union (N.) Westeuropäische Union (F.) (WEU)
Westeuropean Union (N.) (WEU) Westeuropäische Union (F.) (WEU)
WEU (N.) (Western European Union) WEU (F.) (Westeuropäische Union)
whereabouts (N.Pl.) Aufenthaltsort (M.)
whip (V.) prügeln
whipping (N.) Prügelstrafe (F.)
white-collar criminality (N.) Wirtschaftskriminalität (F.)
whole (Adj.) gesamt, heil, vollständig
whole (N.) Gesamtheit (F.), Komplex (M.)
wholesale (N.) Großhandel (M.)
wholesale business (N.) Großhandel (M.)
wholesale dealer (F.) Großhändlerin (F.)
wholesale dealer (M. bzw. F.) Großhändler
wholesaler (F.) Großhändlerin (F.)
wholesaler (M. bzw. F.) Großhändler
wholesale trade (N.) Großhandel (M.)
whore (F.) Hure (F.)
whorehouse (N.) Puff (M.)
wicked (Adj.) verrucht
wide-spread (Adj.) häufig
widow (F.) Witwe (F.)
widower (M.) Witwer (M.)
wife (F.) Ehefrau (F.), Gattin (F.), Gemahlin (F.)
wife's authorization (N.) to purchase necessaries Schlüsselgewalt (F.)
wild animals (N.Pl.) Wild (N.)
wildcat strike (N.) wilder Streik (M.)
wilful (Adj.) mutwillig, vorsätzlich
wilful deceit (N.) arglistige Täuschung (F.)
will (N.) Testament (N.), Wille (M.), Wollen (N.)
will (N.) in favour of a disabled person Behindertentestament (N.)
willed succession (N.) gewillkürte Erbfolge (F.)

willing (Adj.) bereit
willingness (N.) to create legal consequences Rechtsfolgewille (M.)
willingness (N.) to enter into a commitment Rechtsbindungswille (M.)
willingness (N.) to work Arbeitsbereitschaft (F.)
win (V.) gewinnen, werben (Kunden bzw. Abonnenten anwerben)
wind (V.) up abwickeln (ein Unternehmen bzw. einen Nachlass abwickeln), liquidieren
winding-up (N.) Abwicklung (F.), Liquidation (F.)
wine-grower (F.) Winzerin (F.)
wine-grower (M. bzw. F.) Winzer (M.)
wire (N.) Telegramm (N.)
wireless (N.) (brit.) Funk (M.)
wireless (V.) (brit.) funken
wish (V.) begehren
witch (F.) Hexe (F.)
witch trial (N.) Hexenprozess (M.)
with criminal intent dolos
withdraw (V.) abheben, austreten, widerrufen, zurücktreten, zurückziehen
withdraw (V.) from circulation einziehen (beschlagnahmen)
withdraw (V.) from public use entwidmen
withdrawal (N.) Abhebung (F.), Austritt (M.), Einziehung (F.) (Beschlagnahme), Entnahme (F.), Entzug (M.), Rücknahme (F.)
withdrawal (N.) from Rücktritt (M.)
withdrawal (N.) from public use Entwidmung (F.)
withdrawal (N.) of an action Klagerücknahme (F.)
withhold (V.) verschweigen (nicht kundgeben), vorenthalten
withholding (N.) Vorenthaltung (F.)
withholding tax (N.) Quellensteuer (F.)
within (Adv.) binnen
with malice aforethought böswillig
without delay unverzüglich
without fail unvermeidlich
without fee gebührenfrei
without notice fristlos
without payment gratis
without proof (N.) beleglos
without rights rechtlos
witness (F.) Zeugin (F.)
witness (F.) to a marriage Trauzeugin (F.)
witness (M. bzw. F.) Zeuge (M.)
witness (M. bzw. F.) to a marriage Trauzeuge (M.)
witness (V.) beiwohnen
woman (F.) Frau (F.)
woman (F.) of straw Strohfrau (F.)
wood (N.) Wald (M.)
woodland (N.) Forst (M.)
word (N.) Wort (N.)
word (N.) of honor (am.) Ehrenwort (N.)
word (N.) of honour (brit.) Ehrenwort (N.)
word (V.) formulieren
wording (N.) Formulierung (F.)
word processing (N.) Textverarbeitung (F.)
work (N.) Arbeit (F.), Tätigkeit (F.), Verrichtung (F.), Werk (N.) (Tätigkeit bzw. Ergebnis)
work (V.) arbeiten
work (V.) on bearbeiten
workday (N.) Werktag (M.)
worker (F.) Arbeiterin (F.)
worker (M. bzw. F.) Arbeiter (M.), Arbeitskraft (F.)
work-fellow (F.) Mitarbeiterin (F.)
work-fellow (M. bzw. F.) Mitarbeiter (M.)
work hours (N.Pl.) Arbeitszeit (F.)
working (Adj.) werktätig
working (N.) Bearbeitung (F.)
working day (N.) Werktag (M.)
working expense (N.) Betriebsausgabe (F.)
working time (N.) Arbeitszeit (F.)
working up (N.) Verarbeitung (F.) (Verarbeitung von Material)
work permit (N.) Arbeitsbewilligung (F.)
works agreement (N.) Betriebsvereinbarung (F.), Dienstvereinbarung (F.)
works meeting (N.) Betriebsversammlung (F.)
works security (N.) Betriebsschutz (M.)
World Bank (N.) (IBRD) Weltbank (F.)
world-wide (Adj.) global
worsening (N.) of sentence on appeal reformatio (F.) in peius (lat.)
worth (N.) Wert (M.)
worthless (Adj.) wertlos
wound (N.) Wunde (F.)
wound (V.) verwunden
wreck (N.) Schiffbruch (M.), Wrack (N.)
wreck (V.) zerstören
writ (N.) Klageschrift (F.)

writ (N.) of error Revision (F.) (Revision im Zivilprozessrecht)
writ (N.) of execution Vollstreckungsanordnung (F.), Vollstreckungsklausel (F.), Vollstreckungstitel (M.)
writ (N.) of habeas corpus Haftprüfung (F.)
writ (N.) of process Ladung (F.) (Herbestellung)
write (N.) off Abbuchung (F.)
write (V.) down niederschreiben
write-down (N.) Abschreibung (F.)
writer (F.) Autorin (F.)
writer (M. bzw. F.) Autor (M.)
writing (N.) Schrift (F.)
written (Adj.) schriftlich
written examination (N.) Klausur (F.) (Prüfungsarbeit)
written form (N.) Schriftform (F.), Schriftlichkeit (F.)
written law (N.) Gesetzesrecht (N.)
written notice (N.) Abmahnungsschreiben (N.)
written pleading (N.) Schriftsatz (M.)
written proceedings (N.Pl.) schriftliches Verfahren (N.)
written proof (N.) Urkundenbeweis (M.)
written receipt (N.) Quittung (F.)
wrong (Adj.) falsch, unrecht, unrichtig
wrong (N.) Unrecht (N.)
wrong-doer (F.) Übeltäterin (F.)
wrong-doer (M. bzw. F.) Übeltäter (M.)
wrongful (Adj.) ungesetzlich
wrongful act (N.) Missetat (F.)
wrong good (N.) aliud
wrong shipment (N.) Falschlieferung (F.)

y

year (N.) Jahr (N.)
year and a day (N.) Jahr und Tag
yearly (Adv.) jährlich
yellowdog contract (N.) Arbeitsvertrag (M.) mit Gewerkschaftsbeitrittsverbot
yield (N.) Ertrag (M.), Rendite (F.)
yielding (Adj.) nachgiebig
young (Adj.) jung
young adult (F.) Heranwachsende (F.)
young adult (M. bzw. F.) Heranwachsender (M.)
young nobleman (M.) Junker (M.)
young person (F.) Jugendliche (F.)
young person (M. bzw. F.) Jugendlicher (M.)
youth (N.) Jugend (F.)
youthful offender (F.) jugendliche Straftäterin (F.)
youthful offender (M. bzw. F.) jugendlicher Straftäter (M.)
youth welfare (N.) Jugendarbeit (F.), Jugendhilfe (F.), Jugendwohlfahrt (F.)
youth welfare office (N.) Jugendamt (N.)

z

zip code (N.) (am.) Postleitzahl (F.)
zone (N.) Zone (F.)
zone (N.) of occupation Besatzungsgebiet (N.), Besatzungszone (F.)
zoning (N.) Bauleitplanung (F.)
zoning map (N.) Bauleitplan (M.)